Para Thais Helena Della Giustina,
um amor que deu novo trajeto na minha vida.

Sumário

Título I – SISTEMA TRIBUTÁRIO NACIONAL 13
Capítulo 1 – Direito Tributário 13
    1.1. Conceito e autonomia 13
    1.2. Origem do Código Tributário Nacional 13
    1.3. Conceito de tributo 15
    1.4. Receitas públicas 16
    1.5. Função dos tributos 17
Capítulo 2 – Princípios constitucionais tributários 17
    2.1. Conceito de princípios 17
        2.1.1. Princípio da legalidade 18
            2.1.1.1. Lei complementar 19
            2.1.1.2. Lei ordinária 30
            2.1.1.3. Lei delegada 32
            2.1.1.4. Exceções ao princípio da legalidade 33
        2.1.2. Medidas provisórias 34
        2.1.3. Princípio da irretroatividade 35
        2.1.4. Princípio da anterioridade de exercício financeiro 37
        2.1.5. Princípio da anterioridade nonagesimal 40
        2.1.6. Medidas provisórias e os princípios da anterioridade de exercício financeiro e nonagesimal 42
        2.1.7. Exceções à anterioridade de exercício financeiro e anterioridade nonagesimal 43
        2.1.8. Princípio da anterioridade especial de 90 dias 45
        2.1.9. Princípio da vedação de confisco 48
        2.1.10. Princípio da isonomia 50
        2.1.11. Princípio da capacidade contributiva 53
        2.1.12. Princípio da uniformidade geográfica 58
        2.1.13. Princípio da liberdade de tráfego 59
Capítulo 3 – Competência tributária 60
    3.1. Conceito 60
    3.2. Competência privativa, residual e comum 62
Capítulo 4 – Espécies tributárias 64
    4.1. Classificação 64
        4.1.1. Impostos 66
            4.1.1.1. Classificação dos impostos 67
            4.1.1.2. Princípio da não afetação da receita de impostos 70
        4.1.2. Taxas 72
            4.1.2.1. Taxas de polícia 73
            4.1.2.2. Taxas de serviços públicos 76
        4.1.3. Taxas e preços públicos 81
        4.1.4. Empréstimos compulsórios 82

  4.1.5. Contribuição de melhoria..83
  4.1.6. Contribuições...85
    4.1.6.1. Contribuições sociais gerais..88
    4.1.6.2. Contribuições para a Seguridade Social..............................91
    4.1.6.3. Contribuições previdenciárias próprias................................92
    4.1.6.4. Contribuições de intervenção no domínio econômico.........93
    4.1.6.5. Contribuições no interesse de categorias profissionais ou econômicas.....96
    4.1.6.6. Contribuição para o custeio do serviço de iluminação pública...............98

Capítulo 5 – Imunidades tributárias..99
 5.1. Conceito..99
  5.1.1. Imunidade recíproca..102
    5.1.1.1. Imunidade das autarquias e fundações públicas..............105
  5.1.2. Imunidade dos templos de qualquer culto.....................................110
  5.1.3. Imunidade dos partidos políticos e suas fundações.....................112
  5.1.4. Imunidade das entidades sindicais de trabalhadores...................112
  5.1.5. Imunidade das instituições de educação e assistência social sem fins lucrativos..113
  5.1.6. Requisitos legais para fruição das imunidades...............................117
  5.1.7. Imunidade dos livros, jornais, periódicos e o papel destinado à sua impressão...121
  5.1.8. Imunidade dos fonogramas e videofonogramas musicais...........125
  5.1.9. Imunidade das contribuições previdenciárias...............................126
  5.1.10. Outras imunidades..130

Título II – NORMAS GERAIS DE DIREITO TRIBUTÁRIO....................................139

Capítulo 1 – Legislação tributária...139
 1.1. Fontes do Direito Tributário..139
 1.2. Vigência da legislação tributária...139
 1.3. Tratados..142
 1.4. Aplicação e retroatividade...145
 1.5. Interpretação e integração da legislação tributária........................150

Capítulo 2 – Obrigação tributária..162
 2.1. Conceito de obrigação...162
 2.2. Fato gerador..164
  2.2.1. Fato gerador instantâneo...167
  2.2.2. Fato gerador complexivo...167
  2.2.3. Fato gerador continuado..168
 2.3. Obrigação tributária principal e acessória.......................................168
 2.4. Elisão e evasão fiscal..172
 2.5. Sujeito ativo..177
 2.6. Sujeito passivo..180
 2.7. Substituto legal tributário...181
  2.7.1. Substituição tributária regressiva..182
  2.7.2. Substituição tributária progressiva..183
 2.8. Solidariedade..190
 2.9. Capacidade tributária..192
 2.10. Domicílio tributário...193
 2.11. Responsabilidade tributária..194
  2.11.1. Responsabilidade do adquirente de bens imóveis......................195
  2.11.2. Responsabilidade por sucessão de pessoa física..........................197
  2.11.3. Responsabilidade por sucessão de pessoa jurídica.....................199
  2.11.4. Responsabilidade por sucessão comercial....................................200
  2.11.5. Responsabilidade de terceiros...203
  2.11.6. Responsabilidade pessoal..204

  2.11.7. Responsabilidade por infrações..208
    2.11.7.1. Denúncia espontânea..210
Capítulo 3 – Crédito tributário..213
 3.1. Lançamento...213
  3.1.1. Lançamento por declaração..218
  3.1.2. Lançamento de ofício..219
  3.1.3. Lançamento por homologação...221
 3.2. Alteração do lançamento..225
  3.2.1. Impugnação...226
  3.2.2. Recurso de ofício...227
  3.2.3. Iniciativa de ofício...228
    3.2.3.1. Limites à revisão de lançamento................................228
      3.2.3.1.1. Prazo decadencial.......................................228
      3.2.3.1.2. Erro de fato..228
 3.3. Decadência...229
 3.4. Suspensão da exigibilidade do crédito tributário................................234
  3.4.1. Moratória..235
  3.4.2. Parcelamento..236
  3.4.3. Depósito do montante integral...238
  3.4.4. Reclamações e recursos administrativos......................................242
  3.4.5. Liminar no mandado de segurança..243
  3.4.6. Liminar ou tutela antecipada em outras ações judiciais.............247
 3.5. Extinção do crédito tributário...248
  3.5.1. Pagamento antecipado e homologação do lançamento..............249
  3.5.2. Pagamento...249
    3.5.2.1. Pagamento indevido..252
      3.5.2.1.1. Restituição de tributos indiretos...............254
      3.5.2.1.2. Parte legítima para postular a restituição....256
      3.5.2.1.3. Devolução do tributo e acessórios............257
      3.5.2.1.4. Atualização monetária e juros na restituição....257
      3.5.2.1.5. Prazo para a restituição.............................258
      3.5.2.1.6. Execução da sentença na restituição do indébito.................261
    3.5.2.2. Imputação de pagamento...263
  3.5.3. Compensação...265
  3.5.4. Consignação em pagamento...271
  3.5.5. Transação...273
  3.5.6. Remissão..273
  3.5.7. Conversão do depósito em renda...275
  3.5.8. Decadência e Prescrição..275
  3.5.9. Decisão judicial passada em julgado..279
  3.5.10. Decisão administrativa irreformável..280
  3.5.11. Dação em pagamento em bens imóveis....................................280
 3.6. Exclusão do crédito tributário...281
  3.6.1. Isenção...281
    3.6.1.1. Isenção e imunidade...290
    3.6.1.2. Isenção e não incidência...291
    3.6.1.3. Isenção e alíquota zero...292
  3.6.2. Anistia..292
 3.7. Garantias e privilégios do crédito tributário..294
  3.7.1. Medida cautelar fiscal..294
  3.7.2. Arrolamento de bens...296

 3.7.3. Garantias, preferências e privilégios..297
 3.7.4. Fraude à execução...299
 3.7.5. Concurso de credores e crédito tributário.......................................302
 3.7.6. Crédito tributário na falência e na recuperação judicial.................302
 3.7.7. Crédito tributário e inventário...307
 3.7.8. Crédito tributário e pessoa jurídica em liquidação........................308
Capítulo 4 – Administração tributária...308
 4.1. Fiscalização tributária..308
 4.2. Sigilo bancário..317
 4.3. Sigilo fiscal..319
 4.4. Dívida ativa...321
 4.5. Inscrição em dívida ativa e execução fiscal...321
 4.6. Certidões negativas..327
  4.6.1. Certidão Negativa de Débito (CND)...328
  4.6.2. Certidão Positiva com Efeito de Negativa..331

TÍTULO III – IMPOSTOS EM ESPÉCIE...335
Capítulo 1 – Impostos municipais..335
 1.1. Generalidades..335
 1.2. Imposto sobre a Propriedade Predial e Territorial Urbana (IPTU).......335
  1.2.1. Fato gerador..335
  1.2.2. Base de cálculo..337
  1.2.3. Alíquotas..337
  1.2.4. Sujeito passivo...338
 1.3. Imposto sobre a Transmissão de Bens Imóveis (ITBI)..........................339
  1.3.1. Fato gerador..340
  1.3.2. Base de cálculo..341
  1.3.3. Alíquotas..341
  1.3.4. Sujeito passivo...341
  1.3.5. Imunidade...341
 1.4 Imposto sobre Serviços de Qualquer Natureza (ISS).............................342
  1.4.1. Fato gerador..343
  1.4.2. Base de cálculo..345
  1.4.3. Alíquota...345
  1.4.4. Sujeito passivo...346
  1.4.5. Imunidade na exportação...346
Capítulo 2 – Impostos estaduais...347
 2.1. Generalidades..347
 2.2. Imposto de Transmissão *Causa Mortis* e Doação de Quaisquer Bens ou Direitos (ITCD)..347
  2.2.1. Fato gerador..348
  2.2.2. Base de cálculo..349
  2.2.3. Alíquota...349
  2.2.4. Sujeito passivo...350
 2.3. Imposto sobre a Propriedade de Veículos Automotores (IPVA).........350
  2.3.1. Fato gerador..351
  2.3.2. Base de cálculo..351
  2.3.3. Alíquota...351
  2.3.4. Sujeito passivo...352
 2.4. Imposto sobre a Circulação de Mercadorias e Serviços de Transporte Interestadual, Intermunicipal e de Comunicação (ICMS)..................352
  2.4.1. Fato gerador..356
  2.4.2. Base de cálculo..362

  2.4.3. Alíquotas....364
  2.3.4. Sujeito passivo....366
  2.4.5. Imunidade na exportação....368
Capítulo 3 – Impostos federais....368
 3.1. Generalidades....368
 3.2. Imposto de Importação....368
  3.2.1 Fato gerador....369
  3.3.2. Base de cálculo....372
  3.2.3. Alíquotas....373
  3.2.4. Sujeito passivo....373
 3.3. Imposto de Exportação....374
  3.3.1. Fato gerador....375
  3.3.2. Base de cálculo....375
  3.3.3. Alíquotas....376
  3.3.4. Sujeito passivo....377
 3.4. Imposto sobre a Renda e Proventos de Qualquer Natureza....377
  3.4.1. Fato gerador....377
  3.4.2. Base de cálculo....379
  3.4.3. Alíquotas....384
  3.4.4. Sujeito passivo....384
 3.5. Imposto sobre Produtos Industrializados....385
  3.5.1. Fato gerador....390
  3.5.2. Base de cálculo....393
  3.5.3. Alíquotas....394
  3.5.4. Sujeito passivo:....395
  3.5.5. Imunidade na exportação....396
 3.6. Imposto sobre Operações de Crédito, Câmbio e Seguro, ou Relativa a Títulos e Valores Mobiliários (IOF)....396
  3.6.1. Fato gerador....396
  3.6.2. Base de cálculo....399
  3.6.3. Alíquotas....399
  3.6.4. Sujeito passivo....399
 3.7. Imposto sobre a Propriedade Territorial Rural....400
  3.7.1. Fato gerador....401
  3.7.2. Base de cálculo....401
  3.7.3. Alíquotas....402
  3.7.4. Sujeito passivo....402
 3.8. Imposto sobre Grandes Fortunas....403
Bibliografia....405

Título I

SISTEMA TRIBUTÁRIO NACIONAL

Capítulo 1 – Direito Tributário

1.1. Conceito e autonomia

O Direito Tributário é um ramo autônomo do direito que disciplina as relações jurídicas entre o Estado, ao exercitar o seu poder fiscal, e as pessoas, físicas ou jurídicas, contribuintes ou não.

A Constituição Federal consagra a autonomia do Direito Tributário, dedicando um capítulo reservado ao Sistema Tributário Nacional, cuja complexidade desprende-se do texto constitucional, onde estão os princípios que regem o sistema, as competências tributárias outorgadas às entidades políticas, a discriminação das espécies tributárias, os limites ao poder fiscal, e fixa-se no Código Tributário Nacional e nas inúmeras leis complementares e ordinárias, de todas as entidades políticas.

O Direito Tributário é um ramo do direito público, seja porque um dos titulares do direito normatizado é o Estado, seja porque o interesse juridicamente protegido é coletivo, seja porque as suas normas são cogentes, formando-se a relação jurídico-tributária independentemente da vontade do contribuinte.

1.2. Origem do Código Tributário Nacional

O Código Tributário Nacional é uma lei ordinária, Lei 5.172, de 25 de outubro de 1966, que instituiu normas gerais de Direito Tributário aplicáveis a União, Estados, Distrito Federal e Municípios.

O CTN foi publicado sob a vigência da Constituição Federal de 1946, com a redação dada pela EC 18/65. Na época, não havia a previsão de lei complementar. No ano seguinte ao da publicação do CTN, sobreveio a CF/67, trazendo a previsão de lei complementar para disciplinar certas matérias previstas no texto constitucional, incluindo entre elas as normas gerais de Direito Tributário (art. 18, § 1º),[1] sendo o dispositivo mantido pela EC 1/69. A Constituição de 1988 repetiu a exigência de lei complementar para tratar de normas gerais de Direito Tributário (art. 146, III, da CF).

---
[1] Art. 18, § 1º: "Lei complementar estabelecerá normas gerais de direito tributário, disporá sobre os conflitos de competência nessa matéria entre a União, os Estados, o Distrito Federal e os Municípios, e regulará as limitações constitucionais do poder de tributar".

Como os diplomas constitucionais supervenientes à publicação do CTN passaram a exigir lei complementar para tratar das normas gerais de Direito Tributário, o CTN acabou sendo recepcionado com a eficácia de lei complementar.

O Sistema Tributário Nacional criado pela CF/88 entrou em vigor em 1º de março de 1989, por força do disposto no art. 34 do ADCT, com exceção de alguns dispositivos expressamente nominados, assegurando-se a aplicação da legislação anterior que não fosse com ele incompatível (§ 5º do art. 34 do ADCT).

Os princípios da supremacia da Constituição e o da continuidade da ordem jurídica devem ser considerados quando há uma nova Constituição frente às normas infraconstitucionais anteriores a ela.

A Constituição é o fundamento de validade de todo o ordenamento jurídico. A Constituição nova já encontra um ordenamento jurídico preexistente. Este ordenamento jurídico anterior passa a encontrar o seu fundamento de validade na Constituição nova, desde que com ela não seja materialmente incompatível.

Sendo compatível, no plano material, haverá continuidade da ordem jurídica. A isso a doutrina chama de recepção. A legislação infraconstitucional anterior será recepcionada pela nova Constituição. Para que exista a recepção, basta que exista a compatibilidade material da lei anterior com o novo texto constitucional. Ou seja, a matéria veiculada no diploma normativo anterior não pode conflitar com os princípios ou normas da Constituição Federal que lhe é superveniente. Não é necessário que exista identidade de forma. Significa dizer que o invólucro da matéria não precisa ser o mesmo. A relevância está na matéria, e não na forma. Com isto, tanto faz se o assunto era regulado por Decreto-Lei ou lei ordinária, e a Constituição superveniente passou a exigir lei complementar. Havendo conformidade material com a nova Constituição, o diploma anterior será recebido como lei complementar, apenas podendo ser modificado também por lei complementar.

Havendo incompatibilidade material, de acordo com o Supremo Tribunal Federal, a legislação anterior é considerada revogada. No julgamento da ADI 2, entendeu o STF que:

> O vício da inconstitucionalidade é congênito à lei e há de ser apurado em face da Constituição vigente ao tempo de sua elaboração. Lei anterior não pode ser inconstitucional em relação à Constituição superveniente; nem o legislador poderia infringir Constituição futura. A Constituição sobrevinda não torna inconstitucionais leis anteriores com ela conflitantes: revoga-as. Pelo fato de ser superior, a Constituição não deixa de produzir efeitos revogatórios. Seria ilógico que a lei fundamental, por ser suprema, não revogasse, ao ser promulgada, leis ordinárias. A lei maior valeria menos que a lei ordinária.

Lecionando acerca da Constituição nova e direito infraconstitucional anterior, Luís Roberto Barroso[2] ensina que:

> O princípio da supremacia da Constituição, que tem como premissa a rigidez constitucional, é a idéia central subjacente a todos os sistemas jurídicos modernos. Sua compreensão é singela. Na celebrada imagem de Kelsen, para ilustrar a hierarquia das normas jurídicas, a Constituição

---

[2] BARROSO, Luis Roberto. *Interpretação e Aplicação da Constituição.* p. 67/68.

situa-se no vértice de todo o sistema legal, servindo como fundamento da validade das demais disposições normativas. Toda Constituição escrita e rígida, como é o caso da brasileira, goza de superioridade jurídica em relação às outras leis, que não poderão ter existência legítima se com ela contrastarem.

Merece relevo, por igual, o princípio da continuidade da ordem jurídica. Ao entrar em vigor, a nova Constituição depara-se com todo um sistema legal preexistente. Dificilmente a ordem constitucional recém-estabelecida importará num rompimento integral e absoluto com o passado. Por isso, toda a legislação ordinária federal, estadual e municipal que não seja incompatível com a nova Constituição conserva sua eficácia. Se assim não fosse, haveria um enorme vácuo legal até que o legislador infraconstitucional pudesse recompor inteiramente todo o domínio coberto pelas normas jurídicas anteriores.

As relações entre uma nova Constituição e uma lei a ela anterior situam-se na confluência desses dois princípios. O primeiro condena à invalidade e à ineficácia toda e qualquer norma incompatível com a Carta Constitucional. O segundo, de superlativo valor pragmático, procura preservar a vigência e eficácia da legislação que vigorava anteriormente ao advento da nova Constituição.

1.3. Conceito de tributo

O Direito Tributário disciplina os tributos. Tributo é gênero, existindo cinco espécies: impostos, taxas, empréstimos compulsórios, contribuições de melhoria e contribuições.[3]

A definição de tributo pode ser retirada do próprio Código Tributário Nacional: "Tributo é toda prestação pecuniária compulsória, em moeda ou cujo valor nela se possa exprimir, que não constitua sanção de ato ilícito, instituída mediante lei e cobrada mediante uma atividade administrativa plenamente vinculada." (art. 3º do CTN).

Os tributos são exigidos coercitivamente pelo Poder Público, bastando que se configure o fato gerador descrito na norma tributária, independentemente da vontade do contribuinte, já que esta não concorre para formar a relação jurídico-tributária. Porém, nem toda prestação pecuniária obrigatória tem natureza tributária. O próprio Código retira a natureza tributária das sanções pecuniárias decorrentes de atos ilícitos, como ocorre com as multas penais ou administrativas, por exemplo. Pelo CTN, as multas, de mora ou de ofício, previstas na legislação tributária, também não têm natureza tributária. O fato de determinadas prestações pecuniárias serem cobradas através de execução fiscal não lhes confere natureza tributária porque a dívida ativa da Fazenda Pública compreende os créditos tributários e não tributários, nos termos do art. 2º da Lei 6.830/80.

A obrigação tributária é entrega coativa de dinheiro aos cofres públicos. Porém, a própria lei poderá autorizar que o pagamento seja efetuado de outras formas, como a dação em pagamento de bens imóveis (art. 156, XI, do CTN).

Instituído o tributo por lei, uma vez ocorrido o fato gerador, a autoridade administrativa tem o dever de conferir certeza e liquidez à obrigação tributária, transformando-a, mediante o lançamento, em um crédito tributário.

---
[3] Vide o Capítulo 4

A autoridade administrativa não pode constituir o crédito tributário quando julgar oportuno ou conveniente ao interesse público. Estes atributos são típicos dos chamados atos administrativos discricionários. O lançamento é um ato administrativo vinculado. Ocorrido o fato gerador, a autoridade administrativa tem o dever legal de constituir o crédito tributário, sob pena de responsabilidade funcional (art. 142, parágrafo único, do CTN).

1.4. Receitas públicas

Alberto Deodato[4] diz que a atividade financeira do Estado nada mais é do que a procura de meios para satisfazer as necessidades públicas. *Essas necessidades*, diz ele,

> são infinitas. De terras, de casas, de estradas, de ruas, de pontes, de navios, de defesa interna e externa, de justiça, de funcionários e trabalhadores. Um mundo, enfim, de bens e serviços. Mundo que cresce, dia a dia, com o intervencionismo do Estado, em busca do bem-estar social. As suas funções não são mais, apenas, as de assegurar a ordem e a justiça, mas as de previdência e assistência. O zelo pela velhice e pela doença. Pela existência digna. Pela família. Tudo isso custa dinheiro. E é a aquisição de dinheiro que constitui, precipuamente, a atividade financeira do Estado, que é, em síntese, um ente que arrecada e que paga. É o maior criador e consumidor de riquezas.

Os tributos constituem a principal fonte de receita pública, nesta compreendida qualquer importância que ingresse nos cofres públicos.

As receitas públicas podem ser divididas em receitas originárias e receitas derivadas.

As receitas originárias são aquelas que advêm do patrimônio do próprio Estado, quando ele age despido de seu poder fiscal. No auferimento de tais receitas equipara-se o Estado ao particular. Assim, as receitas auferidas pela venda ou locação de seus bens e prestação de serviços ingressam nos cofres públicos de forma originária. A origem delas repousa no patrimônio estatal.

As receitas originárias, de acordo com Aliomar Baleeiro,[5] compreendem "as rendas provenientes dos bens e empresas comerciais ou industriais do Estado, que os explora à semelhança de particulares, sem exercer os seus poderes de autoridade, nem imprimir coercitividade à exigência de pagamentos ou à utilização dos serviços que os justificam, embora, não raro, os institua em monopólios".

As receitas derivadas, ao contrário, resultam do poder de império do Estado. São transferências compulsórias, quando o Estado utiliza o seu poder fiscal. As receitas derivadas, para Aliomar Baleeiro, são "caracterizadas pelo constrangimento legal para a sua arrecadação, – contam-se os tributos e as penas pecuniárias, em resumo, rendas que o Estado colhe no setor privado, por ato de autoridade, subdividindo-se os primeiros em: a) impostos; b) taxas; c) contribuição de melhoria; d) contribuições parafiscais".

Outro fundamento da classificação das receitas originárias (ou de direito privado) e derivadas (ou de direito público), como diz o mesmo autor, "é a

---

[4] DEODATO, Alberto. *Manual de Ciência das Finanças*.
[5] *Uma introdução à Ciência das Finanças*, atualizada por Flávio Bauer Novelli, p. 117.

diferente origem dumas e outras receitas: as originárias saem do próprio setor público, isto é, do patrimônio do Estado, ao passo que as derivadas são exigidas do patrimônio ou das rendas dos particulares".

Em decorrência desta classificação, as taxas são receitas derivadas (tributos), enquanto que os preços públicos são receitas originárias.

1.5. Função dos tributos

Os tributos não têm apenas natureza fiscal, com o objetivo de arrecadar recursos para o Estado, embora seja esta a sua função primordial, já que eles são necessários para a manutenção da própria entidade política e para o cumprimento das suas funções essenciais nas áreas de saúde, saneamento básico, segurança, educação, justiça, obras de infraestrutura, etc.

Algumas espécies tributárias assumem natureza extrafiscal porque não se destinam apenas a arrecadar recursos aos cofres públicos, mas têm o escopo de estimular ou desestimular o uso ou consumo de determinados produtos ou mercadorias, de proteger a balança comercial do País, de evitar a manutenção de propriedades improdutivas, etc. Como exemplo de impostos com natureza extrafiscal, podemos citar o Imposto sobre Produtos Industrializados (IPI – as alíquotas de determinados produtos nocivos à saúde, como o cigarro, por exemplo, são elevadas para desestimular o consumo – art. 153, § 2º, I, da CF), o Imposto de Importação e Exportação (o aumento da alíquota do Imposto de Importação e a redução da alíquota do Imposto de Exportação poderá ser efetuada para garantir um superávit na balança comercial – art. 153, § 1º, da CF), o Imposto Territorial Rural (ITR – cujas alíquotas progressivas desestimulam a manutenção de propriedades improdutivas – art. 153, § 4º, I, da CF), o Imposto Sobre Operações de Crédito, Câmbio e Seguro, ou Relativa a Títulos ou Valores Mobiliários (IOF – alíquota fixada para ajustar a política monetária – art. 153, § 1º, da CF) e o Imposto sobre a Propriedade Predial e Territorial Urbana (IPTU – alíquotas progressivas no tempo exigidas do proprietário do solo urbano não edificado, subutilizado ou não utilizado para que promova o seu adequado aproveitamento – art. 182, § 4º, II, da CF).

Capítulo 2 – Princípios constitucionais tributários

2.1. Conceito de princípios

O Sistema Tributário Nacional é previsto nos artigos 145 a 162 da Constituição Federal, nos quais estão delineados os princípios gerais que regem o sistema, as espécies tributárias, as limitações ao poder de tributar, a repartição das competências tributárias atribuídas à União, aos Estados e Distrito Federal e aos Municípios, assim como os critérios para a divisão das receitas tributárias.

A Constituição Federal possui um sistema de princípios que informa e legitima a produção de normas jurídicas, além de servir de importante fundamento para interpretação e aplicação do direito positivo. Os princípios constitucionais são mandamentos fundamentais que condicionam a produção e a interpretação de todas as normas jurídicas.

Os princípios constitucionais, segundo Luís Roberto Barroso:

> São normas eleitas pelo constituinte como fundamentos ou qualificações essenciais da ordem jurídica que institui. (...) os princípios constitucionais são, precisamente, a síntese dos valores mais relevantes da ordem jurídica. A Constituição, como já vimos, é um sistema de normas jurídicas. Ela não é um simples agrupamento de regras que se justapõem ou que se superpõem. A idéia de sistema funda-se na de harmonia, de partes que convivem sem atritos. Em toda ordem jurídica existem valores superiores e diretrizes fundamentais que 'costuram' suas diferentes partes. Os princípios constitucionais consubstanciam as premissas básicas de uma dada ordem jurídica, irradiando-se por todo o sistema, eles indicam o ponto de partida e os caminhos a serem percorridos.[6]

Os princípios constitucionais que legitimam o poder de tributar, poder este que é conferido pela Constituição Federal às pessoas políticas (União, Estados, Distrito Federal e Municípios), se encontram encartados na seção relativa às limitações do poder de tributar (art. 150). São princípios específicos da tributação. Por aí já se vê que os princípios constitucionais tributários também atuam com elevada força negativa, impossibilitando ao legislador tributário a produção de normas jurídicas que contrariem esses preceitos fundamentais. Há também princípios tributários que, por estarem diretamente relacionados aos direitos e garantias fundamentais do contribuinte, estão a salvo de emendas constitucionais (art. 60, § 4º, I e IV, da CF).

2.1.1. Princípio da legalidade

O tributo é uma prestação pecuniária compulsória que não depende da vontade do sujeito passivo. O tributo só é legítimo na exata medida da lei que o institui. Os representantes do povo é que devem autorizar que o poder público se aproprie da riqueza alheia. Bernardo Ribeiro de Moraes traz a base histórica do princípio da legalidade, que figura no nosso ordenamento desde a Constituição Imperial de 1824. Diz ele que o princípio da legalidade

> foi conhecido como princípio do consentimento antecipado dos tributos pelos súditos. Inicialmente, para exigir-se tributos, bastava o consenso do indivíduo. Depois, exigiu-se o consenso coletivo. A introdução de qualquer gravame fiscal deveria ser precedida pelo consentimento geral dos representantes escolhidos pelo povo. Todavia, foi somente durante o reinado de João Sem Terra, na Inglaterra, que os barões, diante do peso e das injustiças nas exigências financeiras, se rebelaram e impuseram determinadas condições, mediante um estatuto que objetivava a tutela de seus direitos, mormente coibindo a atividade tributária absolutamente extorsiva. Ao Rei, politicamente, não restou senão aceitar o texto que lhe foi apresentado, hoje conhecido como a primeira Constituição Inglesa, denominada "Magna Carta Libertatum", sancionada em Runnyemede em 15 de junho de 1215. Uma das normas constantes da carta imposta pelos senhores feudais ao Rei João Sem Terra, com o objetivo de evitar as represálias deste contra seus inimigos, estava consignada

---

[6] Ob. cit., p. 149/151.

no artigo XII, segundo o qual 'nenhum auxílio ou contribuição se estabelecerá em nosso Reino sem o consentimento de nosso comum Conselho do Reino'. Estava firmado, assim, o princípio do consentimento pelos súditos. Assim, na sua versão inicial, o princípio da legalidade tributária representava o princípio do consentimento dos impostos, tendo o significado de um sistema de proteção do contribuinte diante dos possíveis abusos da monarquia. O imposto deve ser consentido, isto é, aceito pelo povo.[7]

A Constituição Federal proíbe que as pessoas políticas exijam ou aumentem tributo sem lei que o estabeleça (art. 150, I). Exigir significa a necessidade de criação do tributo mediante lei.

O princípio da legalidade é uma das limitações constitucionais ao poder de tributar. É um direito e garantia fundamental do contribuinte, constituindo-se, portanto, numa cláusula pétrea, insuscetível de supressão por emenda constitucional (art. 60, § 4º, IV, da CF).

2.1.1.1. Lei complementar

A lei de natureza complementar diferencia-se da lei ordinária nos aspectos formal e material. No aspecto formal, a lei complementar possui processo legislativo próprio e é exigida nos casos expressamente previstos no texto constitucional. A sua aprovação depende da maioria absoluta dos membros do Congresso Nacional (art. 69 da CF), enquanto a lei ordinária é aprovada pela maioria simples, presente a maioria absoluta dos parlamentares (art. 47 da CF). No aspecto material, a lei complementar está constitucionalmente reservada a determinadas matérias reputadas relevantes que, ao mesmo tempo em que não podem estar submetidas ao rigor do texto constitucional, não podem ficar à mercê de modificações legislativas ordinárias. A opção, pela lei complementar, é meramente política. Não há, portanto, hierarquia normativa entre a lei complementar e a ordinária, uma vez que ambas buscam o seu fundamento de validade diretamente no texto constitucional.

Em decorrência, não há óbice de ordem constitucional para que uma lei ordinária modifique ou até mesmo revogue uma lei complementar. Para que isso seja possível, basta que a lei complementar tenha sido utilizada para regular determinada matéria que a ela não foi reservada pelo legislador constituinte. O entendimento do STF tem sido neste sentido, como se vê do voto do Min. Moreira Alves no julgamento da Ação Direta de Constitucionalidade nº 1:

> Por isso mesmo, essa contribuição poderia ter sido instituída por Lei ordinária. A circunstância de ter sido instituída por lei formalmente complementar – a Lei Complementar nº 70/91 – não lhe dá, evidentemente, a natureza de contribuição social nova, porquanto essa lei, com relação aos dispositivos concernentes à contribuição social por ela instituída – que são o objeto desta ação –, é materialmente ordinária, por não tratar, nesse particular, de matéria reservada, por texto expresso da Constituição, à Lei Complementar. A jurisprudência desta Corte, sob o império da Emenda Constitucional nº 1/69 – e a Constituição atual não alterou esse sistema –, se firmou no sentido de que só se exige lei complementar para as matérias para cuja disciplina a Constituição expressamente faz tal exigência, e, se porventura a matéria, disciplinada por lei cujo processo legislativo observado

---

[7] MORAES, Bernardo Ribeiro de. *Compêndio de Direito Tributário*, p. 89.

tenha sido o da lei complementar, não seja daquelas para que a Carta Magna exige essa modalidade legislativa, os dispositivos que tratam dela se têm como dispositivos de lei ordinária.

O art. 146 da CF, com a redação que lhe foi dada pela EC 42/2003, dispõe que cabe à lei complementar: 1) dispor sobre conflitos de competência tributária entre a União, os Estados, o DF e os Municípios; 2) regular as limitações constitucionais ao poder de tributar e 3) estabelecer as normas gerais da legislação tributária, especialmente sobre: a) a definição de tributos e suas espécies, bem como, em relação aos impostos discriminados na Constituição Federal, os seus respectivos fatos geradores, bases de cálculo e contribuintes; b) obrigação, lançamento, crédito, prescrição e decadência tributários; c) adequado tratamento tributário ao ato cooperativo praticado pelas sociedades cooperativas; d) definição de tratamento diferenciado e favorecido para as microempresas e para as empresas de pequeno porte, inclusive regimes especiais ou simplificados no caso do imposto previsto no art. 155, II (ICMS), das contribuições previstas no art. 195, I (contribuição previdenciária de responsabilidade da empresa), da contribuição a que se refere o art. 239 (PIS).

O art. 18, § 1º, da CF 67 estabelecia que a "lei complementar estabelecerá normas gerais de direito tributário, disporá sobre conflitos de competência nessa matéria entre a União, os Estados, o Distrito Federal e os Municípios e regulará as limitações constitucionais ao poder de tributar". Com isso, havia duas correntes doutrinárias acerca da lei complementar: dicotômica e tricotômica. Para a primeira, a lei complementar tinha a finalidade de editar normas gerais de direito tributário com duas funções: a) dispor sobre conflitos de competência; b) regular as limitações constitucionais à tributação. Para a tricotômica, a lei complementar tinha três funções distintas: a) expedir normas gerais de direito tributário; b) dispor sobre conflitos de competência; c) regular as limitações constitucionais ao poder de tributar. A primeira corrente (dicotômica) tinha basicamente por fundamento o princípio federativo, a fim de preservar a autonomia das pessoas políticas. No entanto, a CF/88 acabou com a discussão, tendo adotado, nos incisos I a III do art. 146, a corrente tricotômica.[8]

A competência tributária é extraída diretamente do texto constitucional. É a Constituição que reparte as competências tributárias, atribuindo uma parcela do poder fiscal a cada uma das entidades políticas, de maneira que a atividade legislativa de cada uma delas deverá necessariamente observar os limites que lhes estão traçados no próprio texto constitucional. Extrapolada a competência, haverá inconstitucionalidade da norma tributária.

A lei complementar referida no inciso I do art. 146 da CF é exigida para evitar eventuais conflitos de competência tributária, impedindo, por exemplo, o confronto entre o Estado e o Município acerca da incidência do imposto estadual (ICMS) ou municipal (ISS) no fornecimento de mercadorias acompanhado da prestação de serviços. Com este escopo, a LC 116/03, que disciplina o ISS, dispõe que o Imposto Sobre Serviços tem como fato gerador a prestação de serviços constantes da lista anexa à lei, ainda que os serviços não se constituam como atividade preponderante do prestador, e quais serviços, ressalvadas

---

[8] STF, RE 361.829.

algumas exceções, não ficam sujeitos ao ICMS, ainda que a sua prestação envolva o fornecimento de mercadorias.

Ao mesmo tempo em que a Constituição Federal concede o poder de tributar, ela própria estabelece uma autolimitação ao exercício desta atividade legislativa vocacionada para a instituição de tributos. Existem, portanto, limites constitucionais ao poder de tributar, limites estes que são fixados pelos próprios princípios constitucionais, mas também pelas denominadas imunidades tributárias. De acordo com o art. 146, II, da Constituição Federal, cabe à lei complementar regular tais limitações constitucionais ao poder de tributar. Não obstante a menção explícita à necessidade de lei complementar para regular as imunidades, o texto constitucional, ao disciplinar as imunidades do art. 150, VI, c, e do art. 195, § 7°, faz referência apenas aos requisitos estabelecidos em "lei", sem qualificá-la como "complementar".

Alguns autores entendem que a lei apta a fixar os requisitos para a fruição das imunidades é a de natureza complementar. Seriam normas, de alcance nacional, para regular as limitações já existentes no próprio texto constitucional. Com isto, evitar-se-iam leis ordinárias, das esferas tributantes, que pudessem restringir a fruição do benefício de ordem constitucional, além de fixarem requisitos diversos para reger a mesma matéria, ensejando uma verdadeira confusão e conflitos normativos.

Outros entendem possível uma harmonização do preceito do art. 146, II, da CF com os demais dispositivos constitucionais que dizem respeito apenas ao atendimento de requisitos fixados em "lei" para o gozo da imunidade. A lei complementar demarcaria os limites da imunidade, mas a lei ordinária poderia regular a constituição e funcionamento da entidade imune.[9] Ricardo Lobo Torres entende que "os requisitos de legitimação ao exercício do direito estão subordinados à lei complementar. Mas as condições para a existência da pessoa imune e para a sua legalização podem ser estabelecidos pela lei ordinária".[10] As condições de legitimação seriam "aquelas impostas pela lei complementar para o reconhecimento do direito e que transcendem as características substanciais, gerais e inerentes à pessoa imune". Tais requisitos de legitimação estariam fixados no art. 14 do CTN, que tem força de lei complementar, enquanto a lei ordinária poderia estabelecer os requisitos "concernentes à configuração das instituições imunes no plano das relações privadas".

O STF tem entendido que somente se exige lei complementar para a definição dos limites objetivos (materiais) da imunidade, e não para a fixação das normas de constituição e funcionamento das entidades imunes (aspectos formais ou subjetivos), os quais podem ser veiculados por lei ordinária,[11] como abordado no Capítulo 5.

Quanto ao alcance da expressão "normas gerais" em matéria tributária, as quais devem ser fixadas em lei complementar (art. 146, III, da CF), deve ser

---

[9] ADI 1802.
[10] TORRES, Ricardo Lobo. *Pesquisas Tributárias*, nova Série, n. 4, Tema: Imunidades Tributárias, coordenador Ives Gandra da S. Martins, p. 204.
[11] RE 636.94, ADI 1802 e 2028.

observado que o texto constitucional outorga competência legislativa concorrente a União, Estados e Distrito Federal para legislar sobre direito tributário (art. 24, I). No âmbito da legislação concorrente, a competência da União fica limitada a fixar as normas gerais, isto é, traçar normas genéricas que têm o escopo de conferir unidade ao sistema tributário, observados os limites impostos pelo princípio federativo. As outras entidades políticas, inclusive os Municípios (art. 30, I, II e III, da CF) adequarão as normas gerais aos seus interesses e peculiaridades locais, como diz Marco Aurélio Greco:[12]

> Esta dicção constitucional ('estabelecer normas gerais em matéria de legislação tributária') é mais abrangente que a utilizada pela Constituição anterior ('normas gerais de Direito Tributário') e ampliada a adotada pelo seu art. 24, I, pois abre espaço para a lei complementar atuar também como elemento estruturante do ordenamento tributário. Vale dizer, não apenas dispondo sobre prerrogativas do Fisco, direitos dos contribuintes, elementos fundamentais da obrigação, etc. (os chamados Direito Tributário material e formal) – possibilidade que já advém do art. 24, I, – mas também sobre as relações e fórmulas de conjugação e composição entre as várias normas que integram a legislação interna. Ou seja, abre espaço para a lei complementar dizer como devem e podem se relacionar as várias normas do sistema.

As normas gerais de Direito Tributário estão no Livro Segundo do CTN (Lei 5.172/66). Trata-se de uma lei federal e vinculante para as outras entidades políticas, possuindo estatura normativa de lei complementar.

O escopo da lei complementar de normas gerais é o de harmonizar o complexo sistema tributário que interessa à federação.

Além das normas gerais, a lei complementar deve dispor especialmente sobre a "definição de tributos e de suas espécies, bem como, em relação aos impostos discriminados nesta Constituição, a dos respectivos fatos geradores, bases de cálculo e contribuintes" (art. 146, III, *a*, da CF).

No CTN é que estão disciplinados os fatos geradores, bases de cálculo e contribuintes dos impostos nominados de competência das entidades políticas. A alíquota pode ser definida por lei ordinária. No caso do IPVA, que não está previsto no CTN, o STF entendeu que a falta de normas gerais editadas pela União autoriza os Estados a exercerem a competência legislativa plena, com base no art. 24, § 3º, da CF.[13]

O CTN também não disciplina as normas gerais acerca do Imposto sobre Transmissão *Causa Mortis* e Doação de Bens *Móveis*, cuja competência para sua instituição foi atribuída pela Constituição Federal aos Estados e ao Distrito Federal (art. 155, I). A estes compete instituir o Imposto "sobre a Transmissão *Causa Mortis* e Doação, de Quaisquer Bens ou Direitos" (art. 155, I, da CF), caso em que, tratando-se de bens móveis, títulos e créditos, o imposto caberá ao Estado onde se processar o inventário ou o arrolamento, ou tiver domicílio o doador, ou ao Distrito Federal (inciso II do § 1º do art. 155 da CF). O CTN disciplina apenas o Imposto de Transmissão de Imóveis (ITBI, art. 35), de competência dos Municípios e do Distrito Federal, a quem cabe "instituir Impostos sobre Transmissão *Inter Vivos*, a qualquer título, por ato oneroso, de bens imó-

---

[12] GRECO, Marco Aurélio. *Contribuições*; p. 162.
[13] REAgRg 206.500, RE 236.931.

veis, por natureza ou acessão física, e de direitos reais sobre imóveis, exceto os de garantia, bem como cessão de direitos à sua aquisição" (art. 156, II, da CF). No entanto, não existindo lei complementar para disciplinar a transmissão *causa mortis* e doação de bens móveis, não existe óbice para que os Estados e o DF exerçam a sua competência legislativa, nos termos do art. 24, § 3º, da CF e art. 34, § 3º, do ADCT.

Todas as contribuições também estão submetidas à lei complementar de normas gerais, nos termos do art. 149, *caput* da CF, o qual dispõe que é de competência exclusiva da União a instituição de contribuições sociais, de intervenção no domínio econômico e de interesse de categorias profissionais ou econômicas, devendo ser observado o disposto no art. 146, III, da CF. O art. 146, III, da CF faz referência à necessidade de lei complementar para estabelecer normas gerais em matéria tributária, *"... especialmente sobre a definição de tributos e suas espécies ..."*. Porém, o STF entende que não há necessidade de que os fatos geradores, bases de cálculo e contribuintes das contribuições estejam definidos em lei complementar porque elas não são impostos.[14] Quer dizer, a regra é a de que não há necessidade de lei complementar para a definição das contribuições, sejam sociais gerais, de Seguridade Social, de intervenção no domínio econômico ou no interesse de categorias profissionais.

A exigência de lei complementar para as contribuições fica restrita aos casos do art. 195, § 4º, da CF, ou seja, para a instituição de contribuições para a Seguridade Social cuja fonte de custeio não esteja prevista no art. 195 da CF. São as chamadas contribuições previdenciárias (ou de Seguridade Social) residuais. Deve ser sublinhado que o § 4º do art. 195, ao permitir a instituição de outras fontes para custear a Seguridade Social, determina seja observado o disposto no art. 154, I, da CF, que trata dos chamados impostos novos ou inominados, de competência residual da União. Tais impostos dependem de lei complementar, devem ser não cumulativos e não poderão ter fato gerador ou base de cálculo próprio de outros impostos discriminados na Constituição. A referência feita pelo § 4º do art. 195 ao 154, I, não significa que novas contribuições de Seguridade Social não possam ter identidade de fato gerador ou de base de cálculo própria de outros impostos. De acordo com o STF, a remissão ao art. 154, I, é feita apenas para que tais contribuições (novas) sejam instituídas por lei complementar e não tenham fato gerador ou base de cálculo de outras contribuições já existentes.

Em outras palavras, a Constituição Federal não proíbe a coincidência de fato gerador ou de base de cálculo de uma nova contribuição com imposto já existente. Como dito, a vedação é para que seja instituída contribuição cujo fato gerador ou base de cálculo sejam idênticos aos de contribuição já existente. Haveria um *bis in idem*. Assim como um imposto residual (novo ou inominado) não pode ter fato gerador ou base de cálculo de outro imposto, também uma contribuição previdenciária residual (nova) não poderá ter fato gerador ou base de cálculo própria de contribuição previdenciária já existente.

---
[14] STF, RE 148.754/RJ.

A matéria relativa à obrigação tributária, lançamento, crédito, prescrição e decadência também deve ser objeto de lei complementar (art. 146, III, *b*, da CF), sendo regulado no CTN, no Livro Segundo.

No que se refere à decadência e prescrição, o CTN fixa o prazo em cinco anos (arts. 150, 173 e 174), com regras para o respectivo cômputo, conforme abordado no capítulo próprio deste livro. No entanto, a Lei 8.212/91, que é uma lei ordinária, fixou o prazo de decadência e de prescrição das contribuições previdenciárias em dez anos (arts. 45 e 46), disposições estas que padeciam de inconstitucionalidade formal por usurparem matéria reservada, pelo texto constitucional, à lei complementar. A Corte Especial do STJ, em julgado publicado em outubro de 2007, reconheceu que as contribuições para a Seguridade Social têm natureza tributária, ficando sujeitas ao disposto no art. 146, III, *b*, da Constituição Federal, ou seja, à lei complementar. Em consequência, reconheceu a inconstitucionalidade formal do art. 45 da Lei 8.212/91.[15]

Da mesma forma, o pleno do STF entendeu que a lei complementar não teria apenas a função de traçar as diretrizes gerais acerca de prescrição e decadência, possibilitando a fixação dos prazos por lei da própria entidade tributante. Para a Corte, trata-se de preceito que disciplina de forma homogênea e estável a prescrição e decadência, devendo ser assegurada a força normativa e concretizadora da Constituição, incumbindo à lei complementar a tarefa de fixar normas com âmbito de eficácia nacional, e não apenas federal, evitando que as entidades políticas fixem hipóteses de suspensão, interrupção ou redução de prazos de forma diversa. Neste caso, além dos artigos 45 e 46 da Lei 8.212/91 (que fixavam os prazos de prescrição e decadência em 10 anos), também estava em discussão a suspensão da prescrição prevista no art. 5º do DL 1.569/77:

> Sem prejuízo da incidência da atualização monetária e dos juros de mora, bem como da exigência da prova de quitação para com a Fazenda Nacional, o Ministro da Fazenda poderá determinar a não inscrição como Dívida Ativa da União ou a sustação da cobrança judicial dos débitos de comprovada inexeqüibilidade e de reduzido valor. Parágrafo único – A aplicação do disposto neste artigo suspende a prescrição dos créditos a que se refere.

A Corte repeliu a

> alegação de que a norma que estabelece as situações de interrupção ou suspensão da prescrição na pendência do processo seria de natureza processual e que, por isso, não poderia ter sido reconhecida a prescrição, já que a matéria não estaria sob a reserva da lei complementar. No ponto, foi dito que normas que dispõem sobre prescrição ou decadência sempre são de direito substantivo, as quais – quando fixam prazos decadenciais e prescricionais, seus critérios de fluência –, alcançam o próprio direito material debatido, seja para definir situações de extinção ou casos de inexigibilidade, sendo certo que, em Direito Tributário, ambos os institutos implicam a extinção de direitos para a Fazenda Pública. Ao frisar que a suspensão do curso do prazo prescricional, ainda que expressamente contemplada em lei complementar, não poderia conduzir à imprescritibilidade do crédito fiscal, reputou-se improcedente o argumento da recorrente de que, por estar impedida de perseguir seu crédito, que se enquadra dentre os de pequeno valor, a prescrição não poderia correr durante o período de arquivamento.

---

[15] AI no REsp 616.348.

Entendeu que o vício da inconstitucionalidade estaria no parágrafo único do art. 5º do DL 1.569/77, o qual, "invadindo o campo reservado à lei complementar, prevê hipótese de suspensão da prescrição e cria situação de imprescritibilidade, que também não possui fundamento constitucional".[16]

O entendimento do STF acabou originando a Súmula Vinculante nº 8: "São inconstitucionais o parágrafo único do artigo 5º do Decreto-Lei nº 1.569/1977 e os artigos 45 e 46 da Lei nº 8.212/1991, que tratam de prescrição e decadência de crédito tributário".

Anote-se que os arts. 45 e 46 da Lei 8.212/91 acabaram sendo revogados pela LC 128/08.

Também pelo fato de a prescrição e a decadência em matéria tributária estarem reguladas na lei complementar (CTN), o Superior Tribunal de Justiça vem afastando as disposições da Lei de Execuções Fiscais (Lei 6.830/80), que é de natureza ordinária, no ponto em que trata da suspensão da prescrição por 180 dias (art. 2º, § 3º). Também entendia que a prescrição não era interrompida pelo despacho do juiz que ordenasse a citação (art. 8º, § 2º),[17] uma vez que o CTN, na redação original do art. 174, I, dispunha que a prescrição era interrompida pela citação. Tais dispositivos, no entanto, são aplicáveis para os créditos não tributários que também são exigíveis pela lei de execuções fiscais.

O CTN disciplina o crédito tributário, tratando da sua forma de constituição, suspensão, extinção, exclusão, assim como suas garantias e privilégios.

O STF não admite que a lei ordinária institua modalidade de extinção de crédito tributário não prevista em lei complementar nacional. O STF apreciou pedido de liminar em ação direta de inconstitucionalidade ajuizada contra lei do Estado do Rio Grande do Sul, que havia introduzido alterações em leis estaduais relativas ao procedimento administrativo tributário e à cobrança judicial de créditos inscritos em dívida ativa da Fazenda Pública Estadual, além de haver instituído, como forma de extinção do crédito tributário, a dação em pagamento. Registre-se que a alteração na lei estadual, ao prever a dação em pagamento como forma de extinção do crédito tributário, foi anterior à LC 104/01, que acrescentou o inc. XI ao art. 156 do CTN, também prevendo a dação em pagamento de bens imóveis como forma de extinção do crédito tributário. A Corte indeferiu a liminar porque considerou ausente a alegação de inconstitucionalidade por ofensa ao art. 146, III, *b*, da CF, entendendo que o Estado-Membro poderia estabelecer regras específicas de quitação dos seus próprios créditos tributários,[18] decisão esta que modificaria entendimento anterior, em liminar concedida em outra ação direta de inconstitucionalidade (ADI 1917), no sentido de que as hipóteses de extinção do crédito tributário dependeriam de lei complementar.[19]

---

[16] STF, RE 560.626, 556.664 e 559.882
[17] STJ, REsp 178.500.
[18] ADI 2.405.
[19] ADI 1.917.

Porém, o curioso é que o STF, em abril de 2007, acabou julgando procedente referida ADI 1917/DF, declarando a inconstitucionalidade de lei do Distrito Federal que previa o pagamento de débitos das microempresas, empresas de pequeno porte e médias empresas, mediante a dação em pagamento de materiais destinados a atender a programas de governo do Distrito Federal. A Corte considerou que caberia à lei complementar instituir esta causa de extinção do crédito tributário e que a lei impugnada acabaria afastando a necessidade de licitação para a aquisição de materiais pela administração pública.

Portanto, não pode ser admitido que a lei ordinária de qualquer ente político institua modalidade de extinção do crédito tributário que não esteja prevista em lei complementar de caráter nacional.

Ainda de acordo com o Supremo Tribunal Federal, a exigência de lei complementar prevista no artigo 146, III, *b*, da Carta da República não se estende às simples regras que disciplinam os depósitos judiciais e extrajudiciais de tributos, sem interferir na sua natureza.[20]

Cabe também à lei complementar dar adequado tratamento tributário ao ato cooperativo praticado pelas cooperativas (art. 146, III, *c*, da CF). O regime jurídico das cooperativas está previsto na Lei 5.764/71, recepcionada com natureza de lei ordinária, e artigos 1.093 a 1.096 do Código Civil. De acordo com a lei, as cooperativas são sociedades de pessoas, com forma e natureza jurídica próprias, de natureza civil como sociedade simples (parágrafo único do art. 982 do CC), não sujeitas à falência ou recuperação judicial, constituídas para prestar serviços aos associados, possuindo características que as distingue das demais pessoas jurídicas (art. 4º e seus incisos). Denominam-se atos cooperativos aqueles praticados entre as cooperativas e seus associados, entre estes e aquelas e pelas cooperativas entre si quando associadas, para a consecução dos objetivos sociais (art. 79).

Pela leitura da lei, infere-se que os atos não cooperativados devem seguir idêntica tributação das demais pessoas jurídicas.

Ao tratar dos princípios gerais da atividade econômica, o texto constitucional atribui à lei a tarefa de apoiar e estimular o cooperativismo e outras formas de associativismo (art. 174, § 2º).

O incentivo tributário às cooperativas é alcançado com o estabelecimento de um tratamento tributário diferenciado relativamente a outras sociedades ou atividades, sem que isto necessariamente alcance todas as espécies tributárias. Enquanto não houver a lei complementar, não existe óbice para que as cooperativas tenham o mesmo tratamento tributário dispensado aos contribuintes em geral.

A inexistência da lei complementar aqui mencionada deu origem ao mandado de injunção nº 701-2, impetrado pela Unimed Paulistana – Cooperativa de Trabalho Médico junto ao Supremo Tribunal Federal. Pretendia a impetrante, na ausência da lei complementar, fosse reconhecida a omissão legislativa, eximindo-a do pagamento da COFINS, PIS e contribuição social sobre

---

[20] ADI 2.214.

o lucro. O Min. Marco Aurélio mencionou a existência de leis ordinárias que disciplinam um tratamento diferenciado para as cooperativas relativamente às espécies tributárias questionadas, não sendo cabível o mandado de injunção porque este pressupõe a inexistência de norma que inviabilize o exercício de direitos, não podendo ser utilizado para o controle difuso ou concentrado de constitucionalidade. Não sendo o caso de falta de norma inviabilizadora do exercício de direitos ou liberdades, concluiu não ser cabível o mandado de injunção. No mesmo sentido foram os MI 702 e 703.[21]

Ainda que a Constituição Federal determine que a lei deva apoiar e estimular o cooperativismo e outras formas de associativismo, isto não significa dizer que as cooperativas possam receber tratamento tributário privilegiado, já que o dispositivo constitucional não está conferindo imunidade.[22]

O Pleno do STF, em julgamento em que se discutia a exigibilidade da contribuição ao PIS sobre os atos próprios das cooperativas, assim como a revogação da isenção da COFINS e do PIS, prevista na LC 70/91, pela MP 2.158-33/01, decidiu que as receitas auferidas pelas cooperativas de trabalho decorrentes de negócios jurídicos praticados com terceiros, não cooperados, se inseriam na materialidade da contribuição ao PIS e que, não havendo hierarquia entre lei complementar e lei ordinária, a medida provisória poderia revogar a isenção prevista na LC 70/91, por ser materialmente lei ordinária.[23]

De outra parte, a EC 42/03 atribuiu à lei complementar a tarefa de definir um tratamento diferenciado e favorecido para as microempresas e empresas de pequeno porte, prevendo regimes especiais ou simplificados no caso do ICMS, das contribuições previdenciárias de responsabilidade da empresa e da contribuição ao PIS (art. 146, III, *d*).

O art. 179 da CF dispõe que todas as pessoas políticas têm o dever de dispensar às microempresas e às empresas de pequeno porte, definidas em lei, um tratamento jurídico diferenciado com o objetivo de incentivá-las pela simplificação de suas obrigações administrativas, tributárias, previdenciárias e creditícias, ou pela eliminação ou redução destas por meio de lei.

As normais gerais que regulam o tratamento diferenciado e favorecido para as microempresas e empresas de pequeno porte, no âmbito de todas as pessoas políticas, foram instituídas pela LC 123, de 14 de dezembro de 2006, cujos preceitos passaram a vigorar em 01 de julho de 2007. A partir de 01 de julho de 2007, portanto, ficaram revogadas a Lei 9.317/96 e a Lei 9.841/99, que dispunham sobre o SIMPLES e o Estatuto da Microempresa e Empresa de Pequeno Porte, respectivamente (art. 89 da LC 123/06).

A LC 123/06, além de normas relativas à simplificação do sistema tributário das microempresas e empresas de pequeno porte, também disciplina preceitos que objetivam estimular as pequenas empresas ao acesso aos mercados, facilitando a participação em licitações (art. 42), simplificando as relações

---

[21] Em relação ao PIS/COFINS devidos pelas cooperativas de trabalho, vide também o item 4.1.6.2
[22] STF, RE 141.800/SP.
[23] STF, RE 599.362 e 598.085.

de trabalho (art. 50), além de incitar a promoção de medidas para melhorar o acesso aos mercados de crédito e de capitais (art. 57).

No campo tributário, a LC 123/06 instituiu um regime especial unificado de arrecadação de tributos devidos pelas microempresas e empresas de pequeno porte, intitulado de Simples Nacional. O sistema é gerido por um Comitê Gestor, vinculado ao Ministério da Fazenda, e por um Fórum Permanente das microempresas e empresas de pequeno porte. O Comitê Gestor é composto por oito integrantes: quatro representantes da Secretaria da Receita Federal do Brasil, dois representantes dos Estados e do Distrito Federal e dois dos Municípios (art. 2º) para tratar dos aspectos tributários.

A opção pelo Simples Nacional, que deve-se dar nos termos da lei de regência,[24] implica recolhimento mensal, mediante um documento único de arrecadação, de alguns tributos federais, do ICMS e do ISS. Os tributos federais abrangidos pelo Simples são o Imposto de Renda da Pessoa Jurídica (IRPJ), o Imposto sobre Produtos Industrializados (IPI), exceto o devido na Importação, a Contribuição Social Sobre o Lucro (CSL), a Contribuição para o Financiamento da Seguridade Social (COFINS), exceto a devida na Importação, a Contribuição para o PIS/PASEP, exceto a devida na importação, e a contribuição previdenciária de responsabilidade da empresa (patronal), prevista no art. 22, da Lei 8.212/91, exceto em relação às pessoas jurídicas que se dedicam a determinadas prestações de serviços (art. 13, I a VIII, da LC 123/06). Em alguns casos específicos não abrangerá o ICMS e o ISS (art. 13, § 1º, XIII e XIV).

Por outro lado, o texto constitucional também faz referência à lei complementar para instituir impostos novos ou inominados (art. 154, I), Imposto sobre Grandes Fortunas (art. 153, VII), empréstimos compulsórios (art. 148) e novas fontes de custeio para a Seguridade Social, ou seja, Contribuições de Seguridade Social (ou previdenciárias) residuais (art. 195, § 4º).

Além disso, a lei complementar da União, em alguns casos excepcionalmente previstos na própria Constituição, poderá dispor acerca de normas gerais dos impostos dos Estados, do Distrito Federal e dos Municípios. De fato, à lei complementar da União cabe definir, para efeitos de incidência do Imposto Sobre Serviços (ISS), os serviços de qualquer natureza que não estejam compreendidos no âmbito do ICMS, bem como fixar as suas alíquotas máximas e mínimas, excluir, da sua incidência, as exportações de serviços para o exterior e regular a forma e as condições como isenções, incentivos e benefícios fiscais serão concedidos e revogados (art. 156, III, e § 3º, I a III, da CF, de acordo com a EC 37/02). A lei complementar é apenas para dar um tratamento uniforme ao tributo, em caráter nacional, não dispensando a necessidade de lei da própria entidade política que tem a competência tributária para dispor acerca do tributo.

Para o Min. Carlos Velloso,

a lei complementar, em resumo, no que toca ao ISS, definirá os serviços sobre os quais incidirá o ISS, tendo por finalidade, sobretudo: a) afastar os conflitos de competência, em matéria tributária,

---

[24] Não pode ser considerada sanção política a vedação de ingresso no SIMPLES Nacional (art. 17, V, da LC 123/06) da microempresa ou empresa de pequeno porte que possua débitos junto ao INSS ou à Fazenda Pública, conforme decidido pelo STF no RE 627.543

entre as entidades políticas (CF, arts. 156, III; 146, I); b) cabe-lhe, ainda, estabelecer o fato gerador, a base de cálculo e o contribuinte do ISS (CF, art. 146, III, a); c) fixar as alíquotas máximas e mínimas do ISS, excluir da sua incidência exportação de serviços para o exterior e regular a forma e as condições como isenções, incentivos e benefícios fiscais serão concedidos e revogados (CF, art. 156, § 3º, I, II e III)...O ISS é um imposto municipal. É dizer, ao Município competirá instituí-lo (CF, art. 156, III). Todavia, está ele jungido à norma de caráter geral, vale dizer, à lei complementar que definirá os serviços tributáveis, lei complementar do Congresso Nacional (CF, art. 156, III). Isto não quer dizer que a lei complementar possa definir como tributáveis pelo ISS serviços que, ontologicamente, não são serviços. No conjunto de serviços tributáveis pelo ISS, a lei complementar definirá aqueles sobre os quais poderá incidir o mencionado imposto.[25]

A lei complementar nacional também é que deverá regular a instituição do Imposto de Transmissão *Causa Mortis* e Doação, de Quaisquer Bens ou Direitos (ITCD), quando o doador tiver domicílio ou residência no exterior ou quando o *de cujus* possuía bens, era residente ou domiciliado ou teve o seu inventário processado no exterior (art. 155, § 1º, III, *a* e *b*, da CF). Enquanto não houver lei complementar nacional, os Estados e o DF poderão exercitar a sua competência legislativa plena (art. 24, § 3º, da CF).

Por fim, no caso do ICMS, cabe à lei complementar da União definir os contribuintes, dispor sobre substituição tributária, disciplinar o regime de compensação do imposto, fixar, para efeito de sua cobrança e definição do estabelecimento responsável, o local das operações relativas à circulação de mercadorias e das prestações de serviços, excluir da incidência do imposto, nas exportações para o exterior serviços e outros produtos além dos mencionados no inciso X, a do art. 155, § 2º, da CF (art. 155, § 2º, XII, *a* a *e*, da CF). Cabe ainda à lei complementar em tema de ICMS: prever casos de manutenção de crédito, relativamente à remessa para outro Estado e exportação para o exterior de serviços e mercadorias; regular a forma como, mediante deliberação dos Estados e do Distrito Federal, isenções, incentivos e benefícios fiscais serão concedidos e revogados; definir os combustíveis e lubrificantes sobre os quais o imposto incidirá uma única vez, qualquer que seja a sua finalidade, hipótese em que não será aplicado o disposto no inciso X alínea *b* do art. 155, § 2º; fixar a base de cálculo, de modo que o montante do imposto a integre, também na importação do exterior de bem, mercadoria ou serviço (art. 155, § 2º, XII, *f* a *i*).

As normas gerais do ICMS estão traçadas na Lei Complementar nº 87/96, nos termos do art. 155, § 2º, XII, da CF, porém, cabe ao legislador estadual definir as hipóteses de incidência do imposto. Sem que exista a lei do Estado, o ICMS não pode ser exigido. As normas constitucionais que impõem disciplina nacional ao ICMS são preceitos contra os quais não se pode opor a autonomia dos Estados e do Distrito Federal, na medida em que são explícitas limitações dela.[26] Anteriormente à LC 87/96, o ICMS era exigido através de convênios entre os Estados, com base no art. 34, § 8º, dos ADCT.

O Supremo Tribunal Federal, no que se refere à concessão unilateral de benefícios fiscais relativos ao ICMS, inclusive no que tange à outorga de crédito presumido, tem reprimido a chamada "guerra fiscal" entre os Estados, exi-

---

[25] RE 361.829.
[26] ADI 2.352/ES.

gindo que a concessão ocorra mediante decisão consensual entre os Estados, na forma da lei complementar referida no art. 155, § 2°, XII, g, da CF.[27] Esta lei complementar é a LC n° 24/75, recepcionada pela CF/88, com exceção do art. 4° (ratificação dos convênios por Decreto estadual) e do art. 8° (ineficácia do crédito fiscal). Para dar uniformidade ao ICMS, reprimindo a guerra fiscal entre os Estados, exige-se um consenso entre eles para conceder incentivos ou benefícios fiscais. Isto é feito através dos convênios, elaborados por um órgão colegiado chamado Conselho Nacional de Política Fazendária (CONFAZ). Este órgão é presidido pelo governo federal, havendo a participação de todos os Estados e do Distrito Federal. A existência dos convênios, porém, por força do art. 150, § 6°, da CF, não dispensa a necessidade de lei específica de cada entidade federada.[28]

A EC 33/01 acrescentou o § 4° ao art. 155, assim como a alínea "h" ao inciso XII, prevendo o ICMS monofásico incidente sobre os combustíveis e lubrificantes. Enquanto não entrar em vigor a lei complementar necessária para definir os combustíveis e lubrificantes sobre os quais o imposto incidirá uma única vez, qualquer que seja a sua finalidade, os Estados e o Distrito Federal, mediante convênios, fixarão normas para regular provisoriamente a matéria (art. 4° da EC 33/01).

Por fim, a EC 42/03 atribuiu à lei complementar a tarefa de estabelecer critérios especiais de tributação com o objetivo de prevenir desequilíbrios da concorrência, sem prejuízo da competência de a União, por lei, estabelecer normas de igual objetivo (art. 146-A). Quer dizer, além das normas gerais, de caráter nacional, via lei complementar, que podem fixar critérios especiais de tributação para reprimir o abuso do poder econômico que vise à eliminação ou aos desequilíbrios da concorrência (art. 173, § 4°, da CF), a União também poderá, mediante de lei ordinária, fixar idênticos critérios para os tributos de sua competência.

2.1.1.2. Lei ordinária

A Constituição Federal proíbe que seja exigido ou aumentado tributo sem lei que o estabeleça (art. 150, I, da CF). Exigir significa instituir. Não há tributo sem lei que o defina. A lei deverá ser aprovada pelo Poder Legislativo da entidade política que recebeu a competência tributária para dispor acerca daquela espécie de tributo. Publicada a lei no Diário Oficial, fixa-se sua existência e identifica-se o momento da sua vigência.[29] O que importa, portanto, é a data da publicação da lei, pouco interessando que ela não recaia em dia útil.[30]

Alguns autores também fazem referência ao princípio da tipicidade, que seria derivado da legalidade. A tipicidade significa a necessidade de que os

---

[27] ADI 84/MG, ADI 128/AL, ADI 902, ADI 1.296/PI, ADI 1.247/PA, ADI 1.179/RJ ADI 2.021/SP, ADI 1.587, ADI 1.999.
[28] Veja o item relativo ao ICMS no capítulo dos impostos em espécie.
[29] STF, RE 222.241/CE.
[30] STF, RE 226.451/PE.

tributos sejam descritos em tipos fechados, contendo todos os aspectos necessários à precisa identificação de todos os elementos que compõem a relação jurídico-tributária. Na tipicidade, os limites do tributo estão na lei. "Deve o legislador, ao formular a lei, definir, de modo taxativo (*numerus clausus*) e completo, as situações (tipos) tributáveis, cuja ocorrência será necessária e suficiente ao nascimento da obrigação tributária, bem como os critérios de quantificação (medida) do tributo", conforme diz Luciano Amaro.[31]

A regra geral é a de que a lei ordinária é hábil para a instituição de tributos. Apenas determinadas espécies tributárias, como dito, é que dependem, face à expressa previsão constitucional, de lei complementar para a sua instituição.

A observância ao princípio da legalidade não fica restrita à instituição de tributo. O Código Tributário Nacional também atribui à lei a tarefa de aumentar, reduzir ou extinguir tributos, como também definir o fato que gera a obrigação tributária (fato gerador), a pessoa obrigada ao cumprimento da prestação (sujeito passivo) e a maneira pela qual o tributo deve ser apurado, ao fixar sua base de cálculo e alíquota (incisos I a IV do art. 97). É atribuição da lei cominar, dispensar ou reduzir penalidades (multas de mora ou punitivas), como também disciplinar as causas de suspensão, exclusão e extinção do crédito tributário (art. 97, V e VI).

Todavia, não pode ser considerada como majoração do tributo a simples atualização monetária da sua base de cálculo (§ 2º do art. 97 do CTN). Se a legislação vigente por ocasião do fato gerador já estabelecia que a obrigação ficava sujeita à correção monetária, é legítimo que a lei venha a substituir o indexador até então adotado sem que seja observado o princípio da anterioridade porque a atualização do valor monetário da respectiva base de cálculo não constitui majoração do tributo.[32]

No caso do IPTU, o aumento do valor venal dos imóveis depende de lei, salvo quando houver simples atualização monetária que não exceda ao índice de inflação anual. O Supremo Tribunal Federal tem vários precedentes no sentido de que o valor venal dos imóveis pode ser atualizado anualmente, independentemente da edição de lei, desde que o percentual utilizado não exceda a inflação acumulada no período anterior.[33] Para a Corte, "é inconstitucional a majoração do IPTU sem edição de lei em sentido formal, vedada a atualização, por ato do Executivo, em percentual superior aos índices oficiais".[34] Em outro julgado, considerou que "se, de um lado, é certo assentar-se que a simples atualização do tributo, tendo em conta a espiral inflacionária, independe de lei, isto considerado o valor venal do imóvel (IPTU), de outro não menos correto é que, em se tratando de verdadeiro aumento, o decreto-lei não é o veículo próprio a implementá-lo. A teor do disposto no inciso I do artigo 150 da Constituição Federal, a via própria ao aumento de tributo é a lei em sentido formal

---
[31] AMARO, Luciano. *Direito Tributário Brasileiro*; p. 111.
[32] STF, RE 176.200.
[33] STF, RE 234.605.
[34] STF, RE 648.245.

e material".³⁵ Na mesma linha, o STJ considera ilegítimo que, mediante um ato do Executivo (Decreto), seja atualizado o IPTU em percentual superior ao índice oficial de correção monetária.³⁶

Por outro lado, qualquer modificação na base de cálculo que importe em tornar o tributo mais oneroso equivale à majoração e depende, portanto, de lei formal.

É importante salientar que o prazo para o pagamento de tributos não é matéria afeta à reserva legal. Não diz respeito ao elemento temporal do fato gerador. Por tal razão, já foi considerado legítimo dispositivo legal que atribuía ao Ministro da Fazenda a competência para fixar o prazo de recolhimento de tributo mediante uma simples Portaria.³⁷ No caso, o Ministro da Fazenda, autorizado pelo art. 66 da Lei 7.450/85, havia expedido uma Portaria, estabelecendo o prazo para o recolhimento do IPI. O Min. Ilmar Galvão entendeu que não se estava diante de matéria reservada ao princípio da legalidade, e que o art. 66 da Lei 7.450/85 havia deslegalizado a matéria, já que o vencimento do IPI era fixado anteriormente pela Lei 4.502/64 (art. 26, III), tendo sido atribuída competência para a Administração disciplinar o prazo para o pagamento mediante ato normativo, tal como autorizado pelo art. 100, I, do CTN, configurador de lei em sentido material, porque seria de caráter geral e abstrato.

De acordo com o STF, a definição do vencimento da obrigação tributária não está compreendida no campo reservado à lei, não havendo óbice, portanto, para que um Decreto Estadual altere a data do vencimento do ICMS.³⁸ Em outro caso, o Estado de Minas Gerais havia expedido Decretos que anteciparam o dia de recolhimento do ICMS e determinaram a incidência de correção monetária a partir de então. Alegou-se vulneração ao princípio da legalidade, anterioridade e não cumulatividade, o que foi repelido pelo STF porque assentado o entendimento de que a fixação do vencimento da obrigação tributária não está sujeita ao princípio da legalidade ou anterioridade, e que a atualização monetária de débito vencido de ICMS não afronta o princípio da não cumulatividade.³⁹

2.1.1.3. Lei delegada

As leis delegadas devem ser elaboradas pelo Presidente da República, que deverá solicitar delegação ao Congresso Nacional (art. 68 da CF). A delegação ao Presidente da República terá a forma de Resolução do Congresso Nacional, que deverá especificar o seu conteúdo e os termos de seu exercício (§ 2° do art. 68 da CF). As leis delegadas podem tratar de matéria objeto de lei ordinária, mas são vedadas para regulamentar o campo reservado à lei complementar (§ 1° do art. 68 da CF).

---

³⁵ STF, AI 176.870
³⁶ Súmula 160 do STJ.
³⁷ STF, RE 140.669.
³⁸ STF, RE 203.684.
³⁹ STF, RE 195.218.

A delegação legislativa em favor do Poder Executivo é em caráter excepcional. O meio formalmente idôneo de outorga parlamentar de tarefas normativas ao Executivo é a Resolução, de acordo com o STF.[40] Conforme o Min. Celso de Mello,

> a resolução não pode ser validamente substituída, em tema de delegação legislativa, por lei comum, cujo processo de formação não se ajusta à disciplina ritual fixada pelo art. 68 da Constituição.(...). O Executivo não pode, fundando-se em mera permissão legislativa constante de lei comum, valer-se do regulamento delegado ou autorizado como sucedâneo da lei delegada para o efeito de disciplinar, normativamente, temas sujeitos à reserva constitucional de lei. (...). O legislador não pode abdicar de sua competência institucional para permitir que outros órgãos do Estado, como o Poder Executivo, produzam norma que, por efeito de expressa reserva constitucional, só pode derivar de fonte parlamentar.

2.1.1.4. Exceções ao princípio da legalidade

A Constituição Federal atribui ao Poder Executivo a faculdade de aumentar ou reduzir as alíquotas dos impostos de natureza extrafiscal: Imposto de Importação, Imposto de Exportação, Imposto sobre Produtos Industrializados e Imposto sobre Operações de Crédito, Câmbio e Seguro, ou Relativas a Títulos ou Valores Mobiliários (II, IE, IPI e IOF – art. 153, § 1º, da CF). Note-se que a faculdade tem uma restrição: as condições e os limites para a modificação devem ser previstos em lei. A lei fixa os limites mínimo e máximo, e o Executivo estabelece o percentual que entender oportuno e conveniente de acordo com sua política econômica. O ato que fixa as alíquotas não é privativo do Presidente da República, mas sim do Poder Executivo. Por isso, o STF admitiu que a alíquota do Imposto de Exportação fosse alterada mediante Resolução da CAMEX (Câmara de Comércio Exterior), órgão do Poder Executivo.[41] A lei que deve fixar tais limites é a ordinária, e não a complementar,[42] não havendo necessidade de o Decreto ou outro ato normativo explicitar os motivos para a modificação das alíquotas.[43]

Além destes impostos, a contribuição de intervenção no domínio econômico relativa às atividades de importação ou comercialização de petróleo e seus derivados, gás natural e seus derivados e álcool combustível, criada pela EC 33/01 (CIDE-Combustível), também poderá ter suas alíquotas reduzidas e restabelecidas por ato do Poder Executivo, nos termos do art. 177, § 4º, I, *b*, da CF. Note-se que a contribuição e suas alíquotas máximas deverão ser estabelecidas em lei. A Lei 10.336/2001 regulamentou este dispositivo e fixou alíquotas específicas, possibilitando a sua redução ou restabelecimento, por ato do Poder Executivo, até os limites nela fixados (art. 9º).

Anote-se ainda o tratamento provisório, enquanto não editada a lei complementar, que a EC 33/01 (art. 4º) deu quanto à incidência monofásica do ICMS sobre combustíveis e lubrificantes, permitindo que as alíquotas sejam fi-

---

[40] STF, ADI 1.296.
[41] STF, RE 570.680.
[42] STF, RE 218.325.
[43] STF, RE 225.602.

xadas por convênios (inciso IV, § 4º, do art. 155), que são celebrados no âmbito do CONFAZ (Conselho Nacional de Política Fazendária).

Portanto, existem seis exceções ao princípio da legalidade: Impostos de Importação, Exportação, IPI, IOF, CIDE-Combustíveis e ICMS-Combustíveis.

2.1.2. Medidas provisórias

As medidas provisórias são instrumentos integrantes do processo legislativo (art. 59, V, da CF). Possuem força de lei e são adotadas pelo Presidente da República nos casos de relevância e urgência, devendo ser submetidas à aprovação do Congresso Nacional.

As medidas provisórias sofreram importante modificação com a EC 32/01, sendo relevante sublinhar três aspectos: 1) As medidas provisórias não podem tratar de matéria reservada à lei complementar. 2) As medidas provisórias anteriores à EC 32/01 continuam em vigor até que medida provisória ulterior as revogue explicitamente ou até deliberação definitiva do Congresso Nacional (art. 2º da EC 32/01), ou seja, tornaram-se permanentes. 3) É proibida a adoção de medida provisória para regulamentar artigo da Constituição cuja redação tenha sido alterada por meio de emenda promulgada entre 1º de janeiro de 1995 e a promulgação da EC 32, de 11 de setembro de 2001, inclusive (art. 246 da CF).

A votação das medidas provisórias deve ser iniciada na Câmara dos Deputados, cabendo a uma comissão mista de Deputados e Senadores examiná-las e sobre elas emitir parecer, inclusive quanto ao atendimento de seus pressupostos constitucionais, antes de serem apreciadas, em sessão separada, pelo plenário de cada uma das Casas do Congresso Nacional (art. 62, §§ 5º, 8º e 9º, da CF).

As medidas provisórias perderão a eficácia, desde a edição, se não forem convertidas em lei no prazo de sessenta dias, a partir de sua publicação. Este prazo é suspenso durante o período de recesso do Congresso Nacional (§§ 3º e 4º do art. 62 da CF). A Constituição Federal permite a prorrogação da medida provisória por uma única vez, em igual período, quando sua votação não tiver sido encerrada nas duas Casas do Congresso Nacional (§ 7º do art. 62). Perdendo a eficácia ou sendo rejeitada, o Congresso Nacional deverá disciplinar, mediante Decreto Legislativo, as relações jurídicas dela decorrentes (§ 3º do art. 62 da CF). Caso o Congresso não edite o Decreto Legislativo até sessenta dias depois da rejeição ou perda da eficácia da medida provisória, as relações jurídicas constituídas e decorrentes de atos praticados durante a vigência da medida provisória conservar-se-ão por ela regidos (§ 11 do art. 62 da CF). Se, depois de quarenta e cinco dias de sua publicação, a medida provisória não tiver sido apreciada, ela entrará em regime de urgência na Câmara e no Senado, trancando a pauta das deliberações legislativas até que seja votada (§ 6º do art. 62 da CF).

A Constituição proíbe a reedição, na mesma sessão legislativa, de medida provisória que tiver sido rejeitada ou perdido a eficácia por decurso de prazo (§ 10 do art. 62). No sistema anterior, admitia-se como válida e eficaz a reedição de medida provisória não apreciada pelo Congresso Nacional, desde que ocorrida no prazo de trinta dias de sua primeira publicação.[44] Se o projeto de lei de conversão alterar o texto original, a medida provisória permanecerá integralmente em vigor até que seja sancionado ou vetado o projeto (§ 12 do art. 62 da CF).

A Constituição Federal proíbe a edição de medida provisória para disciplinar várias matérias, entre estas a reservada à lei complementar (inciso III do § 2º do art. 62). Por conta disso, as medidas provisórias são instrumentos normativos ilegítimos para instituírem empréstimos compulsórios, impostos novos (inominados), Imposto sobre Grandes Fortunas ou Contribuições Previdenciárias Residuais porque tais espécies tributárias dependem de lei complementar (arts. 148, parágrafo único, 153, VII e 154, I, 195, § 4º, da CF).

Até a EC 32/01 era pacífico no STF que a medida provisória poderia disciplinar a respeito de matéria tributária, ou seja, sobre qualquer assunto que deveria estar afeto à reserva legal tributária.[45] Ou seja, a medida provisória poderia instituir ou majorar tributos. Não obstante o art. 62, § 2º, da Constituição Federal, nos termos da redação que lhe foi dada pela EC 32/01, refira-se apenas aos *impostos* (*Medida provisória que implique instituição ou majoração de impostos...*), não existe óbice para que tal instrumento legislativo continue sendo utilizado para ocupar o princípio da legalidade necessário para qualquer espécie tributária, salvo aquela que estiver reservada à lei complementar (art. 62, § 1º, III, da CF). A título de exemplo, as contribuições do PIS/COFINS sobre a importação foram instituídas por uma medida provisória, convertida na Lei 10.865/04. Da mesma forma, o sistema não cumulativo do PIS foi previsto na MP 66/02, convertida na Lei 10.637/02, e o da COFINS na MP 135/03, convertida na Lei 10.833/03.

Por fim, acrescente-se que o STF assentou a legitimidade do Governador do Estado para, acompanhando o modelo federal, e desde que exista tal previsão na Constituição do Estado, expedir medidas provisórias. No voto, o Min. Maurício Correa afirmou ser tradição na Corte "aplicar o princípio da simetria ao procedimento legislativo nos Estados-Membros, que também enfrentam situações excepcionais a reclamar providências urgentes e relevantes capazes de saná-las, especialmente se considerarmos o fato de que vários deles possuem tamanho, população e economia equiparáveis a diversos países do mundo", razão por que foi considerado legítimo que o Estado de Tocantins introduzisse na sua Constituição, acompanhando o modelo federal, a faculdade de o Chefe do Poder Executivo expedir medidas provisórias.[46]

2.1.3. Princípio da irretroatividade

A Constituição Federal proíbe que União, Estados, DF e Municípios cobrem tributos em relação a fatos geradores ocorridos antes do início da vigência

---
[44] STF, ADI 1.610.
[45] STF, ADI 1.135.
[46] STF, ADI 425.

da lei que os houver instituído ou aumentado (art. 150, III, *a*, da CF). A lei que instituir ou aumentar tributos somente apanhará os fatos geradores ocorridos após a sua publicação. O fato anterior à lei não gera a obrigação tributária. O tributo, portanto, não poderá ser exigido. O princípio da irretroatividade impede que a lei do presente, que tenha instituído ou aumentado tributos, recaia sobre fatos do passado.

O princípio da irretroatividade não comporta exceções no que se refere à criação ou ao aumento de tributos. Porém, a irretroatividade não constitui empecilho para que a lei que reduza o tributo, seja no que se refere à sua base de cálculo ou à alíquota, tenha efeito retroativo. Neste caso, a retroatividade deve ser expressa porque a lei não será aplicada de forma retroativa apenas por ser mais benéfica ao contribuinte.

Atente-se, porém, que o CTN prevê a aplicação retroativa da lei tributária no que se refere às sanções por infrações, ou seja, multas, tratada no Título II, Capítulo 1 (item 1.4). Ou seja, no que tange às penalidades, a lei tributária mais benigna poderá ser aplicada retroativamente.

O princípio da segurança jurídica está ligado ao princípio da irretroatividade porque o contribuinte fica resguardado da incidência da lei tributária em relação aos fatos pretéritos.

O problema da aplicação do princípio da irretroatividade diz respeito aos tributos cujo fato gerador é complexivo. Ou seja, em relação a tributos que abrangem um período certo de tempo, completando-se o fato gerador no final de um exercício, como é o caso, do Imposto de Renda.

Ricardo Mariz de Oliveira,[47] lecionando acerca do aspecto temporal do Imposto de Renda, ressalvando alguns casos excepcionais, depois de dizer que a lei ordinária estabelece o momento do encerramento do período-base de formação e apuração do fato gerador, que se tem por ocorrido no último instante, diz:

> Na realidade fenomênica, o fato gerador vai se formando paulatinamente, dia a dia ou momento a momento do período-base predeterminado pela lei, mediante a aquisição de cada disponibilidade econômica ou jurídica de renda ou de provento e o incorrimento em cada custo ou despesa necessário à produção daqueles fatores positivos para o patrimônio.
> Esse fenômeno prossegue inelutavelmente até o último instante do período considerado, quando se fecha a massa universal de fatores positivos e negativos de mutação patrimonial, de modo que, até este átimo final, algum novo fator positivo ou negativo pode vir a produzir uma nova mutação para mais ou para menos.
> É exatamente no encerramento do período eleito pela lei que se completa a situação configuradora do fato gerador e este é considerado como ocorrido.

Sendo assim, se a lei aumentar o Imposto de Renda e for publicada na metade do ano, não haverá violação ao princípio da irretroatividade porque o fato gerador ainda não está perfectibilizado, o que somente vai ocorrer no final do ano, em 31 de dezembro. Para o STF, não contraria o princípio da irretroatividade a exigência do tributo calculado com base na lei editada no curso do ano-base. Quer dizer, a lei não seria retroativa porque ela precederia ao término

---
[47] OLIVEIRA, Ricardo Mariz. *Fundamentos do Imposto de Renda*. p. 493.

do período. Este entendimento de que o fato gerador ocorre no último dia de cada ano é aplicado, segundo o STF, apenas na hipótese do Imposto de Renda na sua função tradicional, ou seja, de natureza fiscal ou arrecadatória.

De fato, o STF tem entendimento diverso quando se trata do Imposto de Renda com função extrafiscal. O caso julgado envolveu o art. 1º, I, da Lei 7.988, de 28 de dezembro de 1989, o qual havia majorado a alíquota do Imposto de Renda sobre exportações incentivadas, correspondentes ao ano-base de 1989, de 6% para 18%.[48] A lei é de 28 de dezembro, e o contribuinte alegava que tal majoração não poderia ser exigida em relação ao próprio exercício financeiro, sob pena de violação ao art. 150, III, *a*, da CF. O STF entendeu que neste caso o Imposto de Renda tinha a alíquota reduzida com o objetivo de promover as exportações, ou seja, o tributo era utilizado como incentivo fiscal, destinado a estimular comportamentos do contribuinte por conta da redução tributária. Desse modo, o fato gerador não ocorreria apenas no final do ano-base, mas sim por ocasião da realização das operações de exportação, já que se referia ao lucro nas operações incentivadas, que estava separado do lucro geral das empresas. Para a Corte,

> incentivar exportações por benesses tributárias e depois aumentar a alíquota de forma retroativa, mesmo que dentro do mesmo ano-base, trata-se de manobra na política fiscal que apenas traz malefícios para o sistema econômico nacional como um todo, pois era extrema desconfiança sobre a lisura das práticas de arrecadação da Administração Tributária. Com efeito, tal conduta ofende diretamente o primado da segurança jurídica.

Com isso, o STF julgou inconstitucional o art. 1º, I, da Lei 7.988/89, fixando a seguinte tese:

> É inconstitucional a aplicação retroativa de lei que majora a alíquota incidente sobre o lucro proveniente de operações incentivadas ocorridas no passado, ainda que no mesmo ano-base, tendo em vista que o fato gerador se consolida no momento em que ocorre cada operação de exportação, à luz da extrafiscalidade da tributação na espécie.

2.1.4. Princípio da anterioridade de exercício financeiro

O princípio da anterioridade de exercício financeiro proíbe que a União, os Estados, o Distrito Federal e os Municípios cobrem tributos no mesmo exercício financeiro em que houver sido publicada a lei que os instituiu ou aumentou (art. 150, III, *b*, da CF).

O exercício financeiro coincide com o ano civil (1º de janeiro a 31 de dezembro), nos termos do art. 34 da Lei 4.320/64. A lei só incide no exercício financeiro seguinte àquele em que foi publicada, quando se tratar de aumento ou instituição de tributos, com algumas exceções.

O princípio da segurança jurídica é reforçado pelo princípio da anterioridade porque este faz com que o contribuinte tenha prévia ciência da norma em relação aos fatos futuros.

---

[48] RE 183.130 e 592.396.

Ofende o princípio da anterioridade de exercício financeiro a pretensão de fazer incidir, no mesmo exercício em que publicada, planta de valores que resulte em majoração do IPTU.[49]

Como o texto constitucional refere-se à "cobrança" do tributo, alguns autores entendem que a lei entra em vigor no mesmo exercício financeiro em que foi publicada, mas sua eficácia fica suspensa até o início do exercício financeiro seguinte. Outros sustentam que a lei publicada num exercício financeiro, só entra em vigor no exercício seguinte, ocorrendo, neste intervalo, a *vacatio legis*. O resultado, porém, para o STF é sempre o mesmo: "a lei que institui ou aumenta tributo, para observar o princípio da anterioridade, só tem incidência no exercício financeiro seguinte ao que foi publicada".[50]

Quanto ao Imposto de Renda, o princípio da anterioridade de exercício financeiro, para o STF, embora a jurisprudência ainda vacile, não demandaria a necessidade de lei precedente ao ano em que ocorrerem os fatos ensejadores do imposto. Com isto, a lei editada no final do ano-base não violaria o princípio da anterioridade porque a lei estaria em vigor antes do exercício financeiro em que a declaração deva ser apresentada, que é no ano seguinte. Não obstante as críticas doutrinárias, quanto ao Imposto de Renda, o STF tem aplicado a Súmula 584, a qual dispõe que "ao Imposto de Renda calculado sobre os rendimentos do ano-base, aplica-se a lei vigente no exercício financeiro em que deve ser apresentada a declaração". A Súmula, no entanto, teve origem quando a legislação dispunha que o fato gerador ocorria apenas em 01 de janeiro do ano seguinte.

Luciano Amaro, criticando a Súmula 584 do STF, sustenta que:

a) o princípio da irretroatividade exige lei anterior ao fato gerador, ou seja, lei anterior ao período de formação do fato gerador; b) tratando-se de tributo sujeito à anterioridade, a lei há de preceder o ano em que ocorram os fatos (sobre que incida o tributo) e não apenas o exercício de pagamento do tributo.[51]

Para a doutrina, quanto ao Imposto de Renda, o princípio da anterioridade de exercício financeiro exige que a lei mais onerosa tenha sido publicada até 31 de dezembro do ano anterior.

Por outro lado, o Supremo Tribunal Federal firmou entendimento de que o princípio da anterioridade é um direito e garantia fundamental do contribuinte e, como tal, constitui-se em uma cláusula pétrea, não podendo ser suprimido, em consequência, por emenda constitucional. O caso julgado dizia respeito à instituição do IPMF através da EC 03/93, a qual havia suprimido o princípio da anterioridade, dispondo que "ao imposto de que trata este artigo não se aplica o art. 150, III, *b*, e VI, nem o disposto no § 5º do art. 153 da Constituição" (art. 2º, § 2º), supressão esta que foi repetida na lei que instituiu o imposto.

---

[49] STF, RE 182.191.
[50] Voto do Min. MOREIRA ALVES no RE 146.733.
[51] Op. cit; p. 125.

Como as emendas constitucionais também estão sujeitas a controle de constitucionalidade, tendo em vista os limites materiais, formais e circunstanciais traçados no próprio texto constitucional para as emendas à Constituição (art. 60 da CF), o STF entendeu que era inconstitucional o dispositivo da emenda e da respectiva lei porque havia suprimido o princípio da anterioridade.[52] No seu voto, o Min. Celso de Mello disse que:

> O princípio da anterioridade da lei tributária, além de constituir limitação ao poder impositivo do Estado, representa um dos direitos fundamentais mais relevantes outorgados pela Carta da República ao universo dos contribuintes. Não desconheço que se cuida, como qualquer outro direito, de prerrogativa de caráter meramente relativo, posto que as normas constitucionais originárias já contemplam hipóteses que lhe excepcionam a atuação. Note-se, porém, que as derrogações a esse postulado emanaram de preceitos editados por órgão exercente de funções constituintes primárias: a Assembléia Nacional Constituinte. As exceções a esse princípio foram estabelecidas, portanto, pelo próprio poder constituinte originário, que não sofre, em função da própria natureza dessa magna prerrogativa estatal, as limitações materiais e tampouco as restrições jurídicas impostas ao poder reformador. Não posso ignorar, de qualquer modo, que o princípio da anterioridade das leis tributárias reflete, em seus aspectos essenciais, uma das expressões fundamentais em que se apóiam os direitos básicos proclamados em favor dos contribuintes. O respeito incondicional aos princípios constitucionais evidencia-se como dever inderrogável do Poder Público. A ofensa do Estado a esses valores que desempenham, enquanto categorias fundamentais que são, um papel subordinante na própria configuração dos direitos individuais ou coletivos, introduz um perigoso fator de desequilíbrio sistêmico e rompe, por completo, a harmonia que deve presidir as relações sempre tão estruturalmente desiguais entre as pessoas e o Poder. Não posso desconhecer especialmente neste momento em que se amplia o espaço do dissenso e se intensificam, em função de uma norma tão claramente hostil a valores constitucionais básicos, as relações de antagonismo entre o Fisco e os indivíduos, que os princípios constitucionais tributários, sobre representarem importante conquista político-jurídica dos contribuintes, constituem expressão fundamental dos direitos outorgados, pelo ordenamento positivo, aos sujeitos passivos das obrigações fiscais. Desde que existem para impor limitações ao poder de tributar, esses postulados têm por destinatário exclusivo o poder estatal, que se submete, quaisquer que sejam os contribuintes, à imperatividade de suas restrições. A reconhecer-se como legítimo o procedimento da União Federal de ampliar a cada vez, pelo exercício concreto do poder de reforma da Carta Política, as hipóteses derrogatórias dessa fundamental garantia tributária, chegar-se-á, em algum momento, ao ponto de nulificá-la inteiramente, suprimindo, por completo, essa importante conquista jurídica que integra, como um dos seus elementos mais relevantes, o próprio estatuto constitucional dos contribuintes.

O princípio da anterioridade de exercício financeiro deve ser observado apenas quando houver a instituição ou aumento do tributo. A redução, salvo se a lei dispuser em sentido diverso, opera-se de imediato.

O prazo de pagamento do tributo não diz respeito ao elemento temporal da hipótese de incidência. Assim, a modificação do prazo para o seu recolhimento não precisa observar o princípio da anterioridade de exercício financeiro.[53]

O STF tem precedente no sentido de que a cobrança de ITR, com base na MP 399/93, convertida na Lei 8.847/94, referente a fato gerador que tinha ocorrido no exercício de 1994, violava o princípio da anterioridade tributária (CF,

---

[52] STF, ADI 939.
[53] Súmula 669 do STF

art. 150, III, *b*). A União alegava, em recurso extraordinário, a possibilidade da exigência do tributo porque a Lei 8.847/94, ao instituir um anexo contendo as tabelas de alíquotas do ITR, apenas complementava a MP 399/93, a qual fora editada no exercício financeiro anterior. O STF considerou que tinha havido instituição do imposto e que o anexo à MP 399/93 era essencial à caracterização e quantificação da sua cobrança, razão por que a exigência do tributo sob esta nova modalidade, antes de 1º de janeiro de 1995, ofendia o princípio da anterioridade tributária. A Corte reafirmou o entendimento de que o referido princípio constitucional é garantia fundamental do contribuinte, não podendo ser suprimido nem mesmo por Emenda Constitucional.[54]

Da mesma forma, se a norma tributária reduzir ou extinguir descontos para o pagamento de tributo não haverá necessidade de respeitar o princípio da anterioridade de exercício financeiro. O STF indeferiu medida liminar em ação direta de inconstitucionalidade contra lei do Estado do Paraná que havia reduzido e extinguido descontos relativos ao IPVA. A Corte considerou que, se até mesmo a revogação da isenção não tem sido equiparada à instituição ou aumento de tributo, a redução ou extinção de um desconto para o pagamento à vista também não o poderia. Além disso, acrescentou que se nem mesmo a fixação da base de cálculo do IPVA está sujeita ao princípio da anterioridade mínima de 90 dias, a extinção ou redução de um desconto condicional para o pagamento poderia ter efeitos imediatos.[55]

Por outro lado, o Supremo Tribunal Federal tem precedente entendendo que, no caso do ICMS, a modificação do sistema de creditamento, quer implique redução de benefício de natureza fiscal, quer configure majoração do tributo, cria um ônus para o contribuinte e, portanto, deve ficar sujeito ao princípio da anterioridade.[56]

2.1.5. *Princípio da anterioridade nonagesimal*

A EC 42/03 procurou conferir maior segurança jurídica ao contribuinte, proibindo que sejam cobrados tributos antes de decorridos noventa dias da data em que haja sido publicada a lei que os instituiu ou aumentou, devendo sempre ser observado o princípio da anterioridade de exercício financeiro (art. 150, III, *c*, da CF). Quer dizer, houve uma qualificação ao princípio da anterioridade porque já não basta que a lei que instituir ou aumentar um tributo seja anterior ao exercício financeiro; é preciso que a norma sempre aguarde noventa dias para que possa irradiar os seus efeitos.

Em razão da alteração constitucional, temos três princípios da anterioridade: o princípio da anterioridade de exercício financeiro (1º de janeiro a 31 de dezembro), o princípio da anterioridade nonagesimal (ou anterioridade mínima de 90 dias) e o princípio da anterioridade especial (também de 90 dias), este

---
[54] STF, RE 448.558.
[55] STF, ADI 4.016.
[56] STF, ADI 2.325, veja os comentários acerca do princípio da não cumulatividade do ICMS.

último aplicado exclusivamente em relação às contribuições para a Seguridade Social.

Os princípios da anterioridade de exercício financeiro e nonagesimal aplicam-se cumulativamente para todas as espécies tributárias, exceto para os tributos mencionados no art. 150, § 1°, da CF, contribuições para a Seguridade Social (art. 195, § 6°, da CF) e contribuições previdenciárias próprias (art. 149, § 1°, da CF). Atuam sempre em dupla. Já o princípio da anterioridade especial de 90 dias (também chamada de mitigada ou muitas vezes também de nonagesimal) incide isoladamente e diz respeito apenas às contribuições para a Seguridade Social e às contribuições para o regime previdenciário próprio (art. 149, § 1°, da CF). Portanto, os princípios da anterioridade nonagesimal (mínima de 90 dias) e da anterioridade especial de 90 dias não podem ser confundidos.

O reforço ao princípio da anterioridade de exercício financeiro, com a exigência da anterioridade nonagesimal, teve o objetivo de evitar surpresas tributárias decorrentes de normas instituidoras ou majoradoras de tributos publicadas no último dia do ano, cujos efeitos já seriam produzidos no dia seguinte. A qualificação dos 90 dias, na verdade, só produz resultados para normas publicadas no último trimestre do ano. As normas publicadas até o final do mês de setembro entrarão em vigor em 1° de janeiro, já que terá sido respeitada a anterioridade nonagesimal (mínima de 90 dias) e a anterioridade de exercício financeiro.

A título de exemplo, uma lei do estado do Amapá, publicada em 30 de dezembro de 2005, dispôs sobre custas e emolumentos dos serviços notariais e de registros públicos, estabelecendo a sua vigência a partir de 1° de janeiro de 2006. Considerando que custas e emolumentos têm natureza tributária de taxas, o STF decidiu que a anterioridade mínima de 90 dias é critério para que a lei produza efeitos. Assim, dando interpretação conforme à Constituição, a Corte entendeu que a lei teria eficácia apenas depois de 90 dias da sua publicação.[57]

Os princípios da anterioridade de exercício financeiro e anterioridade nonagesimal devem ser observados apenas no que se refere à instituição ou aumento do tributo, já que a extinção ou redução de qualquer espécie tributária, salvo se a lei dispuser em contrário, tem aplicação imediata. Não existe restrição constitucional para que a norma tributária tenha efeito retroativo, desde que não se trate de aumento ou instituição de tributo. O mesmo deve ser dito em relação ao prazo para o recolhimento do tributo, já que, como dito, a norma legal que altera o prazo de recolhimento da obrigação tributária não se sujeita ao princípio da anterioridade.[58]

O STF tem precedente do sentido de que não incide o princípio da anterioridade nos casos de simples prorrogação de alíquotas já aplicadas ante-

---

[57] STF, ADI 3.694.
[58] Súmula Vinculante n° 50 do STF.

riormente. O caso julgado dizia respeito à lei estadual de São Paulo que havia prorrogado a majoração de alíquota de ICMS de 17% para 18%.[59]

2.1.6. Medidas provisórias e os princípios da anterioridade de exercício financeiro e nonagesimal

Existem regras específicas que devem ser observadas em relação aos princípios da anterioridade de exercício financeiro e nonagesimal quando se tratar da instituição ou majoração de tributos por medidas provisórias.

Como antes visto, a Constituição Federal dispõe que a medida provisória que instituir ou majorar *impostos*, com algumas exceções, apenas produzirá efeitos no exercício financeiro seguinte se houver sido convertida em lei até o último dia daquele em que foi editada (§ 2º do art. 62 da CF). Embora o texto constitucional refira-se a impostos, repita-se que deve ser entendido que a medida provisória, uma vez que possui força de lei, é hábil para instituir ou aumentar tributos.

Apenas no caso de impostos, com exceções, é que a medida provisória deve ser convertida em lei até o último dia do exercício financeiro em que houver sido editada. Fica excepcionada da necessidade de conversão em lei até o último dia daquele em que foi editada, a medida provisória que aumentar os Impostos de Importação, Exportação, Produtos Industrializados, Operações de Crédito, Câmbio e Seguro ou relativas a títulos ou valores mobiliários (II, IE, IPI e IOF – art. 153, I, II, IV e V, da CF), embora o aumento da alíquota também possa ocorrer por ato do Poder Executivo.

A medida provisória que instituir ou aumentar o imposto extraordinário no caso de guerra externa ou sua iminência não precisará ser convertida em lei até o último dia daquele em que for editada porque terá eficácia imediata (art. 154, II, da CF).

Assim, por exemplo, se o Imposto Territorial Rural for aumentado por medida provisória publicada em 05 de novembro, a mesma deverá ser convertida em lei até 31 de dezembro do mesmo ano e produzirá os seus efeitos a partir de fevereiro do ano seguinte (o ITR está sujeito à anterioridade nonagesimal e à anterioridade de exercício financeiro). Porém, se a medida provisória não for convertida em lei no ano da sua edição, mas apenas no ano seguinte, considerando que o seu prazo de validade é de 60 dias, prorrogável por mais 60, entendemos que ela produzirá seus efeitos apenas a partir do exercício financeiro seguinte ao da sua conversão em lei.

Por outro lado, não haverá necessidade de conversão em lei até o último dia daquele ano em que foi editada a medida provisória que instituir ou aumentar outras espécies tributárias.

O que importa, para o efeito da observância dos princípios da anterioridade de exercício financeiro e nonagesimal, assim como da anterioridade espe-

---
[59] STF, RE 584.100.

cial de 90 dias, é a data da publicação da medida provisória, pouco importando a data da sua conversão em lei.[60]

2.1.7. Exceções à anterioridade de exercício financeiro e anterioridade nonagesimal

Os princípios da anterioridade de exercício financeiro e da anterioridade nonagesimal (mínima de 90 dias) comportam importantes exceções previstas na Constituição Federal (arts. 150, § 1º, 177, § 4º, I, *b*, e 155, § 4º, IV, *c*). Alguns tributos não se sujeitam à anterioridade de exercício financeiro e nonagesimal; outros não se submetem apenas à anterioridade de exercício financeiro e outros ainda apenas à anterioridade nonagesimal.

O princípio da anterioridade especial de 90 dias não possui nenhuma exceção: todas as contribuições de Seguridade Social ou previdenciárias próprias ficam a ele submetidas.

A primeira exceção refere-se aos princípios da anterioridade de exercício financeiro e nonagesimal. Os mesmos impostos cujas alíquotas escapam ao princípio da legalidade, já que podem ser fixadas por ato do Executivo (Imposto de Importação, Imposto de Exportação, Imposto sobre Produtos Industrializados (IPI) e Imposto sobre Operações de Crédito, Câmbio ou Seguro, ou Relativas a Títulos ou Valores Mobiliários (IOF) – art. 153, § 1º, da CF), também não se submetem à anterioridade de exercício financeiro (art. 150, § 1º, da CF). Deste modo, se o Poder Executivo expedir um ato normativo para aumentar a alíquota do IOF ou do Imposto de Importação, o aumento poderá ser exigido no mesmo exercício financeiro. Estes impostos, com exceção do IPI, também não precisarão observar a anterioridade nonagesimal (§ 1º do art. 150 da CF). Assim, o aumento da alíquota do Imposto de Exportação produzirá efeitos imediatos. No entanto, como o IPI não foi contemplado na exceção ao princípio da anterioridade nonagesimal, embora esteja excepcionado da anterioridade de exercício financeiro, o aumento da sua alíquota poderá dar-se no mesmo exercício financeiro, mas somente poderá ser exigido 90 dias depois. Por conta disso, o STF suspendeu o preceito normativo de um Decreto que previa a imediata entrada em vigor do aumento de alíquota do IPI para veículos (Decreto 7.567/11).[61] Para a Corte,

> o artigo 16 do Decreto nº 7.567, de 2011, ao prever a imediata entrada em vigor de norma que implicou o aumento da alíquota de Imposto sobre Produtos Industrializados contrariou, a mais não poder, o artigo 150, inciso III, alínea "c", da Carta da República. A possibilidade de acréscimo da alíquota do IPI mediante ato do Poder Executivo, em exceção ao princípio da legalidade – Constituição Federal, artigo 153, § 1º –, não afasta a necessidade de observância ao postulado da anterioridade nonagesimal.

Também não ficam sujeitos aos princípios da anterioridade de exercício financeiro e nonagesimal o Imposto Extraordinário de Guerra (que poderá ser instituído pela União no caso de guerra externa ou sua iminência – arts. 150,

---

[60] Vide o item 2.1.6 acerca da Medida Provisória e Contribuições de Seguridade Social.
[61] STF, ADI 4.661.

§ 1º, e 154, II, da CF) e o empréstimo compulsório para atender a despesas extraordinárias, decorrentes de calamidade pública, de guerra externa ou sua iminência (art. 148, I, da CF), o qual deverá ser instituído por lei complementar.

Publicada uma medida provisória instituindo o Imposto Extraordinário de Guerra, o tributo será exigido de imediato, sequer havendo necessidade de conversão da medida provisória em lei até o último daquele em que tiver sido editada (art. 62, § 2º, da CF).

A lei complementar que instituir o empréstimo compulsório para cobrir as despesas com uma calamidade pública ou guerra, também terá incidência imediata. Por outro lado, observe-se que para o empréstimo compulsório para investimento público de caráter urgente e de relevante interesse nacional, ambos os princípios, em que pese a urgência e relevância, deverão ser observados (arts. 150, § 1º c/c 148, II, da CF).

As outras exceções em relação ao princípio da anterioridade de exercício financeiro referem-se ao restabelecimento das alíquotas da contribuição de intervenção no domínio econômico (CIDE) relativa às atividades de importação ou comercialização de petróleo e seus derivados, gás natural e seus derivados e álcool combustível e também ao restabelecimento das alíquotas do ICMS incidentes sobre combustíveis e lubrificantes, as quais devem ser definidas mediante deliberação dos Estados e do Distrito Federal, observados os termos da lei complementar.

As alíquotas da CIDE podem ser reduzidas e restabelecidas por ato do Poder Executivo, não se aplicando, no restabelecimento da alíquota, o princípio da anterioridade de exercício financeiro (art. 177, § 4º, I, *b*, da CF, com redação da EC 33/01). A lei deve fixar a alíquota máxima, facultando-se ao Executivo, através de Decreto ou outro ato normativo, o poder para reduzi-la ou restabelecê-la até o limite legal, caso em que poderá ser exigida no mesmo exercício financeiro. No entanto, como não foi excepcionado do princípio da anterioridade nonagesimal, o restabelecimento da alíquota majorada somente poderá ser exigido 90 dias depois, ainda que no mesmo exercício financeiro, a exemplo do que acontece com o IPI.

O mesmo ocorre com as alíquotas do ICMS sobre combustíveis. As alíquotas poderão ser reduzidas e restabelecidas, caso em que também não será aplicado o princípio da anterioridade de exercício financeiro (art. 155, § 4º, IV, *c*, da CF, com a redação da EC 33/01), embora a norma deva submeter-se à anterioridade nonagesimal por também não constar no rol de exceções do art. 150, § 1º, da CF.

Por fim, a Constituição excepcionou do princípio da anterioridade nonagesimal, embora exija a anterioridade de exercício financeiro, a lei que aumentar o Imposto de Renda ou impuser modificações na base de cálculo do IPTU ou do IPVA, que os tornem mais onerosos. A exceção do IPTU ou do IPVA abrange apenas a base de cálculo, e não as alíquotas. Assim, aumentada a alíquota do IPVA por lei publicada em 31 de dezembro, o aumento apenas poderia ser exigido 90 dias depois. Se fosse modificada a base de cálculo, que implicasse aumento do imposto, a lei incidiria no dia seguinte, já que estaria respeitado o princípio da anterioridade de exercício financeiro.

As exceções podem ser assim sintetizadas, representadas no quadro abaixo:

a) Exceções aos princípios da anterioridade de exercício financeiro e nonagesimal: Imposto de Importação, Imposto de Exportação, IOF, Imposto Extraordinário de Guerra ou sua iminência, empréstimo compulsório no caso de despesas extraordinárias de calamidade pública, guerra externa ou sua iminência (art. 150, § 1º, CF);

b) Exceções apenas ao princípio da anterioridade de exercício financeiro: IPI (art. 150, § 1º, CF), ICMS monofásico sobre combustíveis (art. 150, § 4º, VI, c, CF) e CIDE sobre petróleo (art. 177, § 4º, I, b, CF);

c) Exceções apenas ao princípio da anterioridade nonagesimal: Imposto de Renda e alteração da base de cálculo de IPTU e IPVA (art. 150, § 1º, da CF).

EXCEÇÕES AO PRINCÍPIO DA ANTERIORIDADE	
Art. 150, § 1º, da CF Art. 177, § 4º, I, b, da CF Art. 155, § 4º, IV, c, da CF	
EXERCÍCIO FINANCEIRO	**NONAGESIMAL**
Imposto de Importação	Imposto de Importação
Imposto de Exportação	Imposto de Exportação
IOF	IOF
Imposto Extraordinário de Guerra	Imposto Extraordinário de Guerra
Empréstimo comp. calamidade/guerra	Empréstimo comp. calamidade/guerra
IPI	-
ICMS s/ combustíveis/lubrificantes	-
CIDE s/imp. ou com.petróleo/derivados	-
-	Imposto de Renda
-	Base de cálculo de IPTU/IPVA

2.1.8. Princípio da anterioridade especial de 90 dias

Em relação às contribuições destinadas à Seguridade Social (contribuições previdenciárias – art. 195, § 6º, da CF) e às contribuições do regime previdenciário próprio das pessoas políticas (art. 149, § 1º, da CF), o princípio da anterioridade é especial. Para estas contribuições que forem instituídas ou majoradas, a anterioridade passa a ser de apenas 90 (noventa) dias, também chamada de anterioridade especial, mitigada ou nonagesimal. Denominamos de especial para não a confundir com a anterioridade nonagesimal antes mencionada.

Não são todas as contribuições sociais que estão sujeitas à anterioridade especial, mas apenas aquelas destinadas à Seguridade Social e as previdenciárias do regime próprio. Aplica-se este princípio para as contribuições previdenciárias próprias (a Lei 9.717/98 dispõe sobre as regras gerais para a organização e funcionamento dos regimes próprios de previdência social), para as contribuições da Lei 8.212/91, para a Contribuição Social Sobre o Lucro (CSL – Lei 7.689/88), para a Contribuição para o Financiamento da Seguridade Social (COFINS – LC 70/91, Lei 9.718/98 e 10.833/03), para o Programa de Integração Social (PIS, LC 07/70, Lei 9.718/98 e 10.637/02) e também para o PIS/COFINS incidentes na importação (Lei 10.865/04).

No caso do PIS, o STF entendeu que a CF/88 lhe deu feição de contribuição para a Seguridade Social por causa da sua destinação previdenciária.[62] A MP 1.212, de 29 de novembro de 1995, depois convertida na Lei 9.715/98, impôs modificações na alíquota e base de cálculo do PIS, tornando-o mais oneroso ao contribuinte. O art. 18 da referida Medida Provisória dispôs que as alterações se aplicariam aos fatos geradores ocorridos a partir de 1º de outubro de 1995, em evidente transgressão ao princípio da irretroatividade, porque retroagiu os seus efeitos à data anterior ao início de sua vigência, que seria 90 dias depois da data da sua publicação, ocorrida em novembro de 1995, sendo tal dispositivo julgado inconstitucional pelo STF.[63]

Outro exemplo é o art. 8º da Lei 7.689, de 15 de dezembro de 1988, resultado da conversão da Medida Provisória nº 22, de 06 de dezembro de 1988, que regulamentou o art. 195, I, da CF, na sua redação original, instituindo a contribuição social sobre o lucro com a alíquota de 8%. Como ela estava sujeita à anterioridade especial, apenas entrou em vigor noventa dias depois de sua publicação. Com isso, ao determinar, no seu art. 8º, que a contribuição já seria devida a partir do lucro apurado no período-base a ser encerrado em 31 de dezembro de 1988, o STF entendeu violado o princípio da irretroatividade antes referido, que proíbe que a lei que institui tributo apanhe fato gerador ocorrido antes da data de início da sua vigência.[64]

Ainda a título de exemplo, temos a MP 821, de 31 de dezembro de 1994, depois convertida na Lei 8.981/95. Os seus artigos 42 e 58 limitaram em 30% (trinta por cento) a parcela dos prejuízos verificados nos exercícios anteriores, para efeito de dedução do lucro real apurado no cálculo do Imposto de Renda e da Contribuição Social Sobre o Lucro, respectivamente. Alegou-se ofensa ao princípio da anterioridade e irretroatividade porque a medida provisória tinha sido publicada em 31 de dezembro de 1994, havendo o Diário Oficial circulado num sábado, cuja distribuição ocorreu apenas na segunda-feira seguinte, a primeira do ano de 1995. Com isso, a medida provisória não teria entrado em vigor a tempo de incidir sobre o resultado do exercício de 1994 quanto ao Im-

---

[62] STF, RE 148.754 e RE 227.098.
[63] STF, ADI 1.417.
[64] STF, RE 146.733.

posto de Renda porque, no que se refere à Contribuição Social Sobre o Lucro, a anterioridade seria de 90 dias. Porém o STF, no que diz respeito ao Imposto de Renda, entendeu que a medida provisória tinha sido publicada no dia 31 de dezembro, a tempo de incidir sobre o resultado financeiro do exercício, encerrado no mesmo dia, pouco importando que tivesse recaído em um sábado porque não teria sido comprovada a não circulação do Diário Oficial da União naquele dia. Quanto à Contribuição Social Sobre o Lucro, entendeu que ela estava sujeita à anterioridade especial que, no caso, não tinha sido observada.[65]

No caso do salário-educação, embora seja uma contribuição social, considerada constitucional, tanto sob a Carta de 1969, a CF/88 e no regime da Lei 9.424/96, nos termos da Súmula 732 do STF, ela não fica submetida à anterioridade especial de 90 dias porque não tem natureza previdenciária, sendo uma contribuição destinada a financiar o ensino fundamental público, frente ao disposto no art. 212, § 5°, da Constituição Federal.

Assim, outras contribuições sociais, como, por exemplo, as contribuições para o Sistema S, também não ficam sujeitas à anterioridade especial de 90 dias, mas sim à anterioridade de exercício financeiro e nonagesimal.

Ainda tratando da aplicação prática dos princípios constitucionais tributários, deve ser citada a LC 110/01, a qual instituiu duas novas contribuições ao FGTS. A primeira contribuição, a cargo dos empregadores, incide no caso de despedida do empregado, sem justa causa, com a alíquota de 10% (dez por cento) sobre o montante de todos os depósitos devidos ao FGTS durante o contrato de trabalho. A outra contribuição também é devida pelo empregador e corresponde à alíquota de 0,5% (meio por cento) sobre a remuneração devida, a cada trabalhador, no mês anterior, a vigorar pelo prazo de 60 meses. A LC 110/01 expressamente determinou que fosse respeitado o princípio da anterioridade especial de 90 dias, de maneira que as empresas ficariam sujeitas ao pagamento 90 dias depois da publicação da lei, ocorrida em junho de 2001. No entanto, o STF entendeu que referidas contribuições tinham natureza jurídica de contribuições sociais de caráter geral, nos termos do art. 149, *caput*, da CF. Assim, por não se tratar de contribuições para a Seguridade Social, estariam sujeitas ao princípio da anterioridade de exercício financeiro,[66] ou seja, somente seriam devidas no exercício financeiro subsequente. Atente-se para o fato de que, por ocasião da publicação da LC 110/01, a CF ainda não havia instituído o princípio da anterioridade nonagesimal para todas as espécies tributárias (com algumas exceções já vistas).

Como dito, enquanto para os demais tributos exige-se que a lei que os tenha criado ou aumentado deva ser publicada no exercício financeiro anterior (exercício financeiro) e também respeite os 90 dias (nonagesimal), com as exceções já referidas, para as contribuições de Seguridade Social basta apenas a observância ao prazo de noventa dias, contado da data da publicação da lei. No caso de medida provisória, o início do prazo de noventa dias deverá coincidir com a data da primeira publicação, independentemente da data de eventual

---

[65] STF, RE 232.084, RE 247.633.
[66] STF, ADI 2.556 e 2.568.

prorrogação ou da data em que tiver sido convertida em lei.[67] Se não houver a conversão em lei, caberá ao Congresso Nacional, mediante Decreto Legislativo, disciplinar as relações jurídicas dela decorrentes (art. 62, § 3º, da CF). Se o Congresso for omisso, as relações jurídicas tributárias por ela constituídas e decorrentes de atos praticados durante a sua vigência conservar-se-ão por ela regidos (art. 62, § 11, da CF). Uma contribuição previdenciária aumentada através de medida provisória publicada em 1º de março, por exemplo, passará a vigorar 90 dias depois. Não precisará ser convertida em lei no mesmo ano daquele em que foi editada e nem aguardar a anterioridade de exercício financeiro.

Note-se que o prazo de pagamento de tributos, como dito, não está reservado ao princípio da legalidade e nem ao da anterioridade. Logo, a norma legal que alterar o prazo de recolhimento de uma contribuição destinada à Seguridade Social não ficará sujeita ao princípio da anterioridade especial, não havendo direito adquirido quanto ao prazo para pagamento de tributo.[68]

Por fim, o princípio da anterioridade não deve ser confundido com a anualidade. O princípio da anualidade foi suprimido pela EC 01/69 e significava que a cobrança do tributo dependeria de autorização legal anual, mediante previsão no orçamento.

2.1.9. Princípio da vedação de confisco

A Constituição Federal proíbe que o tributo seja utilizado com efeito de confisco (art. 150, IV). A Constituição Federal garante o direito de propriedade (art. 5º, XXII), e o contribuinte não pode ser tributado de modo excessivo, a ponto de subtrair a própria fonte geradora de riqueza tributável. Para o Min. Celso de Mello,

> não há uma definição constitucional de confisco em matéria tributária. Trata-se, na realidade, de um conceito aberto, a ser formulado pelo juiz, com apoio em seu prudente critério, quando chamado a resolver os conflitos entre o Poder Público e os contribuintes.[69]

Para a Corte Suprema, a Constituição Federal, ao consagrar o princípio que veda tributo com efeito confiscatório, acaba por proibir qualquer medida que,

> adotada pelo Estado, possa conduzir, no campo da fiscalidade, à injusta apropriação estatal do patrimônio ou dos rendimentos dos contribuintes, comprometendo-lhes, em função da insuportabilidade da carga tributária, o exercício a uma existência digna, ou a prática de atividade profissional lícita, ou, ainda, a regular satisfação de suas necessidades vitais (educação, saúde e habitação, p. ex.).[70]

O texto constitucional também não esclarece se o princípio deve ser visto em relação a cada espécie tributária, isoladamente, ou se o confisco deve levar em consideração a totalidade do sistema tributário.

---

[67] STF, RE 239.286; RE 232.896; RE 181.664; RE 197.790.
[68] STF, RE 219.878.
[69] STF, ADI 1.075.
[70] STF, ADI-MC –QO 2.551.

O Supremo Tribunal Federal, ainda que em decisão liminar, já considerou relevante a tese de ofensa a este princípio, salientando que o exame da questão do efeito confiscatório deve ser feito em função da totalidade do sistema tributário, e não em função de cada tributo isoladamente.[71] No caso, tratava-se da Lei 9.783/99, que havia acrescido à alíquota de 11% (onze por cento) da contribuição previdenciária do servidor público o adicional de 9% (nove por cento) ou 14% (quatorze por cento), de acordo com a remuneração. Dependendo do caso, portanto, a alíquota poderia alcançar 25% (vinte e cinco por cento), havendo ainda a incidência do Imposto de Renda com alíquota de 27,5% (vinte e sete e meio por cento). "A identificação do efeito confiscatório", disse o Min. Celso de Mello na referida ação direta de inconstitucionalidade,

> deve ser feita em função da totalidade da carga tributária, mediante verificação da capacidade de que dispõe o contribuinte – considerado o montante de sua riqueza (renda e capital) – para suportar e sofrer a incidência de todos os tributos que ele deverá pagar, dentro de determinado período, à mesma pessoa política que os houver instituído (a União Federal, no caso), condicionando-se, ainda, a aferição do grau de insuportabilidade econômico-financeira, à observância, pelo legislador de padrões de razoabilidade destinados a neutralizar excessos de ordem fiscal eventualmente praticados pelo Poder Público. Resulta configurado o caráter confiscatório de determinado tributo, sempre que o efeito cumulativo – resultante das múltiplas incidências tributárias estabelecidas pela mesma entidade estatal – afetar, substancialmente, de maneira irrazoável, o patrimônio e/ou os rendimentos do contribuinte.

O princípio da vedação de confisco, segundo jurisprudência pacífica do STF, também pode ser aplicado às multas impostas pelo cometimento de infrações tributárias, sejam moratórias, punitivas ou as chamadas multas isoladas (quanto não há tributo a ser pago).

Se a multa prevista em lei assume, pelo seu montante, desproporcional e irrazoável feição confiscatória, admite-se a sua redução para outro patamar menor, desde que previsto em lei.[72] A Corte também já admitiu a redução da multa de mora de 30% para 20%,[73] como também de 60% para 30%[74] e reconheceu a existência de repercussão geral na discussão acerca do caráter confiscatório de multa isolada, ou seja, de multa que não gerou débito tributário, em valor variável entre 40% e 50%.[75]

No caso das multas punitivas, o STF suspendeu dispositivo legal[76] que impunha ao contribuinte multa punitiva de 300% (trezentos por cento) sobre o valor do bem objeto da operação ou do serviço prestado, na hipótese de o contribuinte não emitir nota fiscal relativa à venda de mercadorias, prestação de serviços ou operações de alienação de bens móveis[77] e tem entendido confiscatórias as multas fixadas em 100% ou mais do valor do tributo.[78] O STF

---

[71] STF, ADI 2.010.
[72] STF, RE 91.707 e RE 81.550.
[73] STF, AI 727.872.
[74] STF, AgRgRE 523.471.
[75] STF, RE 640.452.
[76] Art. 3º, parágrafo único, da Lei 8.846/94.
[77] STF, ADI 1.075.
[78] STF, RE 657.372.

reconheceu a existência de repercussão geral em recurso extraordinário em que se discute se a multa punitiva de 150% tem efeito confiscatório.[79]

Em outro julgado,[80] o STF julgou inconstitucional os §§ 2º e 3º do art. 57 do ADCT da Constituição do Estado do Rio de Janeiro. Referidos dispositivos estabeleciam que as multas decorrentes do não recolhimento dos impostos e taxas estaduais não poderiam ser inferiores a duas vezes o seu valor, e que as multas consequentes da sonegação dos impostos ou taxas estaduais não poderiam ser inferiores a cinco vezes o seu valor.

A Corte considerou que o caráter de confisco das multas não pode ser dissociado da proporcionalidade que deve existir entre a violação da norma tributária e a sua sanção. Entendeu-se que a fixação da multa, em ambos os casos, se apresentava desproporcional, atentando contra o patrimônio do contribuinte, adquirindo, em consequência, caráter confiscatório.

2.1.10. Princípio da isonomia

O princípio da isonomia é aplicável a todas as espécies tributárias e significa a impossibilidade de ser instituído tratamento desigual entre contribuintes que se encontrem em situação equivalente (art. 150, II, da CF), mesmo porque todos são iguais perante a lei, sem distinção de qualquer natureza (art. 5º, *caput*, da CF). Da mesma forma, proíbe-se qualquer distinção em razão da ocupação profissional ou função exercida pelo contribuinte, pouco importando a denominação jurídica de seus rendimentos, títulos ou direitos (art. 150, II, da CF). O princípio também significa que a União não pode tributar a remuneração e os proventos dos agentes públicos dos Estados, do Distrito Federal e dos Municípios, em níveis superiores aos que fixar para os seus agentes, nos termos do art. 151, II, da CF.

O STF tem aplicado o princípio da isonomia para declarar a inconstitucionalidade de leis que concedem isenções para favorecer determinada categoria de sujeitos passivos.

Por ofensa ao princípio da isonomia, o Pleno do STF declarou a inconstitucionalidade[81] dos artigos 1º e 2º da Lei 351/97, do Estado do Amapá, que concediam isenção de IPVA aos veículos automotores destinados à exploração dos serviços de transporte escolar que estivessem regularizados junto à Cooperativa de Transportes Escolares do Município de Macapá – COOTEM. O Tribunal entendeu também caracterizada a ofensa ao princípio da liberdade de associação, uma vez que o art. 1º, ao restringir o benefício da isenção apenas aos veículos regularizados perante a Cooperativa, estaria compelindo os exploradores de transporte escolar a ingressar ou permanecer na citada Cooperativa para se beneficiarem da referida isenção.

---

[79] STF, RE 736.090.
[80] STF, ADI 551-1.
[81] STF, ADI 1.655.

Também por entender configurada ofensa ao princípio da isonomia, o Pleno do STF julgou inconstitucional dispositivo da Lei Orgânica do Ministério Público do Estado do Rio Grande do Norte, que concedia isenção aos membros do Ministério Público, inclusive aposentados, do pagamento de custas judiciais, notariais, cartorárias e quaisquer taxas e emolumentos. A Corte ressaltou que a competência para legislar sobre a matéria é concorrente (art. 24, IV, da CF) e que as custas e emolumentos têm natureza jurídica de taxas remuneratórias de serviços públicos prestados, não se justificando a privilegiada isenção aos membros do Ministério Público, pelo simples fato de integrarem a instituição.[82]

No mesmo sentido, e por violação à isonomia, foi o julgado do STF em relação à lei do mesmo Estado que havia concedido aos membros e servidores do Poder Judiciário isenção de pagamento de custas e emolumentos pelos serviços judiciais e extrajudiciais. O Plenário julgou procedente pedido formulado em ação direta ajuizada pelo Procurador-Geral da República e declarou a inconstitucionalidade do art. 240 da Lei Complementar 165/99, do Estado do Rio Grande do Norte ("Os membros e os servidores do Poder Judiciário não estão sujeitos ao pagamento de custas e emolumentos pelos serviços judiciais e extrajudiciais").[83]

Também por considerar violado o princípio da isonomia, assim como pela inexistência de prévio convênio interestadual, necessário para benefícios no âmbito do ICMS, o STF declarou inconstitucional lei do Estado do Mato Grosso que havia outorgado isenção de ICMS nas aquisições de veículos por Oficiais de Justiça do Estado. Para a Corte,

> a isonomia tributária (CF, art. 150, II) torna inválidas as distinções entre contribuintes "em razão de ocupação profissional ou função por eles exercida", máxime nas hipóteses nas quais, sem qualquer base axiológica no postulado da razoabilidade, engendra-se tratamento discriminatório em benefício da categoria dos oficiais de justiça estaduais.[84]

Em outro julgado, acerca do princípio da isonomia e a concessão de tratamento tributário diferenciado, o STF manteve acórdão do TRF da 4ª Região que havia considerado constitucional o Decreto 2.501/98, que instituíra alíquota de 12% (doze por cento) do IPI incidente sobre a produção do açúcar extraído na região sul e concedera tratamento diferenciado aos produtores localizados nos Estados das regiões norte e nordeste, por se tratar de medida de política econômica para o fomento do equilíbrio regional. Entendeu a Min. Ellen Gracie que não é possível ao Poder Judiciário estender isenção a contribuintes não contemplados pela lei, a título de isonomia, visto que a concessão de tal benesse é ato discricionário, no qual o Poder Executivo implementa suas políticas fiscais, sociais e econômicas.[85]

Com base no precedente antes referido, o STF negou seguimento a recurso extraordinário interposto por uma usina de açúcar e álcool, sob o entendimen-

---

[82] STF, ADI 3.260.
[83] STF, ADI 3.334.
[84] STF, ADI 4.276.
[85] STF, RE 344.331.

to de que não era possível ao Poder Judiciário estender isenção a contribuintes não contemplados pela lei, a título de isonomia. No caso, a empresa pretendia que fosse suspenso o recolhimento de IPI com alíquota de 18% na comercialização de açúcar, tal como dispunha a Lei 8.393/91, alegando que o produto deveria ser comercializado com isenção ou alíquota zero, ou com a mesma isenção concedida aos produtores da região nordeste. A empresa invocava violação aos princípios federativo, da igualdade, uniformidade, seletividade, da livre concorrência e da moralidade administrativa. De acordo com o Min. Carlos Velloso, os princípios constitucionais suscitados deveriam ser aplicados em conformidade com o art. 151, I, da CF, que confere à União poderes para conceder incentivos fiscais com o objetivo de promover o desenvolvimento socioeconômico entre as diferentes regiões do País. O juízo de mérito acerca da concessão do benefício escapa ao controle judicial, salvo quando se demonstrar desarrazoado.[86]

Nessa mesma linha, o STF manteve julgado do TRF da 4ª Região que havia negado aos juízes do trabalho o reconhecimento da ilegalidade dos descontos realizados nos seus vencimentos, a título de Imposto de Renda, incidentes sobre a verba de representação, durante os exercícios de 1988 e 1989. O STF entendeu que o art. 2º do Decreto-Lei 2.019/83 – que excluía a verba de representação dos magistrados dos vencimentos tributáveis pelo Imposto de Renda – não foi recepcionado pela CF/88, uma vez que fere o princípio constitucional da isonomia tributária (art. 150, II). Foi também afastada a alegação de que a isenção concedida pelo referido Decreto-Lei fora revogada apenas pela Lei 7.722/89, que expressamente assim dispôs, mas com eficácia a contar somente do exercício subsequente, devido ao princípio da anterioridade (art. 150, III, *b*, da CF/88), e ainda de que não seria possível a incidência fiscal imediata em suas remunerações, devido ao fato do sistema tributário instituído pela CF/88 só ter entrado em vigor em 1º de março de 1989 (art. 34, *caput*, do ADCT). O STF, invocando precedente da ADI 1655-AP, antes referida, salientou que o § 1º do art. 34 do ADCT ressalvou expressamente a aplicação do princípio da isonomia tributária da vigência futura do sistema tributário.[87]

A Confederação Nacional das Profissões Liberais – CNPL – ajuizou ação direta de inconstitucionalidade[88] contra o inciso XIII do art. 9º da Lei 9.317/96, que proibia às pessoas jurídicas prestadoras de serviços, constituídas por profissionais cuja atividade dependesse de habilitação legalmente exigida, a opção pelo Sistema Integrado de Pagamento de Impostos e Contribuições – SIMPLES. O Pleno do STF, por maioria, confirmando os fundamentos expendidos quando do julgamento da medida liminar, julgou improcedente o pedido porque entendeu que a lei tributária pode discriminar por motivo extrafiscal ramos de atividade econômica, desde que a distinção seja razoável. Restrição semelhante foi repetida no art. 17, XI, da LC 123/06.

---

[86] STF, AgREG no RE 405.611.
[87] STF, RE 236.881 e MS 20.858.
[88] STF, ADI 1.643.

2.1.11. Princípio da capacidade contributiva

A Constituição da República exige que os impostos, sempre que possível, sejam graduados de acordo com a capacidade econômica do contribuinte. Para conferir efetividade a este objetivo, faculta-se à administração tributária identificar, respeitados os direitos individuais e obedecidas às formalidades legais, o patrimônio, os rendimentos e as atividades econômicas dos contribuintes (art. 145, § 1º, da CF).

A capacidade contributiva decorre da necessidade de o legislador exigir impostos na medida da capacidade econômica de cada contribuinte. Significa dizer que a tributação deve ser estruturada de forma a alcançar a riqueza do contribuinte sem, no entanto, aniquilá-la porque, neste caso, o tributo assumiria proibitivo caráter confiscatório (art. 150, IV, da CF). O imposto deve ser estruturado de acordo com a capacidade econômica do contribuinte em suportar a carga tributária, a ponto de ela não comprometer a própria subsistência do devedor. Ou seja, o respeito ao princípio deve ser visto em termos subjetivos, verificando-se a pessoa do sujeito passivo, a fim de protegê-lo de uma carga tributária que, para ele, seria insuportável.

Bernardo Ribeiro de Moraes diz que:

> O princípio da capacidade contributiva, pelo qual cada pessoa deve contribuir para as despesas da coletividade de acordo com a sua aptidão econômica, ou capacidade contributiva, origina-se do ideal de justiça distributiva.

Depois, apresenta a seguinte conclusão quanto ao princípio da tributação segundo a capacidade contributiva:

> a) quem não possui determinado nível de capacidade econômica não poderá ser chamado para contribuir, isto é, para participar no atendimento das despesas públicas;
>
> b) a contribuição de cada um deve ser estabelecida com os olhos voltados para a capacidade econômica das demais pessoas, levando-se em conta níveis de capacidade contributiva. Pessoas com maior capacidade econômica devem ser chamadas para participarem no atendimento das despesas públicas em maior importância do que as pessoas que estejam em nível inferior relativamente à capacidade contributiva.[89]

Na análise do § 1º do art. 145 da CF, entendeu o STF que todos os impostos estão sujeitos ao princípio da capacidade contributiva, mesmo os que não tenham caráter pessoal, justificando-se as alíquotas progressivas para os impostos pessoais ou reais.[90] A progressividade das alíquotas concretiza o princípio da capacidade contributiva. Os impostos, todos eles, sempre que possível, serão graduados segundo a capacidade econômica do contribuinte.[91]

A Constituição Federal dispõe que o Imposto de Renda deve ser progressivo (art. 153, § 2º, I), assim como o Imposto Territorial Rural (ITR, art. 153, § 4º, I) e o Imposto sobre a Propriedade Predial e Territorial Urbana (IPTU, art. 156, § 1º, I). O primeiro é imposto de natureza pessoal e os demais são impostos reais.

---

[89] Op. cit., p. 118 e 122.
[90] STF, RE 562.045.
[91] STF, RE 562.045.

No caso do IPTU, que é imposto de natureza real, o que interessa é a propriedade, e não o proprietário (sujeito passivo). Acontece que a redação original do art. 156, § 1º, da CF dispunha que o IPTU poderia ser progressivo, nos termos da lei municipal, de forma a assegurar o cumprimento da função social da propriedade. Em razão disso, muitos Municípios estabeleceram alíquotas progressivas para o IPTU em função do valor venal do imóvel. Quanto maior o valor do imóvel, maior seria a alíquota.

Porém, considerando que o IPTU é um imposto de natureza real, o Pleno do Supremo Tribunal Federal, no julgamento do RE 153.771/MG, entendeu que o imposto não poderia variar na razão da presumível capacidade contributiva do sujeito passivo.[92] A única progressividade que o STF admitiu para o IPTU, à luz da redação original do art. 156, § 1º, da CF, era a de natureza extrafiscal, destinada a assegurar a função social da propriedade urbana, nos termos do art. 182, § 4º, II, da CF:

> É facultado ao Poder Público municipal, mediante lei específica para área incluída no plano diretor, exigir, nos termos da lei federal, do proprietário do solo urbano não edificado, subutilizado ou não utilizado, que promova seu adequado aproveitamento, sob pena, sucessivamente, de: (...) II – imposto sobre a propriedade predial e territorial urbana progressivo no tempo).

Neste caso, a progressividade no tempo tinha por objetivo compelir o proprietário a dar ao imóvel sua função social. Não havia óbice, porém, que a legislação previsse alíquotas distintas para terrenos vazios e terrenos edificados porque isto não poderia ser confundido com a progressividade.[93]

No julgamento supramencionado, o Min. Moreira Alves, fazendo referência ao art. 145, § 1º, da Constituição Federal, disse:

> Desse dispositivo decorre que a Constituição, adotando a distinção clássica segundo a qual os impostos podem ter caráter pessoal ou caráter real (é a classificação que distingue os impostos em pessoais e reais), visa a que os impostos, sempre que isso seja possível, tenham o caráter pessoal, caso em que serão graduados e um dos critérios de graduação poderá ser a progressividade segundo a capacidade econômica do contribuinte. Por outro lado, em face desse dispositivo, não se pode pretender que a expressão "sempre que possível" se refira apenas ao caráter pessoal do imposto, e que, por isso, o princípio da capacidade contributiva seja aplicável a todos os impostos ainda quando não tenham caráter pessoal, como sustentam Américo Lacombe e José Maurício Conti, citados no voto do eminente relator. De efeito, a parte final do dispositivo em causa repele essa conclusão, porque a Constituição atribui à administração tributária a faculdade de identificar o patrimônio, os rendimentos e as atividades econômicas do contribuinte, "especialmente para conferir efetividade a esses objetivos", ou seja, ao objetivo de que os impostos, se possível, tenham caráter pessoal e ao de que esses impostos com caráter pessoal sejam graduados segundo a capacidade econômica do contribuinte, certo como é que essa faculdade de identificação só tem sentido quando se trata de imposto de caráter pessoal, ou seja, na definição de GIANINI *(Istituzioni di Diritto Tributário,* reimpressão da 9ª ed., p. 159, Dott A Giuffrè, Milano. 1974), "aqueles que alcançam o conjunto de rendimentos ou de bens do contribuinte, ou também uma parte destes, mas enquanto dizem respeito a uma dada pessoa, levando em conta, na medida mais ou menos ampla, as suas condições". O mesmo não ocorre, evidentemente, com os impostos de caráter real que também na definição de GIANINI (ob. cit., ibidem) são os que "alcançam bens singulares ou

---

[92] STF, RE 175.535, REs 228.735, 210.586, 227.273, 228.309, etc.
[93] STF, RE 229.233.

rendimentos ou também grupos de bens ou de rendimentos, considerados na sua objetividade, sem levar em conta a condição pessoal do sujeito passivo do imposto" (...).

Depois de inúmeros precedentes sobre o mesmo tema, que deram origem à Súmula 668[94] do STF, a EC 29, de 13.09.2000, alterou a redação do art. 156, § 1º, da CF, dispondo que, sem prejuízo da progressividade no tempo referida no art. 182, § 4º, II, ou seja, da progressividade de natureza extrafiscal, a fim de compelir o proprietário a dar à propriedade a sua função social, o IPTU também poderá ser progressivo em razão do valor do imóvel ou ter alíquotas diferentes de acordo com a localização e o uso do imóvel (incisos I e II do § 1º do art. 156), ou seja, a Constituição foi alterada para permitir a progressividade de natureza fiscal. Quer dizer, apenas a lei municipal posterior à EC 29/2000 é que poderá estabelecer a progressividade das alíquotas do IPTU de acordo com o valor do imóvel (alíquotas maiores para imóveis de maior valor), bem como fixar alíquotas distintas, dependendo da localização do imóvel (zona nobre, periferia) e de seu uso (residencial, comercial, industrial).

O Plenário do STF apreciou a questão relativa à discussão da alíquota a ser observada nos casos em que declarada a inconstitucionalidade da lei municipal que estabelecia, antes da EC 29/00, alíquotas progressivas para o IPTU, em razão do valor venal do imóvel.[95] A Corte considerou que a solução mais adequada seria manter exigência do tributo com a alíquota mínima, ou seja, não seria possível declarar inconstitucional todo o sistema da progressividade, de modo a apurar o tributo com base na legislação anterior, fixando tese, para efeitos de repercussão geral, no seguinte sentido: "Declarada inconstitucional a progressividade de alíquota tributária, é devido o tributo calculado pela alíquota mínima correspondente, de acordo com a destinação do imóvel".

Ainda acerca da progressividade, o STF julgou inconstitucional a norma municipal que estabelecia a progressividade de alíquotas do Imposto de Transmissão *Inter Vivos* de Bens Imóveis (ITBI – art. 156, II, da CF). No caso, a lei municipal de São Paulo estabelecia alíquotas variáveis entre 02% e 06%, dependendo do valor do imóvel. Entendeu o STF que a Constituição Federal não autoriza a progressividade de alíquotas do ITBI, realizando-se o princípio da capacidade contributiva proporcionalmente ao preço da venda.[96] A alíquota do Imposto de Transmissão *Inter Vivos* (ITBI), portanto, não pode variar com base no valor venal do imóvel, atendendo à presumível capacidade contributiva do sujeito passivo, ensejando a edição da Súmula 656 do STF,[97] mesmo porque a Constituição Federal não autorizaria de forma explícita a adoção de alíquota progressiva para tal imposto.[98] Neste julgado, o STF não aceitou que fosse aplicada a alíquota mínima prevista na lei, mas, sim, que deveria ser aplicada a lei

---

[94] É inconstitucional a lei municipal que tenha estabelecido, antes da Emenda Constitucional 29/2000, alíquotas progressivas para o IPTU, salvo se destinada a assegurar a função social da propriedade urbana.
[95] STF, RE 602.347.
[96] STF, RE 234.105.
[97] "É inconstitucional a lei que estabelece alíquotas progressivas para o Imposto de Transmissão *Inter Vivos* de Bens Imóveis-ITBI com base no valor venal do imóvel". RE 234.105-SP.
[98] STF, AI 198.662-7.

anterior porque a inconstitucionalidade atingiria o sistema como um todo.[99] Este julgado do STF é anterior ao acima mencionado, sob o regime de repercussão geral, em que a Corte decidiu que deve ser aplicada a alíquota mínima prevista na lei. A adoção de alíquotas diversas contraria o texto constitucional, sendo que a variação do preço do negócio é que atende à capacidade contributiva.[100]

No caso do Estado do Rio Grande do Sul, a lei estadual (Lei 8.821/89) previa alíquotas progressivas para o Imposto de Transmissão *Causa Mortis* e Doação (ITCD, art. 18). Apesar de ser um imposto de natureza real e a CF não prever a sua progressividade, o STF, por maioria, como antes dito, decidiu que todos os impostos estão sujeitos ao princípio da capacidade contributiva, mesmo os que não tenham caráter pessoal, constando no Informativo 694:

> Assim, todos os impostos, independentemente de sua classificação como de caráter real ou pessoal, poderiam e deveriam guardar relação com a capacidade contributiva do sujeito passivo. Aduziu-se, também, ser possível aferir a capacidade contributiva do sujeito passivo do ITCD, pois, tratando-se de imposto direto, a sua incidência poderia expressar, em diversas circunstâncias, progressividade ou regressividade direta. Asseverou-se que a progressividade de alíquotas do imposto em comento não teria como descambar para o confisco, porquanto haveria o controle do teto das alíquotas pelo Senado Federal (CF, art. 155, § 1º, IV). Ademais, assinalou-se inexistir incompatibilidade com o Enunciado 668 da Súmula do STF ("É inconstitucional a lei municipal que tenha estabelecido, antes da Emenda Constitucional 29/2000, alíquotas progressivas para o IPTU, salvo se destinada a assegurar o cumprimento da função social da propriedade urbana"). Por derradeiro, esclareceu-se que, diferentemente do que ocorreria com o IPTU, no âmbito do ITCD não haveria a necessidade de emenda constitucional para que o imposto fosse progressivo.[101]

A Corte fixou a seguinte tese, considerando a repercussão geral reconhecida:

> É constitucional a fixação de alíquota progressiva para o Imposto sobre Transmissão *Causa Mortis* e Doação – ITCD.

O Imposto Territorial Rural (ITR) também poderá ter alíquotas progressivas, fixadas de forma a desestimular a manutenção de propriedades improdutivas (art. 153, § 4º, I). O ITR é um imposto de natureza real, mas o próprio texto constitucional admite a progressividade para que o imóvel rural cumpra sua função social (art. 184, *caput* da CF). A progressividade que o texto constitucional admite em relação ao ITR é de natureza fiscal e extrafiscal. O imposto pode ser escalonado em função do valor do imóvel, levando em consideração o tamanho da área, como também as alíquotas poderão ser progressivas no tempo, a fim de compelir o proprietário a dar à propriedade sua função social.

Por outro lado, como o texto constitucional faz referência ao princípio da capacidade contributiva apenas aos impostos, e não aos "tributos", existem divergências doutrinárias acerca da aplicação do princípio aos chamados tributos vinculados (taxas e contribuições).

---
[99] STF, RE 259.339.
[100] STF, RE 233.995.
[101] STF, RE 562.045.

Nas taxas, o que importa é a atividade estatal, consistente no exercício do poder de polícia ou na prestação de serviços públicos, específicos e divisíveis (art. 145, II, da CF). Se o que interessa é a atuação estatal, pouco importa a pessoa titular desta contraprestação, não havendo razão para que a taxa seja fixada de acordo com características subjetivas do contribuinte.

No entanto, o STF tem precedente onde foi reconhecida a constitucionalidade da cobrança da taxa de polícia pela Comissão de Valores Mobiliários, instituída pela Lei 7.940/89. A Taxa de Fiscalização é destinada ao custeio de atividade desenvolvida pela Comissão de Valores Mobiliários. No caso das empresas, o valor da taxa varia em função do seu patrimônio líquido, o que foi objeto de discussão no Supremo Tribunal Federal. O Pleno do STF entendeu que, havendo patrimônio líquido maior, a atividade de fiscalização é maior, o que justificaria uma taxa a maior a ser paga. Entendeu a Corte que "a sua variação, em função do patrimônio líquido da empresa, não significa seja dito patrimônio a sua base de cálculo, mesmo porque tem-se, no caso, um tributo fixo".[102]

A mesma lei também incluiu como contribuintes da referida taxa os auditores independentes, enquadrados em uma tabela anexa à referida lei. Houve a propositura de ação direta de inconstitucionalidade,[103] alegando violação ao princípio da isonomia. Porém, o STF julgou-a improcedente, entendendo que o preceito legal estabeleceu valores específicos para cada faixa de contribuintes, sendo estes fixados segundo a capacidade contributiva de cada profissional, reafirmando que a taxa corresponde ao poder de polícia exercido pela Comissão de Valores Mobiliários. Em outro julgado a respeito do mesmo caso, o Min. Celso de Mello disse que o "critério adotado pelo legislador para a cobrança dessa taxa de polícia busca realizar o princípio constitucional da capacidade contributiva, também aplicável a essa modalidade de tributo, notadamente quando a taxa tem, como fato gerador, o exercício do poder de polícia".[104] A matéria é objeto da Súmula 665 do STF.[105]

Nas contribuições, o que importa é a finalidade para a qual foram instituídas, não havendo uma relação direta com a capacidade econômica do contribuinte. No entanto, a capacidade contributiva poderá ser efetivada levando em consideração a atividade econômica desenvolvida pela empresa ou até mesmo a utilização intensiva de mão de obra, abrindo ensejo para a instituição de alíquotas ou bases de cálculo diferenciadas em relação às contribuições previdenciárias (art. 195, § 9º, da CF).

Por fim, alegava-se que a falta de atualização monetária da tabela do Imposto de Renda da Pessoa Física e das respectivas deduções ofenderia os princípios da capacidade contributiva e do não confisco. Ocorre que o trabalhador, cuja remuneração fora recomposta, no decorrer do tempo, pela atualização

---

[102] STF, RE 177.835.
[103] STF, ADI 453.
[104] STF, AregREx 176.382.
[105] "É constitucional a Taxa de Fiscalização dos Mercados de Títulos e Valores Mobiliários instituída pela Lei 7940/89".

monetária, a fim de manter o seu poder de compra, sofreria um ônus maior do imposto se a tabela progressiva do Imposto de Renda não fosse corrigida monetariamente. Se ele era isento, por exemplo, passaria a ser tributado, uma vez que teria outro enquadramento na tabela. Porém, se a tabela progressiva fosse corrigida monetariamente, o trabalhador continuaria isento. O pleno do STF entendeu não cabe ao Poder Judiciário autorizar a correção monetária da tabela progressiva do Imposto de Renda na ausência de previsão legal nesse sentido. O entendimento teve por fundamento "o uso regular do poder estatal de organizar a vida econômica e financeira do país no espaço próprio das competências dos Poderes Executivo e Legislativo".[106] Na ementa do mesmo julgado, constou:

> A vedação constitucional de tributo confiscatório e a necessidade de se observar o princípio da capacidade contributiva são questões cuja análise dependem da situação individual do contribuinte, principalmente em razão da possibilidade de se proceder a deduções fiscais, como se dá no imposto sobre a renda".

2.1.12. Princípio da uniformidade geográfica

O princípio da uniformidade está encartado no art. 151, I, da CF. Referido dispositivo proíbe que a União institua tributo que não seja uniforme em todo o território nacional ou que implique distinção ou preferência em relação a Estado, ao Distrito Federal ou a Município, em detrimento de outro. No entanto, a própria Constituição admite a concessão de incentivos fiscais destinados a promover o equilíbrio do desenvolvimento socioeconômico entre as diferentes regiões do País.

O princípio da uniformidade também proíbe que os Estados, o Distrito Federal e os Municípios estabeleçam diferença tributária entre bens e serviços, de qualquer natureza, em razão de sua procedência ou destino (art. 152 da CF). Neste caso, o princípio é também chamado de não discriminação tributária ou não diferenciação tributária. Em decorrência deste princípio, o Superior Tribunal de Justiça tem precedente no sentido de que os Estados não podem estabelecer alíquotas diferenciadas do IPVA para automóveis importados.[107]

O Supremo Tribunal Federal também tem precedentes não admitindo a instituição de alíquotas diferenciadas de IPVA para veículos importados e os de procedência nacional. Não considera legítimo que a alíquota do IPVA seja uma para os veículos de procedência nacional e outra, maior, para os veículos importados.[108] Porém, a EC 42/03 acrescentou o § 6º ao art. 155 da Constituição Federal, passando a admitir que o IPVA possa ter alíquotas diferenciadas em função do tipo e utilização (inciso II). Com isto, a lei poderia estabelecer alíquotas diferentes entre o automóvel nacional e o importado, como também prever alíquotas diversas, dependendo da utilização do veículo (automóvel de passeio, utilitário, caminhões, etc.).

---

[106] STF, RE 388.312.
[107] STJ, ROMS 10906.
[108] STF, RE – AgR 367.785.

O princípio da uniformidade das alíquotas do ICMS, que deverão ser definidas por deliberação dos Estados e do Distrito Federal (art. 155, § 4º, IV, da CF, com a redação dada pela EC 33/01), nos termos da lei complementar, não impede que elas sejam fixadas de forma diferenciada, dependendo do respectivo produto (art. 155, § 4º, IV, *a*, da CF, com a redação dada pela EC 33/01).

Da mesma forma, no caso da contribuição de intervenção no domínio econômico relativa às atividades de importação ou comercialização de petróleo e seus derivados, gás natural e seus derivados e álcool combustível (CIDE), a Constituição Federal admite que a lei possa estabelecer uma alíquota diferenciada, dependendo do produto ou de seu uso (art. 177, § 4º, I, *a*, da CF, com redação dada pela EC 33/01).

2.1.13. *Princípio da liberdade de tráfego*

O princípio da liberdade de tráfego está encartado no art. 150, V, da CF e proíbe que as entidades políticas estabeleçam limitações ao tráfego de pessoas ou bens, por meio de tributos interestaduais ou intermunicipais. Não há óbice, porém, para que haja a incidência do ICMS nas operações relativas à circulação de mercadorias e sobre prestações de serviços de transportes interestadual e intermunicipal.

A Constituição, entretanto, ressalva a cobrança de pedágio pela utilização de vias conservadas pelo Poder Público (art. 150, V, da CF).

Pelo fato de o pedágio estar arrolado entre as limitações ao poder de tributar, alguns autores entendem que ele tem natureza jurídica de tributo.

O Supremo Tribunal Federal tem precedente no sentido de que o pedágio teria natureza jurídica de taxa. Porém, o caso julgado dizia respeito ao selo-pedágio, instituído pela Lei 7.712, de 1988.[109] No julgamento, o Min. Carlos Velloso entendeu que o pedágio seria uma taxa:

> O fato de ter sido o pedágio tratado no Sistema Tributário Nacional exatamente nas limitações ao poder de tributar – CF, art. 150, V – é significativo. Ora, incluído numa ressalva a uma limitação à tributação, se fosse preço, a ressalva não teria sentido. É dizer, se está a Constituição tratando de limitações à tributação, não haveria sentido impor limitação a um preço (tarifa), que tem caráter contratual, assim incluído no regime de direito privado. O pedágio tem natureza jurídica de taxa.

Neste caso, o selo-pedágio era cobrado de todos os usuários de rodovias federais, renovado mensalmente, independentemente da frequência de uso da rodovia. Ou seja, era uma contrapartida a um serviço específico ou divisível, prestado ao contribuinte ou colocado à sua disposição.

No entanto, o STF entendeu que o selo-pedágio não pode ser confundido com o pedágio, uma vez que este é cobrado apenas quando houver o efetivo uso da rodovia. A Corte indeferiu liminar em ação direta de inconstitucionalidade contra Decreto estadual, que instituía e autorizava a cobrança de pedágio em rodovia estadual. A liminar não foi deferida porque se entendeu que seria um mero preço público, não sujeito aos princípios constitucionais da legalidade

---

[109] STF, RE 181.475.

e anterioridade, carecendo de plausibilidade, por isso, a tese da inconstitucionalidade. Esta ação direta foi julgada em 2014, oportunidade em que o Plenário da Corte decidiu que:

> O pedágio cobrado pela efetiva utilização de rodovias conservadas pelo Poder Público, cuja cobrança está autorizada pelo inciso V, parte final, do art. 150 da Constituição de 1988, não tem natureza jurídica de taxa, mas sim de preço público, não estando a sua instituição, consequentemente, sujeita ao princípio da legalidade estrita.[110]

Com este julgado, a Corte pôs fim à controvérsia acerca da natureza jurídica do pedágio, considerado como preço público.

Sacha Calmon entende que:

> Não se cobra pedágio pela mera disponibilidade das vias trafegáveis. O que autoriza a cobrança do pedágio – melhor seria chamá-lo de rodágio, como quis Baleeiro – é o uso da via. Do contrário, a União, os Estados e os Municípios poderiam cobrar 'taxas' (tipo pedágio ou rodágio) pela mera disponibilidade das estradas e ruas que construíram, à alegação de que 'estão à disposição dos cidadãos, pedestres ou motorizados'. ... Historicamente é paga pelo uso de estradas.... O pedágio se nos apresenta como preço. Quem quiser a via, a ponte, o túnel, paga preço ao Estado para poder passar, enquanto ele determinar. Seja lá como for, o uso em si das estradas não caracteriza o fato gerador das taxas, tal como prescrito pela Constituição. Esta autoriza a instituição de taxa por serviços públicos, específicos e divisíveis prestados ao contribuinte ou postos à sua disposição, certo ainda que nesta última hipótese a utilização tem que ser declarada compulsória para que se aproposite a cobrança pela mera disponibilidade do serviço de utilidade. Seria o caso da água, da energia elétrica, dos serviços de telefonia, se tais serviços à disposição dos usuários fosse, no Brasil, explorados pelo regime tributário. Na verdade, não o são; adotam-se preços (*ex contractu*). O serviço de esgoto, este sim, declarada a sua utilização compulsória, não exonera o contribuinte de pagar uma taxa mínima, estando a galeria a seu alcance (disponível), ainda que possua fossa séptica. Na verdade, não se trata a rigor de usar a rede de esgotos, mas de um serviço que coleta, bombeia, trata ou consome os detritos em usinas de beneficiamento ou em terminais oceânicos. Ora, não presta o Estado um 'serviço de estradas', oferece-as a uso.[111]

Capítulo 3 – Competência tributária

3.1. Conceito

A competência tributária traduz o poder outorgado pela Constituição Federal a União, Estados, Distrito Federal e Municípios para que instituam tributos. Apenas as pessoas dotadas de representação política é que possuem poder para instituir tributos, desde que o façam mediante lei do respectivo parlamento.

A competência tributária não se confunde com o sujeito ativo da obrigação tributária. A competência é do criador do tributo; a sujeição ativa é do credor.[112]

---
[110] STF, ADI 800.
[111] COELHO, Sacha Calmon Navarro. *Curso de Direito Tributário Brasileiro*, p. 427.
[112] Veja o Título II, Capítulo 2, item 2.5 relativo ao sujeito ativo da obrigação tributária.

Também não deve ser confundida esta partilha constitucional do poder de tributar com a partilha do produto da arrecadação de impostos e da contribuição de intervenção no domínio econômico prevista no art. 177, § 4º, da CF, frente ao disposto nos artigos 157 a 159 da CF.

Nos termos do art. 7º do CTN, a competência tributária é indelegável, salvo a atribuição das funções de arrecadação ou fiscalização dos tributos, ou de executar leis, serviços, atos ou decisões administrativas em matéria tributária, conferida por uma pessoa jurídica de direito público a outra. A União, por exemplo, possui a competência tributária para instituir as contribuições previdenciárias (art. 195 da CF), mas em determinados casos atribuía ao INSS as tarefas de normatizar, fiscalizar e cobrar algumas das contribuições previstas na Lei 8.212/91. Atualmente, por força da Lei 11.457/07, essa tarefa é da Secretaria da Receita Federal do Brasil. Tal atribuição, nos termos do § 1º do art. 7º do CTN, compreende as garantias e os privilégios processuais que competem à pessoa jurídica de direito público que a conferir, podendo ser revogada a qualquer tempo (§ 2º).

Não constitui delegação de competência a circunstância de o titular da competência tributária atribuir a pessoas de direito privado a tarefa de arrecadar os tributos, como ocorre, por exemplo, com as instituições financeiras. Pelo fato de a competência tributária ser indelegável, a falta de seu exercício pelo respectivo titular não a transfere para pessoa de direito público diversa daquela a que a Constituição tenha atribuído (art. 8º do CTN).

Por outro lado, a Lei de Responsabilidade Fiscal (LC 101/00) dispõe que constituem requisitos essenciais da responsabilidade na gestão fiscal a instituição, previsão e efetiva arrecadação de todos os tributos da competência constitucional do ente da Federação (art. 11). Muitos Municípios pequenos não instituíam os impostos de sua competência e muito menos dispunham de um setor administrativo direcionado à arrecadação dos tributos. A lei impôs a obrigatoriedade da efetiva instituição e arrecadação dos tributos da competência da pessoa política, prevendo uma sanção no que tange à inércia relativamente aos impostos: a proibição de receber as transferências voluntárias (parágrafo único do art. 11). Estas transferências voluntárias não dizem respeito à repartição das receitas tributárias previstas nos arts. 157 a 159 da CF. Nos termos do art. 25 da LC 101/00, "entende-se por transferência voluntária a entrega de recursos correntes ou de capital a outro ente da Federação, a título de cooperação, auxílio ou assistência financeira, que não decorra de determinação constitucional, legal ou os destinados ao Sistema Único de Saúde".

A competência tributária, portanto, no que tange aos impostos, é obrigatória. A União, no entanto, até hoje não editou a lei complementar para exigir o Imposto sobre Grandes Fortunas (art. 153, VII, da CF), mas na prática não incide o disposto no art. 11 da LC 101/00 porque a União não recebe auxílio ou assistência financeira de outros entes da federação.

A Constituição Federal traça a repartição das competências legislativas e atribui à União, aos Estados e ao Distrito Federal a competência concorrente para legislar sobre Direito Tributário (art. 24, I), cabendo à União estabelecer as normas gerais (§ 1º do art. 24). Os Estados e o Distrito Federal possuem competência suplementar (§ 2º do art. 24 e art. 32, § 1º), cabendo-lhes adequar a legislação às suas peculiaridades.[113] Os Municípios, atendido o interesse local, podem suplementar a legislação federal e estadual, no que couber, bem como instituir e arrecadar os tributos de sua competência (art. 30, I e III).

3.2. Competência privativa, residual e comum

A divisão da competência tributária é feita pela Constituição Federal. A doutrina classifica a repartição da competência em *privativa, residual* e *comum*.

A competência privativa e residual refere-se apenas aos impostos, dispondo a Constituição Federal acerca dos impostos que podem ser criados pela União, pelos Estados, Distrito Federal e Municípios.

Assim, é da competência privativa dos Estados e do Distrito Federal instituir Impostos sobre Transmissão *Causa Mortis* e Doação, de Quaisquer Bens ou Direitos (ITCD), sobre Operações Relativas à Circulação De Mercadorias e Prestações de Serviços de Transporte Interestadual e intermunicipal e de Comunicação, mesmo que as operações e as prestações se iniciem no exterior (ICMS) e sobre a Propriedade de Veículo Automotor (IPVA), nos termos do art. 155, I, II e III, da CF.

Os Municípios (art. 156 da CF) e também o Distrito Federal (art. 147 c/c o art. 32, § 1º, da CF) poderão instituir o Imposto sobre a Propriedade Predial e Territorial Urbana (IPTU), o Imposto de Transmissão *Inter Vivos*, a qualquer título, por ato oneroso, de bens imóveis, por natureza ou acessão física, e de direitos reais sobre imóveis, exceto os de garantia, bem como cessão de direitos à sua aquisição (ITBI) e o Imposto Sobre Serviços de Qualquer Natureza (ISSQN), definidos em lei complementar e que não estejam compreendidos pelo ICMS, conforme o art. 156, I, II e III, da CF.

A enumeração dos impostos das unidades federativas é taxativa. Nenhum outro imposto – que não os arrolados nos artigos 155 e 156 da CF – pode ser instituído pelos Estados, Distrito Federal e Municípios. Note-se que o Distrito Federal possui competência para instituir os impostos dos Estados e também dos Municípios, o que lhe confere uma posição privilegiada, do ponto de vista tributário, sobre as demais unidades federativas.

À União, reservou a Constituição Federal a possibilidade de instituir o imposto sobre importação de produtos estrangeiros, exportação de produtos nacionais ou nacionalizados, imposto sobre a renda ou proventos de qualquer natureza, imposto sobre produtos industrializados, imposto sobre operações de crédito, câmbio e seguro, ou relativas a títulos ou valores mobiliários, imposto sobre a propriedade territorial rural e o imposto sobre grandes fortunas (art. 153, I a VII, da CF).

---

[113] STF, AI 0149.742-0.

No que se refere à União – e exclusivamente em relação a ela – a enumeração dos impostos não é taxativa, ao contrário do que acontece com os Estados, DF e Municípios, como antes assinalado.

O rol de impostos atribuídos à União é exemplificativo porque, além dos impostos discriminados no art. 153, da CF, o texto constitucional conferiu-lhe competência para instituir outro imposto qualquer, cuja materialidade não é prevista na Constituição Federal. Tal imposto é chamado de imposto novo ou inominado porque o legislador constitucional não lhe atribuiu um nome específico. É um imposto qualquer que pode ser instituído no exercício da competência residual da União. Porém, este imposto deverá obedecer às seguintes restrições, nos termos do disposto no art. 154, I, da CF: a) instituição por lei complementar; b) não cumulativo; c) proibição de fato gerador de imposto discriminado na CF; d) proibição de base de cálculo de imposto discriminado na CF. O rol de impostos da União, portanto, não é taxativo; é exemplificativo.

A União também pode instituir um imposto extraordinário, isto apenas no caso de guerra externa ou sua iminência (art. 154, II, da CF). O imposto extraordinário de guerra é caracterizado pela transitoriedade. É um imposto que deve ser temporário porque a Constituição Federal exige a sua supressão gradativa, uma vez cessadas as causas que autorizaram a sua instituição. O texto constitucional abre duas importantes exceções para o imposto extraordinário. A primeira é a de que não haverá necessidade de observância ao princípio da anterioridade de exercício financeiro e anterioridade nonagesimal (art. 150, § 1º, da CF), tanto que a medida provisória que o tiver instituído ou aumentado terá eficácia imediata (art. 62, § 2º, da CF). A segunda é a que este imposto não precisará necessariamente estar compreendido na competência tributária da União. Quer dizer, o texto constitucional admite a bitributação e o *bis in idem*.

A bitributação ocorre quando duas entidades políticas tributam o mesmo fato. A União, como visto, em caso de guerra externa ou sua iminência, poderá instituir imposto que não esteja compreendido na sua competência tributária (art. 154, II, da CF). Quer dizer, a União poderá instituir um imposto extraordinário que tenha identidade de fato gerador com o Imposto sobre a Circulação de Mercadorias ou com o Imposto Sobre a Prestação de Serviços de Qualquer Natureza. Mesmo nestes casos, a competência dos Estados ou dos Municípios não ficará suprimida, havendo coexistência dos dois impostos sobre o mesmo fato.

O *bis in idem* decorre da exigência, pela mesma pessoa política, de dois tributos sobre o mesmo fato. Há uma superposição tributária realizada pela mesma entidade política. Isto é permitido apenas para o Imposto Extraordinário de Guerra (art. 154, II da CF). Nesta situação, tal extraordinário imposto poderá ter identidade de fato gerador ou base de cálculo de outro imposto da própria União. Não há uma vedação constitucional expressa acerca do *bis in idem*. O próprio texto constitucional prevê, em preceitos distintos (arts. 195, I, *b*, e 239), que duas contribuições de Seguridade Social recaiam exatamente sobre o mesmo fato gerador, possuindo a mesma base de cálculo, embora tenham alíquotas diversas (o PIS e COFINS recaem sobre a receita ou faturamento).

A denominada competência comum é conferida a todas entidades políticas para que elas possam instituir taxas ou contribuições de melhoria, tudo dependendo de quem exerce o poder de polícia, presta ou coloca à disposição o serviço público específico e divisível, ou realiza a obra pública que acaba por valorizar a propriedade imóvel lindeira, como veremos ao tratarmos dos tributos em espécie. Como as taxas ou contribuições de melhoria estão atreladas ao desempenho de uma atividade estatal, a competência para instituí-las também ficará vinculada à respectiva atuação.

Ao lado desta classificação, a União possui a competência tributária exclusiva para instituir contribuições de intervenção no domínio econômico, contribuições no interesse de categorias profissionais, e contribuições sociais (arts. 149, *caput*, 195, da CF).

É também da União a competência para instituir os empréstimos compulsórios (art. 148, I e II, da CF) e as contribuições para a Seguridade Social (art. 195, da CF), inclusive as denominadas contribuições previdenciárias residuais, neste último caso mediante lei complementar (art. 195, § 4°, da CF).

Os Estados, o Distrito Federal e os Municípios, assim como a União (art. 40, *caput*, da CF), poderão instituir contribuições previdenciárias, cobradas de seus servidores, para o custeio, em benefício deles, de sistemas de previdência social, cuja alíquota não poderá ser inferior a da contribuição dos servidores titulares de cargos efetivos da União (art. 149, § 1°, da CF).

Os Municípios e o Distrito Federal podem instituir a contribuição para o custeio do serviço de iluminação pública (art. 149-A da CF).

Capítulo 4 – Espécies tributárias

4.1. Classificação

A Constituição Federal, no art. 145, estabelece que a União, os Estados, o Distrito Federal e os Municípios poderão instituir impostos, taxas e contribuições de melhoria. No entanto, além destas espécies tributárias, existem ainda os empréstimos compulsórios (art. 148, I e II, da CF), as contribuições no interesse de categorias profissionais (art. 149, *caput*, da CF), as contribuições de intervenção no domínio econômico (art. 149, *caput*, e 177, § 4° da CF), as contribuições sociais (art. 149, *caput*, e § 1°, da CF), as contribuições previdenciárias próprias (art. 149, § 1°, da CF), as contribuições para a Seguridade Social (art. 195 da CF) e a contribuição para o custeio do serviço de iluminação pública (art. 149-A da CF).

Para facilitar a compreensão das diferentes espécies tributárias, adotamos a classificação efetuada pelo Min. Carlos Velloso no julgamento do RE 138.284, com algumas adaptações. Assim, temos cinco espécies tributárias:

1. Impostos (arts. 145, I, 153, 154, 155 e 156 da CF).
2. Taxas (art. 145, II, da CF).
3. Empréstimos compulsórios (art. 148 da CF).
4. Contribuições de melhoria (art. 145, III, da CF).
5. Contribuições:
    5.1. Sociais:
        5.1.1. Sociais gerais (arts. 149, caput, 212, § 5º, 240 da CF).
        5.1.2. Seguridade social (art. 195 da CF).
        5.1.3. Seguridade social residual (art. 195, § 4º, da CF).
        5.1.4. Previdenciárias próprias (art. 149, § 1º, da CF).
    5.2. Intervenção no domínio econômico (arts. 149, caput, e 177, § 4º, da CF).
    5.3. Interesse de categorias profissionais (art. 149, caput, da CF).
    5.4. Custeio do serviço de iluminação pública (art. 149-A da CF).

A classificação de uma espécie tributária não é feita pelo nome que lhe é atribuído pelo legislador. O CTN dispõe que "a natureza jurídica específica do tributo é determinada pelo fato gerador da respectiva obrigação, sendo irrelevantes para qualificá-la: I – a denominação e demais características formais adotadas pela lei; II – a destinação legal do produto da sua arrecadação" (art. 4º) e estabelece que os tributos são os impostos, taxas e contribuições de melhoria (art. 5º).

De acordo com o CTN, não é o nome que evidencia a espécie tributária porque sua essência deveria ser extraída do fato gerador. Porém, este critério também muitas vezes é insuficiente porque a materialidade de um fato gerador pode dar origem a tributos de espécies diferentes, como ocorre com o lucro da pessoa jurídica, o qual gera a obrigação relativa à contribuição social sobre o lucro e ao imposto de renda, distinguindo-se apenas na apuração da base de cálculo.

Pago o tributo, extingue-se a relação tributária, de maneira que a destinação dos recursos auferidos é matéria afeta ao direito financeiro e não teria o condão de qualificar a espécie tributária.

> O tema da destinação do produto da arrecadação dos tributos é preocupação constante dos operadores do Direito Tributário", diz Marco Aurélio Greco. Segundo ele, há progressos nos estudos, passando "desde uma visão que afirmava ser a destinação irrelevante para definir a espécie tributária (CTN, artigo 4º, II), até o reconhecimento de que a destinação é elemento essencial para a identificação de uma contribuição no atual Sistema Constitucional Brasileiro. Da ótica dos financistas, nos tributos (aqui incluídas as contribuições para fins de análise) a destinação está ligada à vocação da exigência, conforme sua instituição vise atender a distintos tipos de despesa. Os impostos vocacionam-se a gerar recursos para atender a despesas gerais, as taxas visam custear despesas específicas enquanto as contribuições objetivam atender a despesas de determinados grupos ou setores. Qualquer que seja a visão adotada, um ponto é comum: os tributos não são instituídos e cobrados como finalidade em si. Sua razão de ser transcende a cobrança para situar-se no campo do atendimento de despesas ligadas a atividades, funções, objetivos de que investido o Poder Público, na busca do atendimento às necessidades e demandas da sociedade. Uma exceção (que confirma a regra) está na contribuição como instrumento de equalização.[114]

O Código Tributário Nacional, à luz da EC 18/65, havia classificado apenas três espécies de tributos: impostos, taxas e contribuições de melhoria (art. 5º).

---

[114] GRECO, Marco Aurélio. *Revista Dialética de Direito Tributário*. p. 123.

Assim, se o fato gerador fosse uma situação independente de qualquer atividade estatal específica, haveria um imposto. Se consistisse na prestação de um serviço público, específico e divisível, ou no exercício do poder de polícia, teríamos uma taxa. Por fim, havendo a realização de uma obra pública que resultasse na valorização de um imóvel, estaríamos diante de uma contribuição de melhoria.

Não é suficiente o critério de identificação do tributo apenas pelo seu fato gerador. As espécies tributárias são constitucionalmente marcadas por características próprias e não podem ser classificadas com base apenas na análise do seu fato gerador, ficando reduzidas, com isto, à condição de imposto, taxa ou contribuição de melhoria. Existem outros tipos de tributos, como os empréstimos compulsórios (art. 148 da CF) ou as contribuições de intervenção no domínio econômico (art. 177, § 4º, da CF), ou previdenciárias (art. 195 da CF), que não se amoldam a nenhuma das espécies catalogadas no art. 5º do CTN. Diz Geraldo Ataliba:

> O próprio sistema constitucional adota uma classificação dos tributos e faz derivarem conseqüências do discernimento que estabelece entre as espécies e subespécies tributárias. Isto é, o texto constitucional consagra uma determinada classificação e atribui a regimes jurídicos diferentes a serem aplicados às espécies tributárias. No próprio texto constitucional estão princípios e regras diferentes, e peculiaridades, aplicáveis com exclusividade – e relevantes efeitos – às diversas espécies e subespécies de tributos. Conforme um tributo se configure como inserto numa ou noutra categoria, as conseqüências serão diferentes. No Brasil, é de fundamental importância proceder com rigor na tarefa de identificar as peculiaridades de cada espécie, porque a rigidez do sistema constitucional tributário (v. nosso Sistema Constitucional Tributário Brasileiro, Ed. Revista dos Tribunais, 1990, Capítulo I) fulmina de nulidade qualquer exação não obediente rigorosamente aos moldes constitucionais estritos.[115]

As contribuições não possuem o âmbito material de incidência delimitado pelo texto constitucional, exceto as de Segurança Social do art. 195 da CF, de maneira que são caracterizadas pelo critério finalístico. A identidade das contribuições repousa na finalidade para a qual foram instituídas, pouco importando que o seu fato gerador esteja ou não vinculado à determinada atividade estatal. É a finalidade que rotula de contribuição determinada prestação pecuniária compulsória.

O empréstimo compulsório pode ser instituído apenas pela União para atender às despesas indicadas no art. 148 da CF, ou seja, também se legitima em razão de sua finalidade, dependendo ainda de lei complementar e promessa de devolução.

Cada espécie tributária, portanto, tem características constitucionais próprias, examinadas nos próximos itens.

4.1.1. Impostos

Os impostos são conhecidos como tributos não vinculados porque o fato gerador que os caracteriza não está atrelado a nenhuma atividade estatal

---
[115] ATALIBA, Geraldo. *Hipótese de Incidência Tributária*, p. 110.

específica referida ao contribuinte (art. 16 do CTN). "Define-se, assim, o imposto como tributo não vinculado, ou seja, tributo cuja *h. i.* consiste na conceituação legal dum fato qualquer que não se constitua numa atuação estatal (art. 16 do CTN); um fato da esfera jurídica do contribuinte", como ensina Geraldo Ataliba.[116]

Os impostos são exigidos sem que exista alguma atuação estatal correspondente, e os recursos obtidos devem financiar as despesas gerais do Estado. "O imposto é uma imposição geral, que deve prover o orçamento público com os recursos financeiros, recorrendo a todos os habitantes para o financiamento das tarefas gerais, de acordo com a sua renda, seu patrimônio e seu poder aquisitivo", nas palavras de Paul Kirchhof.[117]

A Constituição Federal identifica os impostos pela consistência material do fato descrito. "A identificação do tipo de imposto depende da rigorosa e criteriosa análise dos termos empregados pelo legislador – primeiramente o constituinte – para estruturar a *h. i.* no seu aspecto mais decisivo: o material", nas palavras do mesmo autor.[118]

Assim, são as situações materiais descritas na Constituição, reveladoras de riqueza, que autorizam a instituição de um imposto que recaia sobre a "renda", a "propriedade territorial rural", a "propriedade predial e territorial urbana", a "industrialização de produtos", etc. Tais situações materiais servem como limite para a criação da norma tributária.

Nos impostos discriminados no texto constitucional, como dito, há previsão acerca da materialidade dos seus fatos geradores. Isso, porém, não acontece com os impostos inominados (novos) ou os impostos extraordinários. Nestes casos, a Constituição não delimita o âmbito material de sua incidência, deixando, para o imposto inominado, a critério do legislador, a identificação do seu fato gerador e base de cálculo, desde que não exista identidade em relação a outro imposto já existente, seja não cumulativo e instituído por lei complementar (art. 154, I, da CF). No imposto extraordinário também não há delimitação material do seu âmbito de incidência, podendo até mesmo compreender fato gerador ou base de cálculo próprio de imposto atribuído a outra entidade política, legitimando-se a sua instituição por medida provisória (art. 62, § 2º, da CF) se estiver configurada uma das causas que autorizam a sua criação: guerra externa ou sua iminência. Recorde-se que o imposto inominado não poderá ser instituído por medida provisória porque depende de lei complementar, o que não ocorre com o Imposto Extraordinário de Guerra.

4.1.1.1. Classificação dos impostos

Os impostos podem ter várias classificações. Numa classificação de caráter geral, teríamos:

---

[116] Op. cit., p. 121.
[117] KIRCHHOF, Paul. *Tributação no Estado Constitucional*, p. 101.
[118] Op. cit., p. 127.

a) **Impostos sobre comércio exterior**: Imposto de Importação e Imposto de Exportação – arts. 19 e 23 do CTN e art. 153, I e II, da CF);

b) **Impostos sobre o patrimônio e a renda**: Imposto Territorial Rural (ITR), Imposto sobre a Propriedade Territorial Urbana (IPTU), Imposto sobre a Transmissão *Causa Mortis* e Doação de Quaisquer Bens ou Direitos (ITCD), Imposto sobre a Transmissão *Inter Vivos*, a qualquer título, por ato oneroso, de bens imóveis, por natureza ou acessão física, e de direitos reais sobre imóveis, exceto os de garantia, bem como cessão de direitos à sua aquisição (ITBI), Imposto sobre a Renda e proventos de qualquer natureza (IR), Imposto sobre Grandes Fortunas (IGF) e Imposto sobre a Propriedade de Veículo Automotor (IPVA) (arts. 29, 32, 35 e 43 do CTN e arts. 153, VII, 155, I e III, e 156, II, da CF);

c) **Imposto sobre a produção e circulação**: Imposto sobre Produtos Industrializados (IPI), Imposto sobre Circulação de Mercadorias e Serviços de Transporte Interestadual e Intermunicipal e de Comunicação (ICMS), Imposto sobre Operações de Crédito, Câmbio e Seguro, ou Relativas a Títulos ou Valores Mobiliários (IOF), Imposto sobre Serviços de Qualquer Natureza (ISS) (art. 46 do CTN, e arts. 155, II, 153, V, e 156, III da CF).

d) **Imposto especial**: Imposto Extraordinário de Guerra (art. 76 do CTN e art. 154, II, da CF).

Os impostos também podem ser classificados em pessoais ou reais, progressivos ou regressivos, diretos ou indiretos, cumulativos ou não cumulativos, fixos ou variáveis.

Os impostos pessoais, ou subjetivos, são aqueles instituídos de acordo com certas características ou aspectos subjetivos do devedor. Ou seja, devem ser estruturados de acordo com a capacidade contributiva do sujeito passivo, de maneira que a fixação das suas alíquotas está ligada e varia em função da riqueza da pessoa. É o que acontece com o Imposto de Renda ou o Imposto sobre Grandes Fortunas, este último ainda não regulamentado. No imposto pessoal, a riqueza é subjetivamente considerada. A pessoa do sujeito passivo é decisiva na formação do tributo. As condições pessoais é que informam e conformam a construção da carga tributária.

Os impostos reais, ou objetivos, ignoram a pessoa do sujeito passivo e levam em consideração determinados aspectos materiais, como ocorre com o Imposto sobre a Propriedade Territorial Rural (ITR), o Imposto sobre a Propriedade Territorial Urbana (IPTU) e o Imposto sobre a Transmissão de Bens Imóveis (ITBI). É a riqueza objetivamente considerada. Não importa a pessoa, mas o fato material tributável.

O imposto é progressivo quando a sua alíquota aumenta na medida da sua base de cálculo. É que ocorre com o Imposto de Renda. O Imposto de Renda é escalonado com alíquotas variáveis, em função da base de cálculo. Quanto maior a base (renda), maior a alíquota.

O entendimento do STF, no sentido de que, fora das hipóteses previstas no texto constitucional, o legislador não poderia instituir alíquotas progressivas para os impostos reais,[119] acabou sendo modificado pela decisão proferida no RE 562.045, em que a Corte admitiu a progressividade de alíquotas do ITCD, embora a CF preveja a progressividade apenas para o Imposto de Renda, ITR e IPTU.

No imposto regressivo, a alíquota diminui na medida em que aumenta a base de cálculo. No aspecto econômico, a regressividade é revelada pela menor carga tributária quanto maior for a renda do contribuinte. O ICMS é imposto regressivo porque, para um consumidor de maior poder aquisitivo, o imposto incidente sobre a mercadoria adquirida poderá ser insignificante, ao contrário do consumidor mais pobre, quando o imposto representará um ônus maior.

No imposto direto, é o próprio sujeito passivo, eleito pelo legislador, quem suporta o ônus financeiro da carga tributária sem transferi-lo a outra pessoa.

No imposto indireto, a lei escolhe determinada pessoa como devedora, o chamado contribuinte de direito. Porém, o ônus do tributo repercute num terceiro, o chamado contribuinte de fato. É este, na verdade, que acabará pagando o tributo que estará embutido no preço do serviço, do produto ou da mercadoria adquirida. Por isso, na restituição de imposto indireto deverá ser observado o disposto no art. 166 do CTN.

No aspecto econômico, quase todos os tributos são repassados a terceiros, já que o ônus é levado em consideração no cálculo do custo dos serviços, mercadorias ou produtos. Ou seja, quem de fato suporta economicamente o tributo é o consumidor. No aspecto jurídico, os impostos indiretos são o IPI e o ICMS. São impostos destacados nas notas fiscais e suportados pelos adquirentes dos produtos ou mercadorias, meros contribuintes de fato.

A classificação dos impostos em diretos e indiretos é muito importante para a análise das imunidades tributárias e na questão relativa à restituição do indébito, conforme será abordado.

Os impostos também podem ser cumulativos e não cumulativos. Os impostos cumulativos incidem várias vezes nas operações em cadeia, pouco importando o que foi pago ou o que será pago na etapa seguinte. Nos impostos não cumulativos, que são o ICMS e o IPI, o contribuinte credita-se do imposto incidente sobre as mercadorias adquiridas (ICMS) ou sobre os insumos (matéria-prima, material de embalagem e produtos intermediários) utilizados na industrialização de determinado produto (IPI) e debita-se do valor do tributo devido na saída das mercadorias ou dos produtos industrializados. Haverá imposto a pagar se no sistema escritural de créditos e débitos o saldo apurado for devedor, conforme será abordado por ocasião dos comentários ao princípio constitucional da não cumulatividade do ICMS e do IPI.

O imposto é fixo quando previsto em quantidade certa, expressa num valor determinado. No imposto variável, que constitui a regra no nosso sistema, o montante do tributo depende de apuração mediante a incidência de uma alíquota sobre determinada base de cálculo. A variação poderá implicar progres-

---

[119] STF, ADI 2.010.

sividade, regressividade ou seletividade do imposto, observados os preceitos da Constituição Federal.

4.1.1.2. Princípio da não afetação da receita de impostos

A Constituição Federal proíbe, no art. 167, IV, a vinculação de receitas de impostos a órgão, fundo ou despesa. É o chamado princípio da não afetação da receita de impostos. A regra é a de que as receitas derivadas de impostos não podem ficar vinculadas a determinadas despesas. O princípio é válido apenas para os impostos. Porém, o próprio dispositivo ressalva a repartição da arrecadação da receita de impostos (arts. 157 a 159 da CF), a destinação de recursos para as ações e serviços públicos de saúde (art. 198, § 2°, da CF), para a manutenção e desenvolvimento do ensino (art. 212 da CF) e para a realização de atividades da administração tributária, conforme a EC 42/03. Também não há óbice para que se vincule a receita de impostos próprios ou transferidos para prestação de garantias às operações de crédito por antecipação de receita e também para a prestação de garantia ou contragarantia à União e para pagamento de débitos para com esta (art. 167, IV, e § 4°, da CF).

A Constituição Federal prevê a repartição da receita de alguns impostos federais e estaduais (arts. 157 a 159). A arrecadação de cinco impostos federais é dividida entre os Estados, o Distrito Federal e os Municípios (IOF sobre o ouro, imposto de renda, IPI, ITR e imposto novo), enquanto o produto da arrecadação de dois impostos estaduais é repartido entre os Municípios (IPVA e ICMS).

Relativamente ao Imposto Territorial Rural (ITR), cuja competência para sua instituição é atribuída à União (art. 153, VI, da CF), a EC 42/03 outorgou aos Municípios a faculdade de optarem, mediante lei, pela sua fiscalização e cobrança, desde que isto não implique redução do imposto ou qualquer outra forma de renúncia fiscal (art. 153, § 4°, III). A Lei 11.250/05 regulamentou este dispositivo, estabelecendo que a União, por intermédio da Secretaria da Receita Federal, poderá celebrar convênios com o Distrito Federal e os Municípios que assim optarem, visando a delegar as atribuições de fiscalização, inclusive a de lançamento dos créditos tributários, e de cobrança do Imposto sobre a Propriedade Territorial Rural, sem prejuízo da competência supletiva da Secretaria da Receita Federal, devendo ser observada a legislação federal de regência do ITR. Havendo a opção, o Município receberá o total do produto de sua arrecadação, relativamente aos imóveis nele situados; não havendo, a União repassará ao Município 50% (cinquenta por cento) da arrecadação (art. 158, II).

Há também previsão para a partilha da receita da CIDE prevista no art. 177, § 4°, para os Estados e o DF, observando-se que tais recursos deverão ser destinados ao financiamento de programas de infraestrutura de transportes (art. 159, III, da CF). Do montante de recursos que cabe ao Estado, 25% (vinte e cinco por cento) deverão ser repassados para os Municípios (§ 4° do art. 159 da CF).

Sendo a saúde um direito de todos e dever do Estado, a Constituição Federal exige que os Estados, o Distrito Federal e os Municípios apliquem na área de saúde, anualmente, recursos mínimos, derivados da incidência de percentuais calculados sobre o produto da arrecadação de seus impostos e daqueles que lhes são repartidos, na forma disciplinada por lei complementar (art. 198, § 2º, I, II e III, da CF). No caso da União, devem ser aplicados anualmente, em ações e serviços públicos de saúde, recursos derivados da aplicação de percentuais calculados sobre a receita corrente líquida do respectivo exercício financeiro (art. 198, § 2º, I, da CF, de acordo com a EC 86/15).

Da mesma forma, a União, os Estados, o Distrito Federal e os Municípios devem aplicar recursos mínimos das receitas de seus impostos, compreendidas as provenientes das transferências, na manutenção e desenvolvimento do ensino (art. 212 da CF).

Ao tratar da administração pública, a Constituição Federal, nos termos da EC 42/03, estabelece que as administrações tributárias de todas as entidades políticas são consideradas essenciais ao funcionamento do Estado e terão recursos prioritários para a realização de suas atividades, devendo atuar de forma integrada, inclusive compartilhando cadastros e informações fiscais, na forma da lei ou convênio (art. 37, XXII, da CF). Para atender a estes objetivos é que houve a ressalva da proibição da vinculação de impostos a órgão, fundo ou despesa (art. 167, IV, da CF). Ou seja, existe autorização constitucional para que seja implementado, mediante lei, o aumento da alíquota ou da base de cálculo de determinado imposto, direcionando os recursos decorrentes deste incremento da receita para a atividade de fiscalização tributária.

A Constituição Federal permite que a lei autorize a contratação de operações de crédito, ainda que por antecipação de receita (art. 165, § 8º, da CF), não podendo tais recursos, porém, ser utilizados para o pagamento de despesas com pessoal ativo, inativo e pensionista (art. 167, X, da CF). As operações de crédito por antecipação de receita ocorrem quando o poder público busca recursos junto às instituições financeiras para suprir suas deficiências financeiras. Neste caso, a arrecadação dos impostos poderá ficar vinculada como garantia do pagamento destas operações.

Os Estados, o Distrito Federal e os Municípios também poderão vincular a receita de seus impostos ou daqueles que lhe são repassados pela União para prestar garantia ou contragarantia à União e para pagamentos de débitos para com esta (art. 167, § 4º, da CF).

Relativamente à proibição de vinculação da receita de impostos, o Estado de São Paulo, por exemplo, elevou a alíquota do ICMS de 17% (dezessete por cento) para 18% (dezoito por cento), destinando a receita resultante desta elevação ao aumento de capital da Caixa Econômica do Estado, para financiamento de programa habitacional. Tal vinculação foi julgada inconstitucional pelo STF.[120]

---

[120] STF, RE 213.739.

A mesma Corte suspendeu dispositivo da Constituição Estadual de Pernambuco que determinava a aplicação de, no mínimo, um por cento dos orçamentos gerais do citado Estado e seus Municípios, em programas de assistência integral à criança e ao adolescente, por considerar, para efeitos da concessão da liminar, inconstitucional a vinculação de receita tributária não compreendida nas ressalvas do art. 167, IV, da CF.[121]

Em outro caso, uma lei do Estado do Rio Grande do Norte havia instituído um programa de fornecimento gratuito de energia elétrica, financiado com a parcela da arrecadação do ICMS. O STF entendeu que havia uma vinculação da receita de impostos, proibida pelo texto constitucional, tendo deferido a cautelar para suspender o dispositivo legal impugnado.[122]

No Paraná, uma lei estadual havia instituído o Programa de Incentivo à Cultura, vinculando parte da receita do ICMS ao Fundo Estadual da Cultura, havendo o STF reconhecido a inconstitucionalidade por violação ao art. 167, IV, da CF.[123]

4.1.2. Taxas

As taxas, ao contrário dos impostos, são conhecidas como tributos vinculados. É que as taxas se atrelam à determinada atividade estatal em relação ao contribuinte. Vinculam-se a atividades desempenhadas pelo Estado. Estão umbilicalmente ligadas a uma atuação estatal. A taxa é tributo de competência comum. Poderá instituí-la a entidade política que detiver a competência constitucional ou legal para exercer o poder de polícia ou prestar o serviço público.

Segundo o art. 145, II, da CF, a União, os Estados, o Distrito Federal e os Municípios poderão instituir taxas, em razão do exercício do poder de polícia ou pela utilização, efetiva ou potencial, de serviços públicos específicos e divisíveis, prestados ao contribuinte ou postos a sua disposição.

As taxas, portanto, são de duas espécies: taxas de polícia e taxas de serviços públicos.

A Constituição Federal proíbe que as taxas tenham base de cálculo própria de impostos (art. 145, § 2º). Portanto, ao elaborar a norma que institui a taxa, o legislador deverá ter a cautela de não eleger a mesma base de cálculo que seja típica de algum imposto. O STF julgou inconstitucional a taxa de licenciamento de importação que tinha base de cálculo coincidente com a do Imposto de Importação, qual seja, o valor da mercadoria importada.[124] Também considerou inconstitucional uma taxa de serviços urbanos que tinha como base de cálculo elementos essenciais que se identificavam com o IPTU[125] e concedeu liminar em uma ação direta de inconstitucionalidade para suspender a

---

[121] STF, ADI 1.689.
[122] STF, ADI 2.848.
[123] STF, ADI 2.529.
[124] STF, RE 140.681.
[125] STF, RE 120.811.

eficácia de uma lei estadual que exigia uma taxa judiciária que tinha como base de cálculo o valor do *monte-mor* porque *o monte-mor* que contenha bens imóveis é também base de cálculo do Imposto de Transmissão *Causa Mortis* e *Inter Vivos* (art. 35 do CTN).[126]

4.1.2.1. Taxas de polícia

O poder de polícia que autoriza a cobrança da taxa é *o de polícia administrativa*, e não de polícia judiciária ou de manutenção da segurança pública. O poder de polícia é uma atividade exercida pela administração pública que, em atenção ao interesse público, estabelece certas limitações às liberdades individuais.

Para o CTN, o poder de polícia é uma "atividade da administração pública que, limitando ou disciplinando direito, interesse ou liberdade, regula a prática de ato ou abstenção de fato, em razão de interesse público concernente à segurança, à higiene, à ordem, aos costumes, à disciplina da produção e do mercado, ao exercício de atividades econômicas dependentes de concessão ou autorização do poder público, à tranquilidade pública ou ao respeito à propriedade e aos direitos individuais ou coletivos" (art. 78).

O poder de polícia é ínsito à administração pública federal, distrital, estadual e municipal, exteriorizando-se das mais diversas formas. Qualquer atividade estatal que imponha restrições, limites ou condições ao exercício das liberdades individuais para atender ao interesse público ou coletivo constitui manifestação do poder de polícia. Restringindo as liberdades individuais, o exercício deste poder depende de lei que o legitime.

Aliomar Baleeiro, comentando o Direito Financeiro na Constituição de 1967, propunha:

> Uma medalha de ouro para o jovem jurista, que seja capaz de dizer, com segurança e limites escritos, o que é poder de polícia. Se é algo escorregadio como uma enguia ou se é informe como um líquido que toma a forma dos vasos ou, ainda, se é uma coisa que pode ser e não ser. Assim como aquele professor na Bahia costumava dizer que o 'sangue era uma coisa tal que apesar de tal não deixa de ser uma coisa'. Referia-se ao sangue como tecido. Assim o poder de polícia. Na realidade, o poder de polícia que se conhece no Brasil figura em acórdãos e lições de professores. É a noção americana criada pela Corte Suprema como um amortecedor, como um freio, uma contrapartida à causa *due process of law*. Nessa forma *due process of law*, os americanos protegem todos os direitos e garantias individuais do art. 141 da Constituição de 1946, ou o art. 150 da Constituição atual: a vida, a liberdade, a propriedade, a segurança, etc. Toda vez que há necessidade grave, profunda, indicativa de abrandar um pouco esse direito de liberdade individual no interesse da comunidade, em benefício social, como a Saúde Pública, a higiene, o bem-estar, a segurança, a incolumidade, os bons costumes, etc., então permitem-se umas violências suaves da autoridade, a título de exercício do poder de polícia.[127]

Apenas as manifestações concretas do poder de polícia é que autorizam a cobrança da taxa. Ou seja, deverá haver no âmbito administrativo um órgão que tenha atribuição para o exercício de tal atividade. Não basta ter o poder de

---
[126] STF, ADI 2.040.
[127] BALEEIRO, Aliomar. *Constituições Brasileiras*. p. 76.

polícia. É preciso exercê-lo de maneira efetiva, já que a taxa é uma contraprestação a esta atividade estatal. A atividade fiscalizadora deve ser materializada em benefício da coletividade, e não do fiscalizado. No entanto, há casos em que o STF presume o exercício do poder de polícia quando existe o órgão responsável pela fiscalização, embora a existência do órgão em si não seja condição para aferir a legitimidade da taxa. De fato, o STF admite a taxa de renovação anual de licença para localização, instalação e funcionamento de estabelecimentos comerciais e similares, desde que haja órgão administrativo que execute o poder de polícia no Município e desde que não exista a vedação quanto à base de cálculo. Não há necessidade de que cada estabelecimento seja fiscalizado para que a taxa seja cobrada. Esta é a ementa do julgado do STF:

> Recurso Extraordinário 1. Repercussão geral reconhecida. 2. Alegação de inconstitucionalidade da taxa de renovação de localização e de funcionamento do Município de Porto Velho. 3. Suposta violação ao artigo 145, inciso II, da Constituição, ao fundamento de não existir comprovação do efetivo exercício do poder de polícia. 4. O texto constitucional diferencia as taxas decorrentes do exercício do poder de polícia daquelas de utilização de serviços específicos e divisíveis, facultando apenas a estas a prestação potencial do serviço público. 5. A regularidade do exercício do poder de polícia é imprescindível para a cobrança da taxa de localização e fiscalização. 6. À luz da jurisprudência deste Supremo Tribunal Federal, a existência do órgão administrativo não é condição para o reconhecimento da constitucionalidade da cobrança da taxa de localização e fiscalização, mas constitui um dos elementos admitidos para se inferir o efetivo exercício do poder de polícia, exigido constitucionalmente. Precedentes. 7. O Tribunal de Justiça de Rondônia assentou que o Município de Porto Velho, que criou a taxa objeto do litígio, é dotado de aparato fiscal necessário ao exercício do poder de polícia. 8. Configurada a existência de instrumentos necessários e do efetivo exercício do poder de polícia. 9. É constitucional taxa de renovação de funcionamento e localização municipal, desde que efetivo o exercício do poder de polícia, demonstrado pela existência de órgão e estrutura competentes para o respectivo exercício, tal como verificado na espécie quanto ao Município de Porto Velho/RO 10. Recurso extraordinário ao qual se nega provimento.[128]

O Superior Tribunal de Justiça cancelou a Súmula 157, que considerava ilegítima a cobrança de taxa pelo Município, na renovação de licença para localização de estabelecimento comercial ou industrial, a fim de seguir orientação traçada pela Suprema Corte.

Para o Superior Tribunal de Justiça, "a 1ª Seção consolidou entendimento de que é prescindível a comprovação efetiva do exercício de fiscalização por parte da municipalidade em face da notoriedade de sua atuação (REsp 261.571/SP, 1ª Seção, Min. Eliana Calmon, DJ de 06.10.2003)".[129]

São exemplos de taxas de polícia as taxas de fiscalização, taxas de licença de execução de obra, de localização, de publicidade, taxas de vistorias de automóveis, aferição de balanças, taxímetros, bombas de gasolina, taxas de licenças, etc.

Estas manifestações concretas da atividade estatal acabam vinculando o legislador quanto à eleição da base de cálculo da taxa, a qual deve estar relacionada ao custo da atividade. Por isto, uma taxa de localização e funcionamento

---

[128] STF, RE 588.322.
[129] STJ, AgRg nos ERESP 485.951.

de estabelecimento industrial não pode ser calculada a partir do número de empregados,[130] sendo legítimo que ela tome por base o custo estimado da fiscalização.[131] O STJ decidiu que a taxa de licença de publicidade não pode adotar como base de cálculo o espaço ocupado pelo anúncio na fachada externa do estabelecimento porque o trabalho da fiscalização independe do tamanho da placa de publicidade.[132]

Como a taxa tem um caráter contraprestacional em relação a uma atividade exercida pelo poder público, há entendimentos do STF no sentido de que deve haver uma correspondência entre o valor exigido e o custo da atividade estatal. Para tanto, de um lado, devem ser considerados os elementos relativos à alíquota e base de cálculo definidos na lei, que permitem a quantificação do montante devido, e, de outro, o custo da atividade estatal. A equação valor exigido/custo deve guardar uma equivalência proporcional e razoável, legitimando, assim, a imposição. Considera o STF, que:

> O Estado não pode legislar abusivamente. A atividade legislativa está necessariamente sujeita à rígida observância de diretriz fundamental, que, encontrando suporte teórico no princípio da proporcionalidade, veda os excessos normativos e as prescrições irrazoáveis do Poder Público. O princípio da proporcionalidade, nesse contexto, acha-se vocacionado a inibir e a neutralizar os abusos do poder Público no exercício de suas funções, qualificando-se como parâmetro de aferição da própria constitucionalidade material dos atos estatais. A prerrogativa institucional de tributar, que o ordenamento positivo reconhece ao Estado, não lhe outorga o poder de suprimir (ou de inviabilizar) direitos de caráter fundamental constitucionalmente assegurados ao contribuinte. É que este dispõe, nos termos da própria Carta Política, de um sistema de proteção destinado a ampará-lo contra eventuais excessos cometidos pelo poder tributante ou, ainda, contra exigências irrazoáveis veiculadas em diplomas normativos editados pelo Estado.[133]

O STF concluiu pela constitucionalidade da taxa de fiscalização do mercado de títulos e valores mobiliários instituída pela Lei 7.940/89. Essa taxa tem por fato gerador o exercício do poder de polícia atribuído à Comissão de Valores Mobiliários e varia em função do patrimônio líquido da empresa. O STF entendeu que a variação da taxa, em função do patrimônio líquido da empresa, não significava que esse patrimônio integraria a sua base de cálculo, servindo apenas como elemento informativo do montante a ser pago, por ocasião da aplicação de uma tabela prevista na lei. Decidiu também que o critério utilizado para a cobrança da taxa observava o princípio da capacidade contributiva, que poderia ser aplicado a esta espécie tributária.[134] A matéria é objeto da Súmula 665 do STF.[135]

O Pleno do STF também concedeu liminar em ação direta de inconstitucionalidade para suspender o art. 8º da Lei 9.960/00, que havia instituído a Taxa de Fiscalização Ambiental. A Corte entendeu que o dispositivo legal não

---

[130] STF, RE 190.776.
[131] STF, RE 239.397.
[132] STJ, RESP 78.048.
[133] ADI-MC-QO 2.551.
[134] STF, RE 202.533.
[135] "É constitucional a Taxa de Fiscalização dos Mercados de Títulos e Valores Mobiliários instituída pela Lei 7940/89".

seria apto para instituir o novo tributo por haver definido, como fato gerador, não o serviço prestado ou posto à disposição do contribuinte, pelo ente público, no exercício do poder de polícia, como previsto no art. 145, II, da Carta Magna, mas, sim, a atividade por esse exercida. Além disso, a lei não especificava os contribuintes, fazendo referência às pessoas físicas ou jurídicas que exercessem atividades potencialmente poluidoras ou utilizadoras de recursos ambientais. E, ainda, considerou que a lei não havia indicado as respectivas alíquotas ou o critério a ser utilizado para o cálculo do valor devido, tendo-se limitado a estipular valores uniformes por classe de contribuintes, desobedecendo ao princípio da isonomia, consistente, no caso, na dispensa do mesmo tratamento tributário a contribuintes de expressão econômica extremamente variada.[136] Por causa desta decisão, uma nova Taxa de Controle e Fiscalização Ambiental foi criada pela Lei 10.165/00, considerada legítima pelo STF no julgamento do RE 416.601.

O Supremo Tribunal Federal também decidiu que o valor pago a título de "Anotação de Responsabilidade Técnica" (ART), instituída pela Lei 6.496/77, e exigido na execução de obras ou prestação de serviços profissionais de Engenharia, Arquitetura e Agronomia, constituiu taxa pelo exercício do poder de polícia realizado pelo CONFEA (Conselho Federal de Engenharia, Arquitetura e Agronomia) na fiscalização do exercício das profissões sujeitas ao seu controle. Por se tratar de taxa, deve obedecer ao princípio da legalidade, não podendo ser criada ou majorada por Resolução do próprio Conselho.[137]

O STF não tem admitido a instituição de taxas para custear as atividades de segurança pública ou polícia judiciária. O Estado do Pará criou, por lei, uma taxa de segurança pública, que tinha como "fato gerador a efetiva ou potencial utilização, por pessoa determinada, de qualquer ato decorrente do poder de polícia, serviço ou atividade policial-militar, inclusive policiamento preventivo prestados ou postos à disposição do contribuinte por qualquer dos órgãos do Sistema de Segurança Pública". Levando em consideração que a segurança pública é dever do Estado e direito de todos, exercida para a preservação da ordem pública e da incolumidade das pessoas e do patrimônio, nos termos do art. 144, *caput*, da CF, o STF entendeu que tal atividade apenas pode ser custeada por impostos, e não por taxas, suspendendo a expressão "serviço ou atividade policial-militar, inclusive policiamento preventivo".[138]

4.1.2.2. Taxas de serviços públicos

As taxas também podem ser instituídas para remunerar o Estado pela prestação de um serviço público utilizado pelo contribuinte ou colocado à sua disposição. Note-se que não é apenas a fruição efetiva do serviço que autoriza a cobrança de taxa. Se o serviço público for de utilização compulsória, a taxa pode ser cobrada se o serviço estiver em efetivo funcionamento e for colocado

---

[136] STF, ADI 2.178.
[137] STF, ARE 748.445.
[138] STF, ADI 1.942.

à disposição do contribuinte (art. 79, I, *b*, do CTN). Quer dizer, legitima-se a cobrança de taxa de serviço quando o serviço tiver sido prestado ao contribuinte ou colocado à sua disposição, sendo utilizado de forma efetiva ou potencial.

Porém, não é qualquer serviço público que autoriza a cobrança da taxa de serviço.

Os serviços públicos são atividades "que o Estado exerce, diretamente ou indiretamente, para a satisfação das necessidades públicas mediante procedimento típico do direito público", na conceituação de José Cretella Júnior.[139]

Os serviços públicos podem ser gerais ou específicos. Serviços públicos gerais são aqueles prestados a toda coletividade. Têm caráter universal. São serviços públicos que não permitem a mensuração individual. A sua natureza inviabiliza que possa ser detectado o seu usuário. O usuário do serviço é indeterminável, já que o serviço é prestado para todos, indistintamente. Como exemplo disso, há o serviço de iluminação pública, o qual não pode ser individualizado. Logo, este serviço não pode ser custeado por taxa, apenas por impostos ou contribuição específica. Por tal razão, o STF julgou inconstitucional a taxa de iluminação pública que era cobrada por alguns Municípios, entendendo que esta atividade estatal tem caráter *uti universi*, porque se destina a beneficiar a população em geral, não podendo ser destacada em unidades autônomas e nem é possível individualizar a sua área de atuação, inviabilizando possa ser detectada a utilização separada pelos usuários.[140]

Os serviços específicos são também chamados de singulares. São serviços que podem ser destacados em unidades autônomas de intervenção, de utilidade ou de necessidade públicas (art. 79, II, do CTN) e são divisíveis quando suscetíveis de utilização, separadamente, por parte de cada um dos seus usuários (art. 79, III, do CTN).

Os serviços específicos são mensuráveis. À vista de sua natureza é possível identificar o seu usuário. Apenas os serviços públicos específicos e divisíveis que sejam inerentes à própria soberania estatal é que, em princípio, autorizam a cobrança de taxas. Como a taxa tem por objetivo custear a atividade estatal, é evidente que o serviço público deve estar sendo efetivamente prestado. Não há taxa onde não houver o serviço público prestado ao contribuinte ou colocado à sua disposição.

Tratando-se de serviços essenciais ao interesse público e que são obrigatórios porque interessam a toda a coletividade, a taxa pode ser cobrada ainda que o contribuinte não se utilize do serviço, uma vez que o texto constitucional autoriza a cobrança da taxa pela utilização, efetiva ou potencial dos serviços públicos específicos e divisíveis, prestados ao contribuinte ou postos a sua disposição (art. 145, II, da CF). Nos termos do art. 79 do CTN, os serviços públicos consideram-se utilizados efetivamente pelo contribuinte quando por ele usufruídos a qualquer título (I, *a*). São considerados potencialmente utilizados os serviços quando, sendo de utilização compulsória, sejam postos à sua disposi-

---
[139] CRETELLA JÚNIOR, José. *Administração Indireta Brasileira*. p. 55/60.
[140] STF, RE 231.764 e RE 233.332.

ção mediante atividade administrativa em efetivo funcionamento (I, *b*). Neste caso, a taxa é legítima, bastando que o serviço seja de utilização compulsória e tenha sido colocado à disposição do usuário.

O STF tem considerado legítima a exigência da taxa de lixo, entendendo que é realizada a isonomia tributária quando a lei determina que o seu cálculo deve ser baseado no custo do serviço dividido proporcionalmente às áreas construídas dos imóveis porque se presume que o imóvel de maior área produzirá mais lixo do que o imóvel menor, realizando também o princípio da capacidade contributiva.[141]

Porém, o próprio STF considerou ilegítima a taxa de coleta de lixo domiciliar do Município do Rio de Janeiro. Embora entendesse que o fato de a alíquota variar em função da metragem do imóvel, que é um dos elementos que integram a base de cálculo do IPTU, não implicaria identidade de base de cálculo, a Corte, no julgamento de embargos de divergência, decidiu que não se considera legítima a cobrança de taxa de lixo quando vinculada não apenas a serviço público específico e divisível, mas também a prestações de caráter universal e indivisível, tais como a varrição de ruas, limpeza de bueiros, bocas-de--lobo, galerias de águas pluviais, capinas, limpeza de praias, etc.[142] A prestação de serviços de caráter geral, portanto, apenas pode ser custeada por impostos, e não por taxas.[143]

Assim, para o Supremo Tribunal Federal, as taxas cobradas em razão exclusivamente dos serviços públicos de coleta, remoção e tratamento ou destinação de lixo ou resíduos provenientes de imóveis são constitucionais, nos termos da Súmula Vinculante nº 19, enquanto é inconstitucional a cobrança de valores tidos como taxa em razão de serviços de conservação e limpeza de logradouros e bens públicos. A orientação é no sentido de que também é legítima a taxa que, na apuração do montante devido, adote um ou mais dos elementos que compõem a base de cálculo própria de determinado imposto, desde que não se verifique identidade integral entre uma base e a outra, não ofendendo o § 2º do art. 145 da CF.[144] Com isto, a Corte expediu a Súmula Vinculante de nº 39 com o seguinte teor: "É constitucional a adoção, no cálculo do valor de taxa, de um ou mais elementos da base de cálculo própria de determinado imposto, desde que não haja integral identidade entre uma base e outra".

As importâncias cobradas pelas serventias judiciais (cartórios) e extrajudiciais (cartório de registro de imóveis, registro civil, tabelionatos, etc.), a título de custas ou emolumentos, têm a natureza jurídica de taxas. O Supremo Tribunal Federal entende que são taxas remuneratórias de serviços públicos, sujeitando-se, em consequência, aos princípios constitucionais tributários já referidos. Não obstante a Constituição Federal disponha que os serviços notariais e de registro são exercidos em caráter privado, por delegação do

---

[141] STF, RE 232.393.
[142] STF, EDiv no RE 256.588 (19.03.2003).
[143] STF, RE 361.437.
[144] STF, RE 576.321.

poder público (art. 234), são funções essencialmente estatais e que se sujeitam a regime de direito público. Com isto, o produto da arrecadação das custas ou emolumentos não pode ser destinado a custear serviços públicos diversos ou entidades meramente privadas porque isto desvirtuaria a função constitucional da taxa, que é um tributo vinculado.[145] Ou seja, a finalidade institucional da taxa é subvertida quando se vinculam as taxas judiciárias ou os emolumentos a entidades privadas ou serviços públicos diversos daqueles a que tais recursos são destinados. Não é legítimo, portanto, que a lei atrele as custas ou emolumentos à Carteira de Previdência Complementar dos Servidores do Poder Judiciário.[146]

A despesa com porte de remessa e retorno não se encaixa no conceito de taxa judiciária, uma vez que se trata de despesa de serviço postal, prestado por empresa pública, remunerada por preço público ou tarifa.[147] Com base neste entendimento, o STF decidiu que o INSS, quando litiga na Justiça Estadual, não está sujeito ao preparo, inclusive do porte de remessa e retorno, por força do que dispunha o art. 511, § 1°, do CPC revogado.

À vista da natureza jurídica de taxas das custas e emolumentos, o STF suspendeu Resolução do Tribunal de Justiça do Paraná, a qual fixava as custas e emolumentos nas serventias judiciais e extrajudiciais, porque elas apenas poderiam ser reguladas por lei formal, excetuando-se apenas a correção monetária, o que não era o caso.[148] Da mesma forma, suspendeu a eficácia de Provimento da Corregedoria-Geral de Justiça do Rio de Janeiro, que dispunha acerca da fixação e cobrança de emolumentos devidos pelos atos do serviço notarial e de registro público no Estado, porque ofendido o princípio da reserva legal e de invasão da competência suplementar conferida à assembleia legislativa estadual para a fixação dos emolumentos (art. 24, § 2°, da CF).

Por outro lado, o STF indeferiu liminar contra lei do Estado do Paraná que estabelecia, como receita do Fundo de Reequipamento do Poder Judiciário (FUNREJUS), a alíquota de 0,2% sobre o valor do título do imóvel ou da obrigação nos atos praticados pelos cartórios de protestos de títulos, registro de imóveis, títulos e documentos e tabelionatos, porque entendeu que a destinação das taxas é pública, e que o Poder Judiciário é o fiscalizador da atividade notarial.[149]

Noutro caso, lei do Estado do Rio de Janeiro instituiu taxa sobre as atividades notariais e de registro, cuja arrecadação é destinada ao Fundo Especial da Defensoria Pública do Estado. A Corte decidiu ser constitucional a destinação do produto da arrecadação da taxa de polícia incidente sobre referidas atividades, "ora para tonificar a musculatura econômica desse ou daquele órgão do Poder Judiciário, ora para aportar recursos financeiros para a jurisdição em si mesma", também entendendo que o preceito legal não invadiu a competên-

---

[145] STF, ADI 1.378.
[146] STF, ADI 2.040.
[147] STF, RE 594.116.
[148] STF, ADI 1.444.
[149] STF, ADI 2.059.

cia da União para editar normas gerais sobre fixação de emolumentos porque esta competência é para dispor sobre as relações jurídicas entre o delegatário da serventia e o público usuário dos serviços cartorários.[150]

Não há óbice para que seja tomado como base de cálculo da taxa judiciária o valor da causa ou o valor da condenação, observando-se o princípio da razoabilidade,[151] exigindo-se que haja um teto para sua cobrança porque a alíquota, proporcional ou progressiva, não pode inviabilizar ou tornar excessivamente oneroso o acesso ao Poder Judiciário.[152] Entende-se que a taxa judiciária calculada sem limite sobre o valor da causa viola a garantia constitucional de acesso à jurisdição.[153]

O STF entende que o valor do *monte-mor* não pode ser tomado como base de cálculo da taxa judiciária porque o *monte-mor* que contiver bens imóveis é também base de cálculo do Imposto de Transmissão *Causa Mortis* e *Inter Vivos* (art. 33 do CTN), havendo a restrição do art. 145, § 2°, da CF.[154]

A Emenda Constitucional 45/04 acrescentou o § 2° ao art. 98 da Constituição Federal, estabelecendo uma vinculação constitucional das custas e emolumentos aos serviços afetos às atividades específicas da Justiça.

Os serviços públicos também podem ser classificados como próprios ou impróprios, segundo Hely Lopes Meirelles. Os serviços públicos próprios são inerentes à soberania estatal e apenas devem ser prestados por órgãos ou entidades públicas. Os serviços públicos impróprios satisfazem o interesse geral da comunidade e podem ser prestados por órgãos descentralizados ou delegados a concessionários ou permissionários. Não estão atrelados à soberania estatal. Havendo concessão, serão remunerados por preços ou tarifas, como ocorre com a água, energia elétrica, gás, telefone, etc.

O STF manteve decisão do Tribunal de Justiça do Distrito Federal e Territórios que havia considerado dispensável lei para instituir preço progressivo – a ser pago por usuários que excedessem limites de consumo previamente estabelecidos – para a cobrança de água fornecida pela Companhia de Água e Esgoto de Brasília (CAESB). O STF entendeu que o serviço de fornecimento de água é submetido ao regime de preço público, e não de taxa, motivo por que é legítima a majoração mediante Decreto. A Corte destacou que o acréscimo tinha a finalidade de reduzir o consumo de produto essencial em período de desabastecimento, não possuindo caráter tributário.[155]

A jurisprudência do Supremo Tribunal Federal é firme no sentido de considerar como preço público o valor cobrado a título de fornecimento de água e esgoto, não se tratando, portanto, de tributo.[156]

---

[150] STF, ADI 3.643.
[151] STF, ADI 2.040.
[152] STF, ADI 948 e ADI 1.926.
[153] Súmula 667 do STF.
[154] STF, ADI 2.040.
[155] STF, RE 201.630.
[156] STF, RE 330.353, RE 429.664, RE 207.609, AI 225.143.

4.1.3. Taxas e preços públicos

O nome atribuído a certas prestações pecuniárias não tem o condão de torná-las com natureza jurídica de tributo. Muitas vezes certas prestações pecuniárias têm o nome de taxas, mas não têm a natureza jurídica de tributo, e sim, de preço público.

As taxas não podem ser confundidas com os preços públicos ou com as tarifas, como visto, elas são tributos e submetem-se aos princípios constitucionais tributários.

Os preços públicos não têm natureza jurídica de tributos. Os preços públicos estão associados ao produto auferido com uma venda. Preço é o valor recebido pelo vendedor. Quando o vendedor é o Estado, o preço é público. A tarifa nada mais é do que um preço cobrado pelas permissionárias ou concessionárias de serviços públicos (art. 175, III, da CF). A diferença entre o preço público e a tarifa residiria no fato de que, segundo Bernardo Ribeiro de Moraes, o preço seria exigido pelo Estado ou órgão estatal e a tarifa por empresa associada ao Estado, concessionária ou permissionária de serviços públicos, já que a tarifa é uma tabela de preços, e não os preços em si.[157]

As importâncias pecuniárias cobradas pela prestação de serviços públicos delegados, portanto, não têm a natureza jurídica de taxas. Logo, as tarifas de telefone, água, correio e luz não são tributos.[158]

Entre outros precedentes acerca do caráter compulsório ou voluntário para diferenciar a taxa do preço, disse o Min. Hermes Lima no julgamento do RE 54.491 no STF, ainda atual:

> O critério da obrigatoriedade para a taxa e da voluntariedade para o serviço público é, desde o primeiro exame, muito simplista. O que torna compulsória a aceitação e pagamento do serviço na ordem pública são as exigências do interesse coletivo. (...).
> Assim, toda casa situada onde passa rede d'água, é obrigada a abastecer-se da rede. É obrigada também a servir-se da rede de esgoto. De onde vem essa obrigatoriedade? Da soberania do Estado? Não parece. Decorre, antes de tudo, das exigências do convívio coletivo. Este convívio impõe regras de organização de serviços gerais, a que o Estado não pode ficar indiferente, mas o motivo delas não está na força de uma compulsoriedade política típica do Poder Público. O Estado é aí, pela capacidade representativa de que está investido e pela superioridade de meios que controla, o agente dos interesses gerais da saúde, do bem-estar, do conforto. Exatamente por ser tal agente, ele não poderia permanecer indiferente a tais problemas. Os problemas são de todos, nasceram de necessidades comumente sentidas, mas o Estado tem deles a iniciativa pela natureza das funções sociais que lhe são atribuídas e reconhecidas pela sociedade de que é o fiador.
> Colocar Estado e cidadãos, no que concerne ao bem-estar social, numa rígida posição de credor e devedor é falsear os pressupostos de convivência, relacionando as duas partes – público e Estado – como categorias separadas, que só se encontram no terreno recíproco do que receberam e pagaram.
> Ora, a questão neste ponto gira em torno de uma característica muito especial. O Estado nada faz para ganhar dinheiro. Não é comerciante. Ele organiza serviços para a comodidade e o conforto geral. Colabora para a manutenção e financiamento dos mesmos, em benefício de todos. Daí,

---
[157] Op. cit., p. 315.
[158] STF, RE 576.189.

> derivam as chamadas rendas industriais do Estado. A meu ver, tudo quanto cair na rubrica das rendas industriais do Estado é preço público, (...)
> Ora, a contraprestação pela utilização da rede de águas e de esgotos corresponde à utilização de bem e serviço instalados e operados pelo Estado. A renda dessas contraprestações não vem de taxas, mas de um pagamento que, na técnica fiscal administrativa, se denomina preço público. A renda assim obtida é classificada como renda industrial. (...)

Da mesma forma, se a União permite ao particular utilizar os recursos minerais, inclusive do subsolo, que são de sua propriedade, poderá cobrar do particular um preço, ainda que impropriamente tenha o nome de taxa de pesquisa de jazida, como ocorre com a Lei 9.314/96, que alterou o Código de Mineração (DL 227/67), ou a taxa de ocupação cobrada de proprietários de imóveis situados em terreno de marinhas. Ainda que denominadas de taxas, são meros preços que a União cobra do particular que usa os bens públicos.

Nem sempre é fácil diferenciar as taxas dos preços públicos. Doutrinariamente, apontam-se as seguintes diferenças: a) taxas: são tributos, submetem-se aos princípios constitucionais tributários e às regras de Direito Público. São compulsórias, dependem de lei e resultam apenas do exercício do poder de polícia ou prestação de um serviço público específico e divisível. Classificam-se no Direito Financeiro como receitas derivadas, tendo o objetivo de cobrir o custo da atividade estatal. b) preços públicos: não são tributos. Não dependem de lei e são facultativos, bastando o contrato. Ficam sujeitos às regras do Direito Privado, têm o objetivo de lucro e são classificados como receitas originárias.

4.1.4. Empréstimos compulsórios

Os empréstimos compulsórios podem ser instituídos apenas pela União, nos termos do art. 148, I e II, da CF. São tributos restituíveis e de competência exclusiva da União. A União, de forma compulsória, toma emprestado o dinheiro do contribuinte para atender a finalidades específicas previstas no texto constitucional, mas depois deve devolvê-lo. A lei deverá obrigatoriamente fixar o prazo do empréstimo e as condições de seu resgate (art. 15, parágrafo único, do CTN). A devolução necessariamente deverá ser em dinheiro. Apesar de compulsório, é empréstimo. É essencial que a restituição seja em espécie porque a identidade do objeto das prestações recíprocas não pode ser dissociada do significado jurídico e vulgar do vocábulo.[159] A devolução não pode ser suprimida, nem mesmo por lei. Se não houver a devolução prevista em lei, não será o caso de ação de repetição de indébito, já que o tributo era devido, mas, sim, ação de cobrança do valor que não foi devolvido no prazo assinalado na lei complementar que instituir o tributo.

Os empréstimos compulsórios que foram instituídos sobre a aquisição de automóveis e combustíveis, anteriormente à CF/88, foram considerados inconstitucionais pelo STF porque a forma de devolução, mediante quotas do Fundo Nacional de Desenvolvimento, não foi feita na mesma espécie em que recolhido.[160]

---

[159] STF, RE 121.336.
[160] STF, RE 175.385.

A validade constitucional do empréstimo compulsório está subordinada à necessidade de sua criação por lei complementar e da vinculação dos recursos auferidos com a despesa que fundamentou a sua instituição (art. 148, parágrafo único, da CF), ao contrário do que ocorre com os impostos, cuja vinculação de receita a determinado órgão, fundo ou despesa é proibida (art. 167, IV, da CF). Ou seja, é condição de validade do empréstimo compulsório que os recursos auferidos estejam atrelados às despesas a que se propõe custear.

Os empréstimos compulsórios somente podem ser instituídos em duas circunstâncias, previstas no texto constitucional. A primeira é para o atendimento de despesas extraordinárias que decorram de alguma calamidade pública ou de guerra externa ou sua iminência (art. 148, I, da CF). A segunda é no caso de investimento público urgente e relevante (art. 148, II, da CF). São pressupostos de fato que legitimam o empréstimo compulsório.

O empréstimo compulsório merece duas importantes observações: a) não pode ser instituído por medida provisória, já que esta não pode dispor acerca de matéria reservada à lei complementar (art. 62, § 1º, III, da CF); b) não obedece aos princípios da anterioridade de exercício financeiro e anterioridade mínima de 90 dias quando for criado com o objetivo de atender a despesas extraordinárias, decorrentes de calamidade pública, guerra externa ou sua iminência (art. 148, I, da CF), a exemplo do que também acontece com o imposto extraordinário na iminência ou no caso de guerra externa (art. 150, § 1º, c/c art. 154, II, da CF).

Deve ser ressaltado que a anterioridade (de exercício financeiro e nonagesimal) deve ser observada se o empréstimo compulsório tiver por objetivo angariar recursos para investimento público de caráter urgente e de relevante interesse nacional (art. 148, II, da CF).

4.1.5. Contribuição de melhoria

A Constituição Federal atribui competência tributária à União, aos Estados, ao Distrito Federal e aos Municípios para que instituam contribuição de melhoria, decorrente de obras públicas (art. 145, III, da CF). Este tributo pode ser criado quando o poder público realizar determinada obra pública da qual resulte valorização da propriedade imobiliária do contribuinte. O objetivo da contribuição de melhoria é o de evitar o enriquecimento injusto do contribuinte, cuja propriedade foi valorizada em decorrência da realização de uma obra pública que foi custeada por toda a sociedade, mediante receita dos impostos.

A contribuição é devida sempre que houver valorização do imóvel por causa da obra realizada. A hipótese de incidência é a valorização da propriedade, e a base de cálculo é o resultado da diferença entre o valor do imóvel antes e depois da realização da obra.[161] Não é legítimo, portanto, que a contribuição de melhoria tome por base o custo da obra. O STJ tem entendido que deve haver um nexo de causalidade entre a obra pública e a valorização do imóvel e que o ônus para comprovar a valorização imobiliária é do ente público.[162]

---

[161] STF, RE 114.069.
[162] STJ, AgRgno AResp 406324, AgRgAREsp 417697 e RESP 1.326.502.

A contribuição de melhoria só pode ser cobrada depois de realizada a obra, já que o seu fato gerador é a valorização imobiliária. Simples serviços de manutenção e conservação, tal como o recapeamento de via pública, não permitem a cobrança de contribuição de melhoria.[163]

Embora o limite individual seja o acréscimo de valor no imóvel beneficiado pela obra, ou seja, não pode ser exigido valor superior ao da valorização, a doutrina é divergente quanto ao limite total, ou seja, se a contribuição de melhoria a ser arrecadada estaria limitada pelo custo despendido pelo poder público com a realização da obra. A divergência ocorre porque no sistema constitucional anterior o total arrecadado não poderia superar a despesa realizada. Dispunha a CF/69 que a contribuição de melhoria tinha como limite total a despesa realizada (art. 18, II).[164] A CF/88 não trouxe qualquer limite, de maneira que o total arrecadado a título de contribuição de melhoria poderia superar o custo que o poder público teve com a realização da obra que acabou valorizando a propriedade imobiliária do contribuinte. O Superior Tribunal de Justiça, porém, tem precedentes no sentido de que haveria continuidade dos limites global e individual, tal como dispõe o art. 81 do CTN.[165] O custo da obra deve ser considerado para limitar o valor total a ser pago pelos beneficiários.[166]

O STF tem entendido que, se da obra pública resultar a valorização de um imóvel particular, a recuperação do custo da obra deve ser feita por contribuição de melhoria, e não por taxa. Ou seja, o poder público não tem opção alternativa para instituir contribuição de melhoria ou taxa. O STF considerou indevida a "taxa de asfalto",[167] a "taxa de pavimentação"[168] e a "taxa de pavimentação asfáltica".[169] Nestes casos, as obras foram realizadas sem o consentimento dos interessados, ressaltando-se o caráter compulsório da prestação, ou seja, sua natureza tributária de contribuição de melhoria, e não de taxa.

Por outro lado, naqueles casos em que o particular firma contrato com entidades da administração indireta, comprometendo-se a pagar pelos serviços de pavimentação, colocação de guias e sarjetas, o STF tem admitido, já que existe a anuência do particular, a cobrança do preço contratado pela contraprestação do serviço, cuja cobrança é feita pela emissão de duplicatas de prestação de serviços.[170] No caso, a Prefeitura de Marília havia instituído por lei a Companhia de Desenvolvimento Econômico de Marília, sociedade de economia mista, a quem incumbiria a execução de projetos de implantação de galerias de escoamento de águas e outros serviços. Os servidores da empresa obtiveram dos moradores "autorizações de serviços", concordando com a

---

[163] STF, RE 237.710.
[164] "Contribuição de melhoria, arrecadada dos proprietários de imóveis valorizados por obras públicas, que terá como limite total a despesa realizada e como limite individual o acréscimo de valor que da obra resultar para cada imóvel beneficiado".
[165] STJ, RESP 362.788.
[166] STJ, AgRgAResp 538.554.
[167] STF, RE 91.373 e RE 92.341.
[168] STF, RE 83.516 e 90.090.
[169] STF, RE 100.366.
[170] STF, RE 191.495.

emissão de duplicatas como forma de remunerar os serviços da rede coletora de esgotos. Havendo contrato, a situação deve ser disciplinada pelo direito privado, tendo sido considerada legítima a emissão das duplicatas para a cobrança do preço ajustado.[171]

A contribuição de melhoria é regulada pelo Decreto-Lei 195, de 24 de fevereiro de 1967, cujo *status* normativo é de lei complementar.

4.1.6. Contribuições

A CF/46, com a EC 18/65, não incluiu as contribuições entre as espécies tributárias. O CTN, publicado em 1966 (Lei nº 5.172/66), dispôs que os tributos eram os impostos, taxas e contribuições de melhoria. Em seguida, o DL 27/66 incluiu o art. 217 no CTN, estabelecendo que as disposições deste não excluíam a incidência e a exigibilidade das contribuições ali referidas. A CF/67 manteve a repartição dos tributos em impostos, taxas e contribuições de melhoria. A EC 1/69, por sua vez, no capítulo relativo ao Sistema Tributário (art. 21, § 2º, I), aludiu às contribuições, entendendo-se reafirmada a natureza tributária desde o DL 27/66. Para retirar delas a natureza tributária, a EC 08/77 alterou a redação do referido inciso e acrescentou o inciso X ao art. 43 da EC 1/69, ficando separada a competência para dispor sobre tributos (inciso I) e sobre contribuições sociais (inciso X). O Pleno do Supremo Tribunal Federal, então, decidiu que as contribuições tinham natureza tributária apenas no interregno compreendido entre 1966 (DL 27/66) e 1977 (EC 08/77).[172] A partir da EC 8/77, portanto, as contribuições perderam a natureza de tributo.

Com a CF/88, as contribuições voltaram a adquirir feição tributária, estando inseridas no capítulo do Sistema Tributário Nacional, em seu art. 149, *caput*.

As contribuições de Seguridade Social (ou previdenciárias) também têm natureza tributária, embora sua matriz constitucional esteja no capítulo referente à Seguridade Social (art. 195).

O art. 149, *caput*, da CF determina que a União, na instituição das contribuições de sua competência, observe os princípios constitucionais da legalidade, irretroatividade e anterioridade (de exercício financeiro e mínima de 90 dias), assim como a lei complementar referida no art. 146, III. Atente-se que não há necessidade de lei complementar para instituir as contribuições, exceto a prevista no art. 195, § 4º, da CF. A referência é feita à lei complementar, conforme tem entendido o STF, apenas para que as contribuições se submetam às normas gerais em matéria tributária previstas no CTN.[173]

Apenas a União é que possui competência para instituir contribuições sociais, no interesse de categorias profissionais ou econômicas ou contribuições

---

[171] "Obra pública: o particular que assumiu por contrato a obrigação de ressarcir a sociedade de economia mista executora dos custos de obra pública de seu interesse, não pode opor à validade da obrigção livremente contraída a possibilidade, em tese, da instituição para a hipótese de contribuição de melhoria", RTJ 171/309.

[172] STF, RE 86.595.

[173] STF, RE 148.754. Vide os comentários acerca do princípio da legalidade.

de intervenção no domínio econômico, como instrumento de sua atuação nas respectivas áreas, nos termos do *caput* do art. 149 da CF. Assim, atuando na ordem social, organizando e fiscalizando categorias profissionais ou econômicas, ou ainda normatizando e regulando a atividade econômica, a União poderá instituir as contribuições para o custeio de tais atividades.

Ao lado das contribuições sociais do art. 149, *caput*, existem as contribuições sociais destinadas à Seguridade Social, também conhecidas por contribuições previdenciárias (art. 195 da CF).

A identidade de uma contribuição repousa na sua finalidade constitucionalmente prevista. Com isto, muitos autores sustentam que não pode ser considerado como sujeito passivo da contribuição alguém alheio à vantagem obtida. Como as contribuições estão atreladas a uma finalidade, é possível identificar o grupo beneficiário, de maneira que apenas os integrantes do grupo beneficiário é que poderiam ser considerados como sujeitos passivos, ainda que não aufiram diretamente nenhuma vantagem. A jurisprudência do STF e do STJ é no sentido de que não há necessidade de um benefício direto,[174] sobretudo nas contribuições de intervenção no domínio econômico que afetam toda a sociedade, não ficando restritas, portanto, apenas àqueles beneficiados com a atuação estatal.[175]

Para Leandro Paulsen,

> apenas quem tenha relação com a finalidade que justifica a instituição e cobrança da contribuição é que pode ser colocado na posição de contribuinte. Esta posição, fundada na própria estrutura das contribuições especiais, tem sido referida por alguns autores como "princípio da referibilidade ou retributividade". Não se exige seja o contribuinte beneficiado pela atividade, bastando que guarde relação de pertinência com a mesma.[176]

Em que pese a controvérsia, a questão relativa à sujeição passiva dependeria do tipo de contribuição que se trata. Assim, contribuições sociais gerais (art. 149, *caput,* da CF) e as de Seguridade Social, como toda a sociedade é responsável pelo seu financiamento (art. 195, *caput*, da CF), podem ter como sujeito passivo qualquer pessoa, independentemente de ser ou não diretamente beneficiado com as ações da União na ordem social ou nas áreas da saúde, previdência e assistência social. As contribuições de intervenção no domínio econômico podem ter como contribuinte qualquer pessoa integrante do grupo objeto da intervenção estatal, não importando que seja diretamente afetada. As contribuições no interesse de categorias profissionais apenas podem ter como sujeito passivo as pessoas integrantes da respectiva categoria. A contribuição de melhoria e a contribuição para o custeio do serviço de iluminação pública deve ter como sujeito passivo o proprietário do imóvel beneficiado com a obra pública que o valorizou ou com a iluminação pública.

Ao outorgar a competência tributária para a instituição dos impostos discriminados na Constituição, o legislador constitucional faz referência à materialidade do fato gerador (propriedade rural, urbana, importação, renda, etc., arts. 153 a 156) e também proíbe a vinculação de suas receitas a órgão, fundo

---

[174] Vide item 4.1.6.3
[175] STJ, ERESP 705.536.
[176] PAULSEN, Leandro. *Direito Tributário*, p. 142.

ou despesa (art. 167, IV). Nas taxas, o fato gerador consistirá numa atuação estatal decorrente do exercício do poder de polícia ou da prestação de um serviço público, específico e divisível (art. 145, II). O empréstimo compulsório deve ser restituído e também está atrelado a determinadas situações (despesas extraordinárias de calamidade pública, guerra externa ou sua iminência ou investimento público urgente e de relevante interesse nacional – art. 148 da CF). A contribuição de melhoria prende-se a uma obra realizada pelo poder público que implique valorização da propriedade imobiliária do contribuinte (art. 145, III). No caso das contribuições sociais, interventivas, no interesse de categorias profissionais ou econômicas e de iluminação pública, previstas no art. 149 da CF, a lei é que deverá definir os fatos que deverão compor o seu âmbito de incidência. A Constituição Federal não traz nenhuma delimitação quanto a isto, bastando que sejam estruturadas tendo em vista apenas a sua finalidade. Distinguem-se as contribuições do art. 149 da CF das outras espécies tributárias porque: a) não há delimitação material dos seus fatos geradores; b) não dependem da prestação de um serviço específico e divisível; c) não comportam necessariamente a restituição; d) não há vedação para que tenham fato gerador ou base de cálculo de impostos.

As contribuições de Seguridade Social, por outro lado, previstas no art. 195 da CF, possuem delineamento material traçado na Constituição Federal, assim como categorias de sujeitos passivos que ficarão a elas sujeitos: empresa ou entidade a ela equiparada, trabalhador, faturamento, lucro, receita de concurso de prognósticos, etc.

Classificando as principais contribuições num quadro, exemplificativamente, teríamos:

Espécie	Finalidade	Fundamento constitucional
Sociais gerais	(contribuições da LC 110/01), salário-educação, Sistema S (SENAC, SESC, SENAI, SESI, SENAT, SEST, SENAR, etc.)	149, *caput* 212, § 5º 240
Seguridade Social (Previdenciárias)	INSS (Lei 8.212/91), COFINS, CSL, COFINS/PIS s/ importação, PIS CPMF (extinta)	195, I a IV 149, § 2º, III, a 239 84 – ADCT
Previdenciária própria	Regime previdenciário do servidor público	149, § 1º, e 40
Intervenção no domínio Econômico	CIDE sobre petróleo INCRA AFRMM CONDECINE SEBRAE, etc.	177, § 4º 149, *caput* 149, *caput* 149, *caput*
Interesse de categorias profissionais e econômicas	Conselhos de fiscalização das profissões (CREA, etc.), Contribuição sindical	149, *caput* 149, *caput*
Custeio para a iluminação pública	Custear a iluminação pública (CIP)	149-A

Deixando de lado as contribuições de melhoria, por configurarem espécie tributária distinta, também podemos discriminar as contribuições em razão da pessoa política competente para instituí-las. Assim, temos a seguinte discriminação por competências:

1. Contribuições da União:
    1.1. Sociais;
        1.1.1. Contribuições sociais gerais – arts. 149, *caput*, § 2º, 212, § 5º, 240 da CF;
        1.1.2. Contribuições para a Seguridade Social – art. 195 e 239 da CF;
        1.1.3. Contribuições residuais para a Seguridade Social – art. 195, § 6º;
        1.1.4. Contribuição para o regime previdenciário próprio, cobrada dos seus servidores – art. 40, *caput*;
    1.2. Contribuições de intervenção no domínio econômico – art. 149, *caput* da CF;
    1.3. Contribuição no interesse de categorias profissionais ou econômicas – art. 149, *caput* da CF;
2. Contribuição dos Estados:
    2.1. Contribuição para o regime previdenciário próprio, cobrada dos seus servidores – art. 149, § 1º e 40, *caput*, da CF;
3. Contribuição dos Municípios e do Distrito Federal:
    3.1. Contribuição para o regime previdenciário próprio, cobrada dos seus servidores – art. 149, § 1º e 40, *caput*, da CF;
    3.2. Contribuição para o custeio do serviço de iluminação pública – art. 149-A da CF.

Pelo fato de a Constituição Federal não fixar o âmbito de incidência das contribuições, não há proibição de identidade de base de cálculo de imposto, conforme decidido pelo STF.[177] Neste julgado, o Min. Carlos Velloso disse que:

> (...) tratando-se de contribuição, a Constituição não proíbe a coincidência de sua base de cálculo com a do imposto, o que é vedado relativamente às taxas...quando o § 4º do art. 195 da CF manda obedecer a regra da competência residual da União – art. 154, I – não estabelece que as contribuições não devam ter fato gerador ou base de cálculo dos impostos. As contribuições, criadas na forma do § 4º do art. 195 da CF, não devem ter, isto sim, fato gerador e base de cálculo próprios das contribuições já existentes". Em outro julgado, o Min. Ilmar Galvão entendeu que "não há, na Constituição, nenhuma norma que vede a incidência dupla de imposto e contribuição sobre o mesmo fato gerador, nem que proíba tenham os dois tributos a mesma base de cálculo.[178]

4.1.6.1. Contribuições sociais gerais

A ordem social tem por base o primado do trabalho, possuindo o objetivo de assegurar o bem-estar e a justiça sociais (art. 193 da CF). Os direitos sociais não abrangem apenas os direitos à previdência social, à saúde e à assistência aos desamparados. Os direitos sociais têm amplo espectro de abrangência, compreendendo também o direito à educação, ao trabalho, à moradia, ao lazer, à proteção à maternidade e à infância, como também à segurança (art. 6º da CF).

Não havendo limites materiais para a incidência das contribuições sociais referidas no *caput* do art. 149 da CF, e colando a finalidade à contribuição,

---

[177] STF, RE 228.321.
[178] STF, RE 146.733.

conclui-se que a União está autorizada a instituir uma contribuição social toda vez que atuar para implementar os direitos sociais do art. 6º ou atender às finalidades da Ordem Social, referidas no Título VIII da CF. A ordem social abrange o direito à educação, à cultura e ao desporto, como também a ciência e tecnologia, a comunicação social, o meio ambiente, a família, criança e adolescente e os índios (arts. 205, 215, 217, 218, 220, 225, 226 e 231 da CF).

Embora a Seguridade Social – que compreende o sistema de previdência, saúde e assistência – também esteja prevista no Título VIII, que trata da Ordem Social, há uma especificidade maior para as contribuições destinadas ao seu financiamento. Por isto, tais contribuições, embora também sejam sociais, estão destacadas como contribuições para a Seguridade Social ou contribuições previdenciárias. Elas se diferenciam das demais contribuições sociais porque estão sujeitas a determinados limites materiais traçados na Constituição: faturamento, lucro, receita de concurso de prognósticos, etc. (art. 195 da CF), o que não acontece com as outras contribuições sociais. Além disso, as contribuições para a Seguridade Social sujeitam-se apenas ao princípio da anterioridade especial de 90 dias, enquanto as demais contribuições sociais se submetem à anterioridade de exercício financeiro, sem prejuízo da anterioridade nonagesimal.

Não basta, portanto, caracterizar-se como contribuição social para ficar submetida apenas ao princípio da anterioridade especial de 90 dias; é preciso ser destinada à Seguridade Social.

A título de exemplo, a LC 110/01 instituiu duas novas contribuições ao FGTS. Uma, devida pelos empregadores em caso de despedida do empregado sem justa causa, com alíquota de 10% (dez por cento) sobre o montante de todos os depósitos do FGTS durante a vigência do contrato de trabalho. A outra, pelo prazo de 60 meses, devida pelos empregadores com alíquota de 0,5% (meio por cento) sobre a remuneração devida, a cada trabalhador, no mês anterior. O STF considerou que tais contribuições têm a natureza jurídica de contribuições sociais gerais (art. 149, *caput* da CF) e declarou inconstitucional o dispositivo legal que sujeitava tais contribuições apenas ao princípio da anterioridade nonagesimal. Por não se tratar de contribuições para a Seguridade Social, deveriam submeter-se ao princípio da anterioridade de exercício financeiro, nos termos do art. 150, III, *b*, da CF[179] (na época não havia a dupla de princípios da anterioridade de exercício financeiro e nonagesimal).

Deve ser esclarecido que as contribuições antes referidas, com base na LC 110/01, não devem ser confundidas com contribuição para o FGTS, de responsabilidade do empregador e correspondente a 8% (oito por cento) da remuneração do trabalhador, nos termos da Lei 8.036/90. Estas últimas contribuições não têm natureza tributária. Por isso, o STJ expediu Súmula no sentido de que as disposições do Código Tributário Nacional não se aplicam às contribuições para o FGTS.[180]

---

[179] STF, ADI 2.556.
[180] STJ, Súmula 353.

Segundo o STF, a contribuição ao FGTS é uma garantia ao trabalhador, de índole social e de natureza trabalhista. Para a Corte:

> Assegura-se ao trabalhador a estabilidade, ou fundo de garantia equivalente. Dessa garantia, de índole social, promana, assim, a exigibilidade pelo trabalhador do pagamento do FGTS, quando despedido, na forma prevista em lei. Cuida-se de um direito do trabalhador. Dá-lhe o Estado garantia desse pagamento. A contribuição pelo empregador, no caso, deflui do fato de ser ele o sujeito passivo da obrigação, de natureza trabalhista e social, que encontra, na regra constitucional aludida, sua fonte. A atuação do Estado, ou de órgão da administração pública, em prol do recolhimento da contribuição do FGTS, não implica torná-lo titular do direito à contribuição, mas, apenas, decorre do cumprimento, pelo Poder Público, da obrigação de fiscalizar e tutelar a garantia assegurada ao empregado optante pelo FGTS. Não há, aí, contribuição de natureza fiscal ou parafiscal. Os depósitos do FGTS pressupõem vínculo jurídico, com disciplina no Direito do Trabalho. Não se aplica às contribuições do FGTS o disposto nos arts. 173 e 174 do CTN.[181]

Acerca do prazo prescricional das contribuições ao FGTS, o STF mencionou que:

> Ao se posicionar pela prescrição trintenária aos casos de recolhimento e de não recolhimento do FGTS, a jurisprudência da Corte estaria em divergência com a ordem constitucional vigente. Isso porque o art. 7º, XXIX, da CF prevê, de forma expressa, o prazo quinquenário a ser aplicado à propositura das ações atinentes a "créditos resultantes das relações de trabalho.

Desse modo, a existência de disposição constitucional expressa acerca do prazo aplicável à cobrança do FGTS, após a promulgação da CF/1988, significaria não mais subsistirem razões para se adotar o prazo de prescrição trintenário. Via de consequência, o Plenário reconheceu a inconstitucionalidade dos artigos 23, § 5º, da Lei 8.036/1990; e 55, do Regulamento do FGTS aprovado pelo Decreto 99.684/1990, na parte em que ressalvam o "privilégio do FGTS à prescrição trintenária", por afronta ao art. 7º, XXIX, da CF. Com isso, a Corte manteve afastada a natureza tributária do FGTS, mas entendeu limitado em cinco anos o prazo prescricional relativo à cobrança judicial de valores devidos, pelos empregados e pelos tomadores de serviço, ao FGTS,[182] contrariando a Súmula 210 do STJ.[183]

Existem outras contribuições que incidem sobre a folha de salários das empresas e que são destinadas às entidades privadas de serviço social e de formação profissional vinculadas ao sistema sindical. São as contribuições para o chamado "Sistema S". Há controvérsias doutrinárias acerca da classificação destas contribuições, se seriam sociais, de seguridade social ou no interesse de categorias econômicas. O Supremo Tribunal Federal as considera como "sociais gerais".[184] O Superior Tribunal de Justiça também possui inúmeros precedentes no sentido de enquadrá-las como contribuições "sociais gerais".[185]

O art. 240 da CF recepcionou as contribuições para o SESC (Serviço Social do Comércio), SENAC (Serviço Nacional de Aprendizagem Comercial), SESI (Serviço Social da Indústria) e SENAI (Serviço Nacional da Indústria), haven-

---

[181] STF, RE 100.249, RE 134.328, RE 120.189.
[182] STF, ARE 709.212.
[183] Súmula 210 do STJ: "A ação de cobrança das contribuições para o FGTS prescreve em trinta (30) anos".
[184] STF, RE 396.266/SC, AgRegRE 404.919.
[185] STJ, REsp 660.659, 692.857, 645.483.

do a instituição posterior de várias outras contribuições "sociais gerais" destinadas ao SENAR (Serviço Nacional de Aprendizagem Rural), SEST (Serviço Social do Transporte), SENAT (Serviço Nacional de Aprendizagem do Transporte) e SESCOOP (Serviço Nacional de Aprendizagem do Cooperativismo).

Todas as contribuições supramencionadas possuem um diploma normativo próprio e são instituídas para que as respectivas entidades destinatárias dos recursos possam formar mão de obra qualificada (SESI, SENAI, SESC e SENAC), promover o ensino da formação profissional rural e a promoção social do trabalhador rural (SENAR), assim como o ensino de formação profissional, desenvolvimento e promoção social do trabalhador com os órgãos públicos ou privados (SESCOOP) ou a promoção social do trabalhador em transporte rodoviário e dos transportadores autônomos, especialmente nos campos de alimentação, saúde, cultura, lazer e segurança no trabalho (SEST, SENAT).

Estas contribuições devidas a terceiros, que eram arrecadadas e fiscalizadas pelo INSS (art. 94 da Lei 8.212/91), passaram para o âmbito da Secretaria da Receita Federal do Brasil (art. 3º da Lei 11.457/07).

A contribuição para o salário-educação era prevista na Constituição anterior. A Constituição Federal de 1988 recepcionou o salário-educação e conferiu-lhe natureza tributária. O salário-educação é devido pelas empresas e incide sobre o total das remunerações pagas ou creditadas, a qualquer título, aos segurados empregados, e destina-se a financiar o ensino fundamental público, nos termos do que dispõe o art. 212, § 5º, da CF. Houve inúmeros questionamentos judiciais acerca do salário-educação, mas o STF decidiu por sua legitimidade, tanto antes como depois da CF/88.[186]

4.1.6.2. Contribuições para a Seguridade Social

A matriz constitucional das contribuições para a Seguridade Social repousa no art. 195 da Constituição Federal, com a redação dada pela EC 20/98.

A Seguridade Social, organizada pelo Poder Público, compreende um conjunto integrado de ações de iniciativa dos Poderes Públicos e da sociedade, destinadas a assegurar os direitos relativos à saúde, à previdência e à assistência social, nos termos do art. 194, *caput* da CF, e deve atender aos princípios da equidade na forma de participação de seu custeio e universalidade de financiamento. Toda a sociedade brasileira é responsável por seu financiamento, de forma direta ou indireta. Também a União, os Estados, o Distrito Federal e os Municípios deverão destinar recursos de seus orçamentos para a Seguridade Social, sendo que as eventuais deficiências financeiras deverão ser cobertas pela União. A Seguridade Social compreende saúde, previdência e assistência social.

As contribuições para a Seguridade Social, também conhecidas por contribuições previdenciárias, sujeitam-se à anterioridade especial de 90 dias

---

[186] Súmula 732 do STF: "É constitucional a cobrança da contribuição do salário-educação, seja sob a carta de 1969, seja sob a Constituição Federal de 1988, e no regime da Lei 9.424/96".

(art. 195, § 6º, da CF) e podem ser instituídas por lei ordinária. A lei complementar ficou reservada apenas para a instituição de novas fontes de custeio para a Seguridade Social, nos termos do § 4º do art. 195 da CF, ou seja, as contribuições previdenciárias residuais devem obedecer à mesma sistemática dos impostos residuais inominados (imposto novo ou inominado-art. 154, I, da CF), isto é, além de lei complementar, também deverão ser não cumulativas e não poderão ter fato gerador ou base de cálculo próprios de outras contribuições já existentes. No entanto, não existe vedação constitucional para que uma contribuição residual para a Seguridade Social tenha identidade de fato gerador ou base de cálculo de imposto.

As únicas contribuições de Seguridade Social que incidem exatamente sobre o mesmo fato gerador e base de cálculo são o PIS e a COFINS, autorizados por preceitos constitucionais específicos (art. 195, II, b, e art. 239).

A EC 42/03 ampliou a competência tributária da União, permitindo a instituição de uma contribuição social de responsabilidade do importador de bens ou serviços do exterior, ou de quem a lei a ele equiparar (art. 195, IV, c/c art. 149, § 2º, II, da CF), sendo tal dispositivo regulamentado pela Lei 10.865/04, que instituiu a COFINS e o PIS sobre a importação.

As contribuições para a Seguridade Social estão previstas na Lei 8.212/91 (Lei de Custeio da Previdência Social), LC 70/91, Lei 9.718/98 e Lei 10.833/03 (COFINS), Lei 7.689/88 (CSL), e Lei 10.865/04 (PIS/COFINS sobre importações). Como os recursos da contribuição social ao PIS/PASEP (LC 07/70, Lei 9.718/98 e Lei 10.637/02) devem financiar o seguro-desemprego (art. 239 da CF) e a previdência social deve atender à proteção do trabalhador em situação de desemprego involuntário (art. 201, III, da CF), o STF entendeu que as contribuições para o PIS têm natureza de Seguridade Social e submetem-se à anterioridade nonagesimal.[187]

4.1.6.3. Contribuições previdenciárias próprias

O texto constitucional assegura aos servidores titulares de cargos efetivos da União, dos Estados, do Distrito Federal e dos Municípios, incluídas suas autarquias e fundações, um regime de previdência de caráter contributivo e solidário. O regime deve ser custeado mediante contribuição do respectivo ente público e dos seus servidores ativos, inativos e pensionistas (art. 40, *caput*, da CF).

A União exige de todos os seus servidores a contribuição previdenciária para o custeio do regime próprio (Lei 8.112/91 e Lei 10.887/04). Os Estados, Distrito Federal e Municípios devem instituir contribuição destinada a custear o regime próprio de previdência, cobrada dos seus servidores, cuja alíquota não poderá ser inferior à da contribuição dos servidores titulares de cargos efetivos da União (§ 1º do art. 149 da CF). A Lei 9.717/98 estabelece as regras gerais para a organização e funcionamento dos regimes próprios. Sendo

---
[187] STF, ADI 1.417.

contribuições previdenciárias próprias, submetem-se ao princípio da anterioridade especial de 90 dias.

As pessoas políticas que não possuem regime próprio de previdência social ficam submetidas ao regime geral de Previdência Social, sendo equiparadas à empresa (art. 195, I, da CF e art. 15, I, da Lei 8.212/91), devendo recolher as contribuições previdenciárias na forma disciplinada pela Lei de Custeio de Previdência Social (Lei 8.212/91, art. 22).

4.1.6.4. Contribuições de intervenção no domínio econômico

A contribuição de intervenção no domínio econômico é utilizada pela União quando atuar como agente normativo e regulador da ordem econômica, exercendo as funções de fiscalização, incentivo e planejamento, nos termos do art. 174 da CF. A União pode instituir a contribuição com o objetivo de incrementar certos setores da atividade econômica, como também para assegurar a livre concorrência, reprimir o abuso do poder econômico, atendendo aos princípios que regem a atividade econômica, nos termos do art. 170 da CF. O exercício da atividade estatal intervencionista é que caracteriza a contribuição, cujos recursos deverão estar direcionados ao setor em que houver a intervenção.

Leciona Ricardo Lobo Torres:

> Um dos fundamentos da CIDE é a intervenção do Estado no domínio reservado pelos cidadãos, no pacto constitucional, para o exercício das atividades econômicas. A intervenção opera em favor do grupo do qual o contribuinte faz parte e tem por finalidade a regulação de certas atividades econômicas específicas. Excluem-se do conceito de CIDE as intervenções macroeconômicas do Estado, no campo monetário, cambial ou de infraestrutura, que são remuneradas pelos impostos em geral.[188]

Leandro Paulsen entende que:

> Os princípios e objetivos estabelecidos no Título "Da Ordem Econômica" delimitam, pois, as finalidades que amparam a instituição válida de contribuições de intervenção no domínio econômico. Não há sustentação ao entendimento de que a contribuição de intervenção deva ser em si interventiva, ou seja, que a sua própria cobrança implique intervenção; em verdade, a contribuição é estabelecida para custear ações da União no sentido da intervenção no domínio econômico, como programas de defesa do consumidor e de proteção ao meio ambiente.[189]

A Constituição Federal, em regra, não delimita o âmbito material de incidência das contribuições interventivas, cabendo tal tarefa à lei ordinária que as instituir, com fundamento no *caput* do art. 149 da CF. Há casos, porém, que o próprio texto constitucional elege o aspecto material de incidência, como ocorre na outorga de competência para instituição da CIDE-petróleo (art. 177, § 4º) ou sobre a importação (art. 149, § 2º, II).

Na contribuição interventiva, há um grupo determinado que será beneficiado pela atividade estatal intervencionista. Como a CIDE cobre as despesas da União voltadas para beneficiar o grupo, o sujeito passivo deve pertencer ao grupo favorecido pela intervenção estatal. Com isto, não poderia ser conside-

---

[188] TORRES, Ricardo Lobo. *Tratado de Direito Constitucional Financeiro e Tributário*, p. 630.
[189] Op. cit.; p. 149.

rado como sujeito passivo qualquer pessoa, mas sim apenas aquela submetida ou afetada pela intervenção. No entanto, não há necessidade de que a pessoa seja particularmente beneficiada, mas sim que pertença ao grupo econômico afetado pela intervenção. A 1ª Seção do STJ tem precedente no sentido de que a referibilidade direta não seria elemento constitutivo das contribuições interventivas.[190]

Como exemplo de contribuição interventiva, há o Adicional ao Frete para a Renovação da Marinha Mercante (AFRMM), que foi criado para apoiar o desenvolvimento da Marinha Mercante e da indústria de construção naval. A contribuição consiste num adicional ao frete cobrado pelas empresas brasileiras e estrangeiras de navegação que operem em porto brasileiro.[191] Da mesma forma, o Adicional de Tarifa Portuária (ATP), instituído pela Lei 7.700/88 (e já extinto pela Lei 9.309/96), foi considerado como uma contribuição de intervenção no domínio econômico pelo STF.[192] Tratava-se de um adicional que incidia sobre as operações realizadas com mercadorias importadas ou exportadas, objeto do comércio na navegação de longo curso.

A Lei 10.336/01 criou a contribuição de intervenção no domínio econômico incidente sobre a importação e comercialização de petróleo e seus derivados, gás natural e seus derivados e álcool etílico combustível, conhecida por CIDE sobre o petróleo, nos termos do art. 177, § 4°, da CF. O produto da arrecadação da CIDE-petróleo tem destinação constitucional específica: pagamento de subsídios a preços ou transporte de álcool combustível, de gás natural e seus derivados e de derivados de petróleo, ao financiamento de projetos ambientais relacionados com a indústria do petróleo e do gás e de programas de infraestrutura de transportes (inciso II do § 4° do art. 177 da CF).

A Lei 10.168/00 instituiu a contribuição de intervenção no domínio econômico destinada a financiar o Programa de Estímulo à Integração Universidade-Empresa para Apoio à Inovação, cujo objetivo principal é estimular o desenvolvimento tecnológico brasileiro, mediante programas de pesquisa científica e tecnológica cooperativa entre universidades, centros de pesquisa e o setor produtivo.

A MP 2228-1, de 6 de setembro de 2001, tratou da Contribuição para o Desenvolvimento da Indústria Cinematográfica Nacional – CONDECINE – para financiar o programa de apoio ao desenvolvimento do cinema nacional. Referida contribuição tem por fato gerador a veiculação, a produção, o licenciamento e a distribuição de obras cinematográficas e videofonográficas com fins comerciais, por segmento de mercado a que forem destinadas. A CONDECINE também incidirá sobre o pagamento, o crédito, o emprego, a remessa ou a entrega, aos produtores, distribuidores ou intermediários no exterior, de importâncias relativas a rendimento decorrente da exploração de obras cinematográficas e videofonográficas ou por sua aquisição ou importação, a preço fixo (art. 32 da MP 2228).

---

[190] STJ, ERESP 705.536.
[191] STF, RE 165.939.
[192] STF, RE 265.721.

A Lei 8.029/90 instituiu a contribuição para o SEBRAE, com o objetivo de atender à execução da política governamental de apoio para as micro e pequenas empresas, sob a forma de adicional às contribuições para SENAI, SESI e SESC. Alegava-se que era uma contribuição no interesse de categoria profissional ou econômica, exigindo-se que o sujeito passivo fosse beneficiado com os recursos arrecadados e que deveria ter sido instituída por lei complementar. Para o STF, a contribuição ao SEBRAE é uma contribuição de intervenção no domínio econômico, e não uma contribuição no interesse de categoria profissional, já que um dos princípios gerais da atividade econômica consiste na outorga de um tratamento favorecido para as empresas de pequeno porte e a busca do pleno emprego (art. 170, VIII e IX, da CF). O Min. Carlos Velloso disse que:

> Não sendo contribuição de interesse das categorias profissionais ou econômicas, mas contribuição de intervenção no domínio econômico, a sua instituição está jungida aos princípios gerais da atividade econômica, CF, arts. 170 a 181. E se o SEBRAE tem por finalidade "planejar, coordenar e orientar programas técnicos, projetos e atividades de apoio às micro e pequenas empresas, em conformidade com as políticas nacionais de desenvolvimento, particularmente as relativas às áreas industrial, comercial e tecnológica" (Lei 8.029/90, art. 9º, incluído pela Lei 8.154/90), a contribuição instituída para a realização desse desiderato está conforme aos princípios gerais da atividade econômica consagrados na Constituição. Observe-se, de outro lado, que a contribuição tem como sujeito passivo empresa comercial ou industrial, partícipes, pois, das atividades econômicas que a Constituição disciplina (CF, arts. 170 e seguintes).[193]

Por se tratar de contribuição de intervenção no domínio econômico, não necessita de lei complementar para a sua instituição e também não exige a vinculação direta do contribuinte ou a possibilidade de que ele se beneficie com a aplicação dos recursos arrecadados. Assim, as empresas de médio e grande porte estão obrigadas ao seu pagamento, ainda que não sejam beneficiárias das ações do SEBRAE.

A contribuição ao INCRA, devida pelas empresas e que incide com o percentual de 0,2% sobre a folha de salários, prevista na Lei 2.613/55, caracteriza-se como uma contribuição especial de intervenção no domínio econômico, como decidido pela 1ª Seção do Superior Tribunal de Justiça.[194] Para o STJ, trata-se de uma contribuição especial atípica porque não possui referibilidade direta com o sujeito passivo, distinguindo-se, em razão disso, das contribuições de interesse das categorias profissionais e das categorias econômicas. Entendeu a Corte que as contribuições de intervenção no domínio econômico são constitucionalmente destinadas a finalidades que não são diretamente referidas ao sujeito passivo. Para ser considerado sujeito passivo, não há necessidade de que o mesmo seja direta ou particularmente beneficiado com a atuação estatal. Como a contribuição ao INCRA tem como elemento finalístico a promoção da reforma agrária e a colonização, objetivando atender aos princípios da função social da propriedade e a diminuição das desigualdades regionais e sociais (art. 170, III e VII, da CF), destinando-se o produto da sua arrecadação aos programas e projetos vinculados à reforma agrária e suas atividades

---

[193] STF, RE 396.266.
[194] STJ, ERESP 770.451 e ERESP 705.536.

complementares, não se limita a exigência da contribuição apenas das empresas rurais, mas também urbanas. Tais contribuições não se enquadram no gênero das contribuições de Seguridade Social Com este entendimento, o Superior Tribunal de Justiça concluiu que a contribuição ao INCRA não poderia ser compensada com as contribuições previdenciárias incidentes sobre a folha de salários, uma vez que são de natureza jurídica e destinação constitucional diversas.

O STF também tem precedentes no sentido de que a contribuição destinada ao INCRA é devida por empresa urbana, uma vez que se destina a cobrir os riscos aos quais está sujeita toda a coletividade de trabalhadores.[195]

4.1.6.5. Contribuições no interesse de categorias profissionais ou econômicas

As contribuições no interesse das categorias profissionais ou econômicas são conhecidas também por contribuições corporativas. São contribuições conferidas aos órgãos de controle e fiscalização de profissões legalmente regulamentadas e devidas pelo integrante que participa do grupo profissional. Inserem-se neste conceito as contribuições sindicais e as contribuições para os conselhos de fiscalização profissional.

A contribuição sindical tem amparo nos artigos 579/580 da CLT e é devida, anualmente, por todos os trabalhadores ao respectivo sindicato, independentemente de filiação à entidade. No entanto, a contribuição confederativa, prevista no art. 8º, IV, da CF, não tem natureza tributária e é instituída pela assembleia geral, sendo compulsória apenas para os filiados ao sindicato.[196] Ou seja, a obrigatoriedade da contribuição confederativa instituída pela assembleia geral do sindicato é restrita apenas aos seus associados.[197]

As contribuições devidas à Confederação Nacional da Agricultura (CNA) e à Confederação Nacional dos Trabalhadores na Agricultura (CONTAG) também são sindicais, enquadrando-se como contribuições no interesse de categorias profissionais ou econômicas. São exigíveis de todos os integrantes da categoria, ainda que não filiados.

A 1ª Seção do Superior Tribunal de Justiça tem entendido que as ações de cobrança das contribuições sindicais, com a superveniência da EC 45/04, que alterou a redação do art. 114, III, da CLT, passou para a Justiça do Trabalho, tornando sem efeito a Súmula 222 da Corte (*Compete à Justiça Comum processar e julgar as ações relativas à contribuição sindical prevista no art. 578 da CLT*).[198] No entanto, se a sentença foi proferida pela Justiça Estadual antes do advento da EC 45/04, remanesce a sua competência para o prosseguimento do feito.[199]

---

[195] STF, AgRg no RE, AgRg no RE 491.349, AI 761.190.
[196] STF, RE 190.128. Súmula Vinculante nº 40 do STF: "A contribuição confederativa de que trata o art. 8º, IV, da Constituição, só é exigível dos filiados ao sindicato respectivo".
[197] STF, AgRegAg 351.764/AM.
[198] STJ, CC 48.887.
[199] STJ, RESP 712.977.

As contribuições no interesse de categorias profissionais custeiam as atividades dos órgãos incumbidos pela fiscalização e controle das profissões regulamentadas. Assim, as anuidades devidas pelos integrantes de determinada categoria profissional ao respectivo órgão de fiscalização, como a devida pelo médico ao Conselho de Medicina, a do engenheiro ao Conselho de Engenharia, etc., têm natureza tributária. Ajustam-se no conceito de contribuições no interesse de categorias profissionais ou econômicas.[200] Os conselhos responsáveis pela fiscalização de profissões regulamentadas têm natureza jurídica de autarquias federais. Logo, compete à Justiça Federal processar e julgar execução fiscal promovida por Conselho de fiscalização profissional.[201]

A Lei 9.649/98 procurou outorgar aos Conselhos de Fiscalização Profissional personalidade jurídica de direito privado.[202] Todavia, pelo fato de o serviço de fiscalização constituir atividade típica do Estado, envolvendo o poder de polícia e punição, que não podem ser delegados a entidades privadas, o Supremo Tribunal Federal julgou inconstitucionais os dispositivos legais que tinham este objetivo (art. 58, *caput*, §§ 1°, 2° e 4° a 8°, da Lei 9.649/98).[203]

O art. 1° da Lei 6.839/80 dispõe que "o registro de empresas e a anotação dos profissionais legalmente habilitados, delas encarregados, serão obrigatórios nas entidades competentes para a fiscalização do exercício das diversas profissões, em razão da atividade básica ou em relação àquela pela qual prestem serviços a terceiros". Assim, o registro no Conselho Profissional e o pagamento da anuidade dependem da atividade básica da empresa ou natureza dos serviços prestados, conforme seu contrato social.

A Lei 12.514/11 disciplina as contribuições devidas aos conselhos profissionais em geral, definindo que o fato gerador das anuidades é a existência de inscrição no conselho, ainda que por tempo limitado, ao longo do exercício. A lei também definiu um teto para as anuidades. O teto varia em função do sujeito passivo e de acordo com o capital social da pessoa jurídica. Os preceitos da lei foram alvo de ações diretas de inconstitucionalidade, mas o STF, depois de mencionar que as contribuições são finalísticas, uma vez que destinadas a suprir os cofres dos órgãos representativos das categorias profissionais, entendeu que a capacidade contributiva tinha sido observada e que era legítima a fixação dos tetos previstos na própria lei.[204]

Em relação às contribuições devidas à OAB, nos termos da Lei 8.906/94, solucionando a controvérsia entre as Turmas, a 1ª Seção do Superior Tribunal de Justiça definiu que a OAB não se confunde com as demais incorporações incumbidas pela fiscalização do exercício profissional, embora seja definida como autarquia de regime especial. As contribuições dos seus filiados, portanto, não têm natureza tributária e devem ser exigidas em processo de execução

---

[200] STF, RE 138.284.
[201] Súmula 66 do STJ.
[202] Art. 58, *caput*: "Os serviços de fiscalização de profissões regulamentadas serão exercidos em caráter privado, por delegação do poder público, mediante autorização legislativa".
[203] STF, ADI 1.717.
[204] STF, ADI 4.762 e 4.697 e RE 838.284.

regrado pelo CPC, e não por intermédio de execução fiscal. De acordo com o STJ, a OAB não está subordinada à fiscalização financeira, orçamentária, operacional e patrimonial, realizada pelo Tribunal de Contas da União.[205]

Quanto à obrigatoriedade de os músicos inscreverem-se na Ordem dos Músicos, o STF, em julgamento onde foi reconhecida a repercussão geral, entendeu que a atividade é uma manifestação artística protegida pela garantia da liberdade de expressão. Por isto, concluiu que é incompatível com a CF/88 a exigência de inscrição na Ordem dos Músicos, assim como o pagamento de anuidade.[206] No julgamento pelo Pleno do STF do RE 414.426, o acórdão é assim ementado:

> DIREITO CONSTITUCIONAL. EXERCÍCIO PROFISSIONAL E LIBERDADE DE EXPRESSÃO. EXIGÊNCIA DE INSCRIÇÃO EM CONSELHO PROFISSIONAL. EXCEPCIONALIDADE. ARTS. 5º, IX e XIII, DA CONSTITUIÇÃO.
> Nem todos os ofícios ou profissões podem ser condicionadas ao cumprimento de condições legais para o seu exercício. A regra é a liberdade. Apenas quando houver potencial lesivo na atividade é que pode ser exigida inscrição em conselho de fiscalização profissional. A atividade de músico prescinde de controle. Constitui, ademais, manifestação artística protegida pela garantia da liberdade de expressão.

4.1.6.6. Contribuição para o custeio do serviço de iluminação pública

Após muita controvérsia, o Supremo Tribunal Federal julgou inconstitucional a taxa de iluminação pública que tinha sido instituída por vários Municípios, por considerar que se trata de um serviço público que não comporta divisibilidade e, portanto, insuscetível de ser remunerado por taxa. Por isto, a Súmula Vinculante 41 dispõe que "o serviço de iluminação pública não pode ser remunerado mediante taxa".

Em decorrência, a EC 39/02 acrescentou o art. 149-A ao texto constitucional, a fim de outorgar aos Municípios e ao Distrito Federal a competência tributária para instituir uma contribuição destinada a custear o serviço de iluminação pública. Por se tratar de uma espécie tributária, necessariamente a contribuição deverá obedecer aos princípios constitucionais tributários, notadamente o princípio da legalidade, irretroatividade e da anterioridade de exercício financeiro e nonagesimal.

O texto constitucional não traz qualquer espécie de limitação material do âmbito de incidência da contribuição, bastando que a lei disponha que os seus recursos sejam utilizados para o custeio do serviço de iluminação pública. Caberá a cada Município ou ao DF definir, na respectiva lei, os elementos indispensáveis à exigência do tributo, cuja legitimidade estará atrelada à sua finalidade. Para facilitar a arrecadação, o texto constitucional admite que o tributo seja cobrado na fatura de energia elétrica. Trata-se de uma simples atribuição do encargo de arrecadar o tributo, que não significa delegação de competência (§ 3º do art. 7º do CTN).

---

[205] STJ, ERESP 503.252.
[206] STF, RE 795.467.

O Supremo Tribunal Federal considerou constitucional a contribuição de iluminação pública instituída por lei do Município de São José-SC, sendo o acórdão assim ementado:[207]

I – Lei que restringe os contribuintes da COSIP aos consumidores de energia elétrica do Município não ofende o princípio da isonomia, ante a impossibilidade de se identificar e tributar todos os beneficiários do serviço de iluminação pública.

II – A progressividade da alíquota, que resulta do rateio do custo da iluminação pública entre os consumidores de energia elétrica, não afronta o princípio da capacidade contributiva.

III – Tributo de caráter sui generis, que não se confunde com um imposto, porque sua receita se destina a finalidade específica, nem com uma taxa, por não exigir a contraprestação individualizada de um serviço ao contribuinte.

IV – Exação que, ademais, se amolda aos princípios da razoabilidade e da proporcionalidade.

V – Recurso extraordinário conhecido e improvido.

Capítulo 5 – Imunidades tributárias

5.1. Conceito

A imunidade é uma blindagem constitucional à incidência da norma impositiva tributária.

A imunidade é sempre prevista no texto constitucional. É matéria exclusiva da Constituição e não se confunde com isenção porque esta é versada em lei ordinária[208] ou complementar. A Constituição imuniza; a lei isenta. Na imunidade, o poder público quer, mas não pode tributar; na isenção, pode, mas não quer. É a norma constitucional que dá e retira o poder de tributar. Ao retirar, imuniza. A imunidade é um fator de contenção do exercício da competência tributária. Por isto, diz-se que a imunidade é uma regra negativa de competência. A imunidade é antecedente ao exercício da competência tributária; a isenção é posterior. Criada a regra de tributação, a lei posterior pode conceder isenção. Na imunidade, a Constituição simplesmente não permite possa ser exercida a competência tributária diante de determinadas pessoas ou sobre certas situações. No primeiro caso, a imunidade é subjetiva; no segundo, objetiva.

Diz José Souto Maior Borges:

Cada entidade tributante em a sua esfera de atribuição própria. Ao mesmo tempo que existe a competência constitucional como uma autorização para o exercício do poder fiscal, ela estabelece certas limitações, que são uma manifestação da rigidez do sistema tributário brasileiro. São as imunidades tributárias que funcionam como uma técnica de limitação do exercício da competência tributária. Completa-se a autorização do exercício da competência tributária com uma delimitação constitucional da própria competência tributária. Então, a regra de imunidade é uma regra negativa de competência. O campo constitucionalmente reservado à imunidade jamais poderá ser objeto de exploração pelo poder tributante.[209]

---

[207] STF, RE 573.675.
[208] STF, ADI 2.006.
[209] BORGES, José Souto Maior. *Interpretação no Direito Tributário*, p. 409.

As imunidades tributárias são previstas no texto constitucional com o objetivo de:

> Conferir efetividade a determinados direitos e garantias fundamentais reconhecidos e assegurados às pessoas e às instituições. Constituem, por isto mesmo, expressões significativas das garantias de ordem instrumental, vocacionadas, na especificidade dos fins a que se dirigem, a proteger o exercício da liberdade sindical, da liberdade de culto, da liberdade de organização partidária, da liberdade de expressão intelectual e da liberdade de informação. A imunidade tributária não constitui um fim em si mesma. Antes, representa um poderoso fator de contenção do arbítrio do Estado na medida em que esse postulado da Constituição, inibindo o exercício da competência impositiva pelo Poder Público, prestigia, favorece e tutela o espaço em que florescem aquelas liberdades públicas.

Como ensinado pelo Min. Celso de Mello no julgamento da Ação Direta de Inconstitucionalidade contra a EC 03/93, que havia autorizado a instituição do IPMF.[210]

As imunidades não abrangem todos os tributos indiscriminadamente. Existem imunidades apenas para os impostos (art. 150, VI da CF), algumas taxas (art. 5º, XXXIV, da CF), contribuições sociais e de intervenção no domínio econômico (art. 149, § 2º, I, da CF) e contribuições previdenciárias (art. 195, § 7º, da CF). Muitas vezes não há referência expressa no texto constitucional à imunidade, mas, sim, a determinadas situações sobre as quais o tributo "não incidirá", como no caso de não incidência do IPI, ICMS ou ISS nas exportações. Em tais casos, estas regras constitucionais de "não incidência" são autênticas imunidades.[211]

A Constituição Federal, no art. 150, VI, confere a imunidade quanto aos impostos que incidem sobre o patrimônio, a renda e os serviços de determinadas pessoas, entidades ou coisas. O CTN classifica os impostos em três grandes grupos: impostos sobre o comércio exterior (Impostos de Importação e Exportação), impostos sobre o patrimônio e renda (ITR, IPTU, ITBI e Imposto de Renda) e impostos sobre a produção e circulação (IPI, ICMS, IOF e ISS) (Título III do CTN). O critério de classificação previsto no CTN, porém, não pode ser invocado para restringir a aplicação da imunidade.[212] Portanto, a imunidade não fica limitada aos impostos que estejam classificados no CTN como incidentes sobre o patrimônio, a renda ou os serviços. Abrange todo e qualquer imposto porque a carga tributária sempre acabará afetando o patrimônio, a renda ou os serviços da entidade imune.

A distinção entre os impostos diretos e indiretos assume relevância na aferição da imunidade, embora na Constituição não exista essa classificação.

O imposto é direto quando o ônus é suportado pela própria pessoa eleita pela lei como devedora. Ou seja, o desembolso efetivo em favor da Fazenda Pública é suportado apenas pela pessoa a quem o legislador atribuiu a condição de devedor. No imposto direto, o contribuinte de fato identifica-se com o próprio contribuinte de direito. O imposto sobre a renda, por exemplo, recai

---

[210] STF, ADI 939.
[211] STF, RE 212.637.
[212] STF, RE 193.696-9.

sobre o contribuinte que a auferiu, pouco importando que, em alguns casos, por técnica de arrecadação, a obrigação de reter e recolher o tributo seja da fonte pagadora. O encargo tributário é daquele que auferiu o rendimento.

O imposto é indireto quando o ônus é trasladado para um terceiro, alheio à relação tributária. No indireto, o contribuinte de direito é distinto do contribuinte de fato. No imposto indireto, embora o legislador atribua a condição de sujeito passivo a determinada pessoa, o ônus do pagamento recairá sobre um terceiro. Juridicamente, o imposto é indireto porque deve recair sobre o consumo e atingir o consumidor final. Este é que sofrerá o ônus do tributo, destacado na nota fiscal, mas incluído no preço a ser pago. No IPI, por exemplo, quando há a saída do produto industrializado do estabelecimento, a lei atribuiu a condição de sujeito passivo ao industrial (art. 51, II, do CTN). Porém, o imposto é destacado na nota fiscal e será pago pelo adquirente do produto industrializado. O adquirente, no entanto, não toma parte na relação tributária. É um mero contribuinte de fato do imposto incidente na operação. O contribuinte de direito é o industrial. A lei atribuiu a este o dever de pagar o imposto.

A questão da realidade econômica x forma jurídica sempre foi um problema na análise da imunidade. Em julgados antigos, predominava no STF o entendimento de que a realidade econômica poderia ser oposta à forma jurídica para o fim de identificar o contribuinte de fato. Assim, embora o contribuinte de fato fosse estranho à relação tributária, a obrigação tributária era excluída por força da imunidade. Depois, a Corte passou a entender que não se poderia opor à forma jurídica a realidade econômica, assentando que a relação tributária é estabelecida apenas entre a Fazenda Pública e o contribuinte indicado pela lei. A partir de então, o exame da imunidade passou a considerar que o contribuinte de fato era estranho à relação tributária, não podendo nela intervir para invocar a imunidade.[213]

Assim, diante da imunidade frente a impostos indiretos, como tais considerados aqueles que juridicamente devem ser suportados pelo consumidor final, uma vez destacados na nota fiscal de vendas de produtos, mercadorias ou serviços, de que são exemplos o IPI, o ICMS e o ISS, sem prejuízo da identificação, em determinadas situações concretas, de outros impostos que podem repercutir, há necessidade de examinar-se a relação jurídico-tributária para nela identificar o sujeito passivo. A análise da imunidade diante de certas materialidades de incidência de impostos pressupõe que o ente imune ocupe o polo passivo da relação tributária. Caso contrário, sendo mero contribuinte de fato, porque sofreu a repercussão econômica do imposto, não poderá invocar a proteção constitucional.

Assim, se o Município, que goza de imunidade tributária, adquire determinada mercadoria ou produto industrializado pagará o ICMS ou o IPI que estarão embutidos no preço porque o contribuinte de direito será o comerciante ou o industrial. Estes impostos não são afastados porque a relação jurídico-tributária é formada entre o Fisco e o responsável legal pelo imposto.[214] Sendo

---

[213] STF, RE 68.741.
[214] STF, RE 67.814.

contribuinte do tributo o vendedor da mercadoria, pouco importa se a venda é efetuada a União, Estado, Distrito Federal ou Município.[215]

O STF, no julgamento de recurso extraordinário em que um hospital pretendia o reconhecimento da imunidade de ICMS incidente nas aquisições efetuadas, fixou, para fins de repercussão geral, a seguinte tese:

> A imunidade tributária subjetiva aplica-se a seus beneficiários na posição de contribuinte de direito, mas não na de simples contribuinte de fato, sendo irrelevante para verificação da existência do beneplácito constitucional a repercussão econômica do tributo envolvido.[216]

Por isto, no exame da imunidade, é importante identificar o aspecto pessoal da hipótese de incidência tributária, a fim de verificar se o sujeito passivo, tal como escolhido pelo legislador, é detentor ou não da imunidade.

Acerca da interpretação das normas constitucionais que conferem imunidades tributárias, o STF tem feito uma interpretação bastante ampla, de modo a evidenciar os princípios e postulados nelas consagrados.[217]

As imunidades tributárias não abrangem as obrigações tributárias acessórias e muito menos afastam o poder de fiscalização da administração, nos termos do parágrafo único do art. 194 do CTN.

Não existe nenhum impedimento para que a lei atribua à pessoa que goze de imunidade tributária o dever de proceder à retenção e ao recolhimento de tributos, na condição de substituta tributária do contribuinte. Trata-se de uma simples técnica de arrecadação, que não afeta o patrimônio, a renda ou os serviços da pessoa imune. O beneficiário com a imunidade não estará sendo agravado com um ônus tributário. Por ser a fonte pagadora, a lei poderá imputar-lhe o dever de reter e descontar o tributo que é devido por um terceiro, que não goza de imunidade. Por isto, a imunidade não exclui a atribuição, por lei, às entidades contempladas pela imunidade, da condição de responsáveis pelos tributos que lhes caibam reter na fonte e nem as dispensam da prática de atos que procurem assegurar o cumprimento de obrigações tributárias por terceiros (art. 9º, § 1º do CTN). Na hipótese de a pessoa imune não cumprir com o seu dever, poderá ser responsabilizada pelo pagamento do tributo. Embora não possa ser contribuinte, poderá ser o responsável tributário.

5.1.1. Imunidade recíproca

A imunidade recíproca impede que a União, os Estados, o Distrito Federal e os Municípios instituam impostos sobre o patrimônio, a renda e os serviços, uns dos outros, nos termos do art. 150, VI, *a*, da CF. A imunidade recíproca é uma garantia da federação. A federação não sobreviveria sem limites à tributação das entidades federadas entre si. De fato, se fosse permitida a tributação mútua entre as pessoas políticas, o equilíbrio federativo e a autonomia destas entidades restariam comprometidos, aniquilando seus objetivos fundamentais.

---

[215] STF, RE 69.117.
[216] RE 608.872.
[217] STF, RE 102.141.

Como a Constituição Federal não admite a proposta de emenda constitucional tendente a abolir a forma federativa de Estado, nos termos do art. 60, § 4º, I, a imunidade tributária recíproca constitui-se, de acordo com o Supremo Tribunal Federal, em uma cláusula pétrea.[218]

A título de exemplo, veja-se que a EC 03/93 autorizou a União a instituir, mediante lei complementar, o extinto imposto provisório sobre movimentação financeira (IPMF). O art. 2º, § 2º, da referida emenda tentou afastar a imunidade, dizendo que não se aplicariam ao IPMF as imunidades de impostos previstas no art. 150, VI, da CF. O STF, porém, julgou inconstitucional referido dispositivo porque a imunidade tributária recíproca é uma garantia da federação.[219] No seu voto, disse o Min. Celso de Mello:

> A Constituição do Brasil, ao institucionalizar o modelo federal de Estado, perfilhou, a partir das múltiplas tendências já positivadas na experiência constitucional comparada, o sistema do federalismo de equilíbrio, cujas bases repousam na necessária igualdade político-jurídica entre as unidades que compõem o Estado Federal. Desse vínculo isonômico, que parifica as pessoas estatais dotadas de capacidade política, deriva, como uma de suas consequências mais expressivas, a vedação dirigida a cada um dos entes federados de instituição de imposto sobre o patrimônio, a renda e os serviços, uns dos outros. A imunidade tributária recíproca consagrada pelas sucessivas Constituições republicanas brasileiras representa um fator indispensável à preservação institucional das próprias unidades integrantes da Federação.

A vedação constitucional protege a incidência de qualquer imposto de competência de uma pessoa política em detrimento da outra, desde que o ente público beneficiado com a imunidade figure como sujeito passivo da obrigação tributária. Essa condição é prévia à própria verificação da materialidade a ser protegida do imposto. A imunidade não ampara o contribuinte de fato. Embora a Constituição Federal faça referência a impostos que incidem sobre o patrimônio, que compreende o conjunto de todos os bens que integram a propriedade pública, a renda, que é constituída por todos os ingressos financeiros que incrementam os cofres públicos, não importando a sua origem, e os serviços, assim considerados os serviços públicos exercidos diretamente pelas pessoas políticas, o ônus financeiro de qualquer imposto impacta negativamente o patrimônio público. Por isto, a imunidade sempre poderá ser invocada quando o ente imune ocupar o polo passivo da relação tributária, pouco importando a base material de incidência do imposto.

Por causa da imunidade recíproca, não se apresenta legítima a tentativa de exigir das pessoas jurídicas imunes o imposto de renda sobre rendimentos auferidos nas aplicações em fundos de investimentos, tal como previsto no art. 28 da Lei 9.532/97,[220] tendo o Pleno do STF julgado inconstitucional a expressão "inclusive pessoa jurídica imune", contida no artigo legal impugnado, haja vista a imunidade tributária ser matéria típica do texto constitucional. A Corte emprestou interpretação conforme à Constituição à expressão "inclusive

---

[218] STF, ADI 939.
[219] STF, ADI 939.
[220] Art. 28: "A partir de 1º de janeiro de 1998, a incidência do imposto de renda sobre os rendimentos auferidos por qualquer beneficiário, inclusive pessoa jurídica imune ou isenta, nas aplicações em fundos de investimento, constituídos sob qualquer forma, ocorrerá:...".

pessoa jurídica imune", concluindo que não alcança as pessoas públicas que gozam de imunidade recíproca.[221]

A imunidade recíproca impede que a União exija o Imposto sobre Operações Financeiras (IOF) dos Municípios,[222] assim como que o Estado possa exigir o IPVA de veículos que pertencem aos Municípios ou à União, ou que o Município tenha a pretensão de cobrar o IPTU sobre imóveis de outras entidades federativas ou o Imposto de Transmissão sobre Bens Imóveis (ITBI) pelas mesmas adquiridos.

Observe-se que a imunidade do art. 150, VI, *a*, da Constituição somente se aplica ao imposto incidente diretamente sobre serviço, patrimônio ou renda do próprio ente beneficiado, ou seja, na qualidade de contribuinte de direito. Por isto, o privilégio constitucional não pode ser invocado nas hipóteses em que o beneficiário é contribuinte de fato do imposto. Assim, no caso do ICMS incidente sobre a energia elétrica, o Município não pode invocar a imunidade recíproca porque o fornecimento é prestado pela concessionária, que é a contribuinte de direito do imposto.[223] Deve prevalecer a forma jurídica em detrimento da realidade econômica.

O STF também julgou caso em que um Município pretendia o reconhecimento do direito de não pagar ICMS nas aquisições, no mercado interno, de bens, mercadorias e equipamentos que seriam incorporados ao patrimônio municipal, invocando a imunidade recíproca. A Corte reafirmou o entendimento de que: "a imunidade tributária recíproca não se aplica ao ente público quando este é simples adquirente de produto, serviço ou operação onerosa realizada com intuito lucrativo ('contribuinte de fato')".[224]

O STF decidiu que "a imunidade tributária recíproca não exonera o sucessor das obrigações tributárias relativas aos fatos jurídicos tributários ocorridos antes da sucessão (aplicação 'retroativa' da imunidade tributária)". O caso julgado dizia respeito à pretensão de um Município de cobrar débitos de IPTU que eram de responsabilidade da extinta Rede Ferroviária Federal (RFFSA), sucedida pela União. O Tribunal de origem havia entendido que a União, gozando de imunidade recíproca, não estaria obrigada a pagar o IPTU de imóvel que tinha sido incorporado ao seu patrimônio, ainda que os fatos geradores fossem anteriores à sucessão. Porém, o STF decidiu que a RFFSA era uma sociedade de economia mista, constituída sob a forma de sociedade por ações, que cobrava pelos seus serviços e remunerava o capital investido, não tendo direito à imunidade. Como o sujeito passivo era contribuinte regular do tributo, a imunidade tributária recíproca não afastaria a responsabilidade tributária por sucessão, de maneira que a União poderia ser responsabilizada pelos débitos.[225]

---

[221] STF, ADI 1758.
[222] STF, RE 196.415.
[223] STF, AI 574.042 AgR/PA, AI 634.050, AI 671.412
[224] STF, AgReg no AI 518.32.5
[225] STF, RE 599.176.

5.1.1.1. Imunidade das autarquias e fundações públicas

A imunidade recíproca é extensiva às autarquias e fundações instituídas e mantidas pelo Poder Público, no que se refere ao patrimônio, renda e serviços que sejam vinculados às suas finalidades essenciais ou às delas decorrentes (art. 150, VI, § 2°, da CF).

As autarquias são criadas por lei, com personalidade jurídica de direito público e patrimônio e receitas próprias, com o objetivo de executar atividades típicas da administração pública, que requeiram, para seu melhor funcionamento, gestão administrativa e financeira descentralizada (art. 5° do DL 200/67).

Os Conselhos de Fiscalização Profissionais, que são entidades criadas por lei e responsáveis pela fiscalização das profissões regulamentadas, têm natureza jurídica de autarquias federais. Em decorrência disso, também se beneficiam da imunidade de impostos quanto ao seu patrimônio, renda ou serviços vinculados às suas finalidades essenciais ou às delas decorrentes.

A Ordem dos Advogados do Brasil não tem natureza jurídica de autarquia federal. A Lei 8.906/94 (Estatuto da OAB) apenas dispõe no art. 44: "A Ordem dos Advogados do Brasil-OAB, serviço público, dotada de personalidade jurídica e forma federativa...". Já o art. 45, § 5°, outorgou à OAB, por constituir serviço público, imunidade tributária total em relação a seus bens, rendas e serviços. Ora, a imunidade é matéria privativa do legislador constitucional. A lei, complementar ou ordinária, não pode criar regra de imunidade. Não obstante, o STF entende que a OAB tem direito à imunidade recíproca, "na medida em que a OAB desempenha atividade própria de Estado" e alcança apenas as finalidades essenciais da entidade.[226] Também há precedentes dos TRFs reconhecendo a imunidade de IPTU,[227] IOF[228] e Imposto de Renda[229] para a OAB, já que seria uma autarquia de regime especial.[230]

O Supremo Tribunal Federal entendeu que a imunidade recíproca aplicável à OAB não se estende à Caixa de Assistência dos Advogados. Entendeu-se que as Caixas de Assistência têm personalidade jurídica própria, tendo por objetivo conceder benefícios pecuniários por motivo de invalidez e outros auxílios de natureza setorial, não se diferenciando de demais entidades que concedem benefícios assistenciais ou previdenciários a seus associados.[231]

Existem autarquias no âmbito federal, estadual e municipal, e os prédios ocupados por elas, por exemplo, não estão sujeitos ao pagamento do IPTU.[232] Os automóveis que estejam vinculados às finalidades essenciais de uma autarquia ou fundação pública não se submetem à incidência do IPVA. A aquisição

---

[226] STF, RE 259.976.
[227] TRF4 9704058543.
[228] TRF4 9504065058 e TRF2 9202195196.
[229] TRF2 2000.02010253010.
[230] STJ; ERESP 503.252.
[231] STF, RE 233.843.
[232] STF, RE 203.839.

de um imóvel para a sua sede escapa da incidência do Imposto de Transmissão e também do IPTU.

As concessionárias e permissionárias de serviços públicos, cujos serviços são remunerados por tarifas (art. 175, parágrafo único, III, da CF) não fazem jus às imunidades.

Quanto às fundações, podem ser privadas ou públicas.

As fundações privadas não têm direito à imunidade, nada impedindo que a lei conceda isenção ou outros benefícios tributários. Muitas vezes fundações privadas são instituições de assistência social ou educacional, sem finalidade lucrativa. Neste caso, não se está diante da imunidade do art. 150, § 2º, mas sim da imunidade do art. 150, VI, *c*, ambos da CF. Nesta hipótese, a fruição da imunidade dependerá do atendimento aos requisitos estabelecidos em lei. Estes requisitos estão fixados nos artigos 9º e 14 do CTN, cujo descumprimento ensejará o lançamento de ofício, regulado pelo art. 32 da Lei 9.430/96. Na imunidade recíproca, observe-se, não há necessidade de atendimento de requisitos legais. O benefício é extraído diretamente da Constituição, bastando que diga respeito a impostos que incidam sobre o patrimônio, renda ou serviços vinculados às finalidades essenciais do ente que a Constituição busca tutelar (art. 150, § 2º). No caso de ser atribuída à fundação, dependendo da lei e de seus estatutos, a personalidade jurídica de direito privado,[233] ela não estará abrangida pela imunidade.

As fundações públicas devem ser criadas por lei (art. 37, XIX, da CF), submetem-se a controle pelo Tribunal de Contas (art. 71, II e III, da CF) e usufruem da imunidade de impostos sobre o patrimônio, renda ou serviços vinculados às suas finalidades essenciais.

Como a fruição deste privilégio constitucional condiciona-se sempre às finalidades essenciais, surge o problema acerca de quem compete o ônus de provar, no caso de imunidade de imposto sobre o patrimônio, se o bem está sendo utilizado de acordo com as finalidades institucionais. O STF está consolidando o entendimento de que não compete à entidade imune fazer esta prova, mas sim que cabe à administração tributária demonstrar a eventual predestinação. A Corte entende que a inversão do ônus da prova se justifica porque a imunidade não é concedida por ato do Fisco.[234] Há, portanto, uma presunção constitucional da vinculação do bem às finalidades essenciais, cabendo ao Fisco a prova em sentido contrário, a ser produzida em lançamento de ofício, assegurado o contraditório.

As autarquias e fundações públicas não estão imunes ao pagamento de custas judiciais ou emolumentos de cartórios extrajudiciais porque tais importâncias têm natureza jurídica de taxa e a imunidade é apenas quanto aos impostos. Não há óbice, porém, que a lei conceda isenção a estas entidades.

Por outro lado, as empresas públicas e as sociedades de economia mista devem ser criadas por lei e possuem personalidade jurídica de direito privado.

---

[233] DI PIETRO, Maria Sylvia Zanella. *Direito Administrativo*, p. 358/360.
[234] STF, AgRg no RE 796.191.

A Constituição Federal não outorga imunidade às empresas públicas e sociedades de economia mista. Quando atuam na produção e comercialização de bens, nos termos do *caput* do art. 173 da CF, exploram atividade econômica. Neste caso, sujeitam-se à concorrência em regime de liberdade com as demais empresas privadas da mesma área de atuação. Não podem ter privilégios. Submetem-se às regras do mercado econômico. A natureza da atividade exercida – produção e comercialização de bens – é própria da iniciativa privada. Por isto é que não podem gozar de privilégios não extensivos às do setor privado (§ 2º do art. 173 da CF). Estão nesta situação, por exemplo, a Petrobrás,[235] a Caixa Econômica Federal e o Banco do Brasil.

No entanto, as empresas criadas pelo próprio Estado para prestarem serviços públicos em regime de exclusividade ou monopólio, em razão das competências extraídas do texto constitucional, sujeitam-se ao regime de Direito Público. Exercem atividades exclusivas do Estado e que não se identificam com a exploração de atividade econômica, sujeita à livre iniciativa e concorrência (art. 170 da CF). São instrumentos de atuação do Estado nas áreas administrativas constitucionalmente a ele reservada. Prestam serviços públicos como se fossem o próprio Estado, razão porque não se submetem ao regime jurídico próprio das empresas privadas.

Embora o Estado possa conceder ou permitir a prestação de serviços públicos, nos termos do art. 175, da Constituição Federal, há serviços públicos que a própria Constituição, dentro da organização político-administrativa das entidades políticas, confere competências exclusivas ao próprio Estado, o qual atua naquelas competências reservadas por intermédio de empresas públicas ou sociedades de economista criadas por lei para este fim. A forma que o Estado adota para exercitar tais competências não pode se sobrepor à substância, que é a prestação de um serviço essencialmente público. Não teria sentido o próprio Estado criar, por lei, verdadeiros auxiliares e depois deles exigir o pagamento de impostos. O Estado não pode tributar a si próprio. A concretização da submissão fiscal inviabilizaria o próprio exercício das competências administrativas para a prestação de serviços que são reservados com exclusividade ao Estado.

Presente esta distinção, para efeito de imunidade das empresas públicas e sociedades de economia mista prestadoras de serviços públicos, tem havido um avanço na jurisprudência do Supremo Tribunal Federal para reconhecer, em determinadas situações, o direito ao privilégio constitucional.

De fato, o STF tem diferenciado as empresas públicas que exercem atividade econômica e, com isto, concorrem com as empresas do setor privado, e as empresas públicas que prestam serviços públicos. Para a Corte, a empresa pública que presta serviço público de prestação obrigatória e exclusiva do Estado tem direito à imunidade recíproca, assemelhando-se a uma autarquia. Nem mesmo o § 3º do art. 150 da CF, que afasta a imunidade quando houver contraprestação ou pagamento de preços ou tarifas pelo usuário, pode ser invocado para afastar o preceito imunizante porque, para o STF, a restrição aplica-se

---

[235] STF, RE 75.000.

apenas nos casos da entidade estatal que explora atividade econômica regida por normas aplicáveis a empreendimentos privado.

Com base nesta linha de raciocínio, o STF concluiu que o serviço público prestado pela Empresa Brasileira de Correios e Telégrafos – serviço postal – é um serviço público de prestação obrigatória e exclusiva do Estado, nos termos do art. 21, X, da Constituição Federal, razão por que reconheceu a imunidade de IPTU sobre imóvel dos Correios.[236] Para o STF, os serviços dos Correios são serviços da própria União, fazendo jus, em consequência, à imunidade tributária recíproca,[237] não se limitando a imunidade apenas aos serviços tipicamente postais.[238]

A imunidade recíproca reconhecida aos Correios alcança o IPTU incidente sobre imóveis de sua propriedade, bem como os por ela utilizados, conforme julgado pelo STF. Havendo dúvidas acerca de quais imóveis estariam afetados ao serviço público, o STF decidiu que cabe à administração tributária produzir prova em contrário, considerando militar em favor do contribuinte a presunção de imunidade.[239]

O Supremo Tribunal Federal, ainda que em juízo cautelar, considerou plausível a extensão da imunidade tributária recíproca à propriedade de veículos automotores (IPVA) destinados à prestação de serviços postais, em ação de interesse da Empresa Brasileira de Correios e Telégrafos.[240]

A Corte também enfrentou essa questão da imunidade de empresa pública que atua em regime de monopólio no caso da INFRAERO. Trata-se de uma empresa pública que executa serviços de infraestrutura aeroportuária e o Município de Salvador pretendia exigir o pagamento do imposto sobre os serviços por elas prestados. Como a INFRAERO é uma empresa pública delegatária do serviço público referente aos serviços de infraestrutura aeroportuária, em regime de monopólio, nos termos do art. 21, XII, c, da CF, não concorre com empresas privadas e não explora, em sentido estrito, atividade econômica, não se sujeitando à livre concorrência, tem direito à imunidade do imposto sobre os serviços prestados.[241]

A Casa da Moeda do Brasil, empresa pública delegatária de serviço público, que tem o monopólio de emitir papel moeda, cunhar moedas metálicas, fabricar fichas telefônicas e imprimir selos postais (art. 21, VIII, da CF), tem direito à imunidade recíproca do ISS quanto às atividades executadas no desempenho de seu encargo constitucional.[242] Neste julgado, o Min. Celso de Mello transcreve doutrina de Regina Helena Costa:

> Inicialmente, analisemos a situação da empresa – estatal empresa pública ou sociedade de economia mista – que recebeu a outorga, por meio de lei, da prestação de serviço público cuja com-

---

[236] STF, RE 364.202, RE 424.227, RE 354.897, RE 398.630.
[237] STF, RE 407.099.
[238] STF, RE 601.392.
[239] STF, RE 773.992.
[240] STF, ACO –AgR 765/RJ.
[241] STF, RE 363.412.
[242] STF, RE 610.517.

petência pertence à pessoa política que a criou. Tais pessoas detêm personalidade de Direito Privado e compõem a Administração Pública Indireta ou Descentralizada. Têm sua criação autorizada, sempre por lei (art. 37, XIX, da CF), para desempenhar atividade de natureza econômica, a título de intervenção do Estado no domínio econômico (art. 173 da CF) ou como serviço público assumido pelo Estado (art. 175 da CF). Recebendo tais entes o encargo de prestar serviço público – consoante a noção exposta –, o regime de sua atividade é o de Direito Público, o que inclui, dentre outras prerrogativas, o direito à imunidade fiscal. O raciocínio resume-se no seguinte: se o serviço público for prestado diretamente pela pessoa política estará, indubitavelmente, imune à tributação por via de impostos. Ora, a mera delegação da execução desse serviço público, pela pessoa que é titular da competência para prestá-lo à coletividade, por meio de lei, a uma empresa por ela instituída – empresa pública ou sociedade de economia mista –, que se torna delegatária do serviço, não pode, portanto, alterar o regime jurídico – inclusive tributário – que incide sobre a mesma prestação. A descentralização administrativa, como expediente destinado a garantir maior eficiência na prestação de serviços públicos (art. 37, *caput*, da CF), não tem o condão de alterar o tratamento a eles dispensado, consagrador da exoneração tributária concernente a impostos.

Quanto às sociedades de economia mista, o Pleno do STF teve oportunidade de julgar, sob o regime de repercussão geral, o caso de três hospitais que eram de controle acionário da União e pretendiam o reconhecimento da imunidade quanto ao ICMS. Tratava-se de hospitais em que a União mantinha 99,99% do capital social e que atendiam pacientes exclusivamente pelo SUS. A Corte considerou que, embora a assistência à saúde seja livre à iniciativa privada, os hospitais prestavam serviços públicos de saúde de forma gratuita, correspondendo à própria atuação do Estado. Entendeu-se que "a prestação de ações e serviços de saúde por sociedade de economia mista corresponde à própria atuação do Estado, desde que a empresa estatal não tenha por finalidade a obtenção de lucro". Assim, possuindo capital majoritariamente estatal, as sociedades de economia mista prestadoras de ações e serviços gratuitos de saúde, têm direito à imunidade tributária recíproca.[243]

A Companhia Docas do Estado de São Paulo (CODESP), sociedade de economia mista controlada pela União e que explora serviços portuários, teve reconhecida a imunidade recíproca em relação ao IPTU incidente sobre imóveis de sua propriedade. A Corte entendeu que a exploração dos portos marítimos, fluviais e lacustres caracteriza-se como serviço público e que o controle acionário é da União, não havendo "indicação de risco de quebra do equilíbrio concorrencial ou de livre-concorrência, eis que ausente comprovação de que a CODESP concorra com outras entidades no campo de sua atuação".[244]

A parte final do art. 150, § 3º, da CF (*não exonera o promitente comprador da obrigação de pagar imposto relativamente ao bem imóvel*) refere-se ao caso de promessa de venda de imóvel de propriedade de uma autarquia, por exemplo. Neste caso, não obstante ainda não tenha ocorrido a transferência da propriedade, já que isto se dá com o registro da escritura pública de compra e venda no cartório do registro de imóveis, o promitente-comprador desde logo fica sujeito ao pagamento do imposto, como o IPTU,[245] por exemplo. Se não hou-

---
[243] STF, RE 580.264.
[244] STF, RE 253.473.
[245] Súmula 583 do STF (Promitente-comprador de imóvel residencial transcrito em nome de autarquia é contribuinte do Imposto Predial e Territorial Urbano).

vesse esta regra, o adquirente poderia eximir-se do recolhimento do imposto, alegando que o proprietário e, portanto, contribuinte do imposto, era a entidade imune.

5.1.2. Imunidade dos templos de qualquer culto

A imunidade dos templos de qualquer culto é de natureza mista. É subjetiva, mas a própria Constituição impõe limites objetivos.

No aspecto subjetivo, visa à proteção da liberdade de consciência e de crença, uma vez que a Constituição assegura o livre exercício dos cultos religiosos e garante a proteção aos locais de culto e suas liturgias (art. 5º, VI, da CF). A expressão deve ser entendida em caráter amplo, abrangendo qualquer instituição onde haja o exercício de liberdades religiosas: a igreja católica, o templo budista, o terreiro de umbanda, o lar espírita, a sinagoga, etc.

O STF entendeu que a imunidade é "restrita aos templos de qualquer culto religioso, não se aplicando à maçonaria, em cujas lojas não se professa qualquer religião".[246]

No seu aspecto objetivo, a impossibilidade de instituição de impostos sobre os templos diz respeito apenas ao patrimônio, à renda e aos serviços relacionados às finalidades essenciais da entidade (art. 150, § 4º, da CF), não abrangendo as propriedades, rendas ou serviços que não estejam afetados ao exercício do culto religioso. O ônus desta prova é do contribuinte e não do Fisco.[247] Trata-se, porém, de uma imunidade incondicional, bastando a observância do § 4º do art. 150 da CF.

Deve ser salientado que, se a entidade religiosa estiver estruturada como uma instituição de assistência social,[248] já não estará diante da imunidade dos templos de qualquer culto (art. 150, VI, b, da CF), mas, sim, da imunidade relativa às instituições de assistência social sem fins lucrativos (art. 150, VI, c, da CF).

No caso da imunidade dos templos de qualquer culto, quanto aos impostos incidentes sobre o patrimônio, por exemplo, a aquisição de imóvel destinado ao exercício da liberdade religiosa não está sujeita à incidência do imposto de transmissão. O imóvel onde é exercitado o culto religioso é imune à incidência do IPTU. O patrimônio pode ser móvel ou imóvel, bastando que esteja conectado às finalidades essenciais das entidades religiosas, destinando-se a concretizar os seus objetivos.

Nesta linha, o STF vinha entendendo que os imóveis dos templos que não estivessem afetados às suas finalidades essenciais, tais como a casa do padre, terrenos baldios ou imóveis alugados a terceiros, estavam sujeitos ao pagamento de impostos.

Porém, o Pleno do STF, em 18 de dezembro de 2002, mudou seu entendimento e reconheceu a imunidade quanto ao IPTU incidente sobre lotes vagos

---

[246] STF, RE 562.351.
[247] STF, RE 206.169.
[248] STF, RE 237.718.

e prédios comerciais de entidade religiosa.[249] No caso, o Tribunal de Justiça de São Paulo havia entendido que a imunidade quanto ao IPTU não era extensiva a todos os bens da Mitra Diocesana de Jales, tendo limitado o benefício aos templos em que eram feitas as celebrações religiosas e às dependências que serviam diretamente aos seus fins. A decisão do STF foi tomada por maioria de votos, ficando vencedora a tese de que o disposto no § 4º do art. 150 da CF alcança o patrimônio, a renda ou os serviços dos templos de qualquer culto, em razão da equiparação entre as alíneas "b" e "c" do inciso VI do art. 150 da CF.

Embora tenha ficado vencido, o Min. Carlos Velloso disse que:

> Estava sendo examinada a imunidade da alínea "b": templos de qualquer culto. Indaga-se: quais são as finalidades essenciais dos templos de qualquer culto? É fácil responder: são aquelas relacionadas com as orações, com o culto. Então, o edifício, a casa, o prédio, onde se situa o templo, onde se fazem as orações, onde se realiza o culto, está coberto pela imunidade. A renda ali obtida, vale dizer, os dízimos, as espórtulas, a arrecadação de dinheiro realizada durante o culto e em razão deste, estão, também, cobertas pela imunidade tributária. O mesmo pode-se dizer dos serviços que, em razão do culto, em razão da finalidade essencial do templo, são prestados. O estacionamento para automóveis, vale dizer, o terreno destinado ao estacionamento dos automóveis dos fiéis, os serviços ali prestados pelo templo, estão abrangidos pela imunidade. Agora, Sr. Presidente, dizer que imóveis espalhados pelo Município, situados na diocese, na circunscrição territorial sujeita à administração eclesiástica, de propriedade desta, esses imóveis não estão abrangidos pela imunidade do art. 150, VI, "b", porque não estão relacionados com as finalidades essenciais do templo, convindo esclarecer que o templo, e a imunidade é para o templo, não é proprietário de bens imóveis. A Igreja, a seita, seja lá que nome tenha, que administra o templo, é que pode ser proprietária. Imóveis, portanto, pertencentes à administração eclesiástica, à mitra, ao bispado, não estão cobertos pela imunidade do art. 150, VI, "b".

No entanto, prevaleceu o voto do Min. Gilmar Mendes, tendo ele dito que:

> Ao fazer uma leitura compreensiva do texto constitucional, na linha preconizada pelo Moreira Alves, entendo que, de fato, o dispositivo do art. 150, VI, "b", há de ser lido com o vetor interpretativo do § 4º deste mesmo artigo da Constituição. Vê-se, pois, que a letra "b" se refere apenas à imunidade dos 'templos de qualquer culto'; a letra "c", ao "patrimônio, renda ou serviço". Portanto, o disposto no § 4º alcança o patrimônio, a renda ou serviços dos templos de qualquer culto, em razão da equiparação entre as letras "b" e "c".

O STF tem precedente reconhecendo a imunidade de IPTU de cemitério de propriedade dos templos, sendo assim ementado o acórdão:[250]

> RECURSO EXTRAORDINÁRIO. CONSTITUCIONAL. IMUNIDADE TRIBUTÁRIA. IPTU. ARTIGO 150, VI, "B", CB/88. CEMITÉRIO. EXTENSÃO DE ENTIDADE DE CUNHO RELIGIOSO. 1. Os cemitérios que consubstanciam extensões de entidades de cunho religioso estão abrangidos pela garantia contemplada no artigo 150 da Constituição do Brasil. Impossibilidade da incidência de IPTU em relação a eles. 2. A imunidade aos tributos de que gozam os templos de qualquer culto é projetada a partir da interpretação da totalidade que o texto da Constituição é, sobretudo do disposto nos artigos 5º, VI, 19, I e 150, VI, "b". 3. As áreas da incidência e da imunidade tributária são antípodas. Recurso extraordinário provido".

O recebimento de receitas de prestação de serviços ou a aquisição de patrimônio relacionado à exploração de atividades econômicas, já que isto não é

---
[249] STF, RE 325.822.
[250] STF, RE 578.562.

o objetivo dos templos, não fazem jus à imunidade. Assim, sujeitam-se ao imposto sobre serviços a exploração de serviços de fotocópias, exploração de pensões ou congêneres, etc., uma vez que são serviços alheios à prática religiosa. Nestes casos, a tributação não causa nenhum embaraço à liberdade religiosa e a desoneração tributária implicaria subvenção aos cultos religiosos e às igrejas, o que é vedado pelo art. 19 da Constituição Federal.

5.1.3. Imunidade dos partidos políticos e suas fundações

A imunidade também é estendida ao patrimônio, renda ou serviços dos partidos políticos, inclusive suas fundações (art. 150, VI, c, da CF). A República Federativa do Brasil tem no pluralismo político o fundamento indispensável ao estado democrático de direito e à participação do povo no poder, exercido através de seus representantes eleitos (art. 1º da CF). Para tanto, a Constituição Federal assegura a livre criação de partidos políticos, observando-se os preceitos indicados no art. 17. Eles possuem personalidade jurídica, nos termos da lei civil, e devem registrar seus estatutos no Tribunal Superior Eleitoral (§ 2º do art. 17).

Formalmente constituídos, os partidos políticos, inclusive as fundações por eles criadas, passam a usufruir de imunidade quanto aos impostos incidentes sobre o patrimônio, renda e serviços que estejam ligados às suas finalidades essenciais (§ 4º do art. 150 da CF). Assim, a renda dos partidos políticos é imune, como também não se pode sujeitar ao IPTU ou ao imposto de transmissão um imóvel adquirido para servir de sede do partido.

Para o STF, nos termos da Súmula Vinculante nº 52, "ainda quando alugado a terceiros, permanece imune ao IPTU o imóvel pertencente a qualquer das entidades referidas pelo art. 150, VI, c, da Constituição Federal, desde que o valor dos aluguéis seja aplicado nas atividades para as quais tais entidades foram constituídas".

A imunidade depende do atendimento aos requisitos do art. 14 do CTN.

5.1.4. Imunidade das entidades sindicais de trabalhadores

As entidades sindicais dos trabalhadores poderão ser criadas para dar efetividade aos direitos sociais dos trabalhadores (art. 6º da CF), sendo vedado ao Poder Público a interferência e a intervenção na organização sindical (art. 8º da CF). A imunidade não pode ser estendida ao sindicato de empregadores porque o texto constitucional refere-se apenas às entidades sindicais de trabalhadores.

O patrimônio, a renda e os serviços que estejam vinculados às finalidades essenciais das entidades sindicais de trabalhadores estão imunes à incidência de impostos. Assim, por exemplo, se o sindicato adquirir um imóvel para sua sede, não ficará sujeito ao pagamento do imposto de transmissão e nem ao IPTU. O automóvel do sindicato não se submete à incidência do IPVA e as suas rendas não podem ser tributadas pelo imposto de renda.

Os imóveis de entidades sindicais, ainda que alugados a terceiros, permanecem imunes ao IPTU, *desde que o valor dos aluguéis seja aplicado nas atividades para as quais tais entidades foram constituídas*, nos termos da Súmula Vinculante nº 52 do STF.

A imunidade abrange os impostos que afetam o patrimônio, a renda e os serviços relacionados às finalidades essenciais dos sindicatos (§ 4º do art. 150 da CF), ficando eles sujeitos à observância do disposto no art. 14 do CTN.

5.1.5. Imunidade das instituições de educação e assistência social sem fins lucrativos

As instituições de educação e de assistência social que não tenham fins lucrativos, desde que atendidos aos requisitos do art. 14 do CTN (art. 150, VI, *c*, da CF), são imunes a impostos incidentes sobre seu patrimônio, renda ou serviços que estejam relacionados às suas finalidades essenciais (art. 150, § 4º, da CF). O STF tem entendido que o ônus de elidir a presunção de vinculação às atividades essenciais é do Fisco.[251]

Enquadram-se neste conceito de instituições de educação as universidades, escolas e colégios particulares, inclusive institutos de idiomas e associações culturais, desde que não tenham finalidade lucrativa, já que o benefício tributário tem por escopo estimular estas entidades, a fim de estimular e assegurar o direito à educação, preparando o cidadão para o exercício da cidadania e sua qualificação para o trabalho (art. 205 da CF).

A expressão "assistência social" não deve ser confundida com "previdência social".

As instituições de assistência social auxiliam o Estado na prestação de serviços assistenciais aos necessitados, tendo por objetivo a proteção à família, à maternidade, à infância, à adolescência, à velhice, o amparo às crianças e aos adolescentes carentes, a promoção da integração ao mercado de trabalho e a habilitação ou reabilitação das pessoas portadoras de deficiência e a promoção de sua integração à vida comunitária, de acordo com o art. 203 da CF. A assistência social, ao contrário da previdência social, independe de contribuição. O objetivo das entidades assistenciais deve ser o de atender as pessoas carentes, cuja vida, dignidade e trabalho estarão ameaçados se não houver a prestação da assistência de que necessitam. A assistência direciona-se a toda coletividade, enquanto a previdência social beneficia apenas a categoria que deve contribuir para fazer jus aos seus benefícios.

Por isso, as instituições de assistência social não podem ser confundidas com entidades de previdência social. O regime de previdência social é organizado sob a forma de regime geral ou privada, nos termos do art. 201, *caput*, e 202, da CF, e são eminentemente contributivos. O primeiro é de filiação obrigatória, tendo por escopo o atendimento às coberturas dos eventos arrolados no art. 201 da CF (doença, invalidez, morte, maternidade, etc.). O segundo é

---
[251] STF, RE 470.520.

facultativo, baseado na constituição de reservas que garantam o benefício contratado (art. 202, da CF).

O regime de previdência privada é de caráter complementar e autônomo em relação ao regime geral de previdência social, sendo operado por entidade de previdência complementar que têm por objetivo instituir e executar planos de benefícios de caráter previdenciário, nos termos do art. 202 da CF, sendo reguladas pela Lei Complementar 109/01.

As entidades de previdência complementar podem ser abertas ou fechadas. As abertas são constituídas sob a forma de sociedades anônimas e têm por objetivo instituir e operar planos de benefícios previdenciários, acessíveis a quaisquer pessoas físicas (art. 36 da LC 109/01). Há uma relação jurídica contratual entre a entidade e o participante, relação esta que será rompida, e o beneficiário excluído da cobertura contratada se não houver o adimplemento das contribuições. Não podem ser consideradas como entidades de assistência social porque estas, ao contrário, atendem ao princípio da universalidade e generalidade, independentemente de contribuição. Portanto, as entidades abertas de previdência complementar não têm direito à imunidade.

As entidades fechadas de previdência complementar devem ser organizadas sob a forma de fundação ou sociedade civil, sem fins lucrativos. São chamadas de fechadas porque acessíveis exclusivamente aos empregados de uma empresa ou grupo de empresas e aos servidores da União, Estado, Distrito Federal e Municípios, entes denominados patrocinadores, e aos associados ou membros de pessoas jurídicas de caráter profissional, classista ou setorial, denominados instituidores (art. 31 da LC 109/01). Condicionando a fruição dos benefícios previstos em seus estatutos ao pagamento de contribuições por parte dos associados, o STF decidiu que perde as características de universalidade e generalidade das prestações, que são típicas das entidades de assistência social, e não podem gozar das imunidades.[252]

No entanto, se a entidade fechada de previdência privada for mantida apenas pelo empregador, não havendo contribuição do beneficiário, o STF entendeu que faz jus à imunidade, sumulando o seguinte entendimento:

> A imunidade tributária conferida a instituições de assistência social sem fins lucrativos pelo art. 150, VI, *c*, da Constituição, somente alcança as entidades fechadas de previdência social privada se não houver contribuição dos beneficiários.[253]

Note-se que a imunidade aqui tratada é quanto aos impostos. A imunidade das entidades beneficentes de assistência social, no que tange às contribuições previdenciárias, é prevista no art. 195, § 7º, da Constituição Federal.[254]

Se for o caso de tributos indiretos (ICMS e IPI), o Supremo Tribunal Federal entendia que a imunidade não abrangia os impostos incidentes sobre os bens por elas fabricados porque o tributo acabava sendo pago pelo con-

---

[252] STF, RE 202.700, RE 146.747.

[253] Súmula 730 do STF: "A imunidade tributária conferida a instituições de assistência social sem fins lucrativos pelo art. 150, VI, *c*, da Constituição, somente alcança as entidades fechadas de previdência social privada se não houver contribuição dos beneficiários".

[254] Veja o item 5.1.9.

sumidor, já que embutido no preço da mercadoria[255]. Com isso, não atingia o patrimônio, nem desfalcaria as rendas, nem reduziria a eficácia dos serviços dessas entidades.[256] Todavia, o Pleno daquela Corte, em data de 26.02.2003, no julgamento de embargos de divergência, passou a entender que a imunidade das entidades beneficentes sem fins lucrativos abrangia o ICMS sobre a comercialização de bens por ela produzidos. Entendeu a Corte que o objetivo da norma constitucional é o de assegurar que as rendas oriundas das atividades que mantêm as entidades filantrópicas sejam desoneradas para que se viabilize "a aplicação e desenvolvimento dessas atividades e que a cobrança do imposto desfalcaria o patrimônio, diminuiria a eficiência dos serviços e a integral aplicação das rendas de tais entidades".[257] Logo, ainda que se trate de imposto indireto, toda vez que o contribuinte de direito for uma entidade imune, o preceito constitucional imunizante não poderá ser afastado. Atente-se para o fato de que a entidade imune, quando atua na condição de adquirente de produtos ou mercadorias sujeitas ao IPI e ao ICMS, sofrerá o ônus dos tributos porque, em tal caso, será mera contribuinte de fato e não de direito, uma vez que o devedor escolhido pela lei será o industrial ou o comerciante.

A imunidade tem sido estendida inclusive a serviços que não se enquadrem nas atividades específicas ou essenciais da entidade, desde que os recursos auferidos revertam em benefício da própria entidade. Por isso, um hospital que explora serviços de estacionamento no seu pátio interno, por exemplo, é imune à incidência do ISS.[258]

Nesta linha de interpretação teleológica das imunidades, tem-se entendido que as atividades que visem ao implemento das finalidades essenciais do beneficiário também são imunes, motivo por que não há incidência de IPTU sobre os imóveis destinados ao escritório e residência dos membros da entidade[259] e nem sobre aqueles imóveis locados a terceiros, sempre que a renda dos aluguéis seja aplicada nas suas finalidades institucionais, pouco importando a existência de cláusula no contrato de locação que repassa ao locatário a responsabilidade pelo pagamento do tributo.[260] Pela mesma razão, a instituição de assistência social mantenedora de orfanato não deve pagar IPTU incidente sobre imóvel de sua propriedade que seja destinado à exploração de estacionamento de veículo.[261]

O STF já decidiu que o SENAC, que é uma entidade educacional, estava imune ao Imposto de Transmissão de Bens Imóveis (ITBI) incidente sobre a aquisição de um imóvel destinado à locação para terceiros. Ainda que a locação de bens não seja a finalidade essencial do SENAC, o STF considerou que a renda auferida com o aluguel seria destinada ao financiamento das suas ativi-

---

[255] STF, RE 189.912.
[256] RTJ, 172/619.
[257] STF, RE (Edv) 210.251.
[258] STF, RE 144.900.
[259] STF, RE 221.395.
[260] STF, RE 237.718 e RE 97.708.
[261] STF, RE 257.700.

dades educacionais, e não para obter lucro, razão por que reconheceu a imunidade.[262] Para a Corte, a "a condição de o imóvel estar vago ou sem edificação não é suficiente, por si só, para destituir a garantia constitucional da imunidade" e que, no caso do ITBI, "a destinação do imóvel às finalidades essenciais da entidade deve ser pressuposta, sob pena de não haver imunidade para esse tributo", cabendo ao Fisco o ônus de elidir a presunção de que o imóvel está vinculado às atividades essenciais da entidade.[263]

O Supremo Tribunal Federal tem posição firmada no sentido de que o imóvel de qualquer das entidades mencionadas no art. 150, VI, c, da CF é imune ao IPTU ainda que esteja locado a terceiros, desde que o valor dos aluguéis seja aplicado nas finalidades essenciais de tais entidades.[264]

Também há precedentes do STF reconhecendo a imunidade do SESC relativamente à incidência do imposto sobre serviços, envolvendo diversão pública (cinema), mediante a cobrança de ingresso de seus filiados e ao público em geral.[265]

Deve ser ressaltado que a imunidade abrange o Imposto de Importação e o IPI incidentes sobre a importação de bens a serem utilizados em serviços específicos da instituição de assistência social.[266] Neste caso, o IPI, apesar de ser um tributo indireto, não é devido porque na importação o contribuinte de direito é o importador (art. 51, I, do CTN), ou seja, a própria entidade imune. O mesmo deve ser dito em relação ao ICMS porque o contribuinte de direito é o importador, que goza de imunidade. A imunidade também abrange a importação de bens que irão integrar o patrimônio da entidade imune.

O STF também reconheceu que as instituições de educação faziam jus à imunidade do extinto IPMF porque o tributo acabaria onerando os recursos relacionados às finalidades essenciais da instituição.[267]

No que tange às entidades assistenciais, reconheceu a imunidade quanto ao IOF, salientando que o fato de a entidade aplicar os seus recursos no mercado financeiro não estaria atuando fora dos seus atos constitutivos.[268]

O STF decidiu recurso em que o SESI invocava a imunidade das entidades assistenciais sem fins lucrativos, relativamente ao recolhimento de ICMS sob o regime de diferimento, ou seja, mediante substituição tributária. No caso, um contribuinte de ICMS vendia feijão para o SESI, e a legislação estadual dispunha que a cobrança do imposto seria diferida para o momento da entrada do produto no estabelecimento varejista adquirente. Assim, o SESI era o substituto tributário e invocava a imunidade para não se submeter ao pagamento do ICMS. Porém, o STF entendeu que:

> A responsabilidade ou a substituição tributária não alteram as premissas centrais da tributação, cuja regra-matriz continua a incidir sobre a operação realizada pelo contribuinte. Portanto, a imu-

---

[262] STF, RE 235.737.
[263] RE 470.520.
[264] Súmula Vinculante n° 52.
[265] STF, RE 116.552, 116.188.
[266] STF, RE 243.807.
[267] STF, AgRgRE 211.790.
[268] STF, RE 241.090.

nidade tributária não afeta, tão-somente por si, a relação de responsabilidade tributária ou de substituição e não exonera o responsável tributário ou o substituto.[269]

Até mesmo a imunidade de IPTU de imóvel destinado à atividade de recreação e lazer, de propriedade de entidade de assistência social, foi reconhecida pelo STF.[270] A Corte decidiu que:

A decisão que afasta o desvio de finalidade para o fim de assegurar a imunidade tributária com base no reconhecimento de que a atividade de recreação e lazer está no alcance dos objetivos da Fundação não agride o art. 150, § 4º, inciso VI, da Constituição Federal.

5.1.6. Requisitos legais para fruição das imunidades

O art. 150, VI, c, da Constituição Federal dispõe que a imunidade dos partidos políticos, sindicatos e instituições de educação e assistência social, depende do atendimento dos requisitos da "lei", sem qualificá-la como "complementar". É sabido que, de acordo com o STF,[271] a lei complementar somente é exigida para as matérias cuja disciplina a Constituição expressamente faz tal exigência. Caso contrário, a lei ordinária é hábil para regulamentar o texto constitucional.

Acontece que as imunidades se constituem no mais poderoso instrumento de limitação constitucional ao poder de tributar, cuja regulamentação dependeria de lei complementar, nos termos do inciso II do art. 146 da CF (*Cabe à lei complementar regular as limitações constitucionais ao poder de tributar*), e não de simples lei ordinária.

Note-se que a Constituição Federal de 1946 proibia lançar impostos sobre os "templos de qualquer culto, bens e serviços de partidos políticos, instituição de educação e assistência social, desde que as suas rendas sejam aplicadas integralmente no país para os respectivos fins". A EC 18/65 estruturou o Sistema Tributário Nacional e modificou o artigo relativo à imunidade, vedando a cobrança de impostos sobre o "patrimônio, a renda ou os serviços de partidos políticos e de instituições de educação ou assistência social, observados os requisitos da lei".

Em seguida à publicação da EC 18/65, foi regulamentado o Sistema Tributário Nacional com a publicação do CTN (Lei 5.172, de 1966), trazendo as normas gerais aplicáveis a todas as pessoas políticas. O art. 14 do CTN tratou de fixar os requisitos para a fruição da imunidade.

Com a CF 67/69, o art. 18, § 1º, passou a exigir lei complementar para estabelecer as normas gerais de direito tributário, dispor sobre os conflitos de competência entre as pessoas políticas e regular as limitações constitucionais ao poder de tributar, enquanto o art. 19, III, c, ao tratar das imunidades de impostos incidentes sobre o patrimônio, renda ou serviços dos partidos políticos e de instituições de educação e assistência social, determinava apenas que fos-

---
[269] STF, RE 202.987.
[270] STF, RE 236.174.
[271] STF, ADC 1/DF.

sem obedecidos aos requisitos da lei, sem qualificá-la como complementar. O mesmo problema foi mantido na CF/88 (art. 146, II e 150, VI, c).

Como o CTN, recepcionado com força de lei complementar, regulava as limitações ao poder de tributar, estabelecendo os requisitos, talvez o propósito fosse justamente o de permitir que a lei ordinária fixasse outros requisitos, suprimindo a expressão "complementar" da alínea "c" do inciso III do art. 19 da CF 67/69 e a correspondente alínea "c" do inciso VI do art. 150 da CF/88. Também se poderia entender que a lei ordinária poderia estabelecer requisitos relativos apenas à constituição e ao funcionamento da entidade, sem adentrar na extensão do alcance da imunidade, esta reservada à lei complementar. Haveria uma harmonização dos preceitos, cada qual reservado a um campo próprio. Os requisitos formais poderiam ser fixados pela lei ordinária, enquanto os materiais dependeriam de lei complementar. Este foi o entendimento do STF no julgamento do RE 93.770, assim ementado:

> IMPOSTO DE IMPORTAÇÃO. IMUNIDADE. O artigo 19, III, c, da Constituição Federal não trata de isenção, mas de imunidade. A configuração desta está na Lei Maior. Os requisitos da lei ordinária, que o mencionado dispositivo manda observar, não dizem respeito aos lindes da imunidade, mas àquelas normas reguladoras da constituição e funcionamento da entidade imune. Inaplicação do art. 17 do Decreto-lei n° 37/66. Recurso extraordinário conhecido e provido.

O Relator do julgado foi o Min. Soares Munhoz, tendo ele enfatizado que:

> Os requisitos de lei que o art. 19, III, c, da Constituição manda observar não dizem respeito à configuração da imunidade, mas àquelas normas reguladoras da constituição e funcionamento da entidade imune, tal como salientou a sentença de primeiro grau. Cumpre evitar-se que falsas instituições de assistência e educação sejam favorecidas pela imunidade. É para evitar fraude que a Constituição determina sejam observados os requisitos da lei.

Para quem entende que é apenas a lei complementar que pode fixar tais condições, deve ser observado o disposto no CTN. O art. 9°, IV, c, do CTN, de acordo com a redação que lhe foi dada pela LC 104/01, dispõe que é vedada a instituição de imposto sobre "o patrimônio, a renda ou serviços dos partidos políticos, inclusive suas fundações, das entidades sindicais dos trabalhadores, das instituições de educação e de assistência social, sem fins lucrativos, observados os requisitos fixados na Seção II deste Capítulo". Na Seção II, o art. 14 subordina a imunidade dos impostos referidos na alínea "c" do inciso IV do art. 9°, à observância dos seguintes requisitos: a) não distribuição de qualquer parcela do seu patrimônio ou de rendas, a qualquer título; b) aplicação integral, no País, dos seus recursos na manutenção dos seus objetivos institucionais; c) manutenção de escrituração de suas receitas e despesas em livros revestidos de formalidades capazes de assegurar sua exatidão.

O Supremo Tribunal Federal está examinando esta matéria na ADI 1802, proposta contra dispositivos da Lei 9.532/97.[272] Trata-se de uma lei ordinária

---

[272] Redação original: Art. 12. Para efeito do disposto no art. 150, inciso VI, alínea "c", da Constituição, considera-se imune a instituição de educação ou de assistência social que preste os serviços para os quais houver sido instituída e os coloque à disposição da população em geral, em caráter complementar às atividades do Estado, sem fins lucrativos. (Vide artigos 1° e 2° da Mpv 2.189-49, de 2001) (Vide Medida Provisória n° 2158-35, de 2001) § 1° Não estão abrangidos pela imunidade os rendimentos e ganhos de capital auferidos em aplica-

que impôs alguns requisitos para que as instituições de educação e assistência social fossem consideradas sem fins lucrativos para efeito de imunidade, possibilitando ainda a tributação dos ganhos de capital e rendimentos auferidos em aplicações financeiras de renda fixa e de renda variável. Analisando os artigos 12, 13 e 14, o Min. Sepúlveda Pertence, na apreciação da liminar, depois de fazer referência ao precedente do STF no RE 93.770 antes citado (RTJ 102/304), mencionou que:

> A reserva de lei complementar é restrita aos lindes da imunidade, à demarcação do objeto material da vedação constitucional de tributar – o patrimônio, a renda e os serviços das instituições por elas beneficiados, o que inclui, por força do § 3º, do mesmo art. 150, CF, a sua relação "com as finalidades essenciais das entidades nele mencionadas", mas remete à lei ordinária "s normas reguladoras da constituição e funcionamento da entidade imune", voltadas a obviar que "falsas instituições de assistência e educação sejam favorecidas pela imunidade", em fraude à Constituição.

Com base neste critério, entendeu que não padeceriam de inconstitucionalidade formal o art. 12 e §§ 2º (salvo a alínea *f*) e 3º, assim como o parágrafo único do art. 13. Por outro lado, decidiu ser densa a plausibilidade da alegação de invalidez dos arts. 12, § 2º, *f*; 13, *caput*, e 14 e, finalmente, considerou caracterizada a inconstitucionalidade não só formal, mas também material do § 1º do art. 12, da referida lei, concedendo a liminar para suspender referidos dispositivos. As controvérsias acerca do conceito de entidade de assistência social ficaram reservadas à decisão definitiva. A decisão é assim ementada:

> Ação direta de inconstitucionalidade: Confederação Nacional de Saúde: qualificação reconhecida, uma vez adaptados os seus estatutos ao molde legal das confederações sindicais; pertinência temática concorrente no caso, uma vez que a categoria econômica representada pela autora abrange entidades de fins não lucrativos, pois sua característica não é a ausência de atividade

---

ções financeiras de renda fixa ou de renda variável. § 2º Para o gozo da imunidade, as instituições a que se refere este artigo, estão obrigadas a atender aos seguintes requisitos: a) não remunerar, por qualquer forma, seus dirigentes pelos serviços prestados; (Vide Lei nº 10.637, de 2002) b) aplicar integralmente seus recursos na manutenção e desenvolvimento dos seus objetivos sociais; c) manter escrituração completa de suas receitas e despesas em livros revestidos das formalidades que assegurem a respectiva exatidão; d) conservar em boa ordem, pelo prazo de cinco anos, contado da data da emissão, os documentos que comprovem a origem de suas receitas e a efetivação de suas despesas, bem assim a realização de quaisquer outros atos ou operações que venham a modificar sua situação patrimonial; e) apresentar, anualmente, Declaração de Rendimentos, em conformidade com o disposto em ato da Secretaria da Receita Federal; f) recolher os tributos retidos sobre os rendimentos por elas pagos ou creditados e a contribuição para a seguridade social relativa aos empregados, bem assim cumprir as obrigações acessórias daí decorrentes; g) assegurar a destinação de seu patrimônio a outra instituição que atenda às condições para gozo da imunidade, no caso de incorporação, fusão, cisão ou de encerramento de suas atividades, ou a órgão público; h) outros requisitos, estabelecidos em lei específica, relacionados com o funcionamento das entidades a que se refere este artigo. § 3º Considera-se entidade sem fins lucrativos a que não apresente superávit em suas contas ou, caso o apresente em determinado exercício, destine referido resultado, integralmente, à manutenção e ao desenvolvimento dos seus objetivos sociais. (Redação dada pela Lei nº 9.718, de 1998) Art. 13. Sem prejuízo das demais penalidades previstas na lei, a Secretaria da Receita Federal suspenderá o gozo da imunidade a que se refere o artigo anterior, relativamente aos anos-calendários em que a pessoa jurídica houver praticado ou, por qualquer forma, houver contribuído para a prática de ato que constitua infração a dispositivo da legislação tributária, especialmente no caso de informar ou declarar falsamente, omitir ou simular o recebimento de doações em bens ou em dinheiro, ou de qualquer forma cooperar para que terceiro sonegue tributos ou pratique ilícitos fiscais. Parágrafo único. Considera-se, também, infração a dispositivo da legislação tributária o pagamento, pela instituição imune, em favor de seus associados ou dirigentes, ou, ainda, em favor de sócios, acionistas ou dirigentes de pessoa jurídica a ela associada por qualquer forma, de despesas consideradas indedutíveis na determinação da base de cálculo do imposto sobre a renda ou da contribuição social sobre o lucro líquido. Art. 14. À suspensão do gozo da imunidade aplica-se o disposto no art. 32 da Lei nº 9.430, de 1996.

econômica, mas o fato de não destinarem os seus resultados positivos à distribuição de lucros. II. Imunidade tributária (CF, art. 150, VI, *c*, e 146, II): "instituições de educação e de assistência social, sem fins lucrativos, atendidos os requisitos da lei": delimitação dos âmbitos da matéria reservada, no ponto, à intermediação da lei complementar e da lei ordinária: análise, a partir daí, dos preceitos impugnados (L. 9.532/97, arts. 12 a 14): cautelar parcialmente deferida. 1. Conforme precedente no STF (RE 93.770, Muñoz, RTJ 102/304) e na linha da melhor doutrina, o que a Constituição remete à lei ordinária, no tocante à imunidade tributária considerada, é a fixação de normas sobre a constituição e o funcionamento da entidade educacional ou assistencial imune; não, o que diga respeito aos lindes da imunidade, que, quando susceptíveis de disciplina infraconstitucional, ficou reservado à lei complementar. 2. À luz desse critério distintivo, parece ficarem incólumes à eiva da inconstitucionalidade formal argüida os arts. 12 e §§ 2º (salvo a alínea f) e 3º, assim como o parágrafo único do art. 13; ao contrário, é densa a plausibilidade da alegação de invalidez dos arts. 12, § 2º, *f*, 13, *caput*, e 14 e, finalmente, se afigura chapada a inconstitucionalidade não só formal, mas também material do § 1º do art. 12, da lei questionada. 3. Reserva à decisão definitiva de controvérsias acerca do conceito da entidade de assistência social, para o fim da declaração da imunidade discutida – como as relativas à exigência ou não da gratuidade dos serviços prestados ou à compreensão ou não das instituições beneficentes de clientelas restritas e das organizações de previdência privada: matérias que, embora não suscitadas pela requerente, dizem com a validade do art. 12, *caput*, da L. 9.532/97 e, por isso, devem ser consideradas na decisão definitiva, mas cuja delibação não é necessária à decisão cautelar da ação direta.

Diante destes precedentes, embora a controvérsia doutrinária e pendente de decisão o mérito da ADI 1802, ao que parece o STF tem tentado conciliar, à luz do precedente relatado pelo Min. Soares Munhoz (RE 93.770), o art. 146, II, e o art. 150, VI, *c*, da CF. A lei ordinária trataria da constituição e funcionamento das entidades imunes (requisitos formais), enquanto que a complementar demarcaria os limites da imunidade (requisitos materiais).

Problema idêntico existe em relação à imunidade das contribuições previdenciárias, conforme abordado no item 5.1.9.

Por fim, caso não sejam atendidos aos requisitos legais, a imunidade será suspensa mediante a lavratura de notificação fiscal, cujo procedimento é regulado pelo art. 32 da Lei 9430/96.[273]

---

[273] Art. 32. A suspensão da imunidade tributária, em virtude de falta de observância de requisitos legais, deve ser procedida de conformidade com o disposto neste artigo. § 1º Constatado que entidade beneficiária de imunidade de tributos federais de que trata a alínea c do inciso VI do art. 150 da Constituição Federal não está observando requisito ou condição previsto nos arts. 9º, § 1º, e 14, da Lei nº 5.172, de 25 de outubro de 1966 – Código Tributário Nacional, a fiscalização tributária expedirá notificação fiscal, na qual relatará os fatos que determinam a suspensão do benefício, indicando inclusive a data da ocorrência da infração. § 2º A entidade poderá, no prazo de trinta dias da ciência da notificação, apresentar as alegações e provas que entender necessárias. § 3º O Delegado ou Inspetor da Receita Federal decidirá sobre a procedência das alegações, expedindo o ato declaratório suspensivo do benefício, no caso de improcedência, dando, de sua decisão, ciência à entidade. § 4º Será igualmente expedido o ato suspensivo se decorrido o prazo previsto no § 2º sem qualquer manifestação da parte interessada. § 5º A suspensão da imunidade terá como termo inicial a data da prática da infração. § 6º Efetivada a suspensão da imunidade: I – a entidade interessada poderá, no prazo de trinta dias da ciência, apresentar impugnação ao ato declaratório, a qual será objeto de decisão pela Delegacia da Receita Federal de Julgamento competente; II – a fiscalização de tributos federais lavrará auto de infração, se for o caso. § 7º A impugnação relativa à suspensão da imunidade obedecerá às demais normas reguladoras do processo administrativo fiscal. § 8º A impugnação e o recurso apresentados pela entidade não terão efeito suspensivo em relação ao ato declaratório contestado. § 9º Caso seja lavrado auto de infração, as impugnações contra o ato declaratório e contra a exigência de crédito tributário serão reunidas em um único processo, para serem decididas simultaneamente. § 10. Os procedimentos estabelecidos neste artigo aplicam-se, também, às hipóteses de suspensão de isenções condicionadas, quando a entidade bene-

5.1.7. Imunidade dos livros, jornais, periódicos e o papel destinado à sua impressão

A imunidade dos livros, jornais, periódicos e o papel destinado à sua impressão está prevista no art. 150, VI, *d*, da CF. A doutrina identifica a proteção à livre manifestação do pensamento, o estímulo à cultura e o direito à informação como causas justificadoras deste privilégio, cujo objetivo é o de baratear os custos de produção. Afastando-se os impostos, obtém-se a redução dos custos dos veículos indispensáveis à propagação desses valores, diminuindo o preço de venda ao consumidor final. A imunidade ampara e incita a educação e a cultura. É um instrumento de proteção constitucional destinado a preservar o direito fundamental da liberdade de informar e ser informado, de modo a evitar uma perigosa obediência tributária das empresas jornalísticas, que são as reais destinatárias dessa especial prerrogativa, ao poder impositivo do Estado.[274]

Trata-se de uma imunidade objetiva e não beneficia a editora, o autor, a empresa jornalística ou de publicidade. Como a imunidade é para baratear o preço final do produto, afasta-se a incidência do IPI, do ICMS, do ISS, assim como do Imposto de Importação, mas não exclui a incidência do imposto sobre as rendas auferidas e nem o ITBI na aquisição de um imóvel por uma editora ou o IPTU, por exemplo.

Livros, jornais e periódicos, para Aliomar Baleeiro:

> São todos os impressos ou gravados, por quaisquer processos tecnológicos, que transmitam aquelas idéias, informações, comentários, narrações reais ou fictícias sobre todos os interesses humanos, por meio de caracteres alfabéticos ou por imagens e, ainda, por signos Braille destinados a cegos.[275]

Periódicos são publicações que se repetem com intervalos regulares. Não basta ser uma publicação periódica para fazer jus à imunidade porque dela estão excluídas as informações publicitárias com caráter comercial, como, por exemplo, calendários[276] ou impressos promocionais (*folders*) e cartazes destinados à divulgação de mensagens, alimentos, serviços de tele-entregas, propaganda, etc.

A palavra "periódicos" constante na parte final da alínea *d* do inciso VI do art. 150 da CF abrange os catálogos ou listas telefônicas. O STF, no julgamento do RE 114.790, em que o Município de Belo Horizonte pretendia cobrar o imposto sobre serviços de propaganda e publicidade prestados a terceiros, mediante veiculação de anúncios nos catálogos telefônicos de uma empresa

---

ficiária estiver descumprindo as condições ou requisitos impostos pela legislação de regência. § 11. Somente se inicia o procedimento que visa à suspensão da imunidade tributária dos partidos políticos após trânsito em julgado de decisão do Tribunal Superior Eleitoral que julgar irregulares ou não prestadas, nos termos da Lei, as devidas contas à Justiça Eleitoral. (Incluído pela Lei nº 11.941, de 2009) § 12. A entidade interessada disporá de todos os meios legais para impugnar os fatos que determinam a suspensão do benefício. (Incluído pela Lei nº 11.941, de 2009)

[274] STF, trecho do voto do Min. Celso de Mello no RE 327.414.

[275] BALEEIRO, Aliomar. *Limitações Constitucionais ao Poder de Tributar*, p. 354.

[276] STF, RE 87.633.

editora de guias telefônicos, decidiu que a edição de listas, catálogos ou guias telefônicos é imune ao ISS, mesmo que nelas haja publicidade paga. Considerou-se que, embora não tenham caráter noticioso, discursivo, literário, poético ou filosófico, têm inegável "utilidade pública".[277]

Não estão incluídos no conceito de jornal as empresas de radiodifusão que transmitem "jornais". O Estado do Rio de Janeiro, na sua Constituição Estadual, ampliou a imunidade dos livros, jornais e periódicos, estendendo-a aos "veículos de radiodifusão", ocorrendo o mesmo na lei estadual relativa ao ICMS. O STF, no entanto, concedeu liminar na ADI 773-4, suspendendo tal expressão.

A imunidade afasta os impostos, motivo pelo qual não abrange o antigo Finsocial e a COFINS,[278] já que tais tributos são uma das espécies das contribuições sociais. Logo, as empresas jornalísticas ou editoras estão sujeitas ao pagamento da COFINS que incide sobre a sua receita mensal, assim como da contribuição social sobre o lucro auferido (art. 195, I, *b* e *c*, da CF). Da mesma forma, as editoras ou empresas jornalísticas continuam sujeitos à tributação pelas receitas e lucros auferidos, inclusive quanto ao imposto que incide sobre atos subjetivados (o extinto IPMF),[279] sobretudo quando não comprovado que os movimentos financeiros estão relacionados com a aquisição de papel ou similar.[280]

Na verdade, existem duas correntes de interpretação do alcance da imunidade do art. 150, VI, *d*, da CF: uma restritiva e outra ampliativa. Para a primeira, a imunidade alcança apenas o papel e o que puder ser compreendido dentro da expressão "papel destinado à sua impressão", uma vez que esta teria sido a intenção do constituinte originário, embora na época já existissem outros meios de difusão da cultura. Nesta linha, o STF decidiu que a imunidade se estendia apenas para os materiais assimiláveis ao papel, tais como, filmes e papéis fotográficos.[281] Para a corrente ampliativa, como a imunidade é outorgada para dar efetividade aos princípios da livre manifestação de pensamento e da livre expressão da atividade intelectual, artística, científica ou de comunicação, difundido o acesso à cultura e à informação, o benefício deve ser amplo e interpretado teleologicamente, de modo a abranger produto, maquinário[282] e insumos.

No próprio STF não há unanimidade a respeito da adoção de uma ou outra corrente, havendo julgados em ambos os sentidos. Há repercussão geral reconhecida em recursos extraordinários, cujos julgamentos poderão definir a interpretação a ser dada ao preceito imunizante. No RE 595.676 discute-se se há imunidade na importação de pequenos componentes eletrônicos que acompanham o material didático utilizado em curso prático de montagem de

---

[277] STF, RE 114.790 e RTJ 126/216.
[278] STF, RE 217.252, RE 211.782 e RE 141.715.
[279] STF, RE 206.774.
[280] STF, AgrAg 238.209.
[281] STF, RE 504.615 e RE 327.414.
[282] STF, RE 202.149.

computadores. No RE 330.817 a imunidade diz respeito ao ICMS incidente na comercialização de uma enciclopédia jurídica eletrônica, ou seja, do suporte físico onde é registrada a produção intelectual.

Numa linha mais restritiva, o STF tem entendido que o preceito imunizante não alcança todos os insumos utilizados na impressão de livros, jornais e periódicos, mas apenas aqueles que estejam compreendidos na expressão "papel destinado à sua impressão", não abrangendo máquinas ou aparelhos importados por empresas jornalísticas.[283] Não abrange tinta especial para imprimir o jornal,[284] mas apenas o papel fotográfico, inclusive fotocomposição por *laser*, filmes fotográficos, sensibilizados, não impressionados, para imagens monocromáticas e papel para telefoto, todos destinados à composição de livros, jornais e periódicos.[285] A imunidade abrange apenas os filmes e papéis fotográficos necessários à publicação de jornais e periódicos.[286]

Quanto à extensão da imunidade aos programas de computador, livros eletrônicos ou publicações em CD-ROM, há precedentes restritivos do STF. A Corte, mediante decisões monocráticas, não tem admitido a extensão da imunidade para CD-ROM.[287] Em um dos julgados, uma editora havia lançado um livro técnico de eletrônica, cujos fascículos eram acompanhados de componentes eletrônicos importados e CD para que o leitor tivesse facilidades no curso. O Tribunal de origem havia dado interpretação abrangente à imun3idade, ressaltando a tendência da substituição da cultura tipográfica pela informatizada, afastando a exigência de impostos devidos na importação. Porém, a Min. Ellen Gracie deu provimento ao recurso extraordinário porque a imunidade apenas alcançaria os insumos compreendidos no significado "papel destinado à sua impressão". Vários outros julgados, em decisões monocráticas, afastaram o reconhecimento da imunidade para o CD-ROM ou materiais educativos que acompanham publicações técnicas, bem como para dicionário eletrônico, contido em *software*.

Ainda dentro da interpretação restritiva, mas atento ao fato de que a imunidade é para servir como uma alavanca de estímulo à educação e à cultura, é que o STF entende que os meros serviços vinculados à elaboração e distribuição de livros, jornais e periódicos não estão abrangidos pela imunidade.[288] Para o STF, a imunidade

> (...) não alcança as atividades relacionadas à elaboração e distribuição dos livros, jornais e periódicos, tais como a edição, a impressão, a composição gráfica, a divulgação, a distribuição e o transporte. III – Os veículos de comunicação de natureza propagandística de índole eminentemente comercial e o papel utilizado na confecção da propaganda não estão abrangidos pela imunidade definida no art. 150, VI, *d*, da Constituição Federal, uma vez que não atendem aos conceitos constitucionais de livro, jornal ou periódico contidos nessa norma (...) V – A existência de breves textos destinados à cultura e à informação, contidos em periódico que, de resto, possui natureza

---

[283] STF, RE 203.267.
[284] STF, RE 215.435.
[285] STF, RE 203.706.
[286] Súmula 657 do STF, RE 203.859 e RE 327.414
[287] STF, AI 220.503; RE 432.914/RJ; RE 341.989/RJ; RE 427.989/RJ; RE 424.819.
[288] STF, RE 568.454.

propagandística, de índole eminentemente comercial, não desfaz suas características principais. Configuram acessórios que seguem a sorte do principal.[289]

A mesma Corte, no caso em que uma empresa de composição gráfica pretendia o reconhecimento da imunidade de ISS exigido pelo Município de São Paulo sobre os serviços de composição gráfica que integram o processo de edição de livros, jornais e periódicos, julgou que a imunidade não poderia ser estendida à atividade de composição gráfica necessária à confecção do produto final.[290]

A imunidade quanto ao imposto sobre serviços também não alcança os encartes de propaganda que são distribuídos juntamente com os jornais. De acordo com o STF, estes veículos publicitários têm apenas objetivos comerciais, motivo pelo qual não podem ser considerados como destinados à cultura e educação,[291] não fazendo jus, portanto, à imunidade.

Numa linha mais ampliativa, o STF tem precedente em que reconhece que a imunidade abrange o álbum de figurinhas. Entendeu-se que o álbum de figurinhas tem por objetivo estimular o público infantil a se familiarizar com os meios de comunicação impressos, circunstância que atenderia a finalidade do benefício instituído pela norma constitucional de facilitar o acesso à cultura, à informação e à educação. No caso julgado, o Tribunal de Justiça de São Paulo havia afastado a imunidade por entender que, pelo fato de as figurinhas terem o mesmo tema de programa televisivo, as mesmas serviriam apenas de veículo de propaganda do programa, mas a Corte mencionou que o acórdão, ao atribuir à publicação a natureza exclusivamente comercial, exercera um grau de subjetividade que a Constituição não teria outorgado.[292] Para o STF,

> (...) o Constituinte, ao instituir esta benesse, não fez ressalvas quanto ao valor artístico ou didático, à relevância das informações divulgadas ou à qualidade cultural de uma publicação. 3. Não cabe ao aplicador da norma constitucional em tela afastar este benefício fiscal instituído para proteger direito tão importante ao exercício da democracia, por força de um juízo subjetivo acerca da qualidade cultural ou do valor pedagógico de uma publicação destinada ao público infanto-juvenil.

Para o STF, a imunidade abrange o Imposto de Importação incidente sobre encartes e capas para livros didáticos a serem distribuídos em fascículos semanais aos leitores de jornais.[293]

Ainda dentro da interpretação mais ampla, há precedentes do STF entendendo que a imunidade tributária também abrange o material assimilável ao papel, utilizado no processo de impressão de livros e que se integra no produto final – capas de livros sem capa dura.[294] Tratava-se de uma película de polímero de propileno, de uso constante, destinada a dar resistência às capas de livros.

---

[289] STF, ARE 698.377, RE 568.454 e RE 630.462.
[290] STF, RE 230.782.
[291] STF, RE 213.094.
[292] STF, RE 221.239.
[293] STF, AgRg 225.955.
[294] STF, RE 392.221.

Observe-se que a jurisprudência do STF estava consolidada no sentido de a imunidade não abranger máquinas e equipamentos para impressão de jornais. No entanto, em julgado de 2011, a 1ª Turma do STF entendeu que devia ser extraída da Constituição Federal, "em interpretação teleológica e integrativa, a maior concretude possível". Com isto, decidiu que "a imunidade tributária relativa a livros, jornais e periódicos é ampla, total, apanhando produto, maquinário e insumos. A referência, no preceito, a papel, é exemplificativa e não exaustiva".[295]

Por fim, a pessoa jurídica que exerça as atividades de comercialização e importação de papel destinado à impressão de livros, jornais e periódicos ou que adquira o papel, está sujeita ao Registro Especial na Secretaria da Receita Federal e obrigada ao cumprimento de obrigação acessória de apresentar a DIF-Papel Imune, nos termos da Lei 11.945/09, sob pena de multa. A comercialização do papel a detentores do Registro Especial faz prova da regularidade da sua destinação (art. 1º, § 1º, da Lei 11.945/09).

5.1.8. Imunidade dos fonogramas e videofonogramas musicais

A EC 75/13 acrescentou a alínea "e" ao inciso VI do art. 150 da CF, com a seguinte redação:

Art. 150. Sem prejuízo de outras garantias asseguradas ao contribuinte, é vedado à União, aos Estados, ao Distrito Federal e aos Municípios:
(...)
VI – instituir impostos sobre:
(...)
e) fonogramas e videofonogramas musicais produzidos no Brasil contendo obras musicais ou literomusicais de autores brasileiros e/ou obras em geral interpretadas por artistas brasileiros bem como os suportes materiais ou arquivos digitais que os contenham, salvo na etapa de replicação industrial de mídias ópticas de leitura a laser".

O fonograma, segundo o dicionário Aurélio, é o "registro exclusivamente sonoro em suporte material, como disco, fita magnética, etc.", enquanto o videofonograma "é o produto da fixação de imagem e som em suporte material". Ou seja, a imunidade é para o CD, DVD, *blu-ray*, disco, fita cassete, ou qualquer outro suporte material ou arquivo digital que contenha obras, imagens musicais ou apenas música de autores brasileiros ou interpretadas por artistas brasileiros, desde que sejam produzidos no Brasil.

O objetivo do legislador foi o de combater a pirataria de CDs e DVDs e fomentar o mercado fonográfico nacional com a valorização dos artistas brasileiros, barateando os custos de produção dos meios necessários para estimular e divulgar a cultura musical nacional. Por isto, a imunidade não abrange CDs/DVDs importados, não interessando que se refiram a cantores nacionais ou interpretadas por artistas brasileiros. As obras de autoria de artistas estrangeiros ou que contenham obra de autoria de artistas brasileiros interpretados por estrangeiros também não têm imunidade. A imunidade, como dito, tem

---
[295] STF, RE 202.149.

por escopo a valorização do artista nacional, ainda que este interprete artista estrangeiro, e requer a produção do suporte material no Brasil.

Como a imunidade é de natureza objetiva, o preceito imuniza o imposto sobre os serviços ligados à produção nacional, que estejam previstos na LC 116/03, e o ICMS incidente na comercialização dos suportes materiais (CDs/DVDs, etc.), mas não imuniza a renda auferida pelo autor, artista, editor, comerciante, etc.

A imunidade não é estendida para a "etapa de replicação industrial de mídias ópticas de leitura a *laser*", ou seja, o processo de produção industrial dos CDs ou DVDs sujeita-se ao IPI.

5.1.9. Imunidade das contribuições previdenciárias

O art. 195, § 7º, da CF dispõe que são "isentas" de contribuição para a seguridade social as entidades beneficentes de assistência social que atendam às exigências estabelecidas em lei. O STF entendeu que esta regra abrange também as entidades de saúde e educação porque entidade de assistência social é toda aquela destinada a assegurar os meios de vida aos carentes.[296]

Apesar de o dispositivo mencionar isenção, a regra tem sido vista pelo STF como sendo de imunidade, nas palavras do Min. Celso de Mello:

> A cláusula inscrita no art. 195, § 7º, da Carta Política – não obstante referir-se impropriamente à isenção de contribuição para a seguridade social –, contemplou as entidades beneficentes de assistência social com o favor constitucional da imunidade tributária, desde que por elas preenchidos os requisitos fixados em lei. A jurisprudência constitucional do Supremo Tribunal Federal já identificou, na cláusula inscrita no art. 195, § 7º, da Constituição da República, a existência de uma típica garantia de imunidade (e não de simples isenção) estabelecida em favor das entidades beneficentes de assistência social.[297]

Sendo isto reafirmado pela mesma Corte por ocasião do julgamento em que se discutiu o PIS e a COFINS incidentes sobre a comercialização de combustíveis e derivados de petróleo,[298] em face da regra prevista no art. 155, § 3º, da CF.

A imunidade das contribuições previdenciárias das entidades beneficentes de assistência social abrange as contribuições previstas no art. 22 da Lei 8.212/91, a COFINS (LC 70/91, Lei 9.718/98, Lei 10.833/03), a contribuição social sobre o lucro (Lei 7.689/88), o PIS (LC 07/70, Lei 9.718/98, Lei 10.637/02) e o PIS/COFINS nas importações (Lei 10.865/04).

Fixada tal premissa, é necessário compreender o alcance da expressão *entidade beneficente de assistência social*, assim como *as exigências estabelecidas em lei*, constantes no art. 195, § 7º, da Constituição Federal.

A seguridade social compreende um conjunto integrado de ações de iniciativa dos Poderes Públicos e da sociedade em geral, com o objetivo de asse-

---

[296] STF, ADI 2.028.
[297] STJ, RMS 22192-9.
[298] STF, RE 230.337.

gurar à população os direitos relativos à saúde, à previdência e à assistência social (art. 194, *caput*, da CF).

A Constituição Federal, ao tratar da assistência social, estabelece no art. 203 que ela deve ser gratuita e prestada a quem dela necessitar, tendo por objetivos a proteção à família, à maternidade, à infância, à adolescência, à velhice, o amparo às crianças e aos adolescentes carentes, a promoção da integração ao mercado de trabalho, a habilitação e reabilitação das pessoas portadoras de deficiência e a promoção de sua integração à vida comunitária, assim como a garantia de um salário mínimo de benefício mensal à pessoa portadora de deficiência e ao idoso que comprovem não possuir meios de prover à própria manutenção, ou de tê-la provida por sua família.

A Lei 8.742/93 estabeleceu que a assistência social é um direito do cidadão e dever do Estado, consistindo numa política de Seguridade Social não contributiva que "provê os mínimos sociais, realizada através de um conjunto integrado de ações de iniciativa pública e da sociedade, para garantir o atendimento às necessidades básicas" (art. 1º). Para enfrentar a pobreza, a assistência social deve ser realizada "de forma integrada às políticas setoriais, garantindo mínimos sociais e provimento de condições para atender contingências sociais e promovendo a universalização dos direitos sociais" (parágrafo único do art. 2º). O art. 3º conceituou entidade de assistência social, assim considerando as entidades e organizações de assistência social sem fins lucrativos "que, isolada ou cumulativamente, prestam atendimento e assessoramento aos beneficiários abrangidos por esta lei, bem como as que atuam na defesa e garantia de direitos".

O objetivo da imunidade prevista no art. 195, § 7º, da Constituição Federal não é a de conceder um mero favor fiscal. Muito pelo contrário, é outorgada para estimular a prestação de assistência social, em caráter beneficente, por aquelas instituições ou organizações que trabalham sem finalidade lucrativa ao lado e em auxílio do Estado, quer prestando serviços ou executando programas dirigidos às famílias e indivíduos em situações de vulnerabilidade ou risco social e pessoal (§ 1º do art. 3º), quer atuando no fortalecimento dos movimentos sociais e das organizações de usuários, formação e capacitação de lideranças (§ 2º do art. 3º), quer atuando na defesa e efetivação dos direitos socioassistenciais, na construção de novos direitos, como também na promoção da cidadania e enfrentamento das desigualdades sociais (§ 3º do art. 3º), cujas ações sempre devem ser direcionadas ao público da política de assistência social.

Ricardo Lobo Torres entende absolutamente necessário que:

> A assistência social e a atividade educacional sejam exercidas desinteressadamente pelas instituições imunes. Desinteresse, aí, significa gratuidade. Imprescindível que a educação e a assistência sejam gratuitas para os necessitados. A gratuidade, aliás, é característica essencial – e constitucionalmente declarada – do sistema das prestações de assistência social (art. 203) e de educação (art. 206, IV, e 208, I e II) entregues pelo poder público e deve se estender à ação das entidades imunes, substitutiva da estatal. Mas, quanto às entidades imunes, a gratuidade não pode ser interpretada no sentido absoluto, a abranger todas as prestações; porém, é necessário

que parcela substancial do atendimento se faça sem contraprestação pecuniária e que não se negue a ação quase-pública a pretexto da impossibilidade de pagamento pelo assistido.[299]

No que tange à necessidade de lei complementar para dispor a respeito da imunidade das contribuições previdenciárias, frente ao disposto no art. 146, II, da CF (*Cabe à lei complementar regular as limitações constitucionais ao poder de tributario* aparente conflito com a parte final da cláusula inscrita no art. 195, § 7º, da CF (*atendam às exigências estabelecidas em lei*) enfrenta o mesmo problema da questão da imunidade atinente aos impostos, prevista no art. 150, VI, *c*, da CF, tal como esclarecido no item 5.1.6. Ou seja, se é a lei complementar ou a ordinária que deve fixar os requisitos para a fruição da imunidade das contribuições previdenciárias de responsabilidade das entidades beneficentes de assistência social.

Os requisitos para a fruição da imunidade das contribuições previdenciárias das entidades beneficentes de assistência social foram originariamente estabelecidos no art. 55 da Lei 8.212/91. Tais requisitos foram alterados por força da Lei 9.732/98[300] e houve a propositura da ADI 2028/DF, em que foi suscitada a inconstitucionalidade formal e material. No aspecto formal, a Lei 9.732/98 teria apanhado o quadro do art. 55 da Lei 8.212/91, que seria harmônico com a Constituição Federal e o CTN, no art. 14. No entanto, a Lei 9.732/98 modificou tais parâmetros e vinculou a imunidade constitucional à necessária gratuidade dos serviços, exigindo fossem prestados exclusivamente ou então que, no mínimo, sessenta por cento destes serviços fossem direcionados ao atendimento pelo Serviço Único de Saúde (SUS), o que implicaria inconstitucionalidade material. O Min. Marco Aurélio apreciou o pedido de liminar, dizendo:

> À toda evidência, adentrou-se o campo da limitação ao poder de tributar e procedeu-se – ao menos é a conclusão neste primeiro exame – sem observância da norma cogente do inc. II do art. 146 da Constituição Federal. Cabe à lei complementar regular as limitações ao poder de tributar. Ainda que se diga da aplicabilidade do Código Tributário Nacional apenas aos impostos, tem-se que veio à balha, mediante veículo impróprio, a regência das condições suficientes a ter-se o benefício, considerado o instituto da imunidade e não o da isenção, tal como previsto no § 7º do art. 195 da Constituição Federal. Assim, tenho como configurada a relevância suficiente a caminhar-se para a concessão da liminar, no que a inicial desta ação direta de inconstitucionalidade versa sobre o

---

[299] Op. cit., p. 264.

[300] Lei 9.732/98: Art. 1º Os arts. 22 e 55 da Lei nº 8.212, de 24 de julho de 1991, passam a vigorar com as seguintes alterações: "Art. 55 (...) III – promova, gratuitamente e em caráter exclusivo, a assistência social beneficente a pessoas carentes, em especial a crianças, adolescentes, idosos e portadores de deficiência; (...) § 3º Para os fins deste artigo, entende-se por assistência social beneficente a prestação gratuita de benefícios e serviços a quem dela necessitar. § 4º O Instituto Nacional do Seguro Social – INSS cancelará a isenção se verificado o descumprimento do disposto neste artigo. § 5º Considera-se também de assistência social beneficente, para os fins deste artigo, a oferta e a efetiva prestação de serviços de pelo menos sessenta por cento ao Sistema Único de Saúde, nos termos do regulamento". Art. 4º As entidades sem fins lucrativos educacionais e as que atendam ao Sistema Único de Saúde, mas não pratiquem de forma exclusiva e gratuita atendimento a pessoas carentes, gozarão da isenção das contribuições de que tratam os arts. 22 e 23 da Lei nº 8.212, de 1991, na proporção do valor das vagas cedidas, integral e gratuitamente, a carentes e do valor do atendimento à saúde de caráter assistencial, desde que satisfaçam os requisitos referidos nos incisos I, II, IV e V do art. 55 da citada Lei, na forma do regulamento. Art. 5º O disposto no art. 55 da Lei nº 8.212, de 1991, na sua nova redação, e no art. 4º desta Lei terá aplicação a partir da competência abril de 1999. Art. 7º Fica cancelada, a partir de 1º de abril de 1999, toda e qualquer isenção concedida, em caráter geral ou especial, de contribuição para a Seguridade Social em desconformidade com o art. 55 da Lei nº 8.212, de 1991, na sua nova redação, ou com o art. 4º desta Lei.

vício de procedimento, o defeito de forma. Relativamente à questão de fundo, atente-se para o caráter linear abrangente do § 7º do art. 195 da Constituição Federal: (...) no preceito, cuida-se de entidades beneficentes de assistência social, não estando restrito, portanto, às instituições filantrópicas. Indispensável, é certo, que se tenha o desenvolvimento da atividade voltada aos hipossuficientes, àqueles que, sem prejuízo do próprio sustento e o da família, não possam dirigir--se aos particulares que atuam no ramo buscando lucro, dificultada que está, pela insuficiência de estrutura, a prestação de serviço pelo Estado. Ora, no caso, chegou-se à mitigação do preceito, olvidando-se que nele não se contém a impossibilidade de reconhecimento do benefício quando a prestadora de serviços atua de forma gratuita em relação aos necessitados, procedendo à cobrança junto àqueles que possuam recursos suficientes. A cláusula que remete à disciplina legal – e, aí, tem-se a conjugação com o disposto no inc. II do art. 146 da Carta da República, pouco importando que nela própria não se haja consignado a especificidade do ato normativo – não é idônea a solapar o comando constitucional, sob pena de caminhar-se no sentido de reconhecer a possibilidade de o legislador comum vir a mitigá-lo, temperá-lo. As exigências estabelecidas em lei não podem implicar verdadeiro conflito com o sentido, revelado pelos costumes, da expressão "entidades beneficentes de assistência social". Em síntese, a circunstância de a entidade, diante, até mesmo, do princípio isonômico, mesclar a prestação de serviços, fazendo-o gratuitamente aos menos favorecidos e de forma onerosa aos afortunados pela sorte, não a descaracteriza, não lhe retira a condição de beneficente (...).

O Pleno do STF acabou referendando a liminar que havia sido concedida pelo Min. Marco Aurélio, mantendo, com isto, os parâmetros do art. 55 da Lei 8.212/91, na sua redação original. No voto, o Relator, Min. Moreira Alves, reconheceu a relevância das teses opostas acerca de caber lei complementar (art. 146, II, da CF) ou ordinária (art. 195, § 7º, da CF) para regular a imunidade aqui referida. Se fosse dada relevância à tese da lei complementar, revigoraria o art. 55 da Lei 8.212/91 na sua redação original (que é lei ordinária), mas o mesmo não havia sido atacado na mesma ação direta, o que levaria ao seu não conhecimento. Em razão disso, e como também se alegava inconstitucionalidade material porque haviam sido estabelecidos requisitos que desvirtuavam o próprio conceito constitucional de entidade beneficente de assistência social, limitando a própria extensão do benefício, a liminar concedida pelo Min. Marco Aurélio foi referendada, suspendendo-se a eficácia dos preceitos impugnados.

Neste julgado, o STF também entendeu que entidade beneficente, para efeito da imunidade prevista no art. 195, § 7º, da CF, abrange não só as de assistência social que tenham por objetivo qualquer daqueles enumerados no art. 203 da CF, como também as entidades beneficentes de saúde e educação, tendo em vista que entidade de assistência social é toda aquela destinada a assegurar os meios de vida aos carentes.[301]

Embora ainda não julgada a ADI 2.028, e revogado o artigo 55 da Lei 8.212/91 pelo artigo 44, I, da Lei 12.101/09, a qual disciplinou os requisitos para certificação de entidades beneficentes e também fixou requisitos cumulativos que devem ser cumpridos para que a imunidade seja reconhecida, a polêmica em torno da lei complementar ou ordinária para disciplinar os requisitos legais para a fruição da imunidade das contribuições previdenciárias pelas entidades beneficentes de assistência social foi solucionada pelo STF no

---

[301] Informativo STF nº 170.

julgamento do RE 636.941, onde se discutiu a imunidade da contribuição ao PIS pelas entidades beneficentes de assistência social.[302]

De fato, no julgamento do RE 636.941, o STF interpretou que a lei complementar é exigida para definir os limites materiais (objetivos) da imunidade, e não para fixar as normas de constituição e funcionamento das entidades imunes (aspectos formais ou subjetivos), os quais podem ser veiculados por lei ordinária, tal como previsto no art. 55 da Lei 8.212/91. Assim, a imunidade depende do atendimento aos requisitos materiais do art. 14 do CTN e formais da Lei 8.212/91 e da Lei 12.101/09. O Min. Luiz Fux concluiu:

> A pessoa jurídica para fazer jus à imunidade do art. 195, § 7º, CF/88, com relação às contribuições sociais, deve atender aos requisitos previstos nos artigos 9º e 14, do CTN, bem como no art. 55, da Lei nº 8.212/91, alterada pelas Lei nº 9.732/98 e Lei nº 12.101/2009, nos pontos onde não tiveram sua vigência suspensa liminarmente pelo STF nos autos da ADIN 2.208-5. As entidades beneficentes de assistência social, como consequência, não se submetem ao regime tributário disposto no art. 2º, II, da Lei nº 9.715/98, e no art. 13, IV, da MP nº 2.158-35/2001, aplicáveis somente àquelas outras entidades (instituições de caráter filantrópico, recreativo, cultural e científico e as associações civis que prestem os serviços para os quais houverem sido instituídas e os coloquem à disposição do grupo de pessoas a que se destinam, sem fins lucrativos) que não preencherem os requisitos do art. 55, da Lei nº 8.212/91, ou da legislação superveniente sobre a matéria, posto não abarcadas pela imunidade constitucional. A inaplicabilidade do art. 2º, II, da Lei nº 9.715/98, e do art. 13, IV, da MP 2.158-35/2001, às entidades que preenchem os requisitos do art. 55 da Lei nº 8.212/91, e legislação superveniente, não decorre do vício da inconstitucionalidade desses dispositivos legais, mas da imunidade em relação à contribuição ao PIS como técnica de interpretação conforme à Constituição.

A decisão que reconhece a imunidade tem natureza declaratória e produz efeitos retroativos ao momento em que foram preenchidos os requisitos legais para a outorga do benefício.[303]

5.1.10. Outras imunidades

As imunidades também são reveladas naqueles casos em que a Constituição Federal impede a incidência tributária, muitas vezes utilizando a expressão "não incidirá". A proibição constitucional à incidência da norma impositiva configura imunidade.

O art. 184, § 5º, da CF veda a incidência de impostos federais, estaduais e municipais em operações de transferência de imóveis desapropriados para fins de reforma agrária. Esta imunidade objetiva proteger exclusivamente o proprietário do imóvel expropriado, não se estendendo à negociação dos Títulos da Dívida Agrária que estejam em poder de terceiros.[304] Com isto, não há incidência do ITBI na transmissão do imóvel.

---

[302] MP 2158-35, art. 13, IV: Art. 13. A contribuição para o PIS/PASEP será determinada com base na folha de salários, à alíquota de um por cento, pelas seguintes entidades: IV – instituições de caráter filantrópico, recreativo, cultural, científico e as associações, a que se refere o art. 15 da Lei nº 9.532, de 1997.

[303] STJ AgInt no RESP 1.596.259.

[304] STF, RE 179.696.

O art. 155, § 2º, X, da CF, arrola as imunidades de ICMS, dispondo que o imposto não incide:

a) sobre operações que destinem mercadorias para o exterior, nem sobre serviços prestados a destinatários no exterior, sendo assegurado ao contribuinte a manutenção e o aproveitamento do montante do imposto cobrado nas operações e prestações anteriores (alínea "a"). Assim, havendo a exportações de mercadorias, frente ao princípio constitucional da não cumulatividade do ICMS, a legislação assegura o direito ao crédito, o qual poderá ser imputado pelo sujeito passivo a qualquer estabelecimento seu no Estado ou transferido para outros contribuintes do mesmo Estado (art. 25 da LC 87/96);

b) sobre operações que destinem a outros Estados petróleo, inclusive lubrificantes, combustíveis líquidos e gasosos dele derivados, e energia elétrica (alínea "b"). O STF decidiu que a não incidência do ICMS nestas hipóteses não se destina a beneficiar o consumidor, mas, sim, o Estado destinatário da mercadoria, a quem cabe todo o ICMS incidente sobre o produto. Assim, a empresa que adquire combustível em outro Estado, para uso próprio, se sujeita ao pagamento do ICMS;[305]

c) sobre o ouro, quando definido em lei como ativo financeiro ou instrumento cambial, caso em que fica sujeito exclusivamente ao IOF devido na operação de origem[306] (alínea "c");

d) nas prestações de serviço de comunicação nas modalidades de radiodifusão sonora e de sons e imagens de recepção livre e gratuita (alínea "d"). Assim, os serviços de comunicação por rádio e televisão abertas ao público não ficam sujeitos à incidência do ICMS.

Anote-se que o Superior Tribunal de Justiça sumulou o entendimento de que o ICMS não incide no serviço dos provedores de acesso à internet[307] e nem sobre o serviço de habilitação de telefone celular.[308] Não se trata de imunidade, mas sim de considerar que tais serviços não estão compreendidos na competência tributária acerca da prestação de serviços de comunicação. No caso dos provedores, a Corte entendeu que o serviço prestado pelo provedor não se caracteriza como serviço de comunicação, uma vez que o prestador do serviço apenas se utiliza da rede de telecomunicações que lhe dá suporte para viabilizar o acesso do usuário à Internet. Da mesma forma, no caso do celular, a habilitação é meramente preparatória do serviço de telecomunicação propriamente dito, não podendo ser entendido como serviço de telecomunicação.

O art. 155, § 3º, da CF, antes da redação que lhe foi dada pela EC 33/01, dispunha que, com exceção do ICMS, do Imposto de Importação e do Imposto de Exportação, nenhum outro <u>tributo</u> poderia incidir sobre operações relativas à energia elétrica, serviços de telecomunicações, derivados de petróleo, combustíveis e minerais do País. Como o dispositivo fazia menção a nenhum outro

---

[305] STF, RE 198.088.
[306] STF, RE 190.363.
[307] STJ, Súmula 334.
[308] STJ, Súmula 350.

tributo, muitos contribuintes pretenderam também afastar a incidência do PIS e da COFINS, que são contribuições sociais, nas mesmas operações. Porém, o STF decidiu que tal imunidade não impediria a cobrança do PIS, COFINS e antigo FINSOCIAL incidentes sobre o faturamento das empresas que realizassem as atividades ali descritas,[309] pondo fim à acesa controvérsia jurisprudencial. O STF também decidiu que é legítima a incidência do IPMF sobre as operações financeiras de empresa álcool carburante.[310]

Pela redação atual do art. 155, § 3°, da CF (conforme EC 33/01), apenas nenhum outro imposto poderá incidir sobre operações relativas à energia elétrica, serviços de telecomunicações, derivados de petróleo, combustíveis e minerais do País, não havendo qualquer restrição para a incidência de contribuições sociais e de intervenção no domínio econômico, nos termos do art. 149, § 2°, II, da CF.

São imunes à incidência das contribuições sociais e contribuições de intervenção no domínio econômico, de que trata o art. 149, *caput*, da CF, as receitas decorrentes de exportação (art. 149, § 2°, I, da CF), nos termos da redação que lhe foi dada pela EC 33/01.[311] Assim, sobre as receitas auferidas pelas pessoas jurídicas nas exportações não há incidência de PIS e COFINS, que são as contribuições sociais (Seguridade Social, na verdade) que recaem sobre as receitas.

Por causa deste preceito imunizante, existiam ações judiciais que questionavam a legitimidade da incidência da contribuição social sobre o lucro (CSLL) obtido com as exportações, prevista na Lei 7.689/88. A matéria era controvertida. Numa interpretação restritiva, a mera leitura da disposição constitucional revela que apenas as contribuições sociais previstas no *caput* do art. 149 é que não incidem sobre as receitas de exportação. A contribuição social sobre o lucro tem fundamento constitucional no art. 195, I, *c*, da CF, e como hipótese de incidência legal o lucro da pessoa jurídica, sendo a sua base de cálculo o valor do resultado do exercício, antes da provisão para o Imposto de Renda (art. 2° da Lei 7.689/88).

No STF, acabou prevalecendo o entendimento de que a imunidade não alcança o lucro auferido nas exportações. No mesmo julgado, também restou decidido que a imunidade não apanhava também a extinta CPMF. A ementa é a seguinte:

> Recurso extraordinário. 2. Contribuições sociais. Contribuição Social sobre o Lucro Líquido (CSLL) e Contribuição Provisória sobre Movimentação ou Transmissão de Valores e de Créditos e Direitos de Natureza Financeira (CPMF). 3. Imunidade. Receitas decorrentes de exportação. Abrangência. 4. A imunidade prevista no art. 149, § 2°, I, da Constituição, introduzida pela Emenda Constitucional nº 33/2001, não alcança a Contribuição Social sobre o Lucro Líquido (CSLL), haja vista a distinção ontológica entre os conceitos de lucro e receita. 6. Vencida a tese segundo a qual a interpretação teleológica da mencionada regra de imunidade conduziria à exclusão do lucro decorrente das receitas de exportação da hipótese de incidência da CSLL, pois o conceito de lucro pressuporia o de receita, e a finalidade do referido dispositivo constitucional seria a desoneração

---

[309] STF, RE 230.337.
[310] STF, RE 216.286.
[311] Veja o Capítulo IV no item 4.1.6, relativo às contribuições.

ampla das exportações, com o escopo de conferir efetividade ao princípio da garantia do desenvolvimento nacional (art. 3º, I, da Constituição). 7. A norma de exoneração tributária prevista no art. 149, § 2º, I, da Constituição também não alcança a Contribuição Provisória sobre Movimentação ou Transmissão de Valores e de Créditos e Direitos de Natureza Financeira (CPMF), pois o referido tributo não se vincula diretamente à operação de exportação. A exação não incide sobre o resultado imediato da operação, mas sobre operações financeiras posteriormente realizadas. 8. Recurso extraordinário a que se nega provimento.[312]

Por outro lado, o art. 156, § 2º, I, da CF traz regra de imunidade quanto à incidência do Imposto de Transmissão *Inter Vivos* (ITBI), de competência dos Municípios e do DF. Estabelece o texto constitucional que:

O imposto de transmissão não incide sobre a transmissão de bens ou direitos incorporados ao patrimônio de pessoa jurídica em realização de capital, nem sobre a transmissão de bens ou direitos decorrentes de fusão, incorporação, cisão ou extinção de pessoa jurídica, salvo se, nesses casos, a atividade preponderante do adquirente for a compra e venda desses bens ou direitos, locação de bens imóveis ou arrendamento mercantil.

Assim, se duas ou mais sociedades se unem para dar origem a uma nova sociedade (fusão), não haverá incidência do ITBI na transmissão dos imóveis. Da mesma forma, extinta a sociedade, o retorno do imóvel para o sócio não acarreta a incidência do ITBI.

O ISS também não incide sobre as exportações de serviços para o exterior, nos termos do que dispuser a lei complementar (art. 156, § 3º, II, da CF). Não se enquadram na imunidade os serviços desenvolvidos no Brasil, cujo resultado aqui se verifique, ainda que o pagamento seja feito por residente no exterior (art. 2º, parágrafo único, da LC 116/03). O STJ tem precedente no sentido de que: "para que haja efetiva exportação do serviço desenvolvido no Brasil, ele não poderá aqui ter consequências ou produzir efeitos. A contrário senso, os efeitos decorrentes dos serviços exportados devem-se produzir em qualquer outro País". Com isto, a 1ª Turma concluiu legítima a exigência de ISS de uma empresa que era contratada por empresas do exterior e recebia motores e turbinas para reparos, retífica e revisão, para depois enviá-los de volta aos clientes, que procedem à sua instalação nas aeronaves. Considerou que o conserto do equipamento era concluído em nosso território, não configurando exportação de serviço.[313]

São imunes ao Imposto Territorial Rural, de competência da União, as pequenas glebas rurais, definidas em lei, quando as explore o proprietário que não possua outro imóvel (art. 153, § 4º, II, da CF, com a redação dada pela EC 42/03). Antes da EC 42/03, a imunidade abrangia o imóvel rural que fosse explorado unicamente pelo proprietário ou sua família. Excetuadas as glebas rurais situadas na Amazônia, no pantanal do Mato Grosso e no Polígono das Secas, são consideradas pequenas glebas rurais os imóveis com área inferior a 30 hectares (art. 2º da Lei 9.393/96).

O art. 153, § 3º, III, da CF consagra a imunidade do IPI sobre produtos industrializados destinados ao exterior. Havendo a imunidade de IPI, o crédito

---

[312] STF, RE 474.132.
[313] STJ, RESP 831.124.

apurado pelo exportador, frente ao princípio constitucional da não cumulatividade, poderá ser utilizado na forma determinada pela legislação.

Os aposentados e pensionistas pelo regime geral da Previdência Social gozam de imunidade tributária relativamente às contribuições previdenciárias sobre os benefícios percebidos (art. 195, II, da CF). No entanto, se o aposentado ou o pensionista exercer atividade remunerada, ele será considerado contribuinte obrigatório e ficará sujeito ao pagamento da contribuição previdenciária incidente sobre a remuneração recebida.

No STF, houve recurso extraordinário em que se sustentava que a exigência de contribuição previdenciária de aposentado pelo Regime Geral de Previdência Social que retorna à atividade, prevista no art. 12, § 4°, da Lei 8.212/91 e no art. 18, § 2°, da Lei 8.213/91, violava o art. 201, § 4°, da CF. O Min. Sepúlveda Pertence, relator, acompanhado pelo Min. Eros Grau, negou provimento ao recurso por considerar que a aludida contribuição está amparada no princípio da universalidade do custeio da Previdência Social (CF, art. 195), corolário do princípio da solidariedade; bem como no art. 201, § 11, da CF, que remete, à lei, os casos em que a contribuição repercute nos benefícios. Disse ainda, tratar-se de teses cuja pertinência ao caso resultaria, com as devidas modificações, da decisão declaratória da constitucionalidade da contribuição previdenciária dos inativos do serviço público (ADI 3105/DF e ADI 3128/DF, DJU 18.2.2005).[314]

Os servidores públicos sujeitos ao regime próprio de previdência social também estão imunes ao pagamento da contribuição previdenciária sobre os seus proventos de aposentadoria e pensão, até o limite máximo estabelecido para os benefícios do regime geral de previdência social, nos termos do § 18 do art. 40 da CF, conforme redação que lhe foi dada pela EC 41/03. O STF considerou legítima a incidência da contribuição previdenciária dos servidores públicos aposentados.[315]

O art. 4° da EC 41/03 impôs aos servidores públicos aposentados e aos pensionistas, em gozo de benefício na data da publicação da citada emenda, bem como aos alcançados pelo seu art. 3°, a obrigação de pagar a contribuição previdenciária com percentual igual ao estabelecido para os servidores titulares de cargos efetivos. Houve a propositura de ação direta de inconstitucionalidade[316] contra tais dispositivos, tendo o STF julgado inconstitucional apenas a expressão "cinquenta por cento do", contida no inciso I do art. 4° e a expressão "sessenta por cento do", prevista no inciso II do mesmo dispositivo. A Corte entendeu violado o princípio da igualdade pelos seguintes fundamentos:[317]

> a) o fato de alguns serem inativos ou pensionistas dos Estados, do DF ou dos Municípios não legitima o tratamento diferenciado dispensado aos servidores inativos e pensionistas da União, que se encontram em idêntica situação jurídica; b) o fato de ter-se aposentado o servidor antes ou depois da publicação da Emenda não justifica tratamento desigual quanto à sujeição do tributo.

---

[314] STF, RE 437.640.
[315] STF, ADI 3.105 e 3.128.
[316] STF, ADI 3.105 e 3.128.
[317] Informativo 357 do STF.

Título I – SISTEMA TRIBUTÁRIO NACIONAL

> Salientou-se que o parágrafo único do art. 4º da EC 41/2003, ao criar exceção à imunidade prevista no § 18 do art. 40 da CF, com a redação dada pela própria Emenda, faz exceção, da mesma forma, à imunidade do inciso II do art. 195 da CF, aplicável, por extensão, aos servidores inativos e pensionistas, por força da interpretação teleológica e do disposto no § 12 do art. 40 da CF ("Art. 40. Aos servidores titulares de cargos efetivos da União, dos Estados, do Distrito Federal e dos Municípios, incluídas suas autarquias e fundações, é assegurado regime de previdência de caráter contributivo e solidário, mediante contribuição do respectivo ente público, dos servidores ativos e inativos e dos pensionistas, observados critérios que preservem o equilíbrio financeiro e atuarial e o disposto neste artigo. (...) § 12. Além do disposto neste artigo, o regime de previdência dos servidores públicos titulares de cargo efetivo observará, no que couber, os requisitos e critérios fixados para o regime geral de previdência social.... § 18. Incidirá contribuição sobre os proventos de aposentadorias e pensões concedidas pelo regime de que trata este artigo que superem o limite máximo estabelecido para os benefícios do regime geral de previdência social de que trata o art. 201, com percentual igual ao estabelecido para os servidores titulares de cargos efetivos; Art. 195. A seguridade social será financiada por toda a sociedade, de forma direta e indireta, nos termos da lei, mediante recursos provenientes dos orçamentos da União, dos Estados, do Distrito Federal e dos Municípios, e das seguintes contribuições sociais: (...) II – do trabalhador e dos demais segurados da previdência social, não incidindo contribuição sobre aposentadoria e pensão concedidas pelo regime geral de previdência social de que trata o art. 201;"). Diante disso, e considerando o caráter unitário do fim público dos regimes geral de previdência e dos servidores públicos e o princípio da isonomia, concluiu-se que o limite a que alude o inciso II do art. 195 da CF – R$2.400,00 (EC 41/2003, art. 5º) – haveria de ser aplicado a ambos os regimes, sem nenhuma distinção.

A Corte ressaltou que as contribuições possuem um regime jurídico próprio, havendo uma destinação constitucional das suas receitas, com submissão às finalidades específicas estabelecidas pelo art. 149 da CF, como instrumento de atuação na área social de todas as pessoas políticas, as quais têm competência para a sua instituição. Decidiu-se que a atuação estatal na área social, abrangendo saúde, previdência e assistência, deve ser custeada por toda a sociedade, de forma direta e indireta. O pedido de declaração de inconstitucionalidade do *caput* do art. 4º da EC 41/03 foi julgado improcedente pelos seguintes fundamentos:[318]

> a) por serem as contribuições espécie de tributo, não há como opor-lhes a garantia constitucional ao direito adquirido: a.1) a norma que institui ou majora tributos incide sobre fatos posteriores à sua entrada em vigor; a.2) não consta do rol dos direitos subjetivos inerentes à situação de servidor inativo o de imunidade tributária absoluta dos proventos correlatos. Assim, sendo a percepção de proventos de aposentadorias e pensões fato gerador da contribuição previdenciária (EC 41/2003, art. 4º, parágrafo único), não obstante a condição de aposentadoria, ou inatividade, representar situação jurídico-subjetiva sedimentada que, regulando-se por normas jurídicas vigentes à data de sua consolidação, é intangível por lei superveniente no núcleo substantivo desse estado pessoal, não se poderia conferir ao servidor inativo nem ao pensionista verdadeira imunidade tributária absoluta, sem previsão constitucional, quanto aos fatos geradores ocorridos após a edição da EC 41/2003, observados os princípios constitucionais da irretroatividade e da anterioridade (CF, art. 150, III, *a*, e art. 195, § 6º); b) o princípio constitucional de irredutibilidade da remuneração dos servidores públicos não se estende aos tributos porque não implica imunidade tributária; c) a utilização da percepção de proventos como fato gerador da contribuição previdenciária não configura bis in idem de imposto sobre a renda: as contribuições previdenciárias não constituem imposto. Para discerni-las, além do fato gerador e da base de cálculo, há de se levar em consideração os fatores distintivos constitucionais da finalidade da instituição e da destinação das receitas

---

[318] Informativo 357 do STF.

(CF, arts. 149 e 195). Também não consubstancia bitributação o fato de as contribuições apresentarem a mesma base de cálculo do imposto sobre a renda em relação aos inativos, haja vista a existência de autorização constitucional expressa (CF, art. 195, II); d) a contribuição instituída não se faz sem causa, razão por que não se há de falar em confisco ou discriminação sob o fundamento de que "não atende aos princípios da generalidade e da universalidade (art.155, § 2º, I), já que recai só sobre uma categoria de pessoas": d.1) a EC 41/2003 transmudou a natureza do regime previdencial que, de solidário e distributivo, passou a ser meramente contributivo e, depois, solidário e contributivo, por meio da previsão explícita de tributação dos inativos, "observados critérios que preservem o equilíbrio financeiro e atuarial", em face da necessidade de se resolver o colapso havido no sistema, em decorrência, dentre outros fatores, da queda da natalidade, do acesso aos quadros funcionais públicos, do aumento da expectativa de vida do brasileiro e, por conseguinte, do período de percepção do benefício; d.2) o sistema previdenciário, objeto do art. 40 da CF nunca foi de natureza jurídico-contratual, regido por normas de direito privado. O valor pago pelo servidor a título de contribuição previdenciária nunca foi nem é prestação sinalagmática, mas tributo destinado ao custeio da atuação do Estado na área da previdência social; d.3) o regime previdenciário público visa garantir condições de subsistência, independência e dignidade pessoais ao servidor idoso por meio do pagamento de proventos da aposentadoria durante a velhice e, nos termos do art. 195 da CF, deve ser custeado por toda a sociedade, de forma direta e indireta, o que se poderia denominar princípio estrutural da solidariedade; d.4) o regime previdenciário assumiu caráter contributivo para efeito de custeio eqüitativo e equilibrado dos benefícios, sem prejuízo da observância dos princípios do parágrafo único do art. 194 da CF: universalidade, uniformidade, seletividade e distributividade, irredutibilidade, equidade no custeio e diversidade da base de financiamento. Assim, os elementos sistêmicos figurados no "tempo de contribuição", no "equilíbrio financeiro e atuarial" e na "regra de contrapartida" devem ser interpretados em conjunto com os princípios supracitados; e) a cobrança, em si, da contribuição dos inativos não ofende o princípio da isonomia: e.1) o advento da EC 41/2003 estabeleceu, em tese, a existência de três grupos de sujeitos passivos distintos: os aposentados até a data da publicação da Emenda (que se aposentaram com vencimentos integrais); os que se aposentarão após a data de sua edição, mas que ingressaram no serviço público antes dela (que, numa fase de transição, poderão aposentar-se com proventos integrais, observadas as regras do art. 6º da EC 41/2003); os que ingressaram e se aposentarão após a publicação da Emenda (que poderão, no caso do § 14 do art. 40 da CF, sujeitar-se ao limite atribuído ao regime geral da previdência – CF, art. 201 – e equivalente a dez salários mínimos); e.2) o fato de já estarem aposentados à data da publicação da Emenda não pode retirar a responsabilidade social pelo custeio, já que seu tratamento previdenciário é diverso do reservado aos servidores da ativa; e.3) o caráter contributivo e solidário da previdência social impede essa distorção, que implicaria ofensa ao princípio da "equidade na forma de participação de custeio (CF, art. 194, IV).

O STF também considera que somente após a EC 20/98 é que a Constituição Federal não autorizava a incidência da contribuição previdenciária sobre aposentadorias e pensões de servidores públicos. Com isto, tem afastado o desconto da contribuição previdenciária de pensionistas, previsto em lei estadual, no período posterior à promulgação da referida emenda.[319] No período posterior a EC 20/98 – e antes da EC 41/03 – o STF também tem precedente não admitindo a incidência da contribuição previdenciária de servidores inativos e pensionistas da União, tendo suspendido a eficácia da Lei 9783/99 que havia instituído as contribuições, por entender vulnerado o disposto no art. 195, II, em combinação com o art. 40, §§ 8° e 12, da CF, já que o texto constitu-

---

[319] STF, RE 347.825.

cional expressamente excluía os inativos e pensionistas[320]. Em julgamento de recurso extraordinário, o STF reconheceu a repercussão geral, reafirmando "a jurisprudência pacificada neste Tribunal segundo a qual é devida a devolução aos pensionistas e inativos, perante o competente Juízo de execução, da contribuição previdenciária indevidamente recolhida no período compreendido entre a vigência da EC 20/98, até a publicação da EC 41/03, sob pena de enriquecimento ilícito".[321]

A imunidade tributária quanto às taxas consta no art. 5º, XXXIV, da CF. O dispositivo assegura a todos, independentemente do pagamento de taxas: a) o direito de petição aos poderes públicos em defesa de direitos ou contra ilegalidade ou abuso de poder; b) a obtenção de certidões em repartições públicas, para a defesa de direitos e esclarecimento de situações de interesse pessoal. O STF, por entender violado o referido preceito constitucional, declarou a inconstitucionalidade de preceito da lei estadual do Amazonas, que previa a cobrança de taxa de segurança pública para o fornecimento de certidões. A Corte entendeu que, apesar do *nomen iuris*, não estaria tratando de serviços de segurança pública, os quais só poderiam ser custeados por meio de impostos.[322]

---

[320] STF, ADI 2.010.
[321] STF, RE 580.871.
[322] ADI 2969.

Título II

NORMAS GERAIS DE DIREITO TRIBUTÁRIO

Capítulo 1 – Legislação tributária

1.1. Fontes do Direito Tributário

A fonte traduz o lugar de nascimento da regra jurídica. Ela pode ser material ou formal. A fonte material está relacionada ao conteúdo da norma jurídica, enquanto a formal diz respeito à maneira pela qual o direito é exteriorizado. O Direito Tributário encontra seu fundamento de legitimidade em duas fontes formais: as principais e as secundárias.

As principais são bastantes em si mesmas enquanto as secundárias têm caráter complementar ou subsidiário.

No ápice das fontes primárias encontra-se a Constituição Federal, onde está encartado o capítulo relativo ao Sistema Tributário Nacional, contendo os princípios constitucionais que legitimam o poder de tributar, princípios estes que, ao mesmo tempo em que servem de sustentáculo à legislação tributária, também constituem limites ao poder fiscal das diversas entidades dotadas de competência tributária, como já vimos.

As emendas constitucionais podem outorgar novas competências tributárias, desde que sejam respeitados os limites formais, circunstanciais e materiais previstos no próprio texto constitucional. Desrespeitados tais limites, as emendas constitucionais padecerão do vício de inconstitucionalidade.

As principais fontes formais do Direito Tributário são as leis complementares, as leis ordinárias e as medidas provisórias, já tratadas nos comentários ao princípio da legalidade, onde também foram abordadas as leis delegadas, os Decretos e as Resoluções do Senado.

1.2. Vigência da legislação tributária

Nos termos do art. 96 do CTN, a expressão *legislação tributária* compreende as leis, os tratados e as convenções internacionais, os Decretos e as normas complementares que versem, no todo ou em parte, sobre tributos e relações jurídicas a eles pertinentes.

As normas complementares do Direito Tributário não devem ser confundidas com a lei complementar. Como fontes secundárias, o CTN trata das normas complementares das leis, tratados, convenções internacionais e dos Decretos, arrolando no art. 100:

a) os atos normativos expedidos pelas autoridades administrativas. Estes atos normativos emanam do Poder Executivo e servem para orientar o contribuinte quanto à correta aplicação da legislação tributária e também são direcionados para os próprios agentes da fiscalização tributária. São atos normativos que têm o objetivo de facilitar a compreensão e aplicação da legislação tributária. Estão materializados em instruções normativas, portarias, ordens de serviços, etc. Estes atos são espécies jurídicas secundárias cujo objetivo é o de apenas esclarecer o conteúdo da norma jurídica, a quem devem estrita observância. Subordinam-se, pois, às leis, tratados, medidas provisórias, Decretos, sendo deles meros acessórios. A validade e eficácia destes atos resultam da rigorosa observância dos limites impostos pelas leis, tratados, convenções internacionais, ou Decretos presidenciais, sob pena de se afigurarem ilegais,[323] caso em que não serão aptos a gerarem as obrigações a que se propõem.

Embora as instruções normativas tenham o mérito de orientar o contribuinte, explicitando os comandos normativos, nem sempre a administração tributária tem a cautela de preservar o espaço reservado à lei. Tais atos normativos não poderão criar restrições à atividade do contribuinte e muito menos impor-lhe obrigações tributárias que não estejam previstas na lei, exceto no que se refere às obrigações acessórias.

Como dito pelo Min. Celso de Mello, do STF:

> As instruções normativas, editadas por órgão competente da administração tributária, constituem espécies jurídicas de caráter secundário, cuja validade e eficácia resultam, imediatamente, de sua estrita observância dos limites impostos pelas leis, tratados, convenções internacionais, ou Decretos presidenciais, de que devem constituir normas complementares. Essas instruções nada mais são, em sua configuração jurídico-formal, do que provimentos executivos cuja normatividade está diretamente subordinada aos atos de natureza primária, como as leis e as medidas provisórias, a que se vinculam por um claro nexo de acessoriedade e de dependência. Se a instrução normativa, editada com fundamento no art. 100, I, do Código Tributário Nacional, vem a positivar em seu texto, em decorrência de má interpretação de lei ou medida provisória, uma exegese que possa romper hierarquia normativa que deve manter com estes atos primários, viciar-se-á de ilegalidade.[324]

Frente ao princípio da legalidade, os atos da administração não podem conceder vantagens ao contribuinte em detrimento da observância restrita à lei. Nesta hipótese, uma vez viciados pela ilegalidade, os atos administrativos não teriam a aptidão para vincularem a Administração. No entanto, se o contribuinte guiou o seu procedimento fiscal orientado, de forma incorreta, pela própria administração, certamente que ele não pode ser penalizado na hipótese de a legalidade ser restaurada. Assim, se o contribuinte, seguindo os atos da própria administração, pagou tributo de valor inferior ao devido, ficará sujeito ao pagamento da diferença, mas não poderá ser penalizado justamente porque orientado pela administração. A obediência ao ato da administração não pode implicar sanções fiscais ao contribuinte, que não pode ser tido como infrator à

---

[323] STF, AgRADI 531.
[324] STF, AgRADI 365.

lei. Em razão disso, o parágrafo único do art. 100 do CTN afasta a imposição de penalidades, a cobrança de juros de mora e a atualização do valor monetário da base de cálculo.

Estes atos administrativos, salvo disposição em contrário, passam a vigorar na data da sua publicação (art. 103, I, do CTN).

b) as decisões dos órgãos singulares ou coletivos de jurisdição administrativa, a que a lei atribua eficácia normativa. Quando o sujeito passivo impugna, na esfera administrativa, o lançamento de um tributo, caso em que o crédito tributário ficará com a sua exigibilidade suspensa (art. 151, III, do CTN), instaura-se um contraditório administrativo que será julgado por um órgão singular e/ou colegiado. Estas decisões são conhecidas como jurisprudência administrativa. Tais precedentes poderão ter eficácia normativa atribuída por lei, hipótese em que servirão para casos idênticos, impondo cumprimento obrigatório por parte da administração tributária. Os precedentes poderão vincular a administração, mas em hipótese alguma vinculam o Poder Judiciário.

Os efeitos normativos destas decisões passam a vigorar trinta dias após a data de sua publicação (art. 103, II, do CTN).

c) as práticas reiteradamente observadas pelas autoridades administrativas. O costume adotado pela administração tributária constitui fonte complementar do Direito Tributário. Por exemplo, se o fisco cobrou o Imposto de Renda sem os acréscimos legais em determinados casos, esta prática reiterada deve ser aplicada para os outros contribuintes que estejam na mesma situação, até mesmo para respeitar o princípio da isonomia.[325]

> Se, em várias situações idênticas, a autoridade fazendária afastou os acréscimos legais do tributo, cobrando apenas o imposto de renda devido, o procedimento se caracteriza como prática reiterada na aplicação da legislação tributária, (...) na forma do art. 100, III, e parágrafo único do CTN (...).[326]

Entre outros julgados, o STJ tem decidido que:

> As práticas reiteradas da administração tornam-se regras administrativas de natureza consuetudinária, vale dizer, baseadas nos usos e costumes, também reconhecidas como legítimas fontes de direito. No campo tributário, que muito se aproxima do direito administrativo, há regra expressa, prevendo que as práticas administrativas reiteradas tornam-se regras jurídicas a compor a chamada "legislação tributária". Eis o que enunciam os arts. 96 e 100, III, do Código Tributário Nacional – CTN (...) Não há dúvida de que as práticas reiteradas da administração criam no administrado a certeza de que aquele, e não outro, é o procedimento a ser observado e seguido. (...) O proceder contrário adotado pelas autoridades (...) fere regra de costume, surpreendendo negativamente o administrado, o qual tinha a expectativa de que a práxis até então seguida seria observada. (...).[327]

d) os convênios que entre si celebrem a União, os Estados, o Distrito Federal e os Municípios. Estes convênios são utilizados para a prestação de assistência mútua para a fiscalização dos tributos, podendo ainda a Fazenda Pública federal permutar informações com Estados estrangeiros no interesse da arre-

---
[325] TRF4ªR; DJ 01.04.98, p. 217.
[326] RESP 142.280.
[327] STJ, RMS 29.774.

cadação e fiscalização de tributos (art. 199 e seu parágrafo único do CTN). Os convênios entram em vigor na data neles referida (art. 103, III, do CTN).

O parágrafo único do art. 100 traduz uma segurança jurídica para o contribuinte ao estabelecer que a observância das normas complementares antes mencionadas exclui a imposição de penalidades, a cobrança de juros de mora e a atualização do valor monetário da base de cálculo do tributo. Ora, se o contribuinte obedeceu aos atos normativos expedidos pela administração ou aos precedentes julgados pela administração, com eficácia normativa, assim como se procurou seguir aos costumes praticados pelo próprio Fisco, certamente que não pode ser considerado um infrator à lei tributária. Não seria justo punir o contribuinte que seguiu as fontes formais do Direito Tributário. Portanto, a observância do contribuinte às tais fontes exclui a aplicação de penalidades (multas), a cobrança dos juros pela eventual mora e a atualização do valor monetário da base de cálculo do tributo (parágrafo único do art. 100 do CTN).

Para o Superior Tribunal de Justiça, "(...) restando configurada a prática constante de atos pela Administração, há de se aplicar o preceito insculpido no art. 100, III, parágrafo único, do CTN, que exclui o contribuinte da imposição de penalidades, da cobrança de juros de mora e a atualização do valor monetário da base de cálculo do tributo (...)" e "(...) se o contribuinte recolheu o tributo a base de prática administrativa adotada pelo fisco, eventuais diferenças devidas só podem ser exigidas sem juros de mora e sem atualização do valor monetário da respectiva base de cálculo (CTN, art. 100, III, c/c parágrafo único)".[328]

A vigência da legislação tributária no tempo e no espaço não difere das demais normas jurídicas. Portanto, observados os princípios constitucionais já referidos, as normas tributárias regem-se, no que tange ao conflito de leis no tempo, pelo disposto na Lei de Introdução ao Código Civil (Decreto-Lei 4.657/42). O limite espacial da lei tributária obedece ao limite geográfico da pessoa política que é titular da competência tributária. Ou seja, a norma relativa ao Imposto de Renda aplica-se em todo o território nacional. A norma referente ao imposto sobre serviços aplica-se no território do respectivo Município, e assim sucessivamente (art. 101 do CTN).

O art. 102 do CTN disciplina a extraterritorialidade da lei tributária, dispondo que: "a legislação tributária dos Estados, do Distrito Federal e dos Municípios vigora, no País, fora dos respectivos territórios, nos limites em que lhe reconheçam extraterritorialidade os convênios de que participem, ou do que disponham esta ou outras leis de normas gerais expedidas pela União".

1.3. Tratados

O art. 98 do CTN estabelece que os tratados e as convenções internacionais revogam ou modificam a legislação tributária interna, e serão observados pela que lhes sobrevenha.

---

[328] STJ, RESP 162.616 e RESP 98.703.

Os tratados internacionais são celebrados pelo Presidente da República (art. 84, VIII, da CF) e referendados pelo Congresso Nacional, por meio de Decreto Legislativo (art. 49, I, da CF).

A incorporação dos tratados à ordem jurídica interna é um ato complexo em que participam o Congresso Nacional e o Presidente da República. Ultrapassadas as fases de celebração da convenção internacional e a aprovação pelo Congresso, é necessária a expedição de Decreto, pelo Presidente da República, para que o tratado seja incorporado à ordem jurídica interna. Existem, portanto, três fases obrigatórias: 1) a celebração, pelo Presidente da República, de tratados, convenções e atos internacionais; 2) a expedição, pelo Congresso Nacional, de Decreto Legislativo, aprovando a celebração desses atos de direito internacional e 3) a expedição de Decreto, pelo Presidente da República, para promulgar o ato internacional. Ou seja, o Decreto Legislativo não incorpora automaticamente o tratado para o direito interno, mas apenas aprova o tratado, autorizando o Presidente da República a ratificá-lo por Decreto. A partir da terceira fase é que se considera promulgado o tratado, publicado oficialmente o seu texto, fixando-se o momento da sua obrigatoriedade no plano da ordem jurídica interna.[329]

Enquanto não concluído esse processo de incorporação, as normas dos tratados não obrigam, não conferem direitos ou fixam obrigações e, consequentemente, não podem ser invocadas pelas partes. Este procedimento de incorporação abrange também os acordos celebrados pelo Brasil no âmbito do MERCOSUL.[330] O princípio do efeito direto, que implica a repercussão, desde logo, na esfera jurídica dos particulares, e o princípio da aplicabilidade imediata, que traduz a vigência automática da norma internacional na ordem interna, não foram contemplados pela Constituição da República, de modo que, enquanto não concluído o processo de incorporação, tais princípios não podem ser invocados.[331]

O princípio da supremacia da Constituição Federal impõe a necessidade de as normas veiculadas nos tratados compatibilizarem-se com as limitações impostas pelo texto constitucional. A transgressão à ordem constitucional, formal ou material, dos tratados incorporados ao ordenamento jurídico interno, fica sujeita a controle de constitucionalidade, em exame difuso ou concentrado. Por evidente, não têm valor jurídico as normas veiculadas em tratados que conflitem com o texto constitucional.

O CTN, norma com eficácia de lei complementar, procura conferir aos tratados uma supremacia normativa frente à legislação interna ao dispor que essas normas de direito internacional "serão observadas pela que lhes sobrevenha" (art. 98).

O STF tem entendido que os tratados internacionais celebrados pelo Brasil não podem versar sobre matéria reservada, pela Constituição Federal, à lei

---
[329] STF, ADI 1.480.
[330] STF, CR (AgRg) n° 8279.
[331] STF, CR (AgRg) n° 8279.

complementar.[332] Em consequência, uma vez incorporados ao ordenamento jurídico interno, obedecido ao ciclo de formação antes referido, os tratados e as convenções internacionais passam a ter o mesmo grau de paridade normativa das leis ordinárias, não havendo, portanto, posição de supremacia hierárquica frente à legislação interna.[333] Logo, não pode o CTN pretender conferir às disposições dos tratados uma supremacia normativa que não é reconhecida pelo próprio texto constitucional.

Por outro lado, não obstante o disposto no art. 151, III, da CF, que proíbe que a União conceda isenções de tributos de competência das outras entidades federativas, o STF entendeu que tal disposição diz respeito à União enquanto pessoa jurídica de direito interno. Em razão disso, no plano internacional, mediante tratados, não haveria óbice para que a União concedesse isenção de tributos de competência das outras pessoas políticas.[334]

Em outro julgado,[335] o STF voltou a decidir que o preceito do art. 151, III, da CF, limita-se a impedir que a União institua, no âmbito da sua competência interna federal, isenção de tributos de competência das outras pessoas políticas. Com isto, a norma não se aplica naqueles casos em que a União atua como sujeito de direito na ordem internacional. O caso julgado diz respeito à decisão do TJ/RS, que havia entendido não recepcionada pela CF/88 a isenção de ICMS relativa à mercadoria importada de país signatário do GATT, quando isento o similar nacional. Neste julgado, disse o Min. Celso de Mello:

> O estatuto constitucional, em que reside a matriz do pacto federal, estabelece, entre a União e as pessoas políticas locais, uma delicada relação de equilíbrio, consolidada num sistema de discriminação de competências estatais, de que resultam – considerada a complexidade estrutural do modelo federativo – ordens jurídicas parciais e coordenadas entre si, subordinadas à comunidade total, que é o próprio Estado Federal (cf. HANS KELSEN, comentado por O. A. BANDEIRA DE MELLO, "Natureza Jurídica do Estado Federal", *apud* GERALDO ATALIBA, "Estudos e Pareceres de Direito Tributário", vol. 3/24-25, 1980, RT).
>
> Na realidade, há uma relação de coalescência, na Federação, entre uma ordem jurídica total (que emana do próprio Estado Federal, enquanto comunidade jurídica total, e que se expressa, formalmente, nas leis nacionais) e uma pluralidade de ordens jurídicas parciais, que resultam da União Federal, dos Estados-Membros, do Distrito Federal e dos Municípios.
>
> (...)
>
> Cabe advertir, portanto, que o Estado Federal brasileiro – expressão institucional da comunidade jurídica total, que detém "o monopólio da personalidade internacional" (PAULO BONAVIDES, "Ciência Política", p. 197, item 3.1, 14ª ed., 2007, Malheiros) – não se confunde com a União, pessoa jurídica de direito público interno, que se qualifica, nessa condição, como simples ordem ou comunidade meramente central, tal como assinala, em preciso magistério, o saudoso e eminente VICTOR NUNES LEAL (...).
>
> Estabelecidas tais premissas, torna-se possível constatar que a vedação constitucional em causa, fundada no art. 151, III, da Constituição, incide, unicamente, sobre a União Federal, enquanto pessoa jurídica de direito público interno, responsável, nessa específica condição, pela instauração de uma ordem normativa autônoma meramente parcial, inconfundível com a posição institucional

---

[332] STF, ADI 1480.
[333] STF, ADI 1480.
[334] STF, ADI 1600.
[335] STF, RE 229.096.

de soberania do Estado Federal brasileiro, que ostenta, este sim, a qualidade de sujeito de direito internacional público e que constitui, no plano de nossa organização política, a expressão mesma de uma comunidade jurídica global, investida do poder de gerar uma ordem normativa de dimensão nacional e total, essencialmente diversa, em autoridade, eficácia e aplicabilidade, daquela que se consubstancia nas leis e atos de caráter simplesmente federal.
(...)
Na realidade, Senhora Presidente, a cláusula de vedação inscrita no art. 151, III, da Constituição é inoponível ao Estado Federal brasileiro (vale dizer, à República Federativa do Brasil), incidindo, unicamente, no plano das relações institucionais domésticas que se estabelecem entre as pessoas políticas de direito público interno (...).

Em outro caso, o Brasil firmou tratado com a Bolívia, aprovado pelo Decreto Legislativo 128/96 e promulgado pelo Decreto 2.142/97, prevendo a isenção de impostos na implementação do projeto do gasoduto Brasil-Bolívia. Porém, um município do Estado do Paraná ignorou o tratado e procedeu ao lançamento do Imposto Sobre Serviços (ISS). A discussão, portanto, dizia respeito a outorga de isenção de tributo municipal por tratado internacional. Mais uma vez, o STF decidiu que:

Nada impede, portanto, que o Estado Federal brasileiro celebre tratados internacionais que veiculem cláusulas de exoneração tributária em matéria de tributos locais (como o ISS, p. ex.), pois a República Federativa do Brasil, ao exercer o seu *traty-making power*, estará praticando ato legítimo que se inclui na esfera de suas prerrogativas como pessoa jurídica de direito internacional público, que detém, em face das unidades meramente federadas, o monopólio da soberania e da personalidade internacional.

A corte reafirmou o entendimento de que o artigo 151, III, da CF, que proíbe a concessão de isenções heterônomas, incide apenas nas relações entre as pessoas políticas de direito público interno.[336]

Se as normas veiculadas no tratado têm paridade normativa com a lei ordinária, a solução do conflito entre as normas do tratado e a lei interna deve ser buscada na Lei de Introdução ao Código Civil, adotando-se o critério cronológico ou o princípio da especialidade. Ou seja, a lei posterior revoga a anterior naquilo que com ela for incompatível ou quando regular inteiramente a matéria de que tratava a lei anterior (art. 2º, § 1º, da LICC). E a lei nova, que estabeleça disposições gerais ou especiais a par das já existentes, não revoga nem modifica a lei anterior (art. 2º, § 2º, da LICC). Como não existe repristinação, a lei revogada pelo tratado não irá se restaurar quando este também for revogado ou tiver perdido a sua vigência.

1.4. Aplicação e retroatividade

A legislação tributária aplica-se imediatamente aos fatos geradores futuros e aos pendentes, assim entendidos aqueles cuja ocorrência tenha tido início, mas não esteja completa nos termos do artigo 116 (art. 105). O fato gerador pendente é aquele que está condicionado a determinada situação jurídica, nos termos dos artigos 116 e 117 do CTN, que será abordado em tópico específico.

---
[336] STF, AgRg RE 543.943.

O art. 106 do CTN dispõe que a lei se aplica a ato ou fato pretérito: I – em qualquer caso, quando seja expressamente interpretativa, excluída a aplicação de penalidade à infração dos dispositivos interpretados; II – tratando-se de ato não definitivamente julgado: a) quando deixe de defini-lo como infração; b) quando deixe de tratá-lo como contrário a qualquer exigência de ação ou omissão, desde que não tenha sido fraudulento e não tenha implicado falta de pagamento de tributo; c) quando lhe comine penalidade menos severa que a prevista na lei vigente ao tempo da sua prática.

O princípio da irretroatividade impede que a lei tributária que tenha instituído ou aumentado tributo apanhe os fatos que ocorreram antes da data da sua publicação. Os fatos posteriores à lei é que ficarão a ela submetidos. Se a lei reduzir o tributo e de forma expressa prever efeito retroativo, nenhum óbice haverá para que o contribuinte acabe sendo beneficiado. Porém, se não houver disposição legal expressa no sentido da retroatividade, a lei nova, ainda que mais benéfica, não poderá produzir efeitos para o passado.

Os casos do art. 106 do CTN preveem que a lei nova será aplicada aos fatos ou atos ocorridos no passado. Ou seja, ainda que a lei seja omissa acerca da sua retroatividade, o aplicador da lei (autoridade administrativa ou judicial) estará autorizado a fazê-la incidir sobre fatos passados. É a lei do presente deitando efeitos no pretérito, ainda que expressamente assim não dispuser. A retroatividade benigna refere-se apenas às infrações à legislação tributária.

No caso do inciso I do art. 106 do CTN, embora a interpretação das leis seja tarefa que cabe ao seu aplicador, nada impede que o legislador edite uma lei que tenha o objetivo de interpretar a lei anterior, que era duvidosa ou carecia de exatidão. As leis interpretativas não ofendem o postulado fundamental da divisão funcional do poder, não ficando imunes, por isto, ao controle jurisdicional.[337] O Supremo Tribunal Federal tem admitido a chamada retroatividade das leis interpretativas, desde que permaneçam intangíveis as situações juridicamente consolidadas.[338] Assim, se o contribuinte pratica determinada infração à luz da lei então vigente, que era duvidosa, cuja norma depois vem a ser interpretada por lei posterior, a penalidade então aplicada ficará excluída. Se a lei anterior era duvidosa, tanto que houve necessidade de esclarecer o seu verdadeiro sentido mediante lei nova interpretativa, não há razão para que subsista a penalidade aplicada ao contribuinte que não conseguiu entender o verdadeiro significado da norma.

Na hipótese do inciso II do art. 106 do CTN, a lei tributária posterior à ocorrência da infração que for mais benéfica ao contribuinte deverá ser aplicada retroativamente. A lei do presente, por ser mais benigna em relação à vigente por ocasião das infrações pretéritas, produzirá os seus efeitos para o passado. O dispositivo refere-se exclusivamente às penalidades impostas por infração à legislação tributária. Ou seja, diz respeito apenas às multas, sejam moratórias ou punitivas.[339] O princípio a ser aplicado é o mesmo do direito

---
[337] STF, ADI 605.
[338] STF, RE 10.039.
[339] STJ, RESP 241.994.

penal (*a lei penal não retroagirá, salvo para beneficiar o réu*). Podemos dizer, a lei tributária não retroagirá, salvo, em matéria de penalidades, para beneficiar o contribuinte. A retroatividade benigna não abrange o tributo, os juros ou a correção monetária. O tributo deverá ser apurado de acordo com a lei vigente no momento do fato gerador, não podendo ser invocada a aplicação retroativa quando a norma posterior reduzir a carga tributária, salvo, como dito, quando ela expressamente irradiar os seus efeitos para o passado.

A expressão "ato não definitivamente julgado", constante no inciso II do art. 106 do CTN, deve ser entendida como sendo um ato que ainda não passou sob o crivo do Judiciário. É a inexistência de coisa julgada acerca da infração. Pouco importa a existência de decisão administrativa. O STF tem precedentes no sentido de que a decisão administrativa não impede a aplicação retroativa da norma tributária mais favorável em matéria de penalidades. É que, se a decisão ainda pode ser submetida à análise do Judiciário, não se pode considerar o ato como definitivamente julgado.[340]

É importante sublinhar que a aplicação retroativa da lei mais benigna incide nas execuções fiscais já embargadas, ainda que os embargos já tenham sido julgados. É que o STJ tem precedentes no sentido de que a execução fiscal somente pode ser considerada definitivamente julgada quando realizadas a arrematação, a adjudicação ou a remição.[341]

Por outro lado, extinto o crédito tributário, por qualquer de suas modalidades, o dispositivo não poderá ser invocado e muito menos ensejará a restituição da multa paga sob a égide da lei velha, quando a lei nova for mais benéfica.

No caso de ato não definitivamente julgado, a aplicação será retroativa quando a lei posterior deixar de definir o fato como infração (alínea "a" do inciso II do art. 106 do CTN). É o caso de a norma posterior revogar a anterior que previa a infração. Como a lei nova deixou de considerar o fato como infração, não há motivo para que o contribuinte seja penalizado. Assim, se a lei prever que o contribuinte ficará sujeito à multa de 20% sobre o valor da operação, no caso de não expedir uma nota fiscal, e tal norma vier depois a ser revogada, o contribuinte que havia praticado a infração irá beneficiar-se, não ficando sujeito à penalidade.

O art. 106, II, *b*, do CTN também se refere a infrações, já que diz respeito a ato contrário a qualquer exigência de ação ou omissão. Porém, condiciona a aplicação retroativa ao ato que não tiver sido fraudulento e não tiver implicado falta de pagamento de tributo.

Na alínea "a" haveria aplicação retroativa pura e simples. Na alínea "b" a retroatividade ficaria na dependência de o ato não ter sido fraudulento e não ter implicado na falta de pagamento do tributo. A jurisprudência, no entanto, como visto, tem aplicado a retroatividade benigna da alínea "a", sendo irrelevante não ter havido o pagamento. No caso de existência de fraude e falta de

---

[340] STF, RE 95.900.
[341] STJ, RESP 183.994.

pagamento do tributo, a retroatividade não poderia servir para beneficiar o fraudador. Havendo fraude, portanto, a retroatividade deve ser afastada.

No caso do art. 106, II, *c*, do CTN, nenhuma dificuldade. A lei tributária menos severa, em matéria de penalidades, sempre deverá ser aplicada retroativamente, beneficiando o contribuinte. Por exemplo, a norma prevê uma multa de mora de 40% (quarenta por cento) no caso de o contribuinte não pagar o tributo no prazo previsto. O contribuinte descumpre sua obrigação. Posteriormente, sobrevém lei que reduz a multa moratória para 20% (vinte por cento). Neste caso, o contribuinte será beneficiado pela redução, ficando sujeito ao pagamento da multa da lei nova que é mais benéfica do que a vigente ao tempo da prática da infração.

Convém salientar que eventual restrição temporal contida na própria lei que reduziu a penalidade não pode ser invocada para obstar o direito do contribuinte à retroatividade. Como exemplo, o art. 35 da Lei 8.212/91 previa multas de mora para determinadas infrações à lei de custeio previdenciária. A Lei 9.528/97 alterou o art. 35, reduzindo as penalidades. No entanto, o dispositivo previu que as multas seriam aplicadas para os fatos geradores ocorridos a partir de 1º de abril de 1997. A intenção foi a de obstar a aplicação retroativa da lei que era mais favorável ao contribuinte. No entanto, o TRF-4ª considerou inconstitucional a expressão "para os fatos geradores ocorridos a partir de 1º de abril de 1997" porque teria invadido a competência reservada à lei complementar, ou seja, o CTN, cujo art. 106 fixaria os princípios e as diretrizes acerca dos critérios de aplicação da penalidade mais benigna, traduzindo-se como norma geral do Direito Tributário.[342]

Na mesma linha, o Superior Tribunal de Justiça entendeu que as multas aplicadas por infrações administrativas deveriam seguir o princípio da retroatividade da lei que era mais benéfica no momento da execução. Foi considerado irrelevante que o fato que gerou a multa tivesse ocorrido no ano de 1994. Por ser mais benéfica, a lei posterior deveria ser aplicada à infração.[343]

O julgado do TRF4ªR foi confirmado pelo Supremo Tribunal Federal, tendo a Corte reafirmado, inicialmente, o caráter exemplificativo do inciso III do art. 146 da CF, que atribui à lei complementar a tarefa de estabelecer normas gerais sobre matéria de legislação tributária, salientando que a multa tributária está inserida no campo das normas gerais, a qual, por isso, deveria ser imposta de forma linear em todo território nacional, *não se fazendo com especificidade limitadora geograficamente*. Concluiu o STF que a Lei 8.212/91, ao impor restrição temporal ao benefício de redução da multa, acabou por limitar regra da lei complementar (CTN, art. 106, II), violando o disposto na alínea "b" do inciso III do art. 146 da CF, declarando a inconstitucionalidade da expressão "para os fatos geradores ocorridos a partir de 1º de abril de 1997", constante do *caput* do art. 35 da Lei 8.212/91, com a redação dada pela Lei 9.528/97.[344]

---

[342] TRF4, AC 1998.04.01.020236-8/RS.
[343] STJ, RESP 266.676.
[344] STF, RE 407.190.

O parcelamento, enquanto vigente, não impede a aplicação retroativa da lei tributária. O parcelamento não extingue o crédito tributário, mas apenas suspende a sua exigibilidade (art. 151, VI, do CTN). Por isso, se houver redução da multa de um crédito tributário já consolidado e parcelado, o contribuinte poderá invocar em seu favor a lei mais benéfica em matéria de penalidades, ajustando-se as parcelas posteriores em conformidade com a multa prevista na lei nova. A não se entender assim, o contribuinte poderia deixar de pagar o parcelamento, hipótese em que seria rescindido e o crédito cobrado através de execução fiscal. Nos embargos, não haveria restrição para a incidência da lei nova, mais benéfica.

O STJ tem precedentes no sentido de que o parcelamento não impede a aplicação retroativa da lei mais benéfica:

> A recorrente busca revisar o parcelamento em função da edição de legislação superveniente que reduziu o valor da multa aplicada à infração por ela praticada. (...) a concessão de parcelamento do crédito tributário não constitui óbice, enquanto perdurar o cumprimento do acordo, à aplicação retroativa de lei posterior que comine penalidade menos severa que a prevista na lei vigente ao tempo da prática do ato. (...) APLICAÇÃO RETROATIVA DE LEI QUE COMINE PENALIDADE MENOS SEVERA. ART. 106, II, c, DO CTN.[345]

> (...) a existência de parcelamento perpetua a relação jurídica tributária entre o credor e o devedor e enquanto esta relação permanecer existindo é possível a aplicação da lei sancionatória mais benéfica. (...) A extinção de embargos à execução com fundamento na desistência ou renúncia ao direito sobre o qual funda a pretensão como condição para a concessão de parcelamento tributário não impede, enquanto durar o cumprimento do acordo, a revisão de multa com fundamento na alínea c do inciso II do art. 106 do CTN. 3. O descumprimento do parcelamento autoriza o prosseguimento da execução fiscal e viabiliza a revisão da sanção pelo advento de lei tributária sancionatória mais benéfica, de modo que não há razão para considerar a existência de ato definitivamente julgado. (...)[346]

Nos termos da Constituição Federal e do CTN, portanto, as seguintes regras devem ser observadas no que tange à aplicação da legislação tributária:

a) a lei que instituir ou majorar tributos, excetuadas as contribuições de Seguridade Social, sujeitas apenas à anterioridade especial de 90 dias, somente poderá ser aplicada no exercício financeiro seguinte, observado ainda o princípio da anterioridade nonagesimal, com as exceções do art. 150, § 1º, da CF;

b) a obrigação tributária é regulada pela lei que estiver em vigor no momento em que ocorrido o respectivo fato gerador;

c) o ato de lançamento reporta-se à lei vigente por ocasião do fato gerador;

d) normas tributárias que impõem penalidades não retroagem;

e) normas tributárias que afetem elementos essenciais da obrigação, tornando o tributo mais oneroso não retroagem, aplicando-se para os fatos geradores ocorridos depois da data da sua publicação, observados os princípios constitucionais antes referidos;

f) normas tributárias de caráter meramente procedimental em matéria de lançamento têm aplicação imediata;

---

[345] STJ, RESP 1.056.371.
[346] STJ, RESP 1.185.421.

g) normas tributárias meramente interpretativas aplicam-se aos fatos pretéritos;

h) normas tributárias que reduzem tributos não retroagem, salvo se a lei expressamente assim dispuser;

i) normas tributárias mais benéficas em matéria de penalidades retroagem para beneficiar o contribuinte;

j) normas tributárias mais benéficas em matéria de penalidades não autorizam a restituição da multa paga sob a vigência da lei anterior.

1.5. Interpretação e integração da legislação tributária

A interpretação tem o objetivo de buscar o verdadeiro significado da norma, leciona Bernardo Ribeiro de Moraes:

> A tarefa da interpretação da norma jurídica consiste em extrair, desta, o seu verdadeiro significado e alcance. Interpretar (do latim, *interpertari*, *inter prest*; conhecer) é conhecer o significado daquilo que se interpreta. Interpretar tem o sentido de busca da compreensão. Interpretar a norma jurídica é descobrir o sentido que esta possui; é verificar o campo de sua aplicação; é apreender o seu exato sentido ou todo o seu alcance....Assim, partindo da lei, formalmente válida e substancialmente legítima, o intérprete pesquisa o seu sentido, seu alcance e conteúdo. O intérprete deve proceder apenas à exegese da lei, sem procurar completá-la ou corrigi-la, sem qualquer criação ou inovação.[347]

Os métodos de interpretação das normas jurídicas de um modo geral podem ser utilizados pelo aplicador na legislação tributária. A interpretação das leis tributárias obedece às demais regras de hermenêutica das outras normas jurídicas. Ou seja, o aplicador da lei pode valer-se do método gramatical, lógico, histórico, sistemático, teleológico, sociológico, etc.

Conforme o mesmo autor, na interpretação gramatical, ou literal, o intérprete fica atrelado aos termos da própria lei. O que importa é o texto legal. O significado é extraído pelas palavras da própria norma. Pelo método lógico, o significado da norma é buscado através dos recursos inerentes à lógica. Pelo raciocínio lógico é que é captada a vontade do legislador. No método histórico, considerando que o autor da lei representa a consciência coletiva, parte-se da

> idéia de que a lei não é simples produto da vontade do legislador, que apenas declara o direito, mas não o cria, sendo ela um produto sociológico, superior à vontade humana, o método histórico vê a lei, uma vez emanada, destacar-se do pensamento do seu produtor (legislador), passando a possuir vida própria, separada totalmente do pensamento de quem a criou. A norma jurídica deixa de ser estática, não permanecendo tal qual como foi criada, mas acompanha as exigências da vida social, a que serve. O conteúdo da norma jurídica não é fixo, mas variável, segundo as exigências e os fatores sociais, dos quais é produto.[348]

No método sistemático, a norma jurídica não deve ser interpretada de forma isolada, já que o direito faz parte de um sistema. Cada norma deve ser analisada em função de outras normas, no mesmo de outro ordenamento jurídico. Como explica o mesmo autor:

---

[347] Op. cit., p. 176/177.
[348] Idem, p. 194.

A norma é colocada em confronto com outros dispositivos da mesma lei ou do conjunto da legislação (ordenamento jurídico). Interpreta-se a norma jurídica fazendo-se o exame do texto unitário (do livro, do título, do capítulo, da seção) em que ela se encontra. Por sua vez, toda norma jurídica deve ser conciliada com as normas jurídicas de hierarquia superior (Constituição, lei complementar, etc.), a fim de que a interpretação se harmonize com o ordenamento total.[349]

O método teleológico é empregado para buscar a finalidade da lei, uma vez que a norma é instituída justamente para atingir determinado fim, enquanto o sociológico exige, precipuamente, que a norma corresponda às necessidades de caráter social.

O CTN exige a interpretação literal da legislação tributária que disponha sobre suspensão ou exclusão do crédito tributário e dispensa do cumprimento de obrigações tributárias acessórias, assim como nos casos de isenção (art. 111, I a III). Os casos de suspensão do crédito tributário estão alinhados no artigo 151 do CTN, enquanto a anistia e a isenção são causas de exclusão (art. 175).

No caso das isenções, elas só podem ser reconhecidas em favor do contribuinte quando tiverem sido concedidas de forma induvidosa pela lei. É vedado estender o benefício da isenção para situações não previstas na norma, sobretudo porque a isenção, que sempre deve ser veiculada por lei, é fundada em juízo de conveniência e oportunidade do poder público. A separação dos poderes impede a extensão do benefício da isenção, razão por que o Poder Judiciário não pode conceder, diante da ausência de lei, o benefício da exclusão do crédito tributário, ainda que sob fundamento de isonomia.[350] O Poder Judiciário não pode agir como legislador positivo, atuando, em tema de controle de constitucionalidade de atos estatais, apenas como legislador negativo.[351]

As isenções são concedidas por razões de política governamental, traduzindo muitas vezes privilégios para determinados contribuintes. Porém, a concessão desse benefício "traduz ato discricionário que, fundado em juízo de conveniência e oportunidade do Poder Público, destina-se, a partir de critérios racionais, lógicos e impessoais estabelecidos de modo legítimo em norma legal, a implementar objetivos estatais nitidamente qualificados pela nota da extrafiscalidade", nas palavras do Min. Celso de Mello.[352]

Para o Superior Tribunal de Justiça:

> A concessão de isenções reclama a edição de lei formal, no afã de verificar-se o cumprimento de todos os requisitos estabelecidos para o gozo do favor fiscal. (...) 3. Consectariamente, revela-se interditada a interpretação das normas concessivas de isenção de forma analógica ou extensiva, restando consolidado entendimento no sentido de ser incabível interpretação extensiva do aludido benefício à situação que não se enquadre no texto expresso da lei, em conformidade com o estatuído pelo art. 111, II, do CTN. (...) 4. *In casu*, a recorrida é portadora de distonia cervical (patologia neurológica incurável, de causa desconhecida, que se caracteriza por dores e contrações musculares involuntárias (...), sendo certo tratar-se de moléstia não encartada no art. 6º, XIV, da Lei 7.713/88.[353]

---

[349] Op. cit., p. 197.
[350] Vide os comentários ao princípio da isonomia, no Título I, Capítulo 2, item 2.1.10.
[351] STF, Agrag 138.344.
[352] STF, Agrag 142.348.
[353] STJ, RESP 1.116.620.

O Pleno do STF concluiu julgamento de recurso extraordinário[354] em que se discutia se a redução de alíquota do Imposto de Importação prevista no inciso X do § 1º do art. 5º da Lei 10.182/01[355] poderia ser aplicada também à empresa que apenas importasse, mas não produzisse pneus. Tratava-se, na espécie, de recurso extraordinário interposto pela União, em que se pretendia a reforma do acórdão do TRF da 4ª Região que, com base no princípio da isonomia, estendera a isenção concedida às empresas montadoras e fabricantes de veículos quando atuantes no mercado de reposição, às demais importadoras dos mesmos produtos. A Corte entendeu que o incentivo fiscal conferido pela citada lei não alcançaria a importação de pneumáticos para reposição, seja para montadoras, seja para fabricantes de veículos, mas, apenas, aquela destinada aos processos produtivos e que "a decisão que concedera o benefício fiscal à recorrida estaria em confronto com a jurisprudência do Supremo, segundo a qual não seria possível acrescentar exemplos à lei, com base no princípio da isonomia".

Quando a lei for duvidosa em matéria de infrações à legislação tributária, o art. 112 do Código permite que a interpretação seja efetuada de maneira mais favorável ao contribuinte. É o princípio *in dubio pro contribuinte*, que incide apenas em caso de dúvida quanto à capitulação legal do fato; à natureza ou às circunstâncias materiais do fato, ou à natureza ou extensão dos seus efeitos; à autoria, imputabilidade, ou punibilidade; à natureza da penalidade aplicável, ou a sua graduação (art. 112, I a IV, do CTN). Ou seja, refere-se exclusivamente a infrações.

Durante algum tempo, este dispositivo serviu para que os Tribunais afastassem das empresas concordatárias a multa fiscal, a exemplo do que ocorria com a massa falida. No entanto, o STJ pacificou o entendimento de que é legítima a cobrança de multa fiscal de empresa em regime de concordata.[356]

Existem discussões judiciais, no caso de mercadorias importadas por suspeita quando ao preço declarado (subfaturamento da importação), se deve ser imposta a pena de perdimento, prevista no art. 105, VI, do DL 37/66,[357] por ser a infração considerada dano ao erário, tal como disposto no art. 23, IV, do DL 1.455/76,[358] ou pena de multa de 100%, estipulada no parágrafo único do

---

[354] STF, RE 405579.

[355] Lei 10.182/2001, art. 5º: "Fica reduzido em quarenta por cento o Imposto de Importação incidente na importação de partes, peças, componentes, conjuntos e subconjuntos, acabados e semi-acabados, e pneumáticos. § 1º O disposto no *caput* aplica-se exclusivamente às importações destinadas aos processos produtivos das empresas montadoras e dos fabricantes de: ... X – auto-peças, componentes, conjuntos e subconjuntos necessários à produção dos veículos listados nos incisos I a IX, incluídos os destinados ao mercado de reposição".

[356] Súmula 250.

[357] Art. 105. Aplica-se a pena de perda da mercadoria: VI – estrangeira ou nacional, na importação ou na exportação, se qualquer documento necessário ao seu embarque ou desembaraço tiver sido falsificado ou adulterado.

[358] Art. 23. Consideram-se dano ao Erário as infrações relativas às mercadorias: IV – enquadradas nas hipóteses previstas nas alíneas "a" e "b" do parágrafo único do artigo 104 e nos incisos I a XIX do artigo 105, do Decreto-lei número 37, de 18 de novembro de 1966.

art. 88 da MP 2.135/01[359] e parágrafo único do art. 108 do DL 37/66.[360] O STJ tem precedentes no sentido de que a falsidade apenas quanto ao valor da mercadoria, em razão do disposto no art. 112, IV, do CTN, aliado aos princípios da especialidade, razoabilidade e proporcionalidade, enseja apenas a aplicação da multa, e não o perdimento da mercadoria importada.[361]

Na ausência de disposição legal, não será caso de interpretação da legislação, mas sim de sua integração. Integra-se quando não há lei. Para tanto, a autoridade competente para aplicar a legislação tributária com a finalidade de suprir as lacunas da lei deverá utilizar, sucessivamente, na ordem indicada: a analogia, os princípios gerais de direito tributário, os princípios gerais de direito público e a equidade (art. 108, I a IV, do CTN).

O emprego da analogia ocorre quando a situação de fato não encontra previsão na lei. Com isto, o intérprete deverá buscar uma situação semelhante que esteja prevista em outra norma, aplicando-a para o caso concreto. Incide, assim, para o caso concreto a norma que existe para um caso semelhante, partindo-se do raciocínio de que os casos semelhantes devem ser tratados de forma idêntica.

A analogia, porém, sofre uma importante restrição. Pelo fato de o tributo obedecer ao princípio da legalidade, o emprego da analogia jamais poderá resultar na exigência de tributo não previsto em lei (§ 1º do art. 108 do CTN).

Caso interessante no emprego da analogia ocorreu com a isenção do Imposto de Renda devido pelas microempresas de representação comercial. Referidas empresas estavam isentas do pagamento do imposto sobre a renda, nos termos da Lei 7.256/84. No entanto, o art. 51 da Lei 7.713/88 estabeleceu que a isenção do imposto sobre a renda não se aplicaria, entre outros casos, às empresas que prestassem serviços profissionais de corretor e outras assemelhadas, assim como para qualquer outra profissão cujo exercício dependesse de habilitação profissional legalmente exigida. Entretanto, a Receita Federal, mediante ato normativo, por considerar assemelhada a atividade de corretor com a de representante comercial, entendeu que a isenção para as empresas de representação comercial também teria sido revogada. Com isto, passou a exigir o Imposto de Renda das microempresas de representação comercial. Todavia, como o emprego da analogia não poderia resultar no pagamento do tributo que seria devido com o afastamento da isenção, pacificou-se o entendimento

---

[359] Art. 88. No caso de fraude, sonegação ou conluio, em que não seja possível a apuração do preço efetivamente praticado na importação, a base de cálculo dos tributos e demais direitos incidentes será determinada mediante arbitramento do preço da mercadoria, em conformidade com um dos seguintes critérios, observada a ordem sequencial: Parágrafo único. Aplica-se a multa administrativa de cem por cento sobre a diferença entre o preço declarado e o preço efetivamente praticado na importação ou entre o preço declarado e o preço arbitrado, sem prejuízo da exigência dos impostos, da multa de ofício prevista no art. 44 da Lei no 9.430, de 1996, e dos acréscimos legais cabíveis.

[360] Art. 108. Aplica-se a multa de 50% (cinquenta por cento) da diferença de imposto apurada em razão de declaração indevida de mercadoria, ou atribuição de valor ou quantidade diferente do real, quando a diferença do imposto for superior a 10% (dez por cento) quanto ao preço e a 5% (cinco por cento) quanto a quantidade ou peso em relação ao declarado pelo importador. Parágrafo único. Será de 100% (cem por cento) a multa relativa a falsa declaração correspondente ao valor, à natureza e à quantidade.

[361] STJ, RESP 1.217.718, RESP 1.218.798, AgRgRESP 1.341.312.

no sentido de que a microempresa de representação comercial está isenta do pagamento do Imposto de Renda.[362] Convém salientar que atualmente o tratamento tributário dispensado às microempresas está previsto na LC 123/06.

O Superior Tribunal de Justiça também aplicou a analogia para admitir a cautelar de protesto para interrupção da prescrição para a repetição do indébito. Como não há disposição expressa no CTN, que prevê apenas o protesto para interromper a prescrição para a cobrança do crédito tributário, ou seja, em favor da Fazenda Pública, o caso foi resolvido pelo emprego da analogia, nos termos do art. 108 do CTN.[363]

Os princípios gerais de Direito Tributário são aqueles princípios que já vimos (legalidade, anterioridade, irretroatividade, etc.), os quais se constituem em fundamentos básicos de todo o ordenamento jurídico tributário.

Caso os princípios gerais do Direito Tributário sejam insuficientes para a integração da lei tributária, o intérprete deverá valer-se dos princípios gerais do direito público. Estes princípios gerais são todos aqueles que servem de sustentáculo para o ordenamento jurídico do direito público de um modo geral. São os princípios gerais que estão encartados de forma explícita ou implícita no texto constitucional (devido processo legal, direito de propriedade, ampla defesa, etc.).

A equidade é uma forma do reconhecimento idêntico do direito para todos os contribuintes, suavizando a rigidez da norma tributária. O emprego da equidade é uma forma de moderar o rigor da lei tributária. Assim como a analogia, o emprego da equidade sofre severa restrição: jamais poderá ser utilizado para dispensar o contribuinte do pagamento do tributo devido (§ 2º do art. 108 do CTN).

Os princípios gerais do direito privado são utilizados para a pesquisa da definição, do conteúdo e do alcance de seus institutos, conceitos e formas, mas não para definir os efeitos tributários (art. 109 do CTN). A definição dos respectivos efeitos tributários é dada pela própria lei tributária. Caso a lei tributária seja omissa quanto aos efeitos que pretende atribuir aos institutos do direito privado, estes ingressarão no Direito Tributário com o mesmo significado que possuem no direito privado.

A única limitação feita ao legislador tributário refere-se ao fato de que ele não poderá alterar a definição, o conteúdo e o alcance de institutos, conceitos e formas de direito privado que sejam utilizados, de forma expressa ou implícita, pela Constituição Federal para definir ou limitar competências tributárias (art. 110 do CTN).

A competência tributária é conferida pela Constituição Federal. O legislador constituinte autoriza a criação de tributos sobre determinadas situações materiais que estão indicadas expressamente no texto constitucional e que se referem a institutos, conceitos e formas que existem em outros ramos do direito. A criação da regra de tributação deve respeitar o significado que esses

---
[362] Súmula 184 do STJ.
[363] STJ, RESP 1.329.901.

institutos, conceitos e formas possuem naquele ramo do direito de onde são importados, sob pena de haver uma ampliação indevida da competência tributária. A distorção do conceito, feita pelo legislador, não pode implicar o descumprimento da regra constitucional que delimitou o campo tributável.

Luciano Amaro é bastante esclarecedor acerca do alcance do art. 110 do CTN, dizendo:

> Não se nega que a lei tributária possa modificar o conceito dado pelo direito privado (ou, em regra, por qualquer outro ramo do direito). Por conseguinte, é lícito à lei tributária, por exemplo, equiparar a pessoa física à pessoa jurídica (o que, efetivamente, é feito, em dadas situações, pela lei do imposto de renda). O que se veda à lei tributária é a modificação de conceitos que tenham sido utilizados por lei superior para a definição da competência tributária, se da modificação puder resultar ampliação da competência. Por isso, se a regra que outorga competência tributária (e, portanto, dá os contornos do campo sobre o qual é exercitável a competência) autoriza a tributação de imóvel, não pode o legislador tributário equiparar móveis a imóveis, para efeitos fiscais, sob pena de ampliar, ilegitimamente, sua esfera de competência...Proíbe-se a alteração do conceito de direito privado se disso resultar a ampliação da competência para cuja definição foi o conceito utilizado. Se a alteração não ferir as fronteiras do campo de atuação possível da lei, não há questionamento a ser feito. Assim, se a norma que define a competência utiliza conceito que abrange o universo ocupado pelos fatos A+B+C, a lei que institui o tributo não pode elastecer o conceito para abranger o fato D, mas pode reduzi-lo, para excluir C. Disso não resulta afronta ao princípio que informa o art. 110 do Código Tributário Nacional.[364]

Temos alguns exemplos práticos acerca da compreensão destas regras que, na verdade, melhor estariam dispostas no tratamento relativo à outorga das competências tributárias.

O primeiro, diz respeito à inclusão dos detentores de mandato eletivo federal, estadual ou municipal como segurados obrigatórios da Previdência Social, na condição de empregados, desde que não vinculados a regime próprio de previdência social. Esta inclusão foi operada pela Lei 9.506/97, a qual acrescentou a alínea "h" no inciso I do art. 12 da Lei 8.212/91. Em virtude da alteração, por exemplo, os Municípios que não tinham regime próprio de Previdência Social passaram a pagar a contribuição previdenciária de 20% (vinte por cento), incidente sobre os valores percebidos pelos vereadores, nos termos do art. 22, I, da Lei 8.212/91.

Acontece que, por ocasião da publicação da Lei 9.506/97, a Constituição Federal previa a incidência da contribuição previdenciária dos empregadores, incidentes sobre a "folha de salários" (art. 195, I, da CF) e a contribuição dos "trabalhadores" (art. 195, II, da CF). Ora, o vereador não pode ser considerado trabalhador, uma vez que, de acordo com o direito administrativo, caracteriza-se como agente político. O trabalhador é quem presta serviço a entidade privada ou pública, desde que contratado pelo regime celetista. Além disso, o vereador não é remunerado por salário, mas sim por subsídio.

Por estes argumentos, em resumo, o Pleno do Supremo Tribunal Federal julgou inconstitucional a alínea "h" do inciso I do art. 12 da Lei 8.212/91, desobrigando, com isto, que um Município do Estado do Paraná recolhesse as contribuições previdenciárias incidentes sobre os subsídios de seus vereadores.

---

[364] Op. cit., p. 99.

No julgamento, o Min. Carlos Velloso esclareceu que a lei ordinária não poderia criar nova figura de segurado obrigatório e que a referida contribuição não estaria incidindo sobre a folha de salários, o faturamento e os lucros, conforme dispunha a redação original do art. 195 da CF. Por se tratar, então, de uma nova fonte de custeio para a Previdência Social, a sua instituição dependeria da técnica da competência residual, ou seja, apenas poderia ser instituída por lei complementar, nos termos do art. 195, § 4º, da CF.[365]

Ocorre, porém, que depois da publicação da Lei 9.506/97, sobreveio a EC 20/98, a qual modificou as competências tributárias do art. 195 da CF, ampliando-as significativamente. Pela redação atual, portanto, é legítimo que a contribuição previdenciária seja exigida do empregador, da empresa e da entidade a ela equiparada na forma da lei, recaindo não apenas sobre a "folha de salários", mas também sobre "demais rendimentos do trabalho pagos ou creditados, a qualquer título, à pessoa que preste serviço, mesmo sem vínculo empregatício" (art. 195, I, *a*, da CF). Da mesma forma, pode ser exigida contribuição do "trabalhador" e "demais segurados da previdência social", excluindo-se a contribuição do aposentado e pensionista da Previdência Social (art. 195, II, da CF).

No entanto, a EC 20/98 jamais poderia ter força suficiente para constitucionalizar a Lei 9.506/97, no ponto em que modificado o art. 12, I, *h*, da Lei 8.212/91. A inconstitucionalidade originária da norma não desaparece com a emenda constitucional superveniente. Não é a Constituição que deve ajustar-se à lei. A supremacia é da Constituição Federal. A norma inconstitucional não ressuscita diante da emenda constitucional superveniente.

Portanto, como a EC 20/98 ampliou a competência tributária, não existe óbice para que atualmente a lei ordinária institua a contribuição previdenciária de responsabilidade dos detentores de mandato eletivo que não possuam regime próprio de Previdência Social. Anteriormente, como dito, havia necessidade de lei complementar porque tal fonte de custeio não estava prevista no art. 195 da CF. Resultado: a Lei 10.887/04 acrescentou a alínea "j" ao inciso I do art. 12 da Lei 8.212/91, repetindo exatamente o que dispunha a alínea "h" que tinha sido declarada inconstitucional pelo STF. A contribuição previdenciária dos detentores de mandato eletivo federal, estadual ou municipal, desde que não vinculados a regime próprio de previdência social, portanto, é devida depois de 90 dias da data da publicação da Lei 10.887, ocorrida em 21 de junho de 2004.

O segundo refere-se à base de cálculo do PIS e da COFINS que são devidos na importação.

O art. 149, § 2º, II, III, *a*, da Constituição Federal, nos termos da redação dada pela EC 42/03, autorizou a incidência das contribuições sociais sobre a importação de produtos estrangeiros ou serviços, cujas alíquotas poderão ser *ad valorem*, tendo por base o faturamento, a receita bruta ou o valor da operação e, no caso de importação, o valor aduaneiro, ou específicas, quando tomarão

---

[365] STF, RE 351.717.

por base a unidade de medida adotada. A mesma EC 42/03 autorizou a incidência da contribuição previdenciária de responsabilidade do importador de bens ou serviços do exterior, ou de quem a lei a ele equiparar (art. 195, IV).

A Lei 10.865/04, resultado da conversão da MP 164/04, regulamentou o dispositivo e instituiu o PIS e a COFINS incidentes sobre a importação de produtos estrangeiros ou serviços, dispondo que o fato gerador, no caso de bens, será a entrada dos bens estrangeiros no território nacional, considerando o elemento temporal como sendo a data do registro da declaração de importação de bens submetidos a despacho para consumo (arts. 3°, I, e 4°, I). O art. 7°, I, estabeleceu a base de cálculo, sobre a qual incidem as alíquotas de 1,65% (um inteiro e sessenta e cinco décimos por cento) para o PIS e 7,6% (sete inteiros e seis centésimos por cento) para a COFINS:

> O valor aduaneiro, assim entendido, para os efeitos desta Lei, o valor que servir ou que serviria de base para o cálculo do imposto de importação, acrescido do valor do Imposto sobre Operações Relativas à Circulação de Mercadorias e sobre Prestação de Serviços de Transporte Interestadual e Intermunicipal e de Comunicação-ICMS incidente no desembaraço aduaneiro e do valor das próprias contribuições, na hipótese do inciso I do *caput* do art. 3º desta Lei; ou (...).

Não se trata de contribuição previdenciária residual, a exigir lei complementar para sua instituição (art. 195, § 4°, da CF). A previsão desta fonte de receita está no inciso IV do art. 195 da CF, acrescentado pela EC 42/03. Possuindo natureza previdenciária, é suficiente o atendimento ao princípio da anterioridade nonagesimal, o que foi respeitado pela própria lei.

O próprio texto constitucional, como dito, elegeu a base de cálculo das contribuições sociais sobre a importação, determinando a incidência sobre o "valor aduaneiro". Geraldo Ataliba ensina que:

> O aspecto material da hipótese de incidência é a conceituação legal de uma determinada consistência e forma, que constituem o seu próprio núcleo essencial... Daí por que – enquanto aspecto da h.i. – a base imponível é um conceito-legal, a que fica preso o intérprete. É qualidade jurídico-normativa da h.i....Efetivamente, fica evidente a posição central da base imponível – relativamente à hipótese de incidência –pela circunstância de ser impossível que um tributo, sem se desnaturar, tenha por base imponível uma grandeza que não seja ínsita na materialidade de sua hipótese de incidência.[366]

No caso do Imposto de Importação, quando a alíquota for *ad valorem*, a base de cálculo deve corresponder ao "preço normal que o produto, ou seu similar, alcançaria, ao tempo da importação, em uma venda em condições de livre concorrência, para entrega no porto ou lugar de entrada do produto no País" (art. 20, II, do CTN). A base de cálculo é conhecida por valor aduaneiro, estando toda mercadoria submetida a despacho de importação sujeita ao seu controle. Este controle consiste na "verificação da conformidade do valor aduaneiro declarado pelo importador com as regras estabelecidas no Acordo de Valoração Aduaneira", nos termos do parágrafo único do art. 76 do Dec. 4.543/02.

O "valor aduaneiro", nos termos do art. 2°, II, do DL 37/66, deve ser apurado segundo as normas do art. 7° do Acordo Geral sobre Tarifas Aduaneiras e

---
[366] Op. cit., p. 97/99.

Comércio-GATT. O Regulamento Aduaneiro (Dec. 4.543/02) dispõe que, independentemente do método de valoração utilizado, integram o valor aduaneiro (art. 77):

> I – o custo de transporte da mercadoria importada até o porto ou aeroporto alfandegado de descarga ou o ponto de fronteira alfandegado onde devam ser cumpridas as formalidades de entrada no território aduaneiro; II – os gastos relativos à carga, à descarga e ao manuseio, associados ao transporte da mercadoria importada, até a chegada aos locais referidos no inciso I; e III) o custo do seguro da mercadoria durante as operações referidas nos incisos I e II.

Existe, portanto, um conceito de valor aduaneiro previsto na legislação, conceito este que não abrange o montante devido a título de qualquer imposto ou contribuição. Valor aduaneiro nada mais é do que o valor da mercadoria importada, acrescido dos custos e despesas de transporte e seguro, como disse o Min. Luiz Gallotti, do Supremo Tribunal Federal:[367]

> Se a lei pudesse chamar de compra o que não é compra, de importação o que não é importação, de exportação o que não é exportação, de renda o que não é renda, ruiria todo o sistema tributário inscrito na Constituição. Ainda há poucos dias, numa carta ao eminente Ministro Prado Kelly, a propósito de um discurso seu sobre Milton Campos, eu lembrava a frase de Napoleão: "Tenho um amo implacável, que é a natureza das coisas".

Ora, se a Constituição Federal conferiu competência tributária para a instituição de contribuições sobre a importação, elegendo de forma expressa a base de cálculo, acabou por delimitar o seu âmbito de incidência, não podendo o legislador tributário desprezar o texto constitucional, a fim de exigir que as contribuições acabem incidindo sobre elas próprias e sobre impostos devidos na importação, contrariando o disposto no art. 110 do CTN. A Constituição Federal definiu os elementos essenciais do tributo, não havendo espaço para que o legislador possa alterá-los, sob pena de ampliar, de modo ilegítimo, a esfera de competência tributária.

Deve ainda ser esclarecido que também incide na importação o ICMS, dispondo a LC 87/96 que, neste caso, o fato gerador considera-se ocorrido no momento do desembaraço aduaneiro das mercadorias ou bens importados do exterior (art. 12, IX), quando então a base de cálculo corresponderá à soma do valor da mercadoria ou bem constante dos documentos de importação, do Imposto de Importação, do IPI, do IOF/câmbio e de quaisquer outros impostos, taxas, contribuições e despesas aduaneiras (art. 13, V), integrando ainda a base de cálculo o montante do próprio imposto (§ 1º do art. 13).

Ainda que para efeito da apuração do ICMS na composição da base de cálculo do PIS/COFINS nas importações tenham sido excluídos *quaisquer outros impostos, taxas, contribuições e despesas aduaneiras* (§ 5º do art. 7º da Lei 10.865/04, acrescentado pela Lei 11.196/05), ainda assim não poderia o imposto estadual compor a base de cálculo pelos motivos já declinados. As contribuições não estariam recaindo apenas sobre o valor aduaneiro, mas também sobre o ICMS devido na mesma operação, cuja base de cálculo, a propósito, é integrada pelo montante do próprio imposto.

---

[367] STF, RE 71.758.

Ora, como dito, o valor aduaneiro não comporta nenhum tributo devido na mesma operação, não havendo autorização constitucional para que as contribuições incidentes na importação acabem recaindo sobre elas próprias e o ICMS.

O TRF da 4ª Região tem precedente no sentido de que:

> O art. 7º da Lei 10.865/04, ao fixar a base de cálculo do PIS/PASEP Importação e da COFINS-Importação, extrapolou o conceito constitucional de valor aduaneiro, definindo-o como se pudesse abranger, também, na importação de bens, o ICMS devido na importação e o montante das próprias contribuições, julgando violado o art. 149, § 2º, I, *a*, da CF.

Havendo a Corte Especial declarado a inconstitucionalidade da expressão "acrescido do valor do Imposto sobre Operações Relativas à Circulação de Mercadorias e sobre Prestação de Serviços de Transporte Interestadual e Intermunicipal e de Comunicações – ICMS, incidente no desembaraço aduaneiro e do valor das próprias contribuições", constante no inciso I do art. 7º da Lei 10.865/04. A Corte considerou que tal expressão desbordou do conceito corrente de valor aduaneiro, já que este possui expressão técnica definida nos artigos 75 e 83 do Decreto 4543/02.[368]

Embora por outros fundamentos, o STF também acabou decidindo que a base de cálculo do PIS/COFINS na importação não poderia contemplar as próprias contribuições e o ICMS devido na mesma operação, sendo assim ementado o julgado do RE 559.937:

> Tributário. Recurso extraordinário. Repercussão geral. PIS/COFINS – importação. Lei nº 10.865/04. Vedação de bis in idem. Não ocorrência. Suporte direto da contribuição do importador (arts. 149, II, e 195, IV, da CF e art. 149, § 2º, III, da CF, acrescido pela EC 33/01). Alíquota específica ou ad valorem. Valor aduaneiro acrescido do valor do ICMS e das próprias contribuições. Inconstitucionalidade. Isonomia. Ausência de afronta. 1. Afastada a alegação de violação da vedação ao bis in idem, com invocação do art. 195, § 4º, da CF. Não há que se falar sobre invalidade da instituição originária e simultânea de contribuições idênticas com fundamento no inciso IV do art. 195, com alíquotas apartadas para fins exclusivos de destinação. 2. Contribuições cuja instituição foi previamente prevista e autorizada, de modo expresso, em um dos incisos do art. 195 da Constituição validamente instituídas por lei ordinária. Precedentes. 3. Inaplicável ao caso o art. 195, § 4º, da Constituição. Não há que se dizer que devessem as contribuições em questão ser necessariamente não-cumulativas. O fato de não se admitir o crédito senão para as empresas sujeitas à apuração do PIS e da COFINS pelo regime não-cumulativo não chega a implicar ofensa à isonomia, de modo a fulminar todo o tributo. A sujeição ao regime do lucro presumido, que implica submissão ao regime cumulativo, é opcional, de modo que não se vislumbra, igualmente, violação do art. 150, II, da CF. 4. Ao dizer que a contribuição ao PIS/PASEP-Importação e a COFINS-Importação poderão ter alíquotas ad valorem e base de cálculo o valor aduaneiro, o constituinte derivado circunscreveu a tal base a respectiva competência. 5. A referência ao valor aduaneiro no art. 149, § 2º, III, *a*, da CF implicou utilização de expressão com sentido técnico inequívoco, porquanto já era utilizada pela legislação tributária para indicar a base de cálculo do Imposto sobre a Importação. 6. A Lei 10.865/04, ao instituir o PIS/PASEP-Importação e a COFINS-Importação, não alargou propriamente o conceito de valor aduaneiro, de modo que passasse a abranger, para fins de apuração de tais contribuições, outras grandezas nele não contidas. O que fez foi desconsiderar a imposição constitucional de que as contribuições sociais sobre a importação que tenham alíquota *ad valorem* sejam calculadas com base no valor aduaneiro, extrapolando a norma do art. 149,

---

[368] TRF4, INAC 2004.72.05.003314-1.

§ 2º, III, *a*, da Constituição Federal. 7. Não há como equiparar, de modo absoluto, a tributação da importação com a tributação das operações internas. O PIS/PASEP -Importação e a COFINS- -Importação incidem sobre operação na qual o contribuinte efetuou despesas com a aquisição do produto importado, enquanto a PIS e a COFINS internas incidem sobre o faturamento ou a receita, conforme o regime. São tributos distintos. 8. O gravame das operações de importação se dá não como concretização do princípio da isonomia, mas como medida de política tributária tendente a evitar que a entrada de produtos desonerados tenha efeitos predatórios relativamente às empresas sediadas no País, visando, assim, ao equilíbrio da balança comercial. 9. Inconstitucionalidade da seguinte parte do art. 7º, inciso I, da Lei 10.865/04: "acrescido do valor do Imposto sobre Operações Relativas à Circulação de Mercadorias e sobre Prestação de Serviços de Transporte Interestadual e Intermunicipal e de Comunicação – ICMS incidente no desembaraço aduaneiro e do valor das próprias contribuições, por violação do art. 149, § 2º, III, *a*, da CF, acrescido pela EC 33/01". 10. Recurso extraordinário a que se nega provimento.

Por conta do julgado do STF, a Lei 12.865/13 deu nova redação ao inciso I do art. 7º da Lei 10.865/04, estabelecendo que a base de cálculo, no caso da entrada de bens estrangeiros no território nacional, será apenas o valor aduaneiro.

O terceiro exemplo diz respeito ao Imposto Sobre Serviços. Os serviços passíveis de tributação pelo Imposto Sobre Serviços estão definidos em lei complementar editada pela União.

A jurisprudência do STF é firme no sentido de que a lista de serviços é taxativa e, com isto, não admite que o rol seja inovado por lei municipal.

O Decreto-Lei 406/1968 (com a redação dada pela LC 56/1987), contemplava, no item 79 da Lista de Serviços anexa, a locação de bens móveis como passível de incidência do ISS. Porém, o Supremo Tribunal Federal, no julgamento do RE 116.121-3/SP, declarou incidentalmente a inconstitucionalidade da exigência, restando assentado que a cobrança do ISS sobre locação de bem móvel contraria a Lei Maior e desvirtua institutos de Direito Civil. Acontece que na locação de coisa, de acordo com o Código Civil, uma das partes se obriga a ceder a outra o uso e gozo de coisa não fungível, mediante certa retribuição. A locação de bens móveis, segundo o Código Civil, configura uma obrigação de dar e não se identifica como serviço porque não envolve obrigações de fazer. Não se trata, portanto, de prestação de serviço porque esta envolve diretamente o esforço humano. Ou seja, apenas podem ser alcançados pelo ISS atos e fatos que sejam juridicamente qualificados como serviços. Como dito, o art. 110 do CTN impede seja recusada a definição da locação de bens móveis que é dada pelo Código Civil para que seja legitimada a imposição do ISS. Portanto, está consolidado o entendimento do Supremo Tribunal Federal no sentido de que não incide Imposto sobre Serviços (ISS) sobre locação de bens móveis:

> Não se revela tributável, mediante ISS, a locação de veículos automotores (que consubstancia obrigação de dar ou de entregar), eis que esse tributo municipal somente pode incidir sobre obrigações de fazer, a cuja matriz conceitual não se ajusta a figura contratual da locação de bens móveis.[369]

A Súmula Vinculante nº 31 do STF dispõe: "É inconstitucional a incidência do Imposto Sobre Serviços de Qualquer Natureza – ISS sobre operações de locação de bens móveis".

---

[369] STF, AgReg no RE 446.003.

O STF também julgou inconstitucional a incidência do IPVA sobre a propriedade de embarcações por considerar que as embarcações a motor não estão compreendidas na competência dos Estados e do Distrito Federal para instituir Impostos sobre a Propriedade de Veículos Automotores, pois essa norma só autoriza a incidência do tributo sobre os veículos de circulação terrestre. Considerou ainda que o IPVA é sucedâneo da antiga Taxa Rodoviária Única (TRU), cujo campo de incidência não inclui embarcações e aeronaves.[370]

Com base no mesmo entendimento acima mencionado, o Tribunal, por maioria, declarou a inconstitucionalidade do inciso III do artigo 6º da Lei 6.606/89, do Estado de São Paulo, que previa a incidência do IPVA sobre aeronaves.[371]

Por fim, também existem muitas ações judiciais em que os contribuintes questionam a inclusão do ICMS na apuração da base de cálculo do PIS/COFINS.

O STF, em outubro de 2014, concluiu o julgamento do RE 240.785, que havia iniciado em 1999. A Corte, por maioria, contando com o voto favorável de Ministros já aposentados, acabou decidindo que o ICMS "não compõe a base de incidência da COFINS, porque estranho ao conceito de faturamento". No seu voto, disse o Min. Marco Aurélio:

> As expressões utilizadas no inciso I do artigo 195 em comento hão de ser tomadas no sentido técnico consagrado pela doutrina e jurisprudencialmente. Por isso mesmo, esta Corte glosou a possibilidade de incidência da contribuição, na redação primitiva da Carta, sobre o que pago àqueles que não mantinham vínculo empregatício com a empresa, emprestando, assim, ao vocábulo "salários", o sentido técnico-jurídico, ou seja, de remuneração feita com base no contrato de trabalho – Recurso Extraordinário nº 128.519-2/DF. Jamais imaginou-se ter a referência à folha de salários como a apanhar, por exemplo, os acessórios, os encargos ditos trabalhistas resultantes do pagamento efetuado. Óptica diversa não pode ser emprestada ao preceito constitucional, revelador da incidência sobre o faturamento. Este decorre, em si, de um negócio jurídico, de uma operação, importando, por tal motivo, o que percebido por aquele que a realiza, considerada a venda de mercadoria ou mesmo a prestação de serviços. A base de cálculo da Cofins não pode extravasar, desse modo, sob o ângulo do faturamento, o valor do negócio, ou seja, a parcela percebida com a operação mercantil ou similar. O conceito de faturamento diz com riqueza própria, quantia que tem ingresso nos cofres de quem procede à venda de mercadorias ou à prestação dos serviços, implicando, por isso mesmo, o envolvimento de noções próprias ao que se entende como receita bruta. Descabe assentar que os contribuintes da Cofins-faturam, em si, o ICMS. O valor deste revela, isto sim, um desembolso a beneficiar a entidade de direito público que tem a competência para cobrá-lo. A conclusão a que chegou a Corte de origem, a partir de premissa errônea, importa na incidência do tributo que é a Cofins, não sobre o faturamento, mas sobre outro tributo já agora da competência de unidade da Federação. No caso dos autos, muito embora com a transferência do ônus para o contribuinte, ter-se-á, a prevalecer o que decidido, a incidência da Cofins sobre o ICMS, ou seja, a incidência de contribuição sobre imposto, quando a própria Lei Complementar nº 70/91, fiel à dicção constitucional, afastou a possibilidade de incluir-se, na base de incidência da Cofins, o valor devido a título de IPI. Difícil é conceber a existência de tributo sem que se tenha uma vantagem, ainda que mediata, para o contribuinte, o que se dirá quanto a um ônus, como é o ônus fiscal atinente ao ICMS. O valor correspondente a este último não tem a natureza de faturamento. Não pode, então, servir à incidência da Cofins, pois não revela medida

---

[370] STF, RE 134.509 e RE 379.572.
[371] STF, RE 255.111.

de riqueza apanhada pela expressão contida no preceito da alínea "b" do inciso I do artigo 195 da Constituição Federal. Cumpre ter presente a advertência do ministro Luiz Gallotti, em voto proferido no Recurso Extraordinário nº 71.758: "se a lei pudesse chamar de compra e venda o que não é compra, de exportação o que não é exportação, de renda o que não é renda, ruiria todo o sistema tributário inscrito na Constituição" – RTJ 66/165. Conforme salientado pela melhor doutrina, "a Cofins só pode incidir sobre o faturamento que, conforme visto, é o somatório dos valores das operações negociais realizadas". *A contrario sensu*, qualquer valor diverso deste não pode ser inserido na base de cálculo da Cofins. Há de se atentar para o princípio da razoabilidade, pressupondo-se que o texto constitucional mostre-se fiel, no emprego de institutos, de expressões e de vocábulos, ao sentido próprio que eles possuem, tendo em vista o que assentado pela doutrina e pela jurisprudência. Por isso mesmo, o artigo 110 do Código Tributário Nacional conta com regra que, para mim, surge simplesmente pedagógica, com sentido didático, a revelar que: A lei tributária não pode alterar a definição, o conteúdo e o alcance de institutos, conceitos e formas de direito privado utilizados, expressa ou implicitamente, pela Constituição Federal, pelas Constituições dos Estados, ou pelas Leis Orgânicas do Distrito Federal ou dos Municípios para definir ou limitar competências tributárias.

Da mesma forma que esta Corte excluiu a possibilidade de ter-se, na expressão "folha de salários", a inclusão do que satisfeito a administradores, autônomos e avulsos, não pode, com razão maior, entender que a expressão "faturamento" envolve, em si, ônus fiscal, como é o relativo ao ICMS, sob pena de desprezar-se o modelo constitucional, adentrando-se a seara imprópria da exigência da contribuição, relativamente a valor que não passa a integrar o patrimônio do alienante quer de mercadoria, quer de serviço, como é o relativo ao ICMS. Se alguém fatura ICMS, esse alguém é o Estado e não o vendedor da mercadoria. Admitir o contrário é querer, como salientado por Hugo de Brito Machado em artigo publicado sob o título "Cofins-Ampliação da base de cálculo e compensação do aumento de alíquota", em "CONTRIBUIÇÕES SOCIAIS – PROBLEMAS JURÍDICOS", que a lei ordinária redefina conceitos utilizados por norma constitucional, alterando, assim, a Lei Maior e com isso afastando a supremacia que lhe é própria. Conforme previsto no preceito constitucional em comento, a base de cálculo é única e diz respeito ao que faturado, ao valor da mercadoria ou do serviço, não englobando, por isso mesmo, parcela diversa. Olvidar os parâmetros próprios ao instituto, que é o faturamento, implica manipulação geradora de insegurança e, mais do que isso, a duplicidade de ônus fiscal a um só título, a cobrança da contribuição sem ingresso efetivo de qualquer valor, a cobrança considerado, isso sim, um desembolso".

A matéria, no entanto, ainda é polêmica, frente à nova composição do STF, e será definitivamente solucionada quando a Corte julgar a ADC 18, a qual foi proposta pelo Presidente da República e que tem por objeto legitimar a inclusão na base de cálculo da COFINS e do PIS/PASEP dos valores pagos a título de ICMS.

Capítulo 2 – Obrigação tributária

2.1. Conceito de obrigação

No Direito Civil, a obrigação nada mais é do que uma relação jurídica que une credor e devedor, cabendo a este o dever de satisfazer uma prestação em favor daquele. No polo ativo deste vínculo que une os dois ou mais sujeitos está o credor, que tem o direito de exigir a prestação; no polo passivo reside o devedor, a quem a lei impõe o dever de cumprir a prestação. Formada a relação jurídica, a lei faculta ao credor o exercício do direito de exigir o adimplemento da obrigação, impondo ao obrigado o dever de atendê-la, sob pena de responder com o seu patrimônio.

Esses elementos essenciais que caracterizam qualquer obrigação (credor, devedor, relação jurídica e prestação) também estão presentes na obrigação tributária, não havendo diferenças estruturais entre elas. Pouco importa que um dos polos deste vínculo seja necessariamente ocupado por uma pessoa jurídica de direito público, a quem a lei confere a condição de sujeito ativo, ou credor. O conceito, portanto, é único, sendo utilizado para o direito privado e o tributário.[372]

Assim como a obrigação tributária, também a obrigação do direito civil encontra seu fundamento na lei, que é a fonte por excelência de toda e qualquer obrigação. A diferença reside no fato de que, no Direito Tributário, a manifestação de vontade das partes é absolutamente irrelevante na formação da obrigação tributária. Ocorrido no mundo dos fatos aquela situação descrita na norma como necessária e suficiente para dar nascimento à obrigação tributária forma-se automaticamente um vínculo que une o credor (sujeito ativo) ao devedor da prestação (sujeito passivo). Descumprido o dever, e formado o título representativo do crédito tributário, a lei permite ao credor que execute judicialmente o devedor, servindo o patrimônio deste como garantia da satisfação do crédito. A vontade dos sujeitos pouco importa. Assim que ocorrido o fato descrito, automaticamente incide a norma tributária, irradiando os efeitos que lhe são próprios.

No Direito Tributário, a confissão irretratável e irrevogável de dívida tributária do sujeito passivo não tem valor algum diante de tributo reputado inconstitucional. Assim, a confissão do débito, feita como condição para obter o parcelamento, não impede a discussão judicial quanto à legitimidade da norma que instituiu o tributo.[373] De nada adianta a confissão do devedor – que por excelência nasce da própria vontade – se o tributo não encontrar amparo na lei. O tributo só é devido se e enquanto resultar diretamente da lei, não tendo importância qualquer manifestação de vontade para legitimá-lo. Porém, quanto à situação de fato, a confissão é irrevogável e irretratável, salvo se provado defeito que cause nulidade do ato jurídico. Ou seja, a confissão de dívida para fins de parcelamento não impede o questionamento judicial quanto aos aspectos jurídicos da obrigação tributária. Mas as circunstâncias de fato que a ela deram origem submetem-se à força vinculante da confissão.

O STJ, em julgamento de recurso repetitivo, decidiu que:

A confissão da dívida não inibe o questionamento judicial da obrigação tributária, no que se refere aos seus aspectos jurídicos. Quanto aos aspectos fáticos sobre os quais incide a norma tributária, a regra é que não se pode rever judicialmente a confissão de dívida efetuada com o escopo de obter parcelamento de débitos tributários. No entanto, como na situação presente, a matéria de fato

---

[372] Op. cit. p. 267.
[373] STJ, RESP 1.074.186, RESP 948.094.

constante de confissão de dívida pode ser invalidada quando ocorre defeito causador de nulidade do ato jurídico (*v.g.* erro, dolo, simulação e fraude).[374]

O caso julgado diz respeito ao ISS. O contribuinte havia confessado a dívida e celebrado parcelamento, tendo se equivocado ao incluir como profissionais habilitados ao exercício da atividade profissional os estagiários, fato que implicou majoração da base de cálculo do Imposto Sobre Serviços. Como a confissão de dívida, irrevogável e irretratável para fins de obtenção de parcelamento, tem força vinculante em relação à situação de fato, a Corte entendeu que a sua invalidação somente poderia ser admitida quando presente defeito causador de nulidade do ato jurídico.

Atente-se que a confissão de dívida, para fins de parcelamento, efetuada depois de transcorrido o prazo decadencial para a constituição do crédito tributário, não terá força jurídica para ressuscitá-lo, uma vez que a decadência é uma das formas de extinção do crédito tributário.[375]

2.2. Fato gerador

A obrigação tributária é essencialmente dinâmica. A regra de tributação incide sobre um fato. As normas descrevem hipóteses abstratas que, na medida em que ocorrem, dão surgimento à obrigação tributária. O nascimento da obrigação depende da ocorrência do fato e da sua subsunção à hipótese. A concretização da hipótese é o fato gerador ou fato imponível. Como diz Geraldo Ataliba:

> Uma lei descreve hipoteticamente um estado de fato, um fato ou um conjunto de circunstâncias de fato, e dispõe que a realização concreta, no mundo fenomênico, do que foi descrito, determina o nascimento de uma obrigação de pagar um tributo. Portanto, temos primeiramente (lógica e cronologicamente) uma descrição legislativa (hipotética) de um fato; ulteriormente, ocorre, acontece, realiza-se este fato concretamente. A obrigação só nasce com a realização (ocorrência) deste fato, isto é: só surge quando este fato concreto, localizado no tempo e no espaço, se realiza.[376]

Quer dizer, a descrição legal de um fato é a hipótese de incidência. A efetiva ocorrência do fato descrito é o chamado fato gerador.

A obrigação tributária, portanto, surge quando ocorrer o fato descrito na hipótese. O fato gerador, desde que previsto em lei, é que dá origem à obrigação tributária. A partir daí é possível identificar quem praticou o fato (sujeito passivo), qual o tributo e quanto deve ser pago (material), onde ele ocorreu (espacial) e quando aconteceu (temporal). Existem, portanto, quatro elementos que fazem parte da hipótese de incidência (pessoal, material, espacial e temporal), os quais devem integrar a lei, nos termos do art. 97 do CTN.

O elemento pessoal diz respeito à identificação dos sujeitos que participam da relação jurídico-tributária. Ocorrido o fato, alguém terá direito ao

---
[374] STJ, RESP 1.133.027.
[375] STJ, RESP 1.355.947.
[376] Ob. cit., p. 49.

recebimento do crédito que é devido por outrem. Teremos, portanto, os sujeitos ativo[377] e passivo. O sujeito ativo é o credor e o sujeito passivo o devedor.

O elemento material é o próprio núcleo ou a substância do fato gerador, permitindo identificar a espécie e a subespécie tributária. Mais uma vez, Geraldo Ataliba ensina que este elemento:

> Contém a designação de todos os dados de ordem objetiva, configuradores do arquétipo em que ela (h.i.) consiste; é a própria consistência material do fato ou estado de fato descrito pela h.i.; é a descrição dos dados substanciais que servem de suporte à h.i. Este aspecto dá, por assim dizer, a verdadeira consistência da hipótese de incidência. Contém a indicação de sua substância essencial...As classificações jurídicas dos tributos encontram critério e fundamento na configuração do aspecto material da hipótese de incidência.[378]

Muitas vezes a lei estabelece o tributo em quantia fixa, como ocorre com as taxas, em regra. Outras vezes, é necessário dimensionar o valor do tributo a ser pago. Para tanto, há necessidade de a lei fixar a base de cálculo, sobre a qual incidirá determinada alíquota. A alíquota e a base de cálculo devem ser previstas em lei (art. 97, IV, do CTN). A base de cálculo, conhecida também por base imponível, portanto, é um critério utilizado para mensurar o montante do tributo. A aplicação da alíquota sobre a base de cálculo é que representará o efetivo valor do tributo a ser pago. A alíquota pode ser *ad valorem* quando é expressa em percentuais, ou poderá ser específica, caso em que ela é atribuída em valores fixos por unidades de medidas. Exemplo da primeira é a alíquota, expressa em percentuais, do Imposto de Renda ou da contribuição previdenciária. Da segunda, é a CIDE, sobre o petróleo (art. 177, § 4°, da CF), fixada em valores certos (R$ 0,15, por exemplo) sobre o metro cúbico da gasolina. Recorde-se que a mera atualização do valor monetário da base de cálculo não equivale à majoração e, portanto, dispensa a lei (art. 97, § 2°, do CTN). Por outro lado, é equiparada à majoração do tributo a modificação de sua base de cálculo, que importe em torná-lo mais oneroso (art. 97, § 1°, do CTN).

As alíquotas também podem ser progressivas, aumentando na medida em que aumenta a base de cálculo, como ocorre com o IPTU (art. 156, § 1°, da CF), ou regressivas, diminuindo quando aumenta a base de cálculo. Poderão ser seletivas, em função da essencialidade dos produtos. Quanto mais essencial o produto, menor a sua alíquota, de modo a não encarecer o seu preço final (IPI, art. 153, § 3°, da CF; ICMS, art. 155, § 2°, III, da CF). Ou poderão ser diferenciadas para o mesmo fato gerador, desde que autorizadas pela Constituição Federal (arts. 156, § 1°, II, e 195, § 9°, da CF).

A base de cálculo possui íntima ligação com o aspecto material. Uma taxa pela prestação de um serviço público de coleta de lixo, por exemplo, não poderá adotar como base de cálculo o valor da propriedade imobiliária do contribuinte. Isto ocorre porque o valor venal da propriedade imobiliária serve de base de cálculo para o Imposto Predial e Territorial Urbano (IPTU) e a Constituição proíbe que as taxas tenham a mesma base de cálculo dos impostos

---

[377] Veja o item 2.5 deste capítulo, relativo ao sujeito ativo da obrigação tributária.
[378] Op. cit., p. 95.

(art. 145, § 2º). O STF suspendeu a eficácia de dispositivos de lei estadual que fixava as tabelas de custas dos atos judiciais pelo fato de a taxa judiciária ser fixada com base no valor do *monte mor*, o qual serve de base de cálculo do Imposto de Transmissão *Causa Mortis* e *Inter Vivos*.[379] Em outro julgado, o STF reformou acórdão do Tribunal de Alçada do Rio de Janeiro que havia entendido legítima a cobrança de taxa de renovação de alvará de localização pelo Município do Rio de Janeiro, que tinha como base de cálculo o número de empregados da empresa contribuinte.[380]

Na mesma linha de raciocínio, não seria legítima a instituição de um Imposto sobre a Propriedade Territorial Urbana que tomasse como base de cálculo a renda do proprietário. Não seria um imposto sobre a propriedade territorial, mas, sim, sobre a renda.

Se o fato gerador tomar em consideração a prestação de um serviço público específico e divisível ou o exercício do poder de polícia, estaremos diante de uma taxa (art. 145, II, da CF), pouco importando o nome que lhe tenha sido atribuído pelo legislador, conforme visto ao tratarmos das espécies tributárias.

O aspecto espacial diz respeito ao local onde ocorreu o fato gerador, identificando e delimitando o âmbito territorial da lei tributária. A lei federal vige em todo o território nacional, a estadual fica restrita aos limites territoriais do Estado, o mesmo acontecendo com a lei municipal e a do Distrito Federal, que ficam limitadas aos respectivos territórios. Este aspecto assume relevância, por exemplo, no caso de remissão do crédito tributário, que poderá ficar adstrito a determinada porção do território da entidade tributante (art. 172, V, do CTN), o mesmo acontecendo com as isenções regionais (art. 176, parágrafo único, do CTN).

O aspecto temporal refere-se ao momento em que se considera ocorrido o fato gerador. Identifica o momento do nascimento da obrigação tributária e, portanto, da lei aplicável. Importante sublinhar que o prazo de pagamento de tributos não diz respeito ao aspecto temporal e, por isto, não está sujeito ao princípio da reserva legal.[381]

No Imposto de Importação, por exemplo, considera-se ocorrido o fato gerador por ocasião da entrada da mercadoria no território nacional, devendo ser considerada a norma vigente no momento em que se efetivou o registro da declaração apresentada pelo importador à repartição alfandegária. Não importa, portanto, a data em que foi concretizado o negócio ou expedida a guia de importação.[382]

O controle dos processos de importação e exportação é informatizado, através de um Sistema Integrado de Comércio Exterior (SISCOMEX). Nele é efetuado o registro das operações do comércio exterior.

Assim, no Imposto de Exportação, o fato gerador ocorre no momento em que é feito o registro de exportação junto ao Sistema Integrado de Comércio

---

[379] STF, ADI 2.040.
[380] STF, RE 190.776 e 202.393.
[381] STF, RE 140.669.
[382] STJ, RESP 174.444, RESP 130.230.

Exterior – SISCOMEX. Em razão disso, o STF deu provimento ao recurso extraordinário para reformar acórdão do TRF da 5ª Região que afastara a exigência do Imposto de Exportação em operação relativa à venda de açúcar previsto nas Resoluções 2.112/94 e 2.136/94 – que estabeleciam alíquotas de 10% (dez por cento) e 2% (dois por cento), respectivamente, nos contratos de exportação de açúcar – cujo registro de venda, entendido como fato gerador pelo Tribunal de origem, fora feito anteriormente à edição das referidas normas. A Turma, salientando que o registro de venda não substitui o registro de exportação, entendeu pela incidência das mencionadas Resoluções porquanto as mesmas foram editadas anteriormente ao momento em que efetivados os registros de exportação.[383]

Uma mesma espécie tributária poderá apresentar elementos diversos que a identificam, conforme dispuser a lei. O IPI, por exemplo, tem como fato gerador a industrialização de produto, considerando-se como industrializado o produto que tiver sido submetido a qualquer operação que lhe modifique a natureza ou a finalidade, ou o aperfeiçoe para consumo (parágrafo único do art. 46 do CTN). O contribuinte é o industrial ou quem a lei a ele equiparar (art. 51, II, do CTN). O fato gerador ocorre na saída do produto do estabelecimento do industrial e tem como base de cálculo o valor da operação de que decorrer a saída da mercadoria (arts. 46, II, e 47, II, *a*, do CTN). Por outro lado, se houver a importação de um produto industrializado, os elementos variam. Neste caso, a lei considera ocorrido o fato gerador por ocasião do desembaraço aduaneiro, a sua base de cálculo passa a ser o preço normal, acrescido do montante do Imposto de Importação, das taxas exigidas para a entrada do produto no País e dos encargos cambiais efetivamente pagos pelo importador ou dele exigíveis, sendo contribuinte do Imposto o Importador ou a quem a lei a ele equiparar (arts. 46, I, 47, I, e 51, I, do CTN).

A doutrina também classifica os fatos geradores, dizendo que eles poderão ser instantâneos, periódicos ou complexivos e continuados.

2.2.1. Fato gerador *instantâneo*

O fato gerador é instantâneo quando desencadeia uma relação jurídica tributária toda vez que ocorrer. A cada ocorrência do fato haverá uma obrigação tributária. O acontecimento isolado, desde logo, dará origem à obrigação. A COFINS não cumulativa é um exemplo. Toda vez que uma pessoa jurídica auferir receita mensal, terá ocorrido o fato gerador. Também são instantâneos os fatos geradores do ICMS, IPI, Imposto de Transmissão de Bens Imóveis, Importação, Exportação, etc.

2.2.2. Fato gerador *complexivo*

O fato gerador complexivo, ou também considerado periódico ou de formação sucessiva, obedece a um determinado período de tempo. Findo o perío-

---
[383] STF, RE 223.796.

do marcado pela lei, em que deverão ser considerados todos os acontecimentos ocorridos, é que se tem por perfectibilizado o fato gerador.

O Imposto de Renda da Pessoa Física tem fato gerador complexivo. O fato gerador ocorre no último dia do ano, havendo antecipações mensais no decorrer do período. O contribuinte poderá auferir renda apenas durante um período no decorrer do ano, mas no restante ter apenas despesas dedutíveis. O conjunto dos fatores positivos e negativos no decorrer do ano é que determinarão o tributo devido em 31 de dezembro, considerado o ano-base, cuja declaração de ajuste deve ser apresentada até 30 de abril do ano seguinte, que é o do exercício. A propósito, ensina Ricardo Mariz de Oliveira:[384]

> Na realidade fenomênica, o fato gerador vai se formando paulatinamente, dia a dia ou momento a momento do período-base predeterminado pela lei, mediante a aquisição de cada disponibilidade econômica ou jurídica de renda ou de provento e o incorrimento em cada custo ou despesa necessário à produção daqueles fatores positivos para o patrimônio.
>
> Esse fenômeno prossegue ineluctavelmente até o último instante do período considerado, quando se fecha a massa universal de fatores positivos e negativos de mutação patrimonial, de modo que, até este átimo final, algum novo fator positivo ou negativo pode vir a produzir uma nova mutação para mais ou para menos.
>
> É exatamente no encerramento do período eleito pela lei que se completa a situação configuradora do fato gerador e este é considerado como ocorrido.

2.2.3. Fato gerador continuado

O fato gerador continuado diz respeito a determinadas situações, cuja tendência é a de manterem-se estáveis no tempo, como diz Luciano Amaro:

> O fato gerador do tributo chama-se continuado quando é representado por situação que se mantém no tempo e que é mensurada em cortes temporais (...). É o caso dos tributos sobre a propriedade ou sobre o patrimônio. Os impostos sobre a propriedade territorial e sobre a propriedade de veículos automotores incidem uma vez a cada ano, sobre a mesma propriedade: se o indivíduo "A" tiver um imóvel, e a lei determinar que o fato gerador ocorre todo dia 1º de cada ano, a cada 1º de janeiro o titular da propriedade estará realizando um fato gerador do tributo, não sobre as propriedades que tiver adquirido ou vendido ao longo do ano, mas em relação àquelas que for titular naquele dia.

Fazendo a distinção entre o fato gerador continuado e o instantâneo, diz ele que o continuado não se refere a uma "situação que ocorre e se esgota a cada instante de tempo em que ela se põe (tal qual a luminosidade de um vagalume), mas de situação duradoura, que pode manter-se estável ao longo do tempo".[385]

2.3. Obrigação tributária principal e acessória

A obrigação tributária principal surge no momento da ocorrência do fato gerador e tem por objeto o pagamento de tributo ou penalidade pecuniária,

---

[384] Op. cit., p. 494/495.
[385] Op. cit., p. 252.

extinguindo-se juntamente com o crédito dela decorrente (art. 113, § 1º, do CTN). O fato que gera a obrigação principal é a situação definida em lei como necessária e suficiente à sua ocorrência (art. 114 do CTN).

A doutrina critica a penalidade pecuniária como objeto da obrigação tributária porque, sendo uma penalidade imposta pelo descumprimento de um dever, não possuiria natureza tributária, nos exatos termos do art. 3º do CTN.

A obrigação tributária acessória, também chamada instrumental ou formal, envolve prestações, positivas ou negativas, previstas na legislação tributária no interesse da arrecadação ou fiscalização dos tributos (art. 113, § 2º, CTN), cujas normas devem ser interpretadas literalmente quando dispensarem o contribuinte do seu cumprimento (art. 111, III, do CTN). Note-se que o CTN faz referência à *legislação tributária*, expressão que compreende os Decretos e as normas complementares (art. 96 do CTN), incluindo entre estas últimas os atos normativos expedidos pelas autoridades administrativas (art. 100, I, do CTN). Por tal razão, há precedentes no sentido de que os atos normativos, integrando o conceito de legislação tributária, podem instituir obrigações acessórias. A penalidade pelo seu descumprimento, porém, necessariamente deve estar prevista em lei (art. 97, V, do CTN).

No Superior Tribunal de Justiça, o Min. Teori Zavascki decidiu:[386]

(...) Os impetrantes pretendem (...) que lhes seja assegurado o direito de não se submeterem ao cumprimento das obrigações acessórias introduzidas pelo Convênio ICMS nº 57/95(...).Referido convênio (...) impôs aos contribuintes o dever de enviar à Secretaria de Estado da Fazenda, mensalmente, um arquivo magnético de informações contendo todas as operações internas e interestaduais efetuadas, o que é feito através do SINTEGRA – Sistema Integrado de Informações sobre Operações Interestaduais com Mercadorias e Serviços. Os impetrantes entendem que tal obrigação não poderia ser instituída mediante simples convênio, tendo em vista que, nos termos da Constituição Federal, os convênios têm como função apenas a concessão de isenções e benefícios fiscais relacionados ao ICMS, restando ferido o princípio da legalidade com a criação das obrigações acessórias mencionadas. (...) o SINTEGRA constitui um importante instrumento de que se valem as Fazendas Públicas Estaduais e Federal, permitindo à fiscalização otimizar e aprimorar a arrecadação, combatendo as fraudes e a sonegação. As alegações dos impetrantes de que as normas do SINTEGRA estariam eivadas de ilegalidade e inconstitucionalidade não procedem. (...) o inciso IV do art. 100 do Código Tributário Nacional atribui aos convênios o caráter de normas complementares das leis, tratados, convenções internacionais e Decretos. Estes, por sua vez, integram o conceito de legislação tributária, conforme disposto no art. 96, do CTN (...).

O que gera a obrigação acessória é qualquer situação que imponha a prática ou abstenção de ato que não configure obrigação principal, na forma da legislação aplicável (art. 115 do CTN).

Portanto, o objeto da obrigação tributária também pode envolver as prestações de fazer ou não fazer, instituídas pela legislação tributária no interesse da arrecadação, administração e fiscalização tributárias. São exemplos de obrigações acessórias a obrigatoriedade da entrega da declaração de bens e rendimentos à fiscalização, mesmo que não exista tributo a ser pago, a exigência de expedição de nota fiscal, a escrituração de livros fiscais, a entrega de documentos à repartição fiscal (DCTF, GFIP, DIRF, etc.). Se houver o descumprimento

---

[386] STJ, RMS 24.453.

da obrigação acessória, o CTN determina que a mesma deve ser convertida em obrigação principal, quando então passa a ter conteúdo econômico (art. 113, § 3º). A conversão significa apenas que a multa imposta pelo descumprimento do dever será exigida e cobrada tal como um tributo. Como dito, o descumprimento da obrigação acessória gera a imposição de uma penalidade, que deve ser prevista em lei (art. 97, V, do CTN).

Essa acessoriedade da obrigação tributária, no entanto, não tem o significado que lhe empresta o Direito Civil, no sentido de que o acessório pressupõe a existência do principal, seguindo-lhe a mesma sorte, salvo disposição especial em contrário. No Direito Tributário, a obrigação tributária acessória subsiste independentemente da obrigação principal e a ela não se vincula, podendo ter existência própria e autônoma. A extração de nota fiscal (obrigação acessória), por exemplo, pode ser exigida ainda que não seja devido nenhum tributo decorrente. O sujeito pode estar obrigado ao cumprimento da obrigação principal e da acessória, somente da principal ou somente ainda da acessória. As imunidades, por exemplo, não atingem as obrigações acessórias, cujas prestações, em consequência, poderão ser exigidas pelo Fisco das entidades imunes.

O fato gerador, quando diga respeito a uma situação de fato, não apresenta problemas. Ele se considera ocorrido assim que se verifiquem as circunstâncias materiais necessárias para que produza os efeitos que normalmente lhe são próprios (art. 116, I, do CTN). Para que ocorra o fato gerador do IPI, por exemplo, não basta a industrialização do produto, assim entendendo-se o que tiver sido submetido a qualquer operação que lhe modifique a natureza ou a finalidade, ou o aperfeiçoe para consumo (parágrafo único do art. 46 do CTN). O produto poderá ter sido vendido sem que ainda tenha sido industrializado. Para a lei, o momento da compra e venda é irrelevante. O que importa é a saída do produto do estabelecimento industrial para que se tenha por ocorrido o fato gerador (art. 46, II, do CTN).

Tratando-se de situação jurídica, considera-se ocorrido o fato gerador quando ela estiver definitivamente constituída, nos termos do direito aplicável (art. 116, II, do CTN). No caso do Imposto de Transmissão *Causa Mortis*, por exemplo, na data do falecimento da pessoa é que se considerada aberta a sucessão, transmitindo-se, desde logo, aos herdeiros legítimos e testamentários, a herança (art. 1.784 do CC). A transmissão, portanto, ocorreu no momento do óbito, embora seja outro o momento do inventário, já que o inventário do patrimônio hereditário pode ser instaurado no prazo de trinta dias, a contar da abertura da sucessão (art. 1.796 do CC). Logo, a alíquota aplicável é aquela vigente ao tempo do óbito, pouco importando a data da abertura ou conclusão do inventário.

O fato gerador do Imposto de Transmissão *Causa Mortis* é instantâneo e ocorre com o óbito. O STF, no julgamento do RE 69.553, em que os herdeiros postulavam num inventário, aberto antes da edição do CTN, que o imposto de transmissão fosse calculado pela alíquota de 2% (dois por cento) estabelecida em lei nova, e não pela lei vigente na época da abertura da sucessão, sob o argumento de que o fato gerador era pendente (art. 105 do CTN), rejeitou a pretensão porque entendeu que a alíquota aplicável era aquela vigente na abertura da sucessão. Considerou-se o caráter instantâneo do fato gerador, ocorrendo simultaneamente o óbito, a abertura da sucessão e a transmissão, aplicando-se a lei então vigente.

Diante de negócio jurídico sujeito a evento futuro e incerto, o CTN procura definir o momento da ocorrência do fato gerador e, portanto, da legislação tributária aplicável, fazendo distinção entre a condição suspensiva e a resolutória nos chamados negócios jurídicos condicionais, regrados pelo Direito Civil.

Nos termos do Direito Civil, considera-se condição a cláusula que, derivando exclusivamente da vontade das partes, subordina o efeito do negócio jurídico a evento futuro e incerto (art. 121 do CC). A regra para identificar a condição, como diz Orlando Gomes,[387] está na qualidade do efeito produzido pela condição no seu estado de pendência: se a eficácia do ato estiver suspensa, a condição é suspensiva; no entanto, se o ato produzir efeito de imediato a condição é resolutiva.

Portanto, nos negócios jurídicos sujeitos à condição suspensiva, os seus efeitos são produzidos quando a condição for implementada. Ou seja, o ato ou negócio ficará com sua eficácia suspensa enquanto não ocorrida a condição. Ora, neste caso é intuitivo que o fato gerador somente ocorrerá quando a condição for implementada (art. 117, I, do CTN), caso em que o negócio jurídico se reputará perfeito e acabado.

A condição resolutiva opera em sentido oposto. Ou seja, o negócio subordinado a uma condição resolutiva reputa-se imediatamente perfeito e acabado. No entanto, assim que implementada a condição extingue-se o direito criado pelo ato. Se resolutiva for a condição, nos termos do art. 127 do CC, enquanto esta não se realizar, vigorará o negócio jurídico, podendo exercer-se desde a conclusão deste o direito por ele estabelecido. "São resolutivas as condições que tenham por fim extinguir, depois do acontecimento futuro e incerto, o direito criado pelo ato", como leciona Washington de Barros Monteiro.[388] Ora, neste caso, o fato gerador terá ocorrido no momento da prática do ato ou da celebração do negócio, sendo irrelevante a condição.

A condição resolutiva é inerente aos contratos bilaterais. Nestes contratos, também chamados sinalagmáticos, as obrigações são interdependentes, de maneira que um contratante não pode, antes de cumprir sua obrigação, exigir o implemento da do outro (art. 476 do Código Civil). O exemplo da condição resolutiva é a compra e venda sujeita à cláusula especial da retrovenda. Neste contrato, o vendedor pode reservar-se o direito de recobrar, no prazo máximo de decadência de três anos, o imóvel que vendeu, restituindo ao comprador o preço e as despesas que este incorreu, inclusive as que, durante o período de resgate, se efetuaram com a sua autorização escrita, ou para a realização de benfeitorias necessárias (art. 505 do CC). "O pacto de retrovenda", diz

---

[387] GOMES, Orlando. *Introdução ao Direito Civil*, p. 344.
[388] MONTEIRO, Washington de Barros. *Curso de Direito Civil*, p. 231.

Washington de Barros Monteiro, "uma vez convencionado e exercitado, reconduz os contratantes à situação anterior ao contrato: volve a coisa vendida ao patrimônio do vendedor, que restituirá ao comprador, por sua vez, o preço recebido, mais as despesas por este efetuada".[389]

Transfere-se entre vivos a propriedade mediante o registro do título translativo no Registro de Imóveis (art. 1.245 do CC). Assim, o fato gerador do Imposto de Transmissão de Bens Imóveis considera-se ocorrido com o registro imobiliário[390] da compra efetuada, não obstante, na prática, seja o imposto exigido de forma antecipada por ocasião da lavratura da escritura. Não importa se o negócio é depois desfeito pelo implemento da condição resolutiva. Ou seja, se o vendedor exercer o seu direito, resolve-se o contrato, havendo o retorno das partes ao estado anterior, caso em que o adquirente não terá direito a postular a devolução do imposto de transmissão que foi pago porque se abstrai da definição do fato gerador os efeitos dos fatos ocorridos (art. 118, II, do CTN), além do que o vendedor terá de reembolsar o comprador das despesas que ele teve, entre as quais o pagamento do imposto. O que importa é que houve a transmissão da propriedade, ainda que depois o negócio tenha sido desfeito.

Em resumo, se numa determinada situação o direito ficar aguardando a sua constituição para um momento futuro, na dependência do implemento da condição, nenhum fato gerador de tributo irá ocorrer se a condição não se verificar. Na condição suspensiva o fato gerador fica na dependência do implemento da condição. Por outro lado, se desde logo o direito já está constituído, mas passa a depender de um acontecimento futuro para que desapareça, o fato gerador do tributo ocorreu por ocasião do negócio. O fato gerador não fica na dependência do implemento da condição pela simples razão de que já ocorreu.

2.4. Elisão e evasão fiscal

A LC 104/01 acrescentou um parágrafo único ao art. 116, nestes termos:

A autoridade administrativa poderá desconsiderar atos ou negócios jurídicos praticados com a finalidade de dissimular a ocorrência do fato gerador do tributo ou a natureza dos elementos constitutivos da obrigação tributária, observados os procedimentos a serem estabelecidos em lei ordinária.

Esta norma foi concebida para permitir à autoridade fazendária o combate ao planejamento tributário ilegítimo, conferindo-lhe poderes para desconsiderar atos ou negócios jurídicos praticados com abuso de forma ou de direito. É a chamada norma antielisão fiscal, baseada na teoria da interpretação econômica do fato gerador.

A teoria da interpretação econômica, ou a preponderância do conteúdo econômico sobre a forma jurídica, atém-se aos efeitos econômicos dos fatos

---

[389] Ob. cit., p. 100.
[390] STJ, RESP 12.546-0, RESP 863.893.

ou negócios, ignorando a forma jurídica adotada. Esta teoria teve origem no direito alemão. Na interpretação das leis fiscais, deveria ser levada em consideração a sua finalidade. Ou seja, a obrigação tributária não poderia ser excluída mediante o abuso de formas do direito, devendo ser buscado o significado econômico das leis tributárias. De acordo com esta teoria, é legítimo que o Fisco ignore a forma jurídica escolhida pelas partes na realização de determinado ato jurídico que teve por escopo afastar a incidência tributária que fatalmente ocorreria se o contribuinte tivesse elegido outra forma.

Elisão, no Dicionário Aurélio,[391] é ato ou efeito de elidir, eliminação, supressão. Evasão é ato de evadir-se, escapar, fugir, evitar, desviar.

De acordo com a doutrina, a elisão seria uma conduta lícita adotada pelo contribuinte para evitar a ocorrência do fato gerador. É a utilização de uma outra forma jurídica para alcançar idêntico resultado que seria tributado caso fosse adotada a sua prática usual. É uma forma de economizar no pagamento de tributos. Ela antecede a ocorrência do fato gerador. Alguns também consideram elisão a evasão lícita. É o planejamento tributário.

A evasão fiscal seria uma forma ilícita de acobertar o fato gerador já ocorrido, mediante atos ou negócios simulados ou fraudados. É a prática da fraude fiscal com o desiderato de fugir do pagamento do tributo ou diminuí-lo. Através de atos contrários ao ordenamento jurídico, o contribuinte obtém uma vantagem fiscal. Ela seria posterior à ocorrência do fato gerador. É a evasão ilícita.

O tempo, portanto, seria um fator determinante para diferenciar a elisão da evasão. Praticado o ato ou negócio antes da ocorrência do fato gerador, haveria elisão; depois, evasão.

Na verdade, o contribuinte tem o direito de economizar no pagamento de tributos. Ele não é obrigado a adotar a forma jurídica mais onerosa para conduzir os seus negócios. O contribuinte pode estruturar os seus atos ou negócios jurídicos de maneira a pagar menos, ou nenhum, tributo. Se o ato pode ser praticado por duas formas, sendo uma tributada e outra não, é evidente que o contribuinte tem o direito de escolher a que melhor atenda aos seus interesses. Ninguém é obrigado a adotar a forma mais onerosa para os seus negócios. Não haverá fraude ou evasão quando o direito do Fisco ao crédito ainda não tiver sido concretizado. Enquanto não ocorrido o fato gerador, portanto, é legítima a economia do tributo, desde que os atos praticados pelo contribuinte encontrem amparo na ordem jurídica.

Bernardo Ribeiro de Moraes esclarece que foi Rubens Gomes de Souza quem fez a melhor distinção entre fraude fiscal (evasão ilícita) e elisão fiscal. Para este, em ambos os casos, existem ações ou omissões com o objetivo de evitar, retardar ou reduzir o pagamento de tributos. Porém, apenas a fraude é contrária à ordem jurídica e, portanto, punível. A elisão, ao contrário, não infringe a lei, não comportando sanções. Eis as palavras de Rubens Gomes de Souza:

---

[391] Aurélio Século XXI. *Dicionário da Língua Portuguesa*.

O único critério seguro é verificar se os atos praticados pelo contribuinte, para evitar, retardar ou reduzir o pagamento de um tributo, foram praticados antes ou depois da ocorrência do respectivo fato gerador: na primeira hipótese, trata-se de evasão; na segunda, trata-se de fraude fiscal. É fácil compreender a razão: se o contribuinte agiu antes de ocorrer o fato gerador, a obrigação tributária específica ainda não tinha surgido e o direito do fisco ao tributo ainda se encontrava em sua fase abstrata, não concretizada nem individualizada em relação a um fato e a um contribuinte determinado; por conseguinte, o fisco nada poderá objetar se um determinado contribuinte consegue, por meios lícitos, evitar a ocorrência do fato gerador, ou fazer com que essa ocorrência se dê na forma, na medida ou ao tempo que lhe sejam mais favoráveis. Ao contrário, depois da ocorrência do fato gerador, já tendo portanto surgido a obrigação tributária específica, qualquer atividade desenvolvida pelo contribuinte, ainda que por meios lícitos, só poderá visar a modificação ou a ocultação de uma situação jurídica já concretizada a favor do fisco, que poderá então, legitimamente, objetar violação do seu direito adquirido, mesmo que a obrigação ainda não esteja individualizada contra o contribuinte do lançamento, vez que este é meramente declaratório.[392]

O parágrafo único do art. 116 do CTN diz respeito a atos ou negócios jurídicos que tenham a finalidade de dissimular a ocorrência do fato gerador ou dos elementos que constituem a obrigação tributária. Dissimular, no Dicionário Aurélio, é "ocultar ou encobrir com astúcia". "Simular é fingir o que não é; dissimular é encobrir o que é".[393]

O art. 166 do CC dispõe que é nulo o negócio jurídico quando, entre outros casos, não revestir a forma prescrita em lei ou tiver por objetivo fraudar a lei imperativa (incisos IV e VI). Também comina de nulidade o negócio jurídico simulado, estabelecendo que haverá simulação quando os negócios aparentarem conferir ou transmitir direitos a pessoas diversas daquelas às quais realmente se conferem, ou transmitem, quando contiverem declaração, confissão, condição ou cláusula não verdadeira e quando os instrumentos particulares forem antedatados ou pós-datados (art. 167, § 1º, I, II e III). O novo Código Civil estabeleceu que as nulidades devem ser pronunciadas pelo juiz, quando conhecer do negócio jurídico ou dos seus efeitos e as encontrar provadas, não lhe sendo permitido supri-las, ainda que a requerimento das partes.

De acordo com Washington de Barros Monteiro, o negócio jurídico simulado caracteriza-se pelo "intencional desacordo entre a vontade interna e a declarada, no sentido de criar, aparentemente, um negócio jurídico, que, de fato, não existe, ou então oculta, sob determinada aparência, o negócio realmente querido".[394] Conforme ensina, a simulação distingue-se do dolo. No dolo, uma das partes é enganada pela outra, enquanto na simulação nenhuma das partes é iludida. "Uma e outro tem conhecimento da burla, levada a efeito para ludibriar terceiro".

Nos atos ou negócios simulados, portanto, o contribuinte inventa um ato ou negócio que não existe ou encobre os verdadeiros atos ou negócios realizados. Na simulação, não existe um liame entre o ato ou negócio praticado e o desejado. Falta sintonia entre o querer e o fazer. Apenas para economizar no pagamento de tributos, o contribuinte realiza um negócio ou pratica um ato

---

[392] *Apud* op.cit., p. 472/473.
[393] Op. cit.
[394] Op. cit., p. 207.

de uma determinada maneira quando o seu objetivo era outro. Por exemplo, o contribuinte tem a intenção de comprar um imóvel, mas como o Imposto de Transmissão de Bens Imóveis é superior ao de doação, ele simula, em conluio com o vendedor, um contrato de doação. Houve a ocultação do fato gerador do imposto de transmissão mediante a utilização de outra forma jurídica adotada para o ato. Como o negócio foi simulado, o Fisco estará autorizado a proceder ao lançamento de ofício do imposto de transmissão (art. 149, VII, do CTN).

As lacunas da lei fiscal podem ser aproveitadas pelo contribuinte porque só há obrigação tributária diante da lei. O Supremo Tribunal Federal, no julgamento do RE 63.486, entendeu que o contribuinte poderia evitar, de forma lícita, o pagamento de imposto. No caso, houve a compra de uma fábrica de papel envolvendo conjunto de edifício, terrenos, máquinas, veículos, etc. As partes, antes e depois da escritura pública de alienação dos imóveis, celebraram outros atos para transferência dos móveis, utensílios e equipamentos, pagando o antigo imposto de vendas e consignações. Porém, a Fazenda Estadual executou o adquirente para cobrar a diferença do imposto de transmissão *inter vivos* incidente sobre as máquinas, equipamentos e matérias-primas por considerá-las como imóveis por destinação, nos termos do art. 43, III, do antigo CC (*São bens imóveis tudo quanto no imóvel o proprietário mantiver intencionalmente empregado em sua exploração industrial, aformoseamento ou comodidade*). A empresa ofereceu defesa, argumentando que tais coisas tinham sido mobilizadas, nos termos do art. 45 do antigo CC (*Os bens, de que trata o art. 43, III, podem ser, em qualquer tempo, mobilizados*). No julgamento, o Min. Aliomar Baleeiro entendeu que era lícito ao contribuinte mobilizar as máquinas e equipamentos com o objetivo de vendê-los separadamente do imóvel como os vendeu, argumentando que a evasão, no caso, tinha sido lícita, podendo ser aproveitada pelo contribuinte a lacuna da lei fiscal porque o crédito tributário é uma obrigação *ex lege*. Disse ele que, no caso concreto, tudo levava a crer que não teria havido qualquer tentativa de sonegação ou evasão ilícita:

> O contribuinte realizou, à luz do dia e do Fisco, o que os escritores de Direito Fiscal chamam de evasão lícita, aproveitando-se das lacunas da lei em matéria em que ela pode ser expressa e clara. Jurista, como JÈZE, aliás, doublé de financista, sustentam a licitude do contribuinte que busca adotar formas jurídicas mais favoráveis ao pagamento mais benigno, desde que não usem de fraude ou clandestinidade. Certo é que outros fiscalistas, ao contrário, defendem a predominância do conteúdo econômico sobre a aparência do negócio jurídico formal...Segundo a jurisprudência do Supremo Tribunal Federal, os conceitos de Direito Civil servem de base às disposições fiscais que a eles se referem. A lei fiscal toma-os no sentido e no alcance que lhes dá o Direito Privado.

O Superior Tribunal de Justiça, por sua vez, não admitiu que o Fisco pudesse descaracterizar o contrato de *leasing* firmado entre as partes para o efeito de obter o Imposto de Renda. Na hipótese, a Fazenda Nacional havia descaracterizado o arrendamento mercantil porque entendeu que o valor residual do contrato era puramente simbólico e o seu prazo inferior à vida útil dos bens, exigindo o Imposto de Renda sobre as deduções das contraprestações arcadas pelo contribuinte e registradas como despesa. De acordo com o Fisco, a Lei 6.099/74 regula a apropriação, como custo ou despesa operacional da pessoa jurídica, de encargos pagos ou creditados por força do contrato de arrendamento mercantil, mas o art. 235, § 1º, do RIR/80 ressalva que a aquisição, pelo arrendatário, de bens arrendados em desacordo com as disposições da Lei 6.099/74, será considerada operação de compra e venda à prestação, nisso residindo o fundamento da autuação. Para a Fazenda Nacional, as partes contratantes não poderiam pretender que "a Administração tributária assista impassível a contratação de operações que, embora revestindo-se de forma de contrato de arrendamento mercantil, pactuem condições que as descaracterizam de compra e venda a prazo, com o objetivo único de economia ilegal de tributos". Na espécie, o Min. José Delgado entendeu que o contrato de *leasing* não poderia ser descaracterizado para compra e venda pelo fato de o seu prazo ser inferior ao da vida útil dos bens ou o valor residual do contrato ser puramente simbólico. Mencionou que tais ajustes não alterariam a definição jurídica do contrato, tal como prevista na Lei 6.099/74. Ou seja, houve respeito à forma jurídica adotada pelo contribuinte.

A lei ordinária estabelecerá os procedimentos que deverão ser tomados pela autoridade administrativa para que sejam combatidos certos planejamentos tributários que são adotados com abuso de forma ou de direito com o nítido escopo de evitar a incidência do tributo que seria devido caso fosse utilizada a forma usual para a prática daquele ato ou negócio jurídico.

Mesmo que não advenha a lei ordinária, ainda assim o Fisco, diante da comprovação de que o sujeito passivo agiu com fraude, simulação ou dolo, poderá lançar de ofício o tributo que reputar devido, nos termos do disposto no art. 149, VII, do CTN.

Por outro lado, a interpretação da definição do fato gerador deve ser feita abstraindo-se a validade jurídica dos atos efetivamente praticados pelo contribuinte, responsáveis ou terceiros, pouco importando a natureza do seu objeto ou os seus efeitos, bem como os efeitos dos fatos efetivamente ocorridos (art. 118, I e II, do CTN).

Enquanto a validade do ato jurídico requer agente capaz, objeto lícito e forma prescrita ou não defesa em lei, sob pena de nulidade (arts. 104 e 166, I, II e IV, do CC), a ocorrência do fato gerador prescinde destes requisitos. A lei tributária simplesmente ignora-os, atrelando-se exclusivamente à ocorrência do fato gerador tal como definido na legislação tributária. Se um menor de dezesseis anos adquirir um imóvel, por exemplo, ainda que o negócio seja nulo (art. 166, I, do CC), terá havido a incidência do imposto de transmissão assim como a do IPTU. Pronunciada a nulidade, não haverá direito à devolução dos tributos pagos.

Os fatos ilícitos não podem ser colocados no aspecto material da hipótese de incidência, uma vez que na própria definição de tributo o CTN estabelece que ele não pode constituir sanção de ato ilícito (art. 5º do CTN). No entanto, deve ser visto que nada impede que a lei tributária incida sobre os ganhos ou rendimentos auferidos pelo agente com a prática de determinada atividade criminosa. Tal tributação é legítima. Portanto, rendimentos auferidos pela venda ilícita de drogas podem ser tributados pelo Imposto de Renda. Segundo o STF, a tributação de produtos financeiros que decorrem de atividades criminosas é legítima.[395] Os resultados econômicos advindos da prática de um fato criminoso não devem ficar a salvo da tributação, até mesmo em respeito ao princípio da isonomia tributária.

2.5. Sujeito ativo

Concretizado o fato gerador, forma-se um vínculo jurídico que une o credor e o devedor, evidenciando o aspecto pessoal da hipótese de incidência tributária. O credor figura no polo positivo da relação tributária. O devedor, no polo negativo. O credor é o sujeito ativo; o titular da prestação. O devedor é o sujeito passivo; a pessoa obrigada ao cumprimento da prestação.

Diz o CTN que sujeito ativo da obrigação é a pessoa jurídica de direito público titular da competência para exigir o seu cumprimento (art. 119). Note-se que o titular da competência tributária não se confunde com o sujeito ativo da obrigação tributária. O exercício da competência tributária é conferido pela Constituição Federal. É o texto constitucional que divide o poder fiscal entre as pessoas políticas (União, Estados, DF e Municípios) a fim de que estas, mediante suas leis respectivas, possam instituir os tributos. O exercício da competência tributária antecede a relação jurídico-tributária. A competência tributária está na Constituição; o sujeito ativo, na lei. O sujeito ativo será determinado no instante em que se formar a relação tributária, ou seja, com a ocorrência do fato gerador. Neste momento é identificado o credor do tributo, indicado pela lei. Exercitada a competência, a lei poderá conferir a um terceiro, desde que seja uma pessoa jurídica de direito público, nos termos do CTN, a qualidade de credor. Sujeito ativo, portanto, será o titular do crédito.

Existem divergências doutrinárias acerca da compatibilidade do art. 119 do CTN com a CF/88. Alguns entendem que apenas as pessoas jurídicas de direito público é que poderiam ser sujeitos ativos da obrigação tributária, não podendo ser confundidos com os destinatários do produto da arrecadação. Para outros, pessoas de direito privado poderiam figurar como sujeitos ativos da obrigação tributária.

Ora, se o texto constitucional admite que determinadas prestações de natureza tributária sejam exigidas por pessoas de direito privado (contribuições sociais do art. 240 da CF) e até mesmo por pessoas físicas que exercem, em caráter privado, por delegação do poder público, serviços notariais e de registros (natureza jurídica de taxa os emolumentos de que trata o art. 236, § 2º, da CF), não há que se recusar a elas a condição de sujeitos ativos. São os únicos credores da prestação, ainda que em alguns casos a fiscalização e a cobrança fiquem a cargo de uma pessoa jurídica de direito público. O cobrador não é titular do direito do crédito e, portanto, não poderia ser o sujeito ativo.

Luciano Amaro, comentando o art. 119 do CTN, diz que:

> O dispositivo peca, porém, quando supõe que o credor da obrigação tributária necessariamente tenha de ser pessoa jurídica de direito público, quando se sabe que o sistema constitucional

---
[395] STF, HC 77.530.

admite a existência de outras entidades na condição de credoras de obrigação tributária. Esse dispositivo (diga-se, a bem da verdade) está em sintonia com o art. 5º do Código Tributário Nacional, que pretendeu trancar o sistema tributário na trilogia imposto-taxa-contribuição de melhoria, cujos sujeitos ativos soem ser pessoas de direito público. Na medida, porém, em que incluam no sistema tributário outras exações que não correspondam a essas figuras (ou – na visão de certos setores doutrinários – na medida em que essas espécies compreendam os tributos parafiscais) há de ser compreensiva também das entidades de direito privado que tenham capacidade tributária ativa.[396]

Se a lei for omissa quanto ao sujeito ativo, ele será o próprio titular da competência tributária. Isto normalmente ocorre com os impostos. No Imposto de Importação, por exemplo, a União é a titular da competência tributária e também o sujeito ativo da obrigação tributária. O mesmo se dá em relação ao ICMS, cujo titular da competência e sujeito ativo é o Estado ou o DF, ou ao Imposto Sobre Serviços, que tem o Município ou o DF como competentes para instituí-lo e dele ser credor.

Porém, isto nem sempre acontece e revela-se com maior nitidez nos tributos vinculados. Nas taxas, o sujeito ativo via de regra é a entidade responsável pelo exercício do poder de polícia ou pela prestação do serviço público específico e divisível. Por exemplo, a taxa de licenciamento, controle e fiscalização de materiais nucleares e radioativos e suas instalações, prevista na Lei 9.765/98, tem como sujeito ativo a Comissão Nacional de Energia Nuclear. Já os emolumentos extrajudiciais, por terem a natureza jurídica de taxas, terão como sujeito ativo uma pessoa física.

É a União que também possui a competência tributária para instituir as contribuições para a Seguridade Social. No entanto, algumas contribuições previdenciárias eram lançadas, fiscalizadas e arrecadadas pela União e outras pelo INSS (art. 33 da Lei 8.212/91). Assim, ora o sujeito ativo era a União, ora o INSS. Esta circunstância não afetava a validade das contribuições, uma vez que elas são destinadas ao atendimento das finalidades encartadas no texto constitucional. Na verdade, a lei assim dispunha apenas para facilitar a arrecadação e a fiscalização, entendendo-se que não interferia na legitimidade do tributo porque a Seguridade Social não tem individualidade própria e deve ser mantida com fontes diversas de custeio, a fim de atender a ações de saúde, previdência e assistência social.[397]

Com a criação da Secretaria da Receita Federal do Brasil pela Lei 11.457/07, todas as contribuições previdenciárias passaram a ser por esta administradas, cabendo à Procuradoria-Geral da Fazenda Nacional a representação judicial para a sua cobrança (art. 23 da Lei 11.457/07).

Existem outras contribuições sociais que são destinadas a entidades de direito privado. São as contribuições do denominado "Sistema S"[398] (SESC, SENAC, SEBRAE, SENAI, SESI, SEST). Pelo fato de estas contribuições possuírem como titulares dos créditos pessoas jurídicas de direito privado, são

---

[396] Op. cit., p. 276.
[397] STF, RE 143.733.
[398] Vide item 4.1.6.1 do Capítulo 4 do Título I.

conhecidas como contribuições parafiscais. A parafiscalidade consiste, de acordo com Geraldo Ataliba:

> No fato de a lei atribuir a titularidade de tributos a pessoas diversas do Estado, que os arrecadam em benefício das próprias finalidades. É o caso de autarquias dotadas de capacidade tributária ativa (IAPAS, DNER, OAB, CONFEA, CEF) ou de entidades paraestatais, pessoas de direito privado chamadas pela lei a colaborar com a administração pública, como as define Celso Antônio Bandeira de Mello.[399]

Alguns autores entendem que tais pessoas seriam meras destinatárias do produto da arrecadação e não poderiam se apresentar como sujeito ativo, frente ao disposto no art. 119 do CTN. Para estes autores, na medida em que não são consideradas como sujeito ativo, não participam da relação jurídico-tributária e, portanto, não devem figurar no polo negativo da relação processual em que o sujeito passivo pretender obter a restituição ou compensação do valor indevidamente pago.

No caso destas contribuições para o "Sistema S" e das contribuições destinadas aos chamados "terceiros" (salário-educação, que é repassado ao FNDE, INCRA) há divergência na jurisprudência acerca da necessidade de formação de litisconsórcio passivo necessário entre a União, a quem compete arrecadar, cobrar e fiscalizar as contribuições devidas aos terceiros, recebendo um percentual do montante arrecadado, nos termos do art. 3º da Lei 11.457/07, e a entidade que é credora ou destinatária das contribuições.

No Superior Tribunal de Justiça, os precedentes acerca do salário-educação são no sentido de que há necessidade, nas ações de restituição de indébito ou compensação, de formação de litisconsórcio passivo necessário, uma vez que o FNDE, que é o destinatário dos recursos, é que será responsável pela maior parte da restituição.[400]

Ao contrário do que ocorre no Direito Civil, em que poderá haver solidariedade ativa, resultante da lei ou da vontade das partes, quando, na mesma obrigação, concorre mais de um credor, cada um com direito à dívida toda (art. 264 do CC), no Direito Tributário não existe mais de um sujeito ativo com direito ao crédito. Apenas uma única pessoa jurídica de direito público, indicada pela lei, é que será o sujeito ativo. Se mais de uma pessoa se apresentar como credor, restará ao sujeito passivo a propositura da ação de consignação em pagamento (art. 164, III, do CTN).

O art. 120 do CTN estabelece que, salvo disposição de lei em contrário, a pessoa jurídica de direito público, que se constituir pelo desmembramento territorial de outra, sub-roga-se nos direitos desta, cuja legislação tributária aplicará até que entre em vigor a sua própria.

O desmembramento de uma única entidade não apresenta problemas. A entidade desmembrada irá aproveitar a legislação da outra até que edite a sua própria.

---

[399] Op. cit., p. 76/77.
[400] STJ, RESP 1.265.333, 1.465.103, 1.503.711.

O problema reside quando a entidade desmembrada resultar de duas ou mais entidades. Criado o Estado do Iguaçu, originado pelo desmembramento dos Estados de Santa Catarina e do Paraná, qual a legislação do ICMS que deverá ser aplicada? A mesma dúvida ocorre se houver fusão: Mato Grosso e Mato Grosso do Sul fundem-se para surgir o Estado do Pantanal. Neste caso, pensamos que a solução está com Luciano da Silva Amaro: "a solução (provisória, obviamente, até que a lei própria seja editada) seria a aplicação de ambas as leis, restrita cada qual à porção de território em que já antes vigoravam".[401]

2.6. Sujeito passivo

O sujeito passivo da obrigação principal é o devedor, ou seja, a pessoa obrigada por lei ao cumprimento da prestação. Figura no polo negativo da relação tributária. O sujeito passivo da obrigação principal é a pessoa obrigada ao pagamento do tributo ou penalidade pecuniária (art. 121, *caput*, do CTN). O sujeito passivo poderá ser direto ou indireto. O sujeito passivo direto, chamado de contribuinte, tem relação pessoal e direta com a situação que constitua o respectivo fato gerador (art. 121, parágrafo único, I, do CTN). O sujeito passivo indireto, denominado responsável, não reveste a condição de contribuinte e tem a sua obrigação decorrente de disposição expressa de lei (art. 121, parágrafo único, II, do CTN).

Já o sujeito passivo da obrigação acessória é a pessoa obrigada às prestações que constituam seu objeto (art. 122 do CTN). Ou seja, qualquer pessoa poderá ser considerada sujeito passivo da obrigação acessória, bastando que tenha o dever de fazer ou não fazer determinadas prestações no interesse da arrecadação e fiscalização tributárias. Uma entidade que goze de imunidade tributária ou isenção quanto à obrigação principal poderá ser sujeito passivo de uma obrigação acessória, como, por exemplo, estar obrigada a expedir notas fiscais. A pessoa física pode estar isenta do pagamento do Imposto de Renda, mas ainda assim poderá ser obrigada a apresentar a declaração de rendimentos ou de bens.

O contribuinte (sujeito passivo direto) tem uma relação pessoal e direta com o fato gerador. É a pessoa que pratica o fato gerador. Muitas vezes a lei escolhe para uma mesma espécie tributária contribuintes diversos, dependendo do momento em que considera ocorrido o fato gerador. No IPI, por exemplo, poderá ser contribuinte o industrial, o importador ou o arrematante, tudo dependendo do momento em que a lei considera ocorrido o fato gerador (art. 46 e art. 51 do CTN). No caso do IPTU, o contribuinte é o proprietário do imóvel, o titular do seu domínio útil, ou o seu possuidor a qualquer título (art. 34 do CTN). No Imposto de Exportação o contribuinte será o exportador ou quem a lei equiparar (art. 27 do CTN). No Imposto de Transmissão de Bens Imóveis, a lei poderá escolher como contribuinte qualquer das partes envolvidas na operação tributada (art. 42 do CTN). O contribuinte, também chamado sujeito

---

[401] Op. cit., p. 279.

passivo direto, é um devedor originário. A obrigação de pagar do tributo nasce diretamente contra ele.

O sujeito passivo indireto, ou responsável, é outra pessoa qualquer, indicada pela lei, que não aquela que praticou o fato gerador. O responsável está indiretamente ligado à ocorrência do fato gerador. Embora não tenha praticado o fato gerador, a lei poderá colocar o responsável diretamente no polo passivo da relação tributária, excluindo o contribuinte, quando então teremos a figura do substituto legal tributário, como também poderá atribuir-lhe o dever de pagar o tributo num momento posterior, após o descumprimento da obrigação por parte do contribuinte. Neste último caso, teremos a transferência da responsabilidade para um terceiro.

O responsável ou contribuinte não é quem quer sê-lo, mas quem a lei diz que é. Salvo disposição de lei em sentido contrário, as convenções entabuladas entre particulares, que procuram disciplinar a responsabilidade pelo pagamento de tributos de forma diversa daquela prevista em lei, não podem ser opostas à Fazenda Pública para modificar justamente a definição legal do sujeito passivo das obrigações tributárias correspondentes (art. 123 do CTN). Tais contratos são válidos entre as partes, mas jamais poderão ser invocados para afastarem ou diminuírem a responsabilidade do sujeito passivo escolhido pela lei. Se a lei dispuser, por exemplo, que numa compra e venda de imóvel o contribuinte do imposto de transmissão é o adquirente, de nada adianta, perante o Fisco, o vendedor assumir, no contrato, a responsabilidade pelo seu pagamento. Havendo a inadimplência, o adquirente é que será responsabilizado.

2.7. Substituto legal tributário

Muitas vezes, com o único escopo de facilitar a arrecadação e a fiscalização, o legislador tributário escolhe outra pessoa, que não aquela que praticou o fato gerador, para pagar o tributo. A lei exclui o contribuinte e elege um terceiro como devedor, desde que este terceiro esteja, de alguma forma, relacionado ao fato gerador. Este terceiro substitui o devedor. É o substituto legal tributário. Na substituição tributária, a obrigação nasce diretamente contra o substituto tributário, tal como ocorre com o sujeito passivo direto (contribuinte). A diferença é que na sujeição passiva direta foi escolhido como devedor a pessoa que praticou o fato gerador; na substituição, um terceiro assume o lugar do devedor. Por força da lei, o substituto tributário tem o dever de pagar tributo alheio. Na verdade, o substituído é quem deveria pagar o tributo porque foi ele que praticou o fato gerador. Porém, com a finalidade de facilitar a arrecadação e a fiscalização, a lei escolhe um terceiro para substituir o devedor. A lei elege o substituto e coloca-o, desde logo, no polo passivo da relação tributária. Neste caso, temos a substituição tributária e as figuras do substituto e do substituído.

Na realidade, a expressão *substituição tributária* não é adotada pelo CTN. O art. 128 do CTN apenas dispõe que a lei pode atribuir a responsabilidade pelo crédito tributário a terceira pessoa, vinculada ao fato gerador da respectiva obrigação, excluindo a responsabilidade do contribuinte ou atribuindo-a a este em caráter supletivo do cumprimento total ou parcial da referida obrigação. O termo "substituto" dá a impressão de que a obrigação surgiu contra uma pessoa que depois foi substituída por outra. Porém, assim não é. Na substituição, o substituto ingressa na própria relação jurídica originária e não assume o lugar de ninguém porque, como diz Sacha Calmon, ninguém antes dele esteve presente naquela relação jurídica.

Na substituição tributária, a relação tributária forma-se desde logo entre o sujeito ativo e o substituto legal tributário. O inadimplemento da obrigação pelo contribuinte ou pelo substituto legal tributário dará origem a uma relação jurídica derivada, que irá imputar a responsabilidade para outras pessoas que tiverem sido escolhidas pela lei como responsáveis. A substituição tributária não exclui a atribuição de responsabilidade para outras pessoas e muito menos presume a exclusão da responsabilidade daquele que foi substituído, a menos que a lei seja expressa neste sentido. Não havendo a exclusão, a Fazenda Pública também poderá exigir do substituído o recolhimento do tributo, cujo pagamento competia ao substituto.

A substituição tributária poderá ser regressiva, ou para trás, ou progressiva, também conhecida como substituição tributária para frente.

2.7.1. Substituição tributária regressiva

Na substituição tributária para trás, como o fato gerador ocorreu no passado, há um adiamento no recolhimento do tributo. O crédito é exigido em um momento posterior ao da ocorrência do fato gerador. Há um diferimento do pagamento do tributo. O fato ocorreu, mas o pagamento é adiado. Neste caso, para facilitar a arrecadação e a fiscalização do tributo, a lei atribui ao substituto legal tributário o dever de pagar o tributo cujo fato gerador – praticado por outra pessoa – ocorreu no passado. Quem praticou o fato gerador foi o "A", mas a lei atribui ao "B" o dever de pagar o tributo. A pretensão da Fazenda Pública nasce diretamente contra o "B", que é o devedor originário e ingressou na relação jurídica substituindo o "A". Exemplo: os produtores de uva vendem seus produtos para uma vinícola, caso em que ocorre o fato gerador do ICMS. O produtor é que naturalmente seria o sujeito passivo do ICMS, já que ele é o comerciante que vendeu o produto. Porém, há apenas uma vinícola e centenas de produtores. É muito mais fácil para o Estado, através de lei, cobrar da vinícola o ICMS que seria devido pelo produtor. A vinícola atua como substituta tributária do produtor.

Este sistema é comum no setor primário, cujos produtos são fornecidos à indústria: fumo, trigo, laranja, maçã, etc., como esclarecido pelo Min. Ilmar Galvão:[402]

> Graças ao instituto da substituição, o tributo, em vez de ser exigido de centenas ou de milhares de produtores, é recolhido por um só contribuinte, possibilitando uma fiscalização mais simples e

---

[402] STF, ADI 1.851.

eficaz, capaz de evitar a sonegação. Tem por efeito o diferimento do imposto, calculado em razão de pressuposto material já verificado.

Como o substituto legal tributário paga tributo alheio, ele acaba se ressarcindo do imposto pago. Para tanto, abate do preço a ser pago ao produtor o valor do tributo recolhido por substituição.

2.7.2. Substituição tributária progressiva

A substituição tributária para frente, ou progressiva, se dá antes da ocorrência do fato gerador. A substituição tributária para frente é uma antecipação do recolhimento do tributo cujo fato gerador vai ocorrer posteriormente, no futuro. "Nessa espécie, em vez do diferimento, o que ocorre é a antecipação do fato gerador e, consequentemente, do tributo, que é calculado sobre uma base de cálculo estimada", também nas palavras do Min. Ilmar Galvão.[403] Há uma presunção legal de que o fato gerador irá ocorrer e, portanto, desde logo, antecipadamente, é exigido o valor do tributo. O § 7º do art. 150 da Constituição Federal, acrescentado pela EC 03/93, prevê que a lei poderá atribuir a sujeito passivo de obrigação tributária a condição de responsável pelo pagamento de impostos ou contribuição, relativo a fato gerador que deva ocorrer posteriormente. Porém, caso não se realize o fato gerador presumido, deverá ser assegurada a imediata e preferencial restituição da quantia paga.

Na substituição tributária para trás, o pagamento é adiado (diferido), enquanto na substituição tributária para frente, o pagamento é antecipado.

O Supremo Tribunal Federal tem considerado legítimo o regime da substituição tributária para frente, inclusive o relativo ao ICM que era previsto no DL 406/68 e anterior à EC 03/93, que constitucionalizou tal sistema.[404]

No ICMS, como exemplo de substituição tributária para frente, a lei escolhe o fabricante como substituto tributário do revendedor comerciante do automóvel. A lei atribui ao fabricante o dever de pagar antecipadamente o ICMS, que apenas incidirá quando o comerciante vender o veículo para o consumidor. É estimado o valor final da venda e desde logo cobrado o imposto do substituto tributário, que é a fábrica.

No exemplo referido, porém, nem sempre a operação de venda final se dará pela mesma base de cálculo que foi utilizada para o recolhimento antecipado. A operação de venda do veículo pela revenda ao consumidor poderá ocorrer em valor inferior, ou superior, àquele sobre o qual recaiu o imposto antecipadamente pago. Nestes casos, a LC 87/96 não prevê diferença de imposto a ser pago ou restituído.

O problema relativo à substituição tributária para frente ocorre quando a base de cálculo do fato gerador concretizado se der em valor menor àquele sobre o qual houve o recolhimento antecipado do tributo. No exemplo dado, a fábrica recolheu o tributo sobre uma determinada base de cálculo estimada,

---
[403] STF, ADI 1.851.
[404] STF, RE 213.396.

mas o preço final de venda do comerciante foi menor do que aquele em que recaiu o tributo. Como a Constituição Federal assegura a imediata e preferencial restituição da quantia paga caso o fato gerador presumido não se realizar – e não quando ele se realizar em valor inferior ao devido – o Supremo Tribunal Federal havia entendido que nestes casos o contribuinte substituído (comerciante), cuja legitimidade é reconhecida pelo art. 10 da LC 87/96, não teria direito à restituição ou compensação do imposto recolhido a maior.[405]

O caso julgado pelo STF dizia respeito à cláusula de Convênio de ICMS (13/97) que, ao disciplinar o regime de substituição tributária, não admitia a restituição ou a cobrança suplementar do ICMS quando a operação ou prestação subsequente à cobrança do imposto se realizasse com valor inferior ou superior ao anteriormente estabelecido.[406] A Corte havia entendido que a restituição assegurada pelo § 7º do art. 150 da CF, restringia-se apenas às hipóteses de não vir a ocorrer o fato gerador presumido,

> não havendo que se falar em tributo pago a maior ou a menor por parte do contribuinte substituído, porquanto o sistema da substituição tributária progressiva é adotado para produtos cujos preços de revenda final são previamente fixados ou tabelados, sendo, por isso, apenas eventuais as hipóteses de excesso de tributação.[407]

No entanto, o Supremo acabou alterando o seu entendimento ao julgar improcedentes duas ações diretas de inconstitucionalidade ajuizadas pelos Governadores dos Estados de Pernambuco e de São Paulo, contra dispositivos de leis dos referidos Estados que asseguram a restituição do ICMS pago antecipadamente no regime de substituição tributária, nas hipóteses em que a base de cálculo da operação for inferior à presumida.[408] O Tribunal entendeu ser devida a restituição da diferença do ICMS pago a mais se a base de cálculo efetiva da operação for inferior à presumida.

Nessa mesma linha, o STF também julgou o RE 593.849, com repercussão geral reconhecida. Neste julgado, o Tribunal decidiu que o tributo apenas se torna efetivamente devido com a ocorrência do fato gerador, de maneira que a inocorrência total ou parcial exige a devolução, sob pena de confisco ou enriquecimento sem causa. A tese fixada foi a seguinte:

> É devida a restituição da diferença do Imposto sobre Circulação de Mercadorias e Serviços (ICMS) pago a mais no regime de substituição tributária para a frente se a base de cálculo efetiva da operação for inferior à presumida.

Muitas vezes, o legislador tributário atribuiu à fonte pagadora a condição de responsável pelo pagamento do tributo. É uma substituição tributária chamada de retenção, tal como ocorre no imposto de renda e em alguns casos das contribuições previdenciárias, COFINS, Contribuição Social Sobre o Lucro e PIS. É uma técnica de arrecadação eficaz porque a própria fonte pagadora assume, por lei, a responsabilidade pelo recolhimento do tributo. Diz Bernardo Ribeiro de Moraes:

---
[405] STF, ADI 1.851.
[406] Informativo 267 do STF.
[407] STF, AgRg 266523 e ADI 1851.
[408] STF, ADI 2.675 e 2.777.

Um tipo especial de "responsável" é a pessoa do SUBSTITUTO, sujeito passivo que, por disposição legal, se apresenta em lugar do contribuinte (substituído). A sujeição passiva originária por substituição verifica-se sempre que a lei coloca outra pessoa no lugar do contribuinte (sujeito passivo originário), que passa a ser sujeito passivo da obrigação tributária. No caso, o único devedor passa a ser o substituto. Trata-se de uma sujeição passiva, indireta originária, excepcional.

O exemplo de substituto tributário é a figura do agente de retenção de imposto de renda, examinada com bastante zelo por HENRY TILBERY ("Responsabilidade Tributária", p. 49/128). Na hipótese em causa, tem-se a seguinte sistemática:

a) determinada empresa se apresenta como a "fonte" pagadora de rendimentos para diversas pessoas (contribuinte do imposto sobre a renda);

b) por lei, a referida empresa é obrigada a reter, em cada pagamento que realiza para outras pessoas, valor do imposto sobre a renda, assumindo a obrigação de efetuar sua arrecadação nos cofres públicos;

c) essa mesma lei determina que o desrespeito à norma jurídica tributária (infração à lei; princípio da responsabilidade) criará uma substituição, passando a empresa a tomar o lugar do contribuinte em relação à obrigação tributária, substituindo este.[409]

No caso das contribuições previdenciárias incidentes sobre a folha de pagamentos dos empregados das empresas cedentes de mão de obra, por exemplo, a lei atribuiu ao tomador dos serviços a responsabilidade pelo seu pagamento. Foi o art. 31 da Lei 8.212/91 que criou a figura da retenção das contribuições previdenciárias na cessão de mão de obra. Os serviços de limpeza, conservação e zeladoria, vigilância e segurança, empreitada de mão de obra e contratação de trabalho temporário, além de outros previstos em regulamento, é que são considerados como cessão de mão de obra. Assim, por exemplo, se uma empresa de vigilância (A) tem cinco empregados que recebem R$ 1.000,00 por mês de salário, a sua folha de pagamentos corresponde a R$ 5.000,00. A empresa "A" deveria recolher 20% (vinte por cento) sobre este valor a título de contribuição previdenciária por ela devida, ou seja, R$ 1.000,00 (art. 22, I, da Lei 8.212/91). Porém, o legislador atribuiu ao contratante ou tomador dos serviços (B) o dever de reter e recolher 11% (onze por cento) do valor bruto da nota fiscal ou fatura de prestação de serviços expedidas pela prestadora dos serviços (A). Na hipótese, se a empresa A cobrou R$ 10.000,00 pelos serviços prestados para a empresa B, esta deverá reter R$ 1.100,00 (11% de R$ 10.000,00) e recolher tal importância à Receita Federal do Brasil em nome da "A". O valor a ser pago para a empresa "A" será de R$ 8.900,00 (R$ 10.000,00 - R$ 1.100,00). O valor retido, por sua vez, poderá ser compensado por qualquer estabelecimento da cedente da mão de obra, por ocasião do recolhimento das contribuições previdenciárias devidas sobre a folha de pagamento dos seus segurados. No caso, as contribuições devidas pela "A" eram de R$ 1.000,00 (20% sobre R$ 5.000,00). Como o valor retido foi superior ao devido, o saldo remanescente (R$ 100,00) deve ser objeto de restituição por parte da Receita Federal do Brasil.

Em outra situação, se "A" tivesse expedido nota fiscal no valor de R$ 2.000,00, a empresa "B" deveria reter R$ 220,00 (11% de R$ 2.000,00). Como "A" deve R$ 1.100,00 a título de contribuição previdenciária (20% sobre

---

[409] *Responsabilidade tributária*, p. 349/350; Caderno de Pesquisas Tributárias, vol. 5, 1990.

sua folha de salários), ela fica obrigada ao pagamento da diferença, ou seja, R$ 880,00.

Tal sistemática foi considerada legítima pelo Supremo Tribunal Federal, que entendeu não se tratar de criação de nova contribuição ou contribuição decorrente de outras fontes, com ofensa ao art. 195, § 4º, da CF, porquanto apenas objetivou simplificar a arrecadação do tributo e facilitar a fiscalização no seu recolhimento, não ocorrendo, por conseguinte, violação à regra da competência residual da União (CF, art. 154, I). O STF afirmou que a CF autoriza a lei a atribuir ao sujeito passivo de obrigação tributária a condição de responsável pelo pagamento de imposto ou contribuição cujo fato gerador deva ocorrer posteriormente, assegurada a imediata e preferencial restituição da quantia paga, caso não se realize o fato gerador presumido (CF, art. 150, § 7º), fazendo ainda referência ao art. 128 do CTN. A Corte afastou a tese de que a mencionada retenção constituiria empréstimo compulsório (CF, art. 148), já que os valores retidos em montante superior ao devido pela empresa contratada deverão ser restituídos, razão por que também não estaria havendo utilização do tributo com efeito de confisco (CF, art. 150, IV).[410]

Em outro julgado,[411] o Pleno do Supremo Tribunal Federal, em julgamento com repercussão geral, decidiu:

> DIREITO TRIBUTÁRIO. SUBSTITUIÇÃO TRIBUTÁRIA. RETENÇÃO DE 11% ART. 31 DA LEI 8.212/91, COM A REDAÇÃO DA LEI 9.711/98. CONSTITUCIONALIDADE. 1. Na substituição tributária, sempre teremos duas normas: a) a norma tributária impositiva, que estabelece a relação contributiva entre o contribuinte e o fisco; b) a norma de substituição tributária, que estabelece a relação de colaboração entre outra pessoa e o fisco, atribuindo-lhe o dever de recolher o tributo em lugar do contribuinte. 2. A validade do regime de substituição tributária depende da atenção a certos limites no que diz respeito a cada uma dessas relações jurídicas. Não se pode admitir que a substituição tributária resulte em transgressão às normas de competência tributária e ao princípio da capacidade contributiva, ofendendo os direitos do contribuinte, porquanto o contribuinte não é substituído no seu dever fundamental de pagar tributos. A par disso, há os limites à própria instituição do dever de colaboração que asseguram o terceiro substituto contra o arbítrio do legislador. A colaboração dele exigida deve guardar respeito aos princípios da razoabilidade e da proporcionalidade, não se lhe podendo impor deveres inviáveis, excessivamente onerosos, desnecessários ou ineficazes. 3. Não há qualquer impedimento a que o legislador se valha de presunções para viabilizar a substituição tributária, desde que não lhes atribua caráter absoluto. 4. A retenção e recolhimento de 11% sobre o valor da nota fiscal é feita por conta do montante devido, não descaracterizando a contribuição sobre a folha de salários na medida em que a antecipação é em seguida compensada pelo contribuinte com os valores por ele apurados como efetivamente devidos forte na base de cálculo real. Ademais, resta assegurada a restituição de eventuais recolhimentos feitos a maior. 5. Inexistência de extrapolação da base econômica do art. 195, I, a, da Constituição, e de violação ao princípio da capacidade contributiva e à vedação do confisco, estampados nos arts. 145, § 1º, e 150, IV, da Constituição. Prejudicados os argumentos relativos à necessidade de lei complementar, esgrimidos com base no art. 195, § 4º, com a remissão que faz ao art. 154, I, da Constituição, porquanto não se trata de nova contribuição. 6. Recurso extraordinário a que se nega provimento. 7. Aos recursos sobrestados, que aguardavam a análise da matéria por este STF, aplica-se o art. 543-B, § 3º, do CPC.

---

[410] STF, RE 393.946.
[411] STF, RE 603.191.

Por outro lado, deve ser observado que, se a empresa prestadora dos serviços for optante pelo Simples Nacional, previsto na LC 123/06, ressalvados os casos das microempresas e empresas de pequeno porte prestadoras de determinados serviços que não têm direito de incluir no Simples Nacional a contribuição previdenciária patronal (art. 18, § 5º-C, da LC 123/06), a técnica da retenção de 11% (onze por cento) sobre o valor bruto da nota fiscal ou fatura por ela emitida não poderá ser aplicada.

Ocorre que as microempresas e empresas de pequeno porte optantes pelo SIMPLES já recolhem a contribuição previdenciária do empregador, juntamente com outros tributos de competência da União, com base em um percentual de sua receita bruta mensal. Logo, tal sistema não se compatibiliza com o regime de substituição tributária previsto no art. 31 da Lei 8.212/91. A 1ª Seção do Superior Tribunal de Justiça entendeu que a retenção, pelo tomador dos serviços, de contribuição sobre o mesmo título e com a mesma finalidade, na forma imposta pelo art. 31 da Lei 8.212/91 e no percentual de 11% (onze por cento), implicaria supressão do benefício de pagamento unificado destinado às pequenas e microempresas.[412]

Esta técnica de arrecadação, consistente na retenção da contribuição previdenciária pelo tomador ou contratante dos serviços, foi também estendida ao contribuinte individual (antigo autônomo) que prestar serviços a uma ou mais empresas, nos termos da Lei 10.666/03. Assim, considere que "A" é advogado (contribuinte individual) e prestou serviços à empresa "B", cobrando R$ 1.000,00 de honorários advocatícios. A empresa B está obrigada a pagar, como sujeito passivo direto, a sua contribuição previdenciária que incide no percentual de 20% sobre a remuneração paga para o contribuinte individual que lhe preste serviços, por força do art. 22, III, da Lei 8.212/91. A empresa, portanto, fica obrigada ao recolhimento de R$ 200,00 (20% x R$ 1.000,00), mas também tem o dever de proceder à retenção de 11% (onze por cento) do valor a ser pago ao advogado (R$ 1.100,00), recolhendo tal importância à Receita Federal do Brasil. Desta maneira, o advogado receberá o valor líquido de R$ 890,00.

Por outro lado, o contribuinte individual também deve proceder ao recolhimento da contribuição previdenciária por ele devida. No caso, a contribuição do advogado também é de 20% (vinte por cento) sobre a importância recebida pela empresa, nos termos do art. 21 da Lei 8.212/91, observado o limite máximo do salário de contribuição (art. 28, III, da Lei 8.212/91). Assim, deveria ele proceder ao pagamento de R$ 200,00 (20% x R$ 1.000,00). Porém, o art. 30, § 4º, da Lei 8.212/91 prevê que o contribuinte individual pode deduzir da sua contribuição 45% da contribuição recolhida pela empresa, limitando a dedução a 9% (nove por cento) do seu salário de contribuição. No caso, a dedução de 45% (quarenta por cento) da contribuição recolhida pela empresa corresponde a R$ 90,00 (45% de R$ 200,00 pagos pela empresa). O limite desta dedução também é de R$ 90,00, já que corresponde a 9% (nove por cento) de R$ 1.000,00, que é o salário de contribuição do advogado. Portanto, o advogado deveria recolher

---

[412] STJ, ERESP 511.001.

uma contribuição previdenciária no valor de R$ 110,00 (R$ 200,00 – R$ 90,00). No entanto, como a empresa já procedeu à retenção dos 11% (onze por cento) (R$ 110,00), o contribuinte individual nada terá a recolher.

A retenção dos 11% do valor devido ao contribuinte individual, por parte da empresa contratante dos seus serviços, corresponde a uma antecipação do recolhimento da contribuição previdenciária que é devida pelo contribuinte individual. Houve a retenção, pela própria fonte pagadora, da contribuição previdenciária devida pelo contribuinte individual prestador do serviço, a exemplo do que também ocorre com o Imposto de Renda Retido na Fonte. É uma mera técnica de arrecadação que foi instituída por lei para evitar a evasão tributária.

O art. 33, § 5°, da Lei 8.212/91 dispõe que o desconto de contribuição sempre se presume feito oportuna e regularmente pela empresa a isso obrigada, não lhe sendo lícito alegar omissão para se eximir do recolhimento, ficando diretamente responsável pela importância que deixou de receber ou arrecadou em desacordo com o disposto na lei. Assim, se a retenção for efetuada, mas não houver o recolhimento à Fazenda Nacional, o retentor será responsabilizado de modo exclusivo pelo respectivo pagamento. A responsabilidade será exclusiva do retentor porque ele descontou a contribuição previdenciária do prestador dos serviços, que acabou recebendo valor menor que o devido.

A 1ª Seção do Superior Tribunal de Justiça, julgando um caso em que uma empresa cedente de mão de obra pretendia afastar a sua responsabilidade pelo recolhimento da contribuição previdenciária que havia sido retida pela tomadora do serviço, mas não tinha sido recolhida, firmou o entendimento de que:

> A empresa contratante é responsável, com exclusividade, pelo recolhimento da contribuição previdenciária por ela retida do valor bruto da nota fiscal ou fatura de prestação de serviços, afastada, em relação ao montante retido, a responsabilidade supletiva da empresa prestadora, cedente de mão-de-obra.[413]

Por outro lado, se o retentor não cumprir a sua obrigação e pagar ao prestador do serviço o valor integral, não haverá óbice para a Fazenda Nacional exigir desde logo do prestador do serviço as contribuições previdenciárias por ele devidas. A circunstância de a fonte pagadora não haver cumprido com o seu dever não exclui a responsabilidade do prestador do serviço, ficando este obrigado ao seu pagamento. Quer dizer, não poderia o prestador eximir-se do pagamento das suas contribuições previdenciárias, alegando que a responsabilidade era do contratante do serviço. A responsabilidade do retentor, no entanto, permanecerá subsidiária. Caso a Fazenda Nacional não consiga haver do prestador a integralidade das contribuições, poderá voltar-se contra o retentor, já que este não cumpriu com o seu dever imposto pela lei, nos termos do § 5° do art. 33 da Lei 8.212/91.

Geraldo Ataliba, citando Cleber Giardino, ao falar do substituto tributário, diz que:

> Requer a Constituição que a lei estabeleça mecanismos expeditos, ágeis, prontos e eficazes de ressarcimento do substituto, sob pena de comprometimento da validade da substituição....Se não houver ressarcimento do substituto, pelo substituído, de modo ágil, eficaz, imediato e expedito, o

---
[413] STJ, RESP 1.131.047.

substituto estará pagando o tributo cujo destinatário é outrem. Estará arcando com carga tributária correspondente a uma capacidade econômica (revelada pelo fato imponível) que não revelou, e que portanto, somente a outrem (e não a ele) poderia ser imputada.[414]

Questão controvertida acerca da substituição tributária diz respeito à legitimidade do substituído tributário para questionar a relação jurídico-tributária. Doutrinariamente, o substituído legal tributário não participa da relação tributária e, portanto, careceria de legitimidade para discuti-la. No entanto, o Superior Tribunal de Justiça reconheceu a legitimidade do substituído para questionar a exigência porque é ele quem sofre o ônus da imposição tributária.[415] O substituto, por sua vez, embora também tenha legitimidade para discutir a legalidade ou inconstitucionalidade da exigência tributária, a fim de ficar desonerado da sua obrigação, não possui legitimidade para postular a devolução ou compensação porque não sofreu o ônus da incidência tributária.

No caso do Imposto de Renda Retido na Fonte, a legislação também atribui à fonte pagadora a responsabilidade pelo seu pagamento. Se a fonte não proceder à retenção, o contribuinte que auferiu a renda não ficará excluído da responsabilidade porque o contribuinte do Imposto de Renda é a pessoa que adquiriu a disponibilidade econômica. Nos termos do CTN, o contribuinte é o titular da disponibilidade econômica ou jurídica da renda ou dos proventos de qualquer natureza, podendo a lei atribuir à fonte pagadora da renda ou dos proventos tributáveis a condição de responsável pelo imposto cuja retenção e recolhimento lhe caibam (art. 45, parágrafo único, do CTN). A circunstância de a legislação atribuir a responsabilidade para a fonte pagadora não exime o contribuinte de pagar o imposto. A lei não exclui a responsabilidade do contribuinte que aufere a renda porque ele é que tem uma relação pessoal e direta com o fato gerador. A falta de recolhimento pela fonte pagadora, ainda que possa acarretar a sua responsabilidade, jamais poderá excluir a obrigação do pagamento do imposto por parte do contribuinte que auferiu a renda. A retenção, pela fonte pagadora, é uma antecipação do pagamento do imposto que será devido apenas no final do ano. O contribuinte continua obrigado a declarar o rendimento e efetuar o pagamento ainda que a fonte não tenha procedido à retenção. Segundo a 1ª Seção do Superior Tribunal de Justiça, "a falta de cumprimento do dever de recolher na fonte, ainda que importe responsabilidade do retentor omisso, não exclui a obrigação do contribuinte, que auferiu a renda, de oferecê-la à tributação, como, aliás, ocorreria se tivesse havido o desconto na fonte".[416]

A lei também prevê técnica de retenção do Imposto de Renda da Pessoa Jurídica, da Contribuição Social Sobre o Lucro, do PIS e da COFINS, quando se tratar de pagamentos efetuados a pessoas jurídicas por órgãos, autarquias e fundações da administração pública federal, relativamente à aquisição de bens ou prestação de serviços (art. 64 da Lei 9.430/96). A obrigação pela retenção cabe ao órgão ou entidade que efetuar o pagamento, e o valor do imposto

---

[414] Op. cit., p. 83.
[415] STJ, RESP 142.152; RESP 198.364.
[416] STJ, ERESP 652.498.

ou das contribuições sociais retido será considerado como antecipação do que for devido pelo contribuinte em relação ao mesmo imposto e às mesmas contribuições. Esta obrigação de retenção foi estendida às empresas públicas, sociedades de economia mista e demais entidades em que a União, direta ou indiretamente, detenha a maioria do capital social com direito a voto, e que dela recebam recursos do Tesouro Nacional e estejam obrigadas a registrar sua execução orçamentária e financeira na modalidade total no Sistema Integrado de Administração Financeira do Governo Federal (SIAFI), com exceção dos pagamentos relativos às aquisições mencionadas nos incisos I e II do parágrafo único do art. 34 da Lei 10.833/03.

Sujeitam-se à mesma técnica da retenção na fonte os pagamentos efetuados pelas pessoas jurídicas a outras pessoas jurídicas de direito privado, no que concerne à prestação de serviços de limpeza, conservação, manutenção, segurança, vigilância, transporte, locação de mão de obra, medicina, engenharia, publicidade e propaganda, assessoria creditícia, mercadológica, gestão de crédito, seleção e riscos, administração de contas a pagar e a receber, bem como pela remuneração de serviços profissionais. Tais pagamentos estarão sujeitos à retenção na fonte da COFINS, PIS e Contribuição Social Sobre o Lucro (art. 30 da Lei 10.833/03). A retenção aplica-se, inclusive, aos pagamentos que forem efetuados por associações, inclusive entidades sindicais, federações, confederações, centrais sindicais e serviços sociais autônomos, sociedades civis, inclusive cooperativas, fundações de direito privado ou condomínios de edifícios (§ 1º). Tais retenções são efetuadas sem prejuízo da retenção do Imposto de Renda na fonte das pessoas jurídicas sujeitas a alíquotas específicas previstas na legislação do Imposto de Renda (§ 3º). Não estão obrigadas a efetuar a retenção as empresas optantes pelo SIMPLES.

A retenção do Imposto de Renda na fonte também é utilizada nos pagamentos efetuados em cumprimento de decisão da Justiça Federal, mediante precatório ou requisição de pequeno valor (art. 27 da Lei 10.833/03). O Imposto de Renda incidente sobre os rendimentos pagos será retido na fonte pela instituição financeira responsável pelo pagamento e incidirá com alíquota de 3% (três por cento) sobre o montante pago, sem quaisquer deduções, no momento do pagamento ao beneficiário ou ao seu representante legal. Não haverá retenção se o beneficiário declarar à instituição financeira que os rendimentos são isentos ou não tributáveis, ou quando se tratar de pessoa jurídica optante pelo SIMPLES. O imposto retido na fonte será considerado como antecipação do imposto apurado na declaração de ajuste anual das pessoas físicas, ou deduzido do apurado no encerramento do período de apuração ou na data da extinção, no caso de beneficiário pessoa jurídica (§ 2º).

2.8. Solidariedade

No Direito Civil, há solidariedade quando, na mesma obrigação, há mais de um devedor obrigado à dívida toda (art. 264 do CC). Neste caso, o credor tem direito de exigir a dívida, de forma parcial ou total, de um ou de alguns dos devedores. Se o pagamento for parcial, todos os demais devedores continuam obrigados solidariamente pelo resto (art. 275 do CC).

No Direito Tributário, as pessoas que tenham interesse comum na situação que constitua o fato gerador da obrigação principal e as pessoas expressamente designadas por lei são solidariamente obrigadas ao pagamento do tributo (art. 124, I e II, do CTN).

A solidariedade, portanto, poderá decorrer de uma determinada situação de fato ou poderá ser instituída por lei. Na solidariedade, o patrimônio de vários devedores servirá como garantia da dívida, facultando-se ao credor exigir de qualquer dos devedores o pagamento total ou parcial da dívida.

Haverá solidariedade de fato sempre que dois ou mais contribuintes tiverem praticado um fato gerador. Neste caso, sequer haverá necessidade de a lei atribuir a solidariedade. A força do próprio fato gerador, quando praticado por mais de uma pessoa, implicará solidariedade de todas elas pelo cumprimento da obrigação. Se duas pessoas adquirem uma propriedade imobiliária, elas serão solidariamente obrigadas ao recolhimento do imposto de transmissão, como também estarão solidariamente obrigadas ao pagamento do IPTU, se o imóvel for urbano. O Município poderá exigir o pagamento de qualquer uma delas, ou de ambas.

A solidariedade de direito decorre da lei. A norma tributária poderá expressamente prever a responsabilidade solidária pelo pagamento do tributo. No caso das contribuições previdenciárias, por exemplo, a Lei 8.212/91 arrola vários casos de solidariedade pelo pagamento das contribuições previdenciárias (arts. 30, VI, 42, 48, etc.).

A solidariedade não comporta benefício de ordem (parágrafo único do art. 124 do CTN). O devedor solidário não poderá eximir-se da sua responsabilidade, exigindo que o sujeito ativo execute primeiramente os bens do outro devedor, a exemplo do que ocorre com o fiador, no Direito Civil, quando demandado pelo pagamento da dívida (art. 827). No Direito Tributário, cabe ao credor escolher o devedor solidário que irá pagar a dívida, seja total, seja parcial, sempre subsistindo a solidariedade até a extinção total do crédito tributário.

A solidariedade no pagamento dos créditos tributários acarreta os seguintes efeitos, nos termos do art. 125 do CTN:

1. O pagamento efetuado por um dos obrigados aproveita aos demais. Ora, havendo o pagamento, o crédito tributário será extinto (inciso I). A extinção, é evidente, atingirá os demais obrigados, implicando a exclusão da responsabilidade para todos eles, uma vez que o vínculo é único.

2. A isenção ou remissão do crédito tributário exonera todos os obrigados, salvo se tiver sido outorgada pessoalmente a um deles, caso em que os demais continuarão solidariamente responsáveis pelo saldo que restar (inciso II). A isenção depende de lei e é uma das causas de exclusão do crédito tributário. O contribuinte isento está dispensado do recolhimento do tributo. A isenção poderá ser objetiva ou subjetiva. Na objetiva, não interessa a pessoa do contri-

buinte, mas sim o objeto material da tributação. Na subjetiva, não interessa o objeto material, mas sim a pessoa do contribuinte.

A isenção de pagamento do ITR para imóveis rurais de até determinada dimensão é objetiva. Não interessa quem são os proprietários. Todos os imóveis naquela situação estarão isentos e, consequentemente, tal fato aproveitará a todos os devedores.

Por outro lado, a isenção poderá atender a determinadas características pessoais do devedor. Neste caso, será subjetiva. A lei, por exemplo, poderá conceder isenção de impostos federais para os contribuintes maiores de 70 anos de idade. Se um dos proprietários do imóvel rural for maior de 70 anos, ele estará isento do pagamento do imposto porque o ITR é imposto federal. A cota-parte do contribuinte agraciado com a isenção deverá ser descontada do montante do tributo devido. Porém, os demais proprietários continuarão solidariamente responsáveis pelo saldo que restar, já que não são beneficiados pela isenção.

A remissão é uma das causas de extinção do crédito tributário (art. 156, IV, do CTN). A lei poderá perdoar o crédito tributário atendendo a considerações de equidade, tendo em vista determinadas características pessoais do devedor (art. 172, IV, do CTN). A lei, por exemplo, poderá perdoar créditos tributários de IPTU dos contribuintes que venham a sofrer de moléstia grave. Nesta hipótese, a cota-parte do beneficiário será excluída, permanecendo os demais solidariamente responsáveis pelo saldo que restar.

3. A interrupção da prescrição, em favor ou contra um dos obrigados, favorece ou prejudica os demais (inciso III). Assim, o despacho do juiz que ordenar a citação de um dos devedores acarretará interrupção da prescrição também em relação aos demais (art. 174, parágrafo único, I, do CTN).

Admitida a responsabilidade do sócio-gerente, nos casos do art. 135, III, do CTN, há precedentes do STJ no sentido de que o redirecionamento da execução contra o sócio deve dar-se no prazo de cinco anos da citação da pessoa jurídica, sendo inaplicável o disposto no artigo 40 da Lei n° 6.830/80 que, além de referir-se ao devedor, e não ao responsável tributário, deve harmonizar-se com as hipóteses previstas no artigo 174 do CTN, de modo a não tornar imprescritível a dívida fiscal.[417] O tema, porém, é controvertido no STJ e não há uma posição definida. A Corte vai decidir, em recurso repetitivo, acerca da possibilidade de a citação válida da pessoa jurídica executada interromper o prazo de prescrição em relação ao redirecionamento para o sócio-gerente.[418]

2.9. Capacidade tributária

A capacidade tributária passiva, nos termos do CTN (art. 126, I, do CTN), independe da capacidade civil das pessoas naturais. Embora seja considerado incapaz, relativamente a certos atos, nos termos do Código Civil (art. 4°), aquele

---

[417] STJ, RESP 1.090.958, RESP 1.019.540.
[418] STJ, RESP 1.201.993.

que, por causa permanente, não puder exprimir a sua vontade, no Direito Tributário esse incapaz poderá estar obrigado ao cumprimento de obrigações tributárias principais ou acessórias. Se um menor de 16 anos, considerado pela lei civil absolutamente incapaz (art. 3º do Código Civil), for proprietário de um imóvel urbano, será considerado como contribuinte do IPTU. Se o imóvel estiver locado, estará obrigado a apresentar declaração ao Imposto de Renda e pagar o tributo, se for o caso, cabendo tais atos ao seu representante legal, o qual também poderá ser responsabilizado nos casos do art. 134, I e II, do CTN.

Muitas vezes a legislação civil ou comercial impõe certos requisitos para o exercício de determinadas atividades civis, comerciais ou profissionais. Há necessidade de o interessado estar dotado de capacidade civil, possuir determinada habilitação legal para o exercício de certas atividades, inscrevendo-se no órgão responsável pela fiscalização da sua profissão, como ocorre com advogados, médicos, engenheiros, etc., ou ainda não estar sujeito a limitações legais que inviabilizam a administração de seus bens ou negócios. Para o Direito Tributário, estas circunstâncias não influenciam na formação da relação jurídica tributária, de maneira que tais pessoas serão consideradas como sujeito passivo das obrigações tributárias correspondentes (art. 126, II, do CTN).

Por fim, a capacidade tributária passiva também independe de estar a pessoa jurídica regularmente constituída, bastando que configure uma unidade econômica ou profissional (art. 126, III, do CTN). Assim, embora a existência legal das pessoas jurídicas de direito privado comece com a inscrição do ato constitutivo no respectivo registro, precedida, quando necessário, de autorização ou aprovação do Poder Executivo (art. 45 do CC), a capacidade jurídico-tributária passiva concretiza-se no momento da ocorrência do fato gerador, não havendo qualquer influência a regularidade ou não da constituição formal da empresa. Assim, associações, fundações ou sociedades irregulares de modo geral serão consideradas como sujeito passivo de obrigações tributárias, sejam principais ou acessórias.

2.10. Domicílio tributário

O próprio contribuinte poderá eleger o seu domicílio tributário (art. 127 do CTN). O pagamento dos créditos tributários deve ser efetuado na repartição competente do domicílio do sujeito passivo (art. 159 do CTN), local para onde também serão direcionadas as intimações ou notificações efetuadas pelo fisco, bastando a prova da entrega da correspondência no endereço. A jurisprudência do STJ "é firme no sentido da inexistência de obrigatoriedade de que a intimação postal seja feita com a ciência do contribuinte, exigência extensível tão somente para a intimação pessoal, bastando apenas a prova de que a correspondência foi entregue no endereço de seu domicílio fiscal".[419]

Se o domicílio eleito pelo contribuinte dificultar a arrecadação ou fiscalização dos tributos, a autoridade administrativa poderá recusá-lo, caso em que

---

[419] STJ, RESP 1.197.906.

a lei passa a presumir que o domicílio tributário do contribuinte ou responsável será o lugar da situação dos bens ou da ocorrência dos atos ou fatos que deram origem às obrigações tributárias (art. 127, § 1º, do CTN).

Caso o contribuinte ou o responsável não eleja o seu domicílio tributário, o CTN passa a considerar como tal: a) sendo pessoa natural, a sua residência habitual ou, sendo esta desconhecida ou incerta, o centro habitual da sua atividade. O Código Civil considera também domicílio da pessoa natural, quanto às relações concernentes à profissão, o lugar onde esta é exercida (art. 72 do CC) (art. 127, I, do CTN); b) sendo pessoa jurídica de direito privado ou firma individual, o lugar da sua sede ou, em relação aos atos ou fatos que derem origem à obrigação, o de cada estabelecimento (art. 127, II, do CTN); c) tratando-se de pessoa jurídica de direito público, o domicílio tributário será qualquer de suas repartições no território da entidade tributante (art. 127, III, do CTN).

Nas relações tributárias, os estabelecimentos são considerados como unidades autônomas (inciso II do art. 127 do CTN). Por força do princípio da autonomia de cada estabelecimento, se o fato gerador do tributo ocorre de modo individualizado, tanto na matriz, como na filial, esta deve integrar o polo ativo da lide, sob pena de não ser beneficiada com os efeitos da coisa julgada em relação à matriz,[420] uma vez que matriz e filiais são considerados entes autônomos, não possuindo a matriz legitimidade para representar processualmente as filiais.[421]

Por força do princípio da autonomia e cada estabelecimento, no caso de matriz e filiais, que possuem inscrições diferentes no CNPJ, a existência do débito em nome de um não impede a expedição de regularidade fiscal em nome do outro, conforme precedentes do STJ.[422]

Embora vigore o princípio da autonomia de cada estabelecimento, no caso de discussão de tributos, em mandado de segurança, que digam respeito a matriz e filiais, há precedentes de que a competência seria o da autoridade tributária onde está situada a matriz.[423]

2.11. Responsabilidade tributária

A violação da regra jurídica que atribui a alguém o dever de efetuar o pagamento do tributo é que dá origem à responsabilidade tributária. É o inadimplemento da obrigação tributária, portanto, a fonte da responsabilidade. A responsabilidade tributária refere-se a um vínculo jurídico que surge após o descumprimento da obrigação pelo devedor originário. O art. 128 do CTN estabelece que a lei pode atribuir a responsabilidade pelo crédito tributário a terceira pessoa, vinculada ao fato gerador da respectiva obrigação, excluindo a responsabilidade do contribuinte ou atribuindo-a a este em caráter supletivo do

---

[420] STJ, AgRgREsp 1.488.209.
[421] STJ, AgRgREsp 1.232.736.
[422] STJ, AgRgAREsp 660.736, entre vários outros.
[423] STJ, AgRgREsp 1.528.281.

cumprimento total ou parcial da referida obrigação. Só existe responsabilidade tributária diante da lei. O terceiro, a quem a lei atribuir a responsabilidade, deverá estar de alguma forma vinculado ao fato gerador. Atos normativos infralegais, como decretos, instruções normativas, ordens de serviços, etc., jamais terão força para imputar a responsabilidade tributária a terceira pessoa. O que importa, para a identificação do contribuinte ou do responsável, é a lei que estava em vigor no momento da ocorrência do fato gerador da respectiva obrigação, pouco importando a data da constituição do crédito tributário ou qualquer outro momento. Ninguém pode, por lei do presente, adquirir responsabilidade tributária por fato ocorrido no passado. A lei posterior ao fato gerador não poderá atribuir responsabilidade tributária a terceiros (art. 144, § 1º, do CTN).

A classificação da responsabilidade tributária será efetuada de acordo com o Capítulo V do CTN, encabeçado pelo art. 128. Temos, portanto, a responsabilidade dos sucessores: adquirentes de bens imóveis (art. 130), sucessores de pessoa física (art. 131), sucessores de pessoa jurídica (art. 132) e a sucessão comercial (art. 133). Depois, haverá a responsabilidade de terceiros (art. 134), a responsabilidade pessoal (art. 135) e a responsabilidade por infrações (arts. 136 e 137). Por fim, trataremos da denúncia espontânea da infração (art. 138).

2.11.1. Responsabilidade do adquirente de bens imóveis

O art. 130 do CTN trata da responsabilidade tributária do adquirente de bens imóveis. Estabelece o dispositivo que os créditos tributários relativos a impostos cujo fato gerador seja a propriedade, o domínio útil ou a posse de bens imóveis sub-rogam-se na pessoa do respectivo adquirente. O mesmo ocorre em relação às taxas pela prestação de serviços referentes ao imóvel, bem como às contribuições de melhoria.

O adquirente de bem imóvel, portanto, em princípio, poderá ser responsabilizado pelo pagamento do Imposto Predial e Territorial Urbano, do Imposto Territorial Rural, da taxa de lixo, da contribuição de melhoria, que eram devidos pelo proprietário anterior. Porém, o CTN admite que seja afastada a responsabilidade do adquirente quando constar no título que transmitiu a propriedade a prova de quitação dos tributos. Ou seja, a garantia do adquirente para eximir-se da responsabilidade acerca dos tributos incidentes sobre o imóvel adquirido é a transcrição da certidão negativa de débito na escritura. Não havendo no título translativo da propriedade a prova de quitação dos tributos, o adquirente será responsabilizado.

No IPTU, por exemplo, um dos contribuintes do imposto é o proprietário. Se o imóvel tiver sido declarado de utilidade pública, para fins de desapropriação, ainda assim o proprietário continuará responsável pelo pagamento do imposto porque a desapropriação não retira o seu direito de usar, gozar e dispor do bem. Assim, enquanto não deferida e efetivada a imissão de posse provisória, o proprietário continuará responsável pelo imposto.[424]

---

[424] STJ, RESP 239.687.

No caso de arrematação de bem imóvel em hasta pública que tenha débitos de IPTU, por exemplo, o arrematante receberá o bem livre e desembaraçado, uma vez que a sub-rogação no pagamento do crédito tributário ocorrerá sobre o preço depositado pelo arrematante (parágrafo único do art. 130). A arrematação tem o efeito de extinguir os ônus tributários que incidem sobre o bem imóvel arrematado, passando este ao arrematante livre e desembaraçado dos encargos tributários.[425] O crédito tributário deverá ser abatido do pagamento efetuado, não sendo legítimo atribuir-se a responsabilidade tributária ao adquirente. A arrematação é do imóvel, e não da dívida tributária que sobre ele recai.

Mesmo que o valor da dívida tributária seja superior ao do preço pago na arrematação, ainda assim o arrematante não será responsável pelo pagamento dos créditos tributários relativos ao imóvel arrematado. Neste caso, a responsabilidade continuará sendo do antigo proprietário. Como dito, é do preço pago pelo arrematante que deverá ser descontado o valor do crédito tributário pendente. O arrematante não responde pela dívida fiscal do executado, senão até o valor do preço da arrematação.[426] Dívidas tributárias não podem ser arrematadas.

Nos casos de arrematação em hasta pública, recorde-se que é requisito para a expedição da carta de arrematação, a prova de quitação do Imposto de Transmissão (ITBI) (§ 2º do art. 901 do CPC).

No entanto, poderá ocorrer disputa pelo preço pago na arrematação entre a Fazenda Pública e o credor privado que buscou na penhora do mesmo imóvel a garantia para o recebimento do seu crédito. Nesse caso, o crédito tributário é que deverá ser satisfeito em primeiro lugar em razão da preferência de que ele goza (art. 186, *caput*, do CTN), pouco importando a ordem de registro da penhora no cartório de registro de imóveis. O saldo que restar é que caberá ao credor privado. Havendo mais de uma Fazenda Pública credora, com penhoras sucessivas sobre o mesmo imóvel, deverá ser instaurado o concurso de preferência entre as pessoas jurídicas de direito público, observando-se a ordem estabelecida no parágrafo único do art. 187 do CTN.

Na regra do art. 130 também pode ser incluída a responsabilidade tributária nos casos de adjudicação de bens imóveis efetuada pelo próprio exequente ou pelos demais legitimados (art. 876 e § 5º do CPC). A adjudicação de bem imóvel é forma de aquisição de propriedade quando transcrita no registro de imóveis (arts. 1245 do Código Civil e 167, I, item 26, da Lei 6.015/73). O art. 130 do CTN trata da responsabilidade do adquirente de bem imóvel. Com isto, o adjudicante, que nada mais é do que um adquirente da propriedade imobiliária, ficará responsável pelo pagamento dos impostos referentes à propriedade, domínio útil ou posse, taxas pela prestação de serviços e contribuições de melhoria que digam respeito ao bem imóvel adjudicado, exceto quando constar do título a transcrição da certidão negativa de débito. A prova de quitação do Imposto de Transmissão (ITBI) deve constar na carta de adjudicação (§ 2º

---

[425] STJ, RESP 166.975.
[426] TRF4ªR; DJ 29.06.94, p. 35320.

do art. 877 do CPC), circunstância que não afasta a responsabilidade do adjudicante pelo pagamento do IPTU, por exemplo. Recorde-se que não haverá transmissão da responsabilidade quanto aos impostos se o adjudicante gozar de imunidade (art. 150, VI, a, c, e § 2º da CF).

Note-se que a responsabilidade tributária é tratada de forma distinta na arrematação e na adjudicação. Na arrematação, há extinção do vínculo obrigacional, uma vez que os débitos anteriores à arrematação ficam sub-rogados no preço depositado. Na adjudicação, ao contrário, não há ruptura do ônus obrigacional, de modo que o adjudicante é responsável pelo pagamento dos tributos relativos ao bem adquirido. No entanto, há precedente da 1ª Seção do STJ no sentido de que os impostos sobre o patrimônio (IPTU e ITR) seriam obrigações *propter rem*, devendo ser assumidas por todos aqueles que sucederem o titular do imóvel.[427]

A responsabilidade tributária na arrematação ou adjudicação de bens móveis insere-se no art. 131, I, do CTN.

2.11.2. Responsabilidade por sucessão de pessoa física

No art. 131, I, do CTN, é prevista a responsabilidade pessoal do adquirente ou remitente, pelos tributos relativos aos bens adquiridos ou remidos. Esta remição não é aquela tratada no art. 172 do CTN, o qual disciplina o instituto da remissão, que é o perdão do crédito tributário. O CPC dispõe que, antes de adjudicados ou alienados os bens, o executado pode, a todo tempo, remir a execução, pagando ou consignando a importância atualizada da dívida, mais juros, custas e honorários advocatícios (art. 862). A remição nada mais é do que comprar de novo. Assim, como o remidor já era devedor, não se trata de transmissão de responsabilidade. O devedor continuará sendo a mesma pessoa. Subsiste, porém, a transmissão da responsabilidade nos casos em que a legislação ainda contempla o instituto da remição, como, por exemplo, os sucessores do devedor no caso do resgate total do penhor ou da hipoteca (art. 1.429 do CC).

Neste preceito do CTN pode ser incluída a responsabilidade tributária do arrematante e do adjudicante de bens móveis, uma vez que são adquirentes. Assim, poderão ser responsabilizados pelos créditos tributários relativos aos bens arrematados ou adjudicados, como, por exemplo, o IPVA. Porém, a responsabilidade tributária será diversa na arrematação e na adjudicação, como tratado no item anterior, uma vez que também na arrematação de bem móvel a sub-rogação ocorre sobre o preço. Há precedente do Superior Tribunal de Justiça no sentido de que o credor que arremata veículo em relação ao qual pendia débito de IPVA não responde pelo tributo em atraso, uma vez que o crédito do IPVA sub-roga-se no preço pago pelo arrematante. Porém, se o bem foi adjudicado ao credor, é encargo deste depositar o valor correspondente ao débito do IPVA.[428]

---
[427] STJ, RESP 1.073.846.
[428] STJ, RESP 905.208.

Os incisos II e III do art. 131 do CTN tratam dos casos de responsabilidade tributária na sucessão *mortis causa*.

A abertura da sucessão ocorre com a morte, momento em que também surge o fato que gera o Imposto sobre Transmissão *Causa Mortis* (ITCD). O conjunto de bens, direitos e obrigações do falecido constitui o espólio. Ele é uma universalidade de bens, representado pelo inventariante, possuindo capacidade de ser parte no processo (art. 75, VII, do CPC).

Com isto, o espólio, nos termos do inciso III do art. 131 do Código, é responsável pelos tributos devidos pelo falecido até a data da abertura da sucessão.

Assim, na hipótese de falecimento do contribuinte, a responsabilidade pelo pagamento do crédito tributário que seria devido por ele, excetuando-se a multa por infrações,[429] é transferida ao espólio, já que este responde pelas dívidas do falecido até ser ultimada a partilha (art. 796 do CPC). Na expressão *créditos tributários* estão incluídas as multas moratórias,[430] já que a imposição é decorrente do não pagamento do tributo na época do vencimento.

No entanto, o espólio também poderá assumir a condição de contribuinte em relação aos fatos geradores ocorridos após a abertura da sucessão e até a data da partilha ou adjudicação.

O espólio, portanto, é responsável pelos tributos devidos até a data da morte do contribuinte. A partir de então, e até a data da partilha ou adjudicação, o espólio será contribuinte.

Feita a partilha – cuja sentença, a propósito, não poderá ser proferida sem a prova de quitação de todos os tributos relativos aos bens do espólio (art. 192 do CTN) – ou ocorrida a adjudicação, a responsabilidade pelo pagamento do crédito tributário devido pelo falecido ou pelo espólio é transmitida ao cônjuge meeiro e aos herdeiros, mas cada um responderá nos limites de seu quinhão ou legado. Os herdeiros serão responsáveis solidários pela dívida.

Nos termos do inciso II do art. 135 do CTN, o sucessor a qualquer título e o cônjuge meeiro respondem pelos tributos devidos pelo falecido até a data da partilha ou adjudicação, limitada esta responsabilidade ao montante do quinhão, do legado ou da meação.

Em resumo, a responsabilidade tributária na sucessão em decorrência da morte, sempre se atentando para a data da ocorrência do fato gerador, e não para a data da constituição do crédito tributário, é a seguinte:

a) *De cujus*: contribuinte pelos créditos tributários relativos aos fatos geradores ocorridos até a data do óbito;

b) *Espólio*: responsável pelos créditos tributários devidos pelo *de cujus* e contribuinte dos créditos tributários cujos fatos geradores ocorreram depois do óbito e até a data da partilha ou adjudicação;

---

[429] STF, RE 77.526.
[430] STJ, RESP 499.147 e RESP 295.222.

c) *Sucessores e cônjuge meeiro*: responsável pelos créditos tributários cujos fatos geradores ocorreram até a data da partilha ou adjudicação e contribuintes dos créditos relativos aos fatos posteriores.

No STJ, há precedente no sentido de que o falecimento do contribuinte não impede que o Fisco prossiga na execução de seus créditos contra o espólio.[431] Assim, ocorrendo a morte do devedor, o representante do espólio deve ser citado para integrar a relação processual, não havendo necessidade de substituir a CDA para que a execução tenha continuidade.[432]

2.11.3. Responsabilidade por sucessão de pessoa jurídica

O art. 132, *caput* do CTN trata do caso de sucessão de pessoa jurídica, estabelecendo que a pessoa jurídica de direito privado que resultar de fusão, transformação ou incorporação de outra ou em outra é responsável pelos tributos devidos até a data do ato pelas pessoas jurídicas de direito privado fusionadas, transformadas ou incorporadas. Disciplina a responsabilidade nos casos de sucessão de empresas em relação aos fatos geradores ocorridos até a data do respectivo ato sucessório porque, a partir de então, assume a condição de contribuinte.

A fusão consiste na união de duas ou mais sociedades para formar uma sociedade nova. A fusão determina a extinção das sociedades que se unem, para formar sociedade nova, que a elas sucederá nos direitos e obrigações (art. 1.119 do CC).

A transformação é uma operação pela qual a sociedade passa, independentemente de dissolução e liquidação, de um tipo para outro (art. 220 da Lei 6.404/76) (por exemplo, quando uma sociedade de cotas por responsabilidade limitada passa a ser uma sociedade anônima). O Código Civil dispõe que o ato de transformação independe de dissolução ou liquidação da sociedade, e obedecerá aos preceitos reguladores da constituição e inscrição próprios do tipo em que vai converter-se (art. 1.113).

A incorporação consiste em uma operação em que uma ou mais sociedades são absorvidas por outra, que lhes sucede em todos os direitos e obrigações, devendo todas aprová-las, na forma estabelecida para os respectivos tipos (art. 1.116 do CC).

A doutrina tem estendido a responsabilidade também para os casos de cisão, instituto surgido através da Lei 6.404/76, posteriormente ao CTN. Através da cisão, a companhia transfere parcelas de seu patrimônio para uma ou mais sociedades, constituídas para este fim ou já existentes, extinguindo-se a companhia cindida, se houver versão de todo o seu patrimônio, ou dividindo-se o seu capital, se parcial a versão. Se a cisão for total, com a extinção da companhia cindida, as sociedades que receberem o seu patrimônio responderão solidariamente pelas obrigações da companhia extinta, nos termos do art. 233,

---

[431] STJ, RESP 1.124.685.
[432] STJ, RESP 295.222.

caput, da Lei 6.404/76. Sendo parcial, embora o parágrafo único do art. 233 da Lei 6.404/76 disponha que o ato de cisão possa afastar a solidariedade, ambas ficarão solidariamente obrigadas ao pagamento do crédito tributário, frente ao disposto no art. 123 do CTN. O STJ tem precedentes no sentido de que, "a empresa resultante de cisão que incorpora parte do patrimônio da outra responde solidariamente pelos débitos da empresa cindida"[433] e também que "embora não conste expressamente do rol do art. 132 do CTN, a cisão da sociedade é modalidade de mutação empresarial sujeita, para efeito de responsabilidade tributária, ao mesmo tratamento jurídico conferido às demais espécies de sucessão".[434]

O STJ tem entendido que a responsabilidade tributária não fica restrita apenas aos créditos tributários, estendendo-se também às multas, sejam elas moratórias ou punitivas. Assim, o sucessor é responsável pelas multas devidas pelo sucedido.[435] A multa imposta anteriormente à sucessão incorpora-se ao passivo e transmite-se ao sucessor, não havendo a exclusão da responsabilidade do sucedido.[436] Em julgamento de recurso representativo de controvérsia, decidiu que "a responsabilidade tributária do sucessor abrange, além dos tributos devidos pelo sucedido, as multas moratórias ou punitivas que, por representarem dívida de valor, acompanham o passivo do patrimônio adquirido pelo sucessor, desde que seu fato gerador tenha ocorrido até a data da sucessão".[437]

Nos casos em que houver a extinção da pessoa jurídica de direito privado, mas a exploração da atividade for continuada por qualquer sócio remanescente, ou seu espólio, sob a mesma razão social, ou sob firma individual, estes se tornarão responsáveis pelos pagamentos dos tributos devidos pela empresa extinta (parágrafo único do art. 132 do CTN).

2.11.4. Responsabilidade por sucessão comercial

O art. 133 do CTN trata do caso da responsabilidade tributária da pessoa natural ou jurídica de direito privado que adquirir de outra, por qualquer título, fundo de comércio ou estabelecimento comercial, industrial ou profissional, e continuar a respectiva exploração sob a mesma ou outra razão social ou sob firma ou nome individual. Nestes casos, o adquirente responderá pelos tributos relativos ao fundo ou estabelecimento adquiridos, devidos até a data do ato da aquisição.

O fundo de comércio é um conjunto de bens e direitos que integram uma empresa, incluindo-se o ponto comercial. Este último é um bem imaterial que surge em decorrência da fixação do estabelecimento em determinado local.

---

[433] STJ, RESP 970.585.
[434] STJ, RESP 852.972.
[435] STJ, RESP 544.265.
[436] STJ, RESP 670.224.
[437] STJ, RESP 1.111.156.

A simples aquisição da razão social não gera a transmissão da responsabilidade tributária.

O dispositivo trata do caso de responsabilidade por sucessão comercial. Quem sucede no comércio, sucede também na responsabilidade tributária. Tanto faz se a continuação da atividade é feita pela mesma razão social ou outra, ou sob o mesmo nome ou firma individual. O adquirente responde pelos tributos relativos ao fundo ou estabelecimento adquiridos, devidos até a data do ato. Depois da aquisição, não será o caso de responsabilidade do sucessor porque a dívida será própria.

A responsabilidade do adquirente poderá ser integral ou subsidiária com o alienante.

Ela será integral quando o alienante cessar a exploração de comércio, indústria ou atividade (inciso I do art. 133). Neste caso, há uma presunção de que o Fisco não conseguirá receber o seu crédito do alienante, cuja exploração de comércio, indústria ou atividade foi interrompida. A responsabilidade, assim, é exclusiva do adquirente.

Se o alienante continuar a exploração da atividade, deve responder pelos tributos relativos ao fundo comercial ou estabelecimento comercial, industrial ou profissional alienado. Não importa se a atividade é no mesmo ou em outro ramo de comércio, indústria ou profissão. No entanto, se o Fisco não conseguir exigir os tributos do alienante, sua pretensão poderá ser redirecionada para o adquirente, uma vez que este é subsidiariamente responsável (inciso II do art. 133). Cobra-se do alienante; se não houver êxito, responde o adquirente.

Para saber se houve interrupção ou mera suspensão do exercício da atividade porque, no primeiro caso a responsabilidade do adquirente é integral, enquanto no segundo é subsidiária, o CTN fixou um prazo. Dispôs que se a nova atividade do alienante, no mesmo ou em outro ramo de comércio, indústria ou profissão ocorrer dentro de seis meses, contados da data da alienação, a responsabilidade continuará sendo dele, alienante. É como se ele tivesse continuado a exploração, de modo que a responsabilidade do adquirente será subsidiária. Porém, se isso ocorrer depois dos seis meses, a responsabilidade será integral do adquirente. Significa dizer que, passados os seis meses, se o alienante voltar a exercer o comércio, o adquirente do seu estabelecimento responderá de forma integral pelos tributos devidos até a data da aquisição. Não há necessidade de que os créditos tributários já tenham sido constituídos. O que interessa é a data dos fatos geradores, nos termos do que dispõe o art. 129 do CTN.

No caso de sucessão comercial, como dito, tem-se entendido que a empresa sucessora responde pelas multas moratórias devidas pela sucedida porque tais penalidades integram o passivo.[438] São multas impostas pelo atraso no adimplemento da obrigação tributária.

Os arts. 132 e 133 do CTN impõem ao sucessor a responsabilidade integral tanto pelos tributos devidos quanto pela multa decorrente, seja ela de ca-

---

[438] STJ, RESP 32.967.

ráter moratório ou punitivo. A multa aplicada antes da sucessão se incorpora ao patrimônio do contribuinte, podendo ser exigida do sucessor, sendo que, em qualquer hipótese, o sucedido permanece como responsável. Portanto, é devida a multa, sem se fazer distinção se é de caráter moratório ou punitivo, estando as multas moratórias incluídas na expressão *créditos tributários*. A empresa, quando chamada na qualidade de sucessora tributária, é responsável pelo tributo declarado pela sucedida e não pago no vencimento, incluindo-se o valor da multa moratória.[439]

No entanto, o Supremo Tribunal Federal tem julgados antigos em que sustenta o entendimento de que o sucessor, nos casos do art. 133 do CTN, é responsável pelos tributos pertinentes ao fundo ou estabelecimento adquirido, não, porém, pela multa que, mesmo de natureza tributária, tem o caráter punitivo.[440] As multas punitivas, em razão de seu caráter sancionatório, pessoal e subjetivo do autor da infração, não poderiam ser atribuídas ao sucessor.[441] Portanto, o sucessor responderia pelo crédito tributário, mas não pela multa punitiva.[442] As multas moratórias são devidas, já que decorrem do descumprimento da obrigação no prazo previsto em lei.

A responsabilidade tributária na sucessão comercial tem disciplina específica quando se tratar de alienação judicial em processo de falência ou de alienação de filial ou unidade produtiva isolada de empresa em processo de recuperação judicial, nos termos da redação dada pela LC 118/05 ao art. 133 do CTN. Nestes casos, a regra é a de que não haverá transmissão da responsabilidade tributária ao adquirente, salvo nas hipóteses mencionadas no § 2º.

Frente ao disposto no art. 60 da Lei 11.101/05 (nova Lei de Falências), se o plano de recuperação judicial envolver alienação judicial de filiais ou de unidades produtivas isoladas do devedor, o juiz deve ordenar a sua realização. Nesta hipótese, o objeto da alienação estará livre de ônus e não haverá sucessão do arrematante nas obrigações do devedor, inclusive de natureza tributária. No caso de falência, por ocasião da realização do ativo, a situação será a mesma, com a diferença de que também não haverá responsabilidade do arrematante pelas obrigações derivadas da legislação do trabalho e as decorrentes de acidentes do trabalho (art. 141 da nova LF).

Ajustando a responsabilidade tributária à lei falimentar, a LC 118/05 acrescentou o § 2º ao art. 133 do CTN, com o objetivo de evitar fraudes à exclusão da responsabilidade tributária do adquirente. A regra, como visto, é a de que a alienação judicial na falência ou no processo de recuperação judicial rompe o vínculo da responsabilidade tributária, excluindo a responsabilidade do adquirente pelos tributos relativos ao fundo ou estabelecimento adquirido, facilitando, assim, a alienação dos bens e a realização do ativo. Porém, a responsabilidade tributária será transmitida ao adquirente se ele for: a) sócio da sociedade falida ou em recuperação judicial, ou sociedade controlada pelo

---

[439] STJ, RESP 432.049.
[440] STF, RE 82.754; RE 89334.
[441] TRF4ªR; DJ 15.06.94, p. 31473.
[442] TRF4ªR; DJ 09.06.93, p. 22273.

devedor falido ou em recuperação judicial; b) parente, em linha reta ou colateral até o 4º (quarto) grau, consanguíneo ou afim, do devedor falido ou em recuperação judicial ou de qualquer de seus sócios; c) identificado como agente do falido ou do devedor em recuperação judicial com o objetivo de fraudar a sucessão tributária. A mesma regra consta no art. 140, § 1º, da Lei 11.101/05. O que determina a transmissão da responsabilidade tributária nestes casos, portanto, é a pessoa do adquirente.

O § 3º do art. 133, também acrescentado pela LC 118/05, dispõe que no processo de falência, o produto da alienação judicial de empresa, filial ou unidade produtiva isolada deverá permanecer em conta de depósito judicial, à disposição do juízo da falência, pelo prazo de um ano, contado da data da alienação, cujos recursos apenas poderão ser utilizados para o pagamento de créditos extraconcursais ou de créditos que prefiram ao tributário.

2.11.5. Responsabilidade de terceiros

O CTN trata da chamada responsabilidade de terceiros no art. 134. Arrola como responsáveis determinadas pessoas que de alguma forma se relacionaram com o fato gerador, seja praticando determinados atos, seja sendo omissas em determinados deveres. Conforme o dispositivo, "nos casos de impossibilidade de exigência do cumprimento da obrigação principal pelo contribuinte, respondem solidariamente com este nos atos que intervierem ou pelas omissões de que forem responsáveis" as pessoas que arrola nos incisos I a VII.

Os incisos do art. 134 dispõem que os pais respondem pelos tributos devidos pelos seus filhos menores. Os tutores e curadores, pelos tributos devidos por seus tutelados e curatelados. Os administradores de bens de terceiros respondem pelos tributos devidos por estes. É da responsabilidade do inventariante os tributos devidos pelo espólio, assim como o síndico e o comissário respondem pelos tributos devidos pela massa falida ou concordatária (atualmente administrador judicial, pelos tributos devidos pela massa ou empresa em recuperação judicial). Pelos tributos devidos sobre os atos praticados por eles, ou perante eles, em razão do seu ofício, respondem os tabeliães, escrivães e demais serventuários. Por fim, no caso de liquidação de sociedade de pessoas respondem pelos tributos os sócios. Recorde-se que as sociedades de pessoas são constituídas em razão das qualidades pessoais dos sócios. Estas sociedades, em desuso, são a sociedade em nome coletivo, sociedade em comandita simples, sociedade de capital e indústria e a sociedade em conta de participação. Não abrange a sociedade por cotas de responsabilidade limitada, cuja responsabilidade é tratada no artigo 135 do CTN.

Embora o dispositivo estabeleça que a responsabilidade dos terceiros é solidária com o contribuinte, na verdade a responsabilidade é de caráter subsidiário. Na responsabilidade solidária, como dito, o credor tem direito de exigir e receber de um ou alguns dos devedores, de forma parcial ou total, a dívida que é comum a todos eles (art. 275 do Código Civil). No entanto, a responsabilidade destes terceiros indicados no CTN é subsidiária porque o dispositivo inicia dizendo que os tais terceiros serão responsáveis apenas se não for possível exigir a dívida do próprio contribuinte (*No caso de impossibilidade de exigência...*). Além disso, existe mais um requisito para que a dívida possa ser exigida dos terceiros: que eles, de alguma forma, tenham participado do ato ou se omitido de determinados deveres (*...nos atos que intervierem ou pelas omissões de que forem responsáveis...*).

Por outro lado, estes terceiros respondem apenas pelas penalidades de caráter moratório, ou seja, pelas multas de mora. Estes terceiros não podem ser responsabilizados pelas multas punitivas, nos termos do parágrafo único do art. 134 do CTN. Logo, a multa imposta por uma infração cometida pela massa falida, por exemplo, não poderá ser cobrada do síndico.

2.11.6. Responsabilidade pessoal

O art. 135 do CTN estabelece que são pessoalmente responsáveis pelos créditos correspondentes a obrigações tributárias resultantes de atos praticados com excesso de poderes ou infração de lei, contrato social ou estatutos, aquelas pessoas arroladas no art. 134 e também os mandatários, prepostos e empregados, além dos diretores, gerentes ou representantes de pessoas jurídicas de direito privado.

O dispositivo procura retirar o caráter de subsidiariedade previsto no artigo 134, atribuindo de forma pessoal e exclusiva a responsabilidade pelo pagamento do crédito tributário quando alguma das pessoas referidas no artigo anterior praticarem algum ato com excesso de poder ou infração de lei, contrato social ou estatuto (inciso I). A mesma responsabilidade também é estendida aos mandatários, prepostos e empregados (inciso II) e aos diretores, gerentes ou representantes de pessoas jurídicas de direito privado (inciso III).

O mandatário, ou procurador, é aquele que recebeu de alguém poderes para, em nome deste, praticar atos ou administrar interesses. O preposto é um empregado que representa o empregador. O empregado é a pessoa física que presta serviços de natureza não eventual e subordinada a outra pessoa física ou jurídica, que remunera o serviço prestado. Os diretores, gerentes ou representantes de pessoas jurídicas de direito privado são aquelas pessoas indicadas no contrato social ou estatuto da empresa.

No caso da responsabilidade dos sócios ou diretores por dívidas tributárias em que a empresa figure como sujeito passivo, o STJ pacificou o entendimento de que o simples inadimplemento do crédito tributário não pode ser considerado como uma infração legal que venha a acarretar a responsabilidade do sócio.[443] A ausência de recolhimento do tributo não gera, necessariamente, a responsabilidade solidária do sócio-gerente, sem que se tenha prova de que agiu com excesso de poderes ou infração à lei, ao contrato social ou ao estatuto da empresa.[444] Com isso, a Corte sumulou o entendimento de que "o inadim-

---

[443] STJ, ERESP 174.532.
[444] STJ, ERESP 374.139.

plemento da obrigação tributária pela sociedade não gera, por si só, a responsabilidade solidária do sócio-gerente".[445]

Para restar configurada a responsabilidade pessoal disciplinada no artigo 135 do CTN, é necessário que o sócio tenha agido com dolo ou fraude, visto que inviável a imputação de responsabilidade objetiva dos mesmos para com as dívidas fiscais assumidas pela sociedade.[446] A responsabilidade tributária, portanto, do sócio-gerente, administrador, diretor ou equivalente só se caracteriza quando houver dissolução irregular da sociedade ou se comprovar infração à lei praticada pelo dirigente.[447]

Para a 1ª Seção do Superior Tribunal de Justiça, "Os bens do sócio de uma pessoa jurídica comercial não respondem, em caráter solidário, por dívidas fiscais assumidas pela sociedade".[448]

O STJ também sumulou o entendimento de que "presume-se dissolvida irregularmente a empresa que deixar de funcionar no seu domicílio fiscal, sem comunicação aos órgãos competentes, legitimando o redirecionamento da execução fiscal para o sócio-gerente".[449]

Além disso, a responsabilidade apenas pode ser imputada ao sócio que, no exercício da sua administração, tenha praticado os atos elencados no art. 135 do CTN.[450] É impossível responsabilizar-se o sócio que não estava investido na função de direção da sociedade.[451] O STJ, em tema afetado a recurso repetitivo, está discutindo a possibilidade de redirecionamento da execução fiscal contra o sócio que, apesar de ter exercido a gerência da sociedade na época da ocorrência do fato gerador, dela se afastou regularmente, sem ter dado causa, portanto, à dissolução posterior irregular da sociedade empresária.[452]

No caso das contribuições previdenciárias, o art. 13 da Lei 8.620/93 havia atribuído ao titular da firma individual e aos sócios das empresas por cotas de responsabilidade limitada a responsabilidade solidária, com seus bens pessoais, pelos débitos junto à Seguridade Social, arrematando o parágrafo único que "os acionistas controladores, os administradores, os gerentes e os diretores respondem solidariamente e subsidiariamente, com seus bens pessoais, quanto ao inadimplemento das obrigações para com a Seguridade Social, por dolo ou culpa".

No entanto, a 1ª Seção do Superior Tribunal de Justiça entendeu que a responsabilidade tributária deveria ser disciplinada por lei complementar, frente ao disposto no art. 146, III, *b*, da CF, e que o art. 135, III, do CTN estabelece que os sócios só respondem por dívidas tributárias quando exercerem gerência da sociedade ou qualquer outro ato de gestão vinculado ao fato gerador.

---

[445] Súmula 430 do STJ.
[446] STJ, AgRgERESP 441.194/PR e ERESP 174.532/PR.
[447] STJ, ERESP 260.107.
[448] STJ, ERESP 591.954 (01.07.05).
[449] Súmula 435.
[450] STJ, AgRgERESP 109639/RS e ERESP 591.954 (1ª Seção do STJ).
[451] STJ, RESP 108.827.
[452] STJ, Tema 962, RESP 1.377.019.

De acordo com o STJ, o art. 13 da Lei nº 8.620/93 só poderia ser aplicado quando presentes as condições do art. 135, III, do CTN, não podendo ser interpretado, exclusivamente, em combinação com o art. 124, II, do CTN. A Corte referiu ainda que o art. 1.016 do Código Civil de 2002 é extensivo às sociedades limitadas por força do prescrito no art. 1.053, o qual trata da hipótese em que os administradores respondem solidariamente somente por culpa quando no desempenho de suas funções, reforçando o consignado no art. 135, III, do CTN. Segundo o decidido, o art. 13 da Lei 8.620/93 também não se aplicaria às sociedades limitadas por encontrar-se esse tipo societário regulado pelo novo Código Civil, lei posterior, de igual hierarquia, que estabelece direito oposto ao nela estabelecido.[453]

No mesmo sentido foi o julgamento do Pleno do STF. A Corte considerou inconstitucional o art. 13 da Lei 8.620/93, na parte em que estabeleceu que os sócios das empresas por cotas de responsabilidade limitada respondem solidariamente, com seus bens pessoais, pelos débitos junto à Seguridade Social. Foi reconhecida a inconstitucionalidade formal e material. Para o STF:

> A previsão de regras matrizes de responsabilidade tributária aplicáveis à generalidade dos tributos também se encontraria no âmbito das normas gerais, assegurando uniformidade de tratamento dos terceiros perante o Fisco. Assentou-se ser adequado reconhecer caráter de normas gerais aos dispositivos do CTN que tratam da responsabilidade tributária, sem prejuízo da permissão de que o legislador preveja outros casos específicos de responsabilidade, nos termos do art. 128 do CTN. Reputou-se, então, correto conferir ao art. 135 do CTN ("São pessoalmente responsáveis pelos créditos correspondentes a obrigações tributárias resultantes de atos praticados com excesso de poderes ou infração de lei, contrato social ou estatutos: I – as pessoas referidas no artigo anterior; II – os mandatários, prepostos e empregados; III – os diretores, gerentes ou representantes de pessoas jurídicas de direito privado.") o nível de lei complementar por disciplinar matéria abrangida pelo art. 146, III, da CF.

A inconstitucionalidade material residiria no fato de que:

> Não seria dado ao legislador estabelecer simples confusão entre os patrimônios de pessoa física e jurídica, mesmo que para fins de garantia dos débitos da sociedade perante a Seguridade Social. Asseverou-se que a censurada confusão patrimonial não poderia decorrer de interpretação do art. 135, III, c, da CF, nem ser estabelecida por nenhum outro dispositivo legal, haja vista que impor confusão entre os patrimônios da pessoa jurídica e da pessoa física no bojo de sociedade em que, por definição, a responsabilidade dos sócios é limitada, comprometeria um dos fundamentos do Direito de Empresa, consubstanciado na garantia constitucional da livre iniciativa. Afirmou-se que a garantia dos credores, frente ao risco da atividade empresarial, estaria no capital e no patrimônio sociais, e que seria tão relevante a delimitação da responsabilidade no regramento dos diversos tipos de sociedades empresárias que o Código Civil de 2002 a teria disciplinado no primeiro capítulo destinado a cada qual. Reconheceu-se tratar-se de dispositivo de lei ordinária, mas que regularia a limitação do risco da atividade empresarial, inerente à garantia de livre iniciativa. Concluiu-se que a submissão do patrimônio pessoal do sócio de sociedade limitada à satisfação dos débitos da sociedade para com a Seguridade Social, independentemente de ele exercer, ou não, a gerência e de cometer, ou não, qualquer infração, tolheria, de forma excessiva, a iniciativa privada, de modo a descaracterizar essa espécie societária, em afronta aos artigos 5º, XIII, e 170, parágrafo único, da CF.[454]

---

[453] STJ, RESP 749.034 (19.12.05) e 757.065 (01.02.06).
[454] STF, Informativo 607; RE 562.276.

Observe-se, porém, o art. 13 da Lei 8.620/93 acabou sendo revogado pela Lei 11.941/09.

A circunstância de o CTN (art. 202, I) e a Lei de Execução Fiscal (Lei 6.830/80) preverem que a certidão de dívida ativa – que deve conter os mesmos elementos da inscrição – deve trazer o nome do responsável (art. 2º, § 5º, I, e § 6º), admitindo possa contra este ser promovida a execução (art. 4º, V), não significa a presunção absoluta de responsabilidade tributária do sócio-gerente. A presunção é relativa, cabendo ao responsável a discussão da matéria pelos embargos à execução, tendo havido citação em nome próprio e penhora dos seus bens. Nestes casos em que o nome do sócio consta na certidão de dívida ativa, a 1ª Seção do Superior Tribunal de Justiça tem entendido que cabe a ele o ônus de provar "a ausência dos requisitos do art. 135 do CTN", pouco importando que a execução tenha sido proposta contra a pessoa jurídica e contra o sócio ou somente contra a empresa, uma vez que a CDA goza de presunção relativa de certeza e liquidez. Porém, se a execução foi proposta apenas contra a empresa, o redirecionamento da execução contra o sócio-gerente, cujo nome não consta na CDA, depende da prova dos requisitos do art. 135 do CTN, cujo ônus é da Fazenda Pública.[455]

Se a execução fiscal foi promovida apenas contra a pessoa jurídica, a Fazenda Pública não pode substituir a certidão de dívida ativa para nela incluir o nome dos sócios. Nos termos da Súmula 392 do STJ, a Fazenda Pública pode substituir a Certidão de Dívida Ativa (CDA) até a prolação da sentença de embargos, quando se tratar de correção de erro material ou formal, mas é proibida a modificação do sujeito passivo da execução.

Se o sócio não tiver sido citado, mas seus bens pessoais forem penhorados, a sua defesa deverá ser deduzida mediante embargos de terceiros (art. 674 do CPC).

Na execução fiscal, quando a ciência da penhora for feita pessoalmente ao devedor, o prazo para a oposição dos embargos do devedor inicia-se no dia seguinte ao da sua intimação.[456]

Por outro lado, o art. 9º da LC 123/06 autoriza o registro dos atos constitutivos, de suas alterações e baixas de microempresas e empresas de pequeno porte, independentemente da regularidade das suas obrigações tributárias (§ 1º, II). O seu § 4º, com a redação dada pela LC 147/14, dispõe:

A baixa do empresário ou da pessoa jurídica não impede que, posteriormente, sejam lançados ou cobrados tributos, contribuições e respectivas penalidades, decorrentes da falta do cumprimento de obrigações ou da prática comprovada e apurada em processo administrativo ou judicial de outras irregularidades praticadas pelos empresários, pelas pessoas jurídicas ou por seus titulares, sócios ou administradores.

O § 5º estabelece que a solicitação de baixa implica "responsabilidade solidária dos empresários, dos titulares, dos sócios e dos administradores no período da ocorrência dos respectivos fatos geradores".

---

[455] STJ, ERESP 635.858.
[456] Súmula 12 do TRF4ªR.

Por fim, a meação do cônjuge só responde pelo ato ilícito quando o credor, na execução fiscal, provar que o enriquecimento dele resultante aproveitou ao casal, conforme pacificado pelo Superior Tribunal de Justiça.[457] Um dos precedentes que deu origem a este entendimento sumulado dizia respeito a embargos de terceiro em que os responsáveis alegavam ilegitimidade passiva para figurarem na relação executiva promovida pela Fazenda Estadual, bem como para responderem com os seus bens particulares por dívidas da sociedade. O julgado de origem havia entendido que cabia à esposa o ônus da prova de que as dívidas não tinham sido contraídas em benefício da família, e que a Lei 8.009/90, que trata da impenhorabilidade do bem de família, somente protegia os bens necessários à sobrevivência da família. O STJ, porém, decidiu que a meação da esposa só respondia pelos atos mediante prova de que ela havia se beneficiado com o produto da infração, cujo ônus da prova competia ao credor. Quanto à impenhorabilidade do imóvel, estendeu-a também aos equipamentos e móveis que guarneciam a residência da entidade familiar, abrangendo televisão, geladeira, máquina de lavar e secadora de roupas.[458]

2.11.7. Responsabilidade por infrações

A responsabilidade por infrações à legislação tributária é tratada no art. 136 do CTN. Salvo lei em contrário, a responsabilidade por infrações da legislação tributária independe da intenção do agente ou do responsável, bem como da efetividade, natureza e extensão dos efeitos do ato. A responsabilidade é por infrações à lei tributária, sempre penalizadas por multa. Esta responsabilidade é objetiva, salvo se a lei específica dispuser em sentido contrário. Pouco importa se o contribuinte agiu com a vontade direcionada à prática da infração ou se ele foi omisso ou negligente nos seus negócios ou na aplicação da legislação tributária, acabando por cometer determinada conduta considerada pela lei como uma infração tributária.

Na seara da responsabilidade por infração, não se pode olvidar do disposto no art. 112 do CTN. No caso de infrações ou cominação de penalidades, a lei tributária deve ser interpretada de modo mais favorável ao contribuinte se houver dúvida quanto: "I – à capitulação legal do fato; II – à natureza ou às circunstâncias materiais do fato, ou à natureza ou extensão dos seus efeitos; III – à autoria, imputabilidade, ou punibilidade e IV – à natureza da penalidade aplicável, ou à sua graduação".

Em matéria de infrações à legislação tributária, o CTN procura atribuir a responsabilidade de forma pessoal ao agente nos casos do art. 137. Assim é que as multas punitivas fiscais poderão ser atribuídas pessoalmente ao autor da infração, excluindo, portanto, a responsabilidade do contribuinte, nos seguintes casos: 1) infrações conceituadas por lei como crimes ou contravenções, salvo quando praticadas no exercício regular de administração, mandato, função, cargo ou emprego, ou no cumprimento de ordem expressa emitida por quem

---

[457] Súmula 251 do STJ.
[458] STJ, RESP 141.432.

de direito (inciso I); 2) infrações em cuja definição o dolo específico do agente seja elementar (inciso II). Se a infração fiscal decorrer direta e exclusivamente de dolo específico, a responsabilidade será pessoal daqueles arrolados no art. 134 contra aquelas por quem respondem (inciso III, *a*). A responsabilidade também será pessoal dos mandatários, prepostos ou empregados por infrações cometidas contra seus mandantes, preponentes ou empregadores (inciso III, *b*) e dos diretores, gerentes ou representantes de pessoas jurídicas de direito privado, contra estas (inciso III, *c*).

Em todos os casos acima referidos, o infrator poderá ser responsabilizado pessoalmente. Ou seja, se o administrador de bem de terceiro que frauda o fisco municipal, falsificando uma guia de pagamento do IPTU, incidente sobre o imóvel de propriedade do mandante, tendo recebido deste o numerário necessário ao pagamento da dívida, ele é que ficará pessoalmente responsável pelo pagamento do crédito tributário (art. 135, II) e também da multa, moratória ou punitiva, que for prevista na legislação (art. 137, III, *b*). O síndico que obtém numerário da massa falida, sacado mediante ordem judicial, para pagar determinado tributo, mas desvia os recursos em proveito próprio, também será pessoalmente responsabilizado pelo tributo devido pela massa (art. 135, I), assim como pela multa (art. 137, III, *a*). O sócio-gerente de uma empresa que falsifica guias de pagamento de tributos ou documentos contábeis e fiscais, com o objetivo de iludir o outro sócio e a fiscalização tributária, remetendo para sua conta em paraíso fiscal os recursos que deveriam ser utilizados para o pagamento dos tributos, poderá ser pessoalmente responsabilizado pelos créditos tributários (art. 135, III) e pelas multas (art. 137, III, *c*).

Em um caso julgado pelo STJ, um contribuinte havia interposto embargos à execução fiscal promovida pelo Estado, relativa a débitos de ICMS incidente sobre a venda de produtos agrícolas e transporte, com o objetivo de ver afastada a multa e os juros – e não o tributo – sob o argumento de que fora vítima de estelionatários que falsificavam as guias do ICMS devido. O Tribunal de Justiça local havia afastado a multa por ter restado comprovada a ausência de participação do contribuinte na fraude, havendo sido demonstrado que o próprio contribuinte e outros produtores haviam sido vítimas de uma fraude fiscal praticada por uma quadrilha organizada, que falsificava guias de ICMS para venda de arroz em outros Estados. No voto, o Min. LUIZ FUX, sendo mantida a decisão recorrida, disse que:[459]

> O inciso II, do art. 137, do CTN, determina que, somente quando o dolo for elementar da infração será o contribuinte pessoalmente responsável pelo cumprimento da penalidade; vale dizer: quando na descrição da conduta que, se consubstancie em uma infração fiscal, exigir-se que esta se dê por má-fé do contribuinte". Porém, no caso teria sido "sobejamente demonstrado que não foi a conduta do recorrido que deu ensejo à infração, uma vez que utilizou-se de guias de ICMS que posteriormente veio saber que eram falsificadas por quadrilha de estelionatários (...). Ora, se não há indícios de que a conduta do recorrido deu ensejo à infração em tela não há como lhe imputar a pena, uma vez que restou ausente o elemento subjetivo do tipo penal que descreve o crime de falsificação de documento público.

---

[459] STJ, RESP 457.745.

2.11.7.1. Denúncia espontânea

O art. 138 do CTN trata da chamada denúncia espontânea da infração. Trata-se de uma norma que institui um prêmio ao contribuinte que infringiu a lei tributária, mas que, antes de ser fiscalizado, levou o fato ao conhecimento da autoridade administrativa e pagou o tributo e os juros. O prêmio ao contribuinte confesso da infração consiste na exclusão da multa que seria imposta justamente por causa do ilícito praticado. Na denúncia espontânea, o contribuinte deverá recolher o valor do tributo que seria devido, assim como os juros moratórios e a atualização monetária.[460] Se o tributo depender de apuração por parte da autoridade administrativa, a denúncia espontânea deverá estar acompanhada do depósito do valor que for arbitrado.

Para que seja caracterizada a denúncia espontânea, em primeiro lugar, há necessidade de o contribuinte antecipar-se a qualquer procedimento administrativo ou medida de fiscalização, relacionados à infração (parágrafo único do art. 138 do CTN). Se o contribuinte estiver sendo fiscalizado, a denúncia, é óbvio, nada terá de espontânea. Por isto, é importante que a autoridade administrativa lavre termo para documentar o início do procedimento fiscal, conforme preceitua o art. 196 do CTN. Em segundo lugar, a denúncia espontânea deverá estar acompanhada do pagamento do tributo, juros e atualização monetária.

A 1ª Seção do Superior Tribunal de Justiça tem precedente no sentido de que:

> O instituto da denúncia espontânea exige que nenhum lançamento tenha sido feito, isto é, que a infração não tenha sido identificada pelo fisco nem se encontre registrada nos livros fiscais e/ou contábeis do contribuinte. A denúncia espontânea não foi prevista para que favoreça o atraso do pagamento do tributo. Ela existe como incentivo ao contribuinte para denunciar situações de ocorrência de fatos geradores que foram omitidas, como é o caso de aquisição de mercadorias sem nota fiscal, de venda com preço registrado aquém do real, etc.[461]

O CTN não exige que a denúncia espontânea obedeça a formalidades. Não há necessidade, portanto, de o contribuinte formalizá-la em um documento que deva ser apresentado à administração tributária.

No caso de tributos sujeitos ao lançamento por homologação, a figura da denúncia espontânea é muito polêmica. Os julgados têm analisado se houve ou não prévia declaração por parte do contribuinte, ou seja, se houve ou não o autolançamento.

Nos casos de tributos autolançados, em que o contribuinte apresentou ao Fisco os documentos que constituem os créditos tributários (DCTF, GFIP, GIA, etc.), a partir da inadimplência o Fisco já tem ciência que o contribuinte é devedor, razão por que há precedentes no sentido de não se reconhecer a denúncia espontânea. O Superior Tribunal de Justiça, pela 1ª Seção, tem afastado a denúncia espontânea naqueles casos em que o contribuinte apresenta

---

[460] STJ, RESP 190.721.
[461] STJ, ERESP 629.426.

a declaração, mas efetua o pagamento com atraso.[462] Para o Superior Tribunal de Justiça:

> Não resta caracterizada a denúncia espontânea, com a conseqüente exclusão da multa moratória, nos casos de tributos sujeitos a lançamento por homologação declarados pelo contribuinte e recolhidos fora do prazo de vencimento. (RESP 624.772/DF),

Uma vez que:

> A configuração da "denúncia espontânea", como consagrada no art. 138 do CTN não tem a elasticidade pretendida, deixando sem punição as infrações administrativas pelo atraso no cumprimento das obrigações fiscais. A extemporaneidade no pagamento do tributo é considerada como sendo o descumprimento, no prazo fixado pela norma, de uma atividade fiscal exigida do contribuinte. É regra de conduta formal que não se confunde com o não-pagamento do tributo, nem com as multas decorrentes por tal procedimento.

Além disso,

> as responsabilidades acessórias autônomas, sem qualquer vínculo direto com a existência do fato gerador do tributo, não estão alcançadas pelo art. 138 do CTN.

Assim, o STJ considera que:

> Não há denúncia espontânea quando o crédito tributário em favor da Fazenda Pública encontra-se devidamente constituído por autolançamento e é pago após o vencimento.[463]

Com isso, a Corte sumulou o entendimento de que "o benefício da denúncia espontânea não se aplica aos tributos sujeitos a lançamento por homologação regularmente declarados, mas pagos a destempo".[464]

Também há precedente do STJ, em recurso repetitivo, no sentido de reconhecer a denúncia espontânea naqueles casos em que o contribuinte, depois de haver declarado parcialmente o débito, e efetuado o pagamento integral, procede à retificação, antes de qualquer iniciativa do fisco, e noticia a existência de diferença a maior, acompanhada do respectivo pagamento. A Corte entendeu que se o contribuinte não efetuasse a retificação, o fisco não poderia executá-lo sem antes proceder ao lançamento da parte não declarada, entendendo, assim, aplicável a denúncia espontânea.[465]

Por outro lado, não tendo havido prévia declaração, no caso de tributo lançado por homologação, há alguns precedentes admitindo a denúncia espontânea, desde que haja o pagamento integral do tributo e juros anteriormente à ação fiscal. Quer dizer, o contribuinte que não entrega a declaração e efetua o pagamento integral fora do prazo, acompanhado dos juros, acaba sendo premiado com a exclusão da multa.[466]

Existem também precedentes no sentido de que as obrigações tributárias acessórias autônomas, que não estejam vinculadas a uma obrigação tributária principal, não podem ser beneficiadas pela denúncia espontânea. Acontece que o art. 138 do CTN dispõe que a responsabilidade será excluída pela

---

[462] STJ, ERESP 863.496.
[463] STJ, AgRg nso Edcl no RESP 499.652.
[464] Súmula 360.
[465] STJ, RESP 1.149.022.
[466] STJ, Ag no RESP 851.381; AgRg no AgRg no Ag 777.419.

denúncia espontânea da infração, "(...) acompanhada, se for o caso, do pagamento do tributo devido e dos juros de mora (...)". Então, se for o caso de não haver tributo a pagar, como nas obrigações acessórias, pelos precedentes não poderia ser invocada a denúncia espontânea. Assim, no caso de declaração de rendimentos que não resulte imposto devido, a falta ou o atraso da sua apresentação sujeitaria o contribuinte ao pagamento da multa prevista na legislação, não podendo ser invocado o disposto no art. 138 do CTN.[467]

Outra polêmica em torno deste dispositivo do CTN dizia respeito à caracterização da denúncia espontânea quando houvesse confissão da dívida e pedido de parcelamento por parte do contribuinte. A lei concedia o parcelamento, e o contribuinte, que não estava sendo fiscalizado, comparecia à repartição administrativa e assinava uma confissão de dívida, acompanhada do pedido de parcelamento, no qual se incluíam as multas moratória e punitiva. Depois, ingressava com ação judicial para excluir as multas, alegando que havia espontaneamente denunciado a sua infração.

Ora, o CTN estabelece que a multa deve ser excluída quando houver o pagamento, e não o parcelamento da dívida. O pagamento extingue o crédito tributário (art. 156, I, do CTN), enquanto o parcelamento apenas suspende a sua exigibilidade (art. 151, I do CTN). O parcelamento não é pagamento e nem se pode presumir que, pagas algumas parcelas, as demais também serão adimplidas.

Em razão disso, em julgamento de recurso representativo de controvérsia, a 1ª Seção do Superior Tribunal de Justiça firmou posicionamento de que o instituto da denúncia espontânea não se aplica nos casos de parcelamento de débito tributário.[468]

A posição atual do Superior Tribunal de Justiça está em conformidade com a Súmula 208 do extinto TFR,[469] a qual excluía o benefício da denúncia espontânea quando se tratasse de parcelamento de crédito tributário feito através de confissão espontânea da dívida.

Assim, a denúncia espontânea, como forma de exclusão da responsabilidade pelo pagamento das multas (de mora e punitiva), pelo que tem entendido o STJ, depende: a) antecipação do contribuinte à ação fiscal; b) pagamento integral do tributo e juros; c) o parcelamento não configura denúncia espontânea. No lançamento por homologação, se o débito foi declarado, o pagamento posterior à vista, ou em prestações, não configura denúncia espontânea. No caso de retificação da declaração e respectivo pagamento da diferença que havia sido declarada a menor, aplica-se a denúncia espontânea. Se não houver prévia declaração, há precedente reconhecendo a denúncia espontânea quando houver o pagamento integral, antes de qualquer ação fiscal.

---

[467] STJ, RESP 195.161.
[468] STJ, RESP 1.102.577.
[469] A simples confissão da dívida, acompanhada do seu pedido de parcelamento, não configura denúncia espontânea.

Capítulo 3 – Crédito tributário

3.1. Lançamento

Ocorrido o fato gerador, tal como descrito na hipótese de incidência, forma-se a relação jurídica tributária. O fato gerador dá origem à obrigação tributária. O lançamento, ao crédito tributário. Ocorrido o fato e subsumido à hipótese, à autoridade administrativa caberá apurar o montante do tributo e da penalidade. O lançamento é assim conceituado no art. 142 do CTN:

> Compete privativamente à autoridade administrativa constituir o crédito tributário pelo lançamento, assim entendido o procedimento administrativo tendente a verificar a ocorrência do fato gerador da obrigação correspondente, determinar a matéria tributável, calcular o montante do tributo devido, identificar o sujeito passivo e, sendo caso, propor a aplicação da penalidade cabível.

O lançamento constitui o crédito tributário, dotando-o de exigibilidade. Essa atividade administrativa é vinculada e obrigatória, sob pena de responsabilidade funcional (parágrafo único do art. 142).

A lei – fundamento necessário de legitimação da atividade administrativa – em matéria tributária não deixa espaço ao administrador para que lance o tributo devido quando entender mais oportuno ou conveniente ao interesse público, atributos estes que pertencem aos chamados atos administrativos discricionários. No lançamento, a atividade é plenamente vinculada. O administrador fica com a sua liberdade cerceada, já que, uma vez verificada a ocorrência de fatos previstos no ordenamento jurídico capazes de dar nascimento à obrigação tributária, vincula-se ao mandamento legal, sendo compelido a constituir o crédito tributário, sob pena de ser responsabilizado. A ordem é imperativa, não havendo margem de liberdade.

A maior parte dos autores entende que o lançamento possui natureza jurídica declaratória, embora alguns defendam que é constitutiva.

A natureza é declaratória porque a obrigação tributária, como já se disse, é preexistente e restou configurada no momento em que se concretizou a situação hipoteticamente descrita na norma. Pelo fato de a lei determinar a sua conversão em moeda nacional do câmbio vigente no dia da ocorrência do fato gerador, no caso de o valor tributário ser expresso em moeda estrangeira (art. 143), assim como pela circunstância de reportar-se à data de sua ocorrência (art. 144, *caput*), o lançamento tem esta particularidade de produzir efeitos *ex tunc*. Isto é, retroage para alcançar a lei vigente na época do fato gerador. O direito ao crédito surgiu quando ocorreu o fato, ensina Moacyr Amaral Santos:

> O efeito declaratório retroage à época em que se formou a relação jurídica, ou em que se verificou a situação jurídica declarada. É, pois, efeito ex tunc. Declarada a existência de um crédito, este se tem por certo desde a data de sua formação (...).[470]

Por isso, não importa a lei em vigor na data do lançamento, mas sim aquela vigente na data do fato gerador, ainda que posteriormente modificada ou

---
[470] SANTOS, Moacyr Amaral. *Primeiras Linhas de Direito Processual Civil*. p. 41.

revogada (art. 144, *caput*). Daí por que é possível o lançamento de tributo com base em lei já revogada ou modificada. Se de natureza constitutiva fosse, o lançamento é que faria nascer a obrigação tributária e o respectivo crédito, revelando efeito *ex nunc*, o que contraria o próprio CTN.

Fábio Fanucchi diz que:

> Na verdade, o direito à cobrança de tributos e penalidades nasce, para o sujeito ativo, pela ocorrência da situação descrita em lei como fato gerador da obrigação tributária e não pelo ato que estrutura o crédito que lhe é correspondente. O ato que faz aparecer o crédito é um ato simplesmente declaratório da existência daquele direito.[471]

Mais adiante, menciona que:

> O lançamento, de fato, constitui o crédito, mas através da declaração de existência de um direito anterior de cobrança tributária. Então, em relação ao crédito, o lançamento é constitutivo; porém, em relação ao direito creditício, ele é declaratório. E é em relação ao direito, apenas, que se deve estabelecer os efeitos de um ato jurídico.

Embora o CTN disponha que o lançamento é ato privativo da administração, na maioria das espécies tributárias é o próprio contribuinte que tem o dever de identificar o fato gerador, aplicar a norma e proceder ao pagamento sem que tenha havido qualquer interferência da Fazenda Pública. Isso ocorre apenas nos tributos sujeitos ao lançamento por homologação, como será visto.

O lançamento, em determinados casos, deve ser formalizado em um documento. Poderá ser um auto de infração, auto de lançamento, notificação fiscal de lançamento e até mesmo poderá estar materializado em um carnê de pagamento, como ocorre com o IPTU. A forma é irrelevante. O que importa é que o contribuinte, nos tributos lançados de ofício ou por declaração, seja previamente notificado, sob pena de nulidade, por vício formal, do crédito tributário. Ao receber o carnê do IPTU, o contribuinte está, na verdade, sendo notificado do lançamento. Poderá anuir, efetuando o pagamento à vista, ou em prestações, se a lei autorizar. Não concordando, poderá apresentar impugnação na esfera administrativa, caso em que o crédito ficará com a sua exigibilidade suspensa (art. 151, III, do CTN). A ausência de notificação do contribuinte implica nulidade do crédito tributário porque viola os princípios constitucionais da ampla defesa e do contraditório.[472] No entanto, está consolidado no STJ o entendimento de que "o contribuinte do IPTU é notificado do lançamento pelo envio do carnê ao seu endereço", nos termos da Súmula 397. Se não houver o pagamento, o crédito será inscrito em dívida ativa, sujeitando-se à execução fiscal.

O *caput* do art. 144 do CTN trata do ato de lançamento, enquanto o seu § 1º dispõe acerca do procedimento a ser adotado pela administração no ato de lançamento. O artigo, portanto, encerra disposição de direito material e processual. Material, porque diz respeito à apuração do *quantum* devido, caso em que o lançamento ficará atrelado à lei vigente no momento da ocorrência do fato gerador (*caput*). Processual, porque há normas de simples procedimentos, normas estas que não interferem na identificação do fato gerador, base de

---

[471] FANUCCHI, Fabio. *Curso de Direito Tributário Brasileiro*, p. 264.
[472] STJ, RESP 478.853 e RESP 666.743.

cálculo, alíquota, contribuinte, mas que dizem respeito à ampliação dos poderes da administração fazendária na apuração, fiscalização e investigação dos fatos, assim como na outorga de maiores garantias ou privilégios ao crédito tributário. Estas normas procedimentais, a exemplo do que ocorre com as normas processuais, terão aplicação imediata.

Tratando acerca da sucessão da legislação tributária no tempo, José Souto Maior Borges discorre que:

> O lançamento, enquanto norma individual, ato administrativo de aplicação da lei e criação in concreto do Direito, rege-se pela legislação vigente na época em que ocorreu o fato jurídico tributário, e não a vigorante, se diversa, na data em que ele foi praticado. Quer dizer, o fundamento de validade do ato de lançamento é a legislação vigente na data do fato jurídico tributário, mesmo que posteriormente modificada ou revogada (...). Diversamente, as normas procedimentais aplicáveis ao lançamento têm operatividade imediata. Fundamento de validade do procedimento administrativo de lançamento é a legislação superveniente ao fato jurídico tributário, especificamente prevista no art. 144, § 1º (...). Assim, o conteúdo material do fato jurídico tributário, a base tributável, a alíquota, o sujeito passivo e a penalidade (esta, aliás, matéria penal *lato sensu*) são os previstos na lei vigente quando da ocorrência do fato jurídico tributário, ainda que essa lei tenha sido posteriormente alterada ou supressa (...). Ao revés, o procedimento do lançamento será regulado, no tocante aos pressupostos específicos do art. 144, § 1º, pela legislação superveniente ao fato jurídico tributário.[473]

Assim, o ato de lançamento deve observar a lei vigente por ocasião do fato gerador, ainda que posteriormente modificada ou revogada. Portanto, a alíquota, a base de cálculo, o contribuinte, o responsável, etc. devem observar a norma que estava vigorando no momento em que a lei considerava ocorrido o fato gerador (*caput* do art. 144 do CTN).

Por outro lado, o procedimento do lançamento, cujas normas têm natureza processual, está sujeito à lei superveniente à ocorrência do fato gerador. Consideram-se normas procedimentais em matéria de lançamento as que tiverem instituído: a) novos critérios para a apuração do tributo; b) novas formas de fiscalização; c) ampliados os poderes de investigação e d) outorgado ao crédito maiores garantias ou privilégios. São normas procedimentais que não afetam os elementos constitutivos e essenciais da obrigação tributária e que, portanto, têm incidência imediata.

Caso prático de aplicação da regra do § 1º do art. 144 do CTN diz respeito à possibilidade de o Fisco, com base em lei de 2001, obter informações junto a instituições financeiras para o lançamento de créditos tributários, valendo-se de dados anteriores à data da lei. Ocorre que a Lei 9.311, de 24.10.1996, que instituiu a CPMF e atribuiu à Secretaria da Receita Federal a administração da contribuição, incluídas as atividades de tributação, fiscalização e arrecadação, assim dispunha no art. 11:

> § 1º No exercício das atribuições de que trata este artigo, a Secretaria da Receita Federal poderá requisitar ou proceder ao exame de documentos, livros e registros, bem como estabelecer obrigações acessórias.
>
> § 2º As instituições responsáveis pela retenção e pelo recolhimento da contribuição prestarão à Secretaria da Receita Federal as informações necessárias à identificação dos contribuintes e os

---

[473] BORGES, José Souto Maior. *Lançamento Tributário*, p. 239-240.

> valores globais das respectivas operações, nos termos, nas condições e nos prazos que vierem a ser estabelecidos pelo Ministro de Estado da Fazenda.
>
> § 3º A Secretaria da Receita Federal resguardará, na forma da legislação aplicada à matéria, o sigilo das informações prestadas, vedada sua utilização para constituição do crédito tributário relativo a outras contribuições ou impostos.
>
> § 4º Na falta de informações ou insuficiência de dados necessários à apuração da contribuição, esta será determinada com base em elementos de que dispuser a fiscalização.

No entanto, a Lei 10.174, de 09 de janeiro de 2001, alterou a redação do § 3º, dispondo que a Secretaria da Receita Federal deveria resguardar o sigilo das informações prestadas, mas permitiu a sua utilização para instaurar procedimento administrativo para verificar a existência de crédito tributário e respectivo lançamento, no âmbito do procedimento fiscal, observado o disposto no art. 42 da Lei nº 9.430, de 27 de dezembro de 1996.

Por outro lado, a LC 105, de 10 de janeiro de 2001, flexibilizou o sigilo bancário, revogando o art. 38 da Lei 4.595/64, o qual previa a quebra de sigilo apenas por decisão judicial. O seu art. 6º outorgou às autoridades e aos agentes fiscais tributários das entidades políticas o poder de examinar documentos, livros e registros de instituições financeiras, inclusive os referentes a contas de depósitos e aplicações financeiras, exigindo que tenha sido instaurado processo administrativo ou procedimento fiscal em curso, e que os exames sejam considerados indispensáveis pela autoridade administrativa. A lei impôs que o resultado dos exames, informações e documentos fossem conservados em sigilo, observada a legislação tributária.[474]

Com base nestes preceitos legais, a SRFB passou a valer-se das informações prestadas pelas instituições financeiras, relativas a dados anteriores ao ano de 2001, para apurar créditos tributários. É que a lei considera omissão de receita os valores creditados em conta de depósito junto à instituição financeira desacompanhada de documentação hábil e idônea a comprovar a origem dos recursos.[475]

Na verdade, as normas antes citadas são simplesmente procedimentais em matéria de lançamento. Apenas ampliaram os poderes de investigação e fiscalização das autoridades administrativas. Permitiram que o Fisco enxergasse, no presente, os fatos ocorridos no passado.

O Supremo Tribunal Federal, na mesma linha do que vinha decidindo o STJ,[476] inclusive pela sua 1ª Seção,[477] mencionou que:

> A alteração na ordem jurídica promovida pela Lei 10.174/01 não atrai a aplicação do princípio da irretroatividade das leis tributárias, uma vez que aquela se encerra na atribuição de competência administrativa à Secretaria da Receita Federal, o que evidencia o caráter instrumental da norma em questão. Aplica-se, portanto, o artigo 144, § 1º, do Código Tributário Nacional.

---

[474] Vide o Capítulo 4, item 4.2.

[475] Art. 42 da Lei 9.430/96: "Caracterizam-se também omissão de receita ou de rendimentos os valores creditados em conta de depósito ou de investimento mantida junto a instituição financeira, em relação aos quais o titular, pessoa física ou jurídica, regularmente intimado, não comprove, mediante documentação hábil e idônea, a origem dos recursos utilizados nessas operações".

[476] STJ, RESP 685.708 e RESP 505.493.

[477] STJ, ERESP 608.053.

Fixando a seguinte tese, por conta repercussão geral:

A Lei 10.174/01 não atrai a aplicação do princípio da irretroatividade das leis tributárias, tendo em vista o caráter instrumental da norma, nos termos do artigo 144, § 1º, do CTN.[478]

Deve ser destacado que o sujeito passivo da obrigação tributária, inclusive o responsável pelo seu cumprimento, sempre será aquele previsto na lei vigente por ocasião da ocorrência do fato gerador. A condição de devedor, ou responsável, deve ser buscada na lei que estava em vigor na época da ocorrência do fato gerador. Observe-se, entretanto, que em matéria de penalidades deverá ser aplicada a lei mais benéfica que tiver surgido posteriormente ao fato gerador, conforme vimos ao tratarmos do art. 106 do CTN.

Tais regras, de acordo com o CTN, não se aplicam no caso de "impostos lançados por períodos certos de tempo, desde que a respectiva lei fixe expressamente a data em que o fato gerador se considera ocorrido". Quer dizer, quando se trata de impostos lançados por período certo de tempo, como o IPTU e o ITR, por exemplo, a lei a ser aplicada é aquela que estiver em vigor no momento em que ela própria considera ocorrido o fato gerador.

No caso de valor tributário expresso em moeda estrangeira, o lançamento deverá obedecer à conversão em moeda nacional ao câmbio do dia da ocorrência do fato gerador (art. 143 do CTN).

Embora o crédito tributário decorra da obrigação principal e tenha idêntica natureza dela (art. 139 do CTN), todas as circunstâncias que porventura possam afetar o crédito tributário, sua extensão ou seus efeitos, ou as garantias ou os privilégios a ele atribuídos, ou que excluem a sua exigibilidade não afetam a obrigação tributária que lhe deu origem (art. 140 do CTN). Quer dizer, não pode existir crédito sem a antecedente obrigação tributária. O crédito depende da obrigação, mas a obrigação subsiste sem o crédito. No interregno entre o surgimento da obrigação tributária e o crédito transcorrerá o prazo decadencial para o lançamento, como também poderão surgir causas excludentes do próprio crédito (isenção e anistia), impedindo, na verdade, que ele seja materializado. A obrigação e o crédito são distintos e, em regra, não surgem no mesmo instante.

Observe-se que na constituição do crédito tributário poderá ter ocorrido, durante a tramitação do processo administrativo tributário, alguma nulidade que contamine a sua constituição válida. No entanto, a obrigação tributária que lhe dá origem não será afetada, de maneira que novo lançamento poderá ser efetuado, desde que não ultrapassado o prazo decadencial de cinco anos (art. 173, II, do CTN). O vício formal do lançamento não atinge a obrigação tributária. A situação inversa também poderá ocorrer. O processo de constituição do crédito tributário poderá ser perfeito, mas a obrigação que lhe dá origem será inconstitucional. É claro que nestes casos o crédito tributário não é devido, mas ele poderá ter sido constituído, cobrado pela Fazenda Pública e pago pelo contribuinte. O pagamento, por indevido, comportará restituição ou compensação.

---

[478] RE 601.314.

A partir de sua constituição regular, o crédito tributário somente poderá ser extinto, ter suspensa a sua exigibilidade ou ser excluído, nos casos expressamente previstos nos arts. 156, 151 e 175 do CTN, respectivamente. As garantias a ele asseguradas pela lei também não podem ser dispensadas, tudo sob pena de responsabilidade funcional da autoridade administrativa (art. 141 do CTN).

De acordo com o CTN, esse ato declaratório da obrigação tributária, mas constitutivo do crédito que dela decorre (art. 139), pode ser efetuado de três maneiras. Existem, portanto, três espécies de lançamento: por declaração (art. 147), de ofício (art. 149), e por homologação (art. 150).

3.1.1. Lançamento por declaração

O lançamento por declaração, também chamado de misto, exige a colaboração do contribuinte, impondo-lhe a lei o dever de informar à autoridade administrativa todos os fatos que sejam relevantes para a apuração do crédito tributário (art. 147). É com base nos dados apresentados que a autoridade administrativa calcula o montante do tributo devido e depois notifica o contribuinte para que este proceda ao pagamento ou apresente defesa. A notificação é indispensável para legitimar o crédito que foi apurado.

No entanto, o contribuinte poderá cometer erro ao prestar as declarações. Neste caso, comprovado o erro, ele poderá retificar a declaração apresentada antes de ter sido notificado. Se já ocorreu a notificação, o valor apurado pela administração com base na declaração prestada pelo contribuinte que contenha erros poderá ser alterado mediante impugnação do próprio sujeito passivo, ou de ofício pela autoridade administrativa (arts. 147, § 2º, e 149, I e IV, do CTN).

Dispõe o art. 147, § 1º, do CTN que a retificação da declaração por iniciativa do próprio declarante, quando tiver o objetivo de reduzir ou excluir tributo, só será admissível mediante comprovação do erro em que se funde, e antes de notificado do lançamento. O § 2º do art. 147 do CTN acrescenta que os erros cometidos na declaração e apuráveis pelo seu exame serão retificados de ofício pela autoridade administrativa a que competir a sua revisão.

Esta modalidade de lançamento é pouco usual. No Rio Grande do Sul, o pagamento do Imposto de Transmissão *Causa Mortis* é lançado por declaração porque a lei[479] dispõe que o contribuinte deve fornecer à Fazenda Pública Estadual os elementos necessários para a apuração da base de cálculo do imposto, que é o valor venal dos bens, apurado mediante avaliação procedida pela Fazenda Pública ou avaliação judicial.

Note-se que a mera obrigação de apresentar declarações ao fisco muitas vezes configura apenas uma obrigação acessória, a exemplo do que acontece com o Imposto de Renda. O lançamento por declaração só ocorre quando o

---

[479] Lei Estadual 8.821/89.

tributo é calculado pela autoridade administrativa com base nos dados fornecidos pelo contribuinte ou terceiro.

3.1.2. Lançamento de ofício

No lançamento de ofício, também conhecido por direto, todas as providências necessárias à constituição do crédito tributário estão a cargo da administração, cabendo à autoridade administrativa verificar a ocorrência do fato gerador, apurar o montante do tributo devido e notificar o sujeito passivo para haver o seu crédito.

O art. 149 do CTN arrola nos seus nove incisos os casos do lançamento de ofício e também algumas hipóteses de revisão. Assim, tal modalidade ocorrerá:

1. Quando a lei determinar;

2. Quando a declaração não for prestada, por quem de direito, no prazo e na forma da legislação tributária;

3. Quando a pessoa legalmente obrigada, embora tenha prestado declaração nos termos do item anterior, deixe de atender, no prazo e na forma da legislação tributária, a pedido de esclarecimento formulado pela autoridade administrativa, recuse-se a prestá-lo ou não o preste satisfatoriamente, a juízo daquela autoridade;

4. Quando se comprove falsidade, erro ou omissão quanto a qualquer elemento definido na legislação tributária como sendo de declaração obrigatória;

5. Quando se comprove omissão ou inexatidão por parte da pessoa legalmente obrigada nos casos de o tributo ser lançado por homologação;

6. Quando se comprove ação ou omissão do sujeito passivo, ou de terceiro legalmente obrigado, que dê lugar à aplicação de penalidade pecuniária;

7. Quando se comprove que o sujeito passivo, ou terceiro em benefício daquele, agiu com dolo, fraude ou simulação;

8. Quando deva ser apreciado fato não conhecido ou não provado por ocasião do lançamento anterior; e

9. Quando se comprove que, no lançamento anterior, ocorreu fraude, ou falta funcional da autoridade que o efetuou, ou omissão, pela mesma autoridade, de ato ou formalidade essencial.

Todos os tributos, independentemente da sua modalidade de lançamento, podem ficar sujeitos ao lançamento de ofício. O lançamento de ofício é o curinga dos lançamentos. Sempre poderá ser utilizado em substituição ao lançamento por declaração e ao lançamento por homologação. O único óbice é o prazo decadencial.

O lançamento de ofício é materializado em documentos que poderão ter o nome de "auto de infração" ou "notificação de lançamento" e até mesmo num carnê de pagamento (IPTU). O nome do documento que materializa o ato de lançamento é irrelevante. O que importa é a regular notificação do contribuinte, sob pena de nulidade do crédito tributário.

Em determinados casos, a autoridade administrativa detém o poder de arbitrar a base de cálculo do tributo. Esta hipótese excepcional somente poderá ocorrer quando forem omissos ou quando não merecerem fé as declarações ou os esclarecimentos prestados, ou os documentos expedidos pelo sujeito passivo ou pelo terceiro legalmente obrigado, ressalvando-se, em caso de contestação, avaliação contraditória, administrativa ou judicial (art. 148 do CTN). Chama-se isto de arbitramento, que é inerente ao lançamento de ofício.

O arbitramento da base de cálculo, quando ela leva em consideração o valor ou preço de bens, direitos, serviços ou atos jurídicos, é a maneira que a autoridade administrativa dispõe para quantificar o crédito tributário quando os documentos ou as declarações prestadas pelo contribuinte não existem ou não forem dignos de credibilidade, qualquer que seja o motivo.

O lançamento de ofício (por arbitramento) deve obedecer ao princípio da verdade real. Por isso, a autoridade administrativa sempre deverá levar em consideração todos os elementos de que dispõe para valer-se do arbitramento. A desclassificação da escrita fiscal, no caso do Imposto de Renda, somente se legitima na ausência de elementos concretos que permitam a apuração do lucro real da empresa, não a justificando o simples atraso na escrita.[480] O Imposto de Renda também é considerado ilegítimo quando tiver sido arbitrado com base apenas em extratos ou depósitos bancários.[481]

No caso do ICMS, a Fazenda costuma utilizar-se da chamada pauta fiscal para proceder ao lançado de ofício do ICMS, com base no art. 148 do CTN. A jurisprudência do STJ considera ilegal tal procedimento porque o art. 148 deve ficar restrito ao que nele se contém. Apenas nas hipóteses ali previstas (falta de credibilidade dos documentos, declarações, esclarecimentos, etc.) é que se justifica a apuração da base de cálculo do imposto com respaldo nas chamadas pautas fiscais, que nada mais são do que valores aleatoriamente fixados pela autoridade administrativa. A pauta fiscal é ilegítima quando a autoridade administrativa dispuser de elementos que permitam aferir o verdadeiro valor da operação. Com isto, a Corte sumulou o entendimento de que "é ilegal a cobrança de ICMS com base no valor da mercadoria submetido ao regime de pauta fiscal".[482]

Na Lei 8.212/91, temos exemplos de arbitramento. O art. 33, § 3°, dispõe que, se houver recusa ou sonegação de qualquer documento ou informação, a Secretaria da Receita Federal do Brasil pode, sem prejuízo da penalidade cabível, inscrever de ofício importância de reputar devida, cabendo à empresa ou ao segurado o ônus da prova em contrário. Se a fiscalização, ao examinar a escrituração contábil ou qualquer outro documento da empresa, constatar que a contabilidade não registra o movimento real de remuneração dos segurados a seu serviço, do faturamento e do lucro, serão apuradas, por aferição indireta, as contribuições efetivamente devidas, cabendo à empresa o ônus da prova em contrário (§ 6° do art. 33). Da mesma forma, o § 4° do art. 33 da Lei 8.212/91,

---
[480] Súmula 76 do TRF.
[481] Súmula 182 do TRF.
[482] Súmula 421 do STJ.

com redação dada pela Lei 11.941/09, trata do lançamento de ofício das contribuições previdenciárias relativas à construção civil. Havendo falta de prova regular e formalizada, o montante dos salários pagos pela execução de obra de construção civil pode ser obtido mediante cálculo da mão de obra empregada, proporcional à área construída, de acordo com critérios estabelecidos pela Secretaria da Receita Federal do Brasil, cabendo ao proprietário, dono da obra, condômino da unidade imobiliária ou empresa corresponsável o ônus da prova em contrário. Todos os dispositivos fazem referência ao lançamento de ofício, com base no arbitramento. A autoridade administrativa arbitrará a base de cálculo das contribuições previdenciárias, cabendo ao contribuinte o ônus da prova em sentido contrário.

Os créditos tributários relativos ao IPTU e ao IPVA, por exemplo, são lançados de ofício. A administração já dispõe dos elementos necessários para apurá-los. Consultando suas informações em bancos de dados, capta os elementos indispensáveis para apurar o montante do crédito tributário e expede a notificação para o contribuinte pagá-lo ou oferecer impugnação na via administrativa. Não há participação alguma do sujeito passivo. Como já dito, a ausência de notificação ao contribuinte acarreta nulidade do crédito tributário. Recorde-se, porém, que no caso do IPTU, o STJ sumulou o entendimento de que *"o contribuinte do IPTU é notificado do lançamento pelo envio do carnê ao seu endereço"*, nos termos da Súmula 397.

3.1.3. Lançamento por homologação

No lançamento por homologação a lei atribui ao sujeito passivo o dever de proceder a todos aqueles atos necessários a identificar o fato gerador, quantificar o valor do tributo e a pagá-lo na forma da legislação pertinente. A atividade administrativa fica relegada a segundo plano: caberá a ela homologar o pagamento dentro de determinado prazo ou então agir, procedendo ao lançamento de ofício, quando houver omissão do sujeito passivo, total ou parcial, ou quando este tiver agido com dolo, fraude ou simulação.

A quase totalidade dos tributos está sujeita a este tipo de lançamento, impondo a lei ao próprio sujeito passivo, ou a terceiro, o dever de examinar a legislação, cada vez mais dinâmica, identificar o fato gerador, verificar a base de cálculo e a aplicação da respectiva alíquota, devendo apurar e recolher aos cofres públicos o tributo devido sem qualquer interferência da Fazenda Pública. O lançamento é por homologação sempre que o contribuinte deva pagar o tributo sem que tenha havido prévia interferência da Fazenda Pública. Na verdade, a atribuição que, pela lei, seria privativa da Fazenda Pública, foi transferida ao próprio devedor. Esta imposição é consentânea com a realidade devido à multiplicidade de hipóteses de incidência tributária e contribuintes, o que inviabilizaria a administração e a arrecadação se a constituição do crédito tributário ficasse sempre a cargo da Fazenda Pública. Embora a expressão seja criticada pela doutrina, os tributos lançados por homologação são autolançados pelo próprio contribuinte.

O lançamento por homologação está definido no art. 150 e seus parágrafos do CTN:

> Art. 150. O lançamento por homologação, que ocorre quanto aos tributos cuja legislação atribua ao sujeito passivo o dever de antecipar o pagamento sem prévio exame da autoridade administrativa, opera-se pelo ato em que a referida autoridade, tomando conhecimento da atividade assim exercida pelo obrigado, expressamente a homologa.
>
> § 1º O pagamento antecipado pelo obrigado nos termos deste artigo extingue o crédito, sob condição resolutória de ulterior homologação do lançamento.
>
> § 2º Não influem sobre a obrigação tributária quaisquer atos anteriores à homologação, praticados pelo sujeito passivo ou por terceiro, visando à extinção total ou parcial do crédito.
>
> § 3º Os atos a que se refere o parágrafo anterior serão, porém, considerados na apuração do saldo porventura devido e, sendo o caso, na imposição de penalidade, ou sua graduação.
>
> § 4º Se a lei não fixar prazo à homologação, será ele de 5 (cinco) anos, a contar da ocorrência do fato gerador; expirado esse prazo sem que a Fazenda Pública se tenha pronunciado, considera-se homologado o lançamento e definitivamente extinto o crédito, salvo se comprovada a ocorrência de dolo, fraude ou simulação.

Como o CTN (art. 142) dispõe que o ato de constituição do crédito tributário, através do lançamento, é privativo da administração, o pagamento efetuado pelo contribuinte, no prazo assinalado pela legislação, deve ser "homologado" pela Fazenda Pública. Enquanto não homologado, de forma expressa ou tácita, o pagamento não terá o poder de extinguir o crédito tributário (art. 156, VII).

De acordo com o CTN, nos tributos lançados por homologação, o pagamento efetuado pelo obrigado não extingue desde logo o crédito tributário porque tal pagamento é feito *sob condição resolutória da ulterior homologação do lançamento*. Quer dizer, o pagamento é ineficaz enquanto não for homologado pelo Fisco. A homologação, portanto, é do pagamento. Nos tributos lançados por homologação, a extinção do crédito tributário não se dá com o pagamento, ainda que integral. Nestes casos, a extinção irá ocorrer quando houver a homologação por parte da Fazenda Pública (art. 156, VII). Esta homologação poderá ser expressa ou tácita. A autoridade administrativa poderá expressamente concordar com o valor pago pelo contribuinte, caso em que se terá por homologado o pagamento. Na prática, na verdade, a homologação ocorre de forma tácita. Ou seja, decorrido determinado prazo sem que a autoridade administrativa se manifeste sobre o pagamento, presume-se que tenha havido anuência tácita, pondo fim ao crédito tributário.

Se o tributo for lançado por homologação, mas o pagamento for parcial ou não houver pagamento, caberá à Fazenda Pública proceder ao lançamento de ofício do valor reputado devido, parcial ou integral, desde que não transcorrido o prazo de decadência.

A figura do lançamento por homologação é polêmica. Ao tratar dela, diz Alberto Pinheiro Xavier:

> Nestes impostos sem lançamento o cumprimento da obrigação, o pagamento do tributo verifica-se imediatamente e é ele que extingue, e bem, a obrigação do imposto. Não há necessariamente qualquer atividade administrativa. Digo que não há necessariamente porque pode a administração, fiscalizando o cumprimento do imposto, verificar que o pagamento foi mal feito e então

proceder a um lançamento. Mas aqui não há homologação nenhuma, há um lançamento como na generalidade dos casos. Nas outras hipóteses, o contribuinte pagou, correu o tempo e, efetivamente, o que se verificou aqui foi uma decadência do direito de lançar e não homologação de algo que não carecia de ser homologado. Portanto, em minha opinião, o lançamento por homologação é construção artificiosa de uma figura jurídica, de que devemos nos desinteressar.[483]

Ruy Barbosa Nogueira admite a existência de autolançamento por parte do contribuinte, extraindo-se de sua obra que:

> Uma vez operado o lançamento, como ato administrativo válido e terminado, o crédito é exigível desde logo na via administrativa, de modo que, se se trata de autolançamento, o contribuinte deve, no prazo legal, antes do prévio exame da autoridade, efetuar a satisfação do débito e se, lançamento de ofício ou misto, deve satisfazê-lo no prazo que lhe é assinado no aviso ou intimação. Não o satisfazendo, o crédito já criado, formalizado por uma das modalidades de lançamento e vencido, passará à fase da exigibilidade ou cobrança.

Mais adiante, tratando da exigibilidade administrativa do crédito tributário e sua exequibilidade judicial, diz que:

> O que é importante deixar bem fixado neste item é em que momento se considera o crédito tributário da Fazenda definitivamente constituído para os efeitos procedimentais da exigibilidade ou cobrança administrativa e em que momento, esgotada esta fase, sem êxito ou independentemente dela, deve ser feita a inscrição administrativa como dívida ativa para a exeqüibilidade judicial.
>
> Concluído o lançamento original, ou revisado, pela respectiva notificação ao sujeito passivo ou, nos casos de inadimplemento do autolançamento (não transformado em lançamento de ofício), vencido o tempo de pagamento (art. 160), o crédito passa a ser exigível e entram em funcionamento os meios administrativos de cobrança amigável ou de constrições administrativas, tais como: juros de mora (art. 161) sem prejuízo das penalidades cabíveis (como exemplo nos casos dos impostos de autolançamento), correção monetária e certas garantias e privilégios do crédito tributário (CTN, Cap. VI, Tít. III).[484]

Todo tributo que estiver sujeito a pagamento sem prévia apuração pelo fisco é lançado por homologação, espécie do gênero lançamento. Na verdade, em que pesem as críticas doutrinárias, a jurisprudência tem considerado que o lançamento por homologação pode ser efetuado de duas maneiras. Uma delas é um autêntico autolançamento feito pelo contribuinte em documento próprio para este fim, apresentado à Fazenda Pública, onde é informado o valor que ele apurou e que deverá ser pago no prazo previsto em lei. É uma autoconstituição do crédito tributário materializado num documento próprio. Na outra, embora também exista o dever de pagar o tributo sem prévio exame da autoridade administrativa, não há a obrigatoriedade da apresentação de qualquer documento que seja constitutivo do crédito tributário.

Estes documentos formalizadores do crédito tributário têm denominações diversas, dependendo do tributo. Por exemplo, no âmbito da Secretaria da Receita Federal, determinadas empresas são obrigadas a apresentar a Declaração de Débitos e Créditos Tributários Federais (DCTF); a pessoa física, a Declaração do Imposto de Renda (IRPF); o contribuinte do Imposto Territorial Rural é obrigado a apresentar o Documento de Informação e Apuração do ITR (DIAT). No caso das contribuições previdenciárias, a empresa está obrigada a apresen-

---

[483] XAVIER, Alberto Pinheiro. *Curso de Direito Empresarial*, p. 51.
[484] NOGUEIRA, Rui Barbosa. *Curso de Direito Tributário*, p. 228 e 298/299.

tar a Guia de Recolhimento do Fundo de Garantia do Tempo de Serviço e Informações à Previdência Social (GFIP). O ICMS está sujeito à apresentação da Guia de Apuração do ICMS (GIA).

Em todos estes documentos, é o próprio contribuinte que examina e aplica a legislação tributária, verificando a ocorrência do fato gerador, a base de cálculo, alíquota, etc., e informa a Fazenda Pública o valor que será recolhido. O contribuinte e a Fazenda Pública, que recebeu as informações prestadas, já estão cientes do valor do tributo. A Fazenda fica inerte, aguardando a iniciativa do contribuinte. Se após esta declaração de apuração e quantificação do crédito tributário o devedor permanecer omisso, seja porque nada pagou, seja porque o pagamento foi parcial, é evidente que não haverá a menor necessidade de instaurar-se um procedimento administrativo para constituir o crédito tributário mediante o lançamento de ofício. O lançamento existe para que o contribuinte saiba quanto deve pagar. Se ele próprio apurou o valor do crédito tributário, mas não efetuou o pagamento no prazo previsto em lei, resta à administração encaminhar o crédito, ou o que sobra dele, para inscrição em dívida ativa, a fim de aparelhar futura execução fiscal.

Tais documentos, portanto, são autênticos autolançamentos e dispensam, diante da inadimplência do contribuinte, qualquer outra providência a cargo da administração tributária, bastando a inscrição do crédito tributário declarado em ativa dívida e a propositura da execução fiscal, isto sem prejuízo do lançamento de ofício de qualquer importância que for reputada devida, mas não tiver sido declarada, ou quando o contribuinte tiver agido com fraude, dolo ou simulação.

O Supremo Tribunal Federal tem considerado válido o autolançamento, independentemente de procedimento administrativo,[485] razão por que a sua cobrança é legítima.[486] Portanto, omisso o sujeito passivo, e desde que exista a apresentação da declaração, nada mais se exige da administração. Não há necessidade de instauração de procedimento administrativo para inscrever o crédito em dívida ativa[487] e nem se configura cerceamento de defesa se for indeferida a prova pericial em embargos à execução relativa a tributo autolançado.[488] Basta inscrever o crédito, ou o que restar dele, em dívida ativa, sem prejuízo do lançamento de ofício de diferenças porventura devidas, enquanto não transcorrido o prazo decadencial. Por isto, o STJ sumulou o entendimento de que "a entrega de declaração pelo contribuinte reconhecendo débito fiscal constitui o crédito tributário, dispensada qualquer outra providência por parte do fisco".[489]

No caso das contribuições previdenciárias, o art. 39, § 3º, da Lei 8.212/91 dispõe que serão inscritas como dívida ativa da União as contribuições que não tenham sido recolhidas ou parceladas resultantes das informações presta-

---

[485] STF, RE 87.421, 93.039, 113.798, 107.741.
[486] STF, RE 93036.
[487] STF, Agrag 144.609.
[488] STF, Agrag 167.503.
[489] Súmula 436 do STJ.

das na GFIP, referida no inciso IV do art. 32, conforme redação dada pela Lei 11.457/07.

Note-se que a inscrição em dívida ativa nada tem a ver com a regular constituição do crédito tributário. Só pode ser inscrito em dívida ativa o crédito tributário regularmente constituído, já que a inscrição nada mais é do que um "ato de controle administrativo da legalidade" (art. 2º, § 3º, da Lei 6.830/80) e confere presunção *juris tantum* de liquidez e certeza ao crédito, tornando-o passível de ser exigido por execução fiscal, no prazo referido no art. 174 do CTN. O crédito tributário inscrito em dívida ativa sem que tenha havido a sua constituição regular é nulo, por vício formal.

Todavia, deve ser esclarecido que a Fazenda Pública não fica vinculada ao valor que foi declarado pelo devedor. Nada impede que a Fazenda, enquanto não vencido o prazo de decadência, lance de ofício o valor que reputar correto – neste caso instaurando o contraditório – porque o contribuinte, já que está a seu cargo a apuração do *quantum*, bem pode, por erro ou má-fé, autolançar valor inferior ao efetivamente devido.

Por outro lado, se a legislação tributária não impuser ao contribuinte o dever de apresentar os documentos que representem os fatos geradores, ou seja, se o tributo não tiver sido autolançado em documento próprio, a Fazenda Pública não tem conhecimento do valor do seu crédito. Precisa apurá-lo, ainda que na maior parte das vezes o contribuinte saiba muito bem quanto está devendo e quando precisa pagar. A Fazenda Pública não. É necessário que ela verifique a ocorrência do fato gerador, a base de cálculo, a alíquota aplicável, o valor devido; enfim, é preciso que a Fazenda Pública proceda ao lançamento de ofício para constituir regularmente o crédito tributário.

A situação é a mesma no caso de a declaração ser obrigatória, mas o devedor permanecer completamente omisso. Se o contribuinte tem a obrigação de autolançar, declarando em formulário próprio o valor do crédito, mas assim não procede, impõe-se o lançamento de ofício. A conclusão não pode ser outra por uma razão bem simples: a Fazenda Pública não tem a menor ideia do valor que lhe pertence e por isso precisa realizar todos aqueles procedimentos que antes estavam a cargo do sujeito passivo ou de terceiro. Há, pois, necessidade de conferir liquidez à obrigação, constituindo o crédito tributário.

3.2. Alteração do lançamento

Enquanto o sujeito passivo não for notificado do lançamento, a autoridade administrativa tem liberdade para modificar o ato sem a necessidade de formalidades especiais. Pode ajustar o cálculo do tributo à legislação, empregando as modificações que entender necessárias. Poderá alterar o ato até concluir que ele está em conformidade com a legislação.

No entanto, a partir do momento em que o sujeito passivo for regularmente notificado do lançamento, presume-se que este é definitivo. Porém, a lei disciplina as hipóteses em que o lançamento poderá ser alterado: por iniciativa do sujeito passivo ou da própria administração pública. O CTN dispõe que o lançamento pode ser alterado diante da impugnação oferecida pelo sujeito passivo ou recurso de ofício da autoridade administrativa (art. 145, I e II, do CTN). Além disso, a alteração também poderá se dar por iniciativa de ofício da própria administração (art. 145, III, do CTN), caso em que o CTN chama de revisão (art. 149).

O lançamento poderá estar contaminado por um vício material ou formal. Sendo material, o lançamento será nulo porque a apuração do crédito não encontrou correspondência na hipótese de incidência tributária. O vício formal diz respeito a falhas no processo de produção do ato, ensejando a sua anulação. A existência do vício formal autoriza a Fazenda Pública a proceder a um novo lançamento, dentro de cinco anos, a contar da data em que se tornar definitiva a decisão, administrativa ou judicial, que houver anulado o lançamento viciado (art. 173, II, do CTN).

No caso de tributos autolançados, não há regular notificação do lançamento ao sujeito passivo, uma vez que é deste a iniciativa de apurar e informar à Fazenda Pública o montante devido. Nesta hipótese, a legislação permite que a alteração ocorra por iniciativa do próprio contribuinte, mediante a apresentação de uma declaração retificadora. Se a declaração não for prestada ou o Fisco entender que o valor devido é maior do que o declarado, a autoridade administrativa deverá proceder ao lançamento de ofício da diferença (art. 149, V, do CTN), caso em que o contribuinte deverá ser regularmente notificado e poderá apresentar impugnação, ensejando a alteração do lançamento (art. 145, I, do CTN).

3.2.1. Impugnação

O contribuinte poderá exercer o seu direito de defesa na esfera administrativa, apresentando impugnação ao lançamento (art. 145, I, do CTN). Neste caso, o sujeito passivo deverá obedecer à legislação de cada esfera tributante, atendendo ao procedimento correspondente para insurgir-se contra o lançamento do crédito tributário.

Na esfera federal, o Decreto 70.235/72 é que disciplina o processo administrativo-fiscal dos tributos administrados pela Secretaria da Receita Federal do Brasil.

A impugnação da exigência, formalizada por escrito e instruída com os documentos em que se fundamentar, apresentada dentro de 30 dias da intimação, instaura a fase litigiosa do procedimento (arts. 14 e 15 do Decreto 70.235/72).

Assim, atualmente o julgamento de processos relativos a tributos administrados pela Secretaria da Receita Federal do Brasil compete, em primeira instância, às Delegacias da Receita Federal de Julgamento, órgão de deliberação interna e natureza colegiada da Secretaria da Receita Federal do Brasil. Em segunda instância, o julgamento cabe ao Conselho Administrativo de Recursos Fiscais, prevendo-se recurso especial à Câmara Superior de Recursos Fiscais (art. 37 e § 2º do Dec. 70.235/72). Há também uma instância especial, de competência do Ministro da Fazenda, nos casos especificados na lei (arts. 26 e 39 do Dec. 70.235/72)

Do julgamento em primeira instância, caberá recurso voluntário, total ou parcial, com efeito suspensivo, dentro dos trinta dias seguintes à ciência da decisão. Em qualquer caso, dispunha o § 2º do art. 33 do Decreto 70.235/72, que o recurso voluntário somente teria seguimento se o recorrente arrolasse bens, preferencialmente imóveis, e direitos de valor equivalente a 30% (trinta por cento) da exigência fiscal definida na decisão, limitado o arrolamento, sem prejuízo do seguimento do recurso, ao total do ativo permanente, se pessoa jurídica, ou ao patrimônio, se pessoa física. No entanto, o STF, no julgamento da ADI 1976, reconheceu a inconstitucionalidade deste preceito que determina o arrolamento de bens para efeitos de interposição de recurso administrativo. A Corte entendeu que a exigência do depósito prévio ofende o contraditório e a ampla defesa (art. 5º, LV, da CF), assim como o direito de petição, gênero que apanha a postulação administrativa, independentemente do pagamento de taxas (art. 5º, XXXIV, *a*, da CF).

Diante dos precedentes, o STF expediu a Súmula Vinculante nº 21: "É inconstitucional a exigência de depósito ou arrolamento prévios de dinheiro ou bens para admissibilidade de recurso administrativo".

Os julgados do STF acerca da inconstitucionalidade do depósito prévio ou arrolamento para efeito de interposição de recurso na esfera administrativa acabaram contrariando os precedentes do Superior Tribunal de Justiça, onde estava pacificado o entendimento no sentido da legalidade da sua exigência.[490]

A interposição do recurso administrativo deve observar a lei vigente no momento da decisão que deu origem ao recurso, segundo o princípio *tempus regit actum*, preservando-se, assim, o princípio da segurança jurídica.

Por outro lado, se durante a tramitação do processo administrativo o contribuinte propuser alguma ação judicial relativa ao crédito tributário, tal fato implicará renúncia ao poder de recorrer na esfera administrativa e desistência do recurso acaso interposto, nos termos do que dispõe o art. 38, parágrafo único, da LEF e art. 126, § 3º, da Lei 8.213/91. O STF concluiu o julgamento em que se discutia a constitucionalidade do parágrafo único do art. 38 da LEF,[491] entendendo que o preceito apenas veio conferir alternativa de escolha de uma das vias processuais.

3.2.2. Recurso de ofício

O lançamento também poderá ser alterado mediante recurso de ofício da própria autoridade administrativa (art. 145, II, do CTN).

No caso de tributos federais, a autoridade de primeira instância recorrerá de ofício sempre que a decisão: a) exonerar o sujeito passivo do pagamento de

---

[490] STJ, REsp nº 733.395, RESP 603.676, RESP 607.966.
[491] STF, RE 233.582/RJ, entre outros.

tributo e encargos de multa de valor total (lançamento principal e decorrentes) a ser fixado em ato do Ministro de Estado da Fazenda; b) deixar de aplicar pena de perda de mercadorias ou outros bens cominada à infração denunciada na formalização da exigência (art. 34 do Dec. 70.235/72). No exame do recurso de ofício na esfera administrativa, o lançamento poderá ser modificado pela própria administração.

3.2.3. Iniciativa de ofício

Por fim, a alteração do lançamento também poderá ocorrer por iniciativa de ofício da própria administração (art. 145, III, do CTN).

A administração poderá rever o lançamento anterior, implicando sua alteração. O art. 149 do CTN trata de casos de lançamento de ofício e alguns de seus incisos também disciplinam a revisão, de ofício, do lançamento já efetuado (*O lançamento é efetuado e revisto de ofício pela autoridade administrativa...*).

Assim, os incisos I, V, VII, VIII e IX do art. 149 do CTN contemplam as hipóteses em que a administração pode rever de ofício o lançamento anterior.

Na verdade, a revisão consiste em um novo lançamento, com base no mesmo fato. Enseja a constituição de outro crédito tributário, mediante o lançamento de ofício materializado num auto de infração ou notificação de débito e a regular notificação ao sujeito passivo. Haverá um lançamento suplementar ou complementar do lançamento anterior. Não importa que o crédito tributário apurado pelo lançamento anterior tenha ou não sido pago pelo sujeito passivo.

3.2.3.1. Limites à revisão de lançamento

A revisão do lançamento, porém, tem limites, sendo um de caráter temporal e outro material. No aspecto temporal, a revisão apenas poderá ocorrer enquanto não transcorrido o prazo decadencial. No aspecto material, a revisão diz respeito apenas à constatação de erro de fato.

3.2.3.1.1. Prazo decadencial

A revisão do lançamento só pode ser iniciada enquanto não extinto o direito da Fazenda Pública de constituir o crédito tributário (parágrafo único do art. 147 do CTN).

Assim, a revisão apenas poderá ser efetuada se o Fisco estiver dentro do prazo decadencial para constituir o crédito tributário.

3.2.3.1.2. Erro de fato

O art. 146 do CTN dispõe que "a modificação introduzida, de ofício ou em consequência de decisão administrativa ou judicial, nos critérios jurídicos adotados pela autoridade administrativa no exercício do lançamento somente pode ser efetivada, em relação a um mesmo sujeito passivo, quanto a fato gerador ocorrido posteriormente à sua introdução".

A mudança de critério jurídico adotado pelo Fisco jamais autorizará a revisão de lançamento.[492] O erro de direito não autoriza a revisão do lançamento,[493] revisão esta que poderá ocorrer, ensejando cobrança suplementar do tributo, apenas quando houver erro de fato.[494] Não poderá haver autuação posterior do contribuinte, revendo-se auto de infração já lavrado, quando a questão for apenas de direito.[495]

Em suma, o erro de critérios jurídicos empregados pela administração não autoriza a revisão do lançamento. A administração não pode alegar ignorância da lei e muito menos variar de critério na aplicação da norma tributária para, revendo lançamento anterior, impor ao contribuinte uma carga tributária mais gravosa.

Assim, por exemplo, se na declaração de importação o contribuinte indica outras mercadorias que não as efetivamente importadas, assegura-se ao Fisco a revisão do lançamento.[496] Mas as mudanças de critérios da fiscalização na internação de mercadorias não ensejam a revisão do lançamento. A aplicação incorreta de índices de correção monetária de tributos enseja a revisão de ofício do lançamento, mesmo porque não constitui majoração de tributo a atualização do valor monetário da sua base de cálculo.[497]

Não se quer dizer com isto que a administração jamais poderá mudar o critério jurídico até então adotado. Isto pode acontecer. Se a administração pública decidir, de ofício, ou em consequência de decisão administrativa ou judicial, modificar os critérios jurídicos que até então adotava para o lançamento, tais modificações, relativamente ao mesmo sujeito passivo, somente poderão ser aplicadas aos fatos geradores posteriores à alteração, nos termos do art. 146 do CTN.

Quer dizer, a mudança de critério jurídico não autoriza a revisão do ato de lançamento já efetuado, mas permite o lançamento de ofício para os fatos ocorridos após a mudança dos critérios jurídicos até então empregados pela administração. Sublinhe-se que a proibição é apenas para a revisão de um lançamento já efetuado, caso em que deve prevalecer a segurança jurídica.

3.3. Decadência

O prazo que o Fisco dispõe para constituir o crédito tributário é decadencial. A decadência, portanto, ocorre antes do lançamento. Assim, se o lançamento não for efetuado dentro de determinado prazo, a autoridade admi-

---
[492] Súmula 227 do TFR.
[493] STF, RE 74.385.
[494] STJ, RMS 18.443.
[495] STJ, RESP 65.858.
[496] TFR; AC 116.110.
[497] STJ, RESP 41.506.

nistrativa decairá do seu direito de constituir o crédito tributário. Embora seja de decadência o prazo para constituir o crédito, o CTN arrola a decadência, ao lado da prescrição, como causa de extinção do crédito tributário (art. 156, IV). Estranhamente extingue algo que sequer chegou a existir. A decadência é regida pelo art. 173 do CTN e, no caso de tributos lançados por homologação, pelo art. 150, § 4º, do CTN.

Como a decadência é forma de extinção do crédito, o STJ, em julgamento de recurso repetitivo, decidiu que, uma vez transcorrido o prazo decadencial, o crédito não pode ser constituído via autolançamento, mediante apresentação de declaração de débito (GFIP, DCTF, etc.) ou confissão de dívida acompanhada de parcelamento. O caso julgado dizia respeito a um pedido de parcelamento de créditos tributários sujeitos ao lançamento por homologação, mas que, pelo fato de não terem sido pagos, ficaram sujeitos ao prazo decadencial do art. 173, I, do CTN. A confissão de dívida, acompanhada do pedido de parcelamento, porém, foi efetuada depois de ultrapassado o prazo decadencial. Entendeu-se que a confissão de dívida não poderia reavivar o crédito já extinto.[498]

A decadência e a prescrição devem ser objeto de lei complementar (art. 146, III, *b*, da CF) e o CTN, que tem força de lei complementar, fixa o prazo de cinco anos para a Fazenda Pública proceder ao lançamento e de cinco anos para cobrar o tributo já lançado.

A Súmula 153 do antigo Tribunal Federal de Recursos assim dispunha: "Constituído, no quinquênio, através de auto de infração ou notificação de lançamento, o crédito tributário, não há falar em decadência, fluindo, a partir daí, em princípio, o prazo prescricional, que, todavia, fica em suspenso, até que sejam decididos os recursos administrativos".

De acordo com a primeira parte da Súmula, o crédito tributário pode ser constituído através de auto de infração ou notificação de lançamento, dentro de cinco anos. Uma vez lançado o crédito tributário, a segunda parte da Súmula trata do prazo de prescrição para a Fazenda Pública cobrá-lo (art. 741 do CTN). Assim, antes do lançamento, o prazo é decadencial; depois, prescricional.

Existem cinco regras para a decadência:

1. Art. 173, I, do CTN.

Trata-se de regra geral. Extingue-se o direito de a Fazenda Pública constituir o crédito tributário depois de cinco anos, contados do primeiro dia do exercício seguinte àquele em que o lançamento poderia ter sido efetuado. Assim, se o fato gerador ocorreu no mês de janeiro ou dezembro de 2010, o prazo para a Fazenda Pública lançar terá início em 1º de janeiro de 2011, findando em 31 de dezembro de 2015 (01.01.2011 a 31.12.2015). Não lançado até 31.12.2015, a Fazenda decairá do seu direito.

2. Art. 173, II, do CTN.

O artigo dispõe que o direito de a Fazenda Pública constituir o crédito tributário extingue-se após 5 anos, contados *"da data em que se tornar definitiva*

---
[498] STJ, RESP 1.355.947.

a decisão que houver anulado, por vício formal, o lançamento anteriormente efetuado". Trata-se de preceito que prevê a interrupção do prazo decadencial. Note-se, assim, que o prazo decadencial no Direito Tributário não se assemelha ao do Direito Civil, uma vez que o CTN admite a sua interrupção.

Frente ao dispositivo legal, uma vez anulado o lançamento por vício formal, a Fazenda Pública disporá de novo prazo de cinco anos para proceder a outro lançamento. O prazo é contado da data em que se tornar definitiva a decisão que o anulou, seja administrativa ou judicial. Assim, se a Fazenda Pública lançou determinado tributo, mas não deu ciência ao sujeito passivo, o crédito tributário estará contaminado por vício de forma. Anulado judicialmente o crédito, a partir do trânsito em julgado da decisão, a autoridade administrativa terá um novo prazo de cinco anos para proceder a outro lançamento, observadas as formalidades legais.

Segundo Luciano Amaro, tal dispositivo comete um dislate porque

de um lado, ele, a um só tempo, introduz, para o arrepio da doutrina, causa de interrupção e suspensão do prazo decadencial (suspensão porque o prazo não fluiu na pendência do processo em que se discute a nulidade do lançamento, e interrupção porque o prazo recomeça a correr do início e não da marca já atingida no momento em que ocorreu o lançamento nulo).[499]

3. Art. 173, parágrafo único, do CTN.

O parágrafo único do art. 173 constitui regra especial de antecipação do prazo de decadência. De fato, o preceito estabelece que "o direito a que se refere este artigo extingue-se definitivamente com o decurso do prazo nele previsto, contado da data em que tenha sido iniciada a constituição do crédito tributário pela notificação, ao sujeito passivo, de qualquer medida preparatória indispensável ao lançamento". A regra geral é a do inciso I. No entanto, se antes disso o sujeito passivo for notificado de qualquer medida preparatória indispensável ao lançamento, a partir de então passará a transcorrer o prazo de decadência de cinco anos. Se o fato gerador ocorreu no mês de janeiro de 2010, mas no dia 1º de setembro do mesmo ano a Fazenda Pública resolver fiscalizar o contribuinte, caso em que deverá documentar o início do procedimento (art. 196 do CTN), o lançamento deverá ocorrer até 31 de agosto de 2015, e não em 31 de dezembro do mesmo ano, como no caso da regra geral. Se o prazo decadencial já iniciou, o parágrafo único do art. 173 não pode ser aplicado porque ele diz respeito apenas à antecipação do prazo. Assim, se o fato gerador tiver ocorrido em janeiro de 2010 e qualquer medida preparatória indispensável ao lançamento ocorrer em março de 2012, o direito de constituir o crédito tributário continuará findando em 31 de dezembro de 2015 porque o prazo já teve início em 1º de janeiro de 2011.

4. Art. 150, § 4º, do CTN, lançamento por homologação com pagamento parcial.

Nos tributos lançados por homologação, há regra especial, regulada pelo art. 150 do CTN, cujo § 4º dispõe:

---
[499] Op. cit., p. 383.

Se a lei não fixar prazo à homologação, será ele de **cinco anos, a contar da ocorrência do fato gerador**; expirado esse prazo sem que a Fazenda Pública se tenha pronunciado, considera-se homologado o lançamento e definitivamente extinto o crédito, **salvo se comprovada a ocorrência de dolo, fraude ou simulação**.

Recorde-se, inicialmente, que nos tributos lançados por homologação o pagamento efetuado não extingue desde logo o crédito tributário porque fica na dependência de homologação pela autoridade administrativa (art. 150, § 1º, c/c art. 156, VII, do CTN). Esta homologação poderá ser expressa ou tácita. Sendo expressa, a autoridade revela a sua anuência ao pagamento, extinguindo o crédito. Em regra, a homologação é tácita. Isto é, decorrido o prazo de cinco anos, a contar do fato gerador, sem que a autoridade expressamente homologue o pagamento, tem-se por extinto o crédito tributário.

Assim, quando o tributo está sujeito ao lançamento por homologação, o que importa, para efeito do cômputo do prazo decadencial, é verificar: a) se o pagamento foi parcial; b) se não houve pagamento; c) se ocorreu fraude, dolo ou simulação. Todas essas hipóteses ensejam o lançamento de ofício. Note que se o pagamento foi integral, nada haverá para ser lançado, restando a homologação, expressa ou tácita. A decadência, portanto, será sempre para o lançamento de ofício. O lançamento por homologação não é atingido pela decadência porque, efetuado o pagamento, necessariamente haverá a homologação expressa ou tácita. Se o pagamento for parcial, se não houver pagamento ou for constatada fraude, dolo ou simulação, a decadência atingirá o lançamento de ofício.

Mais uma vez, ensina Luciano Amaro que:

> O lançamento por homologação não é atingido pela decadência, pois, feito o pagamento (dito "antecipado"), ou a autoridade administrativa anui e homologa expressamente (lançamento por homologação expressa) ou deixa transcorrer, em silêncio, o prazo legal e, dessa forma, anui tacitamente (lançamento por homologação tácita). Em ambos os casos não se pode falar em decadência (do lançamento por homologação), pois o lançamento terá sido realizado (ainda que pelo silêncio). O que é passível de decadência é o lançamento de ofício, que cabe à autoridade realizar quando constate omissão ou inexatidão do sujeito passivo no cumprimento do dever de "antecipar" o pagamento do tributo. Se o sujeito passivo "antecipa" o tributo, mas o faz em valor inferior ao devido, o prazo que flui é para a autoridade manifestar-se sobre se concorda ou não com o montante pago; se não concordar, deve lançar de ofício, desde que o faça antes do término do prazo cujo transcurso implica homologação tácita. Assim, o prazo, após o qual se considera realizado tacitamente o lançamento por homologação, tem natureza decadencial (segundo conceito dado pelo CTN), pois ele implica a perda do direito de a autoridade administrativa (recusando a homologação) efetuar o lançamento de ofício. O que é passível de decadência, pois, é o lançamento de ofício, não o lançamento por homologação.[500]

Assim, sendo parcial o pagamento nos tributos lançados por homologação, o lançamento de ofício deverá ocorrer dentro de cinco anos, a contar do fato gerador. Ou seja, o lançamento de ofício deve ser efetuado dentro do prazo que a Fazenda dispõe para homologar o pagamento. Se o fato gerador ocorreu em 1º de fevereiro de 2010 e correspondia a R$ 10mil, mas o contribuinte efetuou o pagamento de R$ 7mil em 15 de março do mesmo ano, o lançamento

---

[500] Op. cit., p. 382/383.

de ofício dos R$ 3mil deverá ocorrer até 31 de janeiro de 2015, sob pena de decadência.

5. Art. 150, § 4º, do CTN, lançamento por homologação sem pagamento ou comprovado dolo, fraude ou simulação

Nos tributos lançados por homologação, se não houver pagamento algum, o prazo para o lançamento de ofício será maior. Nestes casos, o lançamento de ofício deverá seguir o disposto na regra geral do art. 173, I, do CTN. Ou seja, o prazo para o lançamento de ofício terá início no primeiro dia do exercício seguinte àquele em que o lançamento poderia ter sido efetuado. Tomando o mesmo exemplo antes citado, se o fato gerador ocorreu em 1º de fevereiro de 2010, mas não houve pagamento algum, o prazo passaria a fluir em 1º de janeiro de 2011, findando em 31 de dezembro de 2015.

A mesma regra deve ser aplicada quando houver comprovação de fraude, dolo ou simulação, pouco importando se não houve pagamento, ou se o pagamento foi parcial. A fraude consiste na prática de qualquer artifício malicioso utilizado pelo contribuinte para evitar ou diminuir o pagamento do tributo. No dolo, a vontade do contribuinte é direcionada para enganar a Fazenda Pública, mediante ações ou omissões ilícitas que causem prejuízo aos cofres públicos. O dolo é a intenção manifesta de prejudicar a Fazenda Pública. Nos atos ou negócios simulados, o contribuinte inventa um ato ou negócio que não existe ou encobre os verdadeiros atos ou negócios realizados com o objetivo de diminuir ou evitar o pagamento do tributo. Nestes casos, a extinção do direito de constituir o crédito tributário não se dará dentro de cinco anos, contados do fato gerador, mas sim também deverá obedecer ao comando do art. 173, I, do CTN. O Fisco terá um prazo maior (porque o início não se dará com ocorrência do fato gerador) por causa dos atos fraudulentos, dolosos ou simulados praticados pelo contribuinte.

Assim, segundo a jurisprudência atual do STJ, nos tributos lançados por homologação, havendo pagamento menor que o devido, o prazo decadencial para o lançamento de ofício da diferença é de cinco anos, contados do fato gerador (art. 150, § 4º, do CTN). Se não houver pagamento algum, ou tiver havido fraude, dolo ou simulação, o lançamento de ofício deve ocorrer dentro do prazo de cinco anos, contados a partir do primeiro dia do exercício seguinte (art. 173, I, do CTN).

Por outro lado, naqueles casos em que a legislação impõe a apresentação de documentos ou informações que se caracterizam, de acordo com a jurisprudência, como autolançamentos de créditos tributários (DCTF, GFIP, GIA, etc.), deve ser enfatizado que, uma vez apresentados tais documentos, não haverá falar em decadência relativamente aos créditos apurados pelo próprio contribuinte. Como o crédito tributário já foi constituído pelo devedor, não se trata de fluência do prazo decadencial, mas sim prescricional para a Fazenda Pública cobrar os valores objeto da declaração, como mencionado nos comentários ao art. 174 do CTN.

Quanto ao prazo decadencial de dez anos para o lançamento das contribuições previdenciárias, que era previsto no art. 45 da Lei 8.212/91 (e que foi revogado pela LC 128/08), recorde-se que é inconstitucional, nos termos da Súmula Vinculante n° 8 do STF.

3.4. Suspensão da exigibilidade do crédito tributário

O art. 151 do CTN prevê que, diante de determinadas situações, o crédito tributário poderá ficar com a sua exigibilidade suspensa, significando que a Fazenda Pública não poderá exigir do sujeito passivo o valor correspondente. As causas suspensivas impedem a inscrição do crédito tributário em dívida ativa e a propositura de execução fiscal, conferindo ao sujeito passivo a obtenção de certidão positiva, com efeito de negativa (art. 205 do CTN). São causas que atestam, ainda que de modo provisório, a situação de regularidade fiscal do sujeito passivo.

O Código arrola seis causas suspensivas da exigibilidade do crédito tributário: 1) a moratória; 2) o parcelamento; 3) o depósito do seu montante integral; 4) as reclamações e os recursos, nos termos das leis reguladoras do processo tributário administrativo; 5) a concessão de liminar em mandado de segurança; 6) a concessão de medida liminar ou de tutela antecipada, em outras espécies de ação judicial.

Embora o CTN faça referência à exigibilidade do crédito tributário, supondo-se já ter havido o lançamento, existem três causas suspensivas que se aplicam à obrigação tributária, seja principal, seja acessória: o depósito, a liminar no mandado de segurança e a tutela provisória. Os efeitos destas causas suspensivas em relação à obrigação tributária e os problemas relativos ao prazo decadencial que o Fisco dispõe para constituir o crédito serão abordados nos respectivos tópicos abaixo.

As causas que suspendem a exigibilidade do crédito tributário não dispensam o cumprimento das obrigações tributárias acessórias que dependam da obrigação principal cujo crédito foi suspenso (parágrafo único do art. 151 do CTN). Assim, mesma suspensa a exigibilidade do crédito tributário do Imposto de Renda, o contribuinte continuará obrigado a apresentar a declaração de rendimentos, que é uma obrigação acessória.

Algumas das causas suspensivas da exigibilidade do crédito tributário também podem ser aplicadas em relação às obrigações acessórias, quer já tenha sido constituído ou não o crédito relativo à penalidade imposta pelo seu descumprimento.

Todas as causas suspensivas da exigibilidade do crédito projetam efeitos sobre o prazo de prescrição para o Fisco cobrá-lo, o que também será abordado nos respectivos itens abaixo. Em qualquer das hipóteses, se a suspensão da exigibilidade ocorrer após o ajuizamento da execução, tem-se entendido que não cabe a extinção da execução por inexigibilidade do título, mas sim a suspensão dos atos executórios.[501]

---

[501] STJ, RESP 1.153.771.

As causas suspensivas da exigibilidade do crédito devem ser literalmente interpretadas (art. 111, I, do CTN).

Atente-se para o fato de que a mera propositura de qualquer ação judicial, por outro lado, jamais terá o efeito de suspender a exigibilidade do crédito tributário. Em consequência, se a execução fiscal for ajuizada, haverá conexão com a ação judicial, frente ao disposto no art. 55, § 2º, I, do CPC.

Originariamente, o CTN não previa o parcelamento como causa suspensiva da exigibilidade do crédito tributário. Por isso, a doutrina considerava que o parcelamento era uma espécie de moratória. No entanto, a LC 104/01 incluiu o art. 155-A ao CTN, prevendo expressamente o parcelamento, ao qual devem ser subsidiariamente aplicadas as disposições relativas à moratória (art. 155-A, § 2º). Para efeitos didáticos, trataremos separadamente a moratória do parcelamento.

3.4.1. Moratória

A moratória consiste na concessão de um novo prazo para o pagamento do tributo e deve ser concedida por lei, uma vez que a esta cabe estabelecer as hipóteses de suspensão da exigibilidade do crédito tributário (art. 97, VI, do CTN).

A moratória poderá ser concedida em caráter geral ou individual.

A moratória em caráter geral é outorgada pela pessoa jurídica de direito público competente para instituir o tributo a que se refira (art. 152, I, *a*, do CTN). É concedida diretamente pela lei e independe de decisão administrativa. O Código também possibilita que a União possa conceder moratória quanto a tributos de competência dos Estados, do Distrito Federal ou dos Municípios, isto quando simultaneamente concedida quanto aos tributos de competência federal e às obrigações de direito privado (art. 155, I, *b*). Embora a CF não proíba expressamente que a União possa conceder a moratória de tributos de competência das outras entidades políticas, este dispositivo do código parece infringir o princípio da autonomia dos entes federativos, assim como a rígida repartição da competência tributária (art. 152, I, *b*).

Em caráter individual, a lei restringe o benefício, fixando requisitos que devem ser atendidos pelo contribuinte para fazer jus, mediante requerimento formulado à autoridade administrativa (art. 152, II). Por isso, a lei deverá indicar quem é a autoridade autorizada para reconhecer o benefício. O direito à moratória é constituído pela lei, sendo o despacho ato meramente declaratório.

A lei que conceder a moratória poderá circunscrever expressamente a sua aplicabilidade à determinada região do território da pessoa jurídica de direito público que a expedir, ou à determinada classe ou categoria de sujeitos passivos (parágrafo único do art. 152 do CTN).

A lei deverá especificar o prazo de duração e as suas condições (art. 153, I, do CTN), explicitando os tributos a que se aplica (art. 153, III, *a*, do CTN), o número de prestações e seus vencimentos (art. 153, III, *b*, do CTN) e também poderá fixar condições e exigir garantias do beneficiário, no caso de ser concedida em caráter individual (art. 153, II e III, *c*, do CTN). A lei também poderá atribuir à autoridade administrativa, no caso da moratória individual, a fixação do número de prestações e seus vencimentos (art. 153, III, *b*, do CTN), nos limites da lei.

Se a lei não dispuser em sentido contrário, a moratória somente abrange os créditos tributários já constituídos na data da lei ou do despacho que a conceder, ou com lançamento já iniciado (art. 154 do CTN).

O art. 155 do CTN dispõe que a moratória em caráter individual não gera direito adquirido. Por tal razão, o ato administrativo que reconheceu o benefício poderá ser anulado de ofício (embora o CTN trate como revogação) sempre que for apurado que o beneficiado não satisfazia ou deixou de satisfazer as condições ou não cumpria ou deixou de cumprir os requisitos para a concessão do favor. A aplicação desta regra é decorrência do princípio da legalidade, uma vez que a concessão do benefício deve ficar limitada ao disposto em lei. Revogada a moratória, deverá ser cobrado o crédito, acrescido de juros de mora (art. 155, *caput*, do CTN). A penalidade (multa) apenas será exigida se tiver havido dolo ou simulação do beneficiado ou de terceiro em favor dele. Nos demais casos, não haverá imposição de penalidade (art. 155, I e II).

O parágrafo único do art. 155 dispõe que, na hipótese de revogação da moratória, quando tiver havido dolo ou simulação do beneficiado, o tempo decorrido entre a sua concessão e a revogação não será computado para efeito da prescrição para a cobrança do crédito tributário. No entanto, nos outros casos de revogação, em que não houver dolo ou simulação, a revogação só poderia ocorrer antes de prescrito o direito à cobrança. Com isso, o preceito dá a entender que o curso da prescrição para a cobrança do crédito corre durante a concessão da moratória. Na verdade, a partir do momento em que for concedida a moratória, o crédito estará com sua exigibilidade suspensa, caso em que não se pode aceitar que tenha curso o prazo prescricional.

3.4.2. *Parcelamento*

O parcelamento é o pagamento do crédito tributário em prestações. O parcelamento depende de lei específica (art. 155-A, *caput*, do CTN) do próprio titular da competência tributária.

O parcelamento, em regra, já que a lei pode dispor em sentido contrário, não exclui a incidência de juros e multas, sejam de mora ou punitivas (art. 155-A, § 1º, do CTN).

Na hipótese de parcelamento e prescrição para a cobrança dos créditos tributários, a jurisprudência tem considerado que a confissão de dívida, acompanhada do pedido de parcelamento, interrompe a prescrição. A prescrição apenas voltará a fluir quando o devedor deixar de cumprir com o acordo celebrado, nos termos da Súmula 248 do extinto TFR.[502] Trata-se de causa interruptiva prevista no inciso IV do art. 174 do CTN, de modo que o prazo de

---

[502] "O prazo da prescrição interrompido pela confissão e parcelamento da dívida fiscal recomeça a fluir no dia que o devedor deixa de cumprir o acordo celebrado".

prescrição de cinco anos para a Fazenda Pública cobrar o crédito passará a ser novamente contado por inteiro.

No caso de devedor em processo de recuperação judicial, também a lei específica é que deverá dispor acerca do parcelamento (art. 155-A, § 3º). Na ausência de lei específica, o devedor em recuperação judicial ficará sujeito à submissão das leis gerais de parcelamento do respectivo titular da competência tributária. Porém, neste caso, o prazo de parcelamento não poderá ser inferior ao concedido pela lei federal específica (§ 4º do art. 155-A).

O objetivo da disposição legal é o de conferir, em âmbito nacional, mediante lei federal específica, idêntico prazo de parcelamento dos créditos tributários ao devedor em processo de recuperação judicial. Este preceito, porém, ainda não foi regulamentado.

Cada ente da federação também deverá disciplinar por lei específica o parcelamento dos créditos tributários do devedor em recuperação judicial. Se não houver uma lei específica, deve ser aplicada a lei geral de parcelamento, mas o seu prazo não poderá ser inferior ao concedido pela lei federal específica.

O parcelamento das dívidas tributárias do devedor em recuperação judicial é polêmico porque não existe uma lei federal específica, de modo que vinha sendo aplicada a Lei Federal nº 11.941/09, que prevê o prazo geral de parcelamento de até 180 meses. Para os débitos estaduais, o CONFAZ expediu o Convênio 59/12, autorizando o parcelamento em até 84 meses, cabendo à lei estadual disciplinar a consolidação dos débitos, atualização das parcelas e fixar o limite máximo das parcelas. Salvo lei estadual mais benéfica, a tendência é a de aplicar a lei federal que prevê um prazo maior, além de condições mais benéficas (redução de multas e juros).

Um dos requisitos para a concessão da recuperação judicial é a apresentação de certidão negativa de débito, ou de certidão positiva, com efeito de negativa, esta última obtida justamente quando houver o parcelamento do crédito tributário, nos termos do art. 57 da nova Lei de Falências e art. 206 do CTN.

No âmbito federal, existem diversas leis concessivas de parcelamento, abrangendo créditos tributários inscritos ou não em dívida ativa, incluindo as contribuições previdenciárias. A Lei 11.941/09 (que já sofreu várias alterações), concedeu o parcelamento, em até 180 meses, de débitos junto à Secretaria da Receita Federal do Brasil e à Procuradoria da Fazenda Nacional, fixando os requisitos e as condições. Esta lei apanhou também débitos junto ao REFIS e outros parcelamentos concedidos por leis anteriores, denominados de PAES (Parcelamento Especial, regrado pela Lei 10.684/03) e PAEX (Parcelamento Excepcional, regulado pela MP 303/06), bem como outros previstos em leis específicas.

Frente à complexidade da Lei 11.941/09, das diversas alterações e reabertura de prazo por outras leis, assim como de portarias da Procuradoria-Geral da Fazenda Nacional e da Receita Federal do Brasil, que regulamentam os parcelamentos, há diversas controvérsias jurídicas. De um modo geral, o que se observa é a tendência jurisprudencial em afastar as restrições administrativas ao parcelamento, procurando mantê-lo ativo como forma de assegurar o pagamento da dívida.

O parcelamento, em geral obtido com a confissão irrevogável e irretratável do débito, não impede a discussão judicial quanto aos seus aspectos jurídicos. Mas circunstâncias de fato que a ela deram origem submetem-se à força vinculante da confissão, salvo provado defeito causador de nulidade do ato jurídico.[503]

A confissão de dívida, para fins de parcelamento, efetuada depois de transcorrido o prazo decadencial para a constituição do crédito tributário, não terá força jurídica para ressuscitá-lo, uma vez que a decadência é uma das formas de extinção do crédito tributário.[504] O mesmo raciocínio é válido em relação à prescrição: se o crédito já estiver constituído, o pedido de parcelamento deverá ser efetuado antes do prazo de cinco anos, contados da data do vencimento, sob pena de o crédito já estar extinto pela prescrição.

3.4.3. Depósito do montante integral

O sujeito passivo poderá intentar ação judicial contra a Fazenda Pública, a fim de discutir a legitimidade da relação jurídico-tributária ou anular o crédito tributário já constituído. A jurisprudência tem considerado que o contribuinte tem o direito de efetuar o depósito judicial, seja nos autos da ação declaratória ou anulatória, com o objetivo de suspender a exigibilidade do crédito tributário.[505] O depósito é uma faculdade outorgada ao sujeito passivo, ficando ao seu critério o exercício de tal direito. O depósito não representa confisco e nem possui natureza de empréstimo compulsório, não havendo necessidade de que seja regulado em lei complementar, já que não interfere na natureza jurídica do tributo.[506]

O depósito sempre deve ser em dinheiro e no valor integral,[507] assim considerado o relativo ao crédito tributário já constituído ou em via de constituição, segundo a lei aplicável, e não o valor que o sujeito passivo reputa devido. Como a legislação que dispõe sobre a suspensão da exigibilidade do crédito tributário deve ser literalmente interpretada (art. 111, I, do CTN), não se tem admitido que o contribuinte ofereça caução ou qualquer outra forma de garantia do crédito tributário, a fim de obter a suspensão da sua exigibilidade. A fiança bancária não se equipara ao depósito para fins de suspensão da exigibilidade do crédito tributário.[508]

Sobre os depósitos judiciais, a propósito, não incide o IOF.[509]

Não há necessidade de ação própria para o depósito. No âmbito da Justiça Federal, o sujeito passivo poderá propor a ação judicial que reputar pertinente

---

[503] Vide Capítulo 2, item 2.1.
[504] STJ, RESP 1.355.947.
[505] STJ, RESP 196.235.
[506] STF, ADI 2.214.
[507] Súmula 112 do STJ.
[508] STJ, ERESP 1.156.668.
[509] Súmula 185 do STJ.

e efetuar diretamente na Caixa Econômica Federal o depósito do crédito tributário litigioso, havendo guias próprias para tal fim.

Embora o art. 38 da Lei de Execução Fiscal estabeleça que a ação anulatória do crédito tributário deva ser precedida do depósito do valor do débito, há muito tempo a jurisprudência consagrou o entendimento de que tal depósito não é pressuposto da ação anulatória.[510] A propósito, a Súmula Vinculante nº 28 do STF estabelece que "é inconstitucional a exigência de depósito prévio como requisito de admissibilidade de ação judicial na qual se pretenda discutir a exigibilidade do crédito tributário".

Efetuado o depósito, a exigibilidade do crédito tributário ficará suspensa, inviabilizando a sua inscrição em dívida ativa e o ajuizamento da execução fiscal. Se ainda assim a execução for ajuizada, deverá ser extinta porque o crédito tributário era inexigível.

Se o depósito for efetuado até a data do vencimento do crédito tributário, não haverá a incidência de juros, multa ou do encargo legal. Porém, na hipótese de o sujeito passivo efetuar o depósito depois da data do vencimento, deve ser observado o disposto no art. 61 da Lei 9.430/96: a) depósito efetuado dentro do próprio mês do vencimento, acréscimo de multa de mora; b) depósito efetuado fora do mês do vencimento, acréscimo de multa de mora e juros de mora; c) depósito efetuado depois de o crédito ter sido inscrito em dívida ativa, acréscimo da multa de mora, juros de mora e do encargo legal.

Nas execuções fiscais promovidas pela Fazenda Nacional, é devido o denominado encargo legal de 20%, previsto no DL 1.025/69, incidente sobre créditos tributários e não tributários, sendo exigível a partir da inscrição em dívida ativa. Se o débito for pago antes do ajuizamento da execução fiscal, o encargo é reduzido para 10%, nos termos do art. 3º do DL 1.569/77. O encargo é calculado sobre o montante do débito, inclusive multas, atualizado monetariamente e acrescido de juros e multa de mora (art. 57, § 2º da Lei 8.383/91).

Por outro lado, o fato de o crédito tributário não estar constituído não impede o depósito, o qual poderá ser efetuado independentemente da espécie de lançamento a que estiver sujeito o tributo. Nesta situação, como não há crédito tributário regularmente constituído, o depósito não poderia ter força para suspender algo que não existe. O depósito, portanto, simplesmente terá a tarefa de dispensar o contribuinte do dever de efetuar o pagamento do tributo.

Nesta hipótese de existência de depósito judicial antes mesmo da constituição do crédito tributário, considerando que o prazo para o lançamento é decadencial, alguns entendem que mesmo assim a Fazenda Pública deveria proceder ao lançamento. Este procedimento da Fazenda Pública preveniria o prazo decadencial. Assim, não havendo o lançamento para constituir o crédito tributário, o contribuinte estaria autorizado a levantar os depósitos efetuados, ainda que julgada improcedente a ação. Não poderia haver a conversão dos depósitos em renda porque decaído o direito da Fazenda Pública na constituição do crédito tributário.

---

[510] Súmula 247 do TFR.

O depósito, na verdade, sempre que a ação judicial não tiver por objeto crédito tributário já constituído, "suspenderá a exigibilidade do dever jurídico de antecipar o pagamento do tributo", como diz Hugo de Brito Machado.[511] Em tal hipótese, o depósito corresponderá ao pagamento antecipado dos tributos sujeitos ao regime do lançamento por homologação. Em outras palavras, o depósito na ação judicial dispensará o lançamento, não havendo que se cogitar da fluência do prazo decadencial, de maneira a autorizar o sujeito passivo a levantar os depósitos efetuados, ainda que julgada improcedente a ação. O lançamento será necessário apenas na hipótese de a Fazenda Pública não concordar com o montante depositado pelo contribuinte, quando deverá lançar de ofício a diferença que reputar devida. Se a ação é improcedente, é porque o tributo é devido. O juiz deverá determinar a sua conversão em renda, extinguindo o crédito tributário (art. 156, VI, do CTN).

Na 1ª Seção do Superior Tribunal de Justiça, prevalece o entendimento de que, nos tributos lançados por homologação, o depósito dispensa o ato formal de lançamento, não havendo falar em decadência.[512]

> Com o depósito do montante integral tem-se verdadeiro lançamento por homologação. O contribuinte calcula o valor do tributo e substitui o pagamento antecipado pelo depósito, por entender indevida a cobrança. Se a Fazenda aceita como integral o depósito, para fins de suspensão da exigibilidade do crédito, aquiesceu expressa ou tacitamente com o valor indicado pelo contribuinte, o que equivale à homologação fiscal prevista no art. 150, § 4º, do CTN. Uma vez ocorrido o lançamento tácito, encontra-se constituído o crédito tributário, razão pela qual não há mais falar no transcurso do prazo decadencial nem na necessidade de lançamento de ofício das importâncias depositadas.[513]

Se o contribuinte sair vencedor na demanda, o depósito deverá ser sacado mediante alvará judicial. Se restar vencido, como dito, o depósito será transformado em pagamento definitivo, ou seja, convertido em renda da Fazenda Pública. O depósito judicial destinado a suspender a exigibilidade do crédito tributário somente poderá ser levantado, ou convertido em renda, após o trânsito em julgado da sentença.[514]

Havendo depósito, não há que se tratar de prescrição porque o valor está depositado à disposição judicial, cabendo ao juízo determinar a sua transformação em pagamento definitivo. Eventual inércia judicial, que implique pagamento definitivo depois de cinco anos do trânsito em julgado da decisão que reputou devido o tributo, não poderá fulminar o crédito pela prescrição porque a mora não pode ser imputada ao credor.

Na hipótese de o processo ser julgado extinto sem o exame do mérito, a 1ª Seção do STJ, em julgado de 2002, tinha precedente no sentido de que o depósito podia ser imediatamente devolvido ao contribuinte, não havendo possibilidade de sua conversão em renda a favor da Fazenda Pública.[515] Poste-

---

[511] MACHADO, Hugo de Brito. *Revista Dialética de Direito Tributário* nº 111/31.
[512] STJ, ERESP 898.992.
[513] STJ, ERESP 464.343 e AgRg 1.213.319.
[514] Súmula 18 do TRF4.
[515] STJ, ERESP 270.083.

riormente, em julgamento de maio de 2005, a 1ª Seção passou a entender que o depósito também tem a função de garantia para a Fazenda Pública, a exemplo do que ocorre com a penhora de dinheiro, caso tivesse sido ajuizada a execução fiscal pela Fazenda Pública. Se a ação resultar sem êxito, o depósito deve ser convertido em renda, uma vez que o depósito é uma simples garantia que impede o Fisco de promover a execução fiscal. Se o processo é extinto sem o exame do mérito, a decisão é desfavorável, implicando o recolhimento do tributo, após o trânsito em julgado.[516]

A 1ª Seção reafirmou esta posição em novembro de 2005 e a manteve em maio de 2006, restando consolidado o entendimento no sentido de que, extinto o processo sem o julgamento de mérito, os depósitos devem ser convertidos em renda.[517] No primeiro julgado, o relator, Min. Teori Zavascki, fez referência a outro julgado em que também tinha sido relator (REsp 660.203), esclarecendo que o depósito tem uma função de garantia, acarretando os mesmos efeitos da penhora em dinheiro, caso a execução fiscal fosse ajuizada. Opostos os embargos, os atos executivos ficariam suspensos. Na ação judicial acompanhada de depósito, a situação jurídica das partes é a mesma daquela obtida com a penhora e os embargos. O depósito, portanto, traduz uma garantia para o Fisco, não podendo ser fraudada pelo levantamento no caso de extinção do processo sem julgamento do mérito.

> Em casos tais, sendo garantia, o destino do depósito há de ser tratado da mesma forma como trata a penhora em caso de embargos do devedor: a sua liberação dependerá, necessariamente, da procedência da ação. Em casos de desistência ou de outra forma de extinção do processo sem julgamento do mérito, há de se manter a eficácia da garantia.

O caso julgado referia-se à extinção do processo sem julgamento do mérito em mandado de segurança, cuja autoridade coatora estava equivocada. O depósito tinha implicado o desembaraço aduaneiro e a entrega ao destinatário de mercadorias importadas. Ressaltando que parte é a pessoa jurídica que suporta os efeitos da sentença, não podendo ser confundida com a autoridade coatora, não houve discussão acerca da titularidade da União sobre o crédito depositado.

> Assim, somente com o trânsito em julgado da decisão de mérito em seu favor é que poderá o autor reaver o valor depositado para suspensão do crédito tributário. Seria até mesmo absurdo que, efetuado o depósito em garantia e suspensa assim a exigibilidade do crédito tributário (impedindo-se a Fazenda de cobrar ou, por outra forma, garantir a execução da dívida), se deixasse a critério do depositante-garante retirar a garantia oferecida, que já operou os efeitos (favoráveis aos interesses do depositante e contrário aos interesses da Fazenda).

Portanto, extinto o processo sem julgamento do mérito, o depósito destinado à suspensão da exigibilidade do crédito tributário deverá ser convertido em renda.[518]

Deve ser ressaltado, por outro lado, que se a extinção do processo sem o julgamento do mérito ocorrer porque a pessoa jurídica de direito público

---

[516] STJ, ERESP 479.725.
[517] STJ, ERESP 901.052 e 548.224.
[518] STJ, ERESP 813.554.

indicada no polo passivo da relação processual não figurar no polo ativo da relação jurídico-tributária, o depósito nenhum efeito teve, razão por que não vemos óbice para que possa ser levantado pelo contribuinte. Assim, o STJ tem precedente no sentido de que a extinção do processo sem resolução do mérito, salvo o caso de *ilegitimidade passiva ad causam*, impõe a conversão do depósito em renda.[519]

O contribuinte pode efetuar o depósito judicial das prestações relativas a parcelamento obtido junto à administração, quando promover ação judicial para questionar as normas legais que o regem. Não obstante se exija o depósito integral, no caso do parcelamento, é razoável entender-se que a integralidade deve corresponder à prestação exigida pelo Fisco, e não ao montante da dívida. Como o depósito judicial dos tributos federais é repassado para o Tesouro Nacional, que passa a ter a disponibilidade imediata dos recursos, não há prejuízo algum para a Fazenda Pública. Se o depósito não fosse autorizado, e o contribuinte saísse vencedor na demanda, seria obrigado a propor outra ação judicial para obter a devolução dos valores indevidamente pagos.

No âmbito dos tributos administrados pela Secretaria da Receita Federal do Brasil, o depósito é regulado pela Lei 9.703/98. Os valores devem ser depositados na Caixa Econômica Federal, a qual deverá repassar os recursos para a Conta Única do Tesouro Nacional. Os depósitos efetuados sob a égide da Lei 9.703/98 são acrescidos de juros equivalentes à taxa SELIC (art. 1º, § 3º, I, da Lei 9.703/98), cuja taxa é idêntica à exigida pela Fazenda Pública na cobrança de seus créditos. Houve a propositura de ação direta de inconstitucionalidade contra tal disposição, mas foi julgada improcedente pelo STF.[520]

Embora controvertida a natureza jurídica dos juros incidentes sobre os depósitos judiciais de créditos tributários, a Corte Especial do STJ firmou posicionamento de que possuem natureza remuneratória e, portanto, devem ser incluídos na base de cálculo do IRPJ e da CSL, ficando sujeitos à incidência do Imposto de Renda na fonte (art. 65 da Lei 8.981/85).

No âmbito dos Estados, Distrito Federal e Municípios, os depósitos judiciais são regulados pela Lei Complementar 151/15.

3.4.4. Reclamações e recursos administrativos

O dispositivo trata da suspensão da exigibilidade do crédito tributário nos casos em que o contribuinte oferecer defesa no processo administrativo tributário, cujos comentários foram feitos no capítulo relativo ao lançamento. Impugnado o crédito tributário no âmbito administrativo, haverá a suspensão da sua exigibilidade até a decisão final no processo administrativo. O crédito objeto de controvérsia administrativa não poderá ser inscrito em dívida ativa porque lhe faltam os atributos de certeza e liquidez.

---

[519] STJ, AgRg 1.213.319.
[520] STF, ADI 1.933.

No curso do processo administrativo-fiscal, não há prescrição porque o crédito, com a exigibilidade suspensa, não poderá ser cobrado. A prescrição passará a fluir depois de findo o processo e ultrapassado o prazo para o seu pagamento.

Se no curso do processo administrativo o contribuinte intentar qualquer ação judicial relativa ao crédito tributário, tal fato implicará renúncia ao poder de recorrer na esfera administrativa e desistência do recurso administrativo acaso interposto, nos termos do parágrafo único do art. 38 da Lei 6.830/80.

3.4.5. Liminar no mandado de segurança

O mandado de segurança, nos termos do art. 5º, LXIX, da Constituição Federal, é ação constitucional destinada a "proteger direito líquido e certo, não amparado por *habeas corpus* ou *habeas data*, quando o responsável pela ilegalidade ou abuso de poder for autoridade pública ou agente de pessoa jurídica no exercício de atribuições do Poder Público".

O mandado de segurança está regulamentado pela Lei 12.016/09, que revogou a Lei 1.533/51, e tem sido largamente utilizado em matéria tributária, bastando apenas que a questão a ser dirimida não demande a necessidade de produção de provas, já que o direito a ser buscado deve ser líquido e certo. Não importa a complexidade jurídica, o contribuinte poderá valer-se do mandado de segurança quando o direito alegado puder ser desde logo provado.

A competência no mandado de segurança é regulada pelo juízo da sede da autoridade coatora.[521] No caso de discussão de tributos que digam respeito à matriz e filiais, há precedentes de que a competência seria o da autoridade tributária onde está situada a matriz,[522] embora vigore o princípio da autonomia de cada estabelecimento.

Havendo relevância nos fundamentos invocados pelo contribuinte e puder resultar a ineficácia da medida se somente ao final for concedida (art. 7º, III, da Lei 12.016/09), o juiz deverá conceder a liminar para suspender a eficácia do ato reputado como violador do direito líquido e certo do impetrante. O juiz poderá exigir do impetrante caução, fiança ou depósito, com o objetivo de assegurar o ressarcimento de eventual prejuízo à pessoa jurídica de direito público. Se o juiz exigir o depósito, nenhum sentido terá a concessão da liminar porque o depósito já é causa suspensiva da exigibilidade do crédito tributário.

O prazo para o ajuizamento do mandado de segurança é de 120 dias, contados da ciência, pelo interessado, do ato impugnado (art. 23 da Lei 12.016/09). Este prazo é de decadência. Portanto, não se interrompe e nem poderá ser suspenso, mas não é aplicado nos casos de mandado de segurança contra a obrigação tributária, isto é, quando ainda não existe o crédito tributário.

De fato, no Direito Tributário, o mandado de segurança pode ser proposto contra a obrigação tributária ou contra o crédito tributário.

---

[521] STJ, CC 18894/RN.
[522] STJ, AgRgResp 1.528.281.

Na primeira hipótese, não se trata de mandado de segurança contra lei em tese, o que é vedado pela Súmula 266 do STF.[523] Na verdade, no mandado de segurança contra a obrigação tributária, o contribuinte antecipa-se à ação do fisco porque possui um justo receio de que haverá o lançamento de um tributo que reputa violador de seu direito líquido e certo de não se submeter à tributação que não encontra amparo legal.

O mandado de segurança contra a obrigação tributária atua preventivamente, já que o lançamento é ato vinculado e obrigatório. Neste caso, não há falar em transcurso do prazo decadencial de 120 dias para a sua impetração. O contribuinte antecipou-se ao ato de lançamento. Como disse o Min. Ari Pargendler:

> Com certeza, o mandado de segurança pode ser impetrado para prevenir exigência ilegal ou inconstitucional, sem que isso signifique um ataque de Decreto ou de lei em tese. O Decreto ou a lei instituidores de tributo que o contribuinte considere inexigível constituem ameaça suficiente para a impetração de mandado de segurança coletivo, na medida em que devem ser obrigatoriamente aplicados pela autoridade fazendária.[524]

A liminar, neste caso, não poderá suspender a exigibilidade do crédito tributário pela simples razão de que este ainda não existe. A liminar também não pode obstar o lançamento, já que se trata de ato vinculado e obrigatório. A liminar servirá apenas para impedir que a Fazenda Pública exija o tributo, mediante inscrição em dívida ativa e propositura da execução fiscal. O contribuinte estará temporariamente dispensado do pagamento.

No entanto, para prevenir a decadência do direito à constituição do crédito tributário, a Fazenda Pública deverá proceder ao lançamento de ofício, nos termos do que dispõe o art. 63, *caput*, da Lei 9.430/96, caso em que não caberá o lançamento da multa de ofício. Frente ao preceito legal, a interposição da ação judicial favorecida com a medida liminar também provocará a interrupção da incidência da multa de mora, desde a concessão da medida, até trinta dias após a data da publicação da decisão judicial que considerar devido o tributo ou contribuição (§ 2º do art. 63 da Lei 9.430/96).

Ou seja, no mandado de segurança contra a obrigação tributária, mesmo havendo a concessão da liminar, o Fisco deverá proceder ao lançamento de ofício para prevenir a decadência, mas o crédito não poderá ser inscrito em dívida ativa e cobrado na execução fiscal.[525] Os efeitos da liminar persistem até a prolação da sentença, frente ao art. 7º, § 3º, da Lei 12.101/09.

Se o mandado de segurança for impetrado contra o crédito tributário já constituído, o contribuinte deverá ajuizá-lo dentro do prazo de 120 dias, a contar da ciência do ato impugnado, nos termos do art. 23 da Lei 12.016/09. O termo inicial, portanto, "é o da notificação do lançamento fiscal, salvo se for impugnado. Havendo impugnação, esse prazo inicia na data em que o contribuinte é notificado de sua cobrança", conforme decidido pelo Min. Ari Pargendler no julgamento do REsp 39.772/RS, fazendo referência a julgado seu

---

[523] Súmula 266 do STF: "Não cabe mandado de segurança contra lei em tese".
[524] STJ, RO no MS nº 9790/MT.
[525] STJ, RESP 572.603.

quando ainda integrava o TRF 4ª Região. Também no julgamento em que se discutia o início do prazo para a impetração de mandado de segurança contra a exigência de IPTU, o STJ decidiu que o prazo tinha início a partir da inequívoca notificação do contribuinte, no caso materializada em um "aviso de lançamento".[526]

É importante destacar que no período em que o crédito estiver com a sua exigibilidade suspensa por força da liminar, inclusive quanto à obrigação tributária, não haverá interrupção ou suspensão da incidência dos juros pela taxa SELIC, nos termos do art. 5º do DL 1.736/79.[527]

Se a liminar for revogada ou denegada a segurança, pelo juiz ou Tribunal, a Fazenda estará autorizada a cobrar o crédito tributário, ainda que penda recurso que não tenha eficácia suspensiva. A revogação da liminar produz efeitos *ex tunc*. A Súmula 405 do STF determina a retroação dos efeitos da decisão que revoga a liminar no mandado de segurança: "Denegado o mandado de segurança pela sentença, ou no julgamento do agravo dela interposto, fica sem efeito a liminar concedida, retroagindo os efeitos da decisão contrária". Se a sentença for denegatória, não será exigível a multa de ofício. A multa de mora também não será devida, desde que o pagamento seja efetuado no prazo de 30 dias, após a publicação da sentença denegatória (§ 2º do art. 63 da Lei 9.430/96).

Nesta hipótese, como nada impede que a Fazenda exija o crédito tributário, passará a fluir o prazo de prescrição para cobrá-lo, nos termos do art. 174 do CTN,[528] contado a partir do vencimento do prazo para pagamento.

Se a sentença conceder a segurança, é porque o tributo não é devido, e a sua exigibilidade permanecerá suspensa até o trânsito em julgado, caso em que o lançamento será anulado de ofício pela autoridade administrativa.

O mandado de segurança não pode ser ajuizado para o contribuinte obter a devolução de tributo indevidamente pago, já que não é substitutivo da ação de cobrança, nos termos da Súmula 269 do STF.

A liminar no mandado de segurança também não pode ser concedida para autorizar a compensação de créditos tributários (§ 2º do art. 7º da Lei 12.016/09).

Não existe óbice, porém, para que o contribuinte utilize o mandado de segurança para obter a declaração do seu direito à compensação (Súmula 213 do STJ). A sentença, neste caso, terá natureza declaratória. No entanto, não se admite que o sujeito passivo proceda à compensação entre seus débitos e créditos e depois ajuíze mandado de segurança para convalidá-la (Súmula 460 do STJ).

A concessão de mandado de segurança não produz efeitos patrimoniais em relação a período pretérito, os quais devem ser reclamados administrati-

---

[526] STJ, RESP 630.858.
[527] STJ, RESP 839.962.
[528] STJ, RESP 449.679.

vamente ou pela via judicial própria.[529] A sentença concessiva do mandado de segurança está sujeita ao duplo grau de jurisdição, podendo, no entanto, ser executada provisoriamente, salvo nos casos em que for proibida a concessão de liminar (art. 14, §§ 1º e 3º, da Lei 12.016/09).

Na ação de mandado de segurança não há condenação em honorários advocatícios[530] (art. 25 da Lei 12.016/09). Por outro lado, aceita-se mandado de segurança coletivo em matéria tributária. Nos termos do art. 5º, LXX, da Constituição Federal, o mandado de segurança coletivo pode ser impetrado por: a) partido político com representação no Congresso Nacional; b) organização sindical, entidade de classe ou associação legalmente constituída ou em funcionamento há pelo menos um ano, em defesa dos interesses de seus membros ou associados. O art. 21 da Lei 12.016/09 regula os legitimados e os direitos protegidos pelo mandado de segurança coletivo.

O Supremo Tribunal Federal tem precedente no sentido de que os partidos políticos, porém, não detêm legitimidade para impetração de mandado de segurança coletivo que vise a impugnar exigência tributária. Em razão disso, o Pleno do STF, por maioria, deu provimento ao recurso extraordinário para cassar acórdão do Tribunal de Justiça do Estado do Amazonas, que concedera mandado de segurança coletivo, impetrado pelo Partido Socialista Brasileiro – PSB –, em face do Decreto 975/91, do Município de Manaus, que, ao alterar a planta de valores imobiliários para efeito de lançamento do IPTU, havia majorado o imposto. O Tribunal, fazendo referência a outro precedente,[531] entendeu que, tratando-se de hipótese de direito individualizável ou divisível, o impetrante não poderia substituir todos os cidadãos para impugnar a cobrança tributária, o que deveria ser promovido pelos próprios contribuintes por meio das ações cabíveis.[532]

Segundo o Supremo Tribunal Federal, o interesse material que autoriza a impetração de mandado de segurança coletivo por organização sindical deve estar relacionado com as atividades identificadoras da categoria, mas não precisa ser peculiar a essas atividades. O caso julgado dizia respeito a mandado de segurança coletivo impetrado pelo Sindicato da Indústria de Artigos e Equipamentos Odontológicos, Médicos e Hospitalares do Estado de São Paulo com o objetivo de eximir os seus associados do pagamento do PIS. Para o STF, "o objeto do mandado de segurança coletivo será um direito dos associados, independentemente de guardar vínculo com os fins próprios da entidade impetrante do writ, exigindo-se, entretanto, que o direito esteja compreendido na titularidade dos associados e que exista ele em razão das atividades exercidas pelos associados, mas não se exigindo que o direito seja peculiar, próprio, da classe".[533]

---

[529] Súmula 271 do STF.
[530] Súmula 105 do STJ.
[531] STF, RE 213.631.
[532] STF, RE 196.184.
[533] STF, RE 181.438.

No caso de mandado de segurança coletivo, o STF não exige a autorização expressa referida no inciso XXI do art. 5º da Constituição Federal, que contempla hipótese de representação, porque considera haver substituição processual.

Na hipótese de mandado de segurança coletivo impetrado por sindicato, o Supremo Tribunal Federal considera que é indevida a exigência de um ano de constituição e funcionamento porque tal restrição é destinada apenas às associações, nos termos da redação da parte final do inciso XXI, *b*, do art. 5º da Constituição da República.[534]

3.4.6. Liminar ou tutela antecipada em outras ações judiciais

O art. 294 do CPC admite a concessão de tutela provisória, fundada em urgência ou evidência, regulada pelos artigos 300 e 311, respectivamente. Ambos os provimentos serão hábeis para suspender a exigibilidade da obrigação tributária ou do crédito tributário.

A tutela provisória, a exemplo do que acontece com a liminar no mandado de segurança, também poderá ocorrer antes da constituição do crédito tributário. Na ação declaratória de inexistência de relação jurídico-tributária, em que não há crédito tributário constituído, a tutela provisória servirá para dispensar provisoriamente o contribuinte do recolhimento do tributo, constituindo-se, ao mesmo tempo, não apenas em um impedimento para a Fazenda Pública exigi-lo através da inscrição em dívida ativa e respectiva execução fiscal, como também em autorização para a obtenção de certidão positiva, com efeito de negativa (art. 205 do CTN).

Considerado o caráter vinculado e obrigatório do lançamento, a tutela provisória não pode impedir a Fazenda Pública de proceder ao lançamento de ofício do tributo, a fim de prevenir o prazo decadencial, nos termos da disposição contida no art. 63 da Lei 9.430/96. O tributo deverá ser lançado, mas não poderá ser cobrado enquanto vigentes os efeitos da tutela provisória, não havendo fluência do prazo prescricional.

Se a sentença julgar procedente o pedido, é porque o tributo não é devido, e a sua exigibilidade permanecerá suspensa até o trânsito em julgado da sentença, caso em que o lançamento será anulado de ofício pela autoridade administrativa. Se a sentença for de improcedência, embora devido o tributo, não será exigível a multa de ofício. A multa de mora também não será devida, desde que o pagamento seja efetuado no prazo de 30 dias, após a publicação da sentença de improcedência (§ 2º do art. 63 da Lei 9.430/96).

A concessão de tutela provisória pode suspender a exigibilidade da obrigação ou do crédito tributário, mas não a incidência dos juros de mora pela taxa SELIC, frente ao disposto no art. 5º do DL 1.736/79.

A sentença que confirmar, conceder ou revogar a tutela provisória produz efeitos imediatos, tal como previsto no inciso V do § 1º do art. 1.012 do

---

[534] STF, RE 198.919.

CPC. Assim, na hipótese de revogação da tutela provisória, como o crédito pode ser exigido, passará a fluir o prazo de prescrição de cinco anos para a Fazenda cobrá-lo.

3.5. Extinção do crédito tributário

A extinção do crédito tributário é matéria afeta ao princípio da legalidade. Somente a lei é que pode estabelecer as hipóteses de extinção do crédito tributário (art. 97, VI, do CTN). O CTN arrola onze hipóteses de extinção do crédito tributário: o pagamento, a compensação, a transação, a remissão, a prescrição e a decadência, a conversão do depósito em renda, o pagamento antecipado e a posterior homologação do lançamento, nos casos dos tributos sujeitos ao lançamento por homologação, a consignação em pagamento julgada procedente, a decisão administrativa definitiva, a decisão judicial transitada em julgado e a dação em pagamento em bens imóveis, na forma e condições que vierem a ser estabelecidas em lei.

O rol das causas de extinção do crédito tributário deve estar previsto em lei de natureza complementar, segundo o STF. Como visto ao tratarmos do princípio da legalidade, o STF, no julgamento da ADI 1917, julgou inconstitucional lei do Distrito Federal que previa o pagamento de débitos tributários, mediante dação em pagamento de materiais destinados a atender a programas de governo, por considerar que à lei complementar é que caberia instituir esta modalidade de extinção do crédito tributário. Este julgamento conflita com a liminar que foi indeferida em outra ação direta de inconstitucionalidade, na qual a Corte considerou ausente a alegação de inconstitucionalidade por ofensa ao art. 146, III, *b,* da CF, relativamente à lei estadual que havia instituído a dação em pagamento como modalidade de extinção do crédito tributário, por entender que o Estado poderia estabelecer regras para a quitação de seus créditos sem necessidade de lei complementar.[535] Em razão do precedente, não pode ser admitido, por exemplo, que a lei ordinária institua a dação em pagamento de bens móveis como modalidade de extinção do crédito tributário porque o CTN prevê apenas a dação em pagamento de bens imóveis, na forma e condições que a lei estabelecer (art. 156, XI). Pelo precedente do STF, portanto, o rol das causas de extinção do crédito tributário é taxativo.

As obrigações acessórias extinguem-se com o seu cumprimento, já que independem da obrigação principal. A extinção de uma não acarreta necessariamente a extinção da outra.

O contribuinte poderá entregar a declaração do Imposto de Renda, mas deixar de pagar o imposto devido. A obrigação acessória foi cumprida, mas a principal continuará pendente

A lei disporá quanto aos efeitos da extinção total ou parcial do crédito tributário, diante de ulterior verificação de irregularidade na sua constituição,

---

[535] STF, ADI 2.405.

Título II – NORMAS GERAIS DE DIREITO TRIBUTÁRIO

observadas as normas do CTN em relação ao lançamento e sua revisão de ofício (parágrafo único do art. 156 do CTN).

3.5.1. Pagamento antecipado e homologação do lançamento

Nos tributos sujeitos ao lançamento por homologação, o pagamento efetuado pelo sujeito passivo não extingue desde logo o crédito tributário porque fica na dependência de sua "homologação" pela autoridade administrativa. Esta homologação, via de regra, ocorre de forma tácita, dentro de cinco anos, contados do fato gerador (não é do pagamento). Ou seja, no lançamento por homologação, a extinção do crédito opera-se apenas quando, depois do pagamento, tiver havido a sua homologação pela autoridade administrativa. É o que dispõe o art. 156, VII, do CTN: "Extinguem o crédito tributário: o pagamento antecipado e a homologação do lançamento nos termos do disposto no art. 150 e seus §§ 1º e 4º".

Para efeitos de restituição de tributo indevidamente pago, no entanto, o art. 3º da LC 118/05 fixou a data do pagamento como o momento da extinção do crédito tributário nos tributos lançados por homologação, o que é abordado no item relativo ao prazo para a restituição.

3.5.2. Pagamento

Geralmente, a legislação fixa o prazo de pagamento dos tributos. Entretanto, se isto não ocorrer, o vencimento do crédito ocorre 30 (trinta) dias depois da data em que se considera o sujeito passivo notificado do lançamento (art. 160 do CTN). A lei também poderá conceder desconto para os casos em que houver a antecipação do pagamento (parágrafo único do art. 160 do CTN), sendo isto comum no caso do IPVA e do IPTU.

Ao contrário do que ocorre no Direito Civil, em que a quitação da última quota, quando houver parcelamento, estabelece a presunção de estarem solvidas as anteriores, salvo prova em contrário (art. 322), para o CTN isto não ocorre. Se um tributo tiver sido objeto de parcelamento, o pagamento da última parcela não faz presumir o pagamento das anteriores. Da mesma forma, o pagamento de um crédito não implica presunção de pagamento de outros créditos, quer sejam referentes ao mesmo tributo, quer sejam a outros. O pagamento do IPTU de um determinado ano não presume ter havido o pagamento do IPTU do ano anterior e nem de qualquer outro tributo de competência do Município. Se tiver sido parcelado, o pagamento da última cota não traduz necessariamente o pagamento das prestações anteriores. O pagamento de um crédito tributário não importa em presunção de pagamento: quando parcial, das prestações em que se decomponha; quando total, de outros créditos referentes ao mesmo ou a outros tributos (art. 158, I e II, do CTN).

Se a lei não dispuser de modo contrário, o pagamento deve ser efetuado na repartição competente do domicílio do sujeito passivo (art. 159 do CTN). O domicílio tributário está previsto no art. 127 do CTN. As dívidas tributárias são quesíveis (*quérables*) e devem ser pagas no domicílio do devedor, salvo se o domicílio eleito pelo contribuinte tiver sido recusado pela autoridade administrativa, nos casos em que impossibilitar ou dificultar a arrecadação ou a fiscalização do tributo (art. 127, § 2º, do CTN).

Se houver a imposição de uma penalidade, seja moratória, pelo atraso no pagamento, seja punitiva, pelo cometimento de uma infração à legislação tributária, a sanção (multa) poderá ser exigida juntamente com o crédito tributário. Imposta a penalidade, o sujeito passivo continua obrigado pelo pagamento do crédito. No entanto, ainda que ocorrido o pagamento do crédito, mesmo assim a multa, enquanto não ultrapassado o prazo de decadência para o seu lançamento de ofício, poderá ser exigida isoladamente. Será lavrado um auto de infração (lançamento de ofício) apenas em relação à multa. A imposição de penalidade não elide o pagamento integral do crédito tributário (art. 157 do CTN).

O art. 161 do CTN estabelece que o crédito que não for pago integralmente no vencimento será acrescido de juros de mora, seja qual for o motivo determinante da falta, sem prejuízo da imposição das penalidades cabíveis e da aplicação de quaisquer medidas de garantia previstas no próprio Código ou em lei tributária. O § 1º arremata que, se a lei não dispuser de modo diverso, os juros de mora são calculados à taxa de 1% (um por cento) ao mês.

A falta de pagamento do crédito tributário no prazo avençado sempre acarreta a incidência de juros de mora, sem prejuízo da sua imposição cumulada com a multa moratória prevista em lei. Tem sido considerada legítima a cobrança de juros de mora e multa moratória.[536]

Os juros de mora incidem após o vencimento da obrigação e indenizam a Fazenda Pública pelo fato de ela não ter recebido o seu crédito no prazo fixado em lei.

No âmbito federal, os juros de mora são equivalentes à taxa referencial do Sistema Especial de Liquidação e Custódia, conhecida por taxa SELIC, prevista na Lei 9.065/95 (art. 13). Depois da instituição da SELIC, os créditos tributários não ficam sujeitos à correção monetária e juros de mora. Haverá apenas a incidência da taxa SELIC, que engloba juros de mora e correção monetária. A SELIC é variável mês a mês, mas será de 1% (um por cento) no mês do pagamento (art. 61, § 3º, da Lei 9.430/96). Se o pagamento for efetuado dentro do mês de vencimento, não há a incidência de juros de mora pela taxa SELIC. Ultrapassado o mês de vencimento, os juros da taxa SELIC são somados desde o mês seguinte ao vencimento até o mês anterior ao do pagamento, acrescido de 1% no mês do pagamento.

A falta de pagamento do tributo no prazo avençado constitui uma infração sancionada com multa de mora, a qual deve estar prevista em lei (art. 97, V, do CTN). No âmbito federal, a multa de mora é de 0,33% por dia, calculada a partir do primeiro dia subsequente ao do vencimento do prazo para pagamento, limitada a 20% (art. 61, § 1º, da Lei 9.430/96). Desde que não sejam abusivas

---

[536] Súmula 209 do TFR.

ou confiscatórias, há liberdade para o legislador fixar as multas de mora, bem como estabelecê-las em caráter variável para uma mesma espécie tributária.

Se a multa prevista em lei assume, pelo seu montante, desproporcional e irrazoável feição confiscatória, admite-se a sua redução para outro patamar menor, desde que previsto em lei.[537] O Supremo Tribunal Federal tem precedentes admitindo a redução da multa de mora de 30% para 20%,[538] como também de 60% para 30%.[539]

Como os créditos tributários são regidos por regras próprias, não se aplicam as disposições do Código de Defesa do Consumidor que limitam as multas em 2% (dois por cento).

O § 2º do art. 161 do CTN trata do chamado processo de consulta fiscal. Através deste procedimento, que ocorre no âmbito administrativo, o sujeito passivo pode formular consulta, por escrito, sobre dispositivos da legislação tributária. O processo de consulta fiscal tem o objetivo de sanar as dúvidas do contribuinte relativamente à legislação tributária que deve ser aplicada sobre determinado fato, não cabendo recurso e nem pedido de reconsideração da solução da consulta ou do despacho que declarar sua ineficácia. Tal procedimento é regulado pelo art. 46 do Decreto 70.235/72 e pelo art. 48 da Lei 9.430/96. Se o devedor formular a consulta dentro do prazo para o pagamento do tributo, ele não ficará sujeito ao pagamento de juros e nem de multa de mora, pouco importando o tempo que a autoridade demore em responder ao processo. O Estado poderá ser responsabilizado se o contribuinte, atuando em conformidade com a orientação ditada pela administração no processo de consulta, vier a sofrer prejuízos decorrente da mudança de entendimento do mesmo órgão em novo processo de consulta.[540]

O pagamento dos tributos geralmente é feito em estabelecimentos bancários. Poderá ser efetuado em moeda corrente, vale postal ou cheque (art. 162, I, do CTN). No último caso, o pagamento somente se considera ocorrido quando o cheque tiver sido compensado, levado a débito da conta do emitente (§ 2º do art. 162 do CTN). A legislação tributária pode determinar as garantias exigidas para o pagamento por cheque ou vale postal, desde que não o torne impossível ou mais oneroso que o pagamento em moeda corrente (art. 162, § 1º, do CTN). Se houver autorização legal, o pagamento também poderá ser efetuado através de estampilha, papel selado ou processo mecânico (art. 162, II). Os dois últimos casos equiparam-se ao pagamento em estampilha (§ 5º do art. 162). Se for pago através desta última modalidade, o crédito considerar-se-á extinto com a regular inutilização da estampilha (art. 162, § 3º). A perda ou destruição da estampilha, ou o erro no pagamento por esta modalidade, não dão direito à restituição, salvo nos casos expressamente previstos na legislação tributária, ou naqueles em que o erro seja imputável à autoridade administrativa (art. 162, § 4º).

---

[537] STF, RE 91.707 e RE 81.550.
[538] STF, AI 727.872.
[539] STF, AgRgRE 523.471.
[540] STF, RE 131.741.

O antigo imposto de consumo (atual IPI) era pago com a aposição de estampilhas em determinados produtos. Móveis antigos têm estampilhas coladas atrás ou embaixo. Hoje existem selos de controle para o IPI, os quais não dizem respeito ao pagamento do IPI. São de cores e modelos variados, dependendo do enquadramento do produto. São comuns em cigarros e bebidas alcoólicas. Tais selos de controle estão previstos no art. 46 da Lei 4.502/64 e art. 223 do Regulamento do IPI.

3.5.2.1. Pagamento indevido

O art. 165, *caput*, do CTN assegura ao sujeito passivo, independentemente de prévio protesto, a restituição total ou parcial do tributo que tiver sido indevidamente pago, seja qual for a modalidade do seu pagamento. A única ressalva à forma de pagamento diz respeito àqueles casos em que o crédito tributário pode ser pago por estampilha, caso em que a sua perda ou destruição não darão direito à restituição, salvo nos casos previstos em lei ou em que o erro seja imputável à autoridade administrativa (art. 162, § 4º).

É garantida a devolução nos seguintes casos, independentemente de prévio protesto: a) cobrança ou pagamento espontâneo do tributo indevido ou maior que o devido em face da legislação tributária aplicável, ou da natureza ou circunstâncias materiais do fato gerador efetivamente ocorrido; b) se houver erro do sujeito passivo na aplicação da alíquota, na apuração do montante do débito ou na elaboração de qualquer documento relativo ao pagamento ou c) quando houver reforma, anulação, revogação ou rescisão de decisão condenatória (incisos I a III do art. 165).

Frente ao princípio da legalidade, a confissão de dívida fiscal que não encontrar amparo na lei não constitui óbice à devolução ou compensação, já que apenas a obrigação tributária legítima, nascida por força da lei, e não da confissão, é que tem o poder de constranger o contribuinte ao pagamento do tributo. O Superior Tribunal de Justiça, em recurso representativo de controvérsia, tem entendido que:

> A confissão da dívida não inibe o questionamento judicial da obrigação tributária, no que se refere aos seus aspectos jurídicos. Quanto aos aspectos fáticos sobre os quais incide a norma tributária, a regra é que não se pode rever judicialmente a confissão de dívida efetuada com o escopo de obter parcelamento de débitos tributários. No entanto, como na situação presente, a matéria de fato constante de confissão de dívida pode ser invalidada quando ocorre defeito causador de nulidade do ato jurídico (v.g. erro, dolo, simulação e fraude).[541]

O pagamento indevido de qualquer espécie tributária comporta devolução, através da chamada ação de repetição de indébito, que nada mais é do que uma ação para a restituição do pagamento indevido. É uma ação pelo procedimento ordinário movida pelo sujeito passivo contra o credor do tributo. Ao contrário do Direito Civil, não há necessidade da prova do erro, já que o fundamento do pedido repousa na ausência de causa jurídica, uma vez que a obrigação tributária é *ex lege*. Não importa o motivo pelo qual houve o pagamento

---

[541] STJ, RESP 1.133.027.

indevido. A inicial deverá estar acompanhada de prova do pagamento reputado indevido, embora existam precedentes do STJ no sentido de que tais provas podem ser juntadas por ocasião da liquidação e execução da sentença.[542]

A jurisprudência tem admitido que o autor, na mesma ação, postule o direito à devolução ou à compensação. O contribuinte tem o direito, na fase de execução do julgado, de optar pela compensação ou pela devolução. A sentença que declara o direito à compensação reconhece que houve um pagamento indevido que a obriga à devolução, pouco importando se através de compensação ou da restituição mediante precatório.

> A opção entre a compensação e o recebimento do crédito por precatório ou requisição de pequeno valor cabe ao contribuinte credor pelo indébito tributário, haja vista que constituem, todas as modalidades, formas de execução do julgado colocadas à disposição da parte quando procedente a ação que teve a eficácia de declarar o indébito.[543]

Por isto, o STJ sumulou o entendimento de que:

> O contribuinte pode optar por receber, por meio de precatório ou por compensação, o indébito certificado por sentença declaratória transitada em julgado.[544]

Embora não haja necessidade de prévio requerimento e exaurimento da via administrativa para a propositura da ação de repetição de indébito, a restituição do pagamento indevido poderá ocorrer diretamente na via administrativa, havendo, porém, restrições legais. Neste caso, no âmbito federal, o art. 7º do DL 2.287/96 dispõe que a Receita Federal do Brasil, antes de proceder à restituição ou ressarcimento de tributos, na via administrativa, deverá verificar se o contribuinte é devedor da Fazenda Nacional. Se houver débito, deverá ser procedida a compensação de ofício, total ou parcial (§ 1º do art. 7º do DL 2.287/86). Se houver débito em relação às contribuições previdenciárias, inclusive inscritas em dívida ativa do INSS, o valor da restituição ou ressarcimento também deverá ser compensado com o valor do débito, total ou parcialmente.

No mesmo sentido, o § 8º do art. 89 da Lei 8.212/91, que disciplina as contribuições previdenciárias, estabelece que, se for "verificada a existência de débito em nome do sujeito passivo, o valor da restituição será utilizado para extingui-lo, total ou parcialmente, mediante compensação".

O parágrafo único do art. 73 da Lei 9.430/96, acrescentado pela Lei 12.844/13, passou a dispor que esta compensação de ofício no âmbito administrativo será realizada com débitos não parcelados ou parcelados sem garantia, inclusive inscrito em dívida ativa da União.

No entanto, o CTN, enquanto lei complementar, arrola as hipóteses de suspensão da exigibilidade do crédito tributário (art. 151), incluindo o parcelamento (inciso VI do art. 151). O crédito tributário suspenso pela lei complementar não poderia se tornar exigível por lei ordinária que autoriza a compensação de ofício porque viola o art. 146, III, *b*, da Constituição Federal, conforme entendeu o TRF4. Para o Tribunal, a compensação de ofício retira os efeitos da

---
[542] STJ, RESP 1.111.003 e 1.102.277.
[543] STJ, RESP 1.114.404.
[544] Súmula 461.

suspensão da exigibilidade do crédito tributário que estava parcelado,[545] matéria que também é objeto de repercussão geral no STF.[546]

A compensação de ofício dos créditos do sujeito passivo decorrentes de pagamento indevido ou maior que o devido com os seus débitos junto à Fazenda Nacional aplica-se apenas aos pedidos efetuados na via administrativa.

O art. 165, III, do CTN, trata do pagamento indevido nos casos de reforma, anulação, revogação ou rescisão de decisão condenatória que tenha determinado o pagamento, na via administrativa ou judicial. Tais hipóteses, de acordo com Luciano Amaro:

> Não são outras além das redundantemente descritas nos dois itens anteriores. A decisão que posteriormente modifique uma decisão anterior (em razão da qual fora feito o pagamento) estará precisamente declarando que o pagamento efetuado foi indevido (por algum motivo jurídico), não sendo ela em si mesma uma hipótese autônoma que enseje a restituição.[547]

3.5.2.1.1. Restituição de tributos indiretos

O art. 166 do CTN restringe o direito à devolução dos chamados tributos indiretos, dispondo: "A restituição de tributos que comportem, por sua natureza, transferência do respectivo encargo financeiro somente será feita a quem prove haver assumido o referido encargo, ou, no caso de tê-lo transferido a terceiro, estar por este expressamente autorizado a recebê-la".

No tributo direto, o contribuinte de direito, que foi escolhido pelo legislador como devedor, arca com o ônus tributário. No indireto, embora uma determinada pessoa tenha sido escolhida pela lei como contribuinte de direito, o ônus da carga tributária acaba sendo suportado por um terceiro: o contribuinte de fato. O objetivo da disposição normativa é o de evitar o locupletamento indevido do contribuinte de direito. Se ele, de fato, não suportou a carga tributária, não é legítimo que obtenha a devolução.

Os tributos indiretos são o ICMS, o IPI e também o ISS, em alguns casos. São tributos que juridicamente repercutem porque são destacados nas notas fiscais e acabam sendo suportados pelos adquirentes dos produtos, mercadorias ou serviços. No caso do IPI e do ICMS, é o comprador do produto ou da mercadoria que pagará tais impostos porque eles estão destacados ou embutidos no preço final. O ICMS é tributo indireto porque, nas palavras do Min. José Delgado:[548]

> O contribuinte real é o consumidor da mercadoria objeto da operação (contribuinte de fato) e a empresa (contribuinte de direito) repassa, no preço da mercadoria, o imposto devido, recolhendo, após, aos cofres públicos o imposto já pago pelo consumidor de seus produtos. Não assume, portanto, a carga tributária resultante dessa incidência. Em conseqüência, o fenômeno da substituição legal no cumprimento da obrigação, do contribuinte de fato pelo contribuinte de direito, ocorre na exigência do pagamento do ICMS. A repetição do indébito/compensação do tributo debatido

---

[545] TRF4, AINC nº 5025932-62.2014.404.0000.
[546] STF, RE 917.285.
[547] Op.cit., p. 397.
[548] STJ, AgRESP 436.894.

não pode ser deferida sem a exigência da repercussão. Ilegitimidade ativa *ad causam* das empresas recorridas configurada.

A 1ª Seção do Superior Tribunal de Justiça firmou entendimento no sentido de que:

> Os tributos que, por sua natureza, comportem transferência do respectivo encargo financeiro, são somente aqueles em relação aos quais a própria lei estabeleça dita transferência. O IPI é tributo de natureza indireta, uma vez que o contribuinte de fato é o consumidor final da mercadoria objeto da operação, visto que a empresa, que repassa no preço da mercadoria o imposto devido, recolhendo posteriormente aos cofres públicos o imposto já pago pelo consumidor final, e, em conseqüência, não assume a respectiva carga tributária. Opera-se, assim, no caso do IPI, a substituição legal no cumprimento da obrigação, do contribuinte de fato pelo contribuinte de direito, inadmitindo-se a repetição do indébito e a compensação do referido tributo, sem a exigência da prova da repercussão.[549]

Em muitos casos, o ISS também é destacado na nota fiscal, sendo suportado pelo adquirente dos serviços. O STJ, em recurso representativo de controvérsia, entende que o ISS "é espécie tributária que admite a sua dicotomização como tributo direto ou indireto, consoante o caso concreto" e que na "hipótese em que o tributo assume natureza indireta, reclama da parte autora a prova da não repercussão, ou, na hipótese de ter a mesma transferido o encargo a terceiro, de estar autorizada por este a recebê-los".[550]

Assim, no caso de tributos que comportem a transferência do encargo financeiro, a devolução só será feita a quem provar que assumiu o encargo ou, no caso de tê-lo transferido a terceiro, estar por este expressamente autorizado a recebê-la.[551] O STJ tem entendido que a comprovação da ausência de repasse do encargo financeiro correspondente ao tributo, nos moldes do art. 166 do CTN e da Súmula 546/STF, é exigida nas hipóteses em que se pretende a compensação ou restituição de tributos indiretos, como o ICMS".[552] Portanto, para que obtenha a devolução, caberá ao contribuinte de direito provar que suportou o ônus, sem transferi-lo a terceiro.

A regra do art. 166 do CTN não pode ser invocada quando houver repercussão econômica, sob pena de inviabilizar toda e qualquer restituição.

O art. 89, § 1º, da Lei 8.212/91 tinha procurado atribuir às contribuições previdenciárias de responsabilidade da empresa a natureza de tributos indiretos, dispondo que apenas poderiam ser restituídas ou compensadas as contribuições que, por sua natureza, não tivessem sido transferidas ao custo de bem ou serviço oferecido à sociedade. No entanto, o Superior Tribunal de Justiça acabou firmando o entendimento de que as contribuições previdenciárias eram tributos diretos. Com isso, não havia necessidade de que o contribuinte fizesse a prova de que não teria havido o repasse, a fim de obter a devolução ou compensação.[553] Este preceito acabou sendo revogado pela Lei 11.941/09.

---

[549] STJ, ERESP 416.333.

[550] STJ, RESP 1.131.476.

[551] Súmula 546 do STF: Cabe a restituição do tributo pago indevidamente, quando reconhecido por decisão que o contribuinte de jure não recuperou do contribuinte de facto o quantum respectivo.

[552] STJ, RESP 788.279, RESP 787.936, RESP 649.061, RESP 733.976.

[553] STJ, ERESP 189.052.

3.5.2.1.2. Parte legítima para postular a restituição

O sujeito passivo legitimado para postular a devolução abrange o próprio contribuinte ou o responsável. Caso o responsável tenha apenas o dever de efetuar a retenção e pagar o tributo em nome do devedor, ele não estará legitimado para postular a devolução. Neste caso, a fonte pagadora nada desembolsou porque o tributo era devido pelo terceiro. De outra parte, se pagou o tributo na condição de responsável porque descumpriu com a sua obrigação de retê-lo, aí sim possui legitimidade para postular a devolução.[554]

Na substituição tributária, há necessidade de se verificar no caso concreto quem foi que assumiu o ônus econômico do tributo. A legitimidade poderá ser tanto do substituto, como do substituído. Se o substituído provar que sofreu o ônus da imposição, não há razão para recusar a sua legitimidade para postular o indébito, embora diretamente não tenha sido ele quem pagou o tributo. O substituto também terá direito à restituição se demonstrar que o ônus não foi repassado para o substituído.

Na substituição tributária para frente, em que há o recolhimento antecipado do imposto ou contribuição relativo a fato gerador que vai ocorrer no futuro, existem precedentes que reconhecem a legitimidade do substituído tributário porque ele é que sofre o ônus econômico do tributo.[555] Num caso em que o tributo (Finsocial) era recolhido pelo distribuidor de combustíveis (substituto), foi reconhecida a legitimidade do comerciante varejista (substituído) para questionar a exigência, mas a restituição foi negada porque o valor do tributo estava inserido no preço da venda do combustível e era suportado pelo consumidor final.[556] Para a 1ª Seção do STJ, no regime de substituição tributária, o comerciante varejista de combustível (substituído) só terá legitimidade ativa para postular a restituição ou compensação, se demonstrar nos autos que não houve o repasse do encargo ao consumidor final.[557]

No caso do Imposto de Renda Retido na Fonte, o contribuinte é o beneficiário dos rendimentos (substituído), enquanto a fonte pagadora é responsável pela retenção e pelo recolhimento (substituta). Logo, deve ser admitida a legitimidade ativa do contribuinte substituído, que arcou com o ônus da tributação, para postular a restituição de valores indevidamente pagos.[558]

O mero pagador do tributo, em princípio, não pode postular a devolução porque não faz parte da relação jurídico-tributária. Ele não foi escolhido, pela lei, como contribuinte ou responsável. Porém, o STJ tem precedente admitindo a sub-rogação do crédito e, com isto, a legitimidade para postular a devolução. No caso, uma empresa havia alienado bens imóveis. O comprador é que seria o contribuinte do Imposto de Transmissão (ITBI), mas a vendedora recolheu o

---

[554] STJ, RESP 197.955.
[555] TRF4ªR, AC 2000.011576-0/RS.
[556] STJ, ERESP 648.288.
[557] STJ, ERESP 603.675.
[558] STJ, RESP 596.275.

tributo em nome do adquirente, sendo reconhecido o seu direito na repetição do indébito porque lastreado em termo de sub-rogação de crédito.[559]

Em outro julgado, envolvendo a restituição de IPTU, a 1ª Seção do Superior Tribunal de Justiça entendeu que a transferência da titularidade do imóvel não transfere automaticamente ao novo proprietário o crédito referente ao pagamento indevido. Se o novo proprietário não pagou e nem suportou o tributo, não há motivo para autorizar-lhe a restituição.[560]

3.5.2.1.3. Devolução do tributo e acessórios

Havendo pagamento indevido, seja qual for o motivo, o contribuinte terá direito à devolução, total ou parcial, do tributo, assim como, na mesma proporção, dos juros de mora, correção monetária e penalidades. A devolução, portanto, abrange o principal e os acessórios, salvo as penalidades referentes a infrações de caráter formal não prejudicadas pela causa da restituição (art. 167 do CTN).

Assim, se o contribuinte entregar com atraso determinada declaração, pagando multa punitiva e o tributo em valor superior ao devido, acompanhado de juros e multa moratória, a multa punitiva pelo descumprimento da obrigação acessória não será restituída. A restituição dos juros e da multa moratória ocorrerá na mesma proporção do pagamento do tributo em valor superior ao que era devido.

3.5.2.1.4. Atualização monetária e juros na restituição

Para que a restituição ocorra de forma integral, o sujeito passivo tem direito à correção monetária e juros de mora incidentes sobre os valores indevidamente pagos.

A correção monetária deve incidir desde o momento do pagamento reputado indevido.[561] A correção monetária objetiva preservar o valor real da moeda, protegendo-a contra os efeitos da inflação. Trata-se de mera recomposição do seu valor, que foi corroído pela inflação. Tem-se entendido que não é imprescindível pedido expresso na inicial quanto à incidência de correção monetária ou juros,[562] e que a correção monetária pode ser fixada por ocasião da liquidação da sentença, ainda que não tenha sido estipulada na sentença.[563]

Enquanto a correção monetária incide desde o pagamento indevido, os juros de mora, não capitalizáveis, devem ser apurados apenas a partir do trânsito em julgado da sentença (parágrafo único do art. 167 do CTN).[564] A taxa também deve ser de 1% (um por cento) ao mês, uma vez que esta é a taxa em

---

[559] STJ, RESP 362.375.
[560] STJ, ERESP 708.237.
[561] Súmula 162 do STJ.
[562] STJ, EDAR 773.
[563] STF, RE 220.605.
[564] Súmula 188 do STJ.

favor da Fazenda (art. 161, § 1°, do CTN). A 1ª Seção do Superior Tribunal de Justiça rejeita a pretensão de aplicarem-se juros de mora a contar do pagamento indevido, sendo irrelevante a causa do indébito.[565]

Assim, nos termos do CTN e conforme pacificado pelo STJ, enquanto a correção monetária incide a partir do pagamento indevido, os juros de mora são devidos apenas a partir do trânsito em julgado da sentença.

Porém, no que se refere à correção monetária e aos juros na restituição do indébito de tributos federais, deve ser observado que o art. 39, § 4°, da Lei 9.250/95, com vigência a partir de 01 de janeiro de 1996, determinou a incidência de juros correspondentes à taxa SELIC, calculados a partir da data do pagamento indevido, que é a mesma taxa utilizada pela Fazenda Pública para a cobrança de seus créditos. No caso das contribuições previdenciárias reguladas pela Lei 8.212/91, a restituição também deve ser acrescida de juros pela taxa SELIC, mas calculada a partir do mês subsequente ao do pagamento indevido, frente ao que dispõe o § 4° do art. 89.

A jurisprudência tem entendido que a taxa SELIC abrange juros de mora e correção monetária. Por isto, a partir de 1° de janeiro de 1996, incidem apenas juros equivalentes à taxa SELIC, calculados a partir do pagamento indevido, na restituição de tributo federal indevidamente pago.

Em síntese, a orientação da 1ª Seção do Superior Tribunal de Justiça tem sido a seguinte: antes da Lei 9.250/95, a correção monetária incidia desde o pagamento indevido até a restituição ou compensação, acrescida de juros de mora de 1% ao mês a partir do trânsito em julgado.[566] Depois da Lei 9.250/95, aplica-se a taxa SELIC a partir do pagamento indevido ou, se for o caso, a partir de 1° de janeiro de 1996, não podendo ser cumulada com correção monetária ou juros.[567]

Até a instituição da SELIC, os índices de correção monetária incidentes na restituição eram os seguintes: ORTN até fevereiro de 1986; OTN até janeiro de 1989, BTN de fevereiro de 1989 a fevereiro de 1991. De março a dezembro de 1991 alguns julgados aplicam o IPC e outros o INPC. A partir de janeiro de 1992 passou a incidir a UFIR, isto até 31 de dezembro de 1995. A SELIC, como índice de correção monetária e juros na restituição, é aplicada desde 1° de janeiro de 1996.

3.5.2.1.5. *Prazo para a restituição*

O CTN, no art. 168, fixa prazo para que o contribuinte obtenha a devolução do pagamento indevido, seja através de repetição do indébito, seja pela compensação. De acordo com o Superior Tribunal de Justiça, tal prazo é de prescrição.

---

[565] STJ, ERESP 627.177.
[566] Súmulas 162 e 188 do STJ.
[567] STJ, ERESP 267.080 e ERESP 225.300.

O contribuinte dispõe do prazo de cinco anos para propor ação de repetição do indébito, contado da data da extinção do crédito tributário. Esta regra aplica-se na hipótese de pagamento indevido, maior do que o devido, erro quanto à alíquota, base de cálculo, etc. (art. 168, I, do CTN).

Se o tributo é objeto de lançamento de ofício ou por declaração, a extinção do crédito tributário ocorre por ocasião do pagamento. Assim, a partir do pagamento, flui o prazo de cinco anos para o sujeito passivo obter a restituição.

No caso dos tributos sujeitos ao regime de lançamento por homologação, a contagem do prazo, até a data em que passou a vigorar a LC 118/05, deveria levar em consideração o disposto no arts. 150, § 4º, e 156, VII, do CTN. No lançamento por homologação, o pagamento não extingue o crédito tributário porque depende justamente da homologação. Em regra, a homologação é tácita e ocorre dentro de cinco anos, a contar da data do fato gerador. Não é do pagamento. Assim, extinto o crédito pela homologação tácita cinco anos depois do fato gerador, o contribuinte tinha o prazo de cinco anos para reaver o indébito. Na prática o prazo acabava sendo de dez anos.

No entanto, a LC 118/05 acabou com a interpretação do prazo de 10 anos. Dispôs que, para efeito de restituição de tributo lançado por homologação, a extinção do crédito ocorre no momento do pagamento antecipado (art. 3º). E no art. 4º pretendeu que o preceito alcançasse os pagamentos anteriores à data da vigência da LC 118/05, cujos efeitos passaram a vigor a partir de 9 de junho de 2005 (art. 4º). O STF, porém, reconheceu a inconstitucionalidade da parte final do art. 4º, e considerou válida a aplicação do prazo de cinco anos para as ações ajuizadas a partir de 09 de junho de 2005.[568] Assim, para as ações ajuizadas a partir de 09 de junho de 2005, conta-se o prazo prescricional de 5 anos, a contar do pagamento indevido dos tributos lançados por homologação.

Por outro lado, o inciso II do art. 168 do CTN regula o prazo para a restituição no caso específico de reforma, anulação, revogação ou rescisão de decisão condenatória que tiver determinado o pagamento. O prazo será de cinco anos, contado da data em que se tornar definitiva a decisão administrativa, ou da data do trânsito em julgado da decisão judicial que houver reformado, anulado, revogado ou rescindido a decisão que tiver ordenado o pagamento. "Se a repetição se procede à vista de modificação de decisão condenatória (por força da qual fora feito o pagamento, afinal julgado indevido), aquele prazo se conta da data em que se tornar definitiva a decisão administrativa ou em que transitar em julgado a decisão judicial modificativa",[569] como diz Luciano Amaro. Na prática, trata-se de hipótese rara. No âmbito administrativo, as impugnações recursos suspendem a exigibilidade do crédito tributário, não havendo necessidade do pagamento (art. 151, III, do CTN). Na via judicial, certamente que não vai haver o pagamento durante o trâmite do processo, uma vez que o contribuinte tem o direito de efetuar o depósito do crédito tributário. O preceito apanha a remota hipótese de o contribuinte, por exemplo, ingressar com ação declaratória de inexistência de relação jurídico tributária ou anulatória do cré-

---

[568] STF, RE 566.621.
[569] Op. cit., p. 401.

dito tributário, mas mesmo assim efetuar o pagamento. Se a ação, ao final, for julgada procedente, abre-se o prazo, com o trânsito em julgado, de cinco anos para reaver o valor do indébito.

O art. 169, *caput*, do CTN, fixa o prazo de prescrição de dois anos para o contribuinte propor ação anulatória contra a Fazenda Pública, relativamente à decisão da administração que houver denegado a restituição. Ou seja, regula a prescrição no caso de o contribuinte ter postulado a restituição na esfera administrativa sem obter êxito. Ora, de nada adianta anular a decisão da administração que negou a restituição. Na verdade, a pretensão do contribuinte é a de obter a devolução do tributo que foi negada pela administração. Assim é que deve ser entendido o preceito legal. Desta forma, não obtido êxito na postulação administrativa, a ação do contribuinte na via judicial com idêntica finalidade prescreverá dentro de dois anos, contados da intimação da decisão administrativa.

O parágrafo único do art. 169 do CTN dispõe que "o prazo de prescrição é interrompido pelo início da ação judicial, recomeçando o seu curso, por metade, a partir da data da intimação validamente feita ao representante judicial da Fazenda Pública interessada".

O início da ação judicial deve ser o da data da distribuição do processo. Pelo preceito legal, a partir deste momento, haveria a interrupção da prescrição de dois anos, cujo prazo iniciara com a intimação do contribuinte da decisão administrativa. Se é de interrupção, o prazo deveria reiniciar por dois anos. Porém, o Código estabelece que, a partir da intimação (citação) da Fazenda Pública, o prazo prescricional recomeçaria o seu curso por um ano. Ora, não é admissível o reconhecimento da prescrição no curso da ação judicial. A morosidade no andamento do processo decorrente de mecanismos inerentes à própria justiça não pode prejudicar o contribuinte. Logo, uma vez ajuizada a ação dentro do prazo de dois anos, pouco importa a demora na sua tramitação. Transitada em julgado a sentença, o contribuinte terá o prazo de dois anos para executá-la, uma vez que a prescrição da execução prescreve no mesmo prazo da ação.

O STF tem precedente interessante a respeito do art. 169 do CTN. O Estado de São Paulo, em janeiro de 1987, havia postulado na via administrativa, junto à Delegacia da Receita Federal, a restituição de indébito referente à sobretarifa em favor do Fundo Nacional de Telecomunicações. O pedido foi negado, sendo o Estado notificado em setembro de 1988. Em fevereiro de 1990, promoveu ação cível originária no STF contra a União, postulando a anulação da decisão administrativa e a restituição do indébito. O pedido foi acolhido, tendo a Corte reconhecido a inconstitucionalidade da exação (RTJ 132/873) e determinado a restituição. A decisão foi publicada em novembro de 1992, mas o Estado promoveu a execução da sentença apenas em março de 1996, havendo embargos por parte da União, sendo suscitada a ocorrência de prescrição, nos termos do art. 169 do CTN. O Estado, por sua vez, defendeu que a prescrição seria de cinco anos, nos termos do art. 168 do CTN, porque se trataria de mera repetição de indébito. Porém, o Supremo Tribunal Federal reconheceu, nos termos da Súmula 150, que a execução prescrevia no mesmo prazo da prescrição da ação que, no caso, era de dois anos. Como a ação havia transitado em julgado em 1992, mas a execução fora intentada apenas em 1996, a prescrição foi acolhida.[570] A ementa é assim redigida:

> PRESCRIÇÃO. EXECUÇÃO. A ação de execução segue, sob o ângulo do prazo prescricional, a sorte da ação de conhecimento, como previsto no Verbete nº 150 da Súmula desta Corte, segundo o qual "prescreve a execução no mesmo prazo de prescrição da ação".
> PRESCRIÇÃO – RESTITUIÇÃO DE TRIBUTO – DUALIDADE. A norma do artigo 168 do Código Tributário Nacional, reveladora do prazo prescricional de cinco anos, é aplicável em se verificando o ingresso imediato no Judiciário. Tratando-se de situação concreta em que adentrada a via administrativa, não se logrando êxito, o prazo é de dois anos, tendo como termo inicial a ciência da decisão que haja implicado o indeferimento do pleito de restituição.

O preceito legal prevê hipótese de interrupção e suspensão da prescrição, diz Fábio Fanucchi:

> A suspensão representada pelo fato de que o período de tempo entre o ajuizamento da ação e a intimação do representante da Fazenda em juízo, não será contado; a interrupção, representada pelo fato de não mais se contar o tempo decorrido desde a decisão denegatória da restituição, até a data da entrada em juízo da petição reivindicatória da restituição...Também não é de concluir que a partir da intimação do representante da Fazenda Pública, com a ação em pleno desenvolvimento, possa ocorrer a prescrição no prazo de 1 ano, pois isso representaria a negação do efeito que a ação ajuizada acarreta em relação à prescrição, isto é, o de afastá-la de cogitação. O novo prazo de prescrição correrá desde aquela intimação se e quando a ação venha a ser julgada improcedente, por imprópria para levar ao resultado esperado pelo autor. Nesse prazo o sujeito ativo da restituição deverá acionar corretamente a Fazenda devedora.[571]

Por fim, observe-se que o CTN não trata do prazo para a ação declaratória ou anulatória de lançamento. Assim, em recurso repetitivo, o STJ decidiu que o prazo de prescrição é quinquenal e regulada pelo art. 1º do Decreto 20.910/32 (REsp 947206).

3.5.2.1.6. Execução da sentença na restituição do indébito

A sentença condenatória proferida contra a Fazenda Pública na restituição ou compensação de tributos submete-se, em algumas hipóteses previstas no CPC, ao duplo grau de jurisdição, não produzindo efeito senão depois de confirmada pelo tribunal (art. 496, do CPC).

Transitada em julgado a sentença, a sua execução obedece ao rito previsto no art. 534 do CPC, que trata do cumprimento de sentença que reconheça a exigibilidade de obrigação de pagar quantia certa pela Fazenda Pública. A Fazenda Pública deve ser intimada para, querendo, impugnar a execução, no prazo de 30 dias, podendo arguir as matérias mencionadas nos incisos I a VI do art. 535 do CPC.

Não impugnada a execução ou rejeitadas as arguições da Fazenda, o Juiz deve requisitar o pagamento ao tribunal competente, através de precatório ou de requisição de pequeno valor. É obrigatória a inclusão, no orçamento das en-

---

[570] STF, ACO nº 408.
[571] Op. cit.; p. 399.

tidades de direito público, da verba necessária ao pagamento de seus débitos decorrentes de sentença com trânsito em julgado. Se a impugnação for parcial, a parte não questionada pela executada será, desde logo, objeto de cumprimento (§ 4º do art. 535 do CPC).

O precatório deve ser extraído até 1º de julho, efetuando-se o pagamento, monetariamente atualizado, até o final do exercício seguinte (art. 100, § 5º, da CF). Alguns julgados vinham entendendo que eram devidos juros moratórios entre a data da expedição do precatório e o seu efetivo pagamento. No entanto, o Pleno do Supremo Tribunal Federal entendeu que não são devidos juros de mora entre a expedição do precatório e o seu pagamento porque não se caracteriza a inadimplência do poder público,[572] já que a CF prevê que o pagamento se faça até o final do exercício seguinte àquele em que foi expedido o precatório.

Por outro lado, há precedente do Superior Tribunal de Justiça no caso de a Fazenda não efetuar o pagamento do precatório no prazo constitucional. Neste caso, entendeu a Corte que são devidos juros de mora incidentes a partir do dia seguinte ao do prazo constitucional para o pagamento do precatório. Quer dizer, não pago o precatório até o mês de dezembro do ano seguinte ao da sua apresentação, os juros de mora são devidos a partir de 1º de janeiro subsequente.[573]

A EC 62/09 impôs várias alterações ao art. 100 da CF, que trata sobre os precatórios e requisições de pequeno valor. Porém, o STF, no julgamento da ADI 4357, considerou inconstitucional que os precatórios de natureza tributária fiquem sujeitos ao índice oficial de remuneração básica da caderneta de poupança (§ 12º do art. 100). Entendeu que tais precatórios devem-se submeter aos mesmos juros de mora incidentes sobre o crédito tributário. Da mesma forma, considerou inconstitucional o regime de compensação previsto no §§ 9º e 10 do art. 100 da CF:

> No momento da expedição dos precatórios, independentemente de regulamentação, deles deverá ser abatido, a título de compensação, valor correspondente aos débitos líquidos e certos, inscritos ou não em dívida ativa e constituídos contra o credor original pela Fazenda Pública devedora, incluídas parcelas vincendas de parcelamentos, ressalvados aqueles cuja execução esteja suspensa em virtude de contestação administrativa ou judicial.
>
> Antes da expedição dos precatórios, o Tribunal solicitará à Fazenda Pública devedora, para resposta em até 30 (trinta) dias, sob pena de perda do direito de abatimento, informação sobre os débitos que preencham as condições estabelecidas no § 9º, para os fins nele previstos.

O precatório será dispensado quando a condenação imposta à Fazenda Nacional for inferior a 60 salários mínimos. Nestes casos, é expedida a Requisição de Pequeno Valor (RPV). Serão considerados como de pequeno valor, até que se dê a publicação das respectivas leis definidoras dos entes da Federação, nos termos do art. 100, § 4º, da CF e art. 97 do ADCT, com a redação dada pela EC 62/09, os débitos de até quarenta salários mínimos, perante a Fazenda dos Estados e do Distrito Federal, e de trinta salários mínimos, perante a Fazenda dos Municípios.

---

[572] STF, RE 298.616.
[573] STJ, RESP 688.579.

O Estado do Piauí, mediante lei, definiu como obrigações de pequeno valor, no seu âmbito, os débitos ou obrigações consignadas em precatório judicial, com valor igual ou inferior a cinco salários mínimos. Houve propositura de ação direta de inconstitucionalidade, mas o Supremo Tribunal Federal entendeu que o art. 87 do ADCT, acrescentado pela EC 37/02, tem caráter transitório e abre espaço para que as entidades políticas, por força do disposto nos §§ 3º e 5º do art. 100 da CF, "disponham livremente sobre a matéria, de acordo com sua capacidade orçamentária".[574]

O art. 2º da EC 30/2000 introduziu o art. 78 no ADCT, determinando que:

> Ressalvados os créditos definidos em lei como de pequeno valor, os de natureza alimentícia, os de que trata o art. 33 deste Ato das Disposições Constitucionais Transitórias e suas complementações e os que já tiverem os seus respectivos recursos liberados ou depositados em juízo, os precatórios pendentes na data de promulgação desta Emenda e os que decorram de ações iniciais ajuizadas até 31 de dezembro de 1999 serão liquidados pelo seu valor real, em moeda corrente, acrescido de juros legais, em prestações anuais, iguais e sucessivas, no prazo máximo de dez anos, permitida a cessão dos créditos...§ 2º As prestações anuais a que se refere o caput deste artigo terão, se não liquidadas até o final do exercício a que se referem, poder liberatório do pagamento de tributos da entidade devedora.

Houve, portanto, a instituição de um regime especial de pagamento para tais precatórios, em prestações anuais no prazo máximo de dez anos, admitindo-se a cessão dos créditos. O STF está apreciando a constitucionalidade de tal dispositivo em duas ações diretas de inconstitucionalidade, relativamente aos precatórios pendentes e aos precatórios decorrentes de ações ajuizadas até 31 de dezembro de 1999, havendo concedido a liminar para suspender a eficácia do citado preceito.[575]

O Supremo Tribunal Federal julgou improcedente ação direta de inconstitucionalidade contra lei do Estado de Rondônia que dispunha acerca da compensação de crédito tributário com débito daquele Estado, decorrente de precatório judicial pendente. A Corte entendeu que a norma estadual veio a dar eficácia ao art. 78 do ADCT antes referido, uma vez que, a partir de 31.12.2000, as parcelas decorrentes dos precatórios pendentes, vencidas dessa data e não pagas, passaram a conter poder liberatório do pagamento de tributos da entidade devedora.[576]

A Constituição Federal proíbe a expedição de precatório complementar ou suplementar de valor pago, bem como o fracionamento, repartição ou quebra do valor da execução, a fim de evitar que parte do pagamento seja efetuado através de requisição de pequeno valor e parte através de precatório (art. 100, § 8º).

3.5.2.2. Imputação de pagamento

A imputação de pagamento é uma atribuição de pagamentos. Ao contrário do que ocorre no Direito Civil, em que a pessoa obrigada por dois ou mais

---

[574] STF, ADI 2.868.
[575] STF, ADI 2.356 e ADI 2.362.
[576] STF, ADI 2.851.

débitos da mesma natureza, a um só credor, tem o direito de indicar a qual deles oferece pagamento, se todos forem líquidos e vencidos (art. 352 do CC), em matéria tributária cabe ao credor atribuir a qual débito se refere o pagamento recebido, nos termos do art. 163 do CTN.

Assim, existindo simultaneamente dois ou mais débitos vencidos do mesmo sujeito passivo para com a mesma pessoa jurídica de direito público, relativos ao mesmo ou a diferentes tributos ou provenientes de penalidade pecuniária ou juros de mora, a autoridade administrativa competente para receber o pagamento determinará a respectiva imputação, obedecidas as seguintes regras, na ordem em que enumeradas: a) em primeiro lugar, aos débitos por obrigação própria, e em segundo lugar, aos decorrentes de responsabilidade tributária; b) primeiramente, às contribuições de melhoria, depois às taxas e por fim aos impostos; c) na ordem crescente dos prazos de prescrição; d) na ordem decrescente dos montantes. Portanto, na imputação há necessidade da existência de dois ou mais débitos de um mesmo sujeito passivo, que um só seja o credor e que exista parcial pagamento.

Pelo Código Civil, havendo capital e juros, o pagamento deve ser imputado primeiro nos juros vencidos e depois no capital (art. 354). No entanto, essa regra não pode ser aplicada nas hipóteses de compensação tributária, nos termos da Súmula 464 do STJ.[577]

Como os tributos são pagos na rede bancária, havendo códigos específicos para cada espécie tributária, não há possibilidade de a autoridade administrativa imputar os pagamentos às contribuições de melhoria, depois taxas e, por fim, aos impostos. A imputação ficará restrita à ordem de prescrição e na ordem decrescente do montante relativa ao mesmo tributo.

Se o contribuinte, por exemplo, deveria pagar R$ 100,00 (cem reais) por mês a título de um tributo e pagou apenas R$ 50,00 (cinquenta reais) mensais, a autoridade administrativa lavrará um *auto de imputação de pagamento* em que irá atribuir ao débito os pagamentos recebidos mês a mês, observando a ordem crescente do prazo de prescrição. Ao final, procederá ao lançamento de ofício da diferença que resultar devida, incluindo juros e penalidades que forem previstas em lei.

O Superior Tribunal de Justiça decidiu recurso especial em que a Fazenda Nacional alegava que cabia ao credor efetuar a imputação do pagamento, de maneira a privilegiar como pago o débito mais antigo para evitar a prescrição. Entretanto, o julgado recorrido tinha entendido inaplicável a regra da imputação de pagamento para as hipóteses em que o contribuinte tinha recolhido o tributo, especificando valor, espécie e exercício, não podendo a Fazenda Pública alocar o valor para débitos vencidos que o contribuinte não tinha intenção de pagar. O julgado, sucinto, diz respeito a embargos do devedor em ação de execução da contribuição social sobre o lucro dos meses de fevereiro, março e junho de 1993. O contribuinte teria demonstrado os pagamentos, e a Fazenda

---

[577] A regra de imputação de pagamentos estabelecida no art. 354 do Código Civil não se aplica às hipóteses de compensação tributária

não teria comprovado a existência de débitos anteriores, fato que legitimaria a imputação.[578] O acórdão é assim ementado:

> TRIBUTÁRIO – IMPUTAÇÃO DE PAGAMENTO (ART. 163 DO CTN).
> 1. A imputação de pagamento consagra o princípio da autonomia das dívidas tributárias, ao estabelecer uma escala de preferência.
> 2. Para estabelecer a preferência, cabe ao credor comprovar a existência de débitos preferenciais capazes de desfazer a indicação do devedor.
> 3. Imputação da FAZENDA, que não conseguiu afastar as indicações do executado, por ausência de prova quanto aos débitos anteriores aos indicados e pagos.
> 4. Recurso especial improvido.

3.5.3. Compensação

A compensação ocorre quando duas pessoas são ao mesmo tempo credoras e devedoras uma da outra. Neste caso, as obrigações extinguem-se até onde se compensarem. No Direito Tributário, a compensação sempre depende de lei que a autorize. É a lei que deve prever e fixar os requisitos e condições pela qual a compensação deverá ser efetuada. Se o sujeito passivo é devedor de tributo, mas ao mesmo tempo é credor da Fazenda Pública, porque pagou tributo indevido ou maior que o devido, a lei pode autorizar o encontro de contas. Dispõe o art. 170 do CTN que:

> A lei pode, nas condições e sob as garantias que estipular, ou cuja estipulação em cada caso atribuir à autoridade administrativa, autorizar a compensação de créditos tributários com créditos líquidos e certos, vencidos ou vincendos, do sujeito passivo contra a Fazenda pública. Parágrafo único. Sendo vincendo o crédito do sujeito passivo, a lei determinará, para os efeitos deste artigo, a apuração do seu montante, não podendo, porém, cominar redução maior que a correspondente ao juro de 1% (um por cento) ao mês pelo tempo a decorrer entre a data da compensação e a do vencimento.

Assim, a compensação possui três elementos: crédito tributário contra o contribuinte, débito do Fisco em favor do contribuinte e lei específica que autorize o encontro de créditos e débitos.

O sujeito passivo pode obter a declaração do seu direito à compensação mediante mandado de segurança, nos termos da Súmula 213 do STJ.[579] De outra parte, frente à Súmula 460 do STJ, é incabível o mandado de segurança para convalidar a compensação realizada pelo contribuinte, ou seja, não se admite que o contribuinte efetue por sua conta própria a compensação e depois ajuíze mandado de segurança para convalidá-la.

Nos termos do art. 170-A do CTN, é proibida a compensação mediante o aproveitamento de tributo, objeto de contestação judicial pelo sujeito passivo, antes do trânsito em julgado da respectiva decisão judicial. Esse artigo foi incluído no CTN pela LC 104, em 2001. O STJ, em recurso repetitivo, decidiu que esta vedação não se aplica para as ações judiciais propostas antes da sua vigência.[580]

---

[578] STJ, RESP 462.996.
[579] O mandado de segurança constitui ação adequada para a declaração do direito à compensação tributária.
[580] RESP 1.164.452.

A compensação não pode ser deferida em ação cautelar ou por medida liminar ou antecipatória.[581]

O tributo recolhido indevidamente, para fins de compensação, fica sujeito aos mesmos critérios de atualização da restituição do indébito,[582] ou seja, deve ser atualizado de acordo com os juros da taxa SELIC, a contar do pagamento indevido (art. 39, § 4º, da Lei 9.250/95), exceto em relação às contribuições previdenciárias da Lei 8.212/91, caso em que os juros pela taxa SELIC incidem a partir do mês seguinte ao do pagamento indevido (art. 89, § 4º, da Lei 8.212/91).

O prazo para a compensação é o mesmo da restituição do indébito.

Para os tributos federais, a compensação está prevista no art. 66 da Lei 8.383/91. Diz o dispositivo que:

> Nos casos de pagamento indevido ou a maior de tributos, contribuições federais, inclusive previdenciárias, e receitas patrimoniais, mesmo quando resultante de reforma, anulação, revogação, ou rescisão de decisão condenatória, o contribuinte poderá efetuar a compensação desse valor no recolhimento de importância correspondente a período subsequente.

No regime da Lei 8.383/91, a compensação deveria ser realizada entre tributos e contribuições que fossem da mesma espécie (§ 1º do art. 66).

A partir da Lei 9.430/96, o legislador ampliou a compensação, passando a permiti-la entre quaisquer tributos e contribuições que sejam administrados pela Secretaria da Receita Federal do Brasil, nos termos do art. 74. No entanto, entendia-se que esta compensação mais ampla ocorria apenas no âmbito administrativo e dependia de requerimento do contribuinte (art. 73, *caput*). O seu pedido poderia, ou não, ser deferido pela autoridade administrativa. Era possível, portanto, desde que autorizado pela administração, a compensação do IPI com a COFINS, já que, embora de espécies diferentes, são administrados pela Secretaria da Receita Federal do Brasil. No âmbito judicial, a compensação continuava limitada a tributos e contribuições que fossem da mesma espécie.

Porém, a Lei 10.637/02 modificou o art. 74 da Lei 9.430/96, ampliando a compensação, não havendo mais a necessidade da equivalência da espécie dos tributos compensáveis. Dispôs que:

> O sujeito passivo que apurar crédito, inclusive os judiciais com trânsito em julgado, relativo a tributo ou contribuição administrado pela Secretaria da Receita Federal, passível de restituição ou de ressarcimento, poderá utilizá-lo na compensação de débitos próprios relativos a quaisquer tributos e contribuições administrados por aquele órgão.

Depois, as Leis 10.833/03, 11.051/04, 11.941/09 e 12.833/14 também impuseram modificações no regime da compensação previsto no art. 74 da Lei 9.430/96, instituindo algumas restrições.

Assim, após a Lei 10.637/02, passou a ser admitida a compensação mais ampla, independentemente da espécie de tributo. Embora não haja necessidade de prévio requerimento administrativo, o contribuinte foi obrigado a declarar à Secretaria da Receita Federal do Brasil o encontro de contas, a fim de

---

[581] Súmula 212 do STJ; Súmula 45 do TRF4ªR e MC 2038/SP, STJ.
[582] Súmula 162 do STJ

ser homologado, informando os créditos utilizados e os débitos compensados, uma vez que a sentença judicial tem natureza apenas declaratória do direito à compensação.

Para o STJ, a compensação subordina-se à legislação vigente na data do encontro de contas.[583] A lei que regula a compensação tributária é a vigente na data do encontro de contas entre os recíprocos débito e crédito da Fazenda e do contribuinte.[584]

De outro lado, a 1ª Seção do STJ passou a admitir a possibilidade da compensação do valor da multa indevidamente paga com tributo.[585]

Assim, uma vez obtida, se for o caso (já que a compensação também poderá se dar diretamente na via administrativa), a decisão judicial transitada em julgado, o sujeito passivo deverá entregar à Receita Federal uma declaração onde constem os créditos utilizados e os débitos compensados (§ 1º do art. 74 da Lei 9.430/96). Esta declaração deverá ser homologada pela Secretaria da Receita Federal do Brasil para que o crédito tributário devido – e compensado – pelo contribuinte seja extinto. O prazo para a homologação será de cinco anos, contado da data da entrega da declaração (§ 5º do art. 74 da Lei 9.430/96). A própria declaração constituirá confissão de dívida e instrumento hábil para a exigência dos débitos indevidamente compensados, dispensando-se o lançamento porque já declarado o valor pelo próprio contribuinte. Se a compensação não for homologada, a autoridade administrativa deverá dar ciência ao contribuinte e intimá-lo a efetuar o pagamento, no prazo de trinta dias, contado da ciência do ato que não a homologou. Neste caso, o sujeito passivo poderá exercer o seu direito de defesa na via administrativa, apresentando a denominada manifestação de inconformidade, regrada pelo Decreto 70.235/72. Da decisão que julgar improcedente a manifestação de inconformidade, caberá recurso ao Conselho Administrativo de Recursos Fiscais. Havendo a defesa no âmbito administrativo, o débito que é objeto da compensação ficará com a sua exigibilidade suspensa (§§ 9º, 10 e 11 do art. 74 da Lei 9.430/96). Não tendo havido impugnação, ou já decidida, o débito será encaminhado para inscrição em dívida ativa (§ 8º do art. 74 da Lei 9.430/96).

Note-se, por outro lado, que o direito à compensação não é ilimitado, havendo algumas restrições legais.

Assim, de acordo com a sistemática da compensação dos tributos federais hoje vigente, a declaração de compensação apresentada à Secretaria da Receita Federal do Brasil não poderá ter por objeto, nos termos do § 3º do art. 74 da Lei 9.430/96:

1. O saldo a restituir apurado na Declaração de Ajuste Anual do Imposto de Renda da Pessoa Física;

2. Os débitos relativos a tributos e contribuições devidos no registro da Declaração de Importação;

---

[583] ERESP 977.083 e ERESP 488.992.
[584] STJ, RESP 1.164.452.
[585] STJ, ERESP 760.290 e 831.278.

3. Os débitos relativos a tributos e contribuições administrados pela SRFB que já tenham sido encaminhados à Procuradoria-Geral da Fazenda Nacional para inscrição em dívida ativa;

4. O débito consolidado em qualquer modalidade de parcelamento concedido pela Secretaria da Receita Federal do Brasil;

5. O débito que já tenha sido objeto de compensação não homologada, ainda que a compensação se encontre pendente de decisão definitiva na esfera administrativa;

6. O valor objeto de pedido de restituição ou de ressarcimento já indeferido pela autoridade competente da Secretaria da Receita Federal do Brasil, ainda que o pedido se encontre pendente de decisão definitiva na esfera administrativa.

A lei também considera como não declarada a compensação, além dos casos supramencionados, também aqueles em que o crédito a ser utilizado na compensação: a) seja de terceiros; b) refira-se ao crédito-prêmio de IPI, instituído pelo art. 1º do DL 491/69; c) refira-se a título público; d) seja decorrente de decisão judicial não transitada em julgado; e) quando não se refira a tributos e contribuições administrados pela Secretaria da Receita Federal do Brasil; f) tiver como fundamento a alegação de inconstitucionalidade de lei, exceto nos casos em que a lei tenha sido declarada inconstitucional pelo STF em ação direta de inconstitucionalidade ou em ação declaratória de constitucionalidade; tenha tido sua execução suspensa pelo Senado; tenha sido julgada inconstitucional em sentença judicial transitada em julgado a favor do contribuinte ou seja objeto de súmula vinculante aprovada pelo STF. Note-se que o contribuinte não poderá utilizar créditos de terceiros para compensar com débitos próprios.

Como antes dito, a compensação poderá ser não homologada pelo Fisco, caso em que o contribuinte terá a oportunidade de apresentar manifestação de inconformidade, a qual, se improcedente, ensejará recurso administrativo, suspendendo a exigibilidade do débito objeto da compensação (§§ 9º e 11 do art. 74 da Lei 9430/96). Todavia, naqueles casos em que a lei proíbe a compensação, ela é considerada como não declarada, não cabendo manifestação de inconformidade e nem recurso (§ 13 do art. 74 da Lei 9.430/96), uma vez que a declaração de compensação constitui confissão de dívida e instrumento suficiente para a exigência dos débitos indevidamente compensados. Com isto, não há nenhuma causa suspensiva da exigibilidade dos débitos, estando autorizada a inscrição em dívida ativa, inscrição no CADIN e recusa na obtenção de certidão negativa de débito.

Em síntese, na compensação não homologada cabe manifestação de inconformidade e recurso, ficando os débitos com a exigibilidade suspensa. Nos casos em que a lei proíbe a compensação, ela é considerada não declarada e não cabe recurso algum, fato que autoriza a exigibilidade imediata dos débitos objeto da compensação.

A compensação poderá ser obtida judicialmente através de ação declaratória ou mandado de segurança.[586] O mandado de segurança, nesta hipótese, reveste-se de caráter preventivo porque o contribuinte antecipa-se à ação do fisco, cumprindo a sentença função meramente declaratória, na qual é reconhecido o direito à compensação, sem envolver valores determinados. O encontro de créditos e débitos é feito pelo próprio contribuinte em sua escrita fiscal, obedecendo aos critérios definidos no julgado, ficando o seu procedimento sujeito à fiscalização da Fazenda Pública, através da entrega da declaração de compensação antes referida.

Nos embargos à execução fiscal, a lei proíbe que o executado invoque a compensação (§ 3º do art. 16 da Lei 6.830/80):

> O executado oferecerá embargos, no prazo de trinta dias. (§ 3º) Não será admitida reconvenção, nem compensação, e as exceções, salvo as de suspeição, incompetência e impedimentos, serão arguidas como matéria preliminar e serão processadas e julgadas com os embargos.

Porém, em julgamento de recurso repetitivo, o STJ entendeu que a restrição legal foi superada pela Lei 8.383/91, que autorizou a compensação,

> Momento a partir do qual passou a ser admissível, no âmbito dos embargos à execução fiscal, a alegação de extinção (parcial ou integral) do crédito tributário em razão de compensação já efetuada (encartada em crédito líquido e certo apurado pelo próprio contribuinte, como sói ser o resultante de declaração de inconstitucionalidade da exação), sem prejuízo do exercício, pela Fazenda Pública, do seu poder-dever de apurar a regularidade da operação compensatória.

Para tanto, a compensação deve ter sido efetuada antes da propositura da execução fiscal, servindo, assim, de fundamento de defesa para atingir a certeza e liquidez da certidão de dívida ativa, extinguindo-se a execução se a compensação for total, ou deduzindo-se os valores se parcial.[587]

Por outro lado, numa só ação pode o autor pedir que seja declarado o direito à repetição do indébito e a faculdade de compensar o montante da exação indevida com débitos gerados por outros tributos,[588] nos termos autorizados pela lei. Neste caso, exceto quando se tratar de mandado de segurança, que é restrito para a compensação, o Juiz poderá facultar ao credor que escolha a forma pela qual executará o julgado na petição inicial da execução da sentença.

A 1ª Seção do Superior Tribunal de Justiça admite a eficácia executiva da sentença declaratória de compensação para fins de restituição do indébito. Entendeu que a sentença declaratória traz definição integral da norma jurídica individualizada, possuindo eficácia executiva, não havendo nenhuma razão "para submetê-la, antes da execução, a um segundo juízo de certificação, até porque a nova sentença não poderia chegar a resultado diferente do da anterior, sob pena de comprometimento da garantia da coisa julgada, assegurada constitucionalmente". Assim, a sentença declaratória que certifica o direito de crédito do contribuinte, para fins de compensação, contém juízo de certeza dos elementos da relação jurídica, legitimando-se como título executivo para

---

[586] Súmula 213 do STJ.
[587] STJ, RESP 1.008.343.
[588] STJ, RESP 92.841.

postular a restituição do valor devido.⁵⁸⁹ Em julgamento de recurso repetitivo, decidiu o STJ que cabe ao credor do indébito optar entre a compensação ou o recebimento do crédito por precatório ou RPV, tendo em vista que todas as modalidades são formas de execução do julgado colocadas à disposição da parte quando procedente a ação que declarou o indébito,⁵⁹⁰ sumulando o entendimento no sentido de que "o contribuinte pode optar por receber, por meio de precatório ou por compensação, o indébito tributário certificado por sentença declaratória transitada em julgado" (Súmula 461).

Anote-se que a Fazenda poderá lançar de ofício a diferença do tributo que reputar devida, caso o contribuinte não se atenha aos limites do julgado que autorizou a compensação, obedecido ao prazo decadencial (art. 150, § 4º, do CTN).

No caso das contribuições previdenciárias que eram administradas pelo INSS, a compensação é regulada pelo art. 89 da Lei 8.212/91. Assim, para as contribuições previstas nas alíneas "a", "b" e "c" do parágrafo único do art. 11 da Lei 8.212/91, para as contribuições devidas a título de substituição e para as contribuições devidas a terceiros, deve ser observado o art. 89 da Lei 8.212/91. A compensação deverá ocorrer nos termos e condições que vierem a ser estabelecidas pela Secretaria da Receita Federal do Brasil.

Também deve ser esclarecido que a Lei 9.032/95 havia limitado a compensação das contribuições previdenciárias em 25% (vinte e cinco por cento) do valor a ser recolhido em cada competência. Depois, a Lei 9.129/95 alterou este limite para 30% (trinta por cento) do valor a ser recolhido em cada competência. Assim, se a empresa tivesse créditos em seu favor, mas deveria recolher R$1.000,00 por mês de contribuições previdenciárias, ela apenas poderia compensar R$300,00, ficando obrigada ao pagamento do saldo de R$700,00. A discussão que se travou no Judiciário dizia respeito à observância ou não dos limites no caso de créditos do contribuinte anteriores às datas das leis que impuseram as limitações. A 1ª Seção do Superior Tribunal de Justiça havia pacificado o entendimento de que, como as contribuições previdenciárias haviam sido consideradas inconstitucionais, o direito à compensação não poderia ser limitado, em hipótese alguma, porque os limites à compensação tornariam parte do pagamento válido, concedendo eficácia parcial à lei nula de pleno direito.⁵⁹¹ No entanto, este entendimento foi alterado pela 1ª Seção, devendo ser observado o limite que era previsto em lei.⁵⁹² Estes precedentes dizem respeito apenas às contribuições previdenciárias que foram julgadas inconstitucionais pelo STF (contribuição previdenciária de responsabilidade da empresa, incidente sobre os valores pagos, devidos ou creditados aos administradores (*pro labore*) e autônomos que prestassem serviços à empresa, previstas no art. 3º, I, da Lei 7.787/89 e art. 22, I, da Lei 8.212/91, na redação original).⁵⁹³

---
⁵⁸⁹ STJ, ERESP 609.266.
⁵⁹⁰ STJ, RESP 1.114.404.
⁵⁹¹ STJ, ERESP 189.052.
⁵⁹² STJ, ERESP 915.338.
⁵⁹³ Resolução nº 14/95 do Senado (RE 177.296) e STF, ADI 1.102.

Atualmente, pela redação dada pela Lei 11.941/09 ao art. 89 da Lei 8.212/91 não existem limites percentuais à compensação das contribuições previdenciárias.

3.5.4. Consignação em pagamento

O sujeito passivo poderá valer-se da ação de consignação em pagamento em matéria tributária. O CTN arrola os casos em que a importância do crédito tributário pode ser consignada judicialmente pelo sujeito passivo: a) quando houver recusa de recebimento, ou subordinação deste ao pagamento de outro tributo ou de penalidade, ou ao cumprimento de obrigação acessória; b) quando houver subordinação do recebimento ao cumprimento de exigências administrativas sem fundamento legal; ou c) quando mais de uma pessoa jurídica de direito público exigir tributo idêntico sobre um mesmo fato gerador (art. 164, I, II e III).

A ação de consignação para o pagamento de tributos tem aplicação muito restrita. São raros os casos em que tem sido admitida, sobretudo porque os tributos são pagos em estabelecimentos bancários, praticamente inviabilizando o cumprimento dos requisitos antes alinhados.

A ação consignatória não é o instrumento hábil para discutir a legitimidade da exigência tributária. A consignação só pode versar sobre o crédito que o consignante se propõe pagar (§ 1º do art. 164), sendo causa de extinção do crédito tributário se for julgada procedente (art. 164, § 2º, c/c o art. 156, VIII). O depósito, portanto, tem força de pagamento, se acolhida a consignatória. A finalidade é ver atendido o direito material do devedor de liberar-se da obrigação e de obter a quitação, declarando-se que o depósito foi suficiente para tal fim. Porém, se a intenção não é a de obter a quitação, mas sim o parcelamento do crédito tributário, a consignatória é a via inadequada, já que não é hábil para a obtenção de provimento judicial de caráter constitutivo.[594] Logo, não pode ser utilizada para compelir o sujeito ativo a conceder o parcelamento.

A consignatória também não é o instrumento próprio para discutir a validade do crédito tributário, com o objetivo de excluir parcelas e multa consignadas em auto de infração.[595] Como o credor não pode ser compelido a receber coisa diversa do objeto da obrigação, é inadmissível a ação de consignação em pagamento para obrigar a Fazenda Pública a aceitar a dação em pagamento de títulos da dívida pública, mesmo porque as dívidas tributárias são indisponíveis pela administração e a dação em pagamento depende de lei.[596]

O Superior Tribunal de Justiça tem precedente admitindo a propositura de ação consignatória nos casos em que o contribuinte pretendia pagar o IPTU de forma parcelada, independentemente do pagamento simultâneo da taxa de coleta de lixo e combate a incêndio, constantes no carnê do lançamento. O Tribunal de origem havia entendido que, para propiciar o exercício da

---

[594] STJ, RESP 600.469.
[595] STJ, RESP 10.884.
[596] STJ, RESP 480.404.

ação consignatória pelo contribuinte, a subordinação do recebimento de um tributo ao pagamento de outro deveria resultar de exigência conjunta feita sem fundamento legal, o que não teria restado configurado, ante a existência de previsão legal que autorizava a cobrança das referidas taxas. A irresignação do contribuinte, portanto, deveria ocorrer via ação anulatória. No entanto, o STJ entendeu violado o art. 164, I, do CTN porque os contribuintes não tinham a pretensão de discutir os valores devidos a título de IPTU, mas sim objetivavam quitá-los e discutir judicialmente a legalidade das taxas municipais de coleta e remoção de lixo e de combate a sinistros, cuja inconstitucionalidade já fora reconhecida pelo STF. Na ementa, consta que:

> O STF pacificou o entendimento no sentido de que são inconstitucionais as taxas nomeadas, por não terem por objeto serviço público divisível, mensurável e específico, devendo ser custeado por meio do produto da arrecadação dos impostos gerais.[597]

A consignatória deve seguir o rito previsto nos arts. 539 e seguintes do CPC. O legitimado ativo será o sujeito passivo da relação tributária, na qualidade de contribuinte ou responsável (art. 121, I e II). Os terceiros legitimados são todos aqueles que têm interesse jurídico na extinção do crédito tributário, objetivando eximirem-se da execução fiscal. Portanto, a legitimidade para a propositura da ação consignatória é extensiva àqueles contra quem a execução fiscal poderá ser direcionada, ou seja, o fiador, o espólio, os sucessores, a massa falida e os responsáveis, nos termos do art. 4º da Lei 6830/80. O substituto legal tributário, por ingressar na relação jurídica originária, excluindo a responsabilidade do substituído, legitima-se à propositura da ação consignatória. Também há precedentes no sentido de que o substituído tributário, por sofrer o ônus da imposição fiscal, também está legitimado para discutir judicialmente a exigência tributária que sobre ele recai.[598]

O legitimado passivo da ação consignatória será o sujeito ativo da relação tributária, ou seja, o credor do tributo. No caso de apresentar-se mais de um credor exigindo tributo idêntico sobre o mesmo fato gerador (inc. III do art. 164), ambos serão legitimados passivamente (art. 895 do CPC), prevalecendo, se for o caso, a competência da Justiça Federal (quando os réus forem a Fazenda Pública Federal e Estadual, por exemplo).

O depósito do valor do crédito tributário deverá ser efetuado no montante integral e em dinheiro,[599] caso em que a sua exigibilidade ficará suspensa (art. 151, II, do CTN), impossibilitando o ajuizamento da execução fiscal por parte da Fazenda Pública. Se o depósito não for integral, a Fazenda poderá ajuizar a execução fiscal.

Se a ação consignatória for julgada procedente, o valor consignado é convertido em renda da Fazenda Pública, reputando-se efetuado o pagamento. Se a ação for improcedente, total ou parcialmente, o crédito será cobrado acrescido de juros de mora, sem prejuízo das penalidades que forem cabíveis (art. 164, § 2º, do CTN). Como o depósito dos tributos federais fica sujeito à

---

[597] STJ, RESP 169.951.
[598] STJ, RESP 198.364.
[599] Súmula 112 do STJ.

incidência de juros pela taxa SELIC, sendo recolhidos em conta única do Tesouro Nacional (Lei 9.703/98), a improcedência da consignatória não implicará a exigência de juros de mora.

Se o depósito foi efetuado dentro do prazo para o pagamento do tributo, também será impertinente a exigência de multa de mora, uma vez que o sujeito passivo não poderá ser considerado em atraso. Porém, o depósito dentro do prazo de cinco dias previsto no CPC (art. 542, I), mas depois do vencimento, não afasta a incidência da multa de mora.

3.5.5. Transação

A transação, desde que autorizada por lei, também extingue o crédito tributário. A lei deverá estabelecer as condições para que os sujeitos ativo e passivo celebrem transação que, mediante concessões mútuas, importe em determinação de litígio e consequente extinção do crédito tributário (art. 171). O Código fala em determinação do litígio, mas a transação previne ou termina o litígio mediante concessões mútuas (art. 840 do CC). A lei deverá indicar a autoridade competente para autorizar a transação em cada caso (parágrafo único do art. 171).

3.5.6. Remissão

A remissão (com dois esses) significa o perdão total ou parcial do crédito tributário, sendo uma das causas de sua extinção. O perdão das infrações se dá pela anistia (art. 180 da CF), sendo uma das causas de exclusão do crédito tributário. A remição (com cedilha) vem de remir, resgatar, adquirir de novo. O art. 826 do CPC trata da remição da execução, dispondo que, antes de adjudicados ou alienados os bens, pode o executado, a todo tempo, remir a execução, pagando ou consignando a importância atualizada da dívida, mais juros, custas e honorários advocatícios. Ou seja, remição é ato de resgate, enquanto que remissão é ato de perdão da dívida. A remissão total ou parcial do crédito tributário deve ser feita por lei específica (art. 150, § 6º, da CF). A remissão não pode ser reconhecida fora dos casos previstos em lei.[600]

A remissão poderá ser concedida diretamente pela lei específica, como também poderá a lei autorizar que a autoridade administrativa conceda o benefício (art. 172 do CTN). Esta delegação é apenas para que a administração verifique se o contribuinte atende aos requisitos fixados na lei remissiva. Não quer significar que a autoridade, a seu talante, outorgue ou não o benefício. É na lei específica que a remissão deve ser amparada. Por exemplo, a lei poderá conceder remissão de créditos tributários de até determinado montante de responsabilidade de contribuintes maiores de 75 anos de idade. O benefício está contemplado na lei, mas a autoridade administrativa deverá verificar, atendendo ao pedido do contribuinte, se o requisito etário fixado na lei foi cumprido, reconhecendo, por despacho, o benefício.

---

[600] STJ, RESP 41.508.

Se a remissão depender de despacho da autoridade administrativa, este ato não terá força para gerar direito adquirido quando for contrário à lei. Portanto, poderá ser revogado de ofício quando se apurar que o beneficiado não satisfazia ou deixou de satisfazer as condições ou não cumpria ou deixou de cumprir os requisitos exigidos para a sua concessão, aplicando-se o disposto no art. 155 do CTN (parágrafo único do art. 172).

Se forem dois ou mais devedores e a remissão for concedida a apenas um deles, os demais permanecem obrigados solidariamente pelo saldo que restar (art. 125, II, do CTN). Ou seja, a remissão concedida a um dos codevedores extingue a dívida na parte a ele correspondente, de maneira que, ainda reservando o credor a solidariedade contra os outros, já lhes não pode cobrar o débito sem dedução da parte remitida.

Em regra, a remissão é concedida diretamente pela lei e atende à diminuta importância do crédito tributário (inciso III do art. 172 do CTN). Por exemplo, o art. 14 da Lei 11.941/09 concedeu a remissão de créditos tributários, inclusive com exigibilidade suspensa, que, em 31 dezembro de 2007, estivessem vencidos há 5 anos ou mais e cujo valor total consolidado, nessa mesma data, fosse igual ou inferior a R$ 10.000,00. Trata-se de um benefício outorgado diretamente pela lei.

Mas a lei também poderá atender à situação econômica do sujeito passivo, ao erro ou ignorância escusáveis do sujeito passivo, quanto à matéria de fato, a considerações de equidade, em relação com as características pessoais ou materiais do caso (incisos I, II e IV do art. 172). Assim, uma lei municipal, por exemplo, pode conceder a remissão de IPTU para imóveis situados em determinada região atingida por uma catástrofe.

A lei concessiva da remissão poderá ser ampla, abrangendo todo o território da entidade tributante, como poderá ser restrita a determinada região do seu território, atendendo a certas condições peculiares (inciso V do art. 172).

O art. 195, § 11, da Constituição Federal proíbe, para débitos em montante superior ao que vier a ser fixado por lei complementar, a concessão de remissão das contribuições sociais de responsabilidade do empregador, empresa ou entidade a ela equiparada, incidentes sobre a folha de salários e demais rendimentos do trabalho pagos ou creditados, a qualquer título, à pessoa física que lhe preste serviço, mesmo sem vínculo empregatício, como também das contribuições de responsabilidade do trabalhador e demais segurados da Previdência Social.

A Lei de Responsabilidade Fiscal (LC 101/00) considera a remissão como renúncia de receita (art. 14, § 1º), exigindo que ela esteja acompanhada de estimativa do impacto orçamentário-financeiro no exercício em que passar a vigorar e nos dois seguintes, devendo atender ao disposto na lei de diretrizes orçamentárias e a pelos menos uma das seguintes condições: a) demonstração de que a renúncia foi considerada na estimativa de receita da lei orçamentária e que não afetará as metas de resultados fiscais; ou b) o benefício deverá estar acompanhado de medidas de compensação por meio do aumento de receita, proveniente da elevação de alíquotas, ampliação da base de cálculo, majoração ou criação de tributo ou contribuição. Se a concessão da remissão depender destas medidas de compensação, o benefício apenas entrará em vigor depois que tais medidas forem implementadas (art. 14, § 2º).

3.5.7. Conversão do depósito em renda

Se o contribuinte propuser ação judicial acompanhada do depósito do valor integral do crédito tributário e restar vencido, a importância depositada, após o trânsito em julgado da decisão, deverá ser revertida aos cofres da Fazenda Pública.

A conversão em renda, portanto, é apenas a transposição do valor do crédito tributário que estava depositado numa instituição financeira, recolhido à conta única do Tesouro Nacional, no caso de tributos federais, para a Fazenda Pública credora, extinguindo, assim o crédito tributário (art. 156, VI, do CTN).

O procedimento é operacionalizado pela própria instituição financeira, atendendo à determinação judicial.

3.5.8. Decadência e Prescrição

A decadência, embora seja o prazo que a Fazenda Pública dispõe para constituir o crédito tributário, é arrolada como causa de sua extinção e foi abordada no Capítulo 3, item 3.3. A decadência implica extinção do direito de a Fazenda Pública constituir o crédito tributário. Estranhamente, extingue algo que sequer chegou a existir. A decadência ocorre antes do lançamento. É prazo para o Fisco lançar. Decorrido o prazo regulado pelos artigos 150 e 173 do CTN sem que a Fazenda Pública constitua o crédito tributário, através do lançamento, não poderá mais fazê-lo.

Uma vez constituído o crédito tributário, a Fazenda Pública deverá cobrá-lo mediante a propositura da execução fiscal, caso não tenha havido pagamento espontâneo. O prazo para a Fazenda Pública cobrar o crédito é de prescrição. Note que a prescrição é arrolada como uma das causas de extinção do crédito tributário. A prescrição, portanto, não fulminaria apenas o direito de ação da Fazenda Pública para cobrar o crédito tributário já constituído, mas atingiria a própria relação jurídica tributária material.

A prescrição, portanto, diz respeito ao prazo para a Fazenda Pública cobrar o crédito que já foi lançado, enquanto a decadência, como visto, refere-se ao prazo outorgado pela lei complementar para que a Fazenda Pública constitua o crédito tributário.

O art. 174 do CTN dispõe que a ação para a cobrança do crédito tributário prescreve em cinco anos, contados da data da sua constituição definitiva.

A Súmula 153 do extinto TFR permite diferenciar o prazo decadencial do prescricional. A primeira parte da Súmula regula a decadência; a segunda, a prescrição ("Constituído, no quinquênio, através de auto de infração ou notificação de lançamento, o crédito tributário, não há falar em decadência, fluindo, a partir daí, em princípio, o prazo prescricional, que, todavia, fica em suspenso, até que sejam decididos os recursos administrativos").

Não se pode considerar que o crédito tributário esteja definitivamente constituído quando o contribuinte for notificado do lançamento, porque poderá haver impugnação. Assim, entre a notificação do contribuinte da lavratura da notificação do lançamento ou do auto de infração e a decisão final no âmbito administrativo não corre nenhum prazo. Não há decadência porque o crédito está constituído e nem prescrição porque ainda não pode ser cobrado. A prescrição deve ser contada a partir da constituição definitiva do crédito (art. 174 do CTN). Se não houver impugnação, nos termos do art. 21 do Decreto 70.235/72, o sujeito passivo dispõe do prazo de 30 dias para efetuar o pagamento, iniciando-se a prescrição depois de findo o prazo para o pagamento. Havendo impugnação, a decisão definitiva contrária ao sujeito passivo também deve ser cumprida no prazo de 30 dias (art. 43 do Decreto 70.235/72), findo o qual passará a fluir o prazo de prescrição.

No caso do IPVA, sujeito ao lançamento de ofício, a notificação do contribuinte perfectibiliza a constituição definitiva do crédito tributário, iniciando-se a prescrição no dia seguinte ao da data para o vencimento da obrigação, conforme tese firmada pelo STJ em recurso repetitivo.[601]

A prescrição poderá ocorrer antes ou depois da propositura da execução fiscal, havendo, no último caso, a chamada prescrição intercorrente.

Constituído definitivamente o crédito tributário, observado o prazo para pagamento voluntário assegurado na legislação de regência, o Fisco deverá ajuizar a execução fiscal dentro de cinco anos. Se a execução tiver sido proposta dentro de cinco anos, a demora na citação, por motivos inerentes ao mecanismo da Justiça, não justifica o acolhimento da arguição de prescrição.[602]

Na execução fiscal, a prescrição ocorrida antes da propositura da ação pode ser decretada de ofício pelo juiz.[603]

O parágrafo único do art. 174 do CTN arrola os casos de interrupção da prescrição:

1. O despacho do juiz que ordenar a citação em execução fiscal;

2. O protesto judicial;

3. Qualquer ato judicial que constitua em mora o devedor;

4. Qualquer ato inequívoco, ainda que extrajudicial, que importe em reconhecimento do débito pelo devedor.

A prescrição – e também a decadência – em matéria tributária deve ser regulada por lei complementar (art. 146, III, *b*, da CF). Por isto, no caso das contribuições previdenciárias, a regra a ser aplicada é a do CTN, que fixa o prazo de cinco anos para sua cobrança, e não a do art. 46 da Lei 8.212/91, que estabelecia o prazo de dez anos (os arts. 45 e 46 da Lei 8.212/91 foram revogados

---

[601] STJ, RESP 1.320.825.
[602] Súmula 106 do STJ.
[603] Súmula 409 do STJ.

pela LC 128/08). Mais uma vez recorde-se a decisão do Pleno do STF que deu origem à Súmula Vinculante nº 8: "São inconstitucionais o parágrafo único do artigo 5º do Decreto-Lei nº 1.569/1977 e os artigos 45 e 46 da Lei nº 8.212/1991, que tratam de prescrição e decadência de crédito tributário", conforme comentado no tópico referente ao princípio da legalidade.

Na redação original do CTN, a citação pessoal feita ao devedor era arrolada como a primeira das causas interruptivas da prescrição. A disposição conflitava com a Lei de Execução Fiscal (Lei 6.830/80) porque esta dispõe no seu art. 8º, § 2º, que o despacho do juiz que ordenar a citação é que interrompe a prescrição. Como a prescrição em matéria tributária deve ser objeto de lei complementar (art. 146, III, *b*, da CF), o Superior Tribunal de Justiça vinha entendendo que somente a citação do devedor é que poderia interromper a prescrição, e não o despacho do juiz que a determinasse.[604]

No entanto, pela alteração feita no CTN pela LC 118/05, é a data do despacho do juiz que ordenar a citação na execução fiscal, e não mais a data da citação, que será uma das causas interruptivas da prescrição. No entanto, se o despacho que ordenou a citação foi anterior à data de vigência da LC 118/05 (09 de junho e 2005), apenas a citação teria o efeito de interromper a prescrição.[605]

A Fazenda Pública também poderá se utilizar do protesto judicial ou de qualquer outra ação judicial para constituir o devedor em mora, como por exemplo, a notificação. Tais ações revelam a disposição do credor no recebimento do seu crédito, restituindo-lhe o prazo prescricional de cinco anos por inteiro.

No âmbito extrajudicial, as confissões de dívida fiscal, as quais costumam ser exigidas pela legislação para que o contribuinte obtenha o parcelamento dos créditos, são atos que implicam reconhecimento do débito pelo devedor e, portanto, interrompem o prazo de prescrição. Como o parcelamento suspende a exigibilidade do crédito tributário, a Fazenda não poderá cobrá-lo. Por isto, também não fluirá a prescrição durante a vigência do parcelamento. O prazo da prescrição que foi interrompido pela confissão e parcelamento da dívida voltará a fluir quando o devedor deixar de cumprir com o acordo celebrado.[606] Ou seja, a partir de então o Fisco terá um novo prazo de cinco anos para cobrar o saldo do parcelamento inadimplido.

Por outro lado, o art. 2º, § 3º, da Lei de Execuções Fiscais (Lei nº 6.830/80) dispõe que a inscrição do crédito tributário em dívida ativa "suspenderá a prescrição, para todos os efeitos de direito, por (cento e oitenta) 180 dias, ou até a distribuição da execução fiscal, se esta ocorrer antes de findo aquele prazo". Como a prescrição deve ser objeto de lei complementar, o preceito não é aplicado para os créditos de natureza tributária, restringindo-se apenas aos créditos não tributários que também são cobrados pela Lei 6.830/80.

---

[604] STJ, RESP 55.651, RESP 235.202.
[605] STJ, RESP 1.570.710.
[606] Súmula 248 do TFR.

Apesar de a Fazenda Pública ajuizar a execução fiscal antes do prazo de prescrição, ainda assim poderá ocorrer a prescrição intercorrente, ou seja, no curso do processo executivo.

De fato, o art. 40 da Lei de Execução Fiscal (Lei 6.830/80) dispõe que o juiz suspenderá a execução se o devedor não for localizado ou não forem encontrados bens passíveis de penhora, casos em que não correrá a prescrição, arquivando-se os autos depois de um ano. Não se trata de extinção do processo, mas sim de mero arquivamento. De acordo com o seu § 3º, o desarquivamento poderia ocorrer a qualquer tempo, desde que encontrados o devedor ou os bens.

O Superior Tribunal de Justiça vinha decidindo que tal regra não tinha a aptidão de tornar imprescritível a dívida, de maneira que reconhecia a prescrição na execução fiscal naqueles casos em que tivesse havido inércia do credor em promover o impulso do processo.[607] A jurisprudência, assim, passou a admitir a prescrição intercorrente no curso da execução fiscal.

A Lei 11.051/04 deu nova redação ao art. 40 da Lei de Execução Fiscal, acrescentando-lhe o § 4º, a fim de permitir que o Juiz, de ofício, reconheça a prescrição intercorrente, depois de ouvida a Fazenda Pública (art. 40, § 4º, da LEF: "Se da decisão que ordenar o arquivamento tiver decorrido o prazo prescricional, o juiz, depois de ouvida a Fazenda Pública, poderá, de ofício, reconhecer a prescrição intercorrente e decretá-la de imediato"). A manifestação prévia da Fazenda Pública é dispensada no caso de cobrança judicial de crédito cujo valor seja inferior ao mínimo fixado por ato do Ministro da Fazenda (§ 5º do art. 40 da LEF, acrescentado pela Lei 11.960/09).

Assim, uma vez ouvida a Fazenda Pública, excetuados créditos de pequeno valor como tal considerados por ato do Ministro da Fazenda, o Juiz, de ofício, está autorizado a reconhecer a prescrição intercorrente, extinguindo o processo de execução fiscal.

De acordo com o Superior Tribunal de Justiça, a prescrição quinquenal intercorrente tem início depois da suspensão do processo por um ano, uma vez não localizados bens penhoráveis.[608]

O art. 53 da Lei 11.941/09 também atribuiu à autoridade administrativa o poder para reconhecer, de ofício, a prescrição de créditos tributários.

A prescrição, portanto, poderá ocorrer antes ou depois da propositura da execução fiscal e em ambos os casos pode ser reconhecida de ofício pelo juiz.

No caso de haver o redirecionamento da execução fiscal contra os responsáveis, a interrupção da prescrição em relação a um dos devedores atinge os demais (art. 125, III, do CTN). Admitida a responsabilidade do sócio-gerente, nos casos do art. 135, III, do CTN, há precedentes do STJ no sentido de que o redirecionamento da execução contra o sócio deve dar-se no prazo de cinco anos da citação da pessoa jurídica, sendo inaplicável o disposto no artigo 40 da Lei nº 6.830/80 que, além de referir-se ao devedor, e não ao responsável tributário, deve harmonizar-se com as hipóteses previstas no artigo 174 do CTN,

---

[607] STJ, ERESP 97.328/PR, RESP 237.079/SP.
[608] Súmula 314 do STJ.

de modo a não tornar imprescritível a dívida fiscal.[609] O tema, porém, é controvertido no STJ e não há uma posição definida. A Corte vai decidir, em recurso repetitivo, acerca da possibilidade de a citação válida da pessoa jurídica executada interromper o prazo de prescrição em relação ao redirecionamento para o sócio-gerente.[610]

No caso de tributos autolançados, em que há a apresentação de documentos constitutivos do crédito tributário (DCTF, IR, GFIP, etc.), a jurisprudência está consolidada no sentido de não haver necessidade de lançamento quanto aos valores já declarados pelo próprio contribuinte. Em razão disso, apresentada a declaração, o Fisco terá o prazo prescricional de cinco anos para cobrar os créditos declarados pelo contribuinte, mas que não foram pagos. O prazo deverá ser computado, de acordo com precedentes da 1ª Seção do STJ, a partir da data do vencimento da obrigação tributária.[611] Na hipótese de ter sido apresentada com atraso, depois do vencimento, a prescrição flui a partir da data da apresentação.

Deve ser sublinhado que, se o valor declarado foi pago, mas o pagamento era inferior ao efetivamente devido, caberá o lançamento de ofício da diferença. Este lançamento deverá obedecer ao prazo decadencial do art. 150, § 4°, do CTN. Apurado o crédito dentro de tal prazo, a Fazenda deverá cobrá-lo também dentro de cinco anos (art. 174 do CTN).

Assim, o crédito objeto de declaração sujeita-se ao prazo prescricional quanto aos valores declarados; eventual diferença deverá ser lançada de ofício, submetendo-se ao prazo decadencial. Se a declaração era obrigatória, mas não foi apresentada, não se cogita de prescrição porque não houve a constituição regular do crédito tributário. Será o caso de lançamento de ofício, sujeito ao prazo decadencial.

Várias situações podem ocorrer se a declaração tiver sido prestada: a) valor declarado corretamente: prazo de prescrição para a Fazenda Pública cobrar os valores declarados; b) valor declarado inferior ao devido: prazo de prescrição para cobrar os declarados e de decadência, regida pelo art. 150, § 4°, do CTN, para lançar a diferença reputada devida; c) valor declarado inferior ao devido, agindo o contribuinte com fraude, dolo ou má fé: prescrição para a Fazenda cobrar os valores declarados e de decadência, regida pelo art. 173, I, do CTN, para lançar de ofício a diferença reputada devida; d) não apresentada a declaração ou apresentada sem que tenha sido informado qualquer valor: não se cogita de prescrição, mas apenas de decadência para lançar o valor devido, nos termos do art. 173, I, do CTN.

3.5.9. Decisão judicial passada em julgado

O contribuinte poderá promover ação judicial para discutir a legitimidade do crédito tributário, caso em que, restando vencedor, a decisão judicial transitada em julgado extinguirá o crédito tributário (art. 156, X, do CTN).

---

[609] STJ, RESP 1.090.958, RESP 1.019.540.
[610] STJ, RESP 1.201.993.
[611] STJ, RESP 1.120.295.

As ações judiciais intentadas contra tributos federais deverão ser ajuizadas na Justiça Federal, enquanto que as lides acerca de tributos estaduais e municipais tramitarão na Justiça Estadual, observadas as regras constitucionais e processuais acerca da competência.

3.5.10. Decisão administrativa irreformável

O contribuinte, uma vez regularmente notificado do lançamento do crédito tributário, poderá exercer a sua defesa no âmbito administrativo, apresentando impugnação ao lançamento. A defesa no âmbito administrativo segue a legislação própria de cada entidade política. No caso dos tributos federais, o processo administrativo fiscal é regulado pelo Decreto 70.235/72.

A impugnação administrativa não é obrigatória e há casos, como os dos tributos autolançados, que não existe o processo administrativo, como já examinado por ocasião dos comentários acerca do lançamento.

Diante da defesa (impugnação) apresentada pelo sujeito passivo, a própria administração poderá reconhecer que o crédito tributário é ilegítimo e, com isto, extingui-lo (art. 156, IX, do CTN). A decisão administrativa que extingue o crédito tributário é vinculante para a própria administração. Acolhida a impugnação e extinto o crédito tributário pela decisão administrativa que não comporta mais recurso, a Fazenda Pública não poderá proceder a um novo lançamento com base na mesma obrigação, exceto quando se tratar de reconhecimento de vício formal no procedimento do lançamento. Defeitos formais do lançamento implicam nulidade do crédito tributário, cuja consequência é a sua extinção. Ainda que reconhecido o vício formal pela própria administração, diante da defesa apresentada pelo sujeito passivo, um novo crédito tributário poderá ser constituído porque a obrigação que lhe dá origem permanece intacta. Nesta hipótese, a decisão não vincula a administração, e a autoridade administrativa deverá proceder ao lançamento de ofício dentro do prazo de cinco anos, a contar da data em que se tornar definitiva a decisão que houver anulado, por vício formal, o lançamento anteriormente efetuado (art. 173, II, do CTN).

A decisão administrativa não produz os efeitos de coisa julgada, não impedindo o acesso do contribuinte ao Poder Judiciário.

3.5.11. Dação em pagamento em bens imóveis

Na dação em pagamento, o credor consente em receber prestação diversa da que lhe é devida (art. 356 do CC).

No Direito Tributário, a lei pode, na forma e condições que fixar, autorizar que o credor receba bens imóveis como dação em pagamento do crédito tributário (art. 156, XI).

A possibilidade de a lei instituir a dação em pagamento é apenas para bens imóveis. O CTN, lei complementar de caráter nacional que deve dispor a respeito do crédito tributário (art. 146, III, *b*, da CF), não prevê a dação em pagamento com bens móveis, limitando, assim, a competência das entidades políticas.

3.6. Exclusão do crédito tributário

O art. 175, I e II, do CTN dispõe que excluem o crédito tributário a isenção e a anistia, arrematando que a exclusão do crédito não dispensa o cumprimento das obrigações acessórias dependentes da obrigação principal cujo crédito seja excluído, ou dela dependente (parágrafo único).

Embora o CTN trate a isenção e a anistia como causa de exclusão do crédito, na verdade o crédito sequer chegou a ser constituído. As causas de exclusão operam-se antes mesmo da constituição do crédito. Impedem o lançamento, mas não o nascimento da obrigação.

A isenção e a anistia dependem de lei específica (art. 150, § 6°, da CF). O preceito constitucional que exige lei específica "veda a oportunista introdução de norma de isenção fiscal no contexto de lei que cuide de matéria de natureza diversa".[612] O objetivo é o de evitar que estas normas de renúncia tributária passem despercebidas, sendo veiculadas em leis que tratem de outra matéria.

Recorde-se que a lei que dispõe a respeito da exclusão do crédito tributário deve ser literalmente interpretada (art. 111, I e II, do CTN).

A Lei de Responsabilidade Fiscal (LC 101/00) influi na concessão destas causas de exclusão do crédito tributário. De fato, o seu art. 14 considera que a isenção não geral e a anistia são consideradas como renúncia de receita por parte da entidade política. A Lei de Responsabilidade Fiscal, com isto, exige que tais causas de exclusão do crédito tributário estejam acompanhadas de estimativa do impacto orçamentário-financeiro no exercício em que passarem a vigorar e nos dois seguintes, devendo atender ao disposto na lei de diretrizes orçamentárias e a pelos menos uma das seguintes condições: a) demonstração de que a renúncia foi considerada na estimativa de receita da lei orçamentária e que não afetará as metas de resultados fiscais; ou b) o benefício deverá estar acompanhado de medidas de compensação por meio do aumento de receita, proveniente da elevação de alíquotas, ampliação da base de cálculo, majoração ou criação de tributo ou contribuição. Quer dizer, para a outorga destes privilégios tributários, além da necessidade de lei específica, a entidade também deverá atender aos requisitos da Lei de Responsabilidade Fiscal.

3.6.1. Isenção

O conceito de isenção não recebe tratamento idêntico na doutrina, conforme apanhado por Bernardo Ribeiro de Moraes.[613]

Uma corrente entende que a isenção é a dispensa do pagamento do tributo devido. Houve o nascimento da obrigação tributária, o tributo é devido,

---

[612] STF, ADI 3.260.
[613] Op. cit., p.356.

mas não é exigido por força da norma que outorga a isenção. Ocorreu o fato gerador, mas o contribuinte é dispensado do pagamento por força da lei. A isenção, portanto, para esta corrente, pressupõe a incidência da norma tributária. Esta corrente é criticada porque a dispensa legal do pagamento do tributo dar-se-ia pela remissão, que é uma das causas de extinção do crédito tributário (art. 172 do CTN).

Para a outra corrente, a norma concessiva da isenção neutralizaria a norma da tributação, inviabilizando o próprio nascimento da obrigação tributária. Não havendo a obrigação, não haveria tributo a ser dispensado. A isenção serviria como óbice ao nascimento da obrigação tributária. Não poderia, portanto, ser dispensado um tributo que sequer chegou a nascer. Para Bernardo Ribeiro de Moraes:

> A isenção tributária consiste numa não incidência legalmente qualificada, em que uma norma impede a vigência de outra, reduzindo parcialmente o seu campo de aplicação. Em verdade, a isenção tributária resulta de duas normas legais unidas, a norma legal de incidência e a norma legal de isenção.[614]

A isenção neutraliza a norma de tributação. A lei específica da isenção é o antídoto para a norma de tributação. A isenção impede o lançamento, embora seja considerada uma causa de exclusão do crédito tributário. A isenção serve para implementar a política econômica e fiscal do Estado, consubstanciando-se em um ato discricionário que escapa ao controle do Poder Judiciário porque envolve juízo de conveniência e oportunidade do Poder Executivo.[615]

O poder de isentar é ínsito ao titular da competência tributária. Embora a isenção acarrete um tratamento tributário diferenciado, o legislador deverá tomar a cautela de não ferir o princípio da isonomia, conforme abordado por ocasião da análise do referido princípio, à luz de precedentes do STF.

A lei que concede a isenção deve detalhar as condições e requisitos exigidos para a sua concessão, os tributos a que se aplica e, se for o caso, o prazo de sua duração (art. 176 do CTN). Em regra, a isenção é outorgada por lei ordinária. Se o tributo tiver de ser instituído por lei complementar, apenas este instrumento normativo é que poderá também isentar.

Como a exclusão do crédito tributário não dispensa o cumprimento das obrigações acessórias, o contribuinte pode ser isento do pagamento do Imposto de Renda, mas ainda assim continuará obrigado a apresentar a declaração de bens.

A isenção poderá ser ampla, abrangendo todo o território da entidade tributante. Mas o CTN também admite que a isenção seja restrita a determinada região do território, em função de condições a ela peculiares.

A isenção não é extensiva, salvo disposição de lei em contrário, às taxas e às contribuições de melhoria e nem aos tributos instituídos posteriormente à sua concessão (art. 177 do CTN). Evidente que taxa e contribuição de melhoria são espécies tributárias, cuja isenção depende de lei. Também é lógico que a

---

[614] Op. cit., p. 358.
[615] STF, RE 188.591.

lei de isenção diga respeito a tributos já existentes. É impossível que a isenção apanhe tributos que não existiam ao tempo da lei isentiva.

A isenção poderá ser permanente, quando a lei que a instituir não fixar um prazo de vigência do benefício, de maneira que o tributo somente voltará a ser exigido quando a lei concessiva for revogada por lei posterior. Quando a isenção for concedida por um prazo certo, previsto na lei, diz-se transitória. Neste caso, a própria lei fixa-lhe o prazo de vigência.

A isenção poderá ser revogada ou modificada por lei a qualquer tempo, salvo se tiver sido concedida por prazo certo e em função de determinadas condições (art. 178 do CTN). O preceito trata de dois tipos de isenção: condicionada e incondicionada.

A isenção condicionada (também conhecida como onerosa, bilateral ou relativa) impõe ao sujeito passivo o cumprimento de um encargo para que ele possa beneficiar-se da dispensa do pagamento do tributo. Cumprindo o encargo que lhe é imposto por lei, o contribuinte ficará isento do pagamento do tributo.

A isenção incondicionada (conhecida por unilateral ou absoluta) é um simples favor fiscal. É concedida, diz Fábio Fanucchi:

> Quando o favorecimento independe de cumprimento, pelo sujeito passivo potencial, de qualquer providência capaz de levar ao conhecimento da isenção, nascendo ela da lei e das condições próprias do obrigado potencial.[616]

A regra é a de que as isenções podem ser revogadas ou modificadas por lei a qualquer tempo. No entanto, poderá a lei fixar um prazo para a isenção.

Se a isenção for condicionada, mas a lei não houver fixado prazo, poderá ser revogada. Porém, se a isenção for condicionada e com prazo certo estipulado em lei, entende-se que não poderá ser revogada (art. 178 do CTN – a isenção pode ser revogada ou modificada por lei a qualquer tempo, "(...) salvo se concedida por prazo certo e em função de determinadas condições..."). Ou seja, na isenção condicionada e por prazo certo, o contribuinte terá o direito de usufruir do benefício no prazo fixado enquanto estiver cumprindo as condições exigidas pela lei. Apenas gera direito adquirido aquela que, além do prazo certo, seja outorgada mediante o implemento de condição onerosa.[617] Ofende a segurança das relações jurídicas a revogação da isenção concedida por prazo certo e sob condições.[618]

A isenção incondicionada pode ser revogada ou modificada a qualquer tempo, ainda que tenha sido concedida por prazo certo. Não ocorrendo a conjugação destes dois fatores (condição e prazo certo), a isenção poderá ser revogada, caso em que o tributo voltará a ser imediatamente exigível, sendo impertinente invocar-se o princípio da anterioridade, conforme já decidiu o STF,[619] a despeito

---
[616] Op. cit., p. 373
[617] STJ, RESP 48.735.
[618] TRF4, AMS 95.33717-1.
[619] STF, RE 204.062.

da regra contida na parte final do art. 178 do CTN, que manda observar o princípio da anterioridade.

A isenção, quando não concedida em caráter geral, é efetivada, em cada caso, por despacho da autoridade administrativa, em requerimento com o qual o interessado faça prova do preenchimento das condições e do cumprimento dos requisitos previstos em lei ou contrato para sua concessão (art. 179 do CTN).

Na isenção geral (também chamada de objetiva ou real), o benefício é outorgado diretamente pela lei e independe de qualquer providência da administração ou do beneficiário. Na isenção geral, em regra, não importa a pessoa do sujeito passivo, uma vez que o benefício leva em consideração apenas o elemento material da hipótese incidência. Não importam as características do sujeito passivo. Por exemplo, a lei poderá conceder isenção de IPI para tratores agrícolas, como também isenção do Imposto de Renda para os contribuintes que tenham auferido renda até determinado montante. A concessão do benefício independe de ato do administrador ou do contribuinte.

Na isenção individual (também chamada de subjetiva ou pessoal), o benefício é outorgado por causa de certos aspectos pessoais do sujeito passivo. Com isto, poderá a lei exigir que o contribuinte solicite na via administrativa o reconhecimento do benefício, provando que atende às condições legalmente previstas. Esta delegação à autoridade administrativa é apenas para que a administração verifique se o contribuinte atende aos requisitos fixados na lei concessiva da isenção. Não quer significar que a autoridade, a seu talante, conceda ou não o benefício. O direito à isenção é constituído pela lei específica, sendo o despacho da administração ato meramente declaratório da existência daquele direito.

A Lei 7.713/88, por exemplo, concede isenção do Imposto de Renda, entre outros casos, para os proventos de aposentadoria ou reforma motivada por acidente em serviço e os percebidos pelos portadores de determinadas doenças especificadas na própria lei (art. 6º, XIV). Trata-se de uma isenção de natureza pessoal. Por isso, o benefício não pode ser estendido aos pensionistas, salvo se os mesmos também preencherem os requisitos previstos na lei para a sua concessão. Com base nesse entendimento, o STF afastou a alegada ofensa ao art. 40, § 5º, da CF/88, e negou provimento ao recurso extraordinário em que se sustentava o direito de uma pensionista ao recebimento do benefício na totalidade dos proventos do servidor falecido, a quem fora concedida isenção do Imposto de Renda por ser portador de cardiopatia grave. A Turma salientou que a referida isenção possui natureza subjetiva, não podendo o Administrador Público concedê-la sem a observância dos requisitos e condições expressamente previstos em lei.[620]

Se a isenção disser respeito a tributo lançado por período certo de tempo, a autoridade administrativa deverá renovar o despacho concessivo do benefício antes da expiração de cada período, cabendo ao interessado promover a

---

[620] STF, RE 233.652.

continuidade do reconhecimento da isenção, sob pena de seus efeitos cessarem automaticamente a partir do primeiro dia do período (§ 1º do art. 179 do CTN). O IPVA é um tributo lançado por período certo (anualmente). Se a lei conceder isenção do IPVA para motoristas com idade superior a 65 anos, por exemplo, caberá ao interessado requerer o reconhecimento da isenção, renovando o seu pedido antes da expiração de cada período, sob pena de perder o benefício.

Por outro lado, se for apurado que o beneficiado não satisfazia ou deixou de satisfazer as condições ou não cumpria ou deixou de cumprir os requisitos exigidos pela lei concessiva da isenção, o benefício poderá ser revogado porque não gera direito adquirido, devendo ser cobrado o crédito tributário, acrescido de juros de mora. Se houver dolo ou simulação do beneficiado, ou de terceiro em benefício daquele, haverá também a imposição de penalidade, o que não acontecerá nos demais casos (§ 2º do art. 179 c/c art. 155, I e II, do CTN).

A isenção deve ser concedida por lei específica do titular da competência tributária para instituir o tributo. Quem tem o poder de criar a espécie tributária é que pode dispensar o seu pagamento. Esta é a isenção autônoma.

A Constituição Federal de 1988 proibiu a União de conceder isenções de tributos de competência dos Estados, do Distrito Federal ou dos Municípios (art. 151, III). Eram as chamadas isenções heterônomas. O texto constitucional anterior permitia que a União, mediante lei complementar e atendendo a relevante interesse social ou econômico nacional, pudesse conceder isenções de impostos estaduais ou municipais. Em razão disso, com suporte no art. 41, § 2º, dos ADCT (A revogação [dos incentivos fiscais em vigor na data da promulgação da CF/88] não prejudicará os direitos que já tiverem sido adquiridos, àquela data, em relação a incentivos concedidos sob condição e com prazo certo"), o STF tem entendido que a nova regra constitucional não revogou as isenções de tributos estaduais e municipais concedidas pela União sob condição e com prazo certo.[621]

Como as isenções dependem de lei do titular da competência tributária, a lei da União, por exemplo, não pode conceder isenção ao INSS das custas processuais – cuja natureza é tributária – devidas à Justiça Estadual. Portanto, o INSS não goza de isenção do pagamento de custas e emolumentos nas ações acidentárias e de benefícios propostas na Justiça Estadual.[622]

Os únicos casos em que a Constituição Federal expressamente admite que lei federal discipline isenções de impostos das outras entidades políticas dizem respeito ao Imposto Sobre Serviços (art. 156, § 3º, III) e ao ICMS (art. 155, § 2º, XII, *g*). Nestes casos, a fim de dar tratamento uniforme à matéria e evitar a chamada "guerra fiscal" entre os Estados ou entre os Municípios é que a Constituição Federal atribuiu à União a disciplina da isenção dos citados impostos. A União deve limitar-se a fixar as normas gerais acerca da concessão da isenção por parte das outras entidades políticas. Tais normas, que têm o objetivo de

---

[621] STF, RE 185.862; RE 159.343.
[622] Súmula 178 do STJ.

pacificar os interesses arrecadatórios dos Estados, DF e Municípios, certamente não dispensam a necessidade de lei específica da própria entidade política.

No âmbito do ICMS, a Constituição Federal atribui à lei complementar a tarefa de regular a forma como, mediante deliberação dos Estados e do Distrito Federal, isenções, incentivos e benefícios fiscais serão concedidos e revogados (art. 155, § 2º, XII, g). Já o § 6º do art. 150 da CF dispõe que:

> Qualquer subsídio ou isenção, redução de base de cálculo, concessão de crédito presumido, anistia ou remissão, relativos a impostos, taxas ou contribuições, só poderá ser concedido mediante lei específica, federal, estadual ou municipal, que regule exclusivamente as matérias acima enumeradas ou o correspondente tributo ou contribuição, sem prejuízo do disposto no art. 155, 2º, XII, g.

A LC 24/75 é que dispõe acerca de convênios para a concessão de isenções. A LC 24/75 prevê que as isenções ou outros benefícios fiscais relativos ao ICMS dependem de deliberação conjunta, mediante convênios, entre os Estados e o Distrito Federal. Tais convênios são celebrados em reuniões do CONFAZ (Conselho Nacional de Política Fazendária) em que há a convocação dos representantes dos Estados e do Distrito Federal, sob a presidência do representante da União. Não basta, porém, a existência de convênio, já que o texto constitucional exige lei específica para as isenções, além do que também deve ser observado o disposto no art. 14 da Lei de Responsabilidade Fiscal. Assim, a lei estadual específica apenas poderá conceder isenções, incentivos ou benefícios fiscais no âmbito do ICMS se houver convênios e a observância da Lei de Responsabilidade Fiscal.

A orientação do Supremo Tribunal Federal:

> É particularmente severa na repressão à guerra fiscal entre as unidades federadas, mediante a prodigalização de isenções e benefícios fiscais atinentes ao ICMS, com afronta da norma constitucional do art. 155, § 2º, II, g – que submete sua concessão à decisão consensual dos Estados, na forma de lei complementar.[623]

A necessidade de convênio interestadual também abrange a concessão de crédito presumido de ICMS outorgado pela lei estadual. Entende a Corte que "as normas constitucionais, que impõem disciplina nacional ao ICMS, são preceitos contra os quais não se pode opor a autonomia do Estado, na medida em que são explícitas limitações dela".

Existem vários precedentes do STF acerca da repressão à chamada "guerra fiscal" entre os Estados. É reiterada a jurisprudência do STF no sentido da inconstitucionalidade da concessão unilateral por Estado-Membro ou pelo DF de isenções, incentivos e benefícios fiscais relativos ao ICMS, para os quais a CF impõe a observância de lei complementar específica e a celebração de convênio intergovernamental, nos termos do art. 155, § 2º, XII, *g*, da CF, entendendo que permanecem em vigor as normas da LC 24/75, a qual dispõe sobre os convênios para a concessão de isenções de ICMS.[624]

O STF julgou inconstitucional lei do Estado do Mato Grosso do Sul que instituía benefícios e incentivos fiscais de ICMS no âmbito do Programa de

---
[623] STF, ADI 2.352.
[624] STF, ADI 1.308.

Ações para o Desenvolvimento de Mato Grosso do Sul (PROAÇÃO) por ausência de convênio entre os Estados.[625] Pelo mesmo fundamento, foi julgada inconstitucional lei do Estado de São Paulo que, entre outros benefícios fiscais, autoriza o Poder Executivo a conceder a determinados contribuintes do ICMS, em certas hipóteses, prazo especial de até cinco anos para o pagamento do imposto,[626] havendo a suspensão de lei do Estado de Santa Catarina que concedia isenção de ICMS para os medicamentos genéricos[627] e de lei do Estado de Mato Grosso que concedia isenção de ICMS nas saídas internas de veículos, máquinas e equipamentos novos destinados às prefeituras municipais, às associações de pequenos produtores rurais e aos sindicatos de trabalhadores rurais do Estado, para serem utilizados na construção e conservação de rodovias e no atendimento ao serviço público de saúde, educação e limpeza pública.[628] Na mesma linha, foram suspensos os efeitos de dispositivos de lei estadual de Mato Grosso que havia instituído um programa de incentivos fiscais no âmbito do ICMS para as usinas produtoras de álcool[629] e de lei do Distrito Federal que concedia crédito presumido de ICMS,[630] o mesmo ocorrendo em relação a Decreto do Estado de São Paulo que concedia crédito presumido de ICMS, no percentual de 7%, sobre o valor das operações de saída de produtos resultantes do abate de aves.[631]

O Supremo Tribunal Federal, por vislumbrar ofensa ao art. 155, § 2º, XII, *g*, da CF, que exige a prévia celebração de convênio entre os Estados-Membros e o DF, nos termos de lei complementar, para concessão de isenções, incentivos e benefícios fiscais relativos a créditos do ICMS, julgou procedente pedido formulado em duas ações diretas de inconstitucionalidade ajuizadas pelo Governador do Estado de São Paulo e pelo Governador do Estado de Minas Gerais para declarar a inconstitucionalidade de preceitos legais da legislação estadual do Paraná que dispunham acerca da concessão de crédito presumido, diferimento, isenção e redução de base de cálculo de ICMS.[632]

Em outra ação direta de inconstitucionalidade entendeu que:

A liberação de isenções, incentivos e benefícios fiscais pelos Estados-Membros e Distrito Federal depende de lei complementar (CF, artigo 155, § 2º, XII, *g*). Ato governamental concessivo de desoneração de ICMS em operações internas sem que tenha sido objeto de convênio e que não levou em conta a Lei Complementar nº 24, de 7 de janeiro de 1975, recebida pela Constituição Federal de 1988, é o bastante para caracterizar por si só a sua inconstitucionalidade.[633]

A Corte Suprema tem reiteradamente entendido que o ICMS tem perfil nacional e que deve haver um regramento normativo uniforme, em todo o território nacional, legitimando-se as restrições previstas no texto constitucional,

---

[625] STF, ADI 2.439.
[626] STF, ADI 1.179.
[627] STF, ADI 2.357.
[628] STF, ADI 2.599.
[629] STF, ADI 2.823.
[630] STF, ADI 1.587.
[631] STF, ADI 1.999.
[632] STF, ADI 2.458 e ADI 3.422.
[633] STF, ADI 2.376.

relativamente à impossibilidade de os Estados e o Distrito Federal outorgarem, de maneira unilateral, desonerações de ICMS, quer no que diz respeito à redução da base de cálculo, isenção, remissão, subsídio, crédito presumido, etc. No julgamento da liminar em ação direta de inconstitucionalidade,[634] esclareceu o Min. Celso de Mello que:

> O legislador constituinte republicano, com o propósito de impedir a 'guerra tributária' entre os Estados-Membros, enunciou postulados e prescreveu diretrizes gerais de caráter subordinante destinados a compor o estatuto constitucional do ICMS. Os princípios fundamentais consagrados pela Constituição da República, em tema de ICMS, (a) realçam o perfil nacional de que se reveste esse tributo, (b) legitimam a instituição, pelo poder central, de regramento normativo unitário destinado a disciplinar, de modo uniforme, essa espécie tributária, notadamente em face de seu caráter não--cumulativo, (c) justificam a edição de lei complementar nacional vocacionada a regular o modo e a forma como os Estados-Membros e o Distrito Federal, sempre após deliberação conjunta, poderão, por ato próprio, conceder e/ou revogar isenções, incentivos e benefícios fiscais. Convênios e concessão de isenção, incentivo e benefício fiscal em tema de ICMS: a celebração dos convênios interestaduais constitui pressuposto essencial à válida concessão, pelos Estados-Membros ou Distrito Federal, de isenções, incentivos ou benefícios fiscais em tema de ICMS. Esses convênios – enquanto instrumentos de exteriorização formal do prévio consenso institucional entre as unidades federadas investidas de competência tributária em matéria de ICMS – destinam-se a compor os conflitos de interesses que necessariamente resultariam, uma vez ausente essa deliberação intergovernamental, da concessão, pelos Estados-Membros ou Distrito Federal, de isenções, incentivos e benefícios fiscais pertinentes ao imposto em questão. O pacto federativo, sustentando--se na harmonia que deve presidir as relações institucionais entre as comunidades políticas que compõem o Estado Federal, legitima as restrições de ordem constitucional que afetam o exercício, pelos Estados-Membros e Distrito Federal, de sua competência normativa em tema de exoneração tributaria pertinente ao ICMS. Matéria tributária e delegação legislativa: a outorga de qualquer subsídio, isenção ou crédito presumido, a redução da base de cálculo e a concessão de anistia ou remissão em matéria tributária só podem ser deferidas mediante lei específica, sendo vedado ao Poder Legislativo conferir ao Chefe do Executivo a prerrogativa extraordinária de dispor, normativamente, sobre tais categorias temáticas, sob pena de ofensa ao postulado nuclear da separação de poderes e de transgressão ao princípio da reserva constitucional de competência legislativa.

O Supremo Tribunal Federal tem admitido que leis estaduais que dispõem acerca de isenções ou créditos presumidos de ICMS sejam de iniciativa parlamentar. Com isto, afasta a alegação de inconstitucionalidade formal, por vício de iniciativa, argumentando que o preceito do art. 61, § 1º, II, *b*, da Constituição Federal, que atribui ao Presidente da República a iniciativa privativa de lei que disponha sobre matéria tributária, não é de observância obrigatória para os Estados, mas apenas para os Territórios.[635]

No que se refere ao Imposto Sobre Serviços, de competência dos Municípios e do Distrito Federal, a Constituição Federal também passou a exigir que a lei complementar regule a forma e as condições como isenções, incentivos e benefícios fiscais devem ser concedidos e revogados (art. 156, § 3º, III, acrescentado pela EC 37/02). O objetivo é dar tratamento uniforme à matéria, evitando a guerra fiscal entre os Municípios, os quais poderiam conceder tais privilégios

---

[634] STF, ADI 1.247.
[635] STF, ADI 2.320 e ADI 2.474.

fiscais com o objetivo de atrair empresas prestadoras de serviços para os seus respectivos territórios.

Tema polêmico diz respeito à possibilidade de a União, mediante tratado internacional, conceder isenção de tributos de competência das outras entidades federativas, em razão do disposto no art. 151, III da CF, que proíbe a União de instituir isenções de tributos da competência dos Estados, do Distrito Federal ou dos Municípios.

O Supremo Tribunal Federal entendeu que o âmbito de incidência do art. 151 da CF é o das relações entre as entidades federadas entre si, quer dizer, a vedação diz respeito à União enquanto pessoa jurídica de direito interno. Quando a União se apresenta na ordem externa, o tratado por ela firmado poderia isentar tributos de competência das outras entidades federativas.[636] Em outro julgado, o STF voltou a decidir que o preceito do art. 151, III, da CF limita-se a impedir que a União institua, no âmbito da sua competência interna federal, isenção de tributos de competência das outras pessoas políticas. Com isto, a norma não se aplica naqueles casos em que a União atua como sujeito de direito na ordem internacional. O caso julgado diz respeito à decisão do TJRS, que havia entendido não recepcionada pela CF/88 a isenção de ICMS relativa à mercadoria importada de país signatário do GATT, quando isento o similar nacional.[637]

Questão também controvertida dizia respeito à revogação da isenção da COFINS às sociedades civis. O art. 6º da LC 70/91 concedia isenção da COFINS para as sociedades civis tratadas no art. 1º do Decreto-Lei 2.397/87. Este, por sua vez, dispunha que:

> A partir do exercício financeiro de 1989, não incidirá o Imposto de Renda das pessoas jurídicas sobre o lucro apurado, no encerramento de cada período-base, pelas sociedades civis de prestação de serviços profissionais relativos ao exercício de profissão legalmente regulamentada, registrada no Registro Civil das Pessoas Jurídicas e constituídas exclusivamente por pessoas físicas domiciliadas no País.

Tais sociedades civis tinham o lucro apurado considerado automaticamente distribuído aos sócios, na data de encerramento do período-base, conforme a participação de cada sócio nos resultados da sociedade. Havia a retenção do Imposto de Renda na Fonte, como antecipação do imposto devido na declaração da pessoa física. A pessoa jurídica não era tributada.

Assim, para fazer jus à isenção da COFINS, as sociedades civis deveriam atender a três requisitos: 1) constituídas exclusivamente por pessoas físicas domiciliadas no Brasil; 2) ter por objetivo a prestação de serviços profissionais relativos ao exercício de profissão legalmente regulamentada; e 3) possuir os seus atos constitutivos registrados no Registro Civil das Pessoas Jurídicas.

A partir do art. 71 da Lei 8.383/91 e art. 1º da Lei 8.541/92, as pessoas jurídicas antes referidas poderiam optar pela tributação com base no lucro presumido ou real, apurado mensalmente. Fazendo a opção, seriam consideradas como contribuintes do Imposto de Renda da Pessoa Jurídica, razão por que

---

[636] STF, ADI 1.600.
[637] STF, RE 229.096.

deixariam de gozar do privilégio referido no art. 1º do Decreto-Lei 2.397/87 e, portanto, da isenção da COFINS.

No entanto, o art. 55 da Lei 9.430/96 impôs às referidas sociedades civis de prestação de serviços profissionais idêntica tributação do Imposto de Renda aplicável às demais pessoas jurídicas, relativamente aos resultados apurados a partir de 1º de janeiro de 1997, revogando expressamente os arts. 1º e 2º do Decreto-Lei 2.397/87 (art. 88, XIV). O art. 56, por sua vez, estabeleceu que elas passariam a contribuir para a COFINS a partir de abril de 1997.

A polêmica, porém, foi decidida pelo Supremo Tribunal Federal. A Corte julgou o recurso extraordinário em que os autores sustentavam violação ao princípio da hierarquia das leis (CF, art. 59), haja vista que a lei ordinária teria revogado isenção disposta em lei complementar, e teria havido instituição disfarçada de nova hipótese de contribuição social, sem atendimento à exigência constitucional de lei complementar para tratar da matéria (CF, art. 149, c/c art. 146, III). A maioria dos Ministros concluiu pela legitimidade da revogação da isenção da COFINS para as sociedades civis de prestação de serviços de profissão legalmente regulamentada. Prevaleceu a orientação fixada pelo STF no julgamento da ADC 1/DF (DJU de 16.6.95), no sentido de:

> a) inexistência de hierarquia constitucional entre lei complementar e lei ordinária, espécies normativas formalmente distintas exclusivamente tendo em vista a matéria eventualmente reservada à primeira pela própria CF; b) inexigibilidade de lei complementar para disciplina dos elementos próprios à hipótese de incidência das contribuições desde logo previstas no texto constitucional. Com base nisso, afirmou que o conflito aparente entre o art. 56 da Lei 9.430/96 e o art. 6º, II, da LC 70/91 não se resolve por critérios hierárquicos, mas, sim, constitucionais quanto à materialidade própria a cada uma dessas espécies normativas. No ponto, ressaltou que o art. 56 da Lei 9.430/96 é dispositivo legitimamente veiculado por legislação ordinária (CF, art. 146, III, b, a contrário sensu, e art. 150, § 6º) que importou na revogação de dispositivo inserto em norma materialmente ordinária (LC 70/91, art. 6º, II). Assim, não haveria, no caso, instituição, direta ou indireta, de nova contribuição social a exigir a intervenção de legislação complementar (CF, art. 195, § 4º). Em divergência, o Min. Eros Grau deu provimento aos recursos, a fim de que seja mantida a isenção estabelecida no art. 6º, II, da LC 70/91, por dois fundamentos: o critério hierárquico e o critério da impossibilidade da lei geral posterior revogar a lei especial anterior.[638]

O STJ acabou seguindo a orientação do STF e expediu a Súmula 508: "a isenção da Cofins concedida pelo artigo 6º, II, da LC 70/91 às sociedades civis de prestação de serviços profissionais foi revogada pelo artigo 56 da Lei 9.430/96".

3.6.1.1. Isenção e imunidade

A isenção não se confunde com a imunidade. A imunidade inviabiliza o próprio exercício da competência tributária. Está prevista na Constituição Federal. A regra de tributação não alcança as pessoas ou situações protegidas pela imunidade. Na isenção, houve o exercício da competência tributária, mas

---
[638] STF, RE 377.457 e RE 381.964.

o tributo deixou de ser devido por força da isenção. A isenção é matéria reservada à lei; a imunidade é constitucional", nas palavras de Fábio Fanucchi:[639]

> Na imunidade também não há fato gerador e nem sempre porque a lei não descreva o acontecimento como tal, mas porque, isto sim, a Constituição não permite que se encontre no acontecimento características de fato gerador de obrigação principal. Diz-se, até, que a imunidade representa 'um caso constitucional de não incidência".

Na imunidade, o poder público quer exigir o tributo, mas não pode. Impera a Constituição como óbice à pretensão. Na isenção, ele pode, mas não quer. Impera a vontade política ou econômica, nos termos da lei.

3.6.1.2. Isenção e não incidência

Por outro lado, enquanto na incidência ocorre a situação de fato que é descrita na norma e faz surgir a obrigação tributária e o correspondente crédito, mediante o lançamento, a não incidência compreende qualquer situação que não estiver prevista na lei de tributação. A situação ocorrida não se amolda à hipótese de incidência, daí não resultando tributo a ser pago. Não há fato gerador. Por exemplo, a LC 116/03 traz uma lista de serviços passíveis de tributação pelo ISS. A lista é taxativa. Todo serviço que não estiver arrolado na lista estará fora do campo de incidência do tributo.

O STF reformou acórdão do Tribunal de Justiça do Estado do Rio de Janeiro que, em mandado de segurança, tinha entendido legítima a cobrança do ISS pelo Município do Rio de Janeiro sobre serviços praticados por instituições financeiras autorizadas a funcionar pelo Banco Central, ao fundamento de que incidiria a Lei Municipal 2.277/94, uma vez que a isenção prevista na LC Federal 56/87 configurava restrição ao poder de tributar do Município, encontrando óbice no art. 151, III, da Constituição Federal. Aplicando a orientação firmada pelo STF no sentido de que a lista de serviços contida no anexo da aludida Lei Complementar é taxativa, definindo quais os serviços passíveis de tributação pelo ISS, asseverou-se que as atividades exercidas pelas recorrentes estavam excluídas dessa tributação (itens 44, 46 e 48). Por não se tratar de isenção, mas, sim, de hipótese de não incidência tributária, afastou-se a aplicação do art. 151, III, da CF. A lei municipal, portanto, não poderia ser aplicada porque faria incidir o tributo sobre serviço não previsto na LC 56/87.[640]

Na incidência, diz Fábio Fanucchi:

> Há fato gerador da obrigação tributária (tal qual existe na isenção) e o crédito que lhe corresponde está habilitado ao aparecimento, não havendo nenhuma causa impeditiva do seu surgimento, que se possa assinalar na lei tributária

Por sua vez, na não incidência:

> Não há sequer fato gerador que possa ser assinalado. Diz-se que não há incidência porque o acontecimento material não possui elementos que conjuguem com qualquer dos fatos geradores

---

[639] Op. cit., p. 380.
[640] STF, RE 361.829.

estipulados na legislação tributária, logo, a sua exteriorização é absolutamente irrelevante para o direito tributário.[641]

Para Bernardo Ribeiro de Moraes:

A diferença entre a não incidência e a isenção tributária pode ser encontrada no seguinte pensamento: na não incidência tributária, basta a existência de uma norma tributária, sendo certo que esta não se aplica ao caso em foco; na isenção tributária, são necessárias duas normas legais tributárias, a segunda impedindo a aplicação do mandamento da outra. Assim, a isenção tributária se apresenta como não incidência legalmente qualificada.[642]

3.6.1.3. Isenção e alíquota zero

Em vez de conceder isenção, o poder público pode reduzir a alíquota de determinado tributo para zero. É apenas uma técnica de desoneração tributária para estimular determinados setores da atividade econômica ou o consumo de certos produtos ou mercadorias, barateando o preço final. A operação seria tributada, mas não haverá nenhum valor a ser pago porque o resultado da aplicação de zero sobre qualquer número sempre será zero. Quando se tratar de tributos cujas alterações de alíquotas não se submetem ao princípio da legalidade (importação, exportação, etc.), a redução para zero também poderá ser implementada por ato do Poder Executivo. Caso contrário, a redução para zero deverá ser feita por lei.

A alíquota zero (tarifa livre ou zero) não pode dar lugar ao crédito tributário, excluindo, assim, a possibilidade da incidência da norma de isenção. Se esta equivale à exclusão do crédito fiscal (CTN, art. 175, I), o pressuposto inafastável da isenção é o de que exista alíquota positiva que incida e crie o crédito tributário.[643]

3.6.2. Anistia

A anistia é perdão. "Para que a anistia tenha aplicação", diz Fábio Fanucchi, "o fato perdoado há de se constituir numa infração e há de inexistir crédito tributário constituído em relação a ela".[644] Este autor entende que a anistia pode envolver o perdão do tributo e da penalidade, assim como a remissão. A diferença, segundo ele, é que a remissão extingue os créditos tributários já constituídos, enquanto a anistia impede a constituição dos créditos, "operando como se fosse uma 'decadência antecipada'".

Apenas pode ser perdoado o ato infracional já ocorrido. Por isso que a anistia se aplica exclusivamente às infrações que foram cometidas antes da vigência da lei que a concede (art. 180 do CTN). Perdoa-se a infração à legislação tributária e, consequentemente, a respectiva sanção.

A anistia não se aplica se a infração for qualificada como crime ou contravenção, ou tenha sido praticada com dolo, fraude ou simulação pelo sujeito

---

[641] Ob. cit., p. 379.
[642] Idem, p. 358.
[643] Idem, p. 363.
[644] Idem, p. 383.

passivo ou por terceiro em benefício daquele (art. 180, I, do CTN). Se a lei não dispuser em sentido contrário, a anistia também não pode ser aproveitada para as infrações resultantes de conluio entre duas ou mais pessoas naturais ou jurídicas (art. 180, II, do CTN).

A fraude consiste na prática de qualquer artifício malicioso utilizado pelo contribuinte para evitar ou diminuir o pagamento do tributo. No dolo, a vontade do contribuinte é direcionada para enganar a Fazenda Pública, mediante ações ou omissões ilícitas que causem prejuízo aos cofres públicos. O dolo é a intenção manifesta de prejudicar a Fazenda Pública. Nos atos ou negócios simulados, o contribuinte inventa um ato ou negócio que não existe ou encobre os verdadeiros atos ou negócios realizados com o objetivo de diminuir ou evitar o pagamento do tributo. O conluio ocorre quando existe uma trama orquestrada entre dois ou mais contribuintes com o objetivo de lesar a Fazenda Pública.

A lei que concede a anistia poderá ser em caráter geral ou limitada. No último caso, ela pode ser aplicada: às infrações da legislação relativa a determinado tributo; às infrações punidas com penalidades pecuniárias até determinado montante, conjugadas ou não com penalidades de outra natureza; à determinada região do território da entidade tributante, em função de condições a ela peculiares, e também poderá ser sob condição do pagamento do tributo no prazo fixado pela lei que a conceder, ou cuja fixação seja atribuída pela mesma lei à autoridade administrativa (art. 181, I e II, do CTN).

Se a anistia não for concedida diretamente pela lei, deverá ser efetivada, em cada caso, por despacho da autoridade administrativa, mediante requerimento do interessado, onde deverá haver prova do preenchimento das condições e do cumprimento dos requisitos previstos em lei para sua concessão (art. 182 do CTN). A exemplo do que ocorre com a isenção, a autoridade administrativa deve limitar-se a verificar se os requisitos legais para o reconhecimento da anistia foram atendidos. O despacho da autoridade administrativa também não gera direito adquirido, aplicando-se, quando cabível, o disposto no art. 155 do CTN (parágrafo único do art. 182 do CTN).

O Supremo Tribunal Federal julgou inconstitucional a autorização, prevista no art. 25 da Lei 6.489/2002, do Estado do Pará, conferida ao Governador do Estado, para conceder, por regulamento, remissão e anistia.

A Corte entendeu que houve ofensa aos princípios da separação de Poderes e da reserva absoluta de lei em sentido formal em matéria tributária de anistia e remissão, uma vez que o Poder Legislativo estaria conferindo ao Chefe do Executivo a prerrogativa de dispor, normativamente, sobre tema para o qual a Constituição Federal impõe lei específica (CF, art. 150, § 6º).[645] O julgado é assim ementado:

AÇÃO DIRETA DE INCONSTITUCIONALIDADE. DIREITO TRIBUTÁRIO. LEI PARAENSE N. 6.489/2002. AUTORIZAÇÃO LEGISLATIVA PARA O PODER EXECUTIVO CONCEDER, POR REGULAMENTO, OS BENEFÍCIOS FISCAIS DA REMISSÃO E DA ANISTIA. PRINCÍPIOS DA

---

[645] STF, ADI 3.462.

SEPARAÇÃO DOS PODERES E DA RESERVA ABSOLUTA DE LEI FORMAL. ART. 150, § 6º, DA CONSTITUIÇÃO FEDERAL. AÇÃO JULGADA PROCEDENTE
1. A adoção do processo legislativo decorrente do art. 150, § 6º, da Constituição Federal, tende a coibir o uso desses institutos de desoneração tributária como moeda de barganha para a obtenção de vantagem pessoal pela autoridade pública, pois a fixação, pelo mesmo Poder instituidor do tributo, de requisitos objetivos para a concessão do benefício tende a mitigar arbítrio do Chefe do Poder Executivo, garantindo que qualquer pessoa física ou jurídica enquadrada nas hipóteses legalmente previstas usufrua da benesse tributária, homenageando-se aos princípios constitucionais da impessoalidade, da legalidade e da moralidade administrativas (art. 37, *caput*, da Constituição da República). 2. A autorização para a concessão de remissão e anistia, a ser feita "na forma prevista em regulamento" (art. 25 da Lei n. 6.489/2002), configura delegação ao Chefe do Poder Executivo em tema inafastável do Poder Legislativo. 3. Ação julgada procedente.

3.7. Garantias e privilégios do crédito tributário

A LC 118/05 alterou alguns dispositivos que tratam das garantias e privilégios do crédito tributário (Capítulo VI do CTN), a fim de ajustá-los às disposições da nova lei de falências (Lei 11.101/05), além de fortalecer as garantias para o recebimento do crédito tributário, tratando da presunção de fraude (art.185 do CTN) e da possibilidade de o juiz determinar, na execução fiscal, a indisponibilidade de bens e direitos do devedor (art. 185-A do CTN). Também foi alterada a preferência dos créditos tributários na falência (art. 186 do CTN) e a sua classificação quando decorrerem de fatos geradores ocorridos no curso do processo falimentar (art. 188 do CTN).

O CTN e várias leis esparsas procuram assegurar ao crédito tributário uma série de garantias, objetivando que os recursos advindos da tributação efetivamente ingressem nos cofres da Fazenda Pública. Ao lado das garantias, consubstanciadas em instrumentos legais que se destinam a assegurar o pagamento do crédito tributário, o Código também confere a este uma posição privilegiada ou de supremacia em relação aos demais créditos, sejam públicos ou privados, excetuando-se os créditos trabalhistas e os decorrentes de acidentes do trabalho.

3.7.1. Medida cautelar fiscal

A medida cautelar fiscal tem o objetivo de tornar indisponíveis os bens do devedor, assegurando a satisfação dos créditos tributários devidos à Fazenda Pública. A medida cautelar fiscal é regulada pela Lei 8.397/92 e deve ser dirigida ao juiz competente para a execução judicial da dívida ativa. Se a execução já estiver no Tribunal, será competente o relator do recurso (art. 5º).

O procedimento cautelar fiscal poderá ser proposto antes ou no curso do processo de execução judicial da dívida ativa da União, Estados, DF, Municípios e autarquias, podendo a sua instauração dar-se antes mesmo da constituição do crédito tributário. Se for feita em caráter preparatório, a execução fiscal deverá ser proposta dentro de sessenta dias, contados da data em que a exigência se tornar irrecorrível na esfera administrativa (art. 11), devendo os autos ser apensados (art. 14). A qualquer tempo, a medida cautelar fiscal decretada poderá ser substituída por garantia correspondente ao valor da pretensão (art. 10), revogada ou modificada, conservando sua eficácia durante o período de suspensão do crédito, tributário ou não (art. 12).

A medida cautelar fiscal abrange dívidas tributárias ou não, inclusive contribuições previdenciárias (art. 18) e legitima-se quando o devedor (art. 2º): 1) sem domicílio certo, intenta ausentar-se ou alienar bens que possui ou deixa de pagar a obrigação no prazo fixado; 2) tendo domicílio certo, ausenta-se ou tenta se ausentar, visando a elidir o adimplemento da obrigação; 3) caindo em insolvência, aliena ou tenta alienar bens; 4) contrai ou tenta contrair dívidas que comprometam a liquidez do seu patrimônio; 5) notificado pela Fazenda Pública para que proceda ao recolhimento do crédito fiscal; 5.1) deixa de pagá-lo no prazo legal, salvo se sua exigibilidade estiver suspensa; 5.2) põe ou tenta pôr seus bens em nome de terceiros; 6) possui débitos, inscritos ou não em dívida ativa, que somados ultrapassem 30% (trinta por cento) do seu patrimônio conhecido; 7) aliena bens ou direitos sem proceder à devida comunicação ao órgão da Fazenda Pública competente, quando exigível em virtude de lei; 8) tem sua inscrição no cadastro de contribuintes declarada inapta pelo órgão fazendário ou então quando 9) pratica outros atos que dificultem ou impeçam a satisfação do crédito. Nos casos dos itens 5.2 e 7, o requerimento da cautelar independe da prévia constituição do crédito tributário (parágrafo único do art. 1º).

O art. 3º estabelece o cumprimento de dois requisitos essenciais para que o juiz possa conceder a medida cautelar fiscal, a qual produz a indisponibilidade dos bens do requerido até o limite da satisfação de sua obrigação: prova literal da constituição do crédito fiscal e prova documental de algum dos casos mencionados no seu art. 2º (art. 3º). Tratando-se de pessoa jurídica, a indisponibilidade recairá somente sobre os bens do ativo permanente, podendo também ser estendida aos bens do acionista controlador e aos dos que em razão do contrato social ou estatuto tenham poderes para fazer a empresa cumprir suas obrigações fiscais, ao tempo do fato gerador, nos casos de lançamento de ofício, ou ao tempo do inadimplemento da obrigação fiscal, nos demais casos. Desde que seja capaz de ser frustrada a pretensão da Fazenda Pública, a indisponibilidade poderá ser estendida aos bens adquiridos a qualquer título ou daqueles que estejam ou tenham estado na função de administrador (art. 4º, §§ 1º e 2º).

Assim que decretada a cautelar fiscal, o juiz, a fim de que seja cumprida a decisão, deverá comunicá-la ao cartório de registros públicos, ao Banco Central do Brasil, à Comissão de Valores Mobiliários e a outras repartições que processem registro de transferência de bens.

Para que seja concedida a liminar, de cuja decisão cabe agravo de instrumento, a Fazenda Pública não necessita oferecer caução e estará dispensada de justificação prévia.

O art. 13 arrola as hipóteses em que cessará a eficácia da medida cautelar fiscal, casos em que a Fazenda Pública não poderá repetir o pedido pelo mesmo fundamento: 1) se a Fazenda Pública não propuser a execução judicial da dívida ativa no prazo de 60 dias; 2) se a medida não for executada dentro de 30 dias; 3) se for julgada extinta a execução judicial da dívida ativa ou se o requerido promover a quitação do débito.

O indeferimento da cautelar não impede que a Fazenda Pública proponha a execução fiscal, nem influi no julgamento desta. Todavia, a execução ficará afetada se o juiz reconhecer, na cautelar fiscal, alguma das causas de extinção do crédito (art. 15).

Por fim, a sentença proferida na cautelar não faz coisa julgada em relação à execução fiscal. A apelação é recebida apenas no efeito devolutivo. O juiz poderá recebê-la no efeito suspensivo se o devedor oferecer garantia, nos termos do art. 9º da Lei 6.830/80.

3.7.2. Arrolamento de bens

O arrolamento de bens e direitos do sujeito passivo é previsto nos artigos 64 e 64-A da Lei 9.532/97. Trata-se de uma medida administrativa, destinada a acautelar os interesses da Fazenda Pública, além de conferir segurança jurídica para terceiros que entabulam negócios jurídicos praticados pelo sujeito passivo que possui débitos junto ao Fisco, nos casos previstos em lei.

O arrolamento de bens e direitos do sujeito passivo, materializado em um termo de arrolamento lavrado pela autoridade fiscal, é cabível desde que atendidos a dois requisitos: a) que os créditos somados superem a R$ 2milhões; b) que os créditos superem a 30% do patrimônio conhecido do sujeito passivo. Não autorizam o arrolamento os créditos inferiores a R$ 2milhões, ainda que superem a 30% do patrimônio, como também os créditos superiores a R$2milhões, mas que não ultrapassam a 30% do patrimônio do sujeito passivo.

Na falta de outros elementos indicativos, considera-se patrimônio conhecido, o valor constante na última declaração de rendimentos apresentada (§ 2º do art. 64 da Lei 9.532/97).

O arrolamento poderá recair sobre pessoas físicas ou jurídicas. Se o crédito for formalizado contra pessoa física, no arrolamento devem ser identificados os bens e direitos em nome do cônjuge, não gravados com cláusula de incomunicabilidade.

A partir da data da notificação do ato de arrolamento, o proprietário dos bens ou direitos arrolados deverá comunicar à Fazenda qualquer ato de transferência, alienação ou oneração, sob pena de ficar sujeito à medida cautelar fiscal (§§ 3º e 4º do art. 64 da Lei 9.532/97).

O arrolamento deverá recair sobre bens e direitos suscetíveis de registro público, preferencialmente imóveis, em valor suficiente para cobrir o crédito tributário. A medida somente poderá alcançar outros bens ou direitos para fins complementar o valor para cobrir o montante do crédito tributário (art. 64-A e § 1º, da Lei 9.532/97).

Como os ativos muitas vezes sofrem valorização, os bens e direitos arrolados podem tornar-se com valor superior ao montante do crédito tributário que objetivam garantir. Em decorrência disso, o próprio sujeito passivo poderá solicitar ao órgão de registro a avaliação dos bens, por perito indicado pelo próprio órgão de registro, a fim de evitar o excesso de garantia, mediante a identificação do justo valor (§ 2º do art. 64-A da Lei 9.532/97).

O termo de arrolamento de imóveis deve ser registrado no cartório de registro de imóveis. Tratando-se de bens móveis ou direitos, o registro deverá ser feito nos órgãos ou entidades onde, por força de lei, eles devam ser registrados ou controlados. Os demais bens e direitos devem ser registrados no cartório de títulos e documentos.

O contribuinte não fica impedido de transferir, alienar ou onerar os bens arrolados, mas tem o dever de comunicar o fato à Fazenda, sob pena de ficar sujeito à medida cautelar fiscal. O sujeito passivo deve protocolar tal comunicação à Fazenda Pública e solicitar a liberação junto aos órgãos de registros públicos, que terá o prazo de 30 dias para efetivá-la (§ 11 do art. 64 da Lei 9.532/97). Esta medida deve ser adotada pelo próprio sujeito passivo junto ao órgão de registro, não havendo nenhuma interferência da Fazenda Pública, bastando a prova de que esta tenha sido previamente comunicada dos atos de transferência, alienação ou oneração pretendidos pelo sujeito passivo.

A lei também permite que o sujeito passivo substitua o bem ou direito arrolado por outro de valor igual ou superior, na ordem indicada por ato normativo da RFB, devendo ser realizada a avaliação do bem arrolado e do bem a ser substituído.

Se o crédito tributário que ensejou o arrolamento for liquidado antes do seu encaminhamento para inscrição em dívida ativa, a autoridade administrativa deverá comunicar o fato aos órgãos onde foi efetuado o registro, a fim de que sejam anulados os efeitos do arrolamento. Havendo a propositura da execução fiscal, liquidado o crédito ou garantido por penhora, idêntica providência deverá ser tomada pela administração tributária.

O arrolamento é disciplinado pela Instrução Normativa nº 1565, de 11 de maio de 2015.

3.7.3. Garantias, preferências e privilégios

A enumeração das garantias previstas no CTN ao crédito tributário não exclui outras que sejam expressamente previstas em lei, em função da natureza ou das características do tributo a que se refiram (art. 183). A natureza da obrigação tributária e do respectivo crédito não pode ser alterada em função da natureza das garantias que lhe são atribuídas (parágrafo único do art. 183).

Embora certos bens do sujeito passivo, espólio ou massa falida não percam os privilégios especiais previstos em lei, todos eles, assim como suas rendas, respondem pelo pagamento do crédito tributário. Também estão sujeitos à execução fiscal dos créditos de natureza tributária os bens gravados por ônus real ou cláusula de inalienabilidade ou impenhorabilidade, pouco importando a data em que foram constituídos tais ônus, excetuando-se apenas os bens e rendas que a lei declara absolutamente impenhoráveis. Assim, tanto faz a data do fato gerador, da constituição do crédito ou da sua inscrição em dívida ativa, ficando todos os bens do devedor sujeitos à penhora para garantir o pagamento dos créditos tributários. A única ressalva admitida pelo CTN, como visto, é relativa aos bens e rendas que a lei declare absolutamente impenhoráveis (art. 184).

Entre os direitos reais, o Código Civil arrola o penhor, a anticrese e a hipoteca. São considerados bens imóveis e regulam-se no Código Civil (arts. 80, I, 1.225, VIII, IX e X, e 1.419). Por intermédio deles, forma-se um vínculo jurídico que se adere ao bem oferecido em garantia do pagamento da dívida, que deverá ser paga preferencialmente, em detrimento dos demais credores (art. 1.422 do CC). A coisa dada em garantia fica sujeita, por vínculo real, ao cumprimento da obrigação (art. 1.419 do CC). Com isto, o credor com garantia real terá preferência sobre os demais credores. Estabelece o Código Civil que se excetuam desta regra as dívidas que, em virtude de outras leis, devam ser pagas precipuamente a quaisquer outros créditos (parágrafo único do art. 1.422).

O penhor constitui-se quando o devedor, em garantia de um débito, entrega ao credor uma coisa móvel, suscetível de alienação (art. 1.431 do CC). Pela anticrese o devedor entrega ao credor um imóvel, cedendo-lhe o direito de perceber, em compensação da dívida, os frutos e rendimentos (art. 1.506 do CC). A hipoteca é um direito de garantia que incide sobre a totalidade dos bens gravados até que seja integralmente solvida a obrigação (art. 1.473 do CC).

O crédito real prefere ao pessoal de qualquer espécie, com algumas exceções (art. 1.560 do CC). Entre estas exceções situa-se o crédito tributário. Com isto, o credor pignoratício (no penhor), anticrético (na anticrese) ou hipotecário (na hipoteca) não gozará do seu direito de preferência na disputa com o crédito tributário devido à Fazenda Pública. O próprio Código Civil, como antes dito, excetua da regra de preferência as dívidas que, em virtude de outras leis, devam ser pagas precipuamente a quaisquer outros créditos (parágrafo único do art. 1.422). Embora o conflito de direitos reais resolva-se pelo direito de preferência daquele que primeiro realizou a inscrição do ônus, para o crédito tributário isto é irrelevante. Como dito, pouco interessa a data da constituição ou inscrição do ônus real, pois prevalecerá a preferência do crédito tributário. Logo, o credor hipotecário perderá a sua preferência diante do crédito tributário, ainda que o gravame da hipoteca seja anterior à própria data do fato gerador do crédito tributário.

A inalienabilidade e a impenhorabilidade dos bens do devedor podem decorrer de lei, como, por exemplo, no caso dos bens públicos (art. 66 do CC), ou de convenção entre as partes, cuja cláusula poderá constar em bens doados ou em testamento (art. 1.676 do CC). O CTN, com a finalidade de evitar que o devedor frustre o pagamento do crédito tributário, sujeita à execução fiscal os bens que, por ato voluntário, tenham sido gravados com tais cláusulas. Porém, os bens que a lei considera impenhoráveis ou inalienáveis não ficam sujeitos à execução fiscal (artigos 832 e 833 do CPC).

Não obstante o CPC arrole também como impenhoráveis os bens inalienáveis e os declarados, por ato voluntário, não sujeitos à execução (inciso I do art. 833 do CPC), a regra do art. 184 do CTN deve prevalecer, de maneira que ficam sujeitos à execução fiscal por créditos tributários os bens gravados por ato voluntário com cláusula de impenhorabilidade ou inalienabilidade.

A Lei 8.009/90 trata da impenhorabilidade do bem de família e ela alcança o bem que, anteriormente ao seu advento, tenha sido objeto de constrição judicial.[646] A lei estabelece que o único imóvel residencial próprio do casal, ou da entidade familiar, é impenhorável e não responde por qualquer tipo de dívida civil, comercial, fiscal, previdenciária ou de outra natureza, contraída pelos cônjuges ou pelos pais ou filhos que sejam seus proprietários e nele residam. A impenhorabilidade abrange também o imóvel onde está assentada a construção, plantações, benfeitorias de qualquer natureza e todos os equipamentos e móveis que guarnecem a residência, desde que estejam quitados.

Para o Superior Tribunal de Justiça, "o conceito de impenhorabilidade de bem de família abrange também o imóvel pertencente a pessoas solteiras, separadas e viúvas".[647]

A Corte também sumulou o entendimento de que é "impenhorável o único imóvel residencial do devedor que esteja locado a terceiros, desde que a renda obtida com a locação seja revertida para a subsistência ou a moradia da sua família".[648]

A impenhorabilidade do bem de família é oponível na execução fiscal de créditos tributários, exceto em relação às contribuições previdenciárias dos trabalhadores da própria residência e para cobrança de impostos, predial ou territorial, taxas e contribuições devidas em função do imóvel. Quer dizer, o devedor não poderá invocar a impenhorabilidade na execução fiscal se o crédito tributário for relativo ao IPTU ou ITR, ou às contribuições previdenciárias da empregada doméstica que trabalhava no imóvel, por exemplo (art. 3º, IV, da Lei 8.009/90).

3.7.4. Fraude à execução

O art. 185 do CTN, com a redação dada pela LC 118/05, presume fraudulenta a alienação ou oneração de bens ou rendas, ou seu começo, por sujeito passivo em débito para com a Fazenda Pública, por crédito tributário regularmente inscrito como dívida ativa. Evidentemente que não será o caso de fraude quando o devedor ainda mantiver bens ou rendas suficientes para o total pagamento da dívida inscrita (parágrafo único).

O dispositivo trata de fraude à execução. As controvérsias judiciais em torno deste dispositivo, antes da alteração pela LC 118/05, estavam relacionadas ao momento em que a fraude poderia estar caracterizada. Discutia-se

---
[646] Súmula 205 do STJ e Súmula 10 do TRF4ªR.
[647] Súmula 364 do STJ.
[648] Súmula 486 do STJ.

se bastava a inscrição em dívida ativa, a propositura da execução fiscal ou a citação do devedor na execução fiscal. O Superior Tribunal de Justiça havia sedimentado o entendimento de que era necessária a citação do devedor para que ficasse configurada a fraude à execução, não bastando o mero ajuizamento da execução fiscal.[649]

Com a modificação do CTN, não resta dúvida de que haverá uma presunção absoluta de fraude quando os atos de alienação ou oneração, ou o seu começo, ocorrerem após o crédito tributário ter sido inscrito em dívida ativa. É este o entendimento do STJ, conforme abaixo mencionado. Não importa a data do fato gerador, do lançamento ou da propositura da execução fiscal, mesmo porque é a inscrição em dívida ativa que confere ao crédito tributário a presunção relativa de certeza e liquidez (art. 204). Um dos requisitos do termo de inscrição em dívida ativa e da certidão dela decorrente é a data em que a dívida foi inscrita (art. 202, IV, do CTN), sob pena de nulidade da inscrição e da certidão (art. 204 do CTN).

O reconhecimento da fraude, portanto, ocorre de modo objetivo, e não subjetivo. Pouco importa a intenção das partes na celebração do negócio que acabou frustrando o interesse coletivo na satisfação dos créditos devidos à Fazenda Pública.

O Superior Tribunal de Justiça, em julgamento de recurso repetitivo, entendeu que a Súmula 375, que dispõe que o reconhecimento da fraude de execução, depende do registro da penhora do bem alienado ou da prova de má-fé do terceiro adquirente, não é aplicável às execuções fiscais, considerando que a lei especial (CTN) prevalece sobre a geral (CPC).[650] Além disso, no mesmo julgado o STJ decidiu que a presunção de fraude à execução prevista no art. 185 do CTN é absoluta (*jure et de jure*). Para a Corte:

> a) a natureza jurídica tributária do crédito conduz a que a simples alienação ou oneração de bens ou rendas, ou seu começo, pelo sujeito passivo por quantia inscrita em dívida ativa, sem a reserva de meios para quitação do débito, gera presunção absoluta (jure et de jure) de fraude à execução (lei especial que se sobrepõe ao regime do direito processual civil); b) a alienação engendrada até 08.06.2005 exige que tenha havido prévia citação no processo judicial para caracterizar a fraude de execução; se o ato translativo foi praticado a partir de 09.06.2005, data de início da vigência da Lei Complementar nº 118/2005, basta a efetivação da inscrição em dívida ativa para a configuração da figura da fraude; c) a fraude de execução prevista no artigo 185 do CTN encerra presunção *jure et de jure*, conquanto componente do elenco das "garantias do crédito tributário"; d) a inaplicação do artigo 185 do CTN, dispositivo que não condiciona a ocorrência de fraude a qualquer registro público, importa violação da Cláusula Reserva de Plenário e afronta à Súmula Vinculante n.º 10, do ST".

Caracterizada a fraude à execução, a alienação feita pelo devedor é totalmente ineficaz perante a Fazenda Pública. O próprio juiz da execução, em decisão fundamentada, reconhecerá a fraude e determinará que a penhora recaia sobre o bem alienado. Via de regra, a declaração da existência de fraude à execução é postulada pelo credor. No entanto, nada impede seja ela reconhecida de ofício pelo juiz porque a lei considera atentatório à dignidade da Justiça o

---

[649] STJ, ERESP 40.224.
[650] STJ, RESP 1.141.990.

ato do devedor que frauda a execução (art. 774, I, do CPC). O terceiro adquirente que se sentir prejudicado poderá valer-se dos embargos de terceiro (art. 674 do CPC). Se a execução for por carta precatória, o juízo deprecado será competente para julgar os embargos de terceiro, salvo se o bem apreendido tiver sido indicado pelo juízo deprecante.[651]

Reconhecida a fraude, há precedente do STJ no sentido de que não é possível que o juiz determine o cancelamento da matrícula imobiliária, entendendo apropriada a averbação da declaração de ineficácia em relação à fraude que foi reconhecida, uma vez que a alienação permanece válida entre vendedor e adquirente, mas ineficaz em relação ao credor, que ficou resguardado com o poder de penhorar o bem alienado de forma fraudulenta.[652]

O art. 185-A do CTN, também acrescentado pela LC 118/05, procurou reforçar a garantia para o pagamento do crédito tributário, autorizando que o juiz determine a indisponibilidade dos bens e direitos do devedor que, citado para a execução fiscal, não pagar nem nomear bens à penhora e se não forem encontrados bens penhoráveis.

A decretação da indisponibilidade dos bens, portanto, depende do atendimento dos requisitos previstos no CTN: a) citação do devedor; b) falta de pagamento; c) omissão do devedor na nomeação de bens passíveis de penhora; d) não localização de bens pelo Oficial de Justiça.

A decisão judicial deverá ser comunicada, preferencialmente por meio eletrônico, aos órgãos e entidades que promovem registro de transferência de bens, tais como registro de imóveis, instituições financeiras, bolsa de valores, órgãos de trânsito, etc., a fim de que cumpram a ordem judicial. Convênios firmados com o Poder Judiciário permitem a penhora *on line* (RENAJUD, BACENJUD). Tais órgãos, por sua vez, deverão enviar ao Juízo a relação discriminada dos bens e direitos tornados indisponíveis. É evidente que a indisponibilidade deverá ficar limitada ao valor do crédito tributário exigido, cabendo ao Juiz o levantamento da indisponibilidade dos bens ou valores que excederem a tal limite.

Os bens tornados indisponíveis deverão servir para a garantia na execução fiscal, razão por que o Juiz deverá determinar a expedição de mandado de penhora sobre os bens tornados indisponíveis, assegurando-se ao executado o prazo para oferecimento de embargos.

Apesar do relevante interesse público que gravita em torno do crédito tributário, o CTN respeita a supremacia absoluta da preferência do crédito de natureza trabalhista ou decorrente de acidente do trabalho, frente aos créditos tributários. O crédito tributário, portanto, goza de preferência a qualquer outro crédito, seja qual for a sua natureza ou o tempo de sua constituição, ressalvados os créditos decorrentes da legislação do trabalho ou do acidente de trabalho (art. 186, *caput*).

---

[651] Súmula 33 do TFR.
[652] STJ, RESP 119.854.

3.7.5. Concurso de credores e crédito tributário

A cobrança judicial do crédito tributário não está sujeita a concurso de credores ou habilitação em falência, recuperação judicial, concordata, inventário ou arrolamento (art. 187, *caput*, do CTN).

O concurso de preferência é estabelecido apenas entre as pessoas jurídicas de direito público, na seguinte ordem: 1. União; 2. Estados, Distrito Federal e Território, conjuntamente e *pro rata*; 3. Municípios, conjuntamente e *pro rata* (art. 187, I, II e III). O STF já decidiu que não havia conflito entre esta disposição e o art. 9º, I, da Constituição Federal de 1969.[653] O crédito tributário da União prefere ao do INSS quando houver execução promovida por ambos e penhora sobre o mesmo bem.[654]

O Superior Tribunal de Justiça tem entendido que a União e suas autarquias podem suscitar a preferência de seu crédito tributário na execução fiscal que estiver sendo movida pela Fazenda Pública Estadual, mas há necessidade de demonstrar o ajuizamento de execução contra o mesmo devedor e a penhora do mesmo bem.[655] O protesto pela preferência do crédito, apresentado pelo ente federal na execução que tramita na Justiça Estadual não desloca a competência para a Justiça Federal.[656] Assim, em julgamento de recurso repetitivo, o STJ decidiu que:

> Verificada a pluralidade de penhoras sobre o mesmo bem em executivos fiscais ajuizados por diferentes entidades garantidas com o privilégio do concurso de preferência, consagra-se a prelação ao pagamento dos créditos tributários da União e suas autarquias em detrimento dos créditos fiscais dos Estados, e destes em relação aos dos Municípios, consoante a dicção do art. 187, parágrafo único, c/c art. 29, da Lei 6.830/80.[657]

3.7.6. Crédito tributário na falência e na recuperação judicial

Existem regras específicas para a preferência do crédito tributário no caso de falência. A nova Lei de Falências modificou as preferências do crédito tributário na falência, havendo alterações pela LC 118/05 nos artigos 186, 187 e 188 do CTN, com a finalidade de compatibilizá-los com a nova lei falimentar.

Inicialmente, deve ser esclarecido que a Lei 11.101/05 disciplina a recuperação judicial, a recuperação extrajudicial e a falência do empresário e da sociedade empresária (art. 1º), tendo revogado o DL 7.661/45.

A recuperação judicial tem por objetivo viabilizar a superação da situação de crise econômico-financeira do devedor, a fim de permitir a manutenção da fonte produtora, do emprego dos trabalhadores e dos interesses dos credores,

---

[653] Súmula 563 do STF: "O concurso de preferência a que se refere o parágrafo único do art. 187 do Código Tributário Nacional é compatível com o disposto no art. 9º, inciso I, da Constituição Federal".
[654] STJ, RESP 922.497.
[655] STJ, RESP 1.122.484.
[656] Súmula 270 do STJ.
[657] STJ, RESP 957.836.

preservando a existência da empresa, já que desempenha uma função social e serve de estímulo à atividade econômica (art. 47 da Lei 11.101/05).

A recuperação extrajudicial consiste na possibilidade de o devedor, desde que preencha os requisitos para a recuperação judicial, propor e negociar um plano de recuperação extrajudicial, requerendo a sua homologação em juízo (art. 161 da Lei 11.101/05).

A falência, por sua vez, promove o afastamento do devedor de suas atividades e visa a preservar e otimizar a utilização produtiva de bens, ativos e recursos produtivos, inclusive os intangíveis, da empresa (art. 75 da LF).

As execuções fiscais não são suspensas pelo deferimento da recuperação judicial, salvo se os créditos tributários forem objeto de parcelamento (art. 6º, § 7º, da Lei 11.101/05),[658] já que o parcelamento é uma das causas de suspensão da exigibilidade do crédito tributário. Embora a concessão da recuperação judicial não tenha nenhuma influência na execução fiscal, a jurisprudência do STJ tem considerado que são proibidos atos judiciais que acabem por inviabilizá-la, razão por que não tem admitido a prática de atos expropriatórios.[659] Tem-se entendido que os atos de alienação acabam comprometendo a preservação da empresa, frustrando a sua recuperação judicial. Assim,

> a interpretação literal do art. 6º, § 7º, da Lei 11.101/05, inibiria o cumprimento do plano de recuperação judicial previamente aprovado e homologado, tendo em vista o prosseguimento dos atos de constrição do patrimônio da empresa em dificuldades financeiras.[660]

A decretação da falência, por sua vez, suspende todas as ações e execuções em face do devedor (art. 6º, *caput*, c/c o art. 99, V, da Lei 11.101/05). O juízo da execução fiscal deverá comunicar ao juízo da falência a existência do executivo fiscal ajuizado contra o falido (art. 6º, § 6º, I, da Lei 11.101/05).

A falência não pode impedir que a Fazenda Pública promova a execução fiscal contra o falido e muito menos implicar a imediata suspensão do executivo fiscal em tramitação. Embora o crédito tributário não esteja sujeito à habilitação no processo falimentar, e nem na recuperação judicial, inventário ou arrolamento (art. 187 do CTN), o mesmo não ficará livre da classificação na falência, a fim de dar cumprimento ao disposto no parágrafo único do art. 186 do CTN.[661]

Na execução fiscal promovida contra a massa falida, deverá ser citado o administrador judicial, como representante da massa (arts. 22, III, *n*, e 76, parágrafo único, da Lei 11.101/05), e realizada a penhora no rosto dos autos da falência. Na hipótese de embargos, apenas com a decisão final é que o crédito tributário restará definitivamente determinado, a fim de que assim seja clas-

---

[658] "Art. 6º A decretação da falência ou o deferimento do processamento da recuperação judicial suspende o curso da prescrição e de todas as ações e execuções em face do devedor, inclusive aquelas dos credores particulares do sócio solidário. § 7º As execuções de natureza fiscal não são suspensas pelo deferimento da recuperação judicial, ressalvada a concessão de parcelamento nos termos do Código Tributário Nacional e da legislação ordinária específica".

[659] STJ, RESP 1.166.600 e AgRg no CC 119.970.

[660] STJ, CC 116213.

[661] Vide também comentários ao item 4.5 do Capítulo 4, acerca da execução fiscal contra a massa falida.

sificado no processo falimentar, observando o disposto no art. 186, parágrafo único, do CTN. Acrescente-se que, contra a massa falida, não são exigíveis juros vencidos após a decretação da falência, previsto em lei ou em contrato, se o ativo apurado não bastar para o pagamento dos credores subordinados (art. 124 da LF). Havendo a penhora no rosto dos autos da falência, a execução ficará suspensa, aguardando o pagamento do crédito tributário a ser classificado no juízo falimentar. Nesta hipótese, não há que se cogitar de prescrição intercorrente porque não há inércia da Fazenda Pública, restando ao juízo da execução aguardar o pagamento a ser determinado pelo juízo da falência.

Por outro lado, se a falência for decretada no curso da execução fiscal, depois de realizada a penhora, a falência não suspenderá a execução e nem poderá desconstituir a penhora. O juiz da execução fiscal deverá colocar à disposição do juízo da falência, sob a guarda do administrador judicial ou de pessoa por ele escolhida, os bens penhorados ou o produto arrecadado com a alienação, nos termos do art. 108, § 3º da lei falimentar, o qual dispõe que:

> O produto dos bens penhorados ou por outra forma apreendidos entrará para a massa, cumprindo ao juiz deprecar, a requerimento do administrador judicial, às autoridades competentes, determinando a sua entrega.

O mesmo procedimento deverá ser adotado na hipótese de o juiz da execução fiscal ter determinado a indisponibilidade dos bens e direitos do devedor, antes da decretação da quebra (art. 185-A do CTN). Ou seja, os bens bloqueados deverão ser colocados à disposição do juízo da falência, fazendo-se a penhora no rosto dos autos do processo falimentar, assegurando-se ao falido o prazo para o oferecimento de embargos à execução.

Como dito, se já tiver havido a alienação do bem penhorado na execução fiscal, o dinheiro deverá ser entregue ao juízo da falência, a fim de que desde logo sejam pagos os créditos trabalhistas de natureza estritamente salarial, vencidos nos três meses anteriores à decretação da quebra, até o limite de cinco salários mínimos por trabalhador. Tais créditos devem ser pagos assim que houver disponibilidade de caixa e antes mesmo das importâncias passíveis de restituição (art. 86, parágrafo único, e art. 151 da Lei 11.101/05).

Se os recursos apurados na execução fiscal promovida contra o falido forem decorrentes da alienação judicial da empresa ou de unidade produtiva isolada, eles deverão permanecer em conta de depósito à disposição do juízo da falência pelo prazo de um ano, contado da data da alienação, caso em que somente poderão ser utilizados para o pagamento de créditos extraconcursais ou de créditos que prefiram ao tributário, nos termos do § 3º do art. 133 do CTN.

Encerrada a falência sem a satisfação do crédito tributário, surge o problema relativo ao redirecionamento da execução contra os sócios. O Superior Tribunal de Justiça tem entendido que:

> A sentença que decreta a extinção da falência, por não haver patrimônio apto para quitação do passivo, não constitui, por si só, justa causa para o indeferimento do pedido de redirecionamento, ou para a extinção da Execução Fiscal.

Em decorrência disso, tem decidido que é possível o redirecionamento da seguinte maneira:

a) se o nome dos corresponsáveis não estiver incluído na CDA, cabe ao ente público credor a prova da ocorrência de uma das hipóteses listadas no art. 135 do CTN; b) constando nome na CDA, prevalece a presunção de legitimidade de que esta goza, invertendo-se o ônus probatório (orientação reafirmada no julgamento do REsp 1.04.90/ES, sob o rito dos recursos repetitivos).[662]

Relativamente à classificação dos créditos tributários na falência, é preciso distinguir se os fatos geradores que lhe deram origem são anteriores ou posteriores à decretação da quebra. Sendo anteriores, os créditos tributários seguem o disposto no parágrafo único do art. 186 do CTN, combinado com o art. 83 da Lei Falimentar. Sendo posteriores, são considerados extraconcursais, regulando-se pelo art. 188 do CTN, juntamente com o art. 84 da Lei de Falências.

Assim, os créditos tributários decorrentes de fatos geradores anteriores à quebra são concursais e deverão ser classificados na falência, sujeitando-se à ordem estabelecida no art. 83 da Lei de Falências. São créditos que decorrem de fatos ocorridos durante o exercício da atividade empresarial e que devem ser classificados na falência, a fim de que seja observada a ordem de prioridade de pagamento das diversas classes de credores. Tais créditos não gozarão de prioridade de pagamento sobre:

a) Os créditos extraconcursais. Os créditos extraconcursais são aqueles que surgem após a decretação da quebra e devem ser pagos com precedência sobre os créditos sujeitos a concurso;

b) As importâncias passíveis de restituição. O art. 85 da Lei de Falência dispõe que poderá pedir a restituição o proprietário de bem arrecadado no processo de falência ou que se encontre em poder do devedor na data da decretação da falência. Também pode ser pedida a restituição de coisa vendida a crédito e entregue ao devedor nos 15 dias anteriores ao requerimento de sua falência, se ainda não alienada (parágrafo único do art. 85 da LF). Ainda entre as importâncias passíveis de restituição, destacam-se as decorrentes de adiantamento a contrato de câmbio para exportação, na forma do art. 75, §§ 3º e 4º, da Lei 4.728/65 (art. 86, II, da Lei 11.101/05);

c) Os créditos com garantia real, no limite do valor do bem gravado (art. 186, parágrafo único, I, do CTN). A lei falimentar esclarece que é considerado como valor do bem objeto de garantia real a importância efetivamente arrecadada com sua venda, ou, no caso de alienação em bloco, o valor de avaliação do bem individualmente considerado (§ 1º do art. 83). As instituições financeiras costumam exigir garantia real (hipoteca, penhor) nos contratos de operação de crédito. Assim, havendo falência, os credores com garantia real terão preferência de pagamento em detrimento dos créditos tributários;

d) Como a lei pode estabelecer limites e condições para a preferência dos créditos decorrentes da legislação do trabalho (art. 186, parágrafo único, II, do CTN), na falência também deverão ser pagos antes dos créditos tributários os créditos trabalhistas de até 150 salários mínimos por credor, e os decorrentes de acidentes do trabalho (art. 83, I, da LF). Note-se que não há limite para os créditos acidentários e o saldo dos créditos trabalhistas que excederam ao limi-

---

[662] STJ, RESP 958.428.

te de 150 salários mínimos por credor são considerados quirografários (art. 83, VI, *c*, da LF) e não terão preferência sobre os tributários.

O art. 186, parágrafo único, III, do CTN, dispõe que a multa tributária preferirá apenas aos créditos subordinados. Portanto, deve-se fazer uma distinção na classificação e preferência de pagamento do crédito tributário e das multas. Com a nova lei falimentar, as multas tributárias poderão ser reclamadas na falência, embora na ordem de classificação dos créditos prefiram apenas aos chamados créditos subordinados. Com isto, restou superada a Súmula 565 do STF, que dispunha que *"a multa fiscal moratória constitui pena administrativa, não se incluindo no crédito habilitado em falência"*.

Os créditos tributários que decorrem de fatos geradores ocorridos depois da decretação da falência são extraconcursais (art. 187 do CTN), caso em que deverão obedecer ao disposto no art. 84 da lei falimentar. Os créditos tributários extraconcursais têm a sua causa em fatos geradores praticados pela massa, durante o seu período de administração. São considerados extraconcursais os seguintes créditos, cujos pagamentos devem ocorrer antes dos créditos sujeitos a concurso e na seguinte ordem:

1. Remunerações devidas ao administrador judicial e seus auxiliares, e créditos derivados da legislação do trabalho ou decorrentes de acidentes do trabalho relativos a serviços prestados após a decretação da falência;

2. Quantias fornecidas à massa pelos credores;

3. Despesas com arrecadação, administração, realização do ativo e distribuição do seu produto, bem como custas do processo de falência;

4. Custas judiciais relativas às ações e execuções em que a massa falida tenha sido vencida;

5. As obrigações resultantes de atos jurídicos válidos praticados durante a recuperação judicial, nos termos do art. 67 da lei falimentar, ou após a decretação da falência;

6. Os tributos relativos aos fatos geradores ocorridos após a decretação da falência, respeitada a ordem estabelecida no art. 83 da lei falimentar.

Note-se que os créditos tributários decorrentes de fatos geradores posteriores à quebra, ainda que considerados extraconcursais, figuram em último lugar na preferência dos pagamentos. Como deve ser respeitada a ordem fixada no art. 83 da lei falimentar, os créditos com garantia real decorrentes de atos jurídicos praticados durante a recuperação judicial ou posteriores à quebra também deverão ser pagos antes dos créditos tributários.

Por outro lado, o art. 51, *caput* da Lei 8.212/91 dispõe que os créditos previdenciários estão sujeitos, nos processos de falência, concordata ou concurso de credores, às disposições relativas aos créditos da União, aos quais são equiparados. Já o parágrafo único estabelece que os créditos previdenciários que foram descontados pela empresa de seus empregados e ainda não recolhidos devem ser objeto de reivindicação por parte do INSS (Fazenda Nacional). Tais créditos, portanto, não podem ser incluídos na massa falida e preferem aos demais credores, inclusive trabalhistas. No Superior Tribunal de Justiça, é pacífico o entendimento de que o INSS tem o direito de reaver as contribuições previdenciárias descontadas dos empregados, e não recolhidas, anteriormente a qualquer outro crédito, inclusive os trabalhistas,[663] porque se trata de bens que não integram o patrimônio do falido.[664] A restituição deve ser imediata porque são créditos que não compõem a massa falida. A única ressalva é com relação aos créditos relativos ao período posterior do DL 66/66 até a entrada em vigor da Lei 8.212/91, quando as contribuições apenas gozavam do privilégio atribuído aos créditos da União, devendo ser pagas após os créditos trabalhistas.[665] Há também precedentes no sentido de que os juros de mora incidentes sobre as contribuições previdenciárias que foram descontadas dos salários dos empregados, mas não foram pagas, não estão sujeitos à restituição. Neste caso, tais créditos ficariam sujeitos ao concurso de credores, nos termos do art. 102 da antiga Lei de Falências.[666]

A nova Lei de Falências, no entanto, ao regular o pedido de restituição em dinheiro no art. 86 não contempla os créditos previdenciários. Não obstante, o art. 85 assegura a restituição ao proprietário de bem que se encontre em poder do devedor na data da decretação da falência. Este dispositivo poderia respaldar o pedido de restituição das contribuições previdenciárias, previsto no parágrafo único do art. 51 da Lei 8.212/91. Caso prevaleça este entendimento, a restituição continuaria precedendo aos créditos trabalhistas, uma vez que somente os créditos trabalhistas de natureza estritamente salarial, vencidos nos três meses anteriores à decretação da quebra, até o limite de cinco salários mínimos por trabalhador, é que podem ser pagos antes das importâncias passíveis de restituição (parágrafo único do art. 86 c/c o art. 154 da LF).

Nos processos de falência ou concordata, se o crédito tributário decorrente de fatos geradores posteriores à quebra for contestado, o juiz deverá remeter as partes ao processo competente (art. 188, §§ 1º e 2º, do CTN). O juiz da falência deverá determinar que as partes discutam a legitimidade do crédito tributário fora do juízo da falência, devendo, no entanto, resguardar o crédito tributário com a reserva de bens suficientes à sua extinção, se a massa falida não puder efetuar a garantia da instância por outra forma.

Assim, excetuado o depósito integral e em dinheiro do montante do crédito tributário, qualquer outra causa suspensiva da sua exigibilidade (art. 151 do CTN) não dispensará a necessidade da reserva de bens, devendo sempre ser ouvido o representante da Fazenda Pública.

3.7.7. Crédito tributário e inventário

Os créditos tributários vencidos ou vincendos, a cargo do falecido ou do seu espólio, exigíveis no decurso do processo de inventário ou arrolamento, devem ser pagos preferencialmente a quaisquer outros que tiverem sido habi-

---

[663] STJ, RESP 631.658, RESP 557.373.
[664] STJ, RESP 284.276.
[665] STJ, RESP 474.001 e RESP 631.529.
[666] STJ, RESP 686.122 e RESP 666.351.

litados, inclusive àqueles que se constituírem em encargo do monte. Se o crédito for contestado, deverão ser aplicadas as regras relativas à massa falida ou concordata (art. 189, parágrafo único, e art. 188, § 1º do CTN).

3.7.8. Crédito tributário e pessoa jurídica em liquidação

O art. 190 do CTN determina que devem ser pagos preferencialmente a quaisquer outros os créditos tributários vencidos ou vincendos, a cargo de pessoas jurídicas de direito privado em liquidação judicial ou voluntária, exigíveis no decurso da liquidação.

O preceito regula a preferência do crédito tributário no caso de dissolução regular das sociedades, ou seja, no caso de encerramento das atividades, seja na via judicial ou não.

A liquidação ou dissolução das sociedades, sem prejuízo do disposto na legislação especial, é regulada pelo Código Civil (art. 1.087), cujo art. 1.033 enumera as causas de sua dissolução. O procedimento de liquidação é previsto no art. 1.102 do Código Civil, cabendo ao liquidante respeitar o direito dos credores preferenciais (art. 1.106 do CC).

A preferência é absoluta quando se tratar de crédito tributário "exigível no decurso da liquidação", ou seja, decorrente de fatos geradores ocorridos durante a liquidação. Neste caso, os créditos tributários têm preferência sobre os créditos decorrentes da legislação do trabalho ou de acidentes do trabalho gerados durante a liquidação. Se os créditos tributários decorrerem de fatos geradores anteriores à liquidação, não terão preferência sobre os credores trabalhistas, sejam estes posteriores ou anteriores à liquidação.

Capítulo 4 – Administração tributária

4.1. Fiscalização tributária

A legislação tributária, observadas as normas do CTN, deverá regular, em caráter geral, ou especificamente em função da natureza do tributo de que se tratar, a competência e os poderes das autoridades administrativas em matéria de fiscalização. Tal legislação aplica-se às pessoas naturais ou jurídicas, contribuintes ou não, inclusive às que gozam de imunidade tributária ou de isenção subjetiva (art. 194 e seu parágrafo único).

A fiscalização tributária é bastante ampla e o CTN afasta quaisquer disposições legais excludentes ou limitativas do direito de examinar mercadorias, livros, arquivos, documentos, papéis e efeitos comerciais ou fiscais dos comerciantes, industriais ou produtores, ou da obrigação destes de exibi-los (art. 195 do CTN). A pessoa natural ou jurídica tem o dever de conservar os livros obrigatórios de escrituração comercial e fiscal, assim como os comprovantes dos lançamentos nele efetuados, até que ocorra a prescrição dos créditos tributários decorrentes das operações a que se refiram (parágrafo único do art. 195 do CTN). Como o prazo de prescrição para a Fazenda Pública cobrar o crédito tributário começa a fluir depois do lançamento (Súmula 153 do TFR), os livros e documentos devem ser conservados por dez anos.

A EC 42/03 procurou reforçar a administração tributária. Para tanto, alterou a redação do inciso XXII do art. 37 da CF, dispondo que as administrações tributárias das entidades políticas são consideradas atividades essenciais ao funcionamento do Estado e exercidas por servidores de carreiras específicas. Para o implemento de suas atividades, deverão ter recursos prioritários e atuar de forma integrada, compartilhando cadastros e informações fiscais, na forma da lei ou convênio firmado entre as pessoas políticas. Para garantir a prioridade de recursos, também foi alterada a redação do art. 167, IV, da CF, a fim de permitir a vinculação da receita de impostos para a realização das atividades da administração tributária.

A fim de assegurar o exercício da atividade fiscalizatória, o CTN permite que as autoridades administrativas requisitem o auxílio da força pública federal, estadual ou municipal, e reciprocamente, quando forem vítimas de embaraço ou desacato no exercício de suas funções, bem como quando for necessário à efetivação de medida prevista na legislação tributária, ainda que não se configure fato definido em lei como crime ou contravenção (art. 200 do CTN).

No exercício da atividade fiscalizatória, a administração está sujeita à cláusula pétrea que assegura ao contribuinte o contraditório e a ampla defesa, proibindo a Constituição que qualquer pessoa seja privada de seus bens sem o devido processo legal (art. 5º, LIV e LV, da CF). A administração tributária, a fim de identificar o patrimônio, os rendimentos e as atividades econômicas dos contribuintes, deve sempre respeitar os direitos individuais e observar o princípio da legalidade (art. 145, § 1º, da CF). Assim, sempre que a autoridade administrativa proceder ou presidir a quaisquer diligências de fiscalização deverá lavrar os termos necessários para documentar o início do procedimento, na forma da legislação aplicável, que fixará prazo para a sua conclusão (art. 196 do CTN). Estes termos devem ser lavrados, sempre que possível, em um dos livros fiscais exibidos. Quando lavrados em separado, deverá ser entregue à pessoa sujeita à fiscalização cópia autenticada dos termos (art. 196 e seu parágrafo único do CTN).

A lavratura do termo de início de fiscalização é importante porque poderá, se for o caso, servir para antecipar o prazo de decadência, nos termos do parágrafo único do art. 173 do CTN, como também afastar eventual alegação de denúncia espontânea formulada pelo contribuinte (art. 138 do CTN).

Há precedentes do STF no sentido de que o preceito constitucional que assegura a inviolabilidade do domicílio também deve ser respeitado pela fiscalização tributária (art. 5º, XI, da CF). O domicílio tem conceito abrangente, estendendo-se ao espaço em que alguém exerce, com exclusão de terceiros, qualquer atividade profissional.[667] Segundo o Min. Celso de Mello:

---
[667] STF, Ação penal 370-3.

Não são absolutos os poderes de que se acham investidos os órgãos e agentes da administração tributária, pois o Estado, em tema de tributação, inclusive em matéria de fiscalização tributária, está sujeito à observância de um complexo de direitos e prerrogativas que assistem, constitucionalmente, aos contribuintes e aos cidadãos em geral. Na realidade, os poderes do Estado encontram, nos direitos e garantias individuais, limites intransponíveis, cujo desrespeito pode caracterizar ilícito constitucional. – A administração tributária, por isso mesmo, embora podendo muito, não pode tudo. É que, ao Estado, é somente lícito atuar, "respeitados os direitos individuais e nos termos da lei" (CF, art. 145, § 1º), consideradas, sobretudo, e para esse específico efeito, as limitações jurídicas decorrentes do próprio sistema instituído pela Lei Fundamental, cuja eficácia – que prepondera sobre todos os órgãos e agentes fazendários – restringe-lhes o alcance do poder de que se acham investidos, especialmente quando exercido em face do contribuinte e dos cidadãos da República, que são titulares de garantias impregnadas de estatura constitucional e que, por tal razão, não podem ser transgredidas por aqueles que exercem a autoridade em nome do Estado...Para os fins da proteção jurídica a que se refere o art. 5º, XI, da Constituição da República, o conceito normativo de "casa" revela-se abrangente e, por estender-se a qualquer compartimento privado não aberto ao público, onde alguém exerce profissão ou atividade (CP, art. 150, § 4º, III), compreende, observada essa específica limitação espacial (área interna não acessível ao público), os escritórios profissionais, inclusive os de contabilidade, "embora sem conexão com a casa de moradia propriamente dita" (NELSON HUNGIA)... Sem que ocorra qualquer das situações excepcionais taxativamente previstas no texto constitucional (art. 5º, XI), nenhum agente público, ainda que vinculado à administração tributária do Estado, poderá, contra a vontade de quem de direito ("invito domino"), ingressar, durante o dia, sem mandado judicial, em espaço privado não aberto ao público, onde alguém exerce sua atividade profissional, sob pena de a prova resultante da diligência de busca e apreensão assim executada reputar-se inadmissível, porque impregnada de ilicitude material.[668]

A violação do domicílio, de acordo com o STF, está sujeita à cláusula de reserva de jurisdição. Existem precedentes no sentido de que nem mesmo as Comissões Parlamentares de Inquérito (CPIs), a quem o texto constitucional atribui poderes de investigação próprios das autoridades judiciais (art. 58, § 3º, da CF), podem determinar a busca e apreensão domiciliar, porque tal ato seria exclusivo dos membros do Poder Judiciário.[669]

O Pleno do Supremo Tribunal Federal denegou *habeas corpus* impetrado com o objetivo de trancar ação penal por crime contra a ordem tributária (art. 1º, I e II, da Lei 8.137/90), em que a defesa alegava que o processo teve origem em prova ilícita, uma vez que baseada em busca e apreensão em determinada empresa, efetuada pela Receita Federal, de vários documentos, o que seria contrário à garantia constitucional que assegura a inviolabilidade do domicílio. A empresa havia sofrido uma devassa fiscal, tendo havido a entrada dos fiscais na empresa e a busca e apreensão de vários documentos sem autorização judicial. De posse da documentação, o Ministério Público requereu e obteve judicialmente a quebra do sigilo bancário da empresa e dos sócios, servindo tudo isso para lastrear a denúncia pelo crime contra a ordem tributária. A defesa alegou inviolabilidade do domicílio (art. 5º, XI, da CF) e a inadmissibilidade das provas obtidas por meios ilícitos (art. 5º, LVI, da CF) e a contaminação das provas derivadas.[670]

---

[668] STF, HC 93.050.
[669] STF, MS 23.642.
[670] STF, HC 79512.

O Min. Sepúlveda Pertence, embora considerasse legítima a aplicação do princípio da proporcionalidade para solucionar a colisão de valores constitucionais, uma vez que o MPF tinha o objetivo de dar prevalência ao interesse da persecução criminal sobre o da inviolabilidade do domicílio, resistiu em admitir que:

> (...) à garantia constitucional da inadmissibilidade da prova ilícita se possa opor, com o fim de dar-lhe prevalência em nome do princípio da proporcionalidade, o interesse público na eficácia da repressão penal em geral ou, em particular, na de determinados crimes. É que, aí, foi a Constituição mesma que ponderou os valores contrapostos e optou – em prejuízo, se necessário, da eficácia da persecução criminal – pelos valores fundamentais, da dignidade humana, aos quais serve de salvaguarda a proscrição da prova ilícita.

Mesmo que houvesse a aludida prevalência, assentou que a invasão do domicílio seria indevida e, consequentemente, ilícita a prova apreendida, se não foi procedida de autorização judicial.

O Ministro esclareceu que a legislação invocada pelas instâncias judiciais inferiores – que havia feito referência ao art. 195 do CTN, art. 110 da Lei 4.502/64 e ao art. 35 da Lei 9.430/96 – não seria suficiente para emprestar licitude à alegada invasão do escritório das empresas pelos agentes fiscais porque se tratam de leis anteriores à Constituição Federal de 1988. Fez referência à Carta de 1969, dizendo que tal garantia era excepcionada porque se permitia a entrada em casa alheia "nos casos e na forma que a lei estabelecer" (art. 153, § 10), enquanto na Constituição atual, afora as expressas exceções, apenas a "determinação judicial" autoriza a entrada de alguém no domicílio de outrem, sem o consentimento do morador.

> Essa legislação, contudo, que, sob a Carta precedente, continha em si a autorização à entrada forçada no domicílio do contribuinte, reduz-se, sob a Constituição vigente, a uma simples norma de competência para, uma vez no interior da dependência domiciliar, efetivar as diligências legalmente permitidas. O ingresso, porém, sempre que necessário vencer a oposição do morador, passou a depender de autorização judicial prévia. Em outras palavras: o poder fiscalizador da administração tributária perdeu, em favor do reforço da garantia constitucional, a prerrogativa da auto-executoriedade. Em conseqüência, falece à autoridade fiscal o poder de avaliar da juridicidade da resistência do morador ao seu ingresso no recinto visado, independente dos motivos ou da forma dele.

Porém, como nos autos não havia prova da falta de autorização dos acusados ou de seus prepostos ao ingresso dos fiscais nas dependências da empresa, indeferiu o *habeas corpus*, sendo seguido pela maioria dos Ministros.

Posteriormente, no julgamento de agravo regimental interposto contra decisão que havia negado seguimento a recurso extraordinário, novamente o STF, com base no precedente supramencionado, entendeu que a garantia constitucional da inviolabilidade do domicílio estende-se à sede da empresa, onde é exercida a atividade profissional, razão por que o ingresso dos agentes fiscais, "sempre que necessário vencer a oposição do morador, passou a depender de autorização judicial prévia". Porém, o simples fato de os fiscais ingressarem em escritório de empresa sem estarem munidos de mandado judicial não era suficiente para reconhecer como ilícita a prova obtida, havendo necessidade de que fosse provado que houve resistência concreta à entrada ou permanência dos fiscais na empresa.[671] É esta a redação parcial da ementa do julgado:

> 1. Conforme o art. 5º, XI, da Constituição – afora as exceções nele taxativamente previstas ("em caso de flagrante delito ou desastre, ou para prestar socorro") só a "determinação judicial" autoriza, e durante o dia, a entrada de alguém – autoridade ou não – no domicílio de outrem, sem o consentimento do morador.
>
> 2. Em consequência, o poder fiscalizador da administração tributária perdeu, em favor do reforço da garantia constitucional do domicílio, a prerrogativa da auto-executoriedade, condicionando, pois, o ingresso dos agentes fiscais em dependência domiciliar do contribuinte, sempre que necessário vencer a oposição do morador, passou a depender de autorização judicial prévia.
>
> 3. Mas, é um dado elementar da incidência da garantia constitucional do domicílio o não consentimento do morador ao questionado ingresso de terceiro: malgrado a ausência de autorização judicial, só a entrada "invito domine" a ofende.

O Supremo Tribunal Federal, no julgamento do MS 23.454/DF, por unanimidade, também deferiu mandado de segurança impetrado contra ato da Comissão Parlamentar de Inquérito do Senado Federal, que havia determinado a expedição de mandado de busca e apreensão de documentos relativos às atividades profissionais, contábeis ou comerciais dos impetrantes. O Tribunal entendeu que a CPI, ao exercer a competência investigatória prevista no art. 58, § 3º, da CF, está sujeita às mesmas limitações constitucionais que incidem sobre as autoridades judiciárias, devendo, dessa forma, fundamentar as suas decisões (CF, art. 93, IX). A Corte salientou que o mandado de busca e apreensão deveria ser específico quanto à diligência a ser efetuada e não poderia, de forma alguma, delegar à autoridade policial o poder de selecionar os documentos a serem apreendidos. De outra parte, os Ministros Ilmar Galvão e Octavio Gallotti entenderam que a amplitude genérica do mandado de busca e apreensão e a delegação à autoridade policial do poder de selecionar os documentos a serem apreendidos seriam suficientes para a concessão da segurança. Em maior extensão, os Ministros Marco Aurélio, relator, Celso de Mello e Carlos Velloso também concederam a ordem por entenderem que, além dos fundamentos acima expostos, a CPI não poderia deliberar sobre o instituto da busca e apreensão domiciliar, por se tratar de ato cuja prática a CF atribui com exclusividade aos membros do Poder Judiciário.

Discorrendo sobre a ilicitude da prova e os poderes da fiscalização tributária e a apreensão de livros contábeis e documentos fiscais por agentes fazendários e policiais federais, disse o Min. Celso de Mello:

> A ação persecutória do Estado, qualquer que seja a instância de poder perante a qual se instaure, para revestir-se de legitimidade, não pode apoiar-se em elementos probatórios ilicitamente obtidos, sob pena de ofensa à garantia constitucional do *due process of law*, que tem, no dogma da inadmissibilidade das provas ilícitas, uma de suas mais expressivas projeções concretizadoras no plano do nosso sistema de direito positivo. A "Exclusionary Rule" consagrada pela jurisprudência da Suprema Corte dos Estados Unidos da América como limitação ao poder do Estado de produzir prova em sede processual penal. – A Constituição da República, em norma revestida de conteúdo vedatório (CF, art. 5º, LVI), desautoriza, por incompatível com os postulados que regem uma sociedade fundada em bases democráticas (CF, art. 1º), qualquer prova cuja obtenção, pelo Poder

---

[671] STF, AgRegRE 331.303.

Público, derive de transgressão a cláusulas de ordem constitucional, repelindo, por isso mesmo, quaisquer elementos probatórios que resultem de violação do direito material (ou, até mesmo, do direito processual), não prevalecendo, em conseqüência, no ordenamento normativo brasileiro, em matéria de atividade probatória, a fórmula autoritária do *male captum, bene retentum*. Doutrina. Precedentes. – A circunstância de a administração estatal achar-se investida de poderes excepcionais que lhe permitem exercer a fiscalização em sede tributária não a exonera do dever de observar, para efeito do legítimo desempenho de tais prerrogativas, os limites impostos pela Constituição e pelas leis da República, sob pena de os órgãos governamentais incidirem em frontal desrespeito às garantias constitucionalmente asseguradas aos cidadãos em geral e aos contribuintes em particular. – Os procedimentos dos agentes da administração tributária que contrariem os postulados consagrados pela Constituição da República revelam-se inaceitáveis e não podem ser corroborados pelo Supremo Tribunal Federal, sob pena de inadmissível subversão dos postulados constitucionais que definem, de modo estrito, os limites – inultrapassáveis – que restringem os poderes do Estado em suas relações com os contribuintes e com terceiros.[672]

Ainda acerca das provas ilícitas, o Min. Celso de Mello, no julgamento da AP 370-3/DF, esclareceu que o art. 5º, LVI, da Constituição Federal consagrou:

O postulado de que a prova obtida por meios ilícitos deve ser repudiada – e repudiada sempre – pelos juízes e Tribunais, por mais relevantes que sejam os fatos por ela apurados, uma vez que se subsume ela ao conceito de inconstitucionalidade (Ada Pellegrini Grinover, op. Cit., p. 62,1990, Forense Universitária). A cláusula constitucional do *due process of law* – que se destina a garantir a pessoa do acusado contra ações eventualmente abusivas do Poder Público – tem, no dogma da inadmissibilidade das provas ilícitas, uma de suas projeções concretizadoras mais expressivas, na medida em que o réu tem o impostergável direito de não ser denunciado, de não ser julgado e de não ser condenado com apoio em elementos instrutórios obtidos ou produzidos de forma incompatível com os limites impostos, pelo ordenamento jurídico, ao poder persecutório e ao poder investigatório do Estado. A absoluta invalidade da prova ilícita infirma-lhe, de modo radical, a eficácia demonstrativa dos fatos e eventos cuja realidade material ela pretende evidenciar. Trata-se de conseqüência que deriva, necessariamente, da garantia constitucional que tutela a situação jurídica dos acusados em juízo penal e que exclui, de modo peremptório, a possibilidade de uso, em sede processual, da prova – de qualquer prova – cuja ilicitude venha a ser reconhecida pelo Poder Judiciário. A prova ilícita é prova inidônea. Mais do que isso, prova ilícita é prova imprestável. Não se reveste, por esta explícita razão, de qualquer aptidão jurídico-material. Prova ilícita, sendo providência instrutória eivada de inconstitucionalidade, apresenta-se destituída de qualquer grau, por mínimo que seja, de eficácia jurídica. Tenho tido a oportunidade de enfatizar, neste Tribunal, que a "Exclusionary Rule", considerada essencial pela jurisprudência da Suprema Corte dos Estados Unidos da América, na definição dos limites da atividade probatória desenvolvida pelo Estado, destina-se, na abrangência de seu conteúdo, e pelo banimento processual de evidência ilicitamente coligida, a proteger os réus criminais contra a ilegítima produção ou a ilegal colheita de prova incriminadora (Garrity v. New Jersey, 385 U.S. 493, 1967; Mapp vs. Ohio, 367 U.S. 643,1961; Wong Sun v. United States, 371 U.S. 471, 1962, *v.g.*).

Em razão destes precedentes do Supremo Tribunal Federal, ainda que relativos ao direito penal, podemos concluir que o lançamento efetuado exclusivamente com base em prova assim obtida seria nulo porque não podem ser admitidas, no processo, as provas obtidas por meios ilícitos (art. 5º, LVI, da CF).

---

[672] STF, HC 93.050.

Por outro lado, embora o Supremo Tribunal Federal considere que a liberdade da atividade profissional, empresarial ou econômica não se revista de caráter absoluto, uma vez que não reconhece direitos ou garantias constitucionais de caráter absoluto, já que excepcionalmente os órgãos estatais podem adotar medidas restritivas aos direitos individuais ou coletivos, com o escopo de assegurar a ordem pública ou direitos e garantias de terceiros,[673] não tem admitido que a administração tributária possa valer-se de meios indiretos para a cobrança de tributos. A jurisprudência da Corte está consolidada no sentido de não permitir as denominadas sanções políticas, materializadas em atos do Poder Público que imponham restrições ao exercício da atividade econômica ou profissional com o objetivo de compelir o contribuinte inadimplente ao pagamento do tributo.

O Supremo Tribunal Federal tem julgado que, na elaboração das leis, sobretudo em matéria tributária, o legislador deve observar o princípio da proporcionalidade, repelindo conteúdos normativos que revelem caráter arbitrário do Poder Público. "O Estado", disse o Min. Celso de Mello:

> Não pode legislar abusivamente. A atividade legislativa está necessariamente sujeita à rígida observância de diretriz fundamental, que, encontrando suporte teórico no princípio da proporcionalidade, veda os excessos normativos e as prescrições irrazoáveis do Poder Público. O princípio da proporcionalidade – que extrai a sua justificação dogmática de diversas cláusulas constitucionais, notadamente daquela que veicula a garantia do substantive *due process of law* – acha-se vocacionado a inibir e neutralizar os abusos do Poder Público no exercício de suas funções, qualificando-se como parâmetro de aferição da própria constitucionalidade material dos atos estatais. A norma estatal, que não veicula qualquer conteúdo de irrazoabilidade, presta obséquio ao postulado da proporcionalidade, ajustando-se à cláusula que consagra, em sua dimensão material, o princípio do substantive *due process of law* (CF, art. 5º, LIV). Essa cláusula tutelar, ao inibir os efeitos prejudiciais decorrentes do abuso de poder legislativo, enfatiza a noção de que a prerrogativa de legislar outorgada ao Estado constitui atribuição jurídica essencialmente limitada, ainda que o momento de abstrata instauração normativa possa repousar em juízo meramente político ou discricionário do legislador.[674]

Portanto, na outorga, às entidades políticas, do poder de tributar, não está compreendido o poder de inviabilizar o regular exercício da atividade profissional ou econômica, uma vez que a Constituição Federal confere ao contribuinte garantias estruturadas com o objetivo de protegê-lo contra eventuais exigências tributárias, decorrentes de lei, que carecem de razoabilidade ao preverem sanções políticas com o único propósito de compelir o contribuinte ao pagamento de seus créditos tributários.

Nesta linha, o Min. Celso de Mello entendeu que:

> A prerrogativa institucional de tributar, que o ordenamento positivo reconhece ao Estado, não lhe outorga o poder de suprimir (ou de inviabilizar) direitos de caráter fundamental, constitucionalmente assegurados ao contribuinte, pois este dispõe, nos termos da própria Carta Política, de um sistema de proteção destinado a ampará-lo contra eventuais excessos cometidos pelo poder tributante ou, ainda, contra exigências irrazoáveis veiculadas em diplomas normativos por este editados.[675]

---

[673] RTJ 173/807-808.
[674] RTJ 176/578-580.
[675] STF, RE 374.981.

Existem vários julgados do STF no sentido de que a mera inadimplência do contribuinte não autoriza, ainda que prevista em lei, a aplicação de restrições de caráter político, assim consideradas as penalidades que apreendem mercadorias, interditam estabelecimentos, proíbem a emissão de notas ou documentos fiscais, sempre com o propósito de exigir, pela via transversa, o pagamento de tributos.[676]

Assim, não se pode impor castigo ao contribuinte infrator, exigindo dele garantia fidejussória ou real para autorizar a impressão de talonários fiscais.[677] Há precedentes até mesmo considerando como litigante de má-fé o poder público que, por meio de seus agentes de fiscalização, acaba por desprezar a jurisprudência consolidada do STJ, insistindo na "imposição de sanções administrativas indiretas e força o contribuinte ao exercício do direito de ação".[678]

O Supremo Tribunal Federal tem precedente no sentido de que não pode o Fisco impor ao contribuinte, mesmo diante de uma infração fiscal que o submeta a um regime especial de fiscalização, um prazo diferenciado quanto ao prazo para recolhimento do tributo porque isto ofende o livre exercício de qualquer trabalho, ofício ou profissão (art. 5º, XIII, da CF).[679]

Em outro exemplo, a Constituição do Estado de São Paulo (art. 163, § 7º) dispõe que "não se compreende como limitação ao tráfego de bens a apreensão de mercadorias, quando desacompanhadas de documentação fiscal idônea". Houve a propositura de ação direta de inconstitucionalidade contra tal preceito, alegando-se a inadmissibilidade de sanções administrativas para compelir o contribuinte ao pagamento de tributos, mediante a apreensão de mercadorias, ferindo o disposto no art. 5º, XIII, da Constituição Federal. A Corte, porém, acabou julgando improcedente a ação, decidindo que a retenção da mercadoria, até a comprovação da posse legítima daquele que a transporta, não constituiria coação imposta e desrespeito ao princípio do devido processo legal tributário. Entendeu que:

> Ao garantir o livre exercício de qualquer trabalho, ofício ou profissão, o art. 5º, XII, da Constituição da República não o faz de forma absoluta, pelo que a observância dos recolhimentos tributários no desempenho dessas atividades impõe-se legal e legitimamente. A hipótese de retenção temporária de mercadorias prevista no art. 163, § 7º, da Constituição de São Paulo, é providência para a fiscalização do cumprimento da legislação tributária nesse território e consubstancia exercício do poder de polícia da Administração Pública Fazendária, estabelecida legalmente para os casos de ilícito tributário. Inexiste, por isso mesmo, a alegada coação indireta do contribuinte para satisfazer débitos com a Fazenda Pública.[680]

Noutro julgamento do Supremo Tribunal Federal, o Tribunal de Justiça do Rio Grande do Sul havia decidido que a fiscalização não poderia, diante da

---

[676] Súmula 70: "É inadmissível a interdição de estabelecimento como meio coercitivo para a cobrança de tributo". Súmula 323: "É inadmissível a apreensão de mercadorias como meio coercitivo para pagamento de tributos" e Súmula 547: "Não é lícito à autoridade proibir que o contribuinte em débito adquira estampilhas, despache mercadorias nas alfândegas e exerça suas atividades profissionais".
[677] STF, AI 503.731.
[678] STJ, RESP 182.506.
[679] STF, RE 195.621.
[680] STF, ADI 395.

existência de débitos tributários ou da propositura de ação judicial para discuti-los, obstar o fornecimento e autorização para impressão de talonários, nem submeter a empresa à utilização de notas avulsas. O Min. Marco Aurélio, no julgamento de agravo de instrumento contra a decisão que não havia admitido o recurso extraordinário, disse que:

> (...) o procedimento do Estado discrepa da ordem natural das coisas, da garantia constitucional atinente à atividade no comércio. Atente-se para a inviabilidade de, uma vez em discussão débito tributário, adotar-se mecanismo de pressão, e a tanto equivale submeter a empresa a tratamento discrepante do que normalmente acontece, compelindo-a a utilizar notas fiscais avulsas, cujo preenchimento torna inviável o empreendimento comercial. O Estado, quanto a débitos fiscais, conta com a possibilidade de acesso ao Judiciário, cobrando-os mediante executivos fiscais.[681]

Porém, o STF decidiu que não constitui sanção política a cassação de registro especial para a fabricação e comercialização de cigarros, no caso de não cumprimento de obrigações tributárias, tal como previsto no DL 1.593/77. A Corte entendeu que:

> Não haveria se falar em sanção política se as restrições à prática de atividade econômica combatessem estruturas empresariais que se utilizassem da inadimplência tributária para obter maior vantagem concorrencial.[682]

Da mesma forma, a Corte também entendeu que não pode ser considerada sanção política a vedação de ingresso no SIMPLES Nacional (art. 17, V, da LC 123/06) da microempresa ou empresa de pequeno porte que possua débitos junto ao INSS ou à Fazenda Pública.[683]

O dever de prestar informações à autoridade administrativa acerca dos bens, negócios ou atividades de terceiros constitui obrigação das seguintes pessoas, as quais devem ser intimadas por escrito (art. 197 do CTN):

1. Os tabeliães, escrivães e demais serventuários de ofício;

2. Os bancos, casas bancárias, Caixas Econômicas e demais instituições financeiras;

3. As empresas de administração de bens;

4. Os corretores, leiloeiros e despachantes oficiais;

5. Os inventariantes;

6. Os síndicos, comissários e liquidatários;

7. Quaisquer outras entidades ou pessoas que a lei designe, em razão de seu cargo, ofício, função, ministério, atividade ou profissão.

A obrigação de prestar informações ao Fisco, porém, não abrange as informações quanto a fatos sobre os quais o informante esteja legalmente obrigado a observar segredo em razão de cargo, ofício, função, ministério, atividade ou profissão (art. 197 e seu parágrafo único do CTN).

O CPC, ao tratar da exibição de documento ou coisa que se ache em poder da parte ou de terceiro, admite que estes se recusem em exibi-los se isto acarre-

---
[681] STF, AI 457.856.
[682] STF, RE 550.769.
[683] STF, RE 627.543.

tar a divulgação de fatos, a cujo respeito, por estado ou profissão, eles devam guardar segredo (art. 404, IV, do CPC).

4.2. Sigilo bancário

A doutrina tem considerado que o sigilo bancário protege a esfera da intimidade financeira das pessoas, daí ser considerado como uma projeção da garantia constitucional da privacidade. No entanto, a garantia constitucional da intimidade, de acordo com o STF, não tem caráter absoluto.

> Não há, no sistema constitucional brasileiro, direitos ou garantias que se revistam de caráter absoluto, mesmo porque razões de relevante interesse público ou exigências derivadas do princípio de convivência das liberdades legitimam, ainda que excepcionalmente, a adoção, por parte dos órgãos estatais, de medidas restritivas das prerrogativas individuais ou coletivas, desde que respeitados os termos estabelecidos pela própria Constituição.[684]

Com isso, sendo uma projeção da garantia fundamental da intimidade, ele não se expõe:

> Enquanto valor constitucional que é, a intervenções de terceiros ou a intrusões do Poder Público desvestidas de causa provável ou destituídas de base jurídica idônea. O sigilo bancário não tem caráter absoluto, deixando de prevalecer, por isso mesmo, em casos excepcionais, diante da exigência imposta pelo interesse público.[685]

O art. 38 da Lei 4.595/64 assegurava o sigilo bancário, mas tal dispositivo acabou sendo revogado pela LC 105/01 (art. 13).

O art. 6º da LC 105/01 estabelece que as autoridades e os agentes fiscais tributários da União, dos Estados, do Distrito Federal e dos Municípios somente poderão examinar documentos, livros e registros de instituições financeiras, inclusive os referentes a contas de depósitos e aplicações financeiras, quando houver processo administrativo instaurado ou procedimento fiscal em curso e tais exames sejam considerados indispensáveis pela autoridade administrativa competente. O resultado dos exames, as informações e os documentos devem ser conservados em sigilo, observada a legislação tributária.

Nos termos da LC 105/01, portanto, a quebra do sigilo bancário pode ser efetuada pela autoridade administrativa, a quem é imposto o dever de manutenção do sigilo, e deve obedecer apenas a dois requisitos: 1. Processo administrativo regularmente instaurado ou procedimento fiscal em curso; 2. Indispensabilidade da análise dos dados das instituições financeiras.

Embora as instituições financeiras devam conservar sigilo em suas operações, de acordo com a lei não constitui violação deste dever, entre outros casos, fornecer informações relativas à extinta CPMF e para apurar a prática de crime contra a ordem tributária e a previdência social (art. 1º, § 3º, III, e § 4º, VII, da LC 105/2001).

Assim, as instituições financeiras que eram responsáveis pela retenção e recolhimento da CPMF deviam prestar à Receita Federal as informações

---
[684] STF, MS 23.452.
[685] STF, MS 23.669.

necessárias à identificação dos contribuintes e os valores globais das respectivas operações (art. 11, § 2º, da Lei 9.311/96). Na redação original, o dispositivo (§ 3º do art. 11) proibia que tais informações fossem utilizadas para constituir créditos tributários referentes a outros tributos. O art. 1º da Lei 10.174/01 havia alterado a redação do § 3º do art. 11 da Lei 9.311/96. As informações financeiras obtidas diretamente pelo Fisco deviam ser mantidas em sigilo, mas podiam ser utilizadas para instaurar procedimento administrativo para verificar a existência de crédito tributário. Com o cruzamento dos dados relativos ao recolhimento da CPMF e os tributos efetivamente pagos, poderia ser constatada a omissão de receitas, ficando autorizado o lançamento de ofício.

A flexibilização do sigilo das instituições financeiras pela LC 105/01 foi objeto de várias ações diretas de inconstitucionalidade, as quais foram julgadas improcedentes ou perderam o objeto.[686]

Em resumo, o STF entendeu o seguinte:[687]

> Os artigos 5º e 6º da Lei Complementar nº 105/2001 e seus decretos regulamentares (Decretos nº 3.724, de 10 de janeiro de 2001, e nº 4.489, de 28 de novembro de 2009) consagram, de modo expresso, a permanência do sigilo das informações bancárias obtidas com espeque em seus comandos, não havendo neles autorização para a exposição ou circulação daqueles dados. Trata-se de uma transferência de dados sigilosos de um determinado portador, que tem o dever de sigilo, para outro, que mantém a obrigação de sigilo, permanecendo resguardadas a intimidade e a vida privada do correntista, exatamente como determina o art. 145, § 1º, da Constituição Federal (...).
>
> 6. O Brasil se comprometeu, perante o G20 e o Fórum Global sobre Transparência e Intercâmbio de Informações para Fins Tributários (*Global Forum on Transparency and Exchange of Information for Tax Purposes*), a cumprir os padrões internacionais de transparência e de troca de informações bancárias, estabelecidos com o fito de evitar o descumprimento de normas tributárias, assim como combater práticas criminosas. Não deve o Estado brasileiro prescindir do acesso automático aos dados bancários dos contribuintes por sua administração tributária, sob pena de descumprimento de seus compromissos internacionais.
>
> 7. O art. 1º da Lei Complementar 104/2001, no ponto em que insere o § 1º, inciso II, e o § 2º ao art. 198 do CTN, não determina quebra de sigilo, mas transferência de informações sigilosas no âmbito da Administração Pública. Outrossim, a previsão vai ao encontro de outros comandos legais já amplamente consolidados em nosso ordenamento jurídico que permitem o acesso da Administração Pública à relação de bens, renda e patrimônio de determinados indivíduos.

As comissões parlamentares de inquérito têm poderes de investigação próprios das autoridades judiciais (art. 58, § 3º, da CF). O STF tem entendido que, se a quebra do sigilo bancário for determinada por Comissão Parlamentar de Inquérito, a sua validade jurídica dependerá da aprovação da maioria absoluta dos membros que compõem a CPI, a fim de que seja respeitado o princípio da colegialidade:

> O princípio da colegialidade traduz diretriz de fundamental importância na regência das deliberações tomadas por qualquer Comissão Parlamentar de Inquérito, notadamente quando esta, no desempenho de sua competência investigatória, ordena a adoção de medidas restritivas de direitos, como aquela que importa na revelação das operações financeiras ativas e passivas de qualquer

---

[686] STF, ADI 2.386, 2.859, 2.389, 2.390, 2.397, 2.406, 4.006 e 4.010. Estas ADIs tratam das modificações efetuadas no art. 198 do CTN pela LC 104/01 e da flexibilização do sigilo bancário (LC 105/01) e cruzamento de dados relativos à CPMF (Lei 10.174/01).

[687] STF, ADI 2.859.

pessoa. O necessário respeito ao postulado da colegialidade qualifica-se como pressuposto de validade e legitimidade das deliberações parlamentares, especialmente quando estas – adotadas no âmbito de Comissão Parlamentar de Inquérito – implicam ruptura, sempre excepcional, da esfera de intimidade das pessoas. A quebra do sigilo bancário, que compreende a ruptura da esfera de intimidade financeira da pessoa, quando determinada por ato de qualquer Comissão Parlamentar de Inquérito, depende, para revestir-se de validade jurídica, da aprovação da maioria absoluta dos membros que compõem o órgão de investigação legislativa (Lei nº 4.595, art. 38, § 4º).[688]

4.3. Sigilo fiscal

Ao mesmo tempo em que o CTN assegura à autoridade administrativa amplos poderes de investigação acerca do patrimônio, renda, atividades financeiras e econômicas do contribuinte, impõe-lhe o dever de preservar estas informações, mantendo-as sob sigilo fiscal.

O art. 198 do CTN, alterado pela LC 104/01, proíbe que a Fazenda Pública ou seus servidores divulguem informações obtidas em razão do ofício sobre a situação econômica ou financeira do sujeito passivo ou de terceiros, inclusive a respeito da natureza e o estado de seus negócios ou atividades. Estas informações devem ficar preservadas sob o manto do sigilo fiscal, sob pena de responsabilidade penal e administrativa do servidor.

O sigilo fiscal, que antes somente poderia ser quebrado mediante ordem judicial no interesse da justiça, sofreu modificação com a LC 104/01. Atualmente, além da requisição judicial, a própria autoridade administrativa, no interesse da administração pública, se houver instaurado processo administrativo no respectivo órgão ou entidade, com o objetivo de investigar o sujeito passivo a que se refere a informação, por prática de infração administrativa, poderá solicitar diretamente as informações ao Fisco. Para garantir que o intercâmbio das informações, no âmbito administrativo, fique preservado pelo sigilo, impôs a lei a necessidade de ele ser realizado por processo regularmente instaurado, exigindo que a entrega das informações seja efetuada pessoalmente à autoridade solicitante, mediante recibo, a fim de formalizar a transferência das informações e assegurar a preservação do sigilo (§ 2º do art. 198).

Porém, não viola o sigilo fiscal a divulgação de informações relativas a representações fiscais para fins penais, às inscrições em dívida ativa ou ao parcelamento ou moratória (art. 198, § 3º, I a III, do CTN).

O Supremo Tribunal Federal tem entendido que as Comissões Parlamentares de Inquérito, cujos atos, se emanados do Congresso Nacional, sujeitam-se ao controle jurisdicional por parte do STF (CF, art. 102, I, *d* e *i*), têm suas atribuições institucionais delimitadas pela Constituição Federal, estando restritas ao campo da investigação probatória. As CPIs não podem praticar atos que estejam sujeitos ao princípio constitucional da reserva de jurisdição, cujo postulado implica submeter apenas e exclusivamente aos magistrados a prática de determinados atos. Justamente pelo fato de que a Constituição atribui às CPIs poderes de investigação próprios das autoridades judiciais é que o

---

[688] STF, MS 23.669.

exercício de suas prerrogativas está sujeito aos mesmos princípios que regem o desempenho da atividade jurisdicional, notadamente a exigência de motivação para a prática de atos restritivos de direitos (art. 93, IX, da CF), sem o que os seus atos estarão destituídos de eficácia jurídica.[689]

É importante ressaltar que o princípio constitucional da reserva de jurisdição incide sobre a busca domiciliar (art. 5º, XI, da CF), a interceptação telefônica (art. 5º, XII, da CF) e a decretação de prisão, salvo em flagrante (art. 5º, LXI, da CF). O STF entendeu que este princípio não se estende ao tema da quebra de sigilo fiscal, inclusive bancário e telefônico, assistindo competência à Comissão Parlamentar de Inquérito para decretar, sempre em ato necessariamente motivado, a "excepcional ruptura dessa esfera de privacidade das pessoas".[690]

Nos processos de execução, discute-se se o Juiz poderia requisitar informações acerca do patrimônio do devedor à Receita Federal, no interesse do exequente. O STJ, no julgamento de embargos de divergência, entendeu que, se forem frustrados os esforços do exequente no sentido de localizar bens sobre os quais possa recair a penhora, a requisição judicial poderia ser admitida porque é feita no interesse da justiça, e não apenas do credor, a fim de que o Estado cumpra com o seu dever de prestar a jurisdição.[691] No mesmo sentido, o Supremo Tribunal Federal entendeu que a requisição judicial acerca de informações relativas ao Imposto de Renda do executado, uma vez esgotados os esforços para localizar bens do devedor, é feita no interesse da justiça, já que a penhora é ato preliminar para a execução do patrimônio do devedor. E o titular desse poder é o Estado, que o tem como instrumento necessário para desincumbir-se do seu dever de prestar a jurisdição. Além disso, é considerado atentatório à dignidade da justiça o ato do devedor que não indica ao juiz onde se encontram os bens passíveis de execução (CPC revogado, art. 600, IV).[692] Quer dizer, a requisição judicial é possível quando o exequente tiver esgotado os meios postos à sua disposição para localizar bens do devedor sobre os quais possa recair a penhora. Nestes casos, o sigilo fiscal não poderá ser oposto à pretensão executória.

A Fazenda Pública da União e das demais entidades políticas podem trocar informações entre si ou prestarem mútua assistência para a fiscalização dos respectivos tributos, na forma estabelecida em lei ou em convênios. Com isto, o Fisco Estadual, ao fiscalizar um estabelecimento comercial para verificar o recolhimento do ICMS, constatando a existência de infração fiscal que afete também o recolhimento de tributos federais (Imposto de Renda, COFINS, PIS, etc.), poderá dar ciência à Fazenda Federal dos fatos, a fim de que esta proceda, obedecidas às formalidades legais, ao lançamento dos tributos pertinentes (art. 199, *caput*).

A Fazenda Pública da União, mediante tratados, acordos ou convênios internacionais, poderá permutar informações com Estados estrangeiros no interesse da arrecadação e fiscalização dos tributos (parágrafo único do art. 199).

---

[689] RTJ 140/514.
[690] STF, MS 23652.
[691] STJ, ERESP 163.408.
[692] STF, RE 92.377.

4.4. Dívida ativa

Os créditos tributários, como também os não tributários, devem ser inscritos em dívida ativa da Fazenda Pública. De acordo com o art. 39, § 2º, da Lei 4.320/64, a dívida ativa tributária é o crédito da Fazenda Pública dessa natureza, proveniente de obrigação legal relativa a tributos e respectivos adicionais e multas, sendo que os demais créditos constituem a dívida ativa não tributária. A dívida ativa abrange atualização monetária, juros, multa de mora e demais encargos previstos em lei.

Para o CTN, "constitui dívida ativa tributária a proveniente de crédito dessa natureza, regularmente inscrita na repartição administrativa competente, depois de esgotado o prazo fixado, para pagamento, pela lei ou por decisão final proferida em processo regular" (art. 201). Nos termos do seu parágrafo único, a fluência de juros de mora não exclui a liquidez do crédito tributário.

A execução judicial para a cobrança da dívida ativa é regida pela Lei 6.830/80, aplicando-se subsidiariamente o CPC.

4.5. Inscrição em dívida ativa e execução fiscal

A inscrição em dívida ativa nada mais é do que o controle administrativo da legalidade do crédito tributário. No âmbito federal, o crédito é apurado pela Secretaria da Receita Federal e, não havendo pagamento, é encaminhado para a Procuradoria da Fazenda Nacional, a quem compete a inscrição em dívida ativa. Se o crédito tributário tiver sido apurado pelo próprio contribuinte e declarado em documentos (DCTF, GFIP, etc.), não haverá necessidade de lançamento, de maneira que os créditos declarados poderão ser diretamente inscritos em dívida ativa para posterior cobrança.[693] Assim, se o sujeito passivo da obrigação tributária declara débito de ICMS, não seguido de pagamento, está autorizada a imediata inscrição em dívida ativa.[694] Tratando-se de débito declarado e não pago, a cobrança do imposto decorre de autolançamento, não havendo espaço para a homologação formal, sendo o débito exigível independentemente de notificação prévia ou de instauração de qualquer procedimento administrativo.[695]

Uma vez inscrito em dívida ativa, o crédito tributário passa a gozar de presunção de certeza e liquidez, possuindo o efeito de prova pré-constituída (art. 204 do CTN). A fluência dos juros de mora não exclui a liquidez do crédito (parágrafo único do art. 201). A presunção de certeza e liquidez é relativa. Ou seja, presunção *juris tantum*, cujo ônus para ilidi-la, mediante prova inequívoca, compete ao sujeito passivo, ou terceiro a quem aproveite (parágrafo único do art. 204).

---

[693] STJ, RESP 223.849.
[694] STJ, RESP 68.625.
[695] STJ, RESP 236.054.

Do termo de inscrição em dívida ativa é extraída a certidão de dívida ativa. A certidão de dívida ativa (CDA) é o título necessário para aparelhar a execução fiscal a ser intentada pela Fazenda Pública, seguindo o rito disciplinado na lei de execuções fiscais (Lei 6.830/80).

As certidões de dívida ativa da Fazenda Pública da União, Estados, DF e Municípios, correspondentes aos créditos inscritos na forma da lei, são consideradas títulos executivos extrajudiciais (art. 784, IX, do CPC) e estão sujeitos a protesto, nos termos do art. 25 da Lei 12.767/12. O STF considerou o protesto da CDA como mecanismo constitucional legítimo por não restringir de forma desproporcional qualquer direito fundamental dos contribuintes.[696]

O termo de inscrição em dívida ativa e a certidão de dívida ativa devem conter alguns requisitos previstos no CTN. A omissão ou erro acerca dos requisitos legais acarreta a nulidade da inscrição e do processo de cobrança dela decorrente (art. 203). De acordo com o art. 202 do CTN, o termo de inscrição em dívida ativa deverá conter: 1. O nome do devedor e, sendo o caso, o dos responsáveis, bem como o domicílio ou a residência de um e de outros; 2. A quantia devida e a maneira de calcular os juros de mora acrescidos; 3. A origem e a natureza do crédito, mencionando-se o respectivo dispositivo legal; 4. A data em que efetuada a inscrição em dívida ativa; 5. Se for o caso, o número do processo administrativo de que se originar o crédito. Além destes requisitos, a certidão também deverá conter a indicação do livro e da folha da inscrição.

Os erros e omissões da certidão de dívida ativa podem ser sanados. O CTN (art. 203) e também a Lei de Execuções Fiscais (§ 8º do art. 2º) permitem a substituição ou emenda da certidão de dívida ativa até decisão de primeira instância. A substituição ou emenda da Certidão de Dívida Ativa é uma faculdade conferida à Fazenda Pública, em observância ao princípio da economia processual, sendo permitida até a prolação da sentença. Assim, antes de proferida a sentença nos embargos do devedor, o juiz deve oferecer oportunidade à exequente para substituição ou emenda da Certidão de Dívida Ativa, a fim de sanar as deficiências constatadas. O defeito da certidão não pode ser suprido pela juntada do auto de lançamento.[697] Substituída a CDA, deve ser devolvido ao executado o prazo para oferecimento de embargos, que somente poderá versar sobre a parte que foi modificada (art. 203 do CTN).

A circunstância de o CTN prever que a certidão de dívida ativa deve trazer o nome do responsável (art. 202, I), admitindo a lei que a execução possa ser promovida contra ele (art. 4º, V, da Lei 6.830/80), não significa que o sócio seja solidariamente responsável pelos débitos da pessoa jurídica. Se o nome do sócio constar na CDA, "(...) a ele incumbe o ônus da prova de que não ficou caracterizada nenhuma das circunstâncias previstas no art. 135 do CTN, ou seja, não houve a prática de atos 'com excesso de poderes ou infração de lei, contrato social ou estatutos'".[698] Frente à presunção de legitimidade da CDA, cabe ao sócio que figura no título o ônus de demonstrar a inexistência de sua

---

[696] STF, ADI 5.135.
[697] STJ, ERESP 839.824.
[698] STJ, RESP 1.104.900.

responsabilidade. Porém, se o nome do sócio não constar da CDA, o redirecionamento da execução contra ele depende da prova dos requisitos do art. 135 do CTN, cujo ônus é da Fazenda Pública.[699]

A jurisprudência do STJ não admite a substituição da certidão de dívida para modificar o sujeito passivo da execução. A Corte sumulou o entendimento de que: "a Fazenda Pública pode substituir a certidão de dívida ativa (CDA) até a prolação da sentença de embargos, quando se tratar de correção de erro material ou formal, vedada a modificação do sujeito passivo da execução".[700]

Porém, no caso de a execução fiscal ter sido ajuizada contra a pessoa jurídica, cuja falência foi decretada antes da propositura da execução,[701] o STJ tem admitido a substituição da CDA, não sendo o caso de extinção da execução por ilegitimidade passiva para a causa. A Corte entende que não há violação à Súmula 392 porque haveria mero erro formal ou material, uma vez que: (...) a mera decretação da quebra não implica extinção da personalidade jurídica do estabelecimento empresarial...", de maneira que: "(...) afigura-se equivocada a compreensão segundo a qual a retificação da identificação do polo processual – com o propósito de fazer constar a informação de que a parte executada se encontra em estado falimentar – implicaria modificação ou substituição do polo passivo da obrigação fiscal".[702]

As execuções fiscais não são suspensas pelo deferimento do processo de recuperação judicial da empresa, salvo se tiver havido parcelamento, uma vez que o parcelamento suspende a exigibilidade do crédito tributário, nos termos do art. 6º, § 7º, da Lei 11.105/05. Embora a concessão da recuperação judicial não tenha nenhuma influência na execução fiscal, a jurisprudência do STJ tem considerado que são proibidos atos judiciais que acabem por inviabilizá-la, razão por que não tem admitido a prática de atos expropriatórios.[703] Tem-se entendido que os atos de alienação acabam comprometendo a preservação da empresa, frustrando a sua recuperação judicial. Assim,

a interpretação literal do art. 6º, § 7º, da Lei 11.101/05, inibiria o cumprimento do plano de recuperação judicial previamente aprovado e homologado, tendo em vista o prosseguimento dos atos de constrição do patrimônio da empresa em dificuldades financeiras.[704]

A 2ª Seção do STJ decidiu que a competência para prosseguir com os atos constritivos ou de alienação na execução fiscal promovida contra empresa em recuperação judicial é do juízo universal. A questão envolvia discussão entre a competência do juízo da recuperação judicial e juízo federal em torno da determinação da penhora e avaliação de bens de empresa em recuperação judicial.[705]

---

[699] STJ, RESP 1.182.462.
[700] Súmula 392 do STJ.
[701] Vide comentários ao item 3.7.6 do Capítulo 3, acerca da falência e crédito tributário.
[702] STJ, RESP 1.372.243.
[703] STJ, RESP 1.166.600 e AgRg no CC 119.970.
[704] STJ, CC 116.213.
[705] STJ, AgRg no CC 120.643.

A competência para a propositura da execução fiscal é o domicílio do executado (art. 46, § 1º, do CPC). A mudança do domicílio do executado após a propositura da execução, não desloca a competência, nos termos da Súmula 58 do STJ.[706]

Nas comarcas onde não existe Vara Federal, era competente para conhecer da execução fiscal de dívida federal, a justiça estadual (art. 109, § 3º, da CF e art. 15, I, da Lei 5.010/66). Esta delegação de competência, que também incluía os embargos à execução, foi revogada pela Lei 13.043/14.

O despacho inicial da execução fiscal importa em ordem para citação, penhora, arresto, registro e avaliação dos bens (art. 7º da LEF). O executado terá o prazo de cinco dias para pagar a dívida ou garantir a execução.

A citação do devedor poderá ser feita pelo Correio, com aviso de recebimento (AR). A LEF dispensa a pessoalidade da citação pelo correio, prevista no art. 248, § 1º, do CPC, sendo válida mesmo não sendo o AR assinado pelo executado. A citação considera-se feita na data da entrega da carta no endereço do executado. A carta de citação deverá ser acompanhada de cópias da inicial, da CDA e do despacho que determinou a citação.

A citação também poderá ser efetuada por Oficial de Justiça ou por edital. A citação por edital é uma cientificação meramente ficta e deve ser utilizada apenas quando não for possível a citação do executado por carta ou por oficial de justiça. Nos termos da Súmula 414 do STJ, "a citação por edital na execução fiscal é cabível quando frustradas as demais modalidades".

A citação de ausente do país, mesmo conhecido seu endereço no exterior, dá-se por edital, e não por carta rogatória, por expressa determinação legal (art. 8º, § 1º, da LEF).

O prazo para embargos é de trinta dias, contados: a) do depósito; b) da juntada da prova da fiança bancária; c) da intimação da penhora (art. 16 da LEF). Em recurso repetitivo, o STJ decidiu que o que importa é a data da intimação da penhora, e não da juntada aos autos do mandado cumprido.[707] A Corte Especial do STJ decidiu que, efetuado o depósito em garantia, a contagem do prazo para os embargos à execução começa a fluir a contar da data de intimação pessoal do devedor (art. 16, II, da LEF).[708]

A 1ª Seção do STJ, em julgamento de recurso repetitivo, decidiu que o art. 736 do CPC, que dispensa garantia para oferecer embargos, não se aplica às execuções fiscais e que o juiz, nos termos do art. 739-A, § 1º, do CPC, aplicado subsidiariamente, poderá atribuir-lhes efeito suspensivo.[709]

O executado, ao nomear bens à penhora, nos termos do art. 9º, III, da Lei 6.830/80, deve observar a ordem legal do art. 11, não sendo aceita simples alegação de impossibilidade de penhorar-se outros bens. O executado tem o ônus

---

[706] "Proposta a execução fiscal, a posterior mudança de domicílio do executado não desloca a competência já fixada".
[707] STJ, RESP 1.112.416.
[708] STJ, ERESP 1.062.537.
[709] STJ, RESP 1.272.827.

de comprovar a necessidade de afastar a ordem legal, conforme tem entendido o STJ, motivo por que "(...) mostra-se insuficiente a mera invocação genérica do art. 620 do CPC".[710]

Havendo penhora de bens, a Fazenda Pública pode recusar a sua substituição por precatório, nos termos da Súmula 406 do STJ.[711]

Por outro lado, reconhecido nos embargos o excesso de execução, continua subsistindo a exigibilidade parcial do título. Logo, não há necessidade de novo lançamento, de emenda ou substituição da CDA. A própria sentença nos embargos é título executivo passível de liquidação, possibilitando que a execução fiscal prossiga.[712]

Se tiver havido pagamento parcial após a inscrição em dívida ativa, não é o caso de nulidade da certidão de dívida ativa. Basta um mero ajuste aritmético na execução, cobrando-se o saldo remanescente. Há precedente no sentido de que haverá nulidade da CDA se ela não tiver sido substituída na hipótese de ter havido pagamento parcial antes da inscrição em dívida ativa. Neste caso, o débito remanescente só poderia ser cobrado com o ajuizamento de nova ação.[713]

O STJ tem entendido que:

> A anulação da penhora implica reabertura de prazo para embargar, não assim o reforço ou a redução, posto permanecer de pé a primeira constrição, salvo para alegação de matérias suscitáveis a qualquer tempo ou inerente ao incorreto reforço ou diminuição da extensão da constrição (...), sendo admissível o ajuizamento de novos embargos de devedor, ainda que nas hipóteses de reforço ou substituição da penhora, quando a discussão adstringir-se aos aspectos formais do novo ato constritivo.[714]

Tem sido admitido o redirecionamento da execução fiscal para o sócio-gerente nos casos em que a empresa deixa de funcionar no seu domicílio fiscal, sem comunicar aos órgãos competentes, uma vez que se presume tenha sido dissolvida irregularmente, conforme entendimento sumulado pelo STJ.[715]

A exceção de pré-executividade é aceita na execução fiscal. Trata-se de uma impugnação à execução, mediante petição nos próprios autos, independentemente de penhora. A 1ª Seção do Superior Tribunal de Justiça tem entendido que:

> As matérias passíveis de serem alegadas em exceção de pré-executividade não são somente as de ordem pública, mas também os fatos modificativos ou extintivos do direito do exequente, desde que comprovados de plano, sem necessidade de dilação probatória.

Com isto, admitiu que é possível arguir-se a prescrição por meio de exceção de pré-executividade, sempre que tiver sido demonstrada por prova

---

[710] STJ, RESP 1.337.790.
[711] A Fazenda Pública pode recusar a substituição do bem penhorado por precatório.
[712] STJ, RESP 1.115.501.
[713] TRF4 EIREO 94.04.03942-0.
[714] STJ, RESP 1.116.287.
[715] Súmula 435 do STJ.

documental inequívoca constante dos autos ou apresentada juntamente com a petição.[716] Assim, sumulou o seguinte entendimento:

> A exceção de pré-executividade é admissível na execução fiscal relativamente às matérias conhecíveis de ofício que não demandem dilação probatória.[717]

Por outro lado, em julgamento de recurso repetitivo, o STJ não admitiu a exceção de pré-executividade para analisar a responsabilidade dos representantes de pessoa jurídica porque dependia de dilação probatória.[718]

O acolhimento da exceção de pré-executividade acarreta a condenação da Fazenda Pública no pagamento de honorários advocatícios, conforme pacificado no Superior Tribunal de Justiça em julgamento de recurso repetitivo.[719]

O art. 25 da Lei 6.830/80 dispõe que qualquer intimação ao representante judicial da Fazenda Pública deve ser feita pessoalmente. No entanto, em novembro de 2005, a 1ª Seção do Superior Tribunal de Justiça, pacificando o entendimento, por maioria, decidiu que a intimação por carta registrada feita ao procurador da Fazenda Nacional fora da sede do juízo equivale à intimação. A Min.-Relatora apontou precedentes que demonstravam a tendência para se dar ao art. 25 da LEF uma interpretação menos literal, sem deixar de acatá-lo, adequando-o à realidade, ante as dificuldades enfrentadas quando as execuções tramitam nas comarcas do interior dos estados onde não haja sede das procuradorias.[720]

Por outro lado, a 1ª Seção do Superior Tribunal de Justiça decidiu que a competência para a execução fiscal promovida pela Fazenda Municipal contra a Caixa de Assistência dos Advogados é da Justiça Federal por se tratar de um órgão vinculado à OAB.[721] No mesmo sentido, há precedente da Corte Especial do STJ.[722]

O art. 26 da LEF permite a extinção da execução fiscal, sem qualquer ônus para as partes, se a inscrição em dívida ativa for cancelada, a qualquer título, antes da decisão de primeira instância. Porém, a desistência da execução fiscal após o oferecimento dos embargos não exime o exequente dos encargos da sucumbência.[723]

Por fim, nas execuções fiscais promovidas pela Fazenda Nacional, é devido o denominado encargo legal de 20%, previsto no DL 1.025/69, incidente sobre créditos tributários e não tributários, sendo exigível a partir da inscrição em dívida ativa. Se o débito for pago antes do ajuizamento da execução fiscal, o encargo é reduzido para 10%, nos termos do art. 3º do DL 1.569/77. O encargo é calculado sobre o montante do débito, inclusive multas, atualizado monetariamente e acrescido de juros e multa de mora (art. 57, § 2º, da Lei 8.383/91).

---

[716] STJ, RESP 573.467.
[717] Súmula 393.
[718] STJ, RESP 1.104.900.
[719] STJ, RESP 1.185.036.
[720] STJ, RESP 496.978.
[721] STJ, CC 38.230/MG.
[722] STJ, CC 38.927/MG.
[723] Súmula 153 do STJ.

Os Tribunais têm entendido que tal encargo é sempre devido nas execuções fiscais da União e substitui, nos embargos, a condenação do devedor em honorários advocatícios, como dispunha a Súmula 168 do extinto Tribunal Federal de Recursos.

A Corte Especial do TRF4 rejeitou a arguição de inconstitucionalidade do DL 1.025/69, entendendo que não possui natureza exclusiva de honorários advocatícios, mas sim um "crédito da Fazenda Pública de natureza híbrida não tributária, incluída aí a verba honorária, integrante da receita da Dívida Ativa da União".[724]

O STJ, em julgamento de recurso repetitivo, decidiu que o encargo legal de 20% pode ser exigido da massa falida,[725] dando origem à Súmula 400: "O encargo de 20% previsto no DL nº 1.025/1969 é exigível na execução fiscal proposta contra a massa falida".

A 1ª Seção do STJ também firmou posicionamento no sentido de que a condenação, em honorários advocatícios, do contribuinte que formula pedido de desistência dos embargos à execução fiscal de créditos tributários da Fazenda Nacional, para fins de adesão ao programa de parcelamento fiscal, configura inadmissível *bis in idem*, porque o encargo legal do Decreto-Lei 1.025/69 já abrange a verba honorária.[726]

4.6. Certidões negativas

A expedição das certidões negativas de débitos (CND) está regulada no Capítulo III do título relativo à administração tributária, abrangendo os artigos 205 a 208 do CTN.

A Constituição Federal assegura a todos, independentemente do pagamento de taxas, a obtenção de certidões em repartições públicas, para defesa de direitos e esclarecimento de situações de interesse pessoal (art. 5º, XXXIV).

O art. 193 do CTN ressalta a importância da inexistência de crédito tributário pendente de pagamento para que o contribuinte possa contratar com o Poder Público. Nenhum departamento da administração pública da União, dos Estados, do Distrito Federal ou dos Municípios, ou suas autarquias, salvo quando expressamente autorizado por lei,

> celebrará contrato ou aceitará proposta em concorrência pública sem que o contratante ou o proponente faça prova da quitação de todos os tributos devidos à Fazenda Pública interessada, relativos à atividade em cujo exercício contrata ou concorre.

A extinção das obrigações do falido requer prova de quitação de todos os tributos (art. 191).

A concessão de recuperação judicial depende da apresentação de certidão negativa de débito ou da certidão de que trata o art. 206 do CTN (art. 191-A).

---

[724] RTRF 74/2009/434.
[725] STJ, RESP 1.110.924.
[726] STJ, RESP 1.143.320.

Sem a prova de quitação de todos os tributos relativos aos bens do espólio ou às suas rendas não poderá ser proferida sentença de julgamento de partilha ou adjudicação (art. 192).

4.6.1. Certidão Negativa de Débito (CND)

Dispõe o art. 205 do CTN que "a lei poderá exigir que a prova da quitação de determinado tributo, quando exigível, seja feita por certidão negativa, expedida à vista de requerimento do interessado, que contenha todas as informações necessárias à identificação de sua pessoa, domicílio fiscal e ramo de negócio ou atividade e indique o período a que se refere o pedido", devendo o seu fornecimento ocorrer dentro de dez dias da data da entrada do requerimento (art. 205 e seu parágrafo único).

No âmbito federal, as certidões negativas de débito, chamadas de CND, são obtidas pela Internet.

Em regra, o meio processual para a obtenção da CND ou da certidão do art. 206 do CTN é o mandado de segurança, já que a matéria é de direito e não depende da produção de provas. As certidões negativas mais importantes no âmbito federal dizem respeito à Secretaria da Receita Federal do Brasil e à Procuradoria da Fazenda Nacional, cuja certidão é expedida conjuntamente, nos termos disciplinados pela Portaria Conjunta RFB/PGFN nº 1.751, de 02 de outubro de 2014.

O débito do contribuinte é revelado pelo crédito tributário que foi constituído e está apto a ser exigido pelo credor. Para certificar a existência de crédito tributário são irrelevantes a inscrição em dívida ativa, a emissão da certidão de dívida ativa ou a propositura da execução fiscal. O que interessa é apenas a constituição definitiva do crédito tributário, o que pressupõe ter havido lançamento.

Por força do princípio da autonomia e cada estabelecimento, no caso de matriz e filiais, que possuem inscrições diferentes no CNPJ, a existência do débito em nome de um não impede a expedição de regularidade fiscal em nome do outro, conforme precedentes do STJ.[727]

Nos tributos lançados de ofício ou por declaração, a expedição de certidão negativa não oferece dificuldades. Regularmente constituído o crédito tributário pelo lançamento, estando vencido e não restando caracterizada nenhuma das causas suspensivas da sua exigibilidade, o contribuinte não terá direito à CND.

Nos tributos lançados por homologação, a obtenção da certidão negativa de débito ou da positiva, com efeito de negativa, comporta algumas particularidades.

No lançamento por homologação, todos os atos indispensáveis à apuração do crédito tributário foram colocados a cargo do contribuinte. Ele mesmo deverá aplicar a legislação tributária, efetuando todos os cálculos necessários

---

[727] STJ, AgRgAResp 660.736, entre vários outros.

para conferir certeza e liquidez à obrigação tributária preexistente, procedendo ao pagamento independentemente de qualquer outro ato por parte da autoridade administrativa. Neste tipo de lançamento, limita-se a autoridade administrativa a homologar, via de regra de forma tácita, o pagamento efetuado pelo contribuinte, dentro do prazo que já vimos. Se não houver pagamento, ou se ele for efetuado em valor menor do que o devido, caberá o lançamento de ofício. Ou seja, a inércia do contribuinte (= não pagamento) nos tributos lançados por homologação não dispensaria o lançamento de ofício para a constituição do crédito tributário reputado devido pela Fazenda Pública.

Porém, os tributos lançados por homologação, conforme exposto, poderão ou não estar sujeitos à apresentação de documentos que sejam representativos do crédito tributário.

No primeiro caso, e considerando que o Supremo Tribunal Federal tem admitido o autolançamento,[728] o contribuinte entrega ao Fisco declarações que retratam a existência de um crédito tributário. Se não houver o pagamento, não há necessidade de lançamento de ofício, bastando a inscrição do crédito tributário declarado pelo contribuinte em dívida ativa e a propositura da execução fiscal. A declaração do contribuinte dispensa o lançamento por parte do Fisco. Entregue o documento e não pago o crédito tributário ali retratado, o contribuinte não terá direito à obtenção de certidão negativa de débito e nem de certidão positiva, com efeito de negativa. Por isto que o Superior Tribunal de Justiça sumulou o entendimento de que "declarado e não pago o débito tributário pelo contribuinte, é legítima a recusa de expedição de certidão negativa ou positiva com efeito de negativa".[729]

Se o tributo está sujeito ao lançamento por homologação, mas não existe a obrigatoriedade de entregar os documentos que constituem o crédito tributário, mesmo diante da inércia do contribuinte, a Fazenda Pública não poderá recusar a expedição de certidão negativa de débito. A razão é simples: não existe crédito tributário regularmente constituído. Sem crédito tributário definitivamente constituído, o contribuinte tem direito à obtenção de certidão negativa de débito. Quando se trata de tributo sujeito a lançamento por homologação, não ocorrendo este, não há falar em crédito definitivamente constituído e vencido e, portanto, exigível, razão por que a autoridade administrativa não pode recusar o fornecimento da CND.[730]

Em síntese, nos tributos lançados por homologação, é preciso verificar a legislação tributária para saber se o contribuinte está ou não obrigado a apresentar os documentos constitutivos do crédito tributário. Se não estiver obrigado, mesmo diante da sua inadimplência, terá direito à CND enquanto não houver o lançamento de ofício. Estando obrigado, se apresentou a declaração, mas não efetuou o pagamento, a CND deve ser recusada. Da mesma forma, se declarou e pagou a menor, não é legítima a recusa na expedição da CND porque o valor não declarado e não pago deverá ser objeto de lançamento de

---

[728] STF, RE 87.421; RE 93.039, RE 113.798 e RE 107.741. Veja o Capítulo 3, item 3.1. relativo ao lançamento.
[729] Súmula 446 do STJ.
[730] STJ, RESP 241.603.

ofício, conforme decidido pelo STJ em julgamento de recurso repetitivo.[731] Porém, se a autoridade verificar que houve pagamento a menor, em virtude de divergências entre os valores declarados e os efetivamente pagos, a mesma Corte, também em julgamento de recurso repetitivo, tem entendido que não há direito à CND e nem à certidão positiva, com efeito de negativa.[732]

O art. 195, § 3°, da CF determina que a pessoa jurídica que estiver em débito com o sistema de seguridade social (saúde, previdência e assistência social), como estabelecido em lei, não poderá contratar com o Poder Público nem dele receber benefícios ou incentivos fiscais ou creditícios.

Assim, no que diz respeito às contribuições previdenciárias, o art. 47 da Lei 8.212/91 exige a prova de sua quitação, quanto à empresa, na contratação com o Poder Público e no recebimento de benefícios ou incentivos fiscais ou creditícios concedidos por ele; na alienação ou oneração, a qualquer título, de bem imóvel ou direito a ele relativo; na alienação ou oneração, a qualquer título, de bens móveis incorporados ao ativo permanente de valor superior a determinado montante e no registro ou arquivamento de ato relativo à baixa ou redução de capital de firma individual, redução de capital social, cisão total ou parcial, transformação ou extinção de entidade ou sociedade comercial ou civil e transferência de controle de cotas de sociedades de responsabilidade limitada. Também é exigida CND do proprietário, pessoa física ou jurídica, de obra de construção civil, quando da sua averbação no registro de imóveis, salvo quando for residência unifamiliar, de uso próprio e tipo econômico, executada sem mão de obra assalariada.

O art. 48 da Lei 8.212/91 considera nulo o ato praticado sem prova de exigência da CND, atribuindo a responsabilidade pelo pagamento dos créditos previdenciários, de forma solidária, aos contratantes e ao oficial que lavrar ou registrar o instrumento. Se tais disposições forem infringidas por servidor, serventuário da Justiça, titular de serventia extrajudicial, autoridades ou órgãos, eles ficarão sujeitos ao pagamento de multa (§ 3° do art. 48 da Lei 8.212/91).

Por outro lado, o arquivamento, nos órgãos de registro, dos atos constitutivos e de suas alterações, das microempresas e empresas de pequeno porte optantes pelo SIMPLES Nacional, está dispensado da apresentação de certidão negativa de débito, referente a qualquer tributo (inciso II do § 1° do art. 9° da LC 123/06).

Quando se tratar de prática de ato indispensável para evitar a caducidade de direito, mesmo que não exista disposição legal permissiva, será dispensada a prova de quitação de tributos, ou o seu suprimento. Porém, todos os participantes do ato respondem pelo tributo porventura devido, inclusive juros e penalidade cabíveis, exceto aquelas relativas a infrações cuja responsabilidade seja pessoal ao infrator (art. 207 do CTN).

Será responsabilizado pessoalmente pelo crédito tributário e juros o funcionário que expedir certidão negativa com dolo ou fraude, ou que contenha

---

[731] STJ, RESP 1.123.557.
[732] STJ, RESP 1.143.094 e 1.042.585.

erros contra a Fazenda Pública, sem prejuízo da responsabilidade criminal e funcional (art. 208 do CTN).

Por outro lado, o art. 19 da Lei 11.033/04 dispôs que o levantamento ou a autorização judicial para depósito em conta bancária de valores decorrentes de precatório judicial somente poderá ocorrer mediante a apresentação ao juízo de certidão negativa de tributos federais, inclusive INSS e FGTS, bem como estaduais e municipais, depois de ouvida a Fazenda Pública. Não haverá necessidade de apresentação da CND quando se tratar de créditos de natureza alimentar, inclusive honorários advocatícios, e créditos tributários que sejam objeto de requisição de pequeno valor, no âmbito da Justiça Federal.

Porém, o STF, no julgamento da ADI 3453, acabou declarando inconstitucional o art. 19 da Lei 11.033/04. A Corte entendeu haver ofensa aos arts. 5º, XXXVI, e 100 da CF, por estabelecer uma condição para satisfação de direito do jurisdicionado que não está contida na norma fundamental da República. Entendeu que as formas para a Fazenda Pública obter o que lhe é devido estão fixadas no ordenamento jurídico, não sendo possível a utilização de meios que frustrem direitos constitucionais dos cidadãos. Ressaltou que:

> A matéria relativa a precatórios, tal como tratada na Constituição, não chama a atuação do legislador infraconstitucional, menos ainda para impor restrições que não se coadunam com o direito à efetividade da jurisdição e o respeito à coisa julgada.

4.6.2. Certidão Positiva com Efeito de Negativa

O art. 206 do CTN estabelece que "tem os mesmos efeitos previstos no artigo anterior a certidão de que conste a existência de créditos não vencidos, em curso de cobrança executiva em que tenha sido efetivada a penhora, ou cuja exigibilidade esteja suspensa". É a denominada certidão positiva, com efeito de negativa.

Depois de constituído o crédito tributário, nos casos de lançamento de ofício ou por declaração, a legislação costuma dar um prazo ao contribuinte para que ele efetue o pagamento. Na fluência do prazo, embora já exista o crédito tributário, mas como ele ainda não está vencido, haverá o direito à obtenção da certidão positiva com efeito de negativa. O mesmo acontece no caso de tributo autolançado cujo prazo para pagamento não esteja vencido.

Ultrapassado o prazo de pagamento, o crédito tributário será inscrito em dívida ativa, extraindo-se a certidão de dívida ativa, documento que constitui o título que irá aparelhar a execução fiscal a ser intentada pela Fazenda Pública. Ajuizada a execução e havendo a penhora de bens suficientes para garantir o pagamento da dívida, o contribuinte também terá direito à certidão positiva com efeito de negativa. O direito à certidão não decorre do mero ajuizamento da execução, mas sim da penhora suficiente para garantir a totalidade do crédito tributário.

Pode acontecer – e isto tem ocorrido com certa frequência – que o contribuinte, devido à inércia da Fazenda Pública em inscrever o crédito tributário em dívida ativa e ajuizar a respectiva execução fiscal, veja obstado, ainda que temporariamente, o seu direito à obtenção de certidão positiva, com efeito de negativa. É que, se não houvesse a omissão da Fazenda Pública na propositura da execução fiscal, o crédito tributário poderia ser garantido com o oferecimento de bens à penhora, caso em que o contribuinte teria direito à certidão positiva com efeito de negativa, conforme o disposto no artigo antes mencionado. Neste caso, a execução fiscal beneficiaria o contribuinte porque a penhora que garante o pagamento do crédito tributário confere a ele o direito à obtenção da certidão positiva, com efeito de negativa. No entanto, enquanto a execução fiscal não for ajuizada, não havendo alguma causa suspensiva da exigibilidade do crédito tributário, o devedor não terá direito à certidão negativa (art. 205 do CTN) e nem à negativa com efeito de positiva (art. 206 do CTN).

Embora o contribuinte disponha de outros instrumentos legais à sua disposição para demonstrar a ilegitimidade do crédito tributário, inclusive com medidas acautelatórias suspensivas da sua exigibilidade, nos termos do art. 151 do CTN, o certo é que essa omissão da Fazenda Pública não pode servir como um instrumento ilegítimo para a cobrança de créditos tributários. A lei de execução fiscal ou o CTN não fixam prazo para o ajuizamento da execução fiscal, restando à Fazenda Pública promovê-la antes de transcorrida a prescrição de cinco anos, contados da data da constituição definitiva do crédito tributário, nos termos do art. 174 do CTN e da Súmula 153 do TFR.

Há precedente da 1ª Seção do Superior Tribunal de Justiça que admitiu a propositura de ação cautelar incidental contra a Fazenda Nacional com o objetivo de oferecer bem imóvel para garantia do crédito tributário, a fim de obter a certidão positiva, com efeito de negativa. No caso, o contribuinte havia ajuizado ação anulatória do crédito tributário, não havendo nenhuma causa que suspendesse a sua exigibilidade. No entanto, a Fazenda Nacional não tomava as providências necessárias para o ajuizamento da execução fiscal, quando então a penhora suficiente para a garantia do crédito autorizaria a emissão da certidão do art. 206 do CTN. A 1ª Seção considerou que o contribuinte estava antecipando-se à ação fiscal, oferecendo uma garantia à eventual execução que ainda não fora ajuizada por inércia da Fazenda Pública, além do que havia necessidade da certidão para a realização de suas atividades. Em face disso, garantida a possível execução com a penhora do imóvel, a Fazenda não poderia recusar-se a expedir a certidão.[733] É claro que nesta hipótese não se deve considerar como suspensa a exigibilidade do crédito tributário, de maneira a inviabilizar a propositura da execução fiscal. A caução do imóvel servirá apenas para a expedição da certidão positiva com efeito de negativa e garantia da execução fiscal a ser intentada pela Fazenda Pública.

Ainda em julgado recente, o Superior Tribunal de Justiça discutiu acerca da possibilidade de arrolamento de bens em sede de ação cautelar, para a suspensão da exigibilidade do crédito tributário, cujo respectivo executivo fiscal ainda não fora ajuizado, visando à obtenção de certidão positiva com efeitos de negativa. Mais uma vez, voltou a entender que a caução oferecida pelo contribuinte antes da propositura da execução fiscal é equiparável à

---

[733] STJ, ERESP 205.815.

penhora antecipada e viabiliza a certidão pretendida. Segundo o art. 206 do CTN, o STJ entendeu que a "garantia do crédito, em suma, é a essência da norma, regramento jurídico de direito material que permite a expedição da almejada certidão positiva com efeito de negativa".[734]

Em decorrência disso, em julgamento de recurso repetitivo, o STJ pacificou o entendimento de que:

O contribuinte pode, após o vencimento da sua obrigação e antes da execução, garantir o juízo de forma antecipada, para o fim de obter certidão positiva, com efeito de negativa.

Com isto, considera:

Viável a antecipação dos efeitos que seriam obtidos com a penhora no executivo fiscal, através de caução de eficácia semelhante. A percorrer-se entendimento diverso, o contribuinte que contra si tenha ajuizada ação de execução fiscal ostenta condição mais favorável do que aquele contra o qual o Fisco não se voltou judicialmente ainda...não pode ser imputado ao contribuinte solvente isto é, aquele em condições de oferecer bens suficientes à garantia da dívida, prejuízo pela demora do Fisco em ajuizar a execução fiscal para a cobrança do débito tributário. Raciocínio inverso implicaria em que o contribuinte que contra si tenha ajuizada ação de execução fiscal ostenta condição mais favorável do que aquele contra o qual o Fisco ainda não se voltou judicialmente (...) instigada a Fazenda pela caução oferecida, pode ela iniciar a execução, convertendo-se a garantia prestada por iniciativa do contribuinte na famigerada penhora que autoriza a expedição da certidão.[735]

Em regra, a garantia consiste no oferecimento de bens penhoráveis, integrantes do ativo imobilizado da empresa.

A última hipótese que enseja o direito à certidão de que trata o art. 206 do CTN é nos casos em que o crédito tributário estiver com a sua exigibilidade suspensa. Assim, em qualquer daquelas situações previstas no art. 151 do CTN, em que o crédito tributário não está dotado de exigibilidade, confere ao contribuinte o direito à certidão positiva com efeito de negativa.

Deve ser observado que muitas vezes, embora o CTN discipline a suspensão da exigibilidade do crédito tributário, algumas das causas arroladas no art. 151 podem ocorrer antes mesmo do lançamento. O depósito do montante, que deve ser integral e em dinheiro (Súmula 112 do STJ), também pode ocorrer numa ação declaratória de inexistência de relação jurídico-tributária, que é antecedente ao lançamento. A fiança bancária, ainda que não seja equiparada ao depósito para efeitos de suspensão da exigibilidade do crédito, ante a literalidade do art. 151 do CTN, pode servir como garantia antecipada da penhora com o objetivo de obter a certidão positiva, com efeito de negativa.[736]

Também é comum a concessão de liminar em mandado de segurança preventivo, em que o contribuinte ataca a própria obrigação tributária. Nestas situações, o contribuinte estará, na verdade, temporariamente dispensado do pagamento do tributo, razão por que terá direito à obtenção da certidão do art. 206 do CTN.

---

[734] STJ, RESP 536.037.
[735] STJ, RESP 1.123.669.
[736] STJ, RESP 1.156.668.

Entre as hipóteses de suspensão da exigibilidade do crédito tributário estão as reclamações e os recursos, nos termos das leis reguladoras do processo tributário administrativo (art. 151, III, do CTN). Assim, impugnada a exigência do crédito tributário na esfera administrativa, enquanto não houver decisão definitiva da administração, a Fazenda Pública não poderá exigi-lo. Logo, o contribuinte terá direito à certidão positiva, com efeito de negativa.

Atente-se para o fato de que a mera propositura de qualquer ação judicial relativa ao crédito tributário não confere ao contribuinte o direito à obtenção de certidão negativa de débito, ou de certidão positiva com efeito de negativa.

No caso de ação anulatória, ou embargos à execução fiscal, promovidos pela Fazenda Pública, como os seus bens não estão sujeitos à penhora, a jurisprudência do STJ, em julgamento de recurso repetitivo, considera que o crédito está com a exigibilidade suspensa, razão por que a Fazenda tem direito à obtenção de certidão positiva, com efeito de negativa, uma vez que os seus bens são inexpropriáveis.[737] O caso julgado trata de ação judicial para obter a CND, promovida por um Município contra a Fazenda Nacional.

---

[737] STJ, RESP 1.123.306.

TÍTULO III

IMPOSTOS EM ESPÉCIE

Capítulo 1 – Impostos municipais

1.1. Generalidades

A Constituição Federal atribui aos Municípios e ao Distrito Federal competência tributária para instituição de três impostos:

a) Imposto sobre a Propriedade Territorial Urbana (IPTU, art. 156, I);

b) Imposto sobre a Transmissão *Inter Vivos*, a qualquer título, por ato oneroso, de bens imóveis, por natureza ou acessão física, e de direitos reais sobre imóveis, exceto os de garantia, bem como cessão de direitos a sua aquisição (ITBI, art. 156, II);

c) Imposto sobre Serviços de Qualquer Natureza, definidos em lei complementar, excluídos os serviços de transporte interestadual e intermunicipal e de comunicação (ISS, art. 156, III).

A competência dos Municípios para a instituição de impostos é taxativa. Nenhum outro imposto, além do IPTU, ITBI e ISS, poderá ser instituído por tais entidades políticas. Já o Distrito Federal também possui competência tributária para a instituição dos impostos atribuídos aos Estados (ICMS, IPVA e ITCD).

1.2. Imposto sobre a Propriedade Predial e Territorial Urbana (IPTU)

O IPTU deverá ser instituído mediante lei ordinária municipal e está sujeito ao lançamento de ofício. Se houver território federal que não esteja dividido em Municípios, caberá à União a instituição do imposto, nos termos do art. 147 da CF.

1.2.1. Fato gerador

O art. 32 do CTN dispõe que o IPTU tem como fato gerador "a propriedade, o domínio útil ou a posse de bem imóvel por natureza ou por acessão física, como definido na lei civil, localizado na zona urbana do Município".

O direito de propriedade é assegurado na Constituição (art. 5º, XXII) e confere ao seu titular o direito de usar e de dispor de um bem, assim como de reavê-lo de quem injustamente o possua. A propriedade imóvel é transferida entre vivos mediante o registro do título translativo no Registro de Imóveis (art. 1.245 do CC).

O domínio útil estava ligado ao conceito de enfiteuse, que era um direito real (art. 674, I, do CC revogado). O CC atual proibiu a constituição de enfiteuse (art. 2.038). Na enfiteuse, o proprietário atribuía a outrem o domínio útil do imóvel. O proprietário passava a ser o senhorio direto e tinha direito a uma pensão (também chamada de cânon ou foro) paga pelo enfiteuta, este titular do chamado domínio útil e obrigado a pagar os impostos e ônus reais que gravavam o imóvel (art. 682 do CC anterior).

A posse, segundo Orlando Gomes, "existe como um todo unitário incindível. É sempre um poder de fato, que corresponde ao exercício de uma das faculdades inerentes ao domínio".[738]

O CC considera bem imóvel o solo e tudo quanto se lhe incorporar naturalmente ou artificialmente (art. 79). A acessão física poderá dar-se por formação de ilhas, aluvião (acréscimos formados por depósitos e aterros naturais ao longo das margens das correntes, ou pelo desvio das águas destas), avulsão (porção de terra que se destaca de um prédio, por força natural violenta, e se junta a outra), álveo abandonado (leito do rio), assim como plantações e construções (art. 1.248 do CC).

Os imóveis devem estar situados na zona urbana do Município, tal como definido em lei municipal. Imóvel situado na área rural se sujeita ao Imposto Territorial Rural, de competência da União. Dispõem os §§ 1º e 2º do art. 32 do CTN:

§ 1º Para os efeitos deste imposto, entende-se como zona urbana a definida em lei municipal; observado o requisito mínimo da existência de melhoramentos indicados em pelo menos 2 (dois) dos incisos seguintes, construídos ou mantidos pelo Poder Público:

I – meio-fio ou calçamento, com canalização de águas pluviais;

II – abastecimento de água;

III – sistema de esgotos sanitários;

IV – rede de iluminação pública, com ou sem posteamento para distribuição domiciliar;

V – escola primária ou posto de saúde a uma distância máxima de 3 (três) quilômetros do imóvel considerado.

§ 2º A lei municipal pode considerar urbanas as áreas urbanizáveis, ou de expansão urbana, constantes de loteamentos aprovados pelos órgãos competentes, destinados à habitação, à indústria ou ao comércio, mesmo que localizados fora das zonas definidas nos termos do parágrafo anterior.

Por outro lado, o DL 57/66 dispõe no art. 15:

O disposto no art. 32 da Lei nº 5.172, de 25 de outubro de 1966, não abrange o imóvel de que, comprovadamente, seja utilizado em exploração extrativa vegetal, agrícola, pecuária ou agroindustrial, incidindo assim, sobre o mesmo, o ITR e demais tributos com o mesmo cobrados.

A 1ª Seção do STJ entende que tal preceito foi recepcionado pela CF/88 com força de lei complementar e adota o critério da destinação do imóvel para delimitar a competência acerca da incidência do IPTU ou do ITR. Assim, tem

---

[738] GOMES, Orlando. *Direitos Reais*, p. 35.

precedente, em julgamento de recurso repetitivo, no sentido de que não incide o IPTU, mas sim o ITR, em imóvel localizado em área urbana do Município, desde que comprovadamente utilizado em exploração extrativa, vegetal, agrícola, pecuária ou agroindustrial.[739]

1.2.2. Base de cálculo

Nos termos do art. 33 do CTN, a base de cálculo do IPTU é o valor venal do imóvel. Na base de cálculo não é considerado o valor dos bens móveis mantidos, em caráter permanente ou temporário, no imóvel (parágrafo único do art. 33). Valor venal é valor de venda do imóvel.

A atualização monetária da base de cálculo do tributo não constitui majoração e, portanto, não precisa observar o princípio da legalidade (art. 97, § 2º, do CTN). Com isto, pode ser implementada por mero Decreto municipal. A atualização monetária, porém, deverá ficar limitada ao índice oficial de correção monetária. Por isto que é defeso, ao Município, atualizar o IPTU, mediante Decreto, em percentual superior ao índice oficial de correção monetária.[740] Se for superior, haverá aumento do tributo e dependerá de lei, mas não ficará sujeito ao princípio da anterioridade nonagesimal, embora se sujeite à anterioridade de exercício financeiro.

1.2.3. Alíquotas

O valor do IPTU a pagar resulta da incidência da alíquota sobre a base de cálculo, conforme definido na lei municipal.

A CF admite duas progressividades para as alíquotas do IPTU: fiscal e extrafiscal. A alíquota progressiva consiste no seu aumento na medida em que aumenta a base de cálculo. Na progressividade fiscal, as alíquotas são fixadas em razão do valor do imóvel (inciso I do § 1º do art. 156 da CF). Quanto maior o valor venal do imóvel, maior a alíquota. Na extrafiscal, as alíquotas devem ser progressivas no tempo e tem o objetivo de compelir o proprietário do solo urbano não edificado, subutilizado ou não utilizado, a promover o seu adequado aproveitamento, a fim de que o imóvel cumpra a sua função social (§ 1º do art. 156). Na progressividade extrafiscal, as alíquotas aumentam a cada ano, forçando o proprietário a dar ao imóvel sua função social. O Estatuto das Cidades (Lei 10.257/01) disciplina a aplicação do IPTU progressivo no tempo, prevendo majoração da alíquota pelo prazo de cinco anos consecutivos (art. 7º).

Além da progressividade, a CF também admite que as alíquotas do IPTU sejam diferentes de acordo com a localização (zona industrial, centro, periferia, bairros de classe alta ou baixa, etc.) e o uso do imóvel (residência, indústria, misto, etc.) (inciso II do § 1º do art. 156).

---

[739] STJ, RESP 1.112.646.
[740] Súmula 160 do STJ.

Originariamente, a CF não previa expressamente a progressividade fiscal para o IPTU. Na redação original do § 1º do art. 156, dispunha o texto constitucional que o IPTU poderia ser progressivo, nos termos da lei municipal, de forma a assegurar o cumprimento da função social da propriedade. O STF, porém, entendeu que o IPTU é imposto de natureza real, incompatível com a capacidade contributiva prevista no art. 145, § 1º. Assim, a progressividade a que aludia o preceito era apenas de natureza extrafiscal, nos termos do art. 182, §§ 2º e 4º, da CF. Com isto, consolidou o entendimento que "é inconstitucional a lei municipal que tenha estabelecido, antes da Emenda Constitucional 29/2000, alíquotas progressivas para o IPTU, salvo se destinada a assegurar o cumprimento da função social da propriedade urbana".[741]

Por causa disso, a EC 29/00 deu nova redação ao § 1º do art. 156, permitindo alíquotas progressivas em razão do valor do imóvel, sem prejuízo da progressividade no tempo.

No STF, estava em discussão em recurso extraordinário a constitucionalidade da EC 29/00 e lei municipal de 2001 que havia estabelecido alíquotas progressivas para o IPTU, levando em consideração o valor venal e a destinação do imóvel. Conforme noticiado no Informativo nº 611:

> Após mencionar os diversos enfoques dados pela Corte em relação à progressividade do IPTU, em período anterior à EC 29/2000, concluiu-se, ante a interpretação sistemática da Constituição Federal, com o cotejo do § 1º do seu art. 156 com o § 1º do seu art. 145, que essa emenda teria repelido as premissas que levaram a Corte a ter como imprópria a progressividade do IPTU. Enfatizou-se que a EC 29/2000 veio apenas aclarar o real significado do que disposto anteriormente sobre a graduação dos tributos, não tendo abolido nenhum direito ou garantia individual, visto que a redação original da CF já versava a progressividade dos impostos e a consideração da capacidade econômica do contribuinte, não se tratando, assim, de inovação apta a afastar algo que pudesse ser tido como integrado a patrimônio.

Sendo o acórdão assim ementado:[742]

> IMPOSTO PREDIAL E TERRITORIAL URBANO – PROGRESSIVIDADE – FUNÇÃO SOCIAL DA PROPRIEDADE – EMENDA CONSTITUCIONAL Nº 29/2000 – LEI POSTERIOR. Surge legítima, sob o ângulo constitucional, lei a prever alíquotas diversas presentes imóveis residenciais e comerciais, uma vez editada após a Emenda Constitucional nº 29/2000.

Portanto, a decisão do STF confirmou a constitucionalidade de graduação do IPTU com base no valor do imóvel e em razão da localização e o uso do imóvel.

1.2.4. Sujeito passivo

O CTN considera contribuinte do IPTU o proprietário do imóvel, o titular do seu domínio útil, ou o seu possuidor a qualquer título (art. 34). Proprietário é aquele que figura como tal no registro de imóveis. O titular do domínio útil é o enfiteuta, conforme comentado no item 1.1.1. O possuidor é aquele que tem

---
[741] Súmula 668 do STF.
[742] STF, RE 423.768.

de fato o exercício, pleno ou não, de algum dos poderes inerentes à propriedade (art. 1.196 do CC).

O Superior Tribunal de Justiça consolidou o entendimento de que cabe à legislação municipal estabelecer o sujeito passivo do IPTU[743] e que o contribuinte pode ser notificado do lançamento pelo envio do carnê ao seu endereço pelos CORREIOS,[744] como também pela entrega direta do carnê por agentes da própria administração.[745] Para o STJ, na promessa de compra e venda de imóvel, tanto o promitente comprador, que é possuidor do imóvel, como o proprietário, são contribuintes responsáveis pelo pagamento do IPTU, podendo a autoridade administrativa optar por um ou outro visando a facilitar a arrecadação.[746] Não é admitida, porém, a substituição da certidão de dívida ativa para modificar o sujeito passivo da execução.[747]

O STJ tem entendido que apenas o possuidor por direito real é que pode ser considerado contribuinte. A posse oriunda de direito pessoal, como no contrato de locação e comodato, não autoriza seja o possuidor considerado contribuinte:

> Não se pode imputar ao locatário a condição de sujeito passivo direto do IPTU ou das taxas de limpeza e conservação de logradouros públicos, pois "contribuinte do imposto", preceitua o art. 34 do CTN, "é o proprietário do imóvel, o titular do seu domínio útil, ou o seu possuidor a qualquer título", sendo certo que esse último (possuidor a qualquer título) volta-se apenas para as situações em que há posse *ad usucapionem*, e não para o caso de posse indireta exercida pelo locatário. Nem mesmo o contrato de locação, no qual é atribuída ao locatário a responsabilidade pela quitação dos tributos inerentes ao imóvel, tem o condão de alterar o sujeito passivo da obrigação tributária, consoante dispõe o art. 123 do CTN.[748]

Assim, como o locatário não é contribuinte ou responsável, a 1ª Seção do STJ entende que ele não possui legitimidade para ação declaratória de inexistência de relação jurídico-tributária ou repetição de indébito do IPTU.[749]

1.3. Imposto sobre a Transmissão de Bens Imóveis (ITBI)

Nos termos do art. 35 do CTN, o Imposto sobre a Transmissão *Inter Vivos* e *Causa Mortis* de Bens Imóveis era de competência dos Estados. Depois da CF/88, houve uma repartição das competências: aos Municípios foi atribuído o Imposto de Transmissão *Inter Vivos* e Oneroso de Bens Imóveis (ITBI) (art. 156, II, da CF), enquanto os Estados ficaram com o Imposto de transmissão *Causa Mortis* e Doação, de Bens Móveis ou Imóveis (art. 155, II, da CF). Assim, na transmissão de imóveis *inter vivos* onerosa incide o ITBI; se for doação de

---

[743] Súmula 399 do STJ.
[744] Súmula 397 do STJ.
[745] STJ, RESP 1.141.300.
[746] STJ, RESP 1.110.551.
[747] Súmula 392 do STJ.
[748] STJ, RESP 757.897.
[749] STJ, AgRg no RESP 836.098.

imóvel, o ITCD. Com isto, houve a recepção parcial do art. 35 do CTN pela CF/88.

1.3.1. Fato gerador

Nos termos do art. 156, II, da CF, o ITBI tem o fato gerado pela transmissão *inter vivos*, a qualquer título, por <u>ato oneroso</u>, de:

a) bens imóveis, por natureza ou acessão física;

b) direitos reais sobre imóveis, exceto os de garantia;

c) cessão de direitos a sua aquisição

O imposto é lançado por declaração, uma vez que é o próprio sujeito passivo quem presta as informações necessárias para o cálculo do tributo.

São bens imóveis o solo e tudo quanto se lhe incorporar natural ou artificialmente, nos termos do art. 79 do CC. A aquisição por acessão física poderá dar-se por formação de ilhas, aluvião (acréscimos formados por depósitos e aterros naturais ao longo das margens das correntes, ou pelo desvio das águas destas), avulsão (porção de terra que se destaca de um prédio, por força natural violenta, e se junta a outra), álveo abandonado (leito do rio), assim como plantações e construções (art. 1.248 do CC).

Os direitos reais sobre imóveis constituídos, ou transmitidos por atos entre vivos, só se adquirem com o registro no cartório de registro de imóveis (art. 1.227 do CC). São direitos reais sobre imóveis: a propriedade, a superfície, servidões, usufruto, uso, habitação, direito do promitente comprador de imóvel, concessão de uso especial para fins de moradia e a concessão de direito real de uso (art. 1.225 do CC).

Os direitos reais de garantia são o penhor (que se refere a bens móveis), a hipoteca e a anticrese (art. 1.225, VIII, IX e X, do CC) e a respectiva transmissão não fica sujeita à incidência do imposto.

Na prática, o imposto é exigido por ocasião da lavratura da escritura de compra e venda do imóvel. No entanto, deve ser observado que, quanto ao aspecto temporal, o fato gerador ocorre apenas com a efetiva transferência da propriedade, o que se dá mediante o registro no cartório do registro de imóveis.[750] A mera celebração do compromisso de compra e venda não gera a obrigação de pagamento do ITBI.[751]

Assim, ficam sujeitos ao imposto a compra e venda, a dação em pagamento, cessão onerosa de direitos, a arrematação, adjudicação, assim como outros atos onerosos que envolvam a transmissão de imóveis e direitos reais sobre eles.

No caso da partilha de bens, se um dos cônjuges abre mão da sua meação em favor do outro, há doação, sujeitando-se ao ITCD, e não ao ITBI.[752]

---

[750] STJ, RESP 863.893, RESP 771.781 e RESP 253.364.
[751] STF, AI 603309 AgR.
[752] STJ, EDcl nos EDcl no REsp 723587; AgRg no Ag 504019.

Quanto ao aspecto espacial do fato gerador, o imposto cabe ao Município da situação do bem (art. 156, § 2º, II, da CF).

1.3.2. Base de cálculo

A base de cálculo do imposto é o valor venal dos bens ou direitos transmitidos, nos termos do art. 35 do CTN.

No caso de arrematação em hasta pública, o STJ tem entendido que a base de cálculo é o valor da arrematação, e não o da avaliação judicial.[753]

1.3.3. Alíquotas

As alíquotas do ITBI são fixadas em lei municipal. Como se trata de imposto de natureza real, o STF não tem admitido que as alíquotas sejam progressivas, aumentando na medida em que aumenta a base de cálculo. O princípio da capacidade contributiva seria observado proporcionalmente ao preço da venda.[754] Por isto, o STF sumulou o entendimento de que "é inconstitucional a lei que estabelece alíquotas progressivas para o ITBI com base no valor venal do imóvel".[755] Para o STF, o reconhecimento da inconstitucionalidade das alíquotas progressivas atinge o sistema como um todo, razão por que o imposto deve ser calculado na forma da legislação anterior, e não pela menor das alíquotas progressivas.[756]

1.3.4. Sujeito passivo

O art. 42 do CTN dispõe que o contribuinte do imposto é qualquer das partes na operação tributada, conforme dispuser a lei. Em regra, a lei atribui ao adquirente a condição de contribuinte do imposto.

1.3.5. Imunidade

A Constituição Federal confere imunidade ao ITBI quando houver a transmissão de bens ou direitos incorporados ao patrimônio de pessoa jurídica em realização de capital, ou a transmissão de bens ou direitos decorrentes de fusão, incorporação, cisão ou extinção de pessoa jurídica, salvo se a atividade preponderante do adquirente for a compra e venda desses bens ou direitos, locação de bens imóveis ou arrendamento mercantil (art. 156, § 2º, I). Note-se que o que vai determinar a incidência ou não do imposto é a atividade preponderante do adquirente. Não importa a do alienante. O CTN considera caracterizada a atividade preponderante quando mais de 50% da receita operacional do adquirente, nos dois anos anteriores e nos dois subsequentes à aquisição,

---

[753] STJ, RESP 863.893.
[754] STF, RE 227.033 e RE 234.105.
[755] Súmula 656 do STF.
[756] STF, RE 259.339.

decorrer das mencionadas transações (art. 37, § 1º). Se o adquirente iniciar suas atividades após a aquisição, ou menos de dois anos antes dela, a preponderância será apurada levando em conta os três primeiros anos seguintes à data da aquisição (§ 2º do art. 37).

Assim, a integralização do capital social com imóveis, por um dos sócios, é imune ao ITBI. Da mesma forma, no caso de extinção da pessoa jurídica, a transferência do imóvel para o sócio também é imune ao imposto. Se uma imobiliária que compra e vende imóveis é incorporada por uma fábrica de calçados, haverá imunidade de ITBI porque não é atividade preponderante do adquirente a compra e venda de imóveis. Na situação inversa, se a incorporadora fosse a imobiliária, o imposto seria devido.

1.4 Imposto Sobre Serviços de Qualquer Natureza (ISS)

Cabe aos Municípios e ao DF a instituição do Imposto Sobre Serviços de Qualquer Natureza, não compreendidos no art. 155, II, definidos em lei complementar (art. 156, III, da CF).

A CF coloca no âmbito de incidência do ICMS os serviços de comunicação e de transporte internacional, interestadual e intermunicipal. O serviço de transporte dentro do Município se sujeita ao imposto municipal (ISS).

O ISS é regulado pela Lei Complementar 116/03, alterada pela Lei Complementar 157/16. Trata-se de uma lei de caráter nacional que objetiva uniformizar as regras do imposto para todos os Municípios e o DF. A existência da lei nacional não dispensa a necessidade de lei específica de cada entidade política, respeitando os preceitos da lei complementar, inclusive quanto aos serviços passíveis de tributação e a observância da alíquota mínima de 2%. A prestação de um determinado serviço que não conste na lista anexa à LC 116/03, com a redação conferida pela LC 157/16, não significa imunidade, mas mero caso de não incidência.

O STF tem entendido que a lista de serviços anexa à lei complementar que regula o imposto é taxativa,[757] comportando interpretação extensiva.[758] Tal interpretação, porém, não permite que sejam incluídos serviços diferentes daqueles indicados na lei, mas autoriza que o imposto recaia sobre serviços congêneres da mesma natureza, mas que são distintos apenas pela sua denominação. O tributo não pode incidir sobre serviço que não esteja contemplado na lista.[759] O STJ, em julgamento de recurso repetitivo, também considera a lista taxativa, mas admite a interpretação extensiva, a fim de que prevaleça a efetiva natureza do serviço, e não a denominação utilizada pelo prestador.[760]

O art. 156, § 3º, III, da CF atribuiu à lei complementar regular a forma e as condições como isenções, incentivos e benefícios fiscais do ISS serão conce-

---
[757] STF, RE 464.844.
[758] STF, RE 75.952.
[759] STF, RE 450.342 e AI 590.329.
[760] STJ, RESP 1.111.234.

didos e revogados. A LC 157/16 acrescentou o art. 8º-A à LC 116/03, fixou a alíquota mínima em 2% e dispôs:

> O imposto não será objeto de concessão de isenções, incentivos ou benefícios tributários ou financeiros, inclusive de redução de base de cálculo ou de crédito presumido ou outorgado, ou sob qualquer outra forma que resulte, direta ou indiretamente, em carga tributária menor que a decorrente da aplicação da alíquota mínima estabelecida no caput, exceto para os serviços a que se referem os subitens 7.02, 7.05 e 16.01 da lista anexa a esta Lei Complementar.

1.4.1. Fato gerador

O fato gerador do ISS é a prestação de serviços, consistente em obrigação de fazer. De acordo com o Min. Luiz Fux:

> O núcleo do critério material da regra matriz de incidência do ISS é a prestação de serviço, vale dizer: conduta humana consistente em desenvolver um esforço em favor de terceiro, visando a adimplir uma "obrigação de fazer" (o fim buscado pelo credor é o aproveitamento do serviço contratado). O aspecto material da hipótese de incidência do ISS não se confunde com a materialidade do IPI e do ICMS. Isto porque: (i) excetuando as prestações de serviços de comunicação e de transporte interestadual e intermunicipal, o ICMS incide sobre operação mercantil (circulação de mercadoria), que se traduz numa "obrigação de dar" (artigo 155, II, da CF/88), na qual o interesse do credor encarta, preponderantemente, a entrega de um bem, pouco importando a atividade desenvolvida pelo devedor para proceder à tradição; e (ii) na tributação pelo IPI, a obrigação tributária consiste num "dar um produto industrializado" pelo próprio realizador da operação jurídica. "Embora este, anteriormente, tenha produzido um bem, consistente em seu esforço pessoal, sua obrigação consiste na entrega desse bem, no oferecimento de algo corpóreo, materializado, e que não decorra de encomenda específica do adquirente" (José Eduardo Soares de Melo, in "ICMS – Teoria e Prática", 8ª ed., Dialética, São Paulo, 2005, p. 65).[761]

A locação de bens móveis não está sujeita ao imposto porque não pode ser confundida com a locação de serviços. Para o STF, no Direito,

> os institutos, as expressões e os vocábulos têm sentido próprio, descabendo confundir a locação de serviços com a de móveis, práticas diversas regidas pelo Código Civil, cujas definições são de observância inafastável.[762]

Com isto, não é passível de tributação pelo ISS

> a locação de veículos automotores (que consubstancia obrigação de dar ou de entregar), eis que esse tributo municipal somente pode incidir sobre obrigações de fazer, a cuja matriz conceitual não se ajusta a figura contratual da locação de bens móveis.[763]

Por conta de vários precedentes na mesma linha, o STF expediu a Súmula Vinculante nº 31 com o seguinte teor: "É inconstitucional a incidência do Imposto sobre Serviços de Qualquer Natureza – ISS sobre operações de locação de bens móveis".

O STF também considerou constitucional a incidência do ISS sobre operações de arrendamento mercantil (*leasing*). A Corte entendeu que o arrendamento mercantil é um contrato autônomo, de três modalidades: 1) *leasing* operacional; 2) *leasing* financeiro; 3) *lease-back*. No primeiro caso,

---

[761] STJ, RESP 888.852.
[762] STF, RE 116.121.
[763] STF, RE 446.003.

haveria locação, e, nos outros dois, serviço. Ressaltou-se que o leasing financeiro seria modalidade clássica ou pura de leasing e, na prática, a mais utilizada, sendo a espécie tratada nos recursos examinados. Esclareceu-se que, nessa modalidade, a arrendadora adquire bens de um fabricante ou fornecedor e entrega seu uso e gozo ao arrendatário, mediante pagamento de uma contraprestação periódica, ao final da locação abrindo-se a este a possibilidade de devolver o bem à arrendadora, renovar a locação ou adquiri-lo pelo preço residual combinado no contrato. Observou-se que preponderaria, no leasing financeiro, portanto, o caráter de financiamento e nele a arrendadora, que desempenha função de locadora, surgiria como intermediária entre o fornecedor e arrendatário. Após salientar que a lei complementar não define o que é serviço, mas apenas o declara, para os fins do inciso III do art. 156 da CF, concluiu-se que, no arrendamento mercantil (leasing financeiro) – contrato autônomo que não é contrato misto, cujo núcleo é o financiamento e não uma prestação de dar –, por ser financiamento serviço, poderia sobre ele incidir o ISS, resultando irrelevante a existência de uma compra.[764]

Os serviços que geram o imposto estão arrolados em uma lista anexa à LC 116/03, ainda que não se constituam atividade preponderante do prestador dos serviços, pouco importando a denominação dada ao serviço. A LC 157/16 aumentou a lista de serviços passíveis da incidência do imposto, incluindo, entre outros, "processamento, armazenamento ou hospedagem de dados, textos, imagens, vídeos, páginas eletrônicas, aplicativos e sistemas de informação, entre outros formatos, e congêneres" e "elaboração de programas de computadores, inclusive de jogos eletrônicos, independentemente da arquitetura construtiva da máquina em que o programa será executado, incluindo *tablets*, smartphones e congêneres" e também a disponibilização, sem cessão definitiva, de conteúdos de áudio, vídeo, imagem e texto por meio da internet. Mesmo que a prestação dos serviços envolva o fornecimento de mercadorias, ainda assim ficará sujeito ao ISS, com algumas exceções previstas na própria lista (art. 1º, § 2º, da LC 116/03).

Nos termos da Súmula 156 do STJ, "a prestação de serviço de composição gráfica, personalizada e sob encomenda, ainda que envolva fornecimento de mercadorias, está sujeita, apenas, ao ISS". Entendia-se que tais operações eram mistas, mas como os serviços a ela agregados estavam incluídos na lista anexa à LC 116/03 (item 13.05), ficariam sujeitas apenas ao ISS. No entanto, a LC 157/16 alterou o item 13.05 da Lista de Serviços, dispondo que ficam sujeitos ao imposto os serviços de:

Composição gráfica, inclusive confecção de impressos gráficos, fotocomposição, clicheria, zincografia, litografia e fotolitografia, exceto se destinados a posterior operação de comercialização ou industrialização, ainda que incorporados, de qualquer forma, a outra mercadoria que deva ser objeto de posterior circulação, tais como bulas, rótulos, etiquetas, caixas, cartuchos, embalagens e manuais técnicos e de instrução, quando ficarão sujeitos ao ICMS.

O imposto também incide sobre serviços prestados mediante a utilização de bens e serviços públicos explorados economicamente mediante autorização, permissão ou concessão, com o pagamento de tarifa, preço ou pedágio pelo usuário final do serviço (§ 3º do art. 1º da LC 116/03).

---

[764] STF, RE 547.245.

A regra é a de que o serviço considera-se prestado e o imposto devido no local do estabelecimento do prestador, com algumas exceções previstas na própria lei, quando o imposto será devido nos locais indicados (incisos I a XXV do art. 3º da LC 116/03). A lei considera como estabelecimento prestador o local onde o contribuinte desenvolva a atividade de prestar serviços, de modo permanente ou temporário, e que configure unidade econômica ou profissional, sendo irrelevantes as denominações da sede, filial, agência, sucursal, etc. (art. 4º da LC 116/03). Na falta do estabelecimento, o imposto será devido no local do domicílio do prestador.

No caso de obra de construção civil, o STJ, em julgamento de recurso repetitivo, decidiu que o imposto é devido no local da construção. O caso diz respeito a uma empresa que tem sede em São Paulo, onde foram realizados os serviços de projeto e gerenciamento, embora a obra física fosse realizada em outro Município.[765]

1.4.2. Base de cálculo

A base de cálculo do ISS é o preço do serviço (art. 7º da LC 116/03). Para determinados serviços especificados na lei e que sejam prestados no território de mais de um Município, a base de cálculo será apurada de forma proporcional (§ 1º do art. 7º da LC 116/03).

No caso de sociedades profissionais, o STJ tem precedentes no sentido de que subsiste a tributação fixa que era prevista no art. 9º, § 3º, do DL 406/68.[766] Assim, sociedades civis de advocacia, por exemplo, não recolhem o ISS sobre o seu faturamento (=preço do serviço), mas sim de acordo com um valor anual fixo, calculado com base no número de profissionais integrantes da sociedade.

1.4.3. Alíquota

A CF atribuiu à lei complementar a tarefa de fixar as alíquotas máximas e mínimas do ISS (art. 156, § 3º, I). A LC 116/03 fixou a alíquota máxima em 5%. A LC 157/16 estabeleceu a alíquota mínima de 2%.

O objetivo do legislador, ao fixar a alíquota mínima de 2%, foi o de acabar com a guerra fiscal entre os Municípios. Antes da alteração, como, em regra, o imposto é devido no local do "estabelecimento do prestador" do serviço e ainda que a lei tenha esclarecido o que deve ser considerado como estabelecimento prestador (art. 4º da LC 116/03:

> Considera-se estabelecimento prestador o local onde o contribuinte desenvolva a atividade de prestar serviços, de modo permanente ou temporário, e que configure unidade econômica ou profissional, sendo irrelevantes para caracterizá-lo as denominações de sede, filial, agência, posto de atendimento, sucursal, escritório de representação ou contato ou quaisquer outras que venham a ser utilizadas.

---

[765] STJ, RESP 1.117.121.
[766] STJ, RESP 1.016.688.

Alguns municípios ofereciam base de cálculo ou alíquotas reduzidas para que os estabelecimentos fossem instalados no seu respectivo território, ainda que os serviços fossem prestados em outro.

A LC 157/16, ao incluir o art. 8º-A à LC 116/03, estabeleceu no seu § 2º que:

> É nula a lei ou o ato do Município ou do Distrito Federal que não respeite as disposições relativas à alíquota mínima previstas neste artigo no caso de serviço prestado a tomador ou intermediário localizado em Município diverso daquele onde está localizado o prestador do serviço.

E fixou o prazo de um ano para que os entes federados revoguem os dispositivos em sentido contrário (art. 6º).

A nulidade da lei gera o direito à restituição do ISS pago pelo prestador do serviço junto ao Município ou DF que não respeitar a alíquota mínima (§ 3º do art. 8º-A da LC 116/03).

1.4.4. Sujeito passivo

O contribuinte do imposto é o prestador dos serviços (art. 5º da LC 116/03). Assim, tanto poderá ser uma pessoa jurídica, quanto uma pessoa física que prestar serviços a terceiros. Mediante lei municipal ou do DF, a responsabilidade tributária poderá ser atribuída a terceiros que tenham algum vínculo com o fato gerador.

1.4.5. Imunidade na exportação

O art. 156, § 3º, II, da CF, confere imunidade ao dispor que a lei complementar deverá excluir da incidência do ISS as exportações de serviços para o exterior. O art. 2º, I, da LC 116/03 dispôs que o imposto não incide sobre as exportações de serviços para o exterior. No entanto, não se enquadram no preceito os serviços desenvolvidos no Brasil, cujo resultado aqui se verifique, ainda que o pagamento seja feito por residente no exterior (parágrafo único do art. 2º da LC 116/03).

O STJ decidiu um caso em que uma empresa sediada numa determinada cidade prestava serviços de retificação, reparo e revisão de motores e turbinas de aeronaves, contratada por empresas áreas do exterior e pretendia eximir-se do pagamento do ISS. A 1ª Turma entendeu que:

> A Lei Complementar 116/03 estabelece como condição para que haja exportação de serviços desenvolvidos no Brasil que o resultado da atividade contratada não se verifique dentro do nosso País, sendo de suma importância, por conseguinte, a compreensão do termo "resultado" como disposto no parágrafo único do art. 2º. Na acepção semântica, "resultado" é conseqüência, efeito, seguimento. Assim, para que haja efetiva exportação do serviço desenvolvido no Brasil, ele não poderá aqui ter conseqüências ou produzir efeitos. A contrário senso, os efeitos decorrentes dos serviços exportados devem-se produzir em qualquer outro País. É necessário, pois, ter-se em mente que os verdadeiros resultados do serviço prestado, os objetivos da contratação e da prestação.

O STJ, invocando o parágrafo único do art. 2º da LC 116/03, concluiu que o trabalho desenvolvido pela empresa não configurava exportação de serviço, "pois o objetivo da contratação, o resultado, que é o efetivo conserto do equipamento, é totalmente concluído no nosso território".[767]

A LC 116/03 autorizou os Municípios a instituírem o ISS sobre os serviços de registros públicos, cartorários e notariais (itens 21 e 21.1). Como são serviços públicos, alegava-se que a tributação violaria a imunidade recíproca. No entanto, o STF entendeu que:

> As pessoas que exercem atividade notarial não são imunes à tributação, porquanto a circunstância de desenvolverem os respectivos serviços com intuito lucrativo invoca a exceção prevista no art. 150, § 3º da Constituição. O recebimento de remuneração pela prestação dos serviços confirma, ainda, capacidade contributiva. A imunidade recíproca é uma garantia ou prerrogativa imediata de entidades políticas federativas, e não de particulares que executem, com inequívoco intuito lucrativo, serviços públicos mediante concessão ou delegação, devidamente remunerados. Não há diferenciação que justifique a tributação dos serviços públicos concedidos e a não tributação das atividades delegadas.[768]

Capítulo 2 – Impostos estaduais

2.1. Generalidades

A Constituição Federal atribuiu competência tributária aos Estados e ao Distrito Federal para a instituição de apenas três impostos:

a) Imposto sobre a Transmissão *Causa Mortis* e Doação, de Quaisquer Bens ou Direitos (ITCD) (art. 155, I);

b) Imposto sobre a Circulação de Mercadorias e Serviços de Transporte Interestadual, Intermunicipal e de Comunicação, ainda que as operações e as prestações se iniciem no exterior (ICMS) (art. 155, II);

c) Imposto sobre a Propriedade de Veículos Automotores (IPVA) (art. 155, III).

O rol dos impostos que os Estados podem instituir é taxativo, a exemplo do que ocorre com os Municípios. O DF é privilegiado porque, além das competências tributárias atribuídas aos Municípios, também possui as competências tributárias dos impostos dos Estados.

2.2. Imposto de Transmissão *Causa Mortis* e Doação de Quaisquer Bens ou Direitos (ITCD)

O Imposto sobre a Transmissão *Inter Vivos* e *Causa Mortis* era de competência dos Estados, nos termos do art. 35 do CTN. Depois da CF/88, houve uma repartição das competências: aos Municípios foi atribuído o Imposto de Transmissão *Inter Vivos* e Oneroso de Bens Imóveis (ITBI) (art. 156, II, da CF),

---

[767] STJ, RESP 831.124.
[768] STF, ADI 3.089.

enquanto os Estados ficaram com o Imposto de Transmissão *Causa Mortis* e Doação, de Bens Móveis ou Imóveis (art. 155, II, da CF). Assim, na transmissão de imóveis *inter vivos* onerosa incide o ITBI; se for doação, o ITCD. Com isto, houve a recepção parcial do art. 35 do CTN pela CF/88.

Embora não exista lei complementar que regule a transmissão *causa mortis* e doação de bens móveis (o CTN trata de imóveis), os Estados e o DF podem exercer a sua competência legislativa plena, amparados pelo art. 34, §§ 3º e 4º, do ADCT e art. 24, § 3º, da CF.

Na transmissão de bens ou direitos deixada pelo falecimento de uma pessoa, assim como na doação, incide o ITCD. Não importa se os bens são móveis ou imóveis, uma vez que o imposto incide sobre *quaisquer bens* ou direitos.

2.2.1. Fato gerador

O fato gerador do ITCD é a transmissão, por causa da morte ou doação, de quaisquer bens ou direitos.

Nas transmissões *causa mortis*, ocorrem tantos fatos geradores distintos quantos sejam os herdeiros ou legatários (parágrafo único do art. 35 do CTN).

Quanto ao aspecto temporal, nas transmissões por causa da morte, como a existência da pessoa natural termina com a morte, é nesse momento que ocorre a abertura da sucessão. Por isto, o imposto é devido de acordo com a alíquota vigente ao tempo da abertura da sucessão,[769] mas o pagamento deve ser exigido depois que os bens forem avaliados e homologado o cálculo.[770]

A doação "é o contrato em que uma pessoa, por liberalidade, transfere do seu patrimônio bens ou vantagens para o de outra" (art. 538 do CC). O imposto incide sobre a doação de bem móvel ou imóvel. Quando se tratar de imóvel, o fato gerador ocorre por ocasião do registro do título no Registro de Imóveis porque é aí que se considera transmitido o bem. No entanto, é comum a lei exigir o imposto por ocasião da lavratura da escritura. No caso de bem móvel, a tradição é que transfere a propriedade, tornando exigível o tributo.

Quanto ao aspecto espacial, no caso de transmissão *causa mortis* de bens imóveis e respectivos direitos, o imposto é devido ao Estado em que situado o bem, ou ao Distrito Federal. Assim, se a pessoa é proprietária de imóvel em Cuiabá-MT, mas vem a falecer em Porto Alegre-RS, o imposto deverá ser recolhido em Cuiabá-MT, não importando o juízo onde se processe o inventário. A mesma regra é aplicada na doação de imóveis.

No caso de transmissão *causa mortis* de bens móveis, títulos e créditos, o imposto de transmissão, aí sim, será devido ao Estado onde se processar o inventário ou arrolamento, ou ao Distrito Federal. Se for doação, o imposto será do Estado onde domiciliado o doador, ou Distrito Federal.

---

[769] Súmula 112 STF: "O imposto de transmissão *causa mortis* é devido pela alíquota vigente ao tempo da abertura da sucessão".

[770] Súmula 114 do STF: "O imposto de transmissão *causa mortis* não é exigível antes da homologação do cálculo".

O art. 155, § 1º, III, da CF dispõe que a lei complementar deverá regular o imposto: a) se o doador tiver domicílio ou residência no exterior; b) se o *de cujus* possuía bens, era residente ou domiciliado ou teve o seu inventário processado no exterior.

Se a sucessão for aberta no estrangeiro, o imposto cabe ao Estado da situação do imóvel transmitido (art. 41 do CTN).

Na doação, quando o doador for residente ou domiciliado no exterior, em regra a lei estadual dispõe que o imposto cabe ao próprio Estado em que domiciliado ou residente o donatário, caso em que este passa a figurar como contribuinte do tributo.

2.2.2. Base de cálculo

Nos termos do art. 38 do CTN, a base de cálculo do imposto é o valor venal dos bens transmitidos ou doados.

2.2.3. Alíquota

A lei estadual deve fixar as alíquotas máxima e mínima do imposto. No entanto, a CF limitou a autonomia dos Estados quanto à fixação máxima da alíquota, cuja função foi atribuída ao Senado (art. 155, § 1º, IV). O Senado, portanto, tem a atribuição de estabelecer a alíquota máxima do imposto de transmissão *causa mortis* e doação de quaisquer bens ou direitos (art. 155, § 1º, IV, da CF). A Resolução 9/92 do Senado fixou a alíquota máxima em 8% (oito por cento). Porém, de acordo com o STF, exige-se que o aumento da alíquota se dê mediante lei específica, não sendo possível o atrelamento genérico de lei à alíquota fixada pelo Senado.[771] No caso, tratava-se de lei do Estado de Pernambuco que previa a fixação da alíquota máxima do imposto de transmissão *causa mortis* à alíquota fixada pelo Senado, sujeita à variação automática, em conformidade com a Resolução. O Min. Marco Aurélio esclareceu que:

> (...) a União, os Estados, o Distrito Federal e os Municípios não podem exigir ou aumentar tributo sem lei que o estabeleça. A alusão à lei guarda especificidade, considerada a competência normativa tributária. Ora, está-se diante de tributo da competência dos Estados – art. 155, I, do Diploma Maior. Assim, apenas a estes, dada a autonomia conferida pela Carta da República, compete estabelecer a alíquota do tributo. Descabe confundir o teto a ser definido pelo Senado Federal, consoante dispõe o inciso IV do § 1º, do art. 155, com a própria estipulação da alíquota. No caso, conflita com a exigência de lei local, fixando-a, norma, embora emanada da Assembléia, no sentido de o tributo corresponder à alíquota máxima a ser observada, ou seja, a decorrente de resolução do Senado Federal. A automaticidade empreendida contraria o sistema constitucional, misturando-se institutos diversos, competências normativas próprias, como são as referentes à fixação da alíquota, sempre a cargo do Poder Legislativo local, e o estabelecimento do teto a ser obedecido em tal procedimento. Acresça-se argumento consagrado na Primeira Turma desta Corte. A automaticidade acaba por fulminar o princípio da anterioridade, a menos que se considere, para cumpri-la, a data da Resolução do Senado, o que é de todo impróprio". Depois, em julgamento de caso análogo, o STF voltou a decidir que o imposto somente poderia ser aumentado por lei

---

[771] STF, RE 213.266.

estadual específica "e não por meio de lei que se atrele genericamente a essa alíquota máxima fixada pelo Senado e varie posteriormente com ela, até porque o princípio da anterioridade, a que está sujeita esta lei estadual de aumento, diz respeito ao exercício financeiro em que ela haja sido publicada e não, *per relationem*, à resolução do Senado que aumentou o limite máximo da alíquota. Note-se, ademais, que o acórdão recorrido não declarou a inconstitucionalidade da Lei estadual em causa (a de nº 10.160/89), uma vez que admitiu que essa atrelagem fosse específica, ou seja, que, com a edição dessa lei estadual, o tributo foi aumentado com base na alíquota máxima da resolução do Senado então vigente, persistindo essa alíquota até que venha a ser modificada por outra Lei estadual específica.[772]

No caso de inventário por morte presumida, tem-se entendido legítima incidência do Imposto de Transmissão *Causa Mortis*, nos termos da Súmula 331 do STF.

O imposto deve ser apurado de acordo com a alíquota vigente ao tempo da abertura da sucessão, conforme Súmula 112 do STF. Ou seja, como considera-se aberta a sucessão com a morte, o que importa é a alíquota prevista na lei vigente por ocasião do óbito, e não a prevista na lei em vigor no momento da abertura do inventário.

Por fim, havia discussão acerca da legitimidade de normas estaduais que previam alíquotas progressivas para o ITCD, mas o STF acabou admitindo a progressividade, afirmando que todos os impostos estão sujeitos ao princípio da capacidade contributiva, inclusive os que não têm caráter pessoal.[773]

2.2.4. Sujeito passivo

O CTN dispõe que o contribuinte do imposto é qualquer das partes na operação tributada, conforme dispuser a lei (art. 42).

Nas doações, em regra, a lei estadual atribuiu ao doador, quando domiciliado ou residente no País, a condição de contribuinte.

Na transmissão *causa mortis*, o contribuinte será o herdeiro ou legatário, uma vez que ocorrem tantos fatos geradores quantos forem os herdeiros ou legatários.

2.3. Imposto sobre a Propriedade de Veículos Automotores (IPVA)

O IPVA é posterior ao CTN e surgiu com a EC 27/85 à Constituição Federal de 1967, substituindo a Taxa Rodoviária Única (TRU).

Não existe lei complementar que discipline o fato gerador, base de cálculo e contribuinte do IPVA. Porém, amparado no art. 24, § 3º, da CF, e também porque as entidades políticas poderiam editar as leis necessárias à aplicação do novo sistema tributário nacional, nos termos do art. 34, § 3º, do ADCT, o STF admitiu que os Estados pudessem exercer a sua competência legislativa plena.[774]

---

[772] STF, RE 224.407.
[773] STF, RE 562.045.
[774] STF, AI 167.777; RE 191.703; AgRg no RE 414.259.

2.3.1. Fato gerador

O fato gerador do IPVA é a propriedade de veículo automotor e está sujeito ao lançamento de ofício.

O STF, porém, entendeu que não estão compreendidos no campo de incidência do IPVA as embarcações e as aeronaves, as quais se sujeitam a registro no Tribunal Marítimo (Capitania dos Portos) ou no Registro Aeronáutico Brasileiro.[775] A Corte entendeu, a partir do voto do Min. Sepúlveda Pertence, que a expressão "veículos automotores" deve ser considerada em sua acepção técnica, abrangendo exclusivamente os veículos de transporte viário ou terrestre.

Quanto ao aspecto temporal, o fato gerador do IPVA do veículo zero quilômetro é a data da aquisição, conforme a nota fiscal. Nos anos seguintes, caberá à legislação estadual determinar a data em que ocorre o fato gerador, uma vez que o tributo é devido anualmente.

2.3.2. Base de cálculo

A base de cálculo do IPVA, em relação ao veículo novo, é o valor da nota fiscal. Como o imposto é devido anualmente, deverá sofrer redução proporcional ao número de meses anteriores ao da aquisição. Se o veículo for importado, a base de cálculo é o valor constante no documento de importação, convertido em moeda nacional pela taxa cambial vigente na data do desembaraço aduaneiro (art. 143 do CTN).

Quanto ao usado, a legislação estadual poderá considerar o valor médio de mercado. O valor é atualizado anualmente por Decreto. Não se trata de aumento, a exigir lei, mas sim mera correção monetária da base de cálculo (art. 97, § 2º, do CTN).

A lei estadual poderá prever descontos para o pagamento antecipado do imposto, em parcela única. Se nova lei extinguir ou reduzir os descontos então previstos na lei velha, não se trata de majoração que exija a observância ao princípio constitucional da anterioridade, conforme entendeu o STF.[776]

O aumento da base de cálculo do IPVA não se sujeita ao princípio da anterioridade nonagesimal, embora deva observar a anterioridade de exercício financeiro. Assim, se a lei estadual for publicada em 30 de dezembro, produzirá efeitos em 1º de janeiro do ano seguinte.

2.3.3. Alíquota

A alíquota do IPVA deve ser fixada na lei estadual.

A EC 42/03 acrescentou o § 6º ao art. 155, atribuindo ao Senado a competência para fixar as alíquotas mínimas do IPVA (art. 155, § 6º, I), como também

---

[775] STF, RE 134.509 e RE 379.572.
[776] STF, ADI 4.016.

admitiu que as alíquotas sejam diferenciadas em função do tipo e utilização do veículo.

Em regra, a lei prevê alíquotas diferentes de acordo com o tipo de veículo (automóvel, caminhão, ônibus, embarcação, motocicleta, etc.).

O STF, invocando o art. 152 da Constituição Federal, que proíbe que os Estados, o DF e os Municípios estabeleçam diferença tributária entre bens e serviços, de qualquer natureza, em razão de sua procedência ou destino, não admitiu que a alíquota do IPVA fosse uma para os veículos de procedência nacional e outra, maior, para os importados.[777]

2.3.4. Sujeito passivo

O contribuinte do imposto é o proprietário do veículo, tal como consta no documento onde o veículo deve ser registrado ou licenciado.

A lei estadual também poderá estender ao adquirente do veículo a responsabilidade pelo pagamento do imposto que era devido pelos anteriores proprietários.

2.4. Imposto sobre a Circulação de Mercadorias e Serviços de Transporte Interestadual, Intermunicipal e de Comunicação (ICMS)

O ICMS é imposto de competência dos Estados/DF e possui minucioso detalhamento no texto constitucional.

A LC 87/96 regula o imposto em nível nacional, disciplinando os casos de incidência ou não, os contribuintes, substituição tributária, fatos geradores, bases de cálculos, o princípio da não cumulatividade, etc. (art. 155, § 2º, XII). Trata-se de uma lei complementar de caráter nacional, com o objetivo de conferir um tratamento uniforme acerca do imposto em todos os Estados e no DF.

A LC 24/75, parcialmente recepcionada pela CF/88, regula a forma como, mediante deliberação dos Estados e do Distrito Federal, isenções, incentivos e benefícios fiscais serão concedidos e revogados (art. 155, § 2º, XII, *h*, da CF).

O Senado, mediante Resoluções, também pode estabelecer alíquotas máximas e mínimas do imposto nas operações internas, assim como nas operações interestaduais, observado o disposto no art. 155, § 2º, IV e V, da CF.

O ICMS está sujeito ao princípio constitucional da não cumulatividade, dispondo o art. 155, § 2º, I, da Constituição Federal, que o imposto "será não cumulativo, compensando-se o que for devido em cada operação relativa à circulação de mercadorias ou prestação de serviços com o montante cobrado nas anteriores pelo mesmo ou outro Estado ou pelo Distrito Federal".

O art. 155, § 2º, XII, *c*, da CF atribui à lei complementar a tarefa de disciplinar o regime de compensação do imposto. O art. 19 da LC 87/96 repete a dicção constitucional acerca da não cumulatividade, enquanto o art. 20 asse-

---

[777] STF, RE 367.785-AgR; RE 400.710, RE 300.114 e RE 307.948.

gura ao sujeito passivo o direito de creditar-se do imposto que foi cobrado nas operações anteriores que tenham resultado na entrada de mercadoria, real ou simbólica, no estabelecimento, inclusive a destinada ao seu uso ou consumo ou ao ativo permanente, ou ainda o recebimento de serviços de transporte interestadual e intermunicipal ou de comunicação. Embora o texto constitucional e a lei refiram-se ao "montante cobrado", o contribuinte terá o direito ao crédito, independentemente do imposto ter sido "cobrado" ou "pago" na operação anterior, conforme tem entendido a doutrina. A incidência do imposto na operação anterior é que vai gerar o direito ao crédito na operação subsequente, ou seja, o débito anterior é lançado a crédito na operação seguinte.

A não cumulatividade evita a superposição tributária e a oneração do preço final da mercadoria. Numa cadeia de operações mercantis, o imposto que incidiu na operação anterior deve ser descontado do imposto incidente na operação seguinte. Com isto, a tributação recairia apenas sobre o valor que foi agregado em cada operação. A técnica adotada foi a de tributar integralmente a operação anterior, concedendo-se o crédito do imposto então incidente para que ele seja abatido na operação subsequente, que também é tributada. Para tanto, há um sistema de registros dos créditos e débitos apurados pelo contribuinte em livros fiscais. Estes créditos registrados em livros não são créditos tributários, mas simples créditos escriturados pelo contribuinte na sua escrita fiscal para que, no final de um período, se apure a existência, ou não, de um crédito tributário de ICMS a ser pago. Por isso o montante dos créditos que deve ser compensado é chamado de crédito escritural. Esta compensação entre créditos e débitos do mesmo imposto não é a compensação para a extinção do crédito tributário, prevista nos arts. 156, II, e 170 do CTN.

Existem dois sistemas para dar efetividade ao princípio da não cumulatividade: o crédito financeiro e o crédito físico.

O crédito financeiro diz respeito ao imposto que incidiu sobre quaisquer bens ou insumos indispensáveis ao exercício da atividade comercial ou industrial. O crédito físico decorre do imposto incidente apenas sobre os bens ou insumos utilizados no processo produtivo. No financeiro, o crédito tem origem em qualquer despesa necessária à produção do bem; no físico, o crédito decorre apenas de bens que foram fisicamente incorporados aos processos de comercialização ou industrialização. A regra adotada pela legislação é a do crédito físico. De um modo geral, a doutrina tem entendido que a legislação infraconstitucional não poderia restringir o princípio da não cumulatividade, de modo que a compensação também deveria se dar com os créditos financeiros.

O STF, porém, manteve acórdão do Tribunal de Justiça do Estado do Rio Grande do Sul que havia negado o direito do contribuinte de creditar-se do ICMS incidente sobre materiais não utilizados diretamente no processo de industrialização e comercialização de seus produtos, tais como peças de reposição de máquinas, aparelhos e equipamentos industriais e materiais para manutenção dos veículos da frota utilizados para o transporte de mercadorias a clientes e fornecedores. Foi rejeitada a alegação de ofensa ao princípio da não cumulatividade (CF, art. 155, § 2º, I), porquanto os materiais, embora utilizados na indústria, não integram a produção de forma a compor o produto final comercializado.[778] Ou seja, admitiu apenas os créditos físicos.

A apuração do imposto é feita em determinado período, conforme dispuser a legislação estadual (art. 24 da LC 87/96). No final do período de apuração, se o resultado do encontro entre créditos e débitos for negativo, haverá ICMS a pagar. Sendo positivo, o crédito é transferido para os períodos seguintes.

Para o STF, a modificação do sistema de creditamento, quer implique redução de benefício de natureza fiscal, quer configure majoração do tributo, cria um ônus para o contribuinte e, portanto, deve ficar sujeito ao princípio da anterioridade.[779] Este precedente do STF diz respeito a dispositivos da LC 102, de 11.07.2000, os quais impuseram alterações na LC 87/96, modificando o critério de apropriação dos créditos do ICMS decorrentes de aquisições de mercadorias para o ativo permanente, de energia elétrica e de serviços de telecomunicação.

Por exemplo, numa cadeia de operações de vendas de mercadorias entre os comerciantes A, B e C sujeitos à alíquota de 18% de ICMS, teríamos o seguinte:[780]

Quadro 1	A	B	C
Valor da operação	R$ 100,00	R$ 200,00	R$ 300,00
Alíquota	18%	18%	18%
Débito	R$ 18,00	R$ 36,00	R$ 54,00
Crédito	R$ 0,00	R$ 18,00	R$ 36,00
ICMS a pagar	R$ 18,00	R$ 18,00	R$ 18,00

É da diferença entre os créditos e os débitos que se apura o montante do imposto devido. No total, o Estado receberia R$ 54,00. Se for aplicada a alíquota de 18% sobre o valor total da operação final, o resultado seria o mesmo: R$ 54,00.[781]

Observe, de outra parte, que se o comerciante B, por exemplo, corrigir monetariamente o crédito escriturado (R$18,00), o valor do ICMS a pagar será reduzido. Em razão disso, os contribuintes tentaram obter no Judiciário a correção monetária dos créditos escriturais do ICMS. No entanto, não obtiveram êxito. O Supremo Tribunal Federal não admitiu a correção monetária dos créditos escriturais, consideradas as datas de recolhimento e da compensação do tributo, salvo a existência de previsão legal. Entre outros julgados, o STF entende que:

---

[778] STF, RE 195.894.
[779] STF, ADI 2.325.
[780] Fazendo o cálculo "por fora" para facilitar a compreensão.
[781] No caso de operações interestaduais, o princípio é explicado no item 2.4.

O sistema de créditos e débitos, por meio do qual se apura o ICMS devido, tem por base valores certos, correspondentes ao tributo incidente sobre as diversas operações mercantis, ativas e passivas realizadas no período considerado, razão pela qual tais valores, justamente com vista à observância do princípio da não cumulatividade, são insuscetíveis de alteração em face de quaisquer fatores econômicos ou financeiros. De ter-se em conta, ainda, que não há falar, no caso, em aplicação do princípio da isonomia, posto não configurar obrigação do Estado, muito menos sujeita a efeitos moratórios, eventual saldo escritural favorável ao contribuinte, situação reveladora, tão somente, de ausência de débito fiscal, este sim sujeito a juros e correção monetária, em caso de não recolhimento no prazo estabelecido.[782]

No mesmo sentido é a seguinte ementa de julgado do STF:[783]

A jurisprudência do Supremo Tribunal Federal firmou-se no sentido de não reconhecer, ao contribuinte do ICMS, o direito à correção monetária dos créditos escriturais excedentes, enfatizando, ainda, que essa recusa não configura hipótese caracterizadora de ofensa aos postulados constitucionais da não cumulatividade e da isonomia. Precedentes.

A Constituição Federal, por outro lado, dispõe que a isenção ou não incidência, salvo determinação em contrário da legislação, não implicará crédito para compensar com o montante devido nas operações ou prestações seguintes e acarretará a anulação do crédito relativo às operações anteriores (art. 155, § 2º, II, *a* e *b*). O art. 20, §§ 1º e 2º, da LC 87/96 dispõe que não geram direito a crédito as entradas de mercadorias ou serviços isentos ou não tributados ou que se refiram às mercadorias ou serviços alheios à atividade do estabelecimento, presumindo-se alheios à atividade os veículos de transporte pessoal.

Assim, pegando o mesmo exemplo do quadro acima, em que a isenção ocorresse no caso do B, a situação seria a seguinte:

Quadro 1	A	B	C
Valor da operação	R$ 100,00	R$ 200,00	R$ 300,00
Alíquota	18%	Isenção	18%
Débito	R$ 18,00	R$ 0,00	R$ 54,00
Crédito	R$ 0,00	R$ 0,00	R$ 0,00
ICMS a pagar	R$ 18,00	R$ 0,00	R$ 54,00

Observe que a isenção no B anulou o crédito que teria direito da operação anterior (R$18,00), assim como não implicou crédito para compensar com o montante na operação seguinte (o C não pode escriturar o crédito).

Nas operações de **exportação**, há imunidade do imposto (art. 155, § 2º, X, *a*, da CF e art. 3º, II, da LC 87/96). Como a CF assegura a manutenção e o aproveitamento do imposto cobrado nas operações e prestações anteriores, o saldo credor acumulado, frente ao princípio da não cumulatividade, poderá ser imputado pelo sujeito passivo a qualquer estabelecimento seu no Estado ou transferido a outros contribuintes no mesmo Estado (art. 25, § 1º, da LC 87/96).

---

[782] STF, RE 195.643.
[783] STF, AgRg no RE 231.195.

2.4.1. Fato gerador

O ICMS é imposto que incide sobre: a) operações relativas à circulação de mercadorias; b) prestações de serviço de transporte interestadual; c) prestações de serviço de transporte intermunicipal; d) prestações de serviço de comunicação.

O art. 2º da LC 87/96 dispõe que o imposto incide sobre:

I – operações relativas à circulação de mercadorias, inclusive o fornecimento de alimentação e bebidas em bares, restaurantes e estabelecimentos similares;

II – prestações de serviços de transporte interestadual e intermunicipal, por qualquer via, de pessoas, bens, mercadorias ou valores;

III – prestações onerosas de serviços de comunicação, por qualquer meio, inclusive a geração, a emissão, a recepção, a transmissão, a retransmissão, a repetição e a ampliação de comunicação de qualquer natureza;

IV – fornecimento de mercadorias com prestação de serviços não compreendidos na competência tributária dos Municípios;

V – fornecimento de mercadorias com prestação de serviços sujeitos ao imposto sobre serviços, de competência dos Municípios, quando a lei complementar aplicável expressamente o sujeitar à incidência do imposto estadual.

§ 1º O imposto incide também:

I – sobre a entrada de mercadoria ou bem importados do exterior, por pessoa física ou jurídica, ainda que não seja contribuinte habitual do imposto, qualquer que seja a sua finalidade;

II – sobre o serviço prestado no exterior ou cuja prestação se tenha iniciado no exterior;

III – sobre a entrada, no território do Estado destinatário, de petróleo, inclusive lubrificantes e combustíveis líquidos e gasosos dele derivados, e de energia elétrica, quando não destinados à comercialização ou à industrialização, decorrentes de operações interestaduais, cabendo o imposto ao Estado onde estiver localizado o adquirente.

§ 2º A caracterização do fato gerador independe da natureza jurídica da operação que o constitua.

A doutrina tem entendido que o conceito de mercadoria, pressuposto de incidência do ICMS, refere-se a bens móveis e compreende um negócio jurídico mercantil. A energia elétrica é considerada mercadoria para efeitos da incidência do imposto, assim como derivados de petróleo, combustíveis e minerais (art. 155, § 3º, da CF). A mera circulação física de uma mercadoria não autoriza a incidência do tributo. Por isso o imposto não incide na simples transferência de mercadoria de um para outro estabelecimento da mesma empresa,[784] assim como na alienação de bens do ativo fixo ou imobilizado, conforme julgado do STF.[785] A Corte entendeu que na venda de bens do ativo fixo não há circulação no sentido jurídico-tributário, uma vez que os bens não se ajustam ao conceito de mercadorias, e as operações não são efetuadas com habitualidade.

As águas públicas derivadas de rios ou mananciais são consideradas como bem de uso comum do povo (arts. 20, III e 26, I, da CF). Não podem ser equiparadas à mercadoria. Por isso o STF decidiu que não incide o ICMS

---
[784] Súmula 166 do STJ.
[785] STF, RE 194.300.

sobre o serviço de fornecimento de água encanada por concessionária do Rio de Janeiro.[786]

Os serviços de transporte interestadual e intermunicipal também estão no âmbito de incidência do ICMS. O Pleno do STF, no julgamento da ADI 2669, entendeu "devida a cobrança de ICMS nas operações ou prestações de serviço de transporte terrestre interestadual e intermunicipal de passageiros e de cargas". Já o serviço de transporte dentro do próprio Município é objeto de incidência do ISS.

O STF julgou parcialmente procedente ação direta de inconstitucionalidade contra dispositivos da LC 87/96 (arts. 1º e 2º, II), que disciplinam a instituição do ICMS sobre a prestação de serviços de transporte aéreo. A Corte considerou inconstitucional a incidência do ICMS no transporte aéreo de passageiros intermunicipal, interestadual, internacional e de transporte internacional de cargas por entender que impossibilitaria a repartição do ICMS entre os Estados, não havendo como aplicar as alíquotas internas e externas. Quanto ao transporte nacional de cargas, o pedido foi julgado improcedente.[787]

No caso dos serviços de comunicação, o imposto recai sobre as prestações onerosas, inclusive a geração, emissão, recepção, transmissão, retransmissão, repetição e ampliação de comunicação de qualquer natureza (art. 2º, III, da LC 87/96). As prestações de serviço de comunicação nas modalidades de radiodifusão sonora e de sons e imagens de recepção livre e gratuita são imunes ao ICMS (rádio e TV abertas) (art. 155, § 2º, X, d, da CF).

A 1ª Seção do STJ firmou o entendimento no sentido de que o ICMS não incide no serviço dos provedores de acesso à internet[788] porque tais serviços não são considerados de comunicação, mas sim serviços de valor adicionado, nos termos do art. 61 da Lei 9472/97.

O STJ também sumulou o entendimento de que o ICMS não incide sobre o serviço de habilitação de telefone celular.[789] No mesmo sentido foi a decisão do Pleno do STF no julgamento do RE 572.020, que considerou que "o serviço de habilitação de celular configura atividade preparatória ao serviço de comunicação, não sujeito à incidência do ICMS". O ato de habilitação não é serviço de telecomunicação, mas simples atividade intermediária para propiciar o acesso ao serviço de telecomunicação.

O art. 12 da LC 87/96 disciplina o aspecto temporal do fato gerador do ICMS. Destaca-se que na importação o fato gerador ocorre no momento do desembaraço aduaneiro de mercadorias ou bens importados do exterior (inciso IX). Nesta hipótese, após o desembaraço aduaneiro, a entrega, pelo depositário, "de mercadoria ou bem importados do exterior deverá ser autorizada pelo órgão responsável pelo seu desembaraço, que somente se fará mediante a exibição do comprovante de pagamento do imposto incidente no ato do despacho

---

[786] STF, RE 607.056.
[787] STF, ADI 1.600.
[788] Súmula 334 do STJ.
[789] Súmula 350 do STJ.

aduaneiro, salvo disposição em contrário" (§ 2º). Se a entrega da mercadoria ou bem ocorrer antes do desembaraço, o que é admitido em casos específicos, a lei considera ocorrido o fato gerador neste momento, devendo a autoridade responsável, salvo disposição em contrário, exigir a comprovação do pagamento do imposto.

Na entrada de mercadoria importada do exterior, o STF considera legítima a cobrança do ICMS por ocasião do desembaraço aduaneiro.[790] Os precedentes que deram origem a este entendimento sumulado diziam respeito ao fato de o Fisco poder condicionar ou não a liberação da mercadoria importada à comprovação do pagamento do ICM. Ocorre que a CF/69 (art. 23, § 11) considerava ocorrido o fato gerador no momento da entrada da mercadoria no estabelecimento do importador, não fazendo referência ao Estado credor do imposto, que só poderia ser o da situação do estabelecimento. Por isso a Súmula 577 do STF, que hoje não é mais aplicada, dispunha que "na importação de mercadorias do exterior, o fato gerador do imposto de circulação de mercadorias ocorre no momento de sua entrada no estabelecimento do importador". Na CF/88, o aspecto temporal do fato gerador deixou de ser a "entrada da mercadoria no estabelecimento do importador" para ser a "entrada da mercadoria importada do exterior", hipótese em que o imposto cabia ao Estado onde estivesse situado o estabelecimento destinatário da mercadoria, conforme dispunha a redação original do art. 155, § 2º, IX, *a*, da CF/88. Com isso, o STF entendeu que a lei poderia fixar o desembaraço aduaneiro como o elemento temporal, uma vez que isto ocorria muitas vezes fora dos limites do Estado de destino das mercadorias, sendo legítimo que fosse condicionado o desembaraço ao pagamento do imposto.[791]

No sistema atual, como dito, o ICMS é exigido por ocasião do desembaraço e a liberação da mercadoria ou bem deve ser feita diante da prova do pagamento do imposto. O imposto cabe para o Estado onde estiver situado o domicílio ou o estabelecimento do destinatário (art. 155, § 2º, IX, *a*, da CF). Assim, se a mercadoria é importada por uma empresa de Curitiba-PR, e o desembaraço ocorre no porto de Santos-SP, o ICMS deve ser recolhido para o Estado do Paraná, ainda que a mercadoria seja diretamente enviada para estabelecimento filial do importador sediado em São Paulo.

O STF tem entendido que na operação de circulação de bem na importação, o destinatário a que se refere é o jurídico, ou seja, o destinatário legal da operação, não importando quem seja o destinatário da remessa física do bem. Com isto, é irrelevante o local do desembaraço ou a ausência de circulação da mercadoria no território do Estado onde está localizado o importador ou ainda o local de entrada física dos bens,[792] sendo esta a ementa do julgado:

> Nas operações das quais resultem a importação de bem do exterior, o Imposto sobre Circulação de Mercadorias e Serviços –ICMS é devido ao Estado onde estiver situado o domicílio ou o es-

---
[790] Súmula 661 do STF.
[791] STF, RE 193.817.
[792] STF, RE 405.457.

tabelecimento do destinatário jurídico do bem, pouco importando se o desembaraço ocorreu por meio de ente federativo diverso.

A uniformização dos procedimentos para cobrança do ICMS na importação é regulada pelo CONFAZ, nos termos do Convênio 85, de 25 de setembro de 2009, cuja cláusula primeira dispõe que, se o desembaraço aduaneiro se verificar em território de unidade da Federação distinta daquela do importador,

> o recolhimento do ICMS será feito em Guia Nacional de Recolhimento de Tributos Estaduais – GNRE, prevista em normas de convênio, com indicação da unidade federada beneficiária, exceto no caso de unidade da Federação com a qual tenha sido celebrado e implementado o convênio com a Secretaria da Receita Federal do Brasil – RFB – para débito automático do imposto em conta bancária indicada pelo importador.

Na hipótese de haver isenção, imunidade, não incidência ou outro motivo para não ser exigido o imposto, integral ou parcial, deverá ser apresentada uma Guia para Liberação de Mercadoria Estrangeira sem Comprovação do Recolhimento do ICMS (GLME), conforme modelo anexo ao citado convênio.

Ainda no caso da importação, deve ser esclarecido que na redação original do art. 155, § 2º, IX, *a*, a Constituição Federal dispunha que o ICMS incidia sobre a entrada de mercadoria importada do exterior, ainda quando se tratasse de bem destinado a consumo ou ativo fixo do estabelecimento.

No entanto, o STF entendia que a incidência do ICMS na importação de mercadoria tinha como fato gerador operação de natureza mercantil ou assemelhada, sendo inexigível o imposto quando se tratasse de bem importado por pessoa física. É que a pessoa física, não sendo comerciante, não poderia atender ao princípio da não cumulatividade do ICMS, compensando o valor devido em cada operação com o montante cobrado nas anteriores.[793]

Pelo mesmo raciocínio, o STF decidiu que a regra original do art. 155, § 2º, IX, *a*, da CF – que determinava a incidência do ICMS sobre a entrada de mercadoria importada do exterior, ainda quando se tratasse de bem destinado a consumo ou ativo fixo do estabelecimento – não se aplicava às operações de importação de bens realizada por pessoa jurídica que não fosse contribuinte do ICMS. Com base nesse entendimento, o Tribunal, por maioria, manteve decisão do Tribunal de Justiça do Estado de São Paulo que havia excluído da incidência do ICMS a importação, por pessoa jurídica, de um aparelho de mamografia a ser utilizado na realização de exames radiológicos.[794]

O Supremo Tribunal Federal, portanto, à luz da redação original do art. 155, § 2º, IX, *a*, da CF, havia pacificado e sumulado que, até a vigência da EC/33 de 2001, o ICMS não incidia na importação de bens por pessoa física ou jurídica que não fosse contribuinte habitual do imposto.[795]

Assim, com base na Súmula 661, o STF passou a julgar de modo contrário ao STJ, que entendia que o ICMS incidia na importação de aeronave e automóvel, por pessoa física, destinados a uso próprio, nos termos das Súmulas 155

---

[793] STF, RE 461.968.
[794] STF, RE 185.789.
[795] Súmula 661 do STF.

do STJ (*O ICMS incide na importação de aeronave, por pessoa física, para uso próprio*) e 198 do STJ (*Na importação de veículo por pessoa física, destinado a uso próprio, incide ICMS*).

Por causa dos precedentes do STF, a EC 33/01 alterou a redação do art. 155, § 2º, IX, a da CF, dispondo que o ICMS incide sobre a entrada de bem ou mercadoria importados do exterior por pessoa física ou jurídica, ainda que não seja contribuinte habitual do imposto, qualquer que seja a sua finalidade, assim como sobre o serviço prestado no exterior, cabendo o imposto ao Estado onde estiver situado o domicílio ou o estabelecimento do destinatário da mercadoria, bem ou serviço. Com isto, a LC 114/02 acabou alterando a LC 87/96 (art. 2º, § 1º, I), a fim de possibilitar a incidência do ICMS na importação de mercadoria ou bem importados do exterior, por pessoa física ou jurídica, ainda que não seja contribuinte habitual do imposto. Logo, havendo lei estadual posterior à LC 114/02, o ICMS poderá ser exigido na importação efetuada por pessoa física ou jurídica, ainda que não seja contribuinte habitual do imposto.

Em relação ao arrendamento mercantil, o art. 3º, VIII, da LC 87/96 dispõe que o ICMS não incide sobre operações de arrendamento mercantil, não compreendida a venda do bem arrendado ao arrendatário.

Havia discussões acerca da legitimidade da incidência do ICMS nas operações de arrendamento mercantil internacional. Entendia-se que o ICMS incide sobre a circulação da mercadoria, tomada em sua acepção também jurídica, que traduz mudança de titularidade, e não apenas movimentação física do bem. No arrendamento, o domínio permaneceria com o arrendador, sendo o arrendatário mero possuidor.

O Supremo Tribunal Federal tem dois julgados importantes acerca da legitimidade ou não da incidência de ICMS nas importações mediante arrendamento mercantil.

No primeiro julgado, relatado pela Min. Ellen Gracie, entendeu o Pleno que o ICMS incide sobre a mercadoria importada do exterior, sendo desnecessário verificar a natureza jurídica do negócio internacional do qual decorreu a importação, uma vez que não se encontra ao alcance do Fisco Nacional. O caso julgado referia-se à importação de equipamento técnico (um forno elétrico destinado à recuperação de vidros planos), que seria incorporado ao ativo fixo, adquirido por leasing firmado entre o arrendatário brasileiro e o arrendador situado no exterior. Entendeu a Min. Relatora que:

> A Constituição Federal elegeu o elemento fático "entrada de mercadoria importada" como caracterizador da circulação jurídica da mercadoria ou do bem, e dispensou indagações acerca dos contornos do negócio jurídico realizado no exterior.

Mais adiante, fazendo referência ao art. 3º, VIII, da LC 87/96, argumentou que:

> O dispositivo aplica-se apenas a operações internas de arrendamento mercantil. Não se revela factível, nas hipóteses como a dos autos, a incidência do ICMS por ocasião da opção pela compra do bem, por parte do arrendatário sediado no Brasil. Tudo porque, a opção de compra constante do contrato internacional não está no âmbito da incidência do ICMS, nem o arrendador sediado

no exterior é contribuinte. Por essa razão é que a Constituição Federal estabeleceu a entrada da mercadoria importada como fato gerador do imposto, a ser recolhido pelo comprador/arrendatário no Brasil.[796]

No outro julgado, em 2007, o Pleno do Supremo Tribunal Federal voltou a discutir a legitimidade da incidência do ICMS na importação mediante *leasing*. O caso dizia respeito à importação de aeronaves e respectivas peças ou equipamentos, em recurso extraordinário que tinha como interessados o Estado de São Paulo e a TAM Linhas Aéreas S/A. Neste julgado, o Relator, Min. Eros Grau, ressaltou que:

> Na hipótese que ora cogitamos – arrendamento mercantil contratado pela indústria aeronáutica de grande porte para viabilizar o uso, pelas companhias de navegação aérea, de aeronaves por elas construídas – não há operação relativa à circulação de mercadoria sujeita à incidência do ICMS... Por mais estranho que possa parecer, aqui é a normalidade que aparenta ser peculiar. Pois de arrendamento mesmo se trata nesses casos. Vale dizer: ainda que se fale em leasing, as arrendadoras (=indústria aeronáutica direta ou indiretamente) permanecem, ao final do termo do contrato, proprietárias dos bens transferidos temporariamente ao uso das companhias de navegação aérea. Esse é um fato notório. Quando aeronaves e/ou peças ou equipamentos que as componham são importadas em regime de leasing não se prevê a sua posterior transferência ao domínio do arrendatário. Ora, essa circunstância importa em que não se verifique, no caso, circulação de mercadoria, pressuposto da incidência do tributo de que se cuida".

O Ministro esclareceu que a importação era anterior às alterações introduzidas no inciso XI, alínea *a*, do § 2° do art. 155 da CF pela EC 33/01 e que o precedente supramencionado e julgado pelo Pleno (RE 206.069) não poderia ser aplicado porque naquele caso o equipamento importado destinava-se ao ativo fixo da empresa, havendo a necessidade da opção do arrendatário pela compra do bem ao arrendador.[797]

O art. 3°, IX, da LC 87/96 dispõe que o ICMS não incide nas operações de qualquer natureza de que decorra a transferência de bens móveis salvados de sinistro para companhias seguradoras. Isto ocorre quando a seguradora, depois de pagar o seguro, recebe o bem segurado. Esta operação fica a salvo da incidência do imposto. No entanto, a seguradora pode revender o bem salvado, caso em que o imposto era exigido. O STJ havia sumulado o entendimento de que "na venda, pelo segurador, de bens salvados de sinistros, incide o ICMS",[798] súmula esta que acabou sendo cancelada. A matéria era controvertida, e o STF, em julgamento de fevereiro de 2011,

> Concluiu que o objeto das operações das seguradoras seria o seguro e que a eventual venda dos salvados não os tornaria mercadorias, porquanto as companhias seguradoras não possuiriam por objeto social a circulação de mercadorias, constituindo a referida alienação um elemento da própria operação de seguro.[799]

Por conta disso, a Corte aprovou a Súmula Vinculante 32: "O ICMS não incide sobre a alienação de salvados de sinistros pelas seguradoras".

---

[796] STF, RE 206.069.
[797] STF, RE 461.968.
[798] Súmula 152 do STJ.
[799] STF, RE 588.149.

2.4.2. Base de cálculo

A CF atribuiu à lei complementar a tarefa de fixar a base de cálculo do ICMS, de modo que o montante do imposto a integre, também na importação do exterior de bem, mercadoria ou serviço.

O art. 13 da LC 87/96 disciplina a base de cálculo do ICMS, a qual varia dependendo das hipóteses legais de incidência, enquanto o art. 8º trata da base de cálculo no caso específico da substituição tributária.

É importante destacar que integra a base de cálculo do imposto, inclusive na importação, o montante do próprio imposto, constituindo o respectivo destaque "mera indicação para fins de controle" (§ 1º do art. 13 da LC 87/96). Este sistema de apuração chama-se cálculo por dentro.

O Pleno do Supremo Tribunal Federal decidiu que:

> A Lei Complementar 87/96, ao estabelecer que integra a base de cálculo do ICMS o montante do próprio imposto, vale dizer, a base de cálculo do ICMS corresponderá ao valor da operação ou prestação somado ao próprio tributo, não ofende o princípio constitucional da não-cumulatividade.[800]

Com isto, afastou a pretensão do contribuinte de excluir da base de cálculo do ICMS o próprio valor do tributo devido. Há precedente da Turma, mantendo decisão monocrática do Min. Sydney Sanches, relator, que negara seguimento a agravo de instrumento em recurso extraordinário, no qual se pretendia a reforma de acórdão do Tribunal de Justiça do Estado de São Paulo que não divergira dessa orientação.[801]

De outra parte, o IPI é excluído da base de cálculo do ICMS quando a operação, realizada entre contribuintes e relativa a produto destinado à industrialização ou à comercialização, configurar fato gerador dos dois impostos (art. 155, § 2º, XII, da CF), o que também é repetido no § 2º do art. 13 da LC 87/96. Para que o IPI não integre a base de cálculo, a operação deve ser realizada entre contribuintes do ICMS, o destinatário não pode utilizá-lo para seu uso ou consumo, e a operação deve configurar fato gerador do IPI e do ICMS. Assim, no caso de venda de mercadoria para um contribuinte do ICMS, o IPI deve ser deduzido da base de cálculo. No entanto, se a venda é efetuada para consumidor, o IPI não será deduzido da base de cálculo.

Como a base de cálculo é integrada pelo valor do próprio imposto, adota-se uma fórmula para apurá-la:

$$\text{Base de cálculo do ICMS} = \frac{\text{valor da mercadoria}}{1 - \text{alíquota}/100}$$

Assim, numa operação de venda de R$ 1.000,00 sujeita à alíquota de 25% de ICMS, a base de cálculo resulta em R$ 1.333,33. Aplicada a alíquota de 25%, o ICMS devido é de R$ 333,33, o que representa uma alíquota efetiva de 33,33%. Embora absurdo, o texto constitucional autoriza que a base de cálculo seja inte-

---

[800] STF, RE 195.894.
[801] STF, AI 319.670 AgR.

grada pelo próprio imposto. Isto parece ter sido adotado pelo Min. Marco Aurélio no julgamento do recurso extraordinário em que assentada a legitimidade de a base de cálculo ser integrada pelo montante do próprio imposto, uma vez que disse que "a alíquota existente na base de 18%, acaba sendo majorado para 21,95%, via a integração cumulada". Neste exemplo do Ministro, a mercadoria no valor de R$ 1.000,00, com alíquota de 18%, representaria uma base de cálculo de R$ 1.219,51 (R$ 1000 divido por 0,82). Aplicada a alíquota de 18%, o imposto apurado seria de R$ 219,51, ou seja, 21,95%.

Os descontos concedidos sob condição (sujeitos a evento futuro e incerto) integram a base de cálculo do ICMS (art. 13, § 1º, II, *a*, da LC 87/96). Porém, sendo o desconto incondicional, como ocorre numa compra com pagamento à vista, o valor do desconto deverá ser deduzido da base de cálculo.

Nas vendas de mercadorias a prazo, a quantia acrescida ao valor da mercadoria integra o preço da operação. Por isso, o ICMS deve incidir sobre o valor real da operação, descrito na nota fiscal de venda do produto ao consumidor. Assim, o STJ firmou o entendimento de que o ICMS incide sobre o valor da venda a prazo constante da nota fiscal.[802]

Por outro lado, as vendas de mercadorias a prazo não devem ser confundidas com as vendas de mercadorias financiadas com cartão de crédito. Na venda financiada, entende-se que existem duas operações: compra e venda e financiamento. Assim, os encargos relativos ao financiamento, nas operações com cartão de crédito, não são considerados no cálculo do ICMS.[803]

No caso das operações com energia elétrica, discutia-se se o ICMS deveria recair sobre o valor do contrato firmado que garante a "demanda reservada de potência" ou sobre o valor pago em decorrência do consumo que tivesse sido apurado. A Corte, no voto do Min. Teori Zavascki, entendeu que não há geração e nem circulação de energia elétrica sem que exista consumo. Por isso, o imposto só pode incidir sobre a energia efetivamente consumida e que foi entregue ao consumidor, ou seja, deve tomar por base a demanda de potência utilizada, e não a demanda simplesmente contratada. Como disse o Ministro:

> (...) é perfeitamente legítima a incidência do tributo sobre o valor da tarifa correspondente à demanda reservada de potência contratada e efetivamente consumida. O que é ilegítima, repita-se, é a incidência de ICMS sobre a parcela correspondente à demanda reservada de potência simplesmente contratada mas não utilizada pelo consumidor.[804]

Com isso, foi sumulado o entendimento de que o ICMS incide sobre o valor da tarifa de energia elétrica correspondente à demanda de potência efetivamente utilizada.[805]

Na importação, a base de cálculo do ICMS é composta pelas seguintes parcelas:

---
[802] Súmula 395 do STJ.
[803] Súmula 237 do STJ.
[804] STJ, RESP 906.476.
[805] Súmula 391 do STJ.

a) o valor da mercadoria ou bem constante dos documentos de importação, observado o disposto no art. 14 da LC 87/96;

b) Imposto de Importação;

c) Imposto sobre Produtos Industrializados;

d) Imposto sobre Operações de Câmbio;

e) quaisquer outros impostos, taxas, contribuições e despesas aduaneiras.

2.4.3. Alíquotas

As alíquotas do imposto podem ser seletivas, em função da essencialidade das mercadorias e dos serviços (art. 155, § 2º, III, da CF). Para o ICMS, a seletividade é mera faculdade atribuída ao legislador, ao contrário do IPI, cuja seletividade é obrigatória. O legislador poderá fixar alíquotas menores de ICMS para mercadorias consideradas essenciais como, por exemplo, produtos da cesta básica.

As alíquotas do ICMS compreendem as operações internas, do próprio Estado/DF, e as operações interestaduais.

Nas **operações internas**, as alíquotas mínima e máxima poderão ser fixadas por Resolução do Senado. Para a alíquota mínima, a Resolução deve partir de iniciativa de um terço e aprovada pela maioria absoluta dos senadores (art. 155, § 2º, V, *a*, da CF). Para a alíquota máxima, a Resolução deve partir da maioria absoluta e aprovada por dois terços dos senadores, isto para resolver conflito específico que envolva interesse de Estados (art. 155, § 2º, V, *b*, da CF). É claro que nas operações internas as alíquotas são fixadas pela lei estadual, devendo ser observado, se for o caso, as Resoluções do Senado. As alíquotas nas operações internas não podem ser inferiores às fixadas para as operações interestaduais, salvo deliberação em contrário dos Estados e do DF (inciso VI do § 2º do art. 155 da CF).

Nas **operações interestaduais**, a alíquota é fixada por Resolução do Senado. A iniciativa pode partir do Presidente da República ou de um terço dos Senadores, aprovada pela maioria absoluta (art. 155, § 2º, IV, da CF). A Resolução 22/89 do Senado estabelece duas alíquotas de ICMS nas operações interestaduais, dependendo do Estado de destino das mercadorias ou serviços. Se o destino for para contribuintes dos Estados das regiões Norte, Nordeste, Centro-Oeste e Espírito Santo, a alíquota é de 7%. Se o destino for para contribuintes das regiões Sul e Sudeste, a alíquota é de 12%.

Nas operações e prestações que destinem bens e serviços a **consumidor final localizado em outro Estado,** a EC 87/15 alterou a redação dos incisos VII e VIII do § 2º do art. 155 da CF. Não importa se o consumidor final é ou não contribuinte do imposto, uma vez que sempre será adotada a alíquota interestadual. Caberá ao Estado de localização do destinatário o imposto correspondente à diferença entre a alíquota interna do Estado destinatário e a alíquota interestadual.

A mesma EC 87/15 disciplinou a responsabilidade tributária em relação à diferença entre a alíquota interna e a interestadual. Atribuiu a responsabilidade ao destinatário, quando este for contribuinte do imposto, e ao remetente, quando o destinatário não for contribuinte

Considere que no Estado do Rio Grande do Sul a alíquota do ICMS é 18% e em Santa Catarina é 17%, sendo a alíquota interestadual 12%.

Se um comerciante do RS (A) vender uma mercadoria de R$ 1.000,00 para um consumidor final em SC (B), será aplicada a alíquota interestadual (12%). Haverá uma divisão da arrecadação entre os Estados. O Estado remetente terá direito ao imposto de R$ 120,00 (alíquota de 12%). Para o Estado destinatário caberá o imposto correspondente à diferença entre a sua alíquota interna e a interestadual, ou seja, R$ 50,00, correspondente a 5% (17% − 12%).

	A (RS)	B (SC)
Valor da operação	R$ 1.000,00	R$ 1.000,00
Alíquota	12%	5% (17% - 12%)
Débito	R$ 120,00	R$ 50,00
Crédito	R$ 0,00	-
ICMS devido	R$ 120,00	R$ 50,00

Se o destinatário em SC for contribuinte do ICMS, será sua a responsabilidade pelo recolhimento da diferença entre as alíquotas. Caso contrário, se o destinatário não for contribuinte, uma pessoa física, por exemplo, o remetente é que terá a responsabilidade pelo recolhimento.

O CONFAZ, através do Convênio ICMS 93, de 17 de setembro de 2015, regulou o recolhimento do ICMS nas operações interestaduais.

Arremate-se que a própria EC 87/15 introduziu o art. 99 nos ADCT, estabelecendo critérios até o ano de 2019 para a partilha do imposto correspondente à diferença entre a alíquota interna e a interestadual, no caso de consumidor final não contribuinte localizado em outro Estado.

Nas operações de **importação**, a alíquota a ser aplicada é a do Estado onde for realizado o desembaraço aduaneiro, porque é neste momento que a lei considera ocorrido o fato gerador (art. 12, IX, da LC 87/96), mas o imposto é devido ao Estado onde estiver situado o domicílio ou o estabelecimento destinatário (art. 155, § 2º, IX, *a*, da CF).

Se depois da importação a mercadoria for vendida para outro Estado, estaremos diante de **operações interestaduais com bens e mercadorias importados do exterior**. Neste caso, a alíquota interestadual do ICMS é de 4%, nos termos da Resolução 13/2012, do Senado. Assim, ao importar a mercadoria, o comerciante ficará sujeito ao ICMS devido na importação, mediante a aplicação da alíquota interna da lei estadual. Depois, ao vender a mercadoria para outro Estado (operação interestadual), deverá utilizar a alíquota de 4%, com algumas exceções previstas na própria Resolução.

2.3.4. Sujeito passivo

A CF remete à lei complementar a tarefa de definir o contribuinte do imposto. No caso da incidência sobre mercadorias, o contribuinte necessariamente deve ser uma pessoa que pratica atos de comércio, isto é, exerce com habitualidade a atividade mercantil. Quem não é comerciante, não pode ser compelido ao pagamento do imposto. Por isso o imposto não é devido, por exemplo, na compra e venda de um veículo entre pessoas físicas.

O art. 4º da LC 87/96 considera contribuinte:

Qualquer pessoa, física ou jurídica, que realize, com habitualidade ou em volume que caracterize intuito comercial, operações de circulação de mercadoria ou prestações de serviços de transporte interestadual e intermunicipal e de comunicação, ainda que as operações e as prestações se iniciem no exterior.

No entanto, a lei também considera como contribuinte a pessoa física ou jurídica que, mesmo sem habitualidade ou intuito comercial:

I – importe mercadorias ou bens do exterior, qualquer que seja a sua finalidade;
II – seja destinatária de serviço prestado no exterior ou cuja prestação se tenha iniciado no exterior;
III – adquira em licitação mercadorias ou bens apreendidos ou abandonados
IV – adquira lubrificantes e combustíveis líquidos e gasosos derivados de petróleo e energia elétrica oriundos de outro Estado, quando não destinados à comercialização ou à industrialização.

A LC 87/96 dispõe que a lei estadual poderá dispor a respeito da substituição tributária e também da atribuição de responsabilidade a terceiros (arts. 5º e 6º).

No âmbito do ICMS, é comum a lei prever o diferimento ou a antecipação do pagamento do imposto.

No diferimento, há um adiamento no recolhimento do tributo. Isto acontece na substituição para trás, ou regressiva, em que o fato gerador ocorreu no passado, mas o imposto será pago na etapa subsequente, pelo substituto tributário. Na venda de soja do produtor para a indústria, por exemplo, há a incidência do ICMS. O produtor seria o sujeito passivo. Porém, a lei estadual poderá atribuir tal condição à indústria. Assim, o produtor é substituído pela indústria. A indústria passa a ser a substituta tributária do produtor e deverá recolher o imposto que, na verdade, seria devido por este. O fato gerador ocorreu com a saída da mercadoria do estabelecimento do produtor, mas o pagamento do imposto foi diferido e será pago pela indústria adquirente.

Na antecipação, o imposto é pago antes mesmo da ocorrência do fato gerador. Por isto que se diz que o fato gerador é presumido. O fato vai ocorrer no futuro, mas o tributo é pago de forma antecipada. Neste caso, há a substituição tributária para frente, ou progressiva. Na substituição para trás, o fato ocorreu no passado. Na substituição para frente, vai ocorrer no futuro (art. 150, § 7º, da CF). Se porventura o fato não ocorrer, a lei assegura ao contribuinte substituído o direito à restituição do imposto pago (art. 10 da LC 87/96).[806]

---

[806] A substituição tributária é tratada no Título II, Capítulo 2, item 2.7, deste livro.

O Supremo Tribunal Federal entende legítimo o regime da substituição tributária para frente, inclusive o relativo ao ICM que era previsto no DL 406/68 e anterior à EC 03/93, que constitucionalizou o sistema.[807]

Os problemas relativos à substituição tributária para frente ocorrem quando a base de cálculo do fato gerador concretizado se der em valor menor àquele sobre o qual houve o recolhimento antecipado do tributo. Como a Constituição Federal assegura a imediata e preferencial restituição da quantia paga caso o fato gerador presumido não se realizar – e não quando ele se realizar em valor inferior ao devido – o Supremo Tribunal Federal tinha entendido que nestes casos o contribuinte substituído (comerciante), cuja legitimidade é reconhecida pelo art. 10 da LC 87/96, não teria direito à restituição ou compensação do imposto recolhido a maior.[808]

O caso julgado pelo STF dizia respeito à cláusula de Convênio de ICMS (13/97) que, ao disciplinar o regime de substituição tributária, não admitia a restituição ou a cobrança suplementar do ICMS quando a operação ou prestação subsequente à cobrança do imposto se realizasse com valor inferior ou superior ao anteriormente estabelecido.[809] A Corte entendeu que a restituição assegurada pelo § 7º do art. 150, da CF, restringe-se apenas às hipóteses de não vir a ocorrer o fato gerador presumido,

> não havendo que se falar em tributo pago a maior ou a menor por parte do contribuinte substituído, porquanto o sistema da substituição tributária progressiva é adotado para produtos cujos preços de revenda final são previamente fixados ou tabelados, sendo, por isso, apenas eventuais as hipóteses de excesso de tributação.[810]

Para o STF, portanto, a base de cálculo na substituição tributária para a frente era considerada definitiva.

No entanto, o Supremo acabou alterando o seu entendimento ao julgar improcedentes duas ações diretas de inconstitucionalidade ajuizadas pelos Governadores dos Estados de Pernambuco e de São Paulo, contra dispositivos de leis dos referidos Estados que asseguram a restituição do ICMS pago antecipadamente no regime de substituição tributária, nas hipóteses em que a base de cálculo da operação for inferior à presumida.[811] O Tribunal entendeu ser devida a restituição da diferença do ICMS pago a mais se a base de cálculo efetiva da operação for inferior à presumida.

No julgamento do RE 593.849, com repercussão geral reconhecida, o Tribunal decidiu que o tributo apenas se torna efetivamente devido com a ocorrência do fato gerador, de maneira que a inocorrência total ou parcial, exige a devolução, sob pena de confisco ou enriquecimento sem causa. A tese fixada foi a seguinte:

---

[807] STF, RE 213.396.
[808] STF, ADI 1.851.
[809] Informativo 267 do STF.
[810] STF, AgRg 266523 e ADI 1.851.
[811] STF, ADI 2.675 e 2.777.

É devida a restituição da diferença do Imposto sobre Circulação de Mercadorias e Serviços (ICMS) pago a mais no regime de substituição tributária para a frente se a base de cálculo efetiva da operação for inferior à presumida.

2.4.5. Imunidade na exportação

Nas operações de **exportação**, há imunidade do imposto (art. 155, § 2º, X, *a*, da CF e art. 3º, II, da LC 87/96). Como a CF assegura a manutenção e aproveitamento do imposto cobrado nas operações e prestações anteriores, o saldo credor acumulado, frente ao princípio da não cumulatividade, poderá ser imputado pelo sujeito passivo a qualquer estabelecimento seu no Estado ou transferido a outros contribuintes no mesmo Estado (art. 25, § 1º, da LC 87/96).

Capítulo 3 – Impostos federais

3.1. Generalidades

A União possui uma competência bem mais ampla que as demais entidades políticas no que se refere à instituição de impostos. Além dos impostos que estão arrolados no art. 153 da CF, a União pode ainda instituir um imposto extraordinário de guerra (art. 154, II) e também outro imposto qualquer, denominado imposto novo ou inominado, observadas as limitações formais e materiais previstas no próprio inciso I do art. 154.

Apenas a União, portanto, possui uma competência residual para instituir um novo imposto, sendo o rol dos seus impostos do art. 153 apenas exemplificativo.

No caso dos impostos sobre operações de comércio exterior (importação e exportação), deve ser esclarecido que as pessoas físicas ou jurídicas só podem comprar ou vender moedas estrangeiras nos estabelecimentos autorizados pelo Banco Central do Brasil, a quem compete a regulamentação do controle cambial. Assim, a saída ou o ingresso de moeda estrangeira relativos às operações de importação ou exportação deve ser efetuado mediante celebração e liquidação de contrato de câmbio. O contrato de câmbio é um instrumento firmado entre o vendedor e o comprador de moedas estrangeiras, onde são definidas as características e condições das respectivas operações cambiais, sendo os dados registrados no sistema de informações do Banco Central do Brasil, chamado de Sisbacen. O contrato de câmbio poderá ser prévio ou posterior ao embarque das mercadorias para o exterior ou a sua chegada no território nacional.

3.2. Imposto de Importação

Compete à União instituir o Imposto sobre a Importação de produtos estrangeiros. Trata-se de um tributo destinado a regular o comércio exterior, razão pela qual as suas alíquotas podem ser fixadas por ato do Poder Executivo, observados os limites legais, constituindo-se numa das exceções ao princípio da legalidade (art. 153, § 1º, da CF).

A competência para a fixação da alíquota não é privativa do Presidente da República. Com isto, segundo o STF, embora o julgado refira-se ao imposto de exportação, a atribuição pode ficar a cargo da CAMEX, dentro de sua faculdade discricionária para o estabelecimento das alíquotas, cujos limites estão estabelecidos em lei.[812]

A Câmara de Comércio Exterior (CAMEX), do Conselho de Governo, com apoio administrativo e executor do Ministério do Desenvolvimento, Indústria e Comércio Exterior, é formada por vários órgãos e tem por objetivo formular, implementar e coordenar atividades relativas ao comércio exterior, incluindo o turismo, nos termos da Lei 8.085/90, DL 1.578/77 e Decreto 4.732/03.

Além da exceção ao princípio da legalidade, o aumento da alíquota do imposto de importação não precisa observar o princípio da anterioridade de exercício financeiro e nonagesimal (art. 150, § 1º, da CF).

O imposto de importação é regulado pelo DL 37/66. Atualmente, o Decreto 6.759/09 (Regulamento Aduaneiro-RA) regulamenta a administração das atividades aduaneiras, a fiscalização, o controle e a tributação das operações de comércio exterior.

3.2.1 Fato gerador

O Imposto de Importação tem como fato gerador a entrada de produtos estrangeiros no território nacional (art. 19 do CTN). O termo *produtos* abrange também mercadorias, embora este tenha um conceito mais restrito, abrangendo um bem destinado ao comércio.

O art. 1º do DL 37/66 dispõe que o imposto incide sobre a mercadoria estrangeira e também considera estrangeira a mercadoria nacional ou nacionalizada exportada que retornar ao País, com algumas exceções (§ 1º).

A doutrina tem entendido que não basta a mera entrada física do produto no território nacional, mas sim a sua incorporação à economia interna. Existem regimes aduaneiros especiais ou aplicados em áreas especiais. Estes regimes especiais tratam do ingresso no País de mercadorias, produtos ou bens provenientes do exterior, que deverão permanecer por prazo certo e conforme a finalidade destinada (uma máquina para exposição em feira industrial, por exemplo). Com isto, a legislação estabelece que o imposto fica "suspenso" até a extinção do regime. O mesmo acontece em relação às mercadorias em trânsito aduaneiro (para outro ponto do território nacional ou com destino a outro país) e em admissão temporária, caso em que as mercadorias devem retornar ao exterior, após cumprirem a sua finalidade. O art. 71 do DL 37/66 trata dos regimes aduaneiros especiais.

---
[812] STF, RE 570.680.

O CTN não disciplina o aspecto temporal do fato gerador do Imposto de Importação. O art. 23 do DL 37/66 é que dispôs a respeito, estabelecendo que o fato gerador se considera ocorrido, no caso de mercadoria despachada para consumo, na data do registro, na repartição aduaneira, da declaração de importação.

A declaração de importação é o documento base do despacho de importação e deve ser instruída com determinados documentos (art. 553 do RA).

Em geral, o despacho de importação é processado por meio de declaração de importação (DI), registrada no Sistema Integrado de Comércio Exterior (SISCOMEX), nos termos da Instrução Normativa SRF nº 680/06, a qual regula o despacho aduaneiro de importação.

O SISCOMEX é um sistema informatizado que permite ao governo controlar o comércio exterior. Nele são registradas as importações e exportações, as quais são controladas *on line* pelos órgãos gestores e órgãos anuentes. Para determinadas operações no comércio exterior, há necessidade de intervenção de determinados órgãos, como, por exemplo, Ministério da Agricultura, Ministério da Defesa, IBAMA, etc.

Em alguns casos, as importações podem ocorrer por meio de formulários, dispensando-se o registro no SISCOMEX.

Existem importações dispensadas de licenciamento, sujeitas a licenciamento automático e sujeitas a licenciamento não automático. Em regra, há dispensa de licenciamento, bastando o registro da declaração de importação (DI) no SISCOMEX.

Com a data do registro da declaração de importação no SISCOMEX, onde é obtida uma numeração, é que se tem por iniciado o despacho aduaneiro de importação (art. 545 do RA). Neste momento, portanto, é que se considera ocorrido o fato gerador, sendo o tributo lançado por homologação.

Nos termos do art. 21 da IN 680/06, após o registro, a declaração de importação (DI) será submetida à análise fiscal e selecionada para um dos canais de conferência aduaneira. São quatro canais: verde, amarelo, vermelho e cinza. No canal verde, a mercadoria é desembaraçada automaticamente, dispensando-se o exame documental e físico da mercadoria. No canal amarelo, é realizado o exame documental e se não houver irregularidade, a mercadoria é desembaraçada, dispensando-se a sua verificação. No vermelho, a mercadoria somente será desembaraçada após a realização do exame documental e da verificação da mercadoria. No cinza, é realizado o exame documental, a verificação da mercadoria e a aplicação de procedimento especial de controle aduaneiro, para verificar elementos indiciários de fraude, inclusive no que se refere ao preço declarado da mercadoria, conforme estabelecido em norma específica. A seleção de canais é denominada parametrização.

O procedimento mediante o qual é verificada a exatidão dos dados declarados pelo importador em relação à mercadoria importada, aos documentos apresentados e à legislação específica é chamado de despacho de importação (art. 542 do RA) e deve ser realizado dentro de determinado prazo (art. 546 do RA).

Toda mercadoria procedente do exterior, importada a título definitivo ou não, sujeita ou não ao pagamento do Imposto de Importação, deverá ser submetida a despacho de importação, que será realizado com base em declaração apresentada à unidade aduaneira sob cujo controle estiver a mercadoria (art. 543 do RA).

O despacho aduaneiro de importação é dividido, basicamente, em duas categorias: o despacho para consumo e o despacho para admissão em regime aduaneiro especial ou aplicado em áreas especiais (art. 2º da IN 680/06).

O despacho para consumo ocorre quando as mercadorias ingressadas no país forem utilizadas para consumo próprio, revenda, ou destinadas a servirem como insumos, matérias-primas, bens de produção e produtos intermediários. O despacho para consumo visa, portanto, à nacionalização da mercadoria importada e a ele se aplica o regime comum de importação.

O despacho para admissão em regime especial aplica-se a determinados bens, visando a fomentar determinados setores da atividade econômica, nos termos de programas governamentais específicos, disciplinados por instruções normativas da Secretaria da Receita Federal do Brasil. Nos regimes especiais, o Imposto de Importação, assim como o IPI e PIS/COFINS na importação ficam suspensos. É o que ocorre com o denominado REPES (Regime Especial de Tributação para a Plataforma de Exportação de Serviços de Tecnologia da Informação, que permite a importação de bens novos destinados ao desenvolvimento, no País, de *software* e de serviços de tecnologia da informação, quando importados diretamente pelo beneficiário do regime para incorporação ao seu ativo imobilizado), RECAP (Regime Especial de Aquisição de Bens de Capital para Empresas Exportadoras que permite a importação de máquinas, aparelhos, instrumentos e equipamentos, novos, relacionados em ato normativo específico, quando importados diretamente pelo beneficiário do regime para incorporação ao seu ativo imobilizado) e PADIS (Programa de Apoio ao Desenvolvimento Tecnológico da Indústria de Semicondutores que permite a importação de máquinas, aparelhos, instrumentos e equipamentos para incorporação ao ativo imobilizado do beneficiário, destinados a certas atividades) (arts 264, 271 e 282 do Decreto 6.759/09).

A área especial diz respeito a importadores estabelecidos em determinado ponto do território nacional, que acabam recebendo tratamento diferenciado, com o objetivo de promover o equilíbrio do desenvolvimento socioeconômico entre as diferentes regiões do País (art. 151, I, da CF). É o caso das importações realizadas por empresas localizadas na Zona Franca de Manaus (art. 261 do Decreto 6.759/09).

A conferência aduaneira na importação tem por finalidade identificar o importador, verificar a mercadoria e a correção das informações relativas à sua natureza, classificação fiscal, quantificação e valor, e confirmar o cumprimento de todas as obrigações, fiscais e outras, exigíveis em razão da importação (art. 564 do RA). Durante a conferência aduaneira, havendo exigências da fiscalização o despacho será interrompido. Entre outras causas que podem interrompê-lo está a falta de apresentação de documentos exigidos pela autoridade aduaneira. No caso de exigência de crédito tributário, o importador poderá efetuar desde logo o pagamento. Caso contrário, o tributo deverá ser lançado de ofício, devendo ser observado o processo administrativo correspondente (Decreto 70.235/72) (art. 570 do RA).

Por fim, deve ser registrada a conclusão da conferência aduaneira, cujo ato é chamado de desembaraço aduaneiro (art. 571 do RA). Quando se tratar de mercadoria sujeita a controle especial, a depósito ou a pagamento de qualquer ônus financeiro ou cambial, o desembaraço aduaneiro dependerá do prévio cumprimento dessas exigências (art. 572 do RA).

Com o desembaraço, que é o último ato do despacho aduaneiro, e comprovado o pagamento do ICMS devido na importação, é que é autorizada a entrega da mercadoria ao importador (art. 576 do RA).

Quanto ao aspecto espacial do fato gerador, o desembaraço aduaneiro é que nacionaliza a mercadoria.

Embora o território aduaneiro compreenda todo o território nacional, a jurisdição dos serviços aduaneiros é dividida em zona primária e secundária. A zona primária é constituída pelas seguintes áreas demarcadas pela autoridade aduaneira local: a) a área terrestre ou aquática, contínua ou descontínua, nos portos alfandegados; b) a área terrestre, nos aeroportos alfandegados; e c) a área terrestre, que compreende os pontos de fronteira alfandegados. A zona secundária compreende a parte restante do território aduaneiro, nela incluídas as águas territoriais e o espaço aéreo (art. 3º do Decreto 6.759/09). Logo, o que vai determinar o aspecto espacial é o local onde for efetuado o desembaraço.

As zonas de processamento de exportação constituem zona primária. As zonas de processamento de exportação são áreas de livre comércio de importação e de exportação, destinadas à instalação de empresas voltadas para a produção de bens a serem comercializados no exterior, objetivando a redução de desequilíbrios regionais, o fortalecimento do balanço de pagamentos e a promoção da difusão tecnológica e do desenvolvimento econômico e social do País (Lei nº 11.508, de 2007, art. 1º, *caput*, e parágrafo único) (art. 534 do RA).

3.3.2. Base de cálculo

Nos termos do art. 20 do CTN, a base de cálculo do Imposto de Importação é, quando a alíquota for específica, a unidade de medida adotada pela lei tributária (inciso I). Quando a alíquota for *ad valorem*, o preço normal que o produto, ou seu similar, alcançaria, ao tempo da importação, em uma venda em condições de livre concorrência, para entrega no porto ou lugar de entrada do produto no País (inciso II). No caso de produto abandonado, levado a leilão, a base de cálculo é o preço da arrematação (inciso III).

O art. 2º do DL 37/66 dispõe que a base de cálculo do imposto é, quando a alíquota for específica, a quantidade de mercadoria, expressa na unidade de medida indicada na tarifa (inciso I). A alíquota específica tem um valor determinado sobre uma unidade de medida. Por exemplo, alíquota de R$0,20 sobre o metro quadrado de determinada mercadoria. O imposto é apurado com a multiplicação da alíquota sobre a quantidade importada. Se a alíquota for *ad valorem*, a base de cálculo é o valor aduaneiro apurado segundo as normas do art. 7º do Acordo Geral sobre Tarifas Aduaneiras e Comércio Exterior (GATT) (inciso II). Na *ad valorem*, a alíquota é fixada num determinado percentual e incide sobre o valor aduaneiro.

O GATT é o Acordo Geral de Tarifas e Comércio, assinado em Genebra, aprovado pelo Decreto Legislativo 30/94 e promulgado pelo Decreto 1.355/94. O acordo estabelece vários métodos para determinar o valor aduaneiro previsto no inciso VII.

O art. 77 do Decreto 6.759/09 (Regulamento Aduaneiro) dispõe que integram o valor aduaneiro, independentemente do método de valoração utilizado: I – o custo de transporte da mercadoria importada até o porto ou o aeroporto alfandegado de descarga ou o ponto de fronteira alfandegado onde devam ser cumpridas as formalidades de entrada no território aduaneiro; II – os gastos relativos à carga, à descarga e ao manuseio, associados ao transporte da mercadoria importada, até a chegada aos locais referidos no inciso I; e III – o custo do seguro da mercadoria durante as operações referidas nos incisos I e II.

No caso do inciso III do art. 20 do CTN, há precedente do STJ no sentido de que:

> A utilização do preço da arrematação como base de cálculo do Imposto de Importação restringe-se aos leilões promovidos pela autoridade aduaneira nos quais são alienados os bens abandonados e aqueles que sofrem apreensão liminar para posterior imposição de pena de perdimento.

Com isso, a Corte não admitiu que o contribuinte recolhesse o imposto com base no preço da arrematação em leilão promovido pelo Poder Judiciário para alienar bens penhorados em execução, mas sim com base no valor aduaneiro atribuído pelo Fisco, que era mais do que o dobro do valor da arrematação.[813]

3.2.3. Alíquotas

As alíquotas do Imposto de Importação, como dito, podem ser específicas ou *ad valorem*.

A partir de 1º de janeiro de 1995, como previsto no Tratado de Assunção, os Estados-Partes do MERCOSUL adotaram para a importação a Tarifa Externa Comum (TEC), com base na Nomenclatura Comum do MERCOSUL (NCM). No Brasil, a TEC foi implantada pelo Decreto 1.343/94. É autorizado aos Estados manter uma lista de exceções à TEC, a qual pode ser alterada periodicamente.

3.2.4. Sujeito passivo

De acordo com o art. 22 do CTN, o contribuinte do Imposto de Importação é o importador ou quem a lei a ele equiparar (inciso I) e, no caso de arrematação, o arrematante de produtos apreendidos ou abandonados (inciso II).

---

[813] STJ, RESP 1.089.289.

O art. 31 do DL 37/66 considera como contribuinte do imposto:

I – o importador, assim considerada qualquer pessoa que promova a entrada de mercadoria estrangeira no Território Nacional;
II – o destinatário de remessa postal internacional indicado pelo respectivo remetente;
III – o adquirente de mercadoria entrepostada.

O art. 32 do DL 37/66 atribui a responsabilidade pelo recolhimento do tributo ao transportador, quando transportar mercadoria procedente do exterior ou sob controle aduaneiro, inclusive em percurso interno, e também ao depositário, assim considerada qualquer pessoa incumbida da custódia de mercadoria sob controle aduaneiro. E o parágrafo único do art. 32 diz que é responsável solidário:

I – o adquirente ou cessionário de mercadoria beneficiada com isenção ou redução do imposto;
II – o representante, no País, do transportador estrangeiro;
III – o adquirente de mercadoria de procedência estrangeira, no caso de importação realizada por sua conta e ordem, por intermédio de pessoa jurídica importadora.
IV – o adquirente de mercadoria de procedência estrangeira, no caso de importação realizada por sua conta e ordem, por intermédio de pessoa jurídica importadora;
V – o encomendante predeterminado que adquire mercadoria de procedência estrangeira de pessoa jurídica importadora.

3.3. Imposto de Exportação

A Constituição Federal atribui à União competência tributária para instituir o Imposto de Exportação (art. 153, I). Como é um tributo destinado a regular o comércio exterior, estimulando ou restringindo as exportações, as suas alíquotas podem ser alteradas por ato do Poder Executivo, constituindo-se numa exceção ao princípio da legalidade (art. 153, § 1º). Com isto, conforme dito em relação ao Imposto de Importação, segundo o STF, a atribuição para o estabelecimento das alíquotas pode ficar a cargo da CAMEX, dentro de sua faculdade discricionária, cujos limites estão estabelecidos em lei (art. 10 do DL 1.578/77).

O aumento da alíquota do Imposto de Exportação não se sujeita aos princípios da anterioridade de exercício financeiro e nonagesimal (art. 150, § 1º).

O Imposto de Exportação é regulado pelo DL 1.578/77, aplicando-se subsidiariamente, no que couber, a legislação do Imposto de Importação (art. 8º).

Existe um regime aduaneiro especial que se chama *drawback*. É um incentivo para exportações porque há suspensão ou eliminação de tributos na importação de insumos que serão utilizados em produtos que depois serão exportados. Todas as etapas para a concessão do benefício ocorrem por meio eletrônico, no SISCOMEX, no módulo denominado "Sistema *Drawback* Eletrônico".

Existem três modalidades de *drawback*: suspensão, isenção e restituição. Na primeira, há a suspensão dos tributos devidos na importação de mercadorias (peças, componentes, insumos, matéria-prima) utilizadas na fabricação de produtos que depois serão exportados. Na segunda, se houve importação de mercadorias com o pagamento dos tributos devidos na operação, as quais foram empregadas na industrialização de produtos posteriormente exportados, haverá isenção na reposição do estoque, ou seja, dos tributos incidentes na importação de mercadorias, em quantidade e qualidade equivalentes. No *drawback* restituição, quase não utilizado, os tributos pagos na importação são restituídos por ocasião da exportação do produto já acabado, mediante a utilização dos insumos importados.

3.3.1. Fato gerador

O art. 23 do CTN dispõe que o Imposto sobre a Exportação, para o estrangeiro, de produtos nacionais ou nacionalizados tem como fato gerador a saída destes do território nacional.

A exportação significa a saída do produto do território nacional que vai ser incorporado à economia de outro país. A mera saída não configura exportação. O termo *produto* abrange mercadorias e outros bens. A exportação para o "exterior" deixa claro que o tributo não incide quando o produto é mandado para fora do território de um Estado ou Município. Produtos nacionais são os produzidos dentro do nosso território. Nacionalizados, são mercadorias estrangeiras importadas a título definitivo (art. 212, § 1º, do RA).

Quanto ao aspecto temporal, o § 1º do art. 1º do DL 1.578/77 considera ocorrido o fato gerador no momento da expedição da guia de exportação. Atualmente, como as exportações também estão sujeitas a registro no SISCOMEX, considera-se ocorrido o fato gerador no momento do registro da exportação no sistema (art. 213, parágrafo único, do RA), conforme também já decidido pelo STF.[814] Com isto, depois de registrada a exportação no SISCOMEX, pouco importa que a saída do produto do território nacional ocorra em momento posterior ao aumento da alíquota do tributo por ato normativo da CAMEX. O imposto também poderá ser exigido antes da efetiva saída do produto do território nacional (art. 4º do DL 1.578/77). Se a exportação não for efetivada, o imposto pago poderá ser compensado ou restituído, observando-se o disposto no art. 6º do DL 1.578/77 e art. 216, § 1º, do RA.

O Imposto de Exportação se sujeita ao regime do lançamento por homologação, uma vez que cabe ao sujeito passivo indicado na lei o cálculo e o recolhimento do imposto.

3.3.2. Base de cálculo

A base de cálculo do imposto, de acordo com o art. 24 do CTN, é:

I – quando a alíquota seja específica, a unidade de medida adotada pela lei tributária;

II – quando a alíquota seja *ad valorem*, o preço normal que o produto, ou seu similar, alcançaria, ao tempo da exportação, em uma venda em condições de livre concorrência.

Parágrafo único. Para os efeitos do inciso II, considera-se a entrega como efetuada no porto ou lugar da saída do produto, deduzidos os tributos diretamente incidentes sobre a operação de

---

[814] STF, RE 234.954.

exportação e, nas vendas efetuadas a prazo superior aos correntes no mercado internacional o custo do financiamento.

Se a alíquota for expressa em valor fixo, a base de cálculo será a unidade de medida adotada na exportação (litro, tonelada, metragem, cubagem, etc.).

O art. 2º do DL 1.578/77 dispõe que:

A base de cálculo do imposto é o preço normal que o produto, ou seu similar, alcançaria, ao tempo da exportação, em uma venda em condições de livre concorrência no mercado internacional, observadas as normas expedidas pelo Poder Executivo, mediante ato da CAMEX – Câmara de Comércio Exterior.

E considera como indicativo do preço normal, o preço à vista do produto, FOB ou posto na fronteira (§ 1º). Se o preço do produto for de difícil apuração ou for suscetível de oscilações bruscas no mercado internacional, ato da CAMEX fixará critérios específicos ou estabelecerá pauta de valor mínimo para apuração da base de cálculo. Para determinar a base de cálculo do imposto, o preço de venda das mercadorias exportadas não poderá ser inferior ao seu custo de aquisição ou produção, acrescido dos impostos e das contribuições incidentes e de margem de lucro de quinze por cento sobre a soma dos custos, mais impostos e contribuições (§§ 2º e 3º do DL 1.578/77 e art. 214, §§ 1º e 2º, do RA).

No mercado internacional existem os INCOTERMS (*International Commercial Terms*). São termos utilizados no comércio internacional que procuram facilitar as transações comerciais, disciplinando regras entre comprador e vendedor acerca da responsabilidade pelo transporte das mercadorias. Os termos formam grupos (E, F, C e D). No grupo F, a sigla FOB (*Free on board*), exclusiva para o transporte marítimo, significa que as despesas de embarque correm por conta do vendedor, cessando a sua responsabilidade quando a mercadoria estiver embarcada no navio transportador. A partir do embarque, a responsabilidade pelo frete e seguro é do comprador. Assim, o preço FOB da mercadoria não tem os custos de frete e seguro, já que estes ficam sob a responsabilidade do comprador. No grupo C, as mercadorias são transportadas por qualquer tipo de transporte. Neste, a sigla CIF (*Cost, Insurance and Freight*) significa que no preço estão incluídos os custos com seguro e frete até o local de destino. No preço CIF, as despesas de frete e seguro correm por conta do vendedor.

3.3.3. Alíquotas

Como ocorre com o Imposto de Importação, a alíquota poderá ser específica como, por exemplo, R$ 0,10 sobre o litro de determinado produto. Ou *ad valorem*, caso em que incidirá com determinado percentual sobre a base de cálculo.

A alíquota básica do Imposto de Exportação é 30%, mas a CAMEX poderá reduzi-la ou aumentá-la, para atender aos objetivos da política cambial e do comércio exterior, não podendo ser superior a 150% (art. 3º do DL 1.578/77 e art. 215 do RA).

3.3.4. Sujeito passivo

O contribuinte do Imposto é o Exportador ou a quem a lei a ele equiparar (art. 27 do CTN).

A lei considera contribuinte qualquer pessoa que promova a saída do produto do território nacional (art. 5º do DL 1.578/77 e art. 217 do RA).

3.4. Imposto sobre a Renda e Proventos de Qualquer Natureza

Cabe à União a instituição do Imposto sobre a Renda e Proventos de Qualquer Natureza. O Imposto de Renda pode ser dividido em dois tipos: o Imposto de Renda da Pessoa Jurídica (IRPJ) e o Imposto de Renda da Pessoa Física (IRPF).

No caso da pessoa jurídica, a legislação trata de modo diverso a tributação, fazendo distinção entre as pessoas jurídicas sujeitas à tributação pelo lucro real, presumido ou arbitrado.

3.4.1. Fato gerador

A hipótese de incidência do imposto consiste em acréscimo patrimonial. Este acréscimo pode resultar da aquisição da disponibilidade econômica ou jurídica de renda ou de proventos. Nos termos do art. 43 do CTN, a renda é considerada o produto do capital, do trabalho ou da combinação de ambos, enquanto que proventos são outros acréscimos patrimoniais.

O fato gerador do Imposto de Renda é complexivo. No caso da pessoa física, ocorre no dia 31 de dezembro, embora o contribuinte fique sujeito a adiantamentos mensais, retidos pela fonte, que depois serão compensados com o imposto devido anualmente. No caso da pessoa jurídica, o imposto é determinado por período de apuração anual ou trimestral, nos termos da Lei 9.430/96.

Se não houver acréscimo no patrimônio do contribuinte, o imposto não incide. Por isto que parcelas auferidas a título indenizatório, para compensar lesão patrimonial ou moral, escapam da tributação.

Assim, tem-se entendido que não incide Imposto de Renda sobre a indenização por danos morais.[815]

Além disso, considerando a natureza indenizatória, colacionamos alguns precedentes da 1ª Seção do STJ, e também em recursos repetitivos, no sentido de que o imposto não incide sobre:

a) Verbas auferidas a título de indenização em desapropriação seja por necessidade ou utilidade pública ou por interesse social, porquanto não representam acréscimo patrimonial;[816]

---

[815] Súmula 498 do STJ.
[816] STJ, RESP 1.116.460.

b) A indenização recebida pela adesão ao programa de incentivo à demissão voluntária não está sujeita à incidência do Imposto de Renda.[817] Entende-se que uma das partes renunciou ao cargo e recebeu a correspondente indenização;

c) Os valores recebidos a título de férias proporcionais e respectivo terço constitucional quando há demissão sem justa causa;[818]

d) O pagamento de licença-prêmio não gozada por necessidade do serviço[819] independentemente de não ter sido gozada por necessidade de serviço ou por opção do próprio servidor;[820]

e) O pagamento de férias não gozadas por necessidade do serviço,[821] indenizadas na vigência do contrato de trabalho, e respectivos terços constitucionais;

f) A verba paga a título de ajuda de custo pelo uso de veículo próprio no exercício das funções profissionais (auxílio-condução) por possuir natureza indenizatória;[822]

g) APIP's (ausências permitidas por interesse particular) ou abono-assiduidade não gozados, convertidos em pecúnia;[823]

h) Abono pecuniário de férias.[824]

Quanto aos juros moratórios oriundos de reclamatória trabalhista, o STJ decidiu que os juros, por decorrerem de um pagamento principal, têm sempre caráter acessório. Assim, como acessórios que são, vinculam-se à natureza da verba principal. Se o principal é isento do Imposto de Renda (isenções previstas em lei) ou se é subtraído da hipótese de incidência do Imposto de Renda (não incidência, quando a verba não se enquadrar nos critérios do art. 43 do CTN), os juros também o serão. Do contrário, não. Por isto, na rescisão do contrato de trabalho a verba tem natureza indenizatória apenas quando houver a perda de emprego ou despedida, razão por que os juros decorrentes também serão isentos do Imposto de Renda.[825] A matéria, no entanto, é ainda polêmica e será decidida pelo STF no julgamento do RE 855.091, cuja repercussão geral foi reconhecida.

De outra parte, verbas que o empregador concede ao empregado por mera liberalidade quando há a rescisão do contrato de trabalho, incluídas verbas recebidas a título de indenização especial (gratificações, gratificações por liberalidade e por tempo de serviço)[826] não têm caráter indenizatório e implicam

---

[817] Súmula 215 do STJ.
[818] Súmula 386 (São isentas de imposto de renda as indenizações de férias proporcionais e o respectivo adicional) e RESP 1.111.223.
[819] Súmula 136 do STJ.
[820] STJ, ERESP 259.079.
[821] Súmula 125 do STJ.
[822] STJ, RESP 1.096.288.
[823] STJ, RESP 957.098.
[824] STJ, RESP 957.098.
[825] STJ, RESP 1.089.720.
[826] STJ, ERESP 860.884.

acréscimo patrimonial, razão por que ficam sujeitas à incidência do Imposto de Renda,[827] assim como rendimentos auferidos a título de abono de permanência[828] Também ficam sujeitos ao imposto os valores percebidos por advogados da Caixa Econômica Federal a título de reparação pela renúncia a direitos em acordo coletivo.[829]

O CTN também dispõe que:

"A incidência do imposto independe da denominação da receita ou do rendimento, da localização, condição jurídica ou nacionalidade da fonte, da origem e da forma de percepção" e que, no caso de receita ou de rendimento oriundos do exterior, "a lei estabelecerá as condições e o momento em que se dará sua disponibilidade, para fins de incidência do imposto referido neste artigo".

3.4.2. Base de cálculo

O art. 44 do CTN dispõe que a base de cálculo do imposto é o montante, real, arbitrado ou presumido, da renda ou dos proventos tributáveis.

No caso da pessoa física, a base de cálculo do imposto é variável, e a lei prevê uma tabela mensal e outra para o ajuste anual. Como imposto, deve ser informado pela progressividade (art. 153, § 2º, I, da CF), tem caráter pessoal e deve ser graduado segundo a capacidade econômica do contribuinte (art. 145, § 1º, da CF), as alíquotas são progressivas e variam de acordo com a base de cálculo.

O Imposto de Renda da Pessoa Física é regulado pela Lei 9.250/95, além de outros preceitos legais que também são aplicados. A pessoa física deve apurar o saldo em Reais do imposto a pagar ou o valor a ser restituído, relativamente aos rendimentos auferidos no ano-calendário, e apresentar anualmente, até o último dia do mês de abril do ano-calendário subsequente, a declaração de rendimentos, conforme modelo aprovado pela Secretaria da Receita Federal do Brasil (art. 7º da Lei 9.250/95).

A lei prevê uma tabela mensal para apurar o imposto retido na fonte. Na determinação da base de cálculo, podem ser deduzidas certas despesas autorizadas por lei.

Apurados os rendimentos mensais tributáveis, deve ser deduzida a contribuição previdenciária, a dedução mensal por dependente, fixada por lei, além de pensão alimentícia e outras deduções.

A base de cálculo do imposto devido no ano-calendário é a diferença entre as somas de todos os rendimentos percebidos durante o ano-calendário, excetuados os isentos e não tributáveis, os tributáveis exclusivamente na fonte e os sujeitos à tributação definitiva, e das deduções previstas na lei de regência

---
[827] STJ, RESP 1.102.575.
[828] STJ, RESP 1.192.556.
[829] STJ, AgRg ERESP 650.610.

(despesas médicas, educação, pensão alimentícia, dependente, etc.), nos termos do art. 8º da Lei 9.250/95.

A lei autoriza que o contribuinte faça a opção pelo desconto simplificado, que substituirá todas as deduções permitidas pela legislação. O desconto corresponde à dedução de 20% (vinte por cento) do valor dos rendimentos tributáveis na declaração de ajuste anual, independentemente do montante desses rendimentos, sendo dispensada a comprovação da despesa, observados determinados limites fixados na lei (art. 10 da Lei 9.250/95).

O Imposto de Renda devido na declaração anual é calculado mediante a utilização de uma tabela fixada na lei. Do imposto apurado, também poderão ser deduzidas determinadas despesas, assim como o imposto que foi retido na fonte ou pago. O montante que resultar, se positivo, representará saldo do imposto a pagar. Se for negativo, constituirá o valor a ser restituído. Quando positivo, o saldo do imposto deverá ser pago até o último dia do mês fixado para a entrega da declaração de rendimentos, podendo ser parcelado em até oito prestações, observado o limite mínimo da prestação que a lei prevê (arts. 13 e 14 da Lei 9.250/95). Tanto o imposto a pagar, como a restituir, fica sujeitos à incidência de juros pela taxa SELIC.

A legislação disciplina o Imposto de Renda que é devido em casos específicos (fundos de longo e curto prazo, fundo de ações, aplicações em renda variável, remessas ao exterior), assim como outros rendimentos (prêmios, loterias, etc.) e ganhos de capital.

No caso de pessoa jurídica, recorde-se que estão excluídas do IRPJ (Imposto de Renda da Pessoa Jurídica) as entidades isentas ou imunes, assim como as optantes pelo SIMPLES Nacional.

A pessoa jurídica pode ser tributada com base no lucro real, presumido ou arbitrado.

A legislação tributária esclarece quais são as pessoas jurídicas que estão obrigadas ao regime de tributação com base no lucro real (art. 14 da Lei 9.718/98).

O lucro real é o lucro líquido do exercício, antes da provisão para o Imposto de Renda e após a provisão a contribuição social sobre o lucro líquido, ajustado pelas adições, exclusões ou compensações prescritas ou autorizadas pela lei.

Para efeito de incidência do imposto, o lucro real deve ser apurado na data de encerramento do período de apuração. O período de apuração poderá ser trimestral ou anual, desde que acompanhada por recolhimentos mensais a título de estimativa (arts. 1º e 2º da Lei 9.430/96).

Na apuração trimestral, que é a regra geral, ao final de cada trimestre (31 de março, 30 e junho, 30 de setembro e 31 de dezembro – art. 1º da Lei 9.430/96), a pessoa jurídica deverá efetuar a apuração do lucro real e aplicar a alíquota do IRPJ de 15%. Poderá haver adicional do imposto, cuja alíquota é 10%. A parcela do lucro real que exceder ao resultado da multiplicação de R$ 20.000,00 pelo número de meses do período de apuração é que fica sujeita ao adicional (art. 3º, § 1º, da Lei 9.249/95). A legislação também prevê deduções e compensações do imposto.

Assim, considere que uma pessoa jurídica no 1º trimestre apurou lucro líquido de R$ 330mil, receitas não tributáveis de R$ 50mil, despesas indedutíveis de R$ 20mil e teve prejuízo fiscal a compensar de R$ 200mil. A base de cálculo é o lucro líquido + adições − exclusões − compensação de prejuízo. Assim, R$ 330 mil + R$ 20 mil - R$ 50 mil = R$ 300 mil. Deste valor pode ser deduzido o prejuízo fiscal (R$ 200mil), limitado a 30% (R$ 300 mil x 30% = R$ 90 mil), resultando uma base de cálculo de R$ 210 mil (R$ 300 mil - R$ 90 mil). Aplicada a alíquota de 15%, o imposto é de R$ 31.500,00. Neste caso, também haverá o adicional de 10% porque a base de cálculo (R$ 210 mil) ultrapassou o resultado da multiplicação de R$ 20 mil pelo número de meses do período de apuração (trimestral) (R$ 60 mil). Então, haverá imposto adicional de R$15mil, resultado da multiplicação da alíquota de 10% sobre R$ 150 mil (R$ 210 mil - R$ 60 mil). Portanto, o imposto total devido será de R$ 46.500,00 (R$ 31.500,00 + R$ 15 mil).

Na apuração anual, por opção do contribuinte, a pessoa jurídica está obrigada ao pagamento por estimativas mensais. As estimativas mensais podem ser apuradas com base em duas sistemáticas previstas na legislação: receita bruta mensal e acréscimos ou com base em balancetes mensais de suspensão ou redução.

Na estimativa mensal com base na receita bruta, a base de cálculo é semelhante à do lucro presumido (BC = (RB x %) + acréscimos), fazendo-se o ajuste anual. Alíquota do imposto a ser pago mensalmente é de 15%. Se a base de cálculo exceder a R$20mil, haverá adicional do imposto com alíquota de 10% (art. 2º da Lei 9.430/96). No dia 31 de dezembro de cada ano-calendário, a pessoa jurídica deverá apurar o lucro real e o IRPJ devido, inclusive adicional, confrontando com os valores recolhidos por estimativa mensal relativamente ao ano-calendário. Se resultar saldo positivo, o pagamento deve ser efetuado até o último dia do mês de março seguinte; se for negativo, haverá a restituição ou compensação (art. 6º, § 1º, I e II, da Lei 9.430/96).

Na estimativa com balancetes mensais, poderá haver suspensão ou redução do imposto. Na suspensão, o imposto pago por estimativa até a data do balancete é igual ou maior que o devido, razão por que não há obrigação de recolher o IRPJ (o recolhimento será "suspenso"). No caso de redução, pelo balancete mensal acumulado, constata-se que o imposto devido é inferior ao apurado com base na receita bruta mensal, motivo pelo qual poderá haver a redução do recolhimento mensal. Assim, lastreado no balancete mensal suspensão/redução, o contribuinte poderá suspender ou reduzir o pagamento do imposto devido por estimativa.

Podem optar pela tributação com base no lucro presumido as pessoas jurídicas cuja receita bruta total no ano-calendário anterior tenha sido igual ou inferior a R$78.000.000,00 (setenta e oito milhões de reais), ou a R$6.500.000,00 (seis milhões e quinhentos mil reais) multiplicado pelo número de meses em atividade no ano-calendário anterior, quando inferior a 12 meses (art. 13 da Lei

9.718/98) e as que não estejam obrigadas à tributação pelo lucro real em função da atividade exercida ou da sua constituição societária ou natureza jurídica (art. 14 da Lei 9.718/98).

A opção é irretratável para todo o ano-calendário e ocorre com o pagamento relativo ao primeiro período de apuração, mediante código próprio na guia de pagamento.

O Imposto de Renda com base no lucro presumido é determinado por períodos de apuração trimestrais, encerrados em 31 de março, 30 de junho, 30 de setembro e 31 de dezembro de cada ano-calendário.

A base de cálculo no lucro presumido é obtida mediante a multiplicação de um percentual sobre a receita bruta, acrescida dos ganhos de capital e demais receitas e rendimentos tributáveis, nos termos do arts. 25, II, 52 e 53, da Lei 9.430/96 (BC do IRPJ = (RB x %) + acréscimos).

O IRPJ incide sobre a receita bruta, cujo conceito é distinto de receita líquida. A lei considera como receita bruta o produto da venda de bens nas operações de conta própria, o preço dos serviços prestados, o resultado auferido nas operações de conta alheia, e as receitas da atividade ou objeto principal da pessoa jurídica não compreendida nos itens anteriores (art. 15 da Lei 9.249/95 e art. 12 do DL 1.598/77). Além disso, a base de cálculo deve ser acrescida de outras receitas especificadas em lei (art. 32 da Lei 8.981/95). A receita líquida é obtida a partir da dedução de determinadas importâncias da receita bruta (§ 1º do art. 12 do DL 1.598/77).

O STJ tem entendido que o valor pago a título de contribuição social sobre o lucro não caracteriza despesa operacional, razão por que não pode ser deduzida da base de cálculo do IRPJ e nem de sua própria base de cálculo.[830] Também decidiu, em recurso repetitivo, que os juros incidentes na devolução de depósitos judiciais, considerados como receitas financeiras, e os juros moratórios na repetição de indébito, devem ser computados na base de cálculo do IRPJ e da contribuição social sobre o lucro.[831]

O art. 15 da Lei 9.249/95 estabelece os percentuais que devem incidir sobre a receita bruta mensal auferida, a fim de ser apurada a base de cálculo. As alíquotas para apurar a base de cálculo variam entre 1,6%, 8%, 16% e 32% de acordo com a atividade econômica exercida. Em regra, a alíquota é de 8%. Para as prestadoras de serviços em geral o percentual é de 32%, exceto a de serviços hospitalares e de auxílio diagnóstico e terapia, patologia clínica, imagenologia, anatomia patológica e citopatologia, medicina nuclear e análises e patologias clínicas, desde que a prestadora destes serviços seja organizada sob a forma de sociedade empresária e atenda às normas da Agência Nacional de Vigilância Sanitária – Anvisa. Para estas prestadoras de serviços, o percentual para apurar a base de cálculo será de 8%.

Como os prestadores de serviços hospitalares apuram a base de cálculo do IRPJ com a alíquota de 8%, enquanto outras prestadoras devem aplicar a

---

[830] STJ, RESP 1.113.159.
[831] STJ, RESP 1.138.695.

alíquota de 32%, diversas prestadoras de serviços médicos ou clínicos pretendiam considerar os seus serviços como "hospitalares". A 1ª Seção do STJ concluiu que:

> Por serviços hospitalares compreendem-se aqueles que estão relacionados às atividades desenvolvidas nos hospitais, ligados diretamente à promoção da saúde, podendo ser prestados no interior do estabelecimento hospitalar, mas não havendo esta obrigatoriedade. Deve-se, por certo, excluir do benefício simples prestações de serviços realizadas por profissionais liberais consubstanciadas em consultas médicas, já que essa atividade não se identifica com as atividades prestadas no âmbito hospitalar, mas, sim, nos consultórios médicos.

Para a apurar a base de cálculo com a alíquota de 8% entendeu necessário que:

> A prestação de serviços hospitalares seja realizada por contribuinte que, no desenvolvimento de sua atividade, possua custos diferenciados da simples prestação de atendimento médico, e não apenas a capacidade de internação de pacientes.

Assim considerando a receita bruta auferida pela atividade específica de prestações de serviços de análises laboratoriais.[832]

Uma vez apurada a base de cálculo, incide a alíquota básica do IRPJ, que é de 15%. Haverá também a incidência de adicional de 10% sobre a parcela da base de cálculo que exceder ao resultado da multiplicação de R$ 20.000,00 pelo número de meses do respectivo período de apuração (art. 3º, § 1º, da Lei 9.249/95).

Assim, se uma pessoa jurídica auferir (a) receita bruta de comércio de R$ 300 mil, (b) receita de serviços de R$100mil e (c) receitas financeiras de R$14mil, a base de cálculo será: (a) R$ 300 mil x 8% = R$ 24 mil; (b) R$ 100 mil x 32% = R$ 32 mil; (c) R$ 14mil (acréscimos) (BC= RB x % + acréscimos). A base de cálculo, portanto, é de R$ 70 mil (R$ 24 mil + R$ 32 mil + R$ 14mil). Aplicada a alíquota de 15%, o imposto é de R$ 10.500,00. Como o período é trimestral, e a base de cálculo ultrapassou os R$ 60 mil (R$ 20 mil x 3 meses), haverá o adicional de 10% sobre a parcela da base de cálculo excedente, ou seja, sobre os R$ 10 mil, resultando num adicional a ser pago de R$ 1 mil.

Por fim, o lucro arbitrado é uma forma peculiar para apurar a base de cálculo do Imposto de Renda. Em regra, o lucro arbitrado aplica-se para empresas que não possuem escrituração contábil ou fiscal ou que incorrem em situações em que o arbitramento é admitido. É comum o arbitramento do lucro por iniciativa da fiscalização, quando há desclassificação da escrituração do contribuinte ou por outras hipóteses de descumprimento de obrigações acessórias. O art. 47 da Lei 8.981/95 trata das hipóteses em que o lucro da pessoa jurídica será arbitrado. Em determinadas situações também é possível o autoarbitramento.

A base de cálculo do IRPJ no lucro arbitrado, quando conhecida a receita bruta, é igual à do lucro presumido (BC = RB x % + acréscimos). Os percentuais são os mesmos estabelecidos para o lucro presumido, acrescidos de 20%. Assim, por exemplo, em relação às receitas decorrentes da revenda de mercadorias, o percentual é de 8% para o lucro presumido. Se for o arbitrado, passa

---

[832] STJ, ERESP 1.019.548.

a ser de 9,6% (8% x 1,2). Se a receita bruta não for conhecida, a legislação estabelece critérios para determinar a base de cálculo.

Uma vez apurada a base de cálculo, a alíquota do IRPJ é de 15%. Tal como ocorre na tributação pelo lucro real e presumido, a parcela da base de cálculo que exceder ao valor resultante da multiplicação de R$ 20.000,00 pelo número de meses do respectivo período de apuração estará sujeita à incidência do adicional do imposto com alíquota de 10%.

3.4.3. Alíquotas

As alíquotas do Imposto de Renda devem ser informadas pela progressividade. Como visto, no caso do Imposto de Renda devido pelas pessoas físicas, as alíquotas são progressivas, com variações percentuais, dependendo da faixa de renda. No caso das pessoas jurídicas, a alíquota básica é de 15%, além do adicional, se for o caso, obedecendo-se à sistemática própria para apuração da base de cálculo, como antes mencionado.

3.4.4. Sujeito passivo

O art. 45 do CTN dispõe que:

> O contribuinte do imposto é o titular da disponibilidade a que se refere o artigo 43, sem prejuízo de atribuir a lei essa condição ao possuidor, a qualquer título, dos bens produtores de renda ou dos proventos tributáveis.

Além disso, a lei também "pode atribuir à fonte pagadora da renda ou dos proventos tributáveis a condição de responsável pelo imposto cuja retenção e recolhimento lhe caibam".

É comum a lei atribuir à fonte pagadora o dever de reter e recolher o imposto que é devido pelo contribuinte titular da renda. Se a fonte pagadora não cumprir com a sua obrigação, o contribuinte que auferiu a renda não poderá eximir-se do pagamento do tributo. A 1ª Seção do STJ tem entendido que:

> Mesmo em face da responsabilidade da fonte pagadora pelo recolhimento do IRPF incidente sobre as verbas trabalhistas recebidas em cumprimento de decisão judicial, o contribuinte não deixa de ser também responsável para tanto, uma vez que, ante a inércia da fonte pagadora, deve informar em sua declaração de ajuste anual os valores recebidos e, caso não o faça, será o sujeito passivo da exação. (AgRg nos EREsp 413106/SC, Rel. Ministra DENISE ARRUDA, DJ 23.10.2006).
> A responsabilidade do contribuinte só seria excluída se houvesse comprovação de que a fonte pagadora reteve o imposto de renda a que estava obrigado, mesmo que não houvesse feito o recolhimento." (EREsp 644223/SC, Rel. Ministro JOSÉ DELGADO, DJ 20.02.2006).[833]

No caso de rendimentos pagos, em cumprimento de decisão da Justiça Federal, mediante precatório ou requisição de pequeno valor, o Imposto de Renda deve ser retido na fonte pela instituição financeira responsável pelo pagamento e incidirá com alíquota de 3% (três por cento) sobre o montante pago, sem quaisquer deduções, no momento do pagamento ao beneficiário ou seu representante legal. Se o beneficiário declarar à instituição financeira responsável

---
[833] STJ, ERESP 410.213.

pelo pagamento que os rendimentos recebidos são isentos ou não tributáveis, ou que, em se tratando de pessoa jurídica, esteja inscrita no SIMPLES, a retenção será dispensada. O imposto que foi retido na fonte, no caso de pessoa física, será considerado antecipação do imposto apurado na declaração de ajuste anual. No caso de pessoa jurídica, será deduzido do apurado no encerramento do período de apuração ou na data da extinção, nos termos do art. 27 da Lei 10.833/83.

Os rendimentos pagos em cumprimento de decisão judicial também devem ser retidos na fonte pela pessoa física ou jurídica obrigada ao pagamento, no momento em que o rendimento, por qualquer forma, se torne disponível para o beneficiário, aplicando-se a tabela progressiva vigente no mês do pagamento, nos termos do art. 46 da Lei 8.541/92.

Interessante anotar que no caso de ações promovidas por servidores públicos estaduais objetivando o reconhecimento da isenção ou restituição do Imposto de Renda Retido na Fonte, a 1ª Seção do STJ tem entendido que os Estados são legitimados passivamente para a causa[834] porque a eles pertence o imposto.

Existem muitas ações judiciais relativas ao Imposto de Renda devido por segurados do INSS que ingressam na Justiça e acabam recebendo o seu benefício de forma acumulada. A jurisprudência do STJ, em recurso repetitivo, tem entendido que não deve ser cobrado o imposto de renda com base no montante global que foi pago extemporaneamente, mas sim de acordo com as tabelas e alíquotas vigentes na época em que os valores deveriam ter sido pagos.[835] Se o benefício estaria dentro do limite da isenção, ou sujeito a uma alíquota menor, caso tivesse sido pago no momento oportuno, não é justo que venha a ser tributado de acordo com a tabela e alíquota vigentes no momento do pagamento. No mesmo sentido foi a decisão proferida pelo Pleno do STF, no sentido de que "a percepção cumulativa de valores há de ser considerada, para efeito de fixação de alíquotas, presentes, individualmente, os exercícios envolvidos".[836]

Atualmente, o art. 12-A da Lei 7.713/88, acrescentado pela Lei 12.350/10, disciplinou que tais rendimentos correspondentes aos anos-calendário anteriores ao do recebimento deverão ser tributados na fonte no mês do recebimento, em separado dos demais rendimentos auferidos no mês, "mediante a utilização de tabela progressiva resultante da multiplicação da quantidade de meses a que se refiram os rendimentos pelos valores constantes da tabela progressiva mensal correspondente ao mês do recebimento ou crédito". O preceito está regulamentado pela IN 1.500/14.

3.5. Imposto sobre Produtos Industrializados

Compete à União instituir o Imposto sobre Produtos Industrializados (IPI, art. 153, IV).

---

[834] STJ, RESP 989.419.
[835] STJ, RESP 1.184.429.
[836] STF, RE 614.406.

O IPI é um imposto que deve ser seletivo, em função da essencialidade do produto (inciso I do § 3º do art. 153 da CF). Como é um tributo que repercute sobre o preço final, onerando o consumidor, produtos considerados essenciais devem ter alíquotas menores, enquanto que para os produtos considerados supérfluos as alíquotas devem ser maiores.

As alíquotas do IPI podem ser alteradas por ato do Poder Executivo, observados os limites legais. É a exceção ao princípio da legalidade. O aumento da alíquota, por outro lado, não se submete ao princípio da anterioridade de exercício financeiro, embora deva observar a anterioridade mínima de 90 dias (art. 153, § 1º, e art. 150, § 1º, da CF).

O IPI é regulado pela Lei 4.502/64 e regulamentado pelo Decreto 7.212/10 (Regulamento do IPI – RIPI), estando sujeito ao regime do lançamento por homologação (art. 19 da Lei 4.502/64).

O IPI é regido pelo princípio constitucional da não cumulatividade, tal como ocorre com o ICMS.

O art. 153, § 3º, II, da CF dispõe que o IPI será não cumulativo, compensando-se o que for devido em cada operação com o montante cobrado nas anteriores. Não existe a mesma restrição feita em relação ao ICMS, no que tange à proibição de crédito para compensar com as operações seguintes quando a operação anterior for isenta ou não houver incidência (art. 155, § 2º, II). Porém, mesmo assim não haverá direito ao crédito, como será a seguir explicado.

O art. 49 do CTN estabelece que a lei deve dispor

de forma que o montante devido resulte da diferença a maior, em determinado período, entre o imposto referente aos produtos saídos do estabelecimento e o pago relativamente aos produtos nele entrados. O saldo verificado, em determinado período, em favor do contribuinte, transfere-se para o período ou períodos seguintes.

O art. 226, I, do regulamento do IPI, instituído pelo Decreto 7.212/10, entre outros casos, permite o crédito do IPI, para os estabelecimentos industriais e os que lhe são equiparados,

do imposto relativo a matérias-primas, produtos intermediários e material de embalagem, adquiridos para emprego na industrialização de produtos tributados, incluindo-se, entre as matérias-primas e produtos intermediários, aqueles que, embora não se integrando ao novo produto, forem consumidos no processo de industrialização, salvo se compreendidos entre os bens do ativo permanente.

O STJ, em julgamento de recurso repetitivo, tem entendido que:

A aquisição de bens que integram o ativo permanente da empresa ou de insumos que não se incorporam ao produto final ou cujo desgaste não ocorra de forma imediata e integral durante o processo de industrialização não gera direito a creditamento de IPI.[837]

A não cumulatividade evita a superposição tributária e a oneração do preço final do produto industrializado. Numa cadeia de operações, em que o industrial utiliza vários insumos (matéria-prima, material de embalagem e produtos intermediários) para industrializar o produto final, o imposto que recaiu na operação de entrada dos insumos no estabelecimento deve ser descon-

---

[837] STJ, RESP 1.075.508.

tado do imposto incidente na operação de saída do produto industrializado. Com isto, a tributação recairia apenas sobre o valor que foi adicionado em cada operação. A técnica adotada foi a de tributar integralmente a operação anterior, concedendo-se o crédito do imposto então incidente para que ele seja abatido na operação subsequente, que também é tributada. Para tanto, há um sistema de registros dos créditos e débitos apurados pelo contribuinte num livro denominado Registro de Apuração do IPI. Estes créditos registrados no livro não são créditos tributários, mas simples créditos escriturados pelo contribuinte na sua escrita fiscal para que, no final de um período, se apure a existência, ou não, de um crédito tributário de IPI a ser pago. Por isto que estes créditos que devem ser compensados são chamados de créditos escriturais.

Assim, numa operação em que A vende para B insumos com alíquota de 10% de IPI e que serão utilizados na industrialização de um determinado produto cuja alíquota na saída é de 20%, teríamos o seguinte:

	A	B
Valor da operação	R$ 1.000,00	R$ 2.000,00
Alíquota	10%	20%
Débito	R$ 100,00	R$ 400,00
Crédito	-	R$ 100,00
IPI a pagar	R$ 100,00	R$ 300,00

O saldo negativo que resultar do período de apuração do imposto, mediante o confronto de crédito e débitos, representará o IPI a pagar. Se resultar saldo credor, este deverá ser transferido para o período seguinte.

A legislação também permite que o saldo credor acumulado em cada trimestre-calendário, inclusive de produto isento, tributado com alíquota zero ou imune, que não puder ser deduzido do imposto devido na saída de outros produtos, seja ressarcido ou utilizado na compensação ou com outros tributos administrados pela SRFB.[838]

O STF[839] e o STJ não admitem a correção monetária dos créditos escriturais do IPI por falta de previsão legal. A vantagem que o contribuinte obtém com a correção monetária dos seus créditos escriturais consiste na apuração de um débito menor do IPI a pagar (no exemplo acima, se o crédito de R$ 100,00 for corrigido monetariamente em 10% (R$ 110,00), o IPI a pagar resultaria em R$ 290,00).

A Súmula 411 do STJ (*É devida a correção monetária ao creditamento do IPI quando há oposição ao seu aproveitamento decorrente de resistência ilegítima do Fisco*) diz respeito aos casos em que a administração tributária impede a utilização de determinados créditos, cujo direito é depois reconhecido pelo Judiciário.

---

[838] A Instrução Normativa nº 900/08, da Receita Federal do Brasil, regulamenta a matéria.
[839] STF, RE 410.795.

Apenas nestas hipóteses é que se admite a atualização monetária sob pena de enriquecimento sem causa do Fisco, segundo o STJ.[840] No mesmo sentido, o STF admite a correção monetária dos créditos escriturais não utilizados no tempo devido por <u>ilegítima resistência do Fisco</u>.[841]

Nos termos do art. 2º do Decreto 7.212/10, o imposto incide sobre produtos industrializados, nacionais e estrangeiros, obedecidas as especificações constantes da Tabela de Incidência do Imposto sobre Produtos Industrializados –TIPI. O campo de incidência do imposto abrange todos os produtos com alíquota, ainda que zero, relacionados na TIPI, observadas as disposições contidas nas respectivas notas complementares, excluídos aqueles a que corresponde a notação "NT" (não tributado).

Os problemas relativos ao princípio da não cumulatividade do IPI ocorrem em duas situações.

Na primeira, quando os insumos – que serão empregados na industrialização de produtos cuja saída é tributada pelo IPI – não sofrem a incidência do imposto, são isentos ou com alíquota zero. Na segunda, quando os insumos são tributados, mas os produtos industrializados que saíram do estabelecimento não são tributados pelo IPI, são isentos ou submetidos à alíquota zero.

Quanto ao primeiro caso – entradas isentas, não tributadas ou com alíquota zero e saída tributada – o Supremo Tribunal Federal havia reconhecido o direito ao crédito do imposto quando a operação anterior fosse isenta.[842] O mesmo entendimento acabou sendo estendido para o caso de aquisição de insumos não tributados ou tributados com alíquota zero.[843]

No entanto, posteriormente a Corte acabou revendo seu entendimento, concluindo ser indevida a compensação de créditos de IPI decorrentes da aquisição de matérias-primas e insumos não tributados ou sujeitos à alíquota zero.[844] Decidiu que a admissão do creditamento implicaria violação ao inciso II do § 3º do art. 153 da CF, uma vez que:

> A não cumulatividade pressupõe, salvo previsão contrária da própria Constituição Federal, tributo devido e recolhido anteriormente e que, na hipótese de não tributação ou de alíquota zero, não existe parâmetro normativo para se definir a quantia a ser compensada. Ressaltou-se que tomar de empréstimo a alíquota final relativa a operação diversa resultaria em ato de criação normativa para o qual o Judiciário não tem competência. Aduziu-se que o reconhecimento desse creditamento ocasionaria inversão de valores com alteração das relações jurídicas tributárias, dada a natureza seletiva do tributo em questão, visto que o produto final mais supérfluo proporcionaria uma compensação maior, sendo este ônus indevidamente suportado pelo Estado. Além disso, importaria em extensão de benefício a operação diversa daquela a que o mesmo está vinculado e, ainda, em sobreposição incompatível com a ordem natural das coisas. Por fim, esclareceu-se que a Lei 9.779/99 não confere direito a crédito na hipótese de alíquota zero ou de não tributação e sim naquela em que as operações anteriores foram tributadas, mas a final não o foi, evitando-se, com isso, tornar inócuo o benefício fiscal.

---

[840] STJ, RESP 1.035.847.
[841] STF, RE 411.861.
[842] STF, RE 212.484.
[843] STF, RE 350.466.
[844] STF, RE 370.682, 353.657.

Da mesma forma, no caso do direito ao crédito na aquisição de insumos isentos, e que serão utilizados na industrialização de produtos cuja saída é tributada, o STF também acabou decidindo, a exemplo dos casos relativos aos insumos não tributados ou com alíquota zero, que não há direito ao crédito.[845]

Embora teoricamente não se confundam a alíquota zero, não tributação e isenção, o resultado em termos matemáticos é exatamente o mesmo: nada foi pago a título de IPI, razão por que não se legitimaria o direito ao crédito.

Por outro lado, pode ocorrer que os insumos sejam tributados e os produtos finais industrializados sejam isentos ou com alíquota zero. Neste caso, o art. 25, § 1°, da Lei 4.502/64 apenas admitia o direito ao crédito se os produtos já industrializados também fossem tributados na saída, o que contrariava o princípio constitucional da não cumulatividade.

No entanto, a MP 1.788/98, convertida na Lei 9.779/99, passou a permitir o aproveitamento do crédito incidente na entrada dos insumos tributados pelo IPI e que são utilizados na industrialização de produtos cuja saída é isenta ou com alíquota zero (art. 11. O saldo credor do Imposto sobre Produtos Industrializados-IPI, acumulado em cada trimestre-calendário, decorrente de aquisição de matéria-prima, produtos intermediário e material de embalagem, aplicados na industrialização, inclusive de produto isento ou tributado à alíquota zero, que o contribuinte não puder compensar com o IPI devido na saída de outros produtos, poderá ser utilizado de conformidade com o disposto nos arts. 73 e 74 da Lei n° 9.430, de 27 de dezembro de 1996, observadas as normas expedidas pela Secretaria da Receita Federal do Ministério da Fazenda). No julgamento do RE 562.980, o STF entendeu que tais créditos apenas podem ser apurados a partir da Lei 9.779/99. Porém, estão pendentes embargos de declaração com efeitos modificativos, inclusive havendo discussão se há direito ao crédito quando o produto final não está sujeito ao IPI.

Além do direito ao crédito nas operações de entrada de insumos e matéria-prima isentos, não tributados ou com alíquota zero, os contribuintes também pretendiam o crédito resultante da diferença de alíquota, quando a devida na operação de entrada dos insumos tributados fosse menor do que a alíquota da saída, mas isto também não foi aceito pelo STF.[846] Claro que o crédito não poderia ser reconhecido porque as alíquotas diferentes de insumos e produtos existem justamente para revelar a seletividade do imposto.

Também havia discussões na jurisprudência acerca da legitimidade da incidência do IPI na importação, por pessoa física, de bens para uso próprio. Defendia-se que, se a importação fosse efetuada por pessoa física, seria impossível a escrituração dos créditos e débitos do imposto para que fosse dado cumprimento ao princípio da não cumulatividade. O Supremo Tribunal Federal sepultou a controvérsia, decidindo que o imposto incide, sendo neutro o

---
[845] STF, RE 566.819.
[846] STF, RE 562.980.

fato de tratar-se de consumidor final, aprovando a seguinte tese, em repercussão geral:[847]

> Incide o imposto de produtos industrializados na importação de veículo automotor por pessoa natural, ainda que não desempenhe atividade empresarial e o faça para uso próprio.

Também havia discussões acerca da legitimidade da incidência do IPI na saída de produto do estabelecimento do importador, por ocasião da revenda, quando o mesmo produto já havia sofrido a incidência do IPI no momento da sua importação. Em recurso repetitivo, o STJ fixou tese no sentido de que:

> Os produtos importados estão sujeitos a uma nova incidência do IPI quando de sua saída do estabelecimento importador na operação de revenda, mesmo que não tenham sofrido industrialização no Brasil.[848]

De outra parte, com o objetivo de estimular a atividade industrial, fato que gera empregos e receitas, a CF atribuiu à lei a tarefa de reduzir o seu impacto sobre a aquisição de bens de capital (inciso IV do § 3º do art. 153).

Atualmente, o período de apuração do imposto é mensal, exceto para alguns produtos, e na importação. O prazo de recolhimento, exceto para alguns produtos, é até o último dia útil da quinzena subsequente ao mês de ocorrência dos fatos geradores (art. 43 da Lei 10.833/03).

3.5.1. Fato gerador

O fato gerador do IPI, nos termos do parágrafo único do art. 46 do CTN, é a industrialização de um produto. Considera-se industrializado o produto que tenha sido submetido a qualquer operação que lhe modifique a natureza ou a finalidade, ou o aperfeiçoe para o consumo.

O parágrafo único do art. 3º da Lei 4.502/64 considera industrialização

> qualquer operação de que resulte alteração da natureza, funcionamento, utilização, acabamento ou apresentação do produto, salvo:
>
> I – o conserto de máquinas, aparelhos e objetos pertencentes a terceiros;
>
> II – o acondicionamento destinado apenas ao transporte do produto;
>
> III – O preparo de medicamentos oficinais ou magistrais, manipulados em farmácias, para venda no varejo, diretamente e consumidor, assim como a montagem de óculos, mediante receita médica.
>
> IV – a mistura de tintas entre si, ou com concentrados de pigmentos, sob encomenda do consumidor ou usuário, realizada em estabelecimento varejista, efetuada por máquina automática ou manual, desde que fabricante e varejista não sejam empresas interdependentes, controladora, controlada ou coligadas.

Produto industrializado é o resultante de qualquer operação definida no regulamento como industrialização, mesmo incompleta, parcial ou intermediária (art. 3º do RIPI).

Acerca das características e modalidades de industrialização, dispõe o regulamento:

---
[847] RE 723.651.
[848] ERESP 1.403.532.

Art. 4º Caracteriza industrialização qualquer operação que modifique a natureza, o funcionamento, o acabamento, a apresentação ou a finalidade do produto, ou o aperfeiçoe para consumo, tal como (Lei nº 4.502, de 1964, art. 3º, parágrafo único, e Lei nº 5.172, de 25 de outubro de 1966, art. 46, parágrafo único):

I – a que, exercida sobre matérias-primas ou produtos intermediários, importe na obtenção de espécie nova (transformação);

II – a que importe em modificar, aperfeiçoar ou, de qualquer forma, alterar o funcionamento, a utilização, o acabamento ou a aparência do produto (beneficiamento);

III – a que consista na reunião de produtos, peças ou partes e de que resulte um novo produto ou unidade autônoma, ainda que sob a mesma classificação fiscal (montagem);

IV – a que importe em alterar a apresentação do produto, pela colocação da embalagem, ainda que em substituição da original, salvo quando a embalagem colocada se destine apenas ao transporte da mercadoria (acondicionamento ou reacondicionamento); ou

V – a que, exercida sobre produto usado ou parte remanescente de produto deteriorado ou inutilizado, renove ou restaure o produto para utilização (renovação ou recondicionamento).

Parágrafo único. São irrelevantes, para caracterizar a operação como industrialização, o processo utilizado para obtenção do produto e a localização e condições das instalações ou equipamentos empregados.

Por outro lado, não se considera industrialização, nos termos do art. 5º do RIPI:

I – o preparo de produtos alimentares, não acondicionados em embalagem de apresentação:

a) na residência do preparador ou em restaurantes, bares, sorveterias, confeitarias, padarias, quitandas e semelhantes, desde que os produtos se destinem a venda direta a consumidor; ou

b) em cozinhas industriais, quando destinados a venda direta a pessoas jurídicas e a outras entidades, para consumo de seus funcionários, empregados ou dirigentes;

II – o preparo de refrigerantes, à base de extrato concentrado, por meio de máquinas, automáticas ou não, em restaurantes, bares e estabelecimentos similares, para venda direta a consumidor (Decreto-Lei nº 1.686, de 26 de junho de 1979, art. 5º, § 2º);

III – a confecção ou preparo de produto de artesanato, definido no art. 7º;

IV – a confecção de vestuário, por encomenda direta do consumidor ou usuário, em oficina ou na residência do confeccionador;

V – o preparo de produto, por encomenda direta do consumidor ou usuário, na residência do preparador ou em oficina, desde que, em qualquer caso, seja preponderante o trabalho profissional;

VI – a manipulação em farmácia, para venda direta a consumidor, de medicamentos oficinais e magistrais, mediante receita médica (Lei nº 4.502, de 1964, art. 3º, parágrafo único, inciso III, e Decreto-Lei nº 1.199, de 27 de dezembro de 1971, art. 5º, alteração 2a);

VII – a moagem de café torrado, realizada por estabelecimento comercial varejista como atividade acessória (Decreto-Lei nº 400, de 30 de dezembro de 1968, art. 8º);

VIII – a operação efetuada fora do estabelecimento industrial, consistente na reunião de produtos, peças ou partes e de que resulte:

a) edificação (casas, edifícios, pontes, hangares, galpões e semelhantes, e suas coberturas);

b) instalação de oleodutos, usinas hidrelétricas, torres de refrigeração, estações e centrais telefônicas ou outros sistemas de telecomunicação e telefonia, estações, usinas e redes de distribuição de energia elétrica e semelhantes; ou

c) fixação de unidades ou complexos industriais ao solo;

IX – a montagem de óculos, mediante receita médica (Lei nº 4.502, de 1964, art. 3º, parágrafo único, inciso III, e Decreto-Lei nº 1.199, de 1971, art. 5º, alteração 2a);

X – o acondicionamento de produtos classificados nos Capítulos 16 a 22 da TIPI, adquiridos de terceiros, em embalagens confeccionadas sob a forma de cestas de natal e semelhantes (Decreto-Lei nº 400, de 1968, art. 9º);

XI – o conserto, a restauração e o recondicionamento de produtos usados, nos casos em que se destinem ao uso da própria empresa executora ou quando essas operações sejam executadas por encomenda de terceiros não estabelecidos com o comércio de tais produtos, bem como o preparo, pelo consertador, restaurador ou recondicionador, de partes ou peças empregadas exclusiva e especificamente naquelas operações (Lei nº 4.502, de 1964, art. 3º, parágrafo único, inciso I);

XII – o reparo de produtos com defeito de fabricação, inclusive mediante substituição de partes e peças, quando a operação for executada gratuitamente, ainda que por concessionários ou representantes, em virtude de garantia dada pelo fabricante (Lei nº 4.502, de 1964, art. 3º, parágrafo único, inciso I);

XIII – a restauração de sacos usados, executada por processo rudimentar, ainda que com emprego de máquinas de costura;

XIV – a mistura de tintas entre si, ou com concentrados de pigmentos, sob encomenda do consumidor ou usuário, realizada em estabelecimento comercial varejista, efetuada por máquina automática ou manual, desde que fabricante e varejista não sejam empresas interdependentes, controladora, controlada ou coligadas (Lei nº 4.502, de 1964, art. 3º, parágrafo único, inciso IV, e Lei no 9.493, de 10 de setembro de 1997, art. 18); e

XV – a operação de que resultem os produtos relacionados na Subposição 2401.20 da TIPI, quando exercida por produtor rural pessoa física (Lei nº 11.051, de 29 de dezembro de 2004, art. 12, e Lei nº 11.452, de 27 de fevereiro de 2007, art. 10).

Parágrafo único. O disposto no inciso VIII não exclui a incidência do imposto sobre os produtos, partes ou peças utilizados nas operações nele referidas.

Embalagens de Transporte e de Apresentação

Art. 6º Quando a incidência do imposto estiver condicionada à forma de embalagem do produto, entender-se-á (Lei nº 4.502, de 1964, art. 3º, parágrafo único, inciso II):

I – como acondicionamento para transporte, o que se destinar precipuamente a tal fim; e

II – como acondicionamento de apresentação, o que não estiver compreendido no inciso I.

§ 1º Para os efeitos do inciso I do caput, o acondicionamento deverá atender, cumulativamente, às seguintes condições:

I – ser feito em caixas, caixotes, engradados, barricas, latas, tambores, sacos, embrulhos e semelhantes, sem acabamento e rotulagem de função promocional e que não objetive valorizar o produto em razão da qualidade do material nele empregado, da perfeição do seu acabamento ou da sua utilidade adicional; e

II – ter capacidade acima de vinte quilos ou superior àquela em que o produto é comumente vendido, no varejo, aos consumidores.

§ 2º Não se aplica o disposto no inciso II do caput aos casos em que a natureza do acondicionamento e as características do rótulo atendam, apenas, a exigências técnicas ou outras constantes de leis e de atos administrativos.

§ 3º O acondicionamento do produto, ou a sua forma de apresentação, será irrelevante quando a incidência do imposto estiver condicionada ao peso de sua unidade.

§ 4º Para os produtos relacionados na Subposição 2401.20 da TIPI, a incidência do imposto independe da forma de apresentação, acondicionamento, estado ou peso do produto (Lei nº 10.865, de 30 de abril de 2004, art. 41, § 1º).

Artesanato, Oficina e Trabalho Preponderante

Art. 7º Para os efeitos do art. 5º:

I – no caso do seu inciso III, produto de artesanato é o proveniente de trabalho manual realizado por pessoa natural, nas seguintes condições:

a) quando o trabalho não contar com o auxílio ou a participação de terceiros assalariados; e

b) quando o produto for vendido a consumidor, diretamente ou por intermédio de entidade de que o artesão faça parte ou seja assistido;

II – nos casos dos seus incisos IV e V:

a) oficina é o estabelecimento que empregar, no máximo, cinco operários e, quando utilizar força motriz não dispuser de potência superior a cinco quilowatts; e

b) trabalho preponderante é o que contribuir no preparo do produto, para formação de seu valor, a título de mão de obra, no mínimo com sessenta por cento.

Os incisos I a III do art. 46 do CTN disciplinam o aspecto temporal do fato gerador do IPI, definindo o momento em que ele se considera ocorrido, dependendo da situação concreta:

I – o seu desembaraço aduaneiro, quando de procedência estrangeira;

II – a sua saída dos estabelecimentos a que se refere o parágrafo único do artigo 51;

III – a sua arrematação, quando apreendido ou abandonado e levado a leilão.

O imposto é devido pouco importando as finalidades a que se destine o produto ou o título jurídico da importação ou o de que decorra a saída do estabelecimento produtor (art. 39 do RIPI).

3.5.2. Base de cálculo

O CTN (art. 47) estabelece que a base de cálculo do IPI, no caso de importação, é o preço normal, acrescido do montante:

a) do imposto sobre a importação;

b) das taxas exigidas para entrada do produto no País;

c) dos encargos cambiais efetivamente pagos pelo importador ou dele exigíveis;

No caso de industrialização, a base de cálculo é:

a) o valor da operação de que decorrer a saída da mercadoria;

b) na falta do valor a que se refere a alínea anterior, o preço corrente da mercadoria, ou sua similar, no mercado atacadista da praça do remetente;

Havendo arrematação, a base de cálculo é o preço da arrematação.

Por sua vez, a Lei 4502/64 dispõe:

Art. 13. O imposto será calculado mediante aplicação das alíquotas constantes da Tabela anexa sobre o valor tributável dos produtos na forma estabelecida neste Capítulo.

Art. 14. Salvo disposição em contrário, constitui valor tributável:

I – quanto aos produtos de procedência estrangeira, para o cálculo efetuado na ocasião do despacho;

a) o preço da arrematação, no caso de produto vendido em leilão;

b) o valor que servir de base, ou que serviria se o produto tributado fosse para o cálculo dos tributos aduaneiros, acrescido de valor deste e dos ágios e sobretaxas cambiais pagos pelo importador;

II – quanto aos produtos nacionais, o valor total da operação de que decorrer a saída do estabelecimento industrial ou equiparado a industrial.

§ 1º. O valor da operação compreende o preço do produto, acrescido do valor do frete e das demais despesas acessórias, cobradas ou debitadas pelo contribuinte ao comprador ou destinatário.

§ 2º. Não podem ser deduzidos do valor da operação os descontos, diferenças ou abatimentos, concedidos a qualquer título, ainda que incondicionalmente.

§ 3º. Será também considerado como cobrado ou debitado pelo contribuinte, ao comprador ou destinatário, para efeitos do disposto no § 1º, o valor do frete, quando o transporte for realizado ou cobrado por firma coligada, controlada ou controladora (Lei nº. 6.404) ou interligada (Decreto-Lei nº. 1.950) do estabelecimento contribuinte ou por firma com a qual este tenha relação de interdependência, mesmo quando o frete seja subcontratado

§ 4º. Será acrescido ao valor da operação o valora das matérias-primas, produtos intermediários e material de embalagem, nos casos de remessa de produtos industrializados por encomenda, desde que não se destinem a comércio, a emprego na industrialização ou no acondicionamento de produtos tributados, quando esses insumos tenham sido fornecidos pelo próprio encomendante, salvo se se tratar de insumos usados.

Art. 15. O valor tributável não poderá ser inferior:

I – ao preço corrente no mercado atacadista da praça do remetente, quando o produto for remetido a outro estabelecimento da mesma pessoa jurídica ou a estabelecimento de terceiro incluído no artigo 42 e seu parágrafo único;

II – a 90% (noventa por cento) do preço de venda aos consumidores, não inferior ao previsto no inciso anterior, quando o produto for remetido a outro estabelecimento da mesma empresa, desde que o destinatário opere exclusivamente na venda a varejo;

III – ao custo do produto, acrescido das margens de lucro normal da empresa fabricante e do revendedor e, ainda, das demais parcelas que deverão ser adicionadas ao preço da operação, no caso de produtos saídos do estabelecimento industrial, ou do que lhe seja equiparado, com destino a comerciante autônomo, ambulante ou não, para venda direta a consumidor.

Embora o § 2º do art. 14 antes transcrito não permita sejam deduzidos do valor da operação os descontos, diferenças ou abatimentos, concedidos a qualquer título, ainda que incondicionalmente, há precedentes no sentido de que os descontos incondicionais devem ser excluídos da base de cálculo, justificando-se a restrição apenas para os descontos condicionais. O fundamento é o de que a restrição foi incluída pela Lei 7.798/89 e acabou alargando o conceito de valor da operação, disciplinado pelo art. 47 do CTN.[849]

No STF, foi reconhecida a repercussão geral sobre a matéria no RE 567.935, sendo assim decidido:

> Viola o artigo 146, inciso III, alínea "a", da Carta Federal norma ordinária segundo a qual hão de ser incluídos, na base de cálculo do Imposto sobre Produtos Industrializados – IPI, os valores relativos a descontos incondicionais concedidos quando das operações de saída de produtos, prevalecendo o disposto na alínea "a" do inciso II do artigo 47 do Código Tributário Nacional.

3.5.3. Alíquotas

As alíquotas do IPI devem ser fixadas seletivamente, conforme a essencialidade do produto. O DL 1.199/71 outorga ao Poder Executivo a autorização para reduzir as alíquotas do IPI para zero ou majorar as alíquotas, acrescentando até 30 unidades ao percentual de incidência fixado na lei.

Os produtos submetidos à incidência do imposto estão classificados em uma tabela, chamada de TIPI (Tabela de Incidência do IPI), aprovada pelo

---

[849] STJ, AgRg no RESP 671.054; AgRg no AgRg na MC 15.218.

Decreto 7.660/11, tendo por base a Nomenclatura Comum do MERCOSUL (NCM). A classificação é feita em alíneas, capítulos, subcapítulos, posições e incisos. A lei prevê regras para a classificação dos produtos (art. 10 da Lei 4.502/64).

Como dito, as alíquotas podem ser alteradas por ato do Poder Executivo e o aumento não se submete ao princípio da anterioridade de exercício financeiro, mas deve observar a anterioridade mínima de 90 dias (art. 150, § 1º, da CF).

3.5.4. Sujeito passivo:

Nos termos do art. 51 do CTN, contribuinte do imposto é:

I – o importador ou quem a lei a ele equiparar;

II – o industrial ou quem a lei a ele equiparar;

III – o comerciante de produtos sujeitos ao imposto, que os forneça aos contribuintes definidos no inciso anterior;

IV – o arrematante de produtos apreendidos ou abandonados, levados a leilão.

Parágrafo único. Para os efeitos deste imposto, considera-se contribuinte autônomo qualquer estabelecimento de importador, industrial, comerciante ou arrematante.

O art. 3º da Lei 4.502/64 considera estabelecimento produtor todo aquele que industrializar produtos sujeitos ao imposto, equiparando a estabelecimento produtor:

I – os importadores e os arrematantes de produtos de procedência estrangeira;

II – as filiais e demais estabelecimentos que negociem com produtos industrializados por outros do mesmo contribuinte;

II – as filiais e demais estabelecimentos que exercerem o comércio de produtos importados, industrializados ou mandados industrializar por outro estabelecimento do mesmo contribuinte; (Redação dada pela Lei nº 9.532, de 1997)

III – os que enviarem a estabelecimento de terceiro, matéria-prima, produto intermediário, moldes, matrizes ou modelos destinados à industrialização de produtos de seu comércio.

IV – os que efetuem vendas por atacado de matérias-primas, produtos intermediários, embalagens, equipamentos e outros bens de produção. (Incluído pelo Decreto-Lei nº 34, de 1966)

§ 1º O regulamento conceituará para efeitos fiscais, operações de venda e bens compreendidos no inciso IV deste artigo.

§ 2º Excluem-se do disposto no inciso II os estabelecimentos que operem exclusivamente na venda a varejo.

A Lei 4.502/64 trata dos contribuintes:

Art. 34. É contribuinte do Imposto do Consumo toda pessoa natural ou jurídica de direito público ou privado que, por sujeição direta ou por substituição, seja obrigada ao pagamento do tributo.

Art. 35. São obrigados ao pagamento do imposto

I – como contribuinte originário:

a) o produtor, inclusive os que lhe são equiparados pelo art. 4º – com relação aos produtos tributados que real ou ficticiamente, saírem de seu estabelecimento observadas as exceções previstas nas alíneas " a "e " b " do inciso II do art. 5º.

b) o importador e o arrematante de produtos de procedência estrangeira – com relação aos produtos tributados que importarem ou arrematarem.

II – Como contribuinte substituto:

a) o transportador com relação aos produtos tributados que transportar desacompanhados da documentação comprobatória de sua procedência;

b) qualquer possuidor – com relação aos produtos tributados cuja posse mantiver para fins de venda ou industrialização, nas mesmas condições da alínea anterior.

c) o industrial ou equiparado, mediante requerimento, nas operações anteriores, concomitantes ou posteriores às saídas que promover, nas hipóteses e condições estabelecidas pela Secretaria da Receita Federal.

§ 1º Nos casos das alíneas a e b do inciso II deste artigo, o pagamento do imposto não exclui a responsabilidade por infração do contribuinte originário quando este for identificado, e será considerado como efetuado fora do prazo, para todos os efeitos legais.

§ 2º Para implementar o disposto na alínea c do inciso II, a Secretaria da Receita Federal poderá instituir regime especial de suspensão do imposto.

Além destes contribuintes e responsáveis, existem também outros preceitos legais que disciplinam a responsabilidade tributária em casos específicos.

3.5.5. Imunidade na exportação

Nas exportações, a CF prevê imunidade para o IPI ao dispor que o imposto "não incidirá sobre produtos industrializados destinados ao exterior".

Assim, frente ao sistema de créditos e débitos decorrentes do princípio constitucional da não cumulatividade, o saldo credor do imposto que não puder ser deduzido do imposto devido na saída de outros produtos poderá ser ressarcido ou utilizado na compensação de débitos próprios de tributos administrados pela SRFB (art. 268 do Decreto 7.212/10).

3.6. Imposto sobre Operações de Crédito, Câmbio e Seguro, ou Relativa a Títulos e Valores Mobiliários (IOF)

Compete à União instituir o Imposto sobre as Operações de Crédito, Câmbio e Seguro, ou Relativa a Títulos e Valores Mobiliários, abreviado de IOF. Trata-se de tributo com natureza extrafiscal, que tem o objetivo de estimular ou restringir o acesso ao crédito, regular o mercado cambial e de seguros.

Em razão disso, a modificação de alíquotas do IOF constitui-se em exceção ao princípio da legalidade, uma vez que pode ser fixada por ato do Poder Executivo, observados os limites legais. O aumento da alíquota, por sua vez, não se sujeita ao princípio da anterioridade de exercício financeiro e nonagesimal (art. 153, § 1º, e art. 150, § 1º).

3.6.1. Fato gerador

Nos termos do art. 63 do CTN, o IOF tem como fato gerador:

I – quanto às operações de crédito, a sua efetivação pela entrega total ou parcial do montante ou do valor que constitua o objeto da obrigação, ou sua colocação à disposição do interessado;

II – quanto às operações de câmbio, a sua efetivação pela entrega de moeda nacional ou estrangeira, ou de documento que a represente, ou sua colocação à disposição do interessado em montante equivalente à moeda estrangeira ou nacional entregue ou posta à disposição por este;

III – quanto às operações de seguro, a sua efetivação pela emissão da apólice ou do documento equivalente, ou recebimento do prêmio, na forma da lei aplicável;

IV – quanto às operações relativas a títulos e valores mobiliários, a emissão, transmissão, pagamento ou resgate destes, na forma da lei aplicável.

Parágrafo único. A incidência definida no inciso I exclui a definida no inciso IV, e reciprocamente, quanto à emissão, ao pagamento ou resgate do título representativo de uma mesma operação de crédito.

O IOF incide sobre cinco bases econômicas: crédito, câmbio, seguro, títulos ou valores mobiliários e ouro, enquanto ativo financeiro. Está sujeito a lançamento por homologação, uma vez que cabe ao responsável indicado na lei o cálculo e pagamento do imposto.

A primeira lei que instituiu o IOF foi a Lei 5.143/66. Depois, várias outras leis trataram do tributo. Atualmente, o IOF é regulamentado pelo Decreto 6.306/07, com algumas alterações efetuadas pelo Decreto 8.392/15.

Nos termos do § 5º do art. 153 da CF, o ouro, quando definido em lei como ativo financeiro ou instrumento cambial, se sujeita exclusivamente ao IOF. A Lei 7.766/89 regulamentou o preceito e dispôs que o ouro em qualquer estado de pureza, bruto ou refinado, quando destinado ao mercado financeiro ou à execução da política cambial do País, em operações realizadas com a interveniência de instituições integrantes do Sistema Financeiro Nacional, na forma e condições autorizadas pelo Banco Central do Brasil, é considerado, inclusive desde a extração, ativo financeiro ou instrumento cambial. Neste caso, o fato gerador do imposto é a primeira aquisição do ouro, inclusive quando oriundo do exterior, a base de cálculo é o seu preço, a alíquota 1%, e o contribuinte é a instituição autorizada a efetuar a primeira aquisição.

O produto da arrecadação do IOF-ouro é repartido entre o Município e o Estado. Setenta por cento pertence ao Município e trinta por cento, ao Estado ou Distrito Federal (incisos I e II do § 5º do art. 153 da CF e arts. 11 e 12 da Lei 7.766/89).

O IOF incide sobre operações de crédito realizadas por instituições financeiras, nos termos do art. 1º da Lei 5.143/66.

As operações de crédito realizadas pelas empresas que exercem atividades de prestação cumulativa e contínua de serviços de assessoria creditícia, mercadológica, gestão de crédito, seleção de riscos, administração de contas a pagar e a receber, compra de direitos creditórios resultantes de vendas mercantis a prazo ou de prestação de serviços (*factoring*) também sujeitam-se ao tributo, nos termos da Lei nº 9.249, de 26 de dezembro de 1995, art. 15, § 1º, III, *d*, e Lei nº 9.532, de 10 de dezembro de 1997, art. 58.

A propósito, o STF entendeu que:

O âmbito constitucional de incidência possível do IOF sobre operações de crédito não se restringe às praticadas por instituições financeiras, de tal modo que, à primeira vista, a lei questionada poderia estendê-la às operações de *factoring*, quando impliquem financiamento (*factoring* com direito de regresso ou com adiantamento do valor do crédito vincendo – *conventional factoring*); quando, ao contrário, não contenha operação de crédito, o *factoring*, de qualquer modo, parece substantivar negócio relativo a títulos e valores mobiliários, igualmente susceptível de ser submetido por lei à incidência tributária questionada.[850]

Nos termos do art. 3º, § 3º, do Decreto 6.306/07, as operações de crédito compreendem operações de:

I – empréstimo sob qualquer modalidade, inclusive abertura de crédito e desconto de títulos (Decreto-Lei nº 1.783, de 18 de abril de 1980, art. 1º, inciso I);

II – alienação, à empresa que exercer as atividades de *factoring*, de direitos creditórios resultantes de vendas a prazo (Lei nº 9.532, de 1997, art. 58);

III – mútuo de recursos financeiros entre pessoas jurídicas ou entre pessoa jurídica e pessoa física (Lei nº 9.779, de 1999, art. 13)".

Nas operações de crédito, entende-se ocorrido o fato gerador, nos termos do art. 3º, § 1º, do Decreto 6.306/07:

I – na data da efetiva entrega, total ou parcial, do valor que constitua o objeto da obrigação ou sua colocação à disposição do interessado;

II – no momento da liberação de cada uma das parcelas, nas hipóteses de crédito sujeito, contratualmente, a liberação parcelada;

III – na data do adiantamento a depositante, assim considerado o saldo a descoberto em conta de depósito;

IV – na data do registro efetuado em conta devedora por crédito liquidado no exterior;

V – na data em que se verificar excesso de limite, assim entendido o saldo a descoberto ocorrido em operação de empréstimo ou financiamento, inclusive sob a forma de abertura de crédito;

VI – na data da novação, composição, consolidação, confissão de dívida e dos negócios assemelhados, observado o disposto nos §§ 7º e 10 do art. 7º;

VII – na data do lançamento contábil, em relação às operações e às transferências internas que não tenham classificação específica, mas que, pela sua natureza, se enquadrem como operações de crédito.

Não são consideradas como operação de crédito os saques realizados em caderneta de poupança. Por isto, o STF considerou inconstitucional o inciso V do art. 1º da Lei 8.033/90, que instituiu o IOF sobre saques efetuados em caderneta de poupança, sendo a matéria objeto da Súmula 664.[851]

Nas operações de câmbio, a incidência é regulada pela Lei 8.894, de 21 de junho de 1994, art. 5º. Neste caso, o fato gerador é a entrega de moeda nacional ou estrangeira, ou de documento que a represente, ou sua colocação à disposição do interessado, em montante equivalente à moeda estrangeira ou nacional entregue ou posta à disposição por este, sendo o imposto devido no ato de liquidação da operação de câmbio (art. 11 do Decreto 6.306/07).

Nas operações de seguro realizadas por seguradoras, o tributo é regulado pela Lei nº 5.143, de 1966, art. 1º. A expressão "operações de seguro" compreende seguros de vida e congêneres, seguro de acidentes pessoais e do trabalho, seguros de bens, valores, coisas e outros não especificados (Decreto-Lei nº 1.783, de 1980, art. 1º, incisos II e III). O fato gerador é o recebimento do prêmio, total ou parcial (art. 18 do Decreto 6.306/07).

---

[850] STF, ADI 1.763.

[851] Súmula 664 do STF: É inconstitucional o inciso v do art. 1º da Lei 8.033/1990, que instituiu a incidência do Imposto nas Operações de Crédito, Câmbio e Seguros – IOF sobre saques efetuados em caderneta de poupança.

Nas operações relativas a títulos ou valores mobiliários, a incidência é regulada pela Lei nº 8.894, de 1994, art. 1º. Nesta hipótese, o fato gerador do IOF é a aquisição, cessão, resgate, repactuação ou pagamento para liquidação de títulos e valores mobiliários (Lei nº 8.894, de 1994, art. 2º, II, *a* e *b*, e art. 25 do Decreto 6.306/07).

3.6.2. Base de cálculo

A base de cálculo do IOF varia conforme a situação material objeto da incidência tributária. Assim, nos termos do art. 64 do CTN, a base de cálculo do imposto é:

I – quanto às operações de crédito, o montante da obrigação, compreendendo o principal e os juros;

II – quanto às operações de câmbio, o respectivo montante em moeda nacional, recebido, entregue ou posto à disposição;

III – quanto às operações de seguro, o montante do prêmio;

IV – quanto às operações relativas a títulos e valores mobiliários:

a) na emissão, o valor nominal mais o ágio, se houver;

b) na transmissão, o preço ou o valor nominal, ou o valor da cotação em Bolsa, como determinar a lei;

c) no pagamento ou resgate, o preço.

3.6.3. Alíquotas

As alíquotas do IOF também variam de acordo com a situação material tributável.

Assim, as alíquotas são diferentes nas operações de crédito, operações de câmbio, operações com seguro e nas operações relativas a títulos ou valores mobiliários. No caso dos seguros, por exemplo, as alíquotas também são diversas dependendo do tipo de seguro. Existem também determinadas operações em que a alíquota é zero. As alíquotas estão previstas no Decreto 6.306/07.

3.6.4. Sujeito passivo

O contribuinte do IOF pode ser qualquer das partes na operação tributada, conforme dispuser a lei (art. 66 do CTN).

Nas operações de crédito, os contribuintes do IOF são as pessoas físicas ou jurídicas tomadoras de crédito (Lei nº 8.894, de 1994, art. 3º, inciso I, e Lei nº 9.532, de 1997, art. 58) (art. 4º do Decreto 6306/07), mas a responsabilidade pelo seu recolhimento em regra é das instituições financeiras que efetuam a operação de crédito (art. 3º, I, do DL 1.783/80).

Nas operações de câmbio, são contribuintes do IOF os compradores ou vendedores de moeda estrangeira nas operações referentes às transferências financeiras para o ou do exterior, respectivamente (Lei nº 8.894, de 1994, art. 6º), mas a responsabilidade pelo pagamento é das instituições autorizadas a operar no mercado de câmbio (Lei nº 8.894, de 1994, art. 6º, parágrafo único).

Nas operações de seguro, os contribuintes do IOF são as pessoas físicas ou jurídicas seguradas (Decreto-Lei nº 1.783, de 1980, art. 2º). A responsabilidade pelo recolhimento é das seguradoras ou as instituições financeiras a quem estas encarregarem da cobrança do prêmio (Decreto-Lei nº 1.783, de 1980, art. 3º, inciso II, e Decreto-Lei nº 2.471, de 1º de setembro de 1988, art. 7º).

Quando se tratar do imposto incidente sobre Operações Relativas a Títulos ou Valores Mobiliários, os contribuintes são os adquirentes de títulos ou valores mobiliários e os titulares de aplicações financeiras (Decreto-Lei nº 1.783, de 1980, art. 2º, e Lei nº 8.894, de 1994, art. 3º, inciso II).

Em casos especificados na lei, as instituições financeiras e outras instituições autorizadas a funcionar pelo Banco Central do Brasil também são consideradas contribuintes, havendo também a lei disciplinado casos de atribuição de responsabilidade.

3.7. Imposto sobre a Propriedade Territorial Rural

A União possui competência tributária para instituir o Imposto Territorial Rural (ITR – art. 153, VI). O texto constitucional dispõe que o ITR deve ser progressivo e terá alíquotas fixadas de forma a desestimular a manutenção de propriedades improdutivas (inciso I do § 4º do art. 153). Trata-se de uma progressividade de natureza fiscal e extrafiscal. Quanto maior a área do imóvel, maior a alíquota. Extrafiscal porque imóveis rurais improdutivos devem ter alíquotas maiores que imóveis produtivos.

O ITR é regulado pela Lei 9.393/96 e regulamentado pelo Decreto 4.382/02. O imposto é sujeito ao regime do lançamento por homologação, uma vez que a apuração e o pagamento do ITR serão efetuados pelo contribuinte, independentemente de prévio procedimento da administração tributária, nos prazos e condições estabelecidos pela Secretaria da Receita Federal. A apuração é anual, uma vez que a lei considera ocorrido o fato gerador no dia 1º de janeiro (art. 1º, *caput*).

O contribuinte está obrigado a apresentar a DITR, que é a Declaração do Imposto sobre a Propriedade Territorial Rural. Ela é composta pelo Documento de Informação e Atualização Cadastral do ITR (DIAC) e pelo Documento de Informação e Apuração do ITR (DIAT). O DIAC é o documento que coleta de informações cadastrais do imóvel rural e de seu proprietário, titular do domínio útil (enfiteuta ou foreiro) ou possuidor a qualquer título, inclusive o usufrutuário, para integrar o Cadastro de Imóveis Rurais (CAFIR) administrado pela Secretaria da Receita Federal do Brasil. O DIAT é o documento destinado à apuração do ITR relativo ao imóvel rural sujeito ao imposto.

Embora o imposto seja de competência da União, a Constituição Federal permite que o tributo seja fiscalizado e cobrado pelos Municípios/DF que assim optarem na forma da lei, desde que não implique redução do imposto ou qualquer outra forma de renúncia fiscal (inciso III do § 4° do art. 153 da CF). Nesta hipótese, a totalidade do imposto pertencerá ao Município (art. 158, II, da CF). Caso contrário, se o Município não optar pela fiscalização e cobrança, o produto da arrecadação será dividido entre o Município/DF e a União (50% para cada um) (art. 158, II, da CF).

Este preceito é regulamentado pela Lei 11.250/05, a qual prevê a celebração de convênios entre a Secretaria da Receita Federal do Brasil e os Municípios/DF, visando a delegar as atribuições de fiscalização, inclusive a de lançamento dos créditos tributários, e de cobrança do ITR, devendo ser observada a legislação de regência do imposto.

3.7.1. Fato gerador

De acordo com o art. 29 do CTN, o imposto tem como fato gerador a propriedade, o domínio útil ou a posse de imóvel por natureza, como definido na lei civil, localização fora da zona urbana do Município.

O art. 1° da Lei 9.393/96 dispõe que o imposto tem como fato gerador a propriedade, o domínio útil ou a posse de imóvel por natureza, localizado fora da zona urbana do Município. O fato gerador é continuado, e a lei considera-o ocorrido no dia 1° de janeiro de cada ano.

O imóvel situado na zona urbana fica sujeito ao IPTU, de competência do Município. Porém, no caso de imóvel localizado dentro da área urbana do Município, mas que seja comprovadamente utilizado em exploração extrativa, vegetal, agrícola, pecuária ou agroindustrial, fica sujeito ao ITR, conforme decidido pelo STJ em julgamento de recurso repetitivo.[852]

O ITR também incide sobre o imóvel declarado de interesse social para fins de reforma agrária, enquanto não transferida a propriedade, exceto se houver imissão prévia na posse (§ 1° do art. 1° da Lei 9.393/96).

Na hipótese de o imóvel ficar situado em área que pertence a mais de um Município, o que importa é o local onde estiver situada a sede do imóvel. Se não existir sede, será enquadrado no Município onde se localize a maior parte do imóvel (§ 3° do art. 1° da Lei 9.393/96).

3.7.2. Base de cálculo

A base de cálculo do imposto é o valor fundiário (art. 30 do CTN).

O art. 11 da Lei 9.393/96 dispõe que a base de cálculo é o Valor da Terra Nua Tributável (VTNt), sobre a qual deve ser aplicada a alíquota correspondente, prevista no Anexo da Lei (art. 11). O valor da terra nua tributável é obtido pela multiplicação do VTN (Valor da Terra Nua – definido no inciso I do § 1° do art. 10) pelo quociente entre a área tributável e a área total, nos termos dos incisos II e III do § 1° do art. 10).

---

[852] STJ, RESP 1.112.646.

3.7.3. Alíquotas

As alíquotas do imposto variam em função do tamanho da área total do imóvel e de acordo com seu grau de utilização. Quanto maior for o grau de utilização do imóvel, menor será a alíquota. Sendo menor o grau de utilização, maior é a alíquota. O Grau de Utilização (GU) é a relação percentual entre a área efetivamente utilizada e a área aproveitável (inciso VI do art. 10). O objetivo é desestimular a manutenção de propriedades improdutivas e compelir o proprietário a dar ao imóvel a sua função social. Se o imóvel, por exemplo, possuir área superior a 5000 hectares e tiver alto grau de utilização, maior que 80%, a alíquota é de 0,45%. Porém, se o grau de utilização for baixo, a alíquota é de 20%.

A Lei 9.393/96 traz um anexo com a tabela de alíquotas:

TABELA DE ALÍQUOTAS
(art. 11)

Área total do imóvel (em hectares)	GRAU DE UTILIZAÇÃO – GU (EM %)				
	Maior que 80	Maior que 65 até 80	Maior que 50 até 65	Maior que 30 até 50	Até 30
Até 50	0,03	0,20	0,40	0,70	1,00
Maior que 50 até 200	0,07	0,40	0,80	1,40	2,00
Maior que 200 até 500	0,10	0,60	1,30	2,30	3,30
Maior que 500 até 1.000	0,15	0,85	1,90	3,30	4,70
Maior que 1.000 até 5.000	0,30	1,60	3,40	6,00	8,60
Acima de 5.000	0,45	3,00	6,40	12,00	20,00

O valor do imposto será apurado aplicando-se sobre o Valor da Terra Nua Tributável – VTNt – a alíquota correspondente, consideradas a área total do imóvel e o Grau de Utilização – GU (art. 11).

3.7.4. Sujeito passivo

O contribuinte do imposto é o proprietário do imóvel, o titular do seu domínio útil, ou o seu possuidor a qualquer título (art. 31 do CTN e art. 4º da Lei 9.393/96).

O domicílio tributário do contribuinte é o Município de localização do imóvel, vedada a eleição de qualquer outro (parágrafo único do art. 4º da Lei 9.393/96).

O sucessor, a qualquer título, é considerado pela lei como responsável pelo pagamento do imposto (art. 5º da Lei 9.393/96).

3.8. Imposto sobre Grandes Fortunas

O art. 153, VII, da CF, atribui competência tributária para a União instituir um Imposto sobre Grandes Fortunas.

O preceito ainda não foi regulamentado, mas ao fazê-lo, a União deverá se valer de lei de natureza complementar.

Bibliografia

ALEXANDRE, Ricardo. *Direito Tributário Esquematizado*. São Paulo: Método, 2009.
AMARO, Luciano. *Direito Tributário Brasileiro*. São Paulo: Saraiva, 1998.
ATALIBA, Geraldo. *Hipótese de Incidência Tributária*. São Paulo: Malheiros, 1993.
—— e outros. *Interpretação do Direito Tributário*. São Paulo: Saraiva, 1975.
BALEEIRO, Aliomar. *Limitações Constitucionais ao Poder de Tributar*. Atualizada por Misabel Abreu Machado Derzi. Rio de Janeiro: Forense, 1997.
——. *Constituições Brasileiras*. Vol. VI, Senado Federal, Centro De Estudos Estratégicos e Escola de Administração Fazendária.
——. *Uma Introdução à Ciência das Finanças*. Rio de Janeiro: Forense, 1981.
BARBI, José Agrícola. *Comentários ao Código de Processo Civil*. Rio de Janeiro: Forense, 1992.
BARROSO, Luís Roberto. *Interpretação e Aplicação da Constituição*. São Paulo: Saraiva, 2001.
BECKER, Alfredo Augusto. *Teoria Geral do Direito Tributário*. Rio de Janeiro: Forense, 1972.
BORGES, José Souto Maior. *Lançamento Tributário*. São Paulo: Malheiros.
CADERNO de Pesquisas Tributárias. *Responsabilidade Tributária*. Resenha Tributária, 1990.
CARVALHO, Paulo de Barros. *Curso de Direito Tributário*. São Paulo: Saraiva, 1993.
COELHO, Sacha Calmon Navarro. *Curso de Direito Tributário Brasileiro*. Rio de Janeiro: Forense, 1999.
CRETELLA JÚNIOR, José. *Administração Indireta Brasileira*. Rio de Janeiro: Forense, 1980.
DEODATO, Alberto. *Manual de Ciência das Finanças*. São Paulo. Saraiva, 1977.
DI PIETRO, Maria Sylvia Zanella. *Direito Administrativo*. São Paulo, 2000.
DINIZ, Maria Helena. *Lei de Introdução ao Código Civil Brasileiro Interpretada*. São Paulo: Saraiva, 1999.
DÓRIA, Antônio Roberto Sampaio. *Dicionário de Contabilidade*. 8 ed. São Paulo: Atlas.
FANUCCHI, Fabio. *Curso de Direito Tributário Brasileiro*. Vol. I e II/; 11ª Tiragem da 4ª ed. Resenha Tributária em coedição com o Instituto Brasileiro de Estudos Tributários; 1986.
FREITAS, Vladimir Passos de (coord.). *Código Tributário Nacional Comentado*. São Paulo: RT, 2005.
GOMES, Orlando. *Contratos*. Rio de Janeiro: Forense, 1984.
KELSEN, Hans. *Teoria Pura do Direito*. São Paulo: Martins Fontes, 1997.
KIRCHHOF, Paul. *Tributação no Estado Constitucional*. Traduzida por Pedro Adamy. São Paulo: Quartier Latin, 2016.
MACHADO, Hugo de Brito (coord.). *As Contribuições no Sistema Tributário Brasileiro*. São Paulo: Dialética e ICET-Instituto Cearense de Direito Tributário, 2003.
——. *Curso de Direito Tributário*. São Paulo: Malheiros, 2005.
MARTINS, Ives Gandra da Silva (coord.). *Imunidades Tributárias*. Pesquisas Tributárias, Nova Série nº 4. São Paulo: RT, 1998.
—— (coord.). *O princípio da não-cumulatividade*. São Paulo: RT e Coedição Centro de Extensão Universitária, 2004.
MENDES, Gilmar Ferreira; BRANCO, Paulo Gustavo Gonet. *Curso de Direito Constitucional*. São Paulo: Saraiva, 2016.
MONTEIRO, Washington de Barros. *Curso de Direito Civil*. Parte Geral. São Paulo: Saraiva, 1982.
——. *Direito das Obrigações*. São Paulo: Saraiva, 1983.
MORAES, Alexandre de. *Direito Constitucional*. São Paulo: Atlas, 2001.
MORAES, Bernardo Ribeiro de. *Compêndio de Direito Tributário*. Vols. I e II. Rio de Janeiro: Forense; 1996.
NABAIS, José Casalta. *Direito Fiscal*. Coimbra: Almedina, 2015.
——. *O Dever Fundamental de Pagar Impostos*. Coimbra: Almedina, 2009.

NASCIMENTO. Carlos Valder do (coord.). *Comentários ao Código Tributário Nacional*. Rio de Janeiro: Forense, 1997.

NOGUEIRA, Ruy Barbosa. *Curso de Direito Tributário*. São Paulo: Saraiva, 1990.

OLIVEIRA, Ricardo Mariz de. *Fundamento do Imposto de Renda*. São Paulo: Quartier Latin, 2008.

PAULSEN, Leandro. *Direito Tributário*: Constituição e Código Tributário à luz da doutrina e da jurisprudência. Porto Alegre: Livraria do Advogado, 2004.

——; MELO José Eduardo Soares de. *Impostos Federais, Estaduais e Municipais*. Porto Alegre: Livraria do Advogado, 2004.

SABBAG, Eduardo. *Manual de Direito Tributário*. São Paulo: Saraiva, 2009.

SANTI, Eurico Marcos Diniz. *Decadência e Prescrição no Direito Tributário*. São Paulo: Max Limonad, 2004.

SANTOS, Moacyr Amaral. *Primeiras Linhas de Direito Processual Civil*. 3º Vol. 8ª ed. São Paulo: Saraiva, 1985.

SILVA, José Afonso da. *Aplicabilidade das Normas Constitucionais*. São Paulo: Malheiros.

TORRES, Ricardo Lobo. *Tratado de Direito Constitucional Financeiro e Tributário*. Os Direitos Humanos e a Tributação: Imunidade e Isonomia. Volume III. Rio de Janeiro/São Paulo: Renovar; 2000.

——. *Tratado de Direito Constitucional Financeiro e Tributário*. Os Tributos na Constituição. Volume IV. Rio de Janeiro/São Paulo: Renovar, 2007.

——. *Tratado de Direito Constitucional Financeiro e Tributário*. O Orçamento na Constituição. Volume V. Rio de Janeiro/São Paulo: Renovar, 2000.

VILLEGAS, Héctor B. *Curso de Direito Tributário*. São Paulo: RT, 1980.

Impressão e acabamento
Rotermund
Fone (51) 3589 5111
comercial@rotermund.com.br